JN261254

パウル・レンドヴァイ

ハンガリー人
―― 光と影の千年史 ――

稲 川 照 芳 訳

信 山 社

Die Ungarn

Eine tausendjärige Geschichte

nka
Nemzeti Kulturális Alap

©1999, Paul Lendvai.

1 署名な画家ミハーイ・ムンカーチュ（1893年，部分）の壮大な絵は，国の創設者アールパードが「定住」の時に威風堂々と到着した瞬間を描いている．白馬はハンガリーの伝説上，特に重要な要素である．

2 マーチャーシュ・コルヴィヌシュI世 (1440-1490年)、フニャディの息子、軍司令官、芸術愛好家、モラビア、シュレジア、ラウジッツ、ウイーンとビーナー・ノイシュタットを含む低オーストリアの征服者、ルネッサンス侯爵、ハンガリー史上最もポピュラーな支配者

3 ガーボル・ベトレン 重要なステーツマン、トランシルバニア侯爵

4 クルツ指導者のイムレ・テケイ (1657-1705年) 上部ハンガリーとトランシルバニア侯爵

5 フェレンツ・ラーコーツィ II 世 (1676－1735 年) 独立闘争士，トランシルバニア (1705 年，国家同盟) 侯爵

6 イシュトヴァーン・セーチェニ伯爵 (1791－1860 年)「偉大なハンガリー人」，ステーツマン，改革政治家

7 シャーンドル・ペテフィ (1823－1849 年) 詩人，革命家，独立闘争中，ロシアとの戦いで戦死

8 ラヨシュ・コシュート (1802－1894 年) 革命の指導者．王国摂政 (1848／1849 年)

9 ラヨシュ・バッチヤーニュ伯爵（1807－1849年），1849年の首相の処刑

10 アルトゥール・ゲルゲイ（1818－1916年）ホンベード陸軍総司令官

11　フェレンツ・デアーク (1803 – 1876 年)
　　1848 年の法務大臣，1867 年の「妥協」の創設者

12　ジュラ・アンドラーシ (1823 – 1890 年)
　　ハンガリー首相，二重帝国外相

13　フェレンツ・デアークの棺を前にして皇后エリザベート，1906 年の画家ジチの作品

14 オーストリア皇帝フランツ・ヨゼフのハンガリー国王戴冠式, 1867年

15 1896年6月8日の千年祭でのマルギット橋を渡る祝祭行列

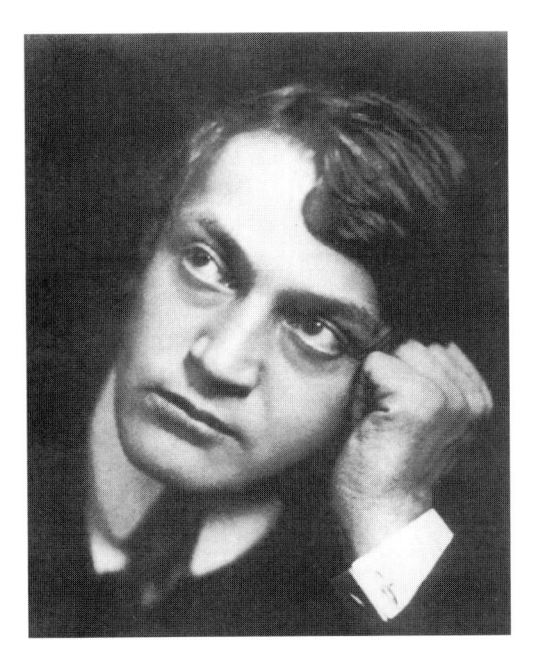

16 エンドレ・アディ（1877－1919年）恐らくハンガリーが20世紀に生んだ最も偉大な詩人，詩作と政治に於ける革命家

17 1913年当時のハンガリーの将軍達，前列右が，ユダヤ人の酒屋の息子に生まれ，1917年，帝国軍人の中で参謀総長に次ぐハンガリー人で最高位についたサームエル・ハサイ国防大臣（1910－1917年）

18 イシュトヴァーン・ティサ伯爵，1903 – 1905年と1913 – 1917年，首相，1918年10月末，不明の犯人に暗殺された．

19 ミハーイ・カーロイ伯爵，最初のハンガリーの共和国の大統領．自らの土地の分配に署名する伯爵

20 共産党指導者，委員ベーラ・クン，1919年，国有化後，チェペル島の機械工場で労働者を前に演説．

21 ミクローシュ・ホルティ提督．1919年11月16日，国民軍を率いてブタペストに入る提督

22 1934年3月17日のローマにおける3国会談でベニト・ムッソリーニと共にオーストリアの連邦宰相エンゲルベルト・ドルフスとハンガリー首相グンブュシュ．

23 ベーラ・バルトーク（1881－1945年）最も偉大なハンガリーの作曲家．確信的民主主義者でナチ反対者．1940年にハンガリーを去り，米国に亡命

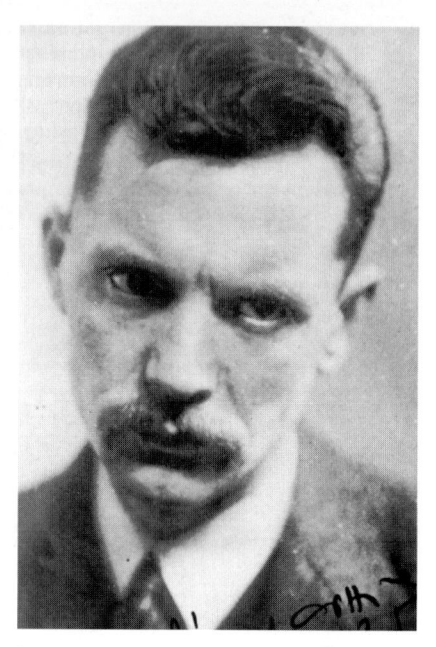

24 アッチラ・ヨージェフ　大戦間の傑出した詩人．32歳で貨物列車に飛び込んだ．

25　1938年11月2日，第1回ウイーン裁定の後，左より，チェコスロバキア外相フランティセック・シュヴァルコフスキ，イタリア外相ガレアツォ・チアノ伯爵，ドイツ外相リッベントゥロープ，ハンガリー外相カールマーン・カーニア

26 ミクローシュ・ホルティ提督，1938年のドイツ公式訪問，キールでヒットラーと共に

27 1944年夏，西部ハンガリーの町キュセックから収容所に送られるユダヤ人．5月15日から7月7日までの間に42万7,402人のユダヤ人がアウシュヴィッツに送られた．ほんの一部の人々だけが帰還した．

28 1951年の最優秀労働者の大会で，スターリン，レーニンの写真に囲まれた自分の写真の前で立つマーチャシュ・ラーコシ党首

29 1953年7月のスターリンの死後，改革路線を踏み出すことを公布するイムレ・ナジ新首相．左は，スターリン主義と自分の犯した犯罪を清算することに全てに反対してゆく党首ラーコシ

30 1956年10月23日，自然発生的な国民の蜂起が起こった．最初に，憎まれた異邦人と共産主義の支配の象徴として，市の公園の端にあったスターリンの巨大な記念像が打ち倒され，粉々に打ち砕かれた．

31 10月末の激しい戦いの後でブタペストのヨゼフ通りでは，損傷したソ連戦車が蜂起した人々によって差し押さえられた．

32 1979年に行われたレオニード・ブレジネフ・ソ連党書記長（左）のハンガリー友好訪問の終了に当たって，フェリヘジ空港で心からなる見送りをするハンガリー党書記長ヤーノシュ・カーダール．

日本語版への序文

　ハンガリーで生まれたオーストリア人として，いまやこの本が日本語でも出版されることに非常に喜んでいる。成功した，ダイナミックな日本のような国は，ハンガリーは勿論，中欧全般において特別な重要性を付している。私の『ハンガリー人』が，すでに英語，フランス語，ハンガリー語，ルーマニア語，チェコ語で翻訳出版された事実は，ハンガリーの歴史を理解されるようにという私の努力がドイツ語圏を越えて読者を得ている証左と考えている。

　私は，1975年以来3度にわたって日本を訪れ，ジャーナリスト，学者，外交官，ビジネス関係の人々と直接のコンタクトを持つという素晴しい経験を得た。日本は再び，ヨーロッパ全体で，勿論このウイーン，ブタペストでも政治的，経済的，文化的に圧倒的な成功物語を謳歌している。余談であるが，既に，1981年に私の書いた，当時共産主義下の東欧と民主主義の西側の間で行われている『メディア戦争』という本が日本語で出版されたことがある。

　1956年10月のハンガリー革命が打倒された後，私はウイーンに逃亡し，そこで22年間，特にフィナンシャル・タイムズ（ロンドン）のウイーン特派員やテレビ論説者，政治的書物の著者として活動してきた。こんなわけで，この地域で起こった政治的な地殻変動を間近に経験し，ジャパン・タイムズ，共同通信をはじめとして日本にも記事を送ってきた。私はこれまで，中・東・南欧の政治・経済に関して14冊の本を著してきた。

　ハンガリーは勿論私の関心ごとの中心である。私は，ブタペストに生を受け，そこに育った。学校の生徒，学生，若きジャーナリストとして，私は直接，間接的に，ファシズム，ナチズム，共産主義，そして共産主義後の混乱の時代の生き証人であると思っている。この本では，私は全般的に一般化を避けつつ，同時にそれぞれの政治的行動を含めて，誠実に，事実の分析を表現しようとしたつもりである。

　私は，特に稲川照芳元大使の翻訳の仕事に感謝したい。さらに，ハンガリー

文化・教育省に，この本の日本語出版に際して寛大な支援に感謝する。

2008 年 9 月　　ウイーンにて

パウル・レンドヴァイ

目　　次

日本語版への序文

序 ……………………………………………………………………… 1

第1章　「異教の野蛮人」のヨーロッパ襲撃：
　　　　ザンクト・ガレンの証人 …………………………………… 7

第2章　定住か征服か？：
　　　　ハンガリー人のアイデンティティー ………………………13

第3章　マジャールの嵐からキリスト教徒のアールパード王朝へ………28

第4章　継続性と自由を巡る戦い …………………………………… 39

第5章　1241年の蒙古来襲とその結果 ……………………………… 50

第6章　中欧の大国へ：
　　　　異国人の国王の下で ………………………………………… 64

第7章　フニャディの英雄時代（マーチャーシュ国王の時代）：
　　　　トルコの危険性を背景に …………………………………… 77

第8章　モハーチの破滅へ …………………………………………… 89

第9章　トルコ支配の壊滅的な結果 ………………………………… 98

第10章　トランシルバニアの重要性 ………………………………… 110

第11章　ガーボル・ベトレン――臣下，愛国者，ヨーロッパ人 ……118

第12章　ズリニ或いはズリンスキ？　2つの民族の英雄 ……………131

第13章　クルツの反乱の指導者テケイ：
　　　　冒険主義者か，裏切り者か？ ………………………………143

第14章　ハプスブルク家に反抗するフェレンツ・ラーコーツィII世の
　　　　独立闘争 …………………………………………………… 151

第15章　神話と歴史：
　　　　時代の変遷の中の偶像 …………………………………… 162

第16章　ハプスブルク王朝の支配下で――マリア・テレジア時代 ……167

目　次

第17章　「帽子を冠った国王」に対する戦い …………………………184

第18章　修道士マルチノビッチとジャコバン党の陰謀：
　　　　革命的殉教者としての秘密スパイ …………………………190

第19章　イシュトヴァーン・セーチェニ伯爵と「改革の時代」：
　　　　「偉大なハンガリー人」の成功と挫折 ……………………198

第20章　ラヨシュ・コシュートとシャーンドル・ペテフィ：
　　　　1848年革命の象徴 ………………………………………………215

第21章　勝利，敗北そして崩壊：
　　　　1849年革命の失敗 ………………………………………………231

第22章　英雄コシュート対「ユダ」ゲルゲイ：
　　　　犠牲神話の中の「善玉」と「悪玉」 ………………………252

第23章　王妃エリザベート，首相アンドラーシと宰相ビスマルク：
　　　　オーストリアとハンガリー間の和解への道 ………………270

第24章　敗北の中の勝利：
　　　　妥協と二重帝国のその後 ………………………………………287

第25章　限りなき幻惑：
　　　　ハンガリー人の使命意識と民族問題 …………………………305

第26章　千年祭を巡る「黄金時代」：
　　　　近代化とその陰 …………………………………………………317

第27章　「ハンガリー系ユダヤ人かユダヤ系ハンガリー人か？」：
　　　　貴族とユダヤ人の珍しい共生 …………………………………337

第28章　「ハンガリー人はドイツ人になるのかマジャール人か？」：
　　　　ドイツ人の特別な役割 …………………………………………356

第29章　第一次世界大戦から「絶望的独裁」へ：
　　　　赤い伯爵とレーニンのスパイ …………………………………366

第30章　白馬上の提督：
　　　　トリアノン──イシュトヴァーン王国の死亡証明書 ………382

第31章　冒険者，贋金つくり，国王候補者：
　　　　ドナウ盆地の平和のかく乱者 …………………………………398

目　次　　　　　　　　　　　v

第32章　ヒットラーとともに：勝利と没落
　　　　　ユダヤ人抹殺からピューベルの支配まで …………………416
第33章　敗北の中の勝利：
　　　　　1945年－1990年 ……………………………………………437
　　　　　　共産党の権力掌握（437）　ラーコシの独裁（439）
　　　　　　スターリンの死とハンガリー（454）　56年ハンガリー革命（458）
　　　　　　カーダールの時代（466）
第34章　「どこをみてもハンガリー人がいる…」：
　　　　　天才と芸術家達 ………………………………………………475
　感謝の言葉
　ハンガリー史の主なデータ
　原　注
　人名索引
　訳者の言葉

序

　(1)　カルパチア盆地でハンガリー民族とその国家が存在し，しかもそれが生き残ったということは，ヨーロッパの歴史に於いて奇跡である．マジャール民族ほどその姿が数百年間，そして幾多の時期にわたって，沢山の，それぞれ矛盾するイメージに彩られた民族もいないだろう．如何にして「小児を食い散らす人食い人種」や「血に飢えたフン族」が，キリスト教の西欧を防衛し，蒙古人，トルコ人，ロシア人に対する英雄的な独立闘争をやってのけたのか？　誰が，スイスからフランスに至って，そして，ドイツからイタリアにかけて恐怖と不安を撒き散らし，アジアからの民族移動の中で消え失せてしまわず生き残ったのだろうか？

　其の起源とする故郷，彼らの言語の起源と根っこは，そして移動に至った，或いは定着した理由は，今日に至ってもはっきりしない．しかし，アルバニア人を除き，マジャール人は独特の言語と，その歴史においてヨーロッパで最も孤独な民族であることは疑いの無い所である．ハンガリー語で夢を見，それでもドイツ語で，後に英語で著作活動をしたアルトゥール・ケストラーは，かつて，「多分，例外的ともいえる孤独感こそが，その存在を信じがたいほど熱心に説明している理由なのだろう．ハンガリー人であることは，集団的ノイローゼである」，と述べている．

　(2)　西暦896年の定住以来，この孤独性はハンガリーの歴史に於いて多くの側面を伴いつつも一定の気質であり続けた．やがてはこの小さな国民は死に絶えるのではないか，ハンガリーの特性が死に絶えるのではないか，敗戦の結果いろんな民族グループに別れてズタズタにされた（ハンガリー人の3分の1が外国に住んでいる）行く末に対する不安が，詩や散文に描かれた死のイメージの主要な背景となっている．

　伝説，伝承，民族の言い伝えが事実を覆い隠したり，歪めたりした．同時にこの神話がこの地域の歴史を形成し，国家のコンセプトを彩ったりした．イシュトヴァーンの王冠に象徴される，いわゆる「政治的国家」のもとに，変転

する，時には栄光に輝く成功に彩られ，大抵は悲劇的な紛争に特徴づけられた，先住民と征服者，外来者と追放された者の関係が起こることになった．開放と閉鎖の，コスモポリタン主義とナショナリズム，孤独感と使命感，死の恐怖と強者に対する憧れの気持ちの相互関係が，変遷するハンガリーの文化と歴史に印象深く見られる．宿命的な敗北の長い連鎖反応によって，見放された，という気持ちが強められ（「我々は地上のあらゆる民族から見放された」と，国民詩人のペテフィも言っている），マジャール民族の殆んどあらゆる世代が深く根ざした人生についての悲観主義に満たされている．1241年の蒙古人の来襲，1526年のモハーチの破滅と，その後の150年にわたるトルコによる占領，1848／49年のハプスブルク家とロシアのツァーの連合軍による独立戦争鎮圧，1920年のトリアノンの指令にもとづく歴史的ハンガリーの破壊，1956年10月の蜂起の武力鎮圧を含む，第2次世界大戦後40年にわたるソ連と共産主義者による支配等，西側から何度も何度も見放された荒廃した国，という認識をいやというほど先鋭に確認させる惨事であった．こうして見ると，誰がこの民族の信じられないほどの反抗の力と生き延びる術を疑えようか？

　国土が3つに分割されようが，又外国による数百年の支配にもかかわらず，ハンガリー人は国家の一体性を維持できた．そこには，ドイツ人とスラブ人の間で，親戚もなく，彼らの言語は「中国の万里の長城」の如く異なり，破滅を克服する力を与えた情熱的な祖国愛があった．定住から第1次世界大戦の終わりに至る，ハンガリーの発展と崩壊，それに1920年から1990年に至る目まぐるしい変転の鍵は，1030年にアルパード家の最初のキリスト教徒の王，聖イシュトヴァーンが自分の息子に与えた教訓（多分，ドイツ人司祭によって造られたであろう）にあろう：

「ローマ帝国は次の理由により重要性を増し，其の重臣達は評判高く，強力になったのだ．なぜかというと，様々な国から尊い人や賢人達がそこに集まったからだ…様々な国や地方から沢山の人々が集まり，彼らが様々な言葉や習慣，知識や武器を持ち込んだからだ．それらで王たちは宮廷をにぎわし，華やかにした．外国の勢力はこれを恐れた．1つの言葉と1つの風習しか持たない国は弱く，挫きやすいものだ．それ故，我が息子よ，彼らに会い，彼らを丁重に扱い，彼らが何処よりもお前の下に仕えるよう

にするように．もしもお前が，私が築いたものを破壊し，私が集めたものを逸散させるようなら，お前の国は疑いも無く大きな損失を蒙るだろう」．

(3) このようにして，既に 11 世紀には王室の招待によりドイツ人が上部ハンガリーやトランシルバニアにやってきた．数世紀にわたって，ペチェネーグ族やクマン族の遊牧民だけでなく，ドイツ人，スロバキア人，ルーマニア人，クロアチア人，セルビア人，ユダヤ人もまたハンガリー民族に所謂結晶していった．国民的神話を作った人達，トルコ人との戦いで歌われた英雄，ハプスブルクに対する独立戦争の政治的，軍事的指導者，傑出した文学や科学分野の人々は，全く，或いは部分的にドイツ，クロアチア，スロバキア，ルーマニア，セルビアの血を引く人々であった．このことは，ハンガリーの歴史の特徴として，国家主義的な年代記作者達によって触れられなかったり，全く黙殺されたものの1つである．二重帝国皇帝ヨゼフ II 世の時マジャール人は当時のハンガリーの人口の3分の1足らずであったことを考えると，彼らが1910年までに其の割合を54.5%に上昇させた事は，疑いも無く，本来のハンガリーの言語面と政治面におけるまさしく驚異的なダイナミズムである．統計的には，新たにハンガリー人と登録したドイツ人の数は60万人を超え，他方，同化したスロバキア人は50万人を超え，そして，マジャール人になったユダヤ人はおよそ70万人を数えたといわれる．全体でみると，第1次世界大戦前には同化したドイツ人，スラブ人，ユダヤ人は，統計的に確認できるマジャール人の4分の1以上を占めていた．

他の民族を抑える事も含めて，ドナウ地域でイシュトヴァーン王冠の大王国を作るという，全く非現実的なハンガリー人の国家観は，人種的なものではなく，全く文化的なものであった．ハンガリー人であることを明らかにした人間はすべて，平等な出世の機会が与えられた．其のことは勿論，ユダヤ系ハンガリー人にも当てはまる．既に，1848年の革命やその後の数十年間ハンガリーの言語と文化に一体化したユダヤ人にとっても機会は平等であった．他方で，ハンガリーの方でも，イシュトヴァーン王国の中でハンガリー人の比重を高める為にハンガリーに忠誠を誓う人間を必要とした．と，同時にドイツ人やギリシャ人とともに経済や金融分野や，知識人の職業というハンガリー人の中・小の貴族が常につくことを拒んでいた職業につく忠実な人々を必要としていた．

マジャール人とユダヤ人の特異な関係はオーストリアとの妥協のあと数十年間の経済的，文化的な発展を彩った．

同化を志向するユダヤ人の運命は，最も輝かしいものであったが，しかし，大戦間，特に1944／45年のドイツの侵入のときはハンガリー史にとって最も忌まわしい1章となった．多くの偉大な天才たち——その中にはノーベル賞を受けたものもいる——が科学，芸術，金融，産業の分野で，自分の祖国ではなく，特に英国や或いは米国で画期的な業績をあげたのは，反ユダヤ人法の愚かな，しかし，当然の結果であった．

ハンガリー人とドイツ人の関係も，又，聖イシュトヴァーンがバイエルン公，後の皇帝ハインリッヒⅡ世の妹ギーゼラと996年に婚姻して以来多くの観点から特異なものであった．最初のハンガリー王の宮廷ではギーゼラに随行していったドイツ人僧侶，騎士，貴族が指導的な役割を果たし，王の頭の中には，ゲルマンの制度が模範として描かれていた．アールパード家の彼の後継者達も，計画的にドイツ人の入植を促進した——19世紀のハンガリーの歴史家の言葉によれば：「ハンガリー人が国を造り，ドイツ人が街を造った」．マジャール人の支配層の気持ちとしては，ドイツ人に対し，文句なしの驚嘆と深く根づいた不信感に揺れ動くものがあろう．

(4) ドイツ人に関しては，ドイツ人住民が大半であった王の自由都市はトルコとの戦争を免れた．最初の頃の大きなグループはハンガリーの諸王たちによって北部土地に入植を促され，ザクセン人はトランシルバニアに入植した．ハプスブルク家は，18世紀に特にバチュカやバナトなどの南部ハンガリーに入植させた．ドイツ人市民に与えられた数々の特権があり，それが部分的に近隣のハンガリー人に不信の念を与えたこともあった．政治的により重要なのは，19世紀の初めにナショナリスティックな貴族や作家達が率いた，ゲルマン化により危機に瀕したハンガリー語の維持と再生を試みた運動であった．多くのハンガリー人の家族では，お互いに母国語で会話したり，ハンガリーの詩や小説に言及することは軽蔑すべきことだと思われていた．最初は，自分の兄弟ともドイツ語で文通していて，母国語を再度勉強せざるを得なかった詩人のカーロイ・キシュファルディは「母国語をもたない民族は故郷も持っていない」．と警告した．1848年の革命前夜，作家のヨーゼフ・バザは，ブタペストの科学アカデミーで次の如き激しい演説を行った：

「我々の民族にとってドイツ語と其の文化は危険である．我々は今や，このような雰囲気が奈落に導くこと，そして，特に侵入してくるドイツ語は我々を終わりに導くことを良く考え，悟るべきである…我々はドイツ人を憎むべきでなく，彼らから我々を守るべきである…私は野蛮人ではなく，教育に反対しているわけではない…しかし私は，民族が教育に対して，其の存在自体を代償として支払うことは罪であると思う」．

オーストリアとの妥協（1867年）によってオーストリア・ハンガリー帝国が成立し，ハンガリーが当時の可能性の枠内で広範な独自性を獲得した後，急速に，ますます押さえの効かないマジャール化への道を進んでいった．これに輪をかけるようにフランツ・フォン・レーアは紙上で非常に攻撃的な論争でハンガリー人をけしかけた：曰く，彼らは「ハンガリー人は文化の無い民族である」．というのは，「欠伸の出るほどの退屈さがマジャールの千年の歴史を被っている．これを救うのはハンガリーの中の勤勉で文化を備えたドイツ人だけだ」．

このような，協力と抗争，連合と分裂，利害の共同体と独自の道の追及という葛藤が先ず相互関係を彩った．50万人を超えるハンガリー人の片棒を担いだドイツ人少数派が，第三帝國ではナチ政権の，最初は見せかけの特権を与えられて道具と化し，その後は，破滅への道に向かい，大戦後は，ハンガリーに住むドイツ人半数の追放と祖国に留まったドイツ人の数十年に亘る不正な差別という母国ハンガリーの，そして国家民族の犠牲になった．

従って，マジャール人の千年の歴史のなかで，「ハンガリー人とは何だ？」，「何がハンガリー的なのか？」と何度も問い掛けられるのも不思議ではない．答えは決して明確ではない．そして，特にドイツ語圏でよく引用される同じ文学史家が，政治的な風向き次第で，ハンガリーの作家や科学者を，あるときは大々的に誉め，たったの数年後には，「異なった人種」や国民への「有害な影響」故にハンガリーから（ドイツは）一線を画すべきだ，と主張するようなことが起きる．その際，迫害されたり，「反ハンガリー的だ」と批判された文学者がしばしば政治的に偏った批判者よりも上手なハンガリー語を書くということも事実だし，ハンガリーの歴史の中で，文学や政治上の人種差別主義は，殆

んどの場合，全部或いは部分的に「外国人」によって代表されているのと同様，事実である．

　このことを，今日まで超えることはないといわれている「ハンガリー文学史」の著者アンタル・セルブがとうに示唆していた．彼は有名な将軍であり，詩人である伯爵ミクローシュ・ズリニを例としてあげている．クロアチア人として生まれたズリニは（彼の大作の詩をクロアチア語に訳した弟ペーテルと違って），ハンガリーの国籍に変えてしまった．

　(5)　今日，近代に於いて，創造的なハンガリー人がいなければ或いは，原爆も，コンピューターも，ハリウッドも無かったし，人種，或いは出生はともかく，ハンガリー人の天才たちが科学，芸術，経済並びに産業分野で，世界的な活躍をし，重きをなした，ということは知られているのだろうか？　天才たちの輝かしい個人的実績と，繰り返された国家としての集団的失敗の数々は，かっての遊牧民族だった歴史を振り返ると，魅惑的でもある．それでは，ハンガリー人は，異民族の支配下に国民の3分の1が分散され，母国との平和的な統一の望みも無い永遠の敗北者なのだろうか？　或いは，彼らは何度も何度も敗北の中で勝利者となり，犠牲者で，人生の芸術家であり，夢想家で，現実主義者なのだろうか？　作家のティボル・デーリは1956年の打ちのめされた革命の後，「ハンガリー的なものとは何だろうか？　破滅の上で踊っているユーモアだ」，と語っている．

　歴史の概観と，伝記の概要，大衆が物語っていたことなどを交えて，私は，ハンガリー人およびその変転とする運命を，外国の，ハンガリー語を得意としない読者達に紹介しようと試みたつもりである．ウイーンに住んで40年後，オーストリア人となったユダヤ系ハンガリー生まれの者として，タブーを恐れる必要もなく，マジャール人を友好的に，そして批判的距離を置きつつ，描き出すことが出来たのではないかと希望している．

第1章 「異教の野蛮人」のヨーロッパ襲撃：
ザンクト・ガレンの証人

　西暦898年から955年にかけての半世紀間，マジャール人はヨーロッパの禿鷹と言われた．50程の略奪の列になって彼らは，彼らの道をふさぐものは皆蹴散らして進んだ．略奪，放火，殺戮を行い，騎馬民族はドイツ，北部イタリア，大半のフランス地域を襲った．特に彼らは，ブレーメン，バーゼル，オルレアン，オトラントを略奪し，火を放った．兎に角お互いに争っていたヨーロッパの諸侯たちに雇われた傭兵で固められた兵士に対して，彼らは北海から大西洋の海岸まで遠征した．彼らは，或るときはイタリア王ベレンガーと戦い，或るときはその王のために戦った．又，バイエルン王のアルヌルフ，ビザンチンの利益に対しても同様であった．

　古いフランスのロランドの歌は彼らのことを「悪魔の種族」と呼んだ．そしてマジャールを，彼らが現れる所には決まって血の跡が残されたとか，彼らをフン族やサラセン人と混同して言及している．年代記作者達は，極端な残虐性を伝え，その際に頻繁にマジャール或いはハンガリー人といったり，フン族と取り違えている．大抵の作者達は結局の所ハンガリー人なんて見たこともなかっただけでなく，場所的にも，時間的にも距離的にも後になればなるほど，距離が離れれば離れるほど，残虐性が益々大げさに伝えられてしまい，そして全体として彼らのせいにしてしまったのだ．このようにして，至る所不安と恐怖を撒き散らす，スキタイの血を引く，「身の毛もよだつ，残忍な民族」，「生き血をすすり，人食いの気味悪い民族」という全体像が出来上がったのである．

　侵入者達の子孫に就いてよく描かれていて，細かな描写で最高に面白いのは，926年の略奪のことである．970年と1075年の間に書かれた3人の年代記作者たちが，ザンクト・ガレン（註 スイスの町）の修道院とその周囲に対する襲撃に就いてそれぞれ異なった描写を行っている．風のような速さで，「異教の野蛮人」はバイエルンとシュヴァーベンを通ってボーデン湖に達した．修道院では重大な被害をもたらし，その際，1人のアレマン人（註 南西ドイツおよびス

イス北東に住む民族）貴人を殴打して殺害した．彼女は，10年前から狭い一室に閉じ込められていた：信仰心の深いこのヴィボラダは斧で殺害されていた．そして彼女は殉教者として教会の歴史に残ることになる．法王クレメンスⅡ世は神話になるほど才能溢れたこの才女を1047年に最初の聖女に命名した．

彼女は既に春に東方から戦闘部隊の来襲があることを正確なタイミングと共にサンクト・ガレン修道院院長に予言し，修道僧と貴重な修道院の書物と共に修道院の宝物を事前に安全な所に隠すように要求した．「敵の侵入の噂は日を追って濃厚となり，にもかかわらず，人々は，野蛮な民族がボーデン湖の近辺を抜き身の刃で奈落の底に落とし，多くの人々を打ち殺し，あらゆる村と家を焼き討ちにしてから初めて認識した」，と「ヴィボラダの人生」は伝えている．[1] そうしてはじめて人々は彼女の予言が正しかったことを悟った．それでも，多くの人命と貴重な書物が救われた．ヴィボラダ自身は逃げなかった．彼女は西暦926年5月2日に亡くなった．

修道院図書館の守護神となった聖女ヴィボラダの人生とその死は，修道士エックハルトⅠ世とエックハルトⅣ世，ヘリマヌスの年代記と共に，後の世代に何度も何度も引き継がれていった．最近まで彼女は詩人や作家達に霊感を与えてきた：例えば，スイスの作家ドリス・シッフェリは1998年に至って，ヴィボラダの小説を書いたぐらいである．1956年革命の後，スイスに亡命し，ザンクト・ガレンに住み着いたハンガリーの医師が1992年に10世紀のハンガリー人の襲撃の歴史を2ヶ国語で刊行した．それは，「遠い昔，始めは戦いであったが今日では平和で協力的なハンガリーとザンクト・ガレンの関係」に言及している．

今日まで，ヴィボラダの命日は毎年礼拝で記念すべき日となっている．従って，1972年にハンガリー人のヨージェフ・ミンゼンティ枢機卿がわざわざこの記念日に修道院の図書館を訪れ，黄金の記帳書にハンガリーの首座大司教としてサインしたのは非常に象徴的であった．

ハンガリー人一般はおろか，特に歴史家は勿論，修道院の聖なる守護神の人生に或いは今日のザンクト・ガレン司教区にというよりは，図書館の中にハンガリー民族の初期の歴史の重要な資料が保管されていることに関心を寄せている．年代記作者のエックハルトⅣ世が著した年次報告や「新しく，興味あるように」編纂された歴史は，その頃の時代に光を当てるものであった．9世紀，

10世紀に多くの人の手になるアレマン地方の歴史編集ではハンガリーのことが9回，更により分厚いザンクト・ガレンの10世紀の年次報告では15回も言及されている．

　エックハルトの年代記では926年5月1，2日の出来事について詳細に記述されており，今日まで，ハンガリー人学校生徒の義務教科になっている．そこではマジャール人が非人間的ではないと表現されている唯一の本である．初めて，そこにはハンガリー人の習慣などについて詳細な，実際に見た見聞が伝えられている．主役はむしろ「単純な，少し頭の悪いヘリバルトという名の修道士であった．彼の言葉やからかい言葉は軽蔑されていたほどである」．他の司祭達は彼に対して自分達と一緒に逃げるように諭した．しかしヘリバルトはそれを拒否して言った．「逃げたいものは逃げるがいい．わしは決して逃げはしない．というのは，配給係りがわしに今年はまだ靴の皮をくれていないからだ」．

　ヘリバルトが後に告白したところによれば，城壁のない修道院に侵入してきた恐ろしい敵は投槍と尖った穂先で武装していた．怖がらせる格好にしては彼の髪の毛1本も引き抜くわけでもなかった．ハンガリー人は通訳を連れてきていた．途中でひっぱられてきた僧侶は，ヘリバルトが何を所持しているかを通訳した．ハンガリー人は自分達がバカを相手にしていることに気づくと，ヘリバルトを釈放した．彼は修道院の中での晩餐会にも参加を許された．彼が後に述べたところによれば，マジャール人は半分生身の肉をナイフで切るのでなく，歯で「食いちぎって」食べた，という．修道院にあったぶどう酒も盛んに飲まれた．時間を弄んだマジャール人はかじり取った骨を投げ付けあっていた．それから，彼らはこの2人の歌うのを聞いていた．

　ヘリバルトが気に入らなかったのは，彼らが折れた槍を，修道院の中庭や外の野原ではなく，教会の内部で，或いは，聖なる床下に投げつけたことである．酔っ払った2人の若い兵士が，てっぺんの鳥が金で出来ていると思い，鐘つき堂によじ登ったが，1人は風見鳥を槍で落とそうとしてバランスを崩して墜落して死んでしまった．もう1人はてっぺんの屋上で用を足そうとして，その際に後ろ向きに落下し，粉々になって地上に横たわっていた．ヘリバルトが後で述べたところによれば，兵士達は2人の遺体を塔の門の間で焼いた，という．2つのワインでいっぱいになっていた樽はヘリバルトの懇請によって残された．

略奪品を積んだ馬車はそうでなくてもいっぱいであっただろう．

「神は敵の刃と槍の中でも精神の弱い者を守ってくれた」，と年代記作者は述べている．戻ってきた目撃証人ヘリバルトは「修道院の客人はどうだったか？」と質問されて答えた．「まあ，本当に素晴らしかったよ．こんなに信心深い人々は今まで見たことがなかったよ．というのは，彼らはご馳走と飲み物をたっぷりお供えしていた」．

聖ヴィボラダの殉教に就いての物語が多くの混乱と混同ををもたらしていたが，スイス人の口先からは，今日でも例外無しに，ザンクト・ガレンの黄金時代に終止符を打った，あの「フン族の来襲」という恐ろしい時代に就いて語られるのが普通である．これに対して，11世紀に書かれたヘリバルト修道士に関する物語は，ハンガリーの作家や学者にとっては「マジャール人の国民的性格」が示されている重要な証しであるとされた．1902年にシリーズの最後が出た，皇太子ルドルフ監修の「言葉と絵で見るオーストリア・ハンガリー」というシリーズには，例えば，歴史家カール・サボーが明確に当時ザンクト・ガレンで「ハンガリーの馬上の兵士に就いて生々しく描いている」と表現している：「素朴な，束縛できない，さっと血が上り，その一方で素早く妥協する，陽気な，人生を謳歌する，無邪気なこのマジャール人の若者に関する描写を見れば，今日目にするマジャール人の国民の特性を十分理解できる」．[2] 十数年後，半ば公式の歴史家で，大戦間に長年文化大臣を務めたバーリント・ホーマンはジュラ・セクフュと一緒に発行した5巻からなる「ハンガリーの歴史」のなかで修道士ヘリバルトを陽気で，お酒が好きで，歌が好きな，心を開いた，気さくなハンガリー人の伝統の主要な証人として掲げている．このような物語にハンガリー人農民の先祖を垣間見ることが出来る….

近代のハンガリーの歴史家は，馬に乗った戦士達の厳格な規律についての詳細な描写の重要性に就いても指摘している．修道士ヘリバルトの口上はいずれにしても，最良に訓練された軍隊を想像させる．彼らは，数分の内に戦闘準備が出来，休憩の時も夜も注意深く見張られた馬車の囲みの中に引っ込み，出発の時も前衛と後衛を警備した．部隊同士は伝令や角笛，火の合図でお互いに意思を疎通した．危険が迫ると，命令一下，すべての兵士が馬に跨り，瞬く間に命令に従う．このような規律があってこそ，故郷から数千キロ離れた戦場であ

らゆる場所に戦いの行進を行った，基本的に，傑出した騎馬隊の素晴らしい業績が可能であった．

　ハンガリー騎馬戦力の円陣防衛の持つ破壊的な軍事技術の秘密は端的に言えば，鎧にあった．この助けにより，ハンガリー人は何の苦労もなしに鞍に支えられ，これが百人で構成される部隊の迅速な方向転換を可能とし，敵に対し，何倍も優勢な彼等の武器の命中度を説明することが出来た．彼等の悪評高き動きの速い戦闘方法，と特に逃げると騙して襲う戦術は敵の部隊を混乱させた．荒々しい，殆んど剥げになるまで剃り上がった頭の騎馬兵の，金切り声で，低く響く戦闘の雄たけびは，襲われた者の血を血管の中で凍りつかせた．素早く方向を見失った逃げる騎士を槍と曲がった刀で落馬させるのは容易なことであった．ザンクト・ガレンのエピソードの場合にように，ハンガリーの歴史家や作家達は，いわんや，教科書は，向こう見ずな騎馬遊牧民族が犯した略奪行為の残虐性には長いこと言及してこなかった．ハンガリーの年代記作者は遠征は優雅な「冒険行」であった，等と述べている．若いマジャール人は幾世代も，ハンガリーの戦勝に対して非常な誇りをもって教育されてきた．彼らは，ドイツ，イタリア，フランス，スペインの修道院では「ハンガリー人の矢から救い給え，おう，神様！」と祈られたことを教えられてきた．

　ザンクト・ガレンのエピソードに関する，又マジャール人戦士の恐るべき残虐性についての西欧とハンガリーの歴史記述が全く正反対に評価している点は，時と共に国民性の議論にまで発展したステレオタイプの形成に，ちょっとした，それでも大変興味深い示唆を与えている．ハンガリー人を西側の敵として見る一方，ハンガリーでは自らの自画像が，幾世代にも亘って新しい世代が学習し，特に文化として受け継がれ，無意識的に性格と見なされ，或いは，意識的に醸成された偏見として今日まで続き，今後も続くであろうという理由はいろいろある．無批判に受け入れ，激しく大げさに言われるハンガリー人の由来に関する神話は，感情的に反発する外部に対する敵対性，急激に，そしてしばしば起こる忌まわしい人種的紛争の重要な要因である．まさしくハンガリー人に関しては，「他の」民族グループや自らに関するステレオタイプが，古くから隣国人や，かっての大ハンガリーの中の少数民族との関係について特徴付けられている．[3]

これから見ていくように，中欧では歴史記述，歴史的に形成されたステレオタイプ，民族の神話の間に境界線を引くのは先ず難しい．映像にまでなってしまったイメージは初期の中世にまで遡る．フランスの偉大な歴史家フェルナン・ブロウドは全てを一緒くたにして判断することに警告を発している：「ルネッサンスまではどの国も肉食よろしき残忍さで自分の国を築いてきた…西暦1000年前までのヨーロッパの地図ほど空白の地域が点在するものはなかった」．[4] 後の作品でジョージ・デゥビは似たような結論を出している．彼は，中世のヨーロッパでは，足跡はせいぜい「大まかな推定の基礎」の域を出ない，と考えている．「そう考えれば，西暦1000年当時のヨーロッパ像は多かれ少なかれ我々のファンタジーに任せられている」．[5] このことはカルパチア地域についてまさしく当てはまる．

第 2 章　定住か征服か？：
　　　　　ハンガリー人のアイデンティティー

　歴史家達は，カルパチア山系が守りの壁として取り巻いているドナウ河地域の自然の一体性を，いつも指摘している．西側半分は，ハンガリー人がドナウの向こう側，ドゥナーンテールと呼んでいる，ローマ人によって4世紀に亘って支配され，低オーストリア（ノリクムとパンノニア）とともに，1つの行政単位を形成していたが，アルフェルドと呼ばれた大平原は，ドナウ河の左岸とトランシルバニアの前山脈に挟まれた地域で，これらは実際に民族大移動時代にその舞台であった．スキタイ族，サルマー族，フン族（アッチラに率いられた），ゴート族，ランゴバルト族，ジェピード族，最後にアヴァール族が200年にわたってここに長らく定住しようと試みた．ほぼ9世紀の末にパンノニアは東フランク王国との境界地方になった．スヴァトプルク侯に率いられた大モラビアはドナウ河の北部領域を支配し，他方，ドナウ河の東方の大平原とトランシルバニアはブルガリア侯の影響下の一部になった．大モラビアと東フランク王国は帝国形成に当たって激しく戦った．住民は大部分は，スラブ人農民であり，それには部分的にアヴァール族の一部も含まれていた．相異なるスラブ語の語句を喋る住民の生存は確認されている．
　それに反し，トランシルバニアの住民がどの種族に属するかは，今日までハンガリーとルーマニアの歴史家達の論争の的になっている．ハンガリーの先史・初期歴史を専門とする学者は，高地並びに森林地帯にはローマ化されたダキア民族が生き延びていたという，ルーマニア学者が執拗に主張している見解の根拠を激しく否定している．いずれにしても，9世紀の末に，ハンガリー民族の1つの騎馬民族が，今日の南ロシアのステップ地帯から渡って来てカルパチア山系の侵入口に現れた時は，ドナウ盆地のあらゆる地域は稀にしか住まわれていず，カルパチア山系には実際は誰もいなかった，ということは確かである．ドイツやオーストリアの歴史家は，ハンガリー人の強襲とかマジャール人の侵入と描いているが，ハンガリー人にとっては，定住である．最初は単に民

族移動にちょっとした波動を立てただけに見えたが，やがてそれはドナウ盆地のドイツ人にとってもスラブ人にとっても歴史となった．

　侵入してきたものは，其の犠牲者や敵には「アジア遊牧民族のモンゴルの化け物」と写った．既に863年のアレマン族の年代記には「フン族」がキリスト教徒を襲った，という記録があり，その際年代記は，ハンガリーの国家伝承と同じく，ハンガリー人をフン族と一緒にしていた．そして，フン族の蛮行をすべて，スキタイ族と同様，ハンガリー民族の所為にしてしまった．ビザンティンとアラビア人旅行者は彼らのことを「テュルク族」と呼んでいた：余談であるが，このような命題は19世紀に至っても，オリエントの専門家アールミン・ヴァーンベーリの有名な旅行報告にも散見される．

　今日では，まじめなハンガリー及び外国の歴史家，人類学者並びに民族学者すべては，この説は間違っている，という点で一致している．文書にせよ考古学的なものにせよ証明できるものがそんなに無い以上，言語がハンガリー人の由来を信頼できる，科学的に証明できる唯一のものである．ヨーロッパで独特な言語であるハンガリー語はフィン・ウゴル語族に属する．ハンガリー人の祖先はウゴル民族のグループのひとつであるが，それでも科学者たちは今でも争っているのが，ハンガリー人の先祖はウラル山脈（ヨーロッパとアジアの分岐点）の西側に住んでいたのか，それとも東側の斜面に住んでいたのかという点である．ハンガリー人に最も近い言語的な親戚は今日では3万に満たない人口しか持たない東ヤク人とヴォグル人である．彼らは近代に至るまで狩と漁業で生活していた．

　ハンガリー人は紀元前1000年の間にウゴル諸族のグループから離れ，他の民族とともに南西に向かった．其の後，トルコとイラン系の民族の影響のもとに遊牧生活を受け継いだ．本来は漁業と狩で生活していた民族は，突然現れ，又忽然と消え，遊牧民の帝國の内で耕地を耕し，家畜を飼う生活に変わっていった．彼らの後年の移動がいつ始まったのか，それがどれだけ長く続いたのか，どのような道を辿ったのか，他のどの民族と緊密な交流があったのか，は解っていない．旧ハンガリー人の初期の歴史，それに定住自体も，200乃至300年後に出来た神話と伝説が唯一のソースである．

　殆んどの歴史研究者たちはハンガリー人の豊かな伝説の山を歴史的な真実の核心を探る手段として認めており，神話が伝える内容は，少なくとも，本当に

第2章 定住か征服か？：ハンガリー人のアイデンティティー

何が起こったのかを探る助けになると考えている．それを越えて，それらは後に英雄賛歌の歌と伝説とともに，「歴史的な権利」即ち，占領したパンノニアではなく，合法的に再征服したかっての古き故郷，として定住を新しく正当化し，それを強調する為の基礎となった．

そんなわけで，例えば口承されて来ただけの伝説によれば，スキタイの王ゴグとマゴグの2人の息子フノーとマゴーが狩の途中で，不思議な鹿を追ってアゾフ海の北部地域に至った．彼らがこの不思議な動物を見失った後，次の狩りの機会に，2人はアラン族の王デュラの娘達を見て，兄弟はこの娘達を誘拐して，結婚した．この夫婦達からフン族とハンガリー民族が，即ち，「有名な誰にも負けないアッチラ王とアルモシュ公が発展し，後者がハンガリーの王と諸侯のもとである」，という．

近代の伝説研究と言語学は，民衆に好まれたこれらの伝説が歴史の中核であると認めている：即ち，ブルガロ・トルコ族とアラン族が密接に結びついている，ということである．ハンガリー人が自らを，「マジャール」と呼んでいるのは，ウゴル時代に遡り，「ハンガー」，「ハンガルス」，「ホングロワ」という名前は，マジャール民族が長らく属していたオノグル族のトルコ部族の正組織に由来するからである．オノグルとは「10本の矢」の意味で，即ち，部族を意味する．又，西側では，9世紀の初め頃より使われるようになったこの表示は，元々緩やかに結びついていた7つの旧来のハンガリー部族がハザール族から別れた3つのカヴァール部族と一緒になったことを想起させる．いずれにしろ，ハンガリー人が長い間，ヴォルガ河中流とドナウ河の下流地域のトルコ族のハザール帝国に所属していたことは確かである．しかし，よく言われるように，旧ハンガリー人は一度も「モンゴル種族」ではなかった．マジャール民族は，830年以来ドン河，ドナウ河，黒海に囲まれた広大な河川地帯，エテルケズに，相異なる遊牧民族，チュルク，アラン，スラブの諸民族と一緒に暮らしていた．ビザンティンやオリエントの資料に依れば彼らは，殆どの場合「トルコ族」と呼ばれていた．ブルガロートルコ語を起源とする凡そ200の言葉は，今日まで旧ハンガリー人の由来についてトルコ語の語源が非常に重要であることを物語っている．

驚くべきことに，人が住み着いた地域では民族が混在していたのにもかかわらず，ウゴル語が，即ちハンガリー語が優勢となり，「マジャール」の名が全

共同体の中で優越の地位を占めた．それだけに，最初にして，殆んど唯一の信頼できる資料である，ビザンティン皇帝コンスタンティンⅦ世の報告書が，7つあるべき旧ハンガリー部族の内2つがウゴルの名前（メジェール，とニェク），5つの残りの部族をトルコの名前で呼んでいるのは唖然とするものである．もっとも，皇帝は，後になって合流したカヴァール族では10世紀中庸においてもまだ2言語が使われていた，と報告している．

ハンガリーの歴史記述と文学の中で民族的，ロマン的に彩られた伝説の成立が歴史的にも，政治的にも今日まで非常に強い影響力があったが，ハンガリー民族の定住以前と定住の時点で，彼等は決して単一ではなく，まさしく「民族の混在」状態であった，ということを言っておくことが重要である．民族的に狭量な視点から完全にフリーな，ドイツ・ハンガリーの初期の歴史に関する研究者トーマス・フォン・ボギャイによれば，民族の由来及び民族の形成に関して，人類学的にも考古学的にも，ハンガリー民族は南ロシア・ステップ地帯の人種のるつぼから成り立ったという．

ハンガリーの歴史学者イェネ・スーチもまた，多くの掘り下げた研究書の中で，恐らく既に8世紀にはフィン・ウゴル族とトルコに起源を有する様々な部族がハザール族の或るリーダーの指導の下にハザール帝国を去ったこと，9世紀前にはハンガリーの根幹を形成した基本的種族は人種的には入り混じっており，社会的には主従関係が出来ていた，と力説する．彼は，「大量に発見された新たな」出土品から，キリスト教以前のハンガリー人とキリスト教・スラブ人住民の共生が既に10世紀中に進んでいたことを示唆している，という．定住したハンガリー人社会は，したがって，決して単一な戦闘部族ではなかった．後世のハンガリーの言い伝えは，しかしながら，彼らが，8世紀にユダヤ教を信奉していたハザール族との緊密な関係を持っていたことも，彼らの部族がハザール系とトルコ系の民族とともにカルパティア山系の斜面に到達した真の移動の理由に就いて黙殺している．[1]

既に引用したコンスタンティンⅦ世の報告では，部族の長たちが，老アールモシュの息子アールパードを，「ハザールの慣習と法」により最強の部族の首長の位に就けた．そして，騎馬遊牧民の習いに沿って，彼らの取り決めを「血の契約」によって固めた．後世の言い伝えは，いずれにしても，アールモシュとアールパードを既に天が定めた民族の最初の指導者であるとするに至った．

第2章 定住か征服か？：ハンガリー人のアイデンティティー

「伝説は，1つの形というものではなく，そもそも歴史というものを考え，想像し，追体験できるただ1つの方式である．すべての歴史とは，言い伝え，神話，或いはそのようなものとして，我々の精神的な潜在力の生産物である：即ち，我々の解釈力，我々の造形力，我々の世界感情である」，と，エゴン・フリーデルは彼の「近世の文化史」の中で述べている．[2]

2人の天賦の才あるハンガリーの年代記の作者，即ち，ベーラⅢ世（1173年－1196年）の匿名の書記官とシモン・ケーザイ——国王ラディスラウⅣ世の宮廷祈とう師——が，想像的な伝承力と創造能力でマジャール民族の初期の歴史を「魔術的な燭光と香り」に見せ，非常に多くの世代に亘って造られた歴史とした．ハンガリー人は，勿論彼らに戦いを挑まれた隣人民族も，意識的にか無意識的にか，彼らの歴史像をそれぞれの時代の要請にしたがって，見方を変えてきた．

民族として，又定住の正当化への努力は，今日までも，ドナウ地域の諸民族すべてにとって鍵となる役割を果たしている．そしてこのことは，それぞれの時代で何時も深く根づいた孤独感情に彩られたハンガリー人にとってはなおさらのことである．それゆえにこそ，民族と個々の個人の劇的な運命を描く上で，神話と，神話がいかにして精神的政治的な力になってゆくかという様子を描くことは，無味乾燥なデータとか名前や或いは様々な国王の系図よりもしばしば重要なのである．

運命的な定住は「匿名」によれば，伝説的な夢が先行した．王族や部族長たちのカリスマ性は，神がめぐり合わせた不思議な動物によって与えられた超自然的な能力に基づいている．スキタイの王の妃エメセは，神のお告げによってテゥルルという鳥——幾つかの見方があるが，オオタカ或いはオオワシ，いずれにしても獰猛な鳥——によって妊娠させられた．そしてこの鳥は彼女に，生まれてくる子供の歴史的な使命を告げた：彼女の息子は燃えるような火の子であり，広く国々を支配する，というのである．それゆえに其の息子はアールモシュ（夢）と命名された．アールモシュはそれから彼らのすべての種族を引き連れて，彼らの祖先フン族のアッチラが残した地を征服して自分達の新たな祖国とすべく立ち上がった．テゥルルの鳥は彼に目的地，カルパチアへの道を示した．アールモシュは途中で亡くなり，世界史から跡形もなく消えてしまった．

部族長たちは，アールモシュの息子アールパードを彼らの部族連合の首領に

した．彼等は，腕を切ってその血を聖餐の杯で酌み交わし，口々に王を賞賛し，彼に対する服従を誓い，彼らの王をアールパード家から選ぶことを誓った．国王アールパードは国民に征服した祖国を 108 の部族に正当に分かち，部族長が王の面前で自由な討論をすることができる権利を認めた．ハンガリーの歴史記述を信用すれば，これによって「最初の憲法の基礎」が敷かれた．

劇的な時代に「匿名」によって造られた憲法の伝説とそれに付随する他の伝説は，ハンガリーの部族たちの由来を，意識的に導かれた歴史的なものに見せかけることになった．作家のゲルギ・ダロシュはベルリンで行われた (1998年)，「国民の神話」という展覧会のカタローグに寄せた興味あるエッセイで，古いハンガリーの教科書から象徴的な個所の引用を行っている．[3] これは，如何に最古のハンガリーの伝説が「歴史的権利」に造り上げられたかを明確に物語っているものである．

次は沢山の例の 1 つである．それは定住を歴史的に正当化し，ハンガリーの歴史を 1864 年の「教育の発展と民族の生活の視点」という特別の角度から読むことを示すものである．

> 異国の学者達が，我々の祖先を吸血鬼とか野蛮な盗賊のように嘲ったり，中傷しようとするのに対しては，又，意図的に，或いは，無知により或いは国民的反感から我が国民を蔑むことを目的にしている行為には，教養ある，幸せなヨーロッパ諸国も誇ることが出来ないよう憲法を作り上げたということをどのハンガリー人も，誇りある自信で対応すればよい…ハンガリー国民が，この国，土地を征服し，如何なる生存能力のある民族も，実際に存在している国家の権利をも侵したというふうに非難することは出来ない．又，ハンガリー人が征服した国々の文化を破壊したとか，妨害したというようなことは非難できない…我々の先祖は征服した土地に社会的秩序や歴史的な権利が既にあったということを全く発見することが出来なかった．このような環境はそれだけでは正当化できなかったとしても，千年の歴史は，ハンガリー人が神によって正当な時期に，この国に導かれたことを証明している．

勿論，「神」という言葉には註釈が必要である．というのは，892 年にハン

第2章 定住か征服か？：ハンガリー人のアイデンティティー

ガリーの部族たちを反抗する家臣，モラビア族の指導者スヴァトプルク討伐の為に，誘ったのはバイエルン王アルヌルフであったからである．不気味な結果と後のハンガリー人による全パンノニア地域の荒廃の結果，東フランクとモラビアはお互いに，時には法王への手紙で，このような危険な敵を同盟国としてカルパチアへの道に誘い込んだ，として非難しあった．荒廃は広範に渡った模様で，バイエルンとモラビアは2年後には和平を結び，其の少し後には「血に飢えた，非キリスト教徒のフン」に対する共同の戦闘を構えるに至ったほどである．ついでの事ながら，「文明化した」西欧人は，或る状況のもとでは，彼らがハンガリー人について言うように，まさしく同様に野蛮に行動することを示したのが，902（或いは904）年の暗殺事件である．バイエルン族は「キュンドゥ」と呼ばれた神聖な部族の長で，ハンガリー民族の最高指導者を，ウイーンの東のフィシャに食事に招いた．皆が席についたとき，当時の「キュンドゥ」，クルサーン王はお供の者どもと共に陰謀によって殺された．これによって皮肉なことに副王（ジュラ）――実際は軍事の指導者――の地位にあったものがアールパードの指導者に確定してしまった．クルサーンの暗殺はその意図がなくてアールパード家の単独支配を招いた；彼の家系から非キリスト教の宗教的王朝が成立し，その王朝は1301年までハンガリーを統治した．スヴァトプルクに対する戦いで，ハンガリー人はパンノニアの国が如何に弱体かを知ってしまい，それ故に2年後にハンガリー人は894年，ドナウ盆地を征服しようと試み，多くの損害を与えた．

　古きハンガリー民族は最初はモラビア族の同盟者として，次に，東フランク族の同盟者としてカルパチアに向かった．大平原，ユーラシアのステップ地帯の最後の張り出した部分は，彼らにとっては，それ以前のフン族やアヴァール族と同様，「恵みの土地」と考えられた．この地域に於けるその後のドイツ人及びオーストリア人の運命にとってのハンガリー人の意味はすでに西暦881年，マジャール人がハバール民族の同盟者として，ウイーン郊外でフランク王国の部隊と衝突し，その後，ペッヒラルン郊外で戦ったときに示されている．ザルツブルク年代記に記された報告には，単に（4世紀の期間を置いて）初めてウイーンの名が出てくるだけでなく，バイエルン人の観察者によって初めてハンガリー人への言及が含まれていた．初期オーストリア史の学者ヘルヴィッヒ・ヴォルフラムは，ウイーンとハンガリーが歴史に一緒に登場したことは，共通

の歴史に於けるあらゆる嵐を象徴するものだと強調している.[4]

　千年に及ぶ，敵対と協力の交差の始まりは友好とは全く関係のないことであったことは，早くも低オーストリアのストッケラウ近郊での悲劇的な事件が示した．即ち，異邦人への住民の疑い深い態度の結果，西暦1000年を過ぎた頃，1つの殺人事件が起こった．ケルト人小地主の息子でアイルランドの巡礼者コロマンはハンガリー人の協力者と見なされ殺害された．コロマンの無実が(遅すぎたが)晴れた後，コロマンの遺体はメルクに運ばれ，間もなくコロマン崇拝といわれるようなものに発展していった．

　最終的にカルパチアを通過して定住するという決定的な動機は，家畜のえさを探したり，増加する人口の圧力といったことではなく，又，戦利品が多いだろうという見通しにあるのではなく，——英雄伝が伝えるのとは反対に——先ずあったのは，チュルク語を喋る遊牧民族ペチェネーグ族にいまいましい大敗を喫したことであった．不幸はマジャール族がビザンティンに対して，ブルガー民族との戦いに援助をしたことから始まった．ブルガー族はビザンティンとの間で最後は和平を結んだだけでなく，アールパードの息子の率いるハンガリー軍を打ち負かした上，東部からハンガリー人に対してペチェネーグ族をけしかけるということにも成功した．ハンガリー軍の主力は南部及びモラビアで戦っていたので，ペチェネーグ族は東部から，殆ど防御せず，大部分は武装もしていないハンガリー族の住民集落を襲い，荒らし回った．破れた部隊と，巻き添えを食った，略奪された民族はカルパチアの地を通って，自分達にとっては既に既知のパンノニアに逃れた．その意味では「前方への逃亡」であった．

　殆んどの歴史家は，ハンガリー諸部族は西暦895年の秋に非常な苦境のもとに，ドナウ盆地への移動を開始した，という点では見解が一致している．彼等は，北東部から峡谷部を通って，或いは，東部又は南東部からカルパチアのトランシルバニア方面を抜けて，ドナウ河に沿って進んだ．

　これに先立つ歴史や西進の経過に就いては，歴史記述，特に年代記作者による言い伝えや，関係する民族或いは後に興った国々の文学者達による記述はそれぞれ異なっている．仮令この地域が，既述したように，この時代，決して人口まばらではなく，荒廃していなかったにしても，そこには，包括的な，政治的な組織はなかったことは明らかなようである．むしろ，政治的に真空地帯で

あり，様々なスラブ語の語彙を話す民族が混在し，彼等は迫り来るハンガリー民族に対して，大なり小なり，為すすべもなかった．

この地に入ってきたマジャール人の数は勿論推測の域を出ない．チェコ人，ルーマニア人，ロシア人歴史家達は，20万人から50万人と見ているが，彼ら自身も下限の数字は「非常に誇張したもの」だとしている．近代的，バランスの取れたハンガリーの歴史家は定住した全ハンガリー人の数はほぼ50万人で，土着の住民は10万人と見ている．彼らによれば，スラブ語を喋る住民は征服者に比べてはるかに少数であったことは確かのようである．そうでなければ，征服者の言葉は，比較的簡単には優勢となりえなかったであろうし，土着住民との混合もそんなに問題なく進むはずがなかった．いずれにしても，ハンガリー人はハバール人やその他の同盟を結ぶ民族集団の数を合わせると，5年から10年で新しい祖国で生存可能な地域を支配可能にする程十分優勢であった．自然の障害物がある荒れ果てた地域や湿地帯は，独特の国境の安全のシステムとして意図的にそのまま残しておいた．[5]

最初のステップ民族としてハンガリー部族は，後に，歴史的に当然なものとして，同化の力と自意識とによって強い国民に発展していくことが出来た．国土を占領していった詳細と先に住み着いていた住民の運命に就いては殆んど知られていない．その地の指導者層は，推測であるが滅ぼされたであろう．大衆は，2乃至3世紀の間に同化してしまった，と，歴史家イェネ・スーチはその研究書「国民と歴史」のなかで述べており，それぞれの社会層即ち，奴隷は奴隷と，戦士は戦士というふうに，融合していった．決定的なのは，生活・利益の共同体であった．

ハンガリー人によってカルパチア盆地が征服されたことは，中世ヨーロッパの形成にとって決定的な要素であったことは，それぞれ国籍，イデオロギーの違いを超えて，基本的に一致している．しかしながら，ハンガリー人が勝利に満ちた祖先を称える叙事詩として讃美するとき，ドイツ人，スラブ人，ルーマニア人にとっては「悲劇」，「不幸」，「運命的な敗北」となる．ドイツの歴史家ゲオルク・シュタットミュラーは，マジャール人の侵入を「破滅的」と見なしている…曰く，「マジャール人はドナウ地帯でのドイツの帝國の優位を最終的に不可能にしてしまった，西部ハンガリー地域のドイツの植民作業を妨害し，

大々的なバイエルンの南東部の植民化の継続を150年以上に亘って不可能にしてしまった」．[6] 多くのハンガリーの歴史家は，例えばサボルツ・デ・ヴァイは，彼の論争を呼び起こした作品「ヨーロッパの歴史に登場したハンガリーの諸部族」で，初期の頃のハンガリーが二重の役割を果たしたと強調している：一方で彼等はカルパチア地域で，「初期のドイツ人の王国が更に東方に伸びないよう」防波堤となった．他方で，彼等は西暦926年の9年間に亘る休戦協定の締結により，あらゆる脅威に対して先ず互いに意思を疎通するうえでドイツ人の一体化に大いに貢献した，としている．

もっとヨーロッパの歴史にとって重要なことは，定住がスラブ世界の分裂に繋がった，ということである：ハンガリー人はドナウ盆地に落ち着いて，これにより，南北のスラブ人の間に永久に楔を打ち込んだ．19世紀終わりに，傑出したチェコ人歴史家フランティセック・パラッキは，苦い結論に達した：「ハンガリー民族のハンガリーへの侵入と定着はあらゆる歴史上最も重要な出来事の1つである；スラブ世界は数百年に亘って回復できない打撃を受けたのだ」．パラッキの目には，ハンガリー人は，ドイツ人と同様，チェコ人にほぼ同じような沢山の災いをもたらした，と映っている．いずれにせよ，チェコ人，スロバキア人，ポーランド人の歴史家や彼らによって編纂された，あるいは検討された学校の教科書は，ハンガリー人の定着や国家の成立は広範な災いをもたらす結果となっている．[7]

ハンガリー人を一方の当事者として，他方の，チェコ人，特にスロバキア人の間に深く根付いた不信感のそもそもの始めは，既に彼らのはじめの頃の歴史に由来し，それが双方でそれぞれの言い伝えや態度によって次代の世代の認識に固定化されてきた．例えば，チェコ人やスロバキア人は，定住したハンガリー民族の大半がスラブ民族で，建国者アールパードと聖イシュトヴァーンでさえもスラブ民族に属す，等を好んで主張する．ゲーザ国王の時代に広まった噂を示唆して，ハンガリーには「白」と「黒」の「2つのハンガリー」があり，スロバキアでは，所謂「白」ハンガリー（西部及び中部ハンガリー）に住む住民はスラブ人であり，所謂「黒」ハンガリーにはマジャール人に付いていったハヴァール民族とペチェネーグ族のチュルク部族とセイケイ部族——その由来は今日まで明らかになっていない——である，と宣伝されている．[8]

ハンガリー人はこれに対して，多くの伝説やその後に成り立った叙事詩とか

第2章 定住か征服か？：ハンガリー人のアイデンティティー

絵画を通して，カルパチア盆地の住民がアールパード王の指導のもと，征服者達を一致して感激して迎えた，という印象を与えている．このような描写は，特に有名な画家ミハーイ・ムンカーチュの雄大な絵「ハンガリー人の定住」が伝えている．この絵はブタペストの国会議事堂の中の，特に外国の賓客用の接遇の間に飾られている．この芸術作品は国王然として白馬に跨ったアールパードが馬に跨った家来たちと共に，意気揚揚と新しい祖国に到着した様子を描いている．住民は，大部分が裸足で，歓喜をもって新しい指導者を迎え，彼らに贈り物を差し出している．

　白馬は，ハンガリーの伝説中，特別に重要な要素をなしている．アールパードは戦闘に於いてスヴァトプルクを打ち負かした，が，戦闘になる前に，彼はモラビアの王に対して降伏を勧めた：アールパードはモラビア王に対して白い馬を贈り物として送り，その見返りとして，土地と草と水を希望した．これは古いスキタイ族に伝わる自主投降のシンボルであった．アールパードは望んだものを手に入れた後，全く安全に，最良の良心を持って全国土を所領した，というのが伝説になっている．実際，この儀式は遊牧民族の通常の約束や契約の一部になっている．

　西暦900年にザルツブルクの司祭テオトマーが法王に書いた手紙に，バイエルン族とモラビア族がお互いに，ハンガリー族との間でキリスト教以前の習慣に従い，狼と犬の誓いのもとに和平を結んだことを非難し合っている事がわかる．テオトマー自身は西暦907年7月4日に，パンノニアを回復しようとしてバイエルン族の行った大規模な襲撃の下で亡くなった．攻撃は，プレスブルク（ブラチスラバ）郊外で壊滅的な敗北に終わり，ルイトポルド辺境伯及びバイエルンの多くの貴族が命を落とした．白馬の伝説は，後の戦闘でスヴァトプルクがマジャールの勝利を前にして逃亡し，ドナウ河で溺死したという作り話を下に，その死の知らせを更に上乗せして作られたものである．実際に，短かった期間しか存続しなかった国家の滅亡は，スヴァトプルクの死後に起こった．彼は，遊牧民の習慣によってハンガリーとの間で，バイエルンに対する共同作戦を行って（西暦894年）勝利を固める為に，協定を結んだのであり，自分の国を放棄するのに合意をしたわけではなかった．

　アールパード大公下による勝利に沸くハンガリーのシンボルとしての白馬は，大平原の「血の契約」とか，聖イシュトヴァーンが洗礼を受けたことと同じよ

うに，19世紀の雄大な歴史絵画家の大きなテーマであった．特に1896年の定着千年祭に関連してはそうであった．1919年11月，共産主義者達の評議会共和国が潰れた後，提督そして後の帝國執政ミクローシュ・ホルティが，反革命の部隊の先頭に立って白馬に跨りブタペスト（罪深い街）に入ったとき，この熟慮したジェスチャーは明確に理解された：それは極端なナショナリズムに向かう，急激な右旋回の，目に見えるシグナルであった．20年以上後に年取った政治家はもう一度，枢軸国の助けを得て，ウイーン裁定によって少しの間回復したカサ（カシャ／コシセ）とコロシュヴァール（クラゼンブルク／クルイ）に，ハンガリーの部隊の先頭になって白馬の鞍に跨ることになる．そこに住んでいたマジャール人達はこれをシンボル的に受け止め，熱狂的に歓呼して彼を迎えた．

　真っ直ぐに伝承されたものは，矛盾して，最後にはブーメランのように我々の時代の政治的な英雄行為となって戻ってくる．そして，白馬神話はいつも特定の状況で鋭角的に国家的機能を満たさざるを得なかった．国民神話は今日まで，主としてルーマニア―ハンガリー関係，特に両国によって主張されているトランシルバニアに関する歴史的権利に関して，両国はお互いに言い争っている．定住の後，ハンガリー人かルーマニア人のどちらが一致して或いは少なくとも数の上で優勢な重要なグループとしてトランシルバニアで最初の集落を形成し，したがって一定の政治的勢力になったか，という議論は，歴史家たちの世代を通じて，単にブタペストとブカレストだけではなくて勢力を二分した．例えば，英国の歴史家 R. W. セトン・ワトソンは第一次世界大戦前，語気強くルーマニア（又スラブ）がオーストリア―ハンガリーに勝利する事が，歴史的，政治的な関心であると主張し，他方では，彼の同僚 A. C. マカートニは英国の中の少数民族に対する微妙な問題に鑑みて，本質的にバランスのとれた見解を代表していた．[9]

　ルーマニアとハンガリーの学者や作家の世代を越えるこのような歴史的，政治的な論争は両国のあらゆる体制と政府に亘って行われてきた．学校の教科書で問題を和らげることとか歴史家たちの間でコンセンサスを見つけるという見通しは，統合されたヨーロッパに於いても先ず不可能であろう．

　それ故にこそ，トランシルバニアのセイケイ人の謎めいた由来に関する民謡や習慣，詩と少年文学で伝承された言い伝えの作用は，今日までも心理的に

第2章 定住か征服か？：ハンガリー人のアイデンティティー

重要である．彼らに関する言い伝えはアッチラやアールパード，トゥルルの鳥，白馬にまつわる伝説の類に属し，フン族とマジャール族の同一性という説にも関係している．

　その中心には，フン族の王アッチラの神話的な最年少の息子チャバの姿がある．彼はフン族の敗北を見通したとき，自分の矢筒から1本の魔法の矢を取り出し，魔法に掛からない力を持った母親に助けを求めて矢を放った．矢の先が刺さった場所に，彼は不思議な草を見つけた．その汁を飲むと傷が治るのである．この魔法の草で彼は倒れた戦士たちを再び蘇らせ，戦場に投入して，敵に対して導いていった．ジェピド族は一度死んだ兵士が蘇るのに度肝を抜かし，チャバの民族から平和裏に撤退したのである．チャバはそれから立ち上がった一度は死んだ兵士と残ったフン族と共にトランシルバニアとの国境に行き，そこで今日のセイケイ地域に住むことにさせた．それから彼は，死んだ兵士達を率いて彼らのかつての祖国，アッチラの国へ帰っていった．セイケイ地方に残した部族たちに対して彼は，彼らに大きな危険が迫る度に，自分と兵士達は，彼らを助ける為に墓石をのけて，帰ってくることを約束した．このようにして，マジャール―セイケイ人の伝説「チャバを待つ」が成立したのである．しばしば小さなセイケイ人集落は大きな危機に見舞われたが，その度に救われたのである：伝説によれば，犠牲者を出しながらの勇敢さの所為ではなく，神の奇跡によってでもある，と言うのである．敵を粉砕する為に，チャバとそのフン族の戦士たちは轟音と共に天を割って駆けつける．そのための馬のひずめの跡に天に輝く道が生じ，それが通常天の川と呼ばれるが，ハンガリー人は今日まで，これを「戦士たちの通り」と呼んでいる．

　オーストリア―ハンガリー帝国皇太子ルドルフが編集した既述の集大書には，その当時非常にポピュラーかつ建設的な作家モール・ヨーカイが「，伝承されてきた言い伝えや歴史はお互いに混在していて，世間がよくやるように，全部を受け入れるか，全部を否定するかのいずれかとならざるを得ない」，と結論付けているが，しかりである．ただし，フンとマジャールを一体とする彼のテーゼは，感情豊かで晩年まで陽気であった小説家としてはちょっと行き過ぎである．

　たとえ，モール・ヨーカイがそのように望んだとしても，セイケイの人々はフンとは関係がない．むしろ彼らの由来と経路は今日まで解けていない，と

いってよいあろう．新しくは，セイケイの人々は元々はブルガール族やトルコ族に属し，ハヴァール族や或いはマジャール族と共にカルパチア盆地に移動して，定住を巡る戦いで既にハンガリー人の側についたのでは，との説が出ている．どの道，確かなことは，セイケイの人々は近世に至るまでトルコ文字の一種を用いていたことである．彼等は早くからハンガリー語を喋っていたが，数百年の長きに亘って異なる社会構造を持ち，特別の地位を有していた．既に13世紀の始めに国王達は彼らをトランシルバニアの国境警備に当てていた．そして今日まで彼らの住む地域はセイケイ地方と呼ばれている．[10]

　ヨーカイが100年前に，密接なフン―ハンガリーの親戚関係の認識と初期，歴史上は一体であったという信仰を書いたとしても，実際に世界的な尺度に照らしてみると，それは心理学的，文学的な現象に過ぎない．既に述べたように，定住以降破壊的な略奪が起こり，マジャールの悪い評判の根拠になっている．1939年に「ハンガリー人とは？」というタイトルの下で随筆集が編纂された時，ハンガリーの碩学の代表達が，以前又は以後と同様，国民のアイデンティティーの問題について頭をひねった．この関連で歴史家シャーンドル・エックハルトは後の世代の人々にも非常に有益な，素晴らしく原典に詳しい研究「ヨーロッパにおけるハンガリー人像」[11]を発表した．その中で彼は唖然として，ネガティブな，時としてぞっとするような，恐怖を与えるイメージを西欧の年代記作者達がハンガリーに付いて描いているということを確認せざるを得なかった．「ハンガリー人の人肉習慣」のような作り話や，「匿名」やケーザイのような初期の年代記作家達が古いハンガリー人の極めて積極的な特徴としてあらわしたものも含めてである．プリュームの司教レギノが初めて，10世紀始めに，「噂」によれば，として，ハンガリー人は人肉を喰らい，人の血を吸い，自分の勇敢さを強める為に敵の心臓の肉を胸から引き裂く，という報告を行った．このようなおとぎ話は実際，古代の，ヘロドトスに遡るステレオタイプの名残である．

　マジャール人は伝説的なアジアのスキタイ民族の子孫である，といわれ，恐ろしい格好をし，半分人間で半分猿である，そして，悪魔によって造られた輩である…このような類の出典，年代記，年記はお互いに書き写されてき，実際に見た証人がいるわけではなく，古い年代記作家達が特徴付けたものにすぎない．レギノが描いた像は数え切れないほど繰り返され，更に拡張されさえした．

間もなく，ヨーロッパ人が鮮明に覚えている「新しい野蛮人」はフン族と同一視された．アッチラは西欧人の目には野蛮人の代名詞となり，反キリスト教の代名詞となった．ルネッサンスの時代にはイタリアの伝説ではアッチラはもうハンガリーの王様になって登場している．そこでは彼は塔に閉じ込められた王女の血とグレーハントの血をすすり，犬のような耳を持ち，常に悪企みを考えているのである．[12]

　これらのすべては当時からもその後の数百年も，ハンガリーの世界に於けるよいイメージを得るためには役に立たなかった．それにもかかわらず，スキタイとハンガリーを同一視する見方は，西欧から来たものであるが，ハンガリーの歴史記述に載る事になってしまった．アールパード王朝を最初の年代記作者達はすでにアッチラの妖怪から生まれたことにしてしまった．このハンガリーの伝説は輸入されたものであるが，ハンガリー人の認識に奥深く，拭い去ることの出来ないものとして刻み付けられることになった．フンとハンガリー人を同一視することは国民的な信仰とさえなった．そして，次第にハンガリー人は，単に中世の時代だけでなく，19世紀，部分的には20世紀に於いても，己の歴史の始まりを，世界を征服した神の禿鷹と同一視する壮麗な，造られた神話と同一視することに，誇らしげになっていった．最初の年代記作者達の歴史の想像力はそもそも定住の法的基礎——ハンガリー人の歴史認識にとって非常に重要な要因であるが——を与えることになった．勿論，定住した後のハンガリー人の足跡や集団的認識や記憶，年代記作者や歴史家たちによる構想などの詳細についてはまだまだ触れることもできる．我々との関連で重要なことは，言われるようなフン族とハンガリー人が親戚であるという説は，「マジャール人がモンゴルの遊牧民族である」という説と共に，今日まで外部からは，西欧が描いた像と，ハンガリー人自ら造った自画像との間の弁証法的展開を表している．

第3章　マジャールの嵐からキリスト教徒の
アールパード王朝へ

　征服の旅が略奪を想定していなかったもので，「初めからよく考えた戦略的な企てであって，ヨーロッパ規模の大々的な影響を及ぼした」というヴァヤの仮説は，少なくとも議論のあるところである．これに反して確かなことは，成功裡に終わった略奪の行軍は将来の敗北の芽を孕んだものであったことだ．敵方，特にバイエルン族は間もなく，略奪品を満載し，捕虜を引き連れて，疲れ果てて陣地に帰ろうとするハンガリーの騎馬車両の音を聞き，成功することに確信を持ったに違いない．同時に，これまでのハンガリーの遊牧民族の騎馬兵の規律と柔軟性が度重なる勝利で段々，はっきりと弛緩していた．

　金，銀が与えられればハンガリーの部隊の指導者達は，征服地を寛大に扱ったり，他の目的地に出動するのにやぶさかではなかった．イタリアはマジャール人に貢納金を規則的に支払う最初の国であった．西暦899年，ブレンタに包囲された5000人のハンガリー軍の騎馬兵が3倍も上回る数のベレンガーⅠ世のイタリア軍を打ち負かした．ハンガリー軍の見回りの後で，この王は，自分と住民の為に金を支払うことに決めた．ハンガリーの歴史家ゲルギ・ゲルフィは，30キログラムの金塊であったということの証拠を見つけた．

　ドイツ人だけが，規律正しい，重装備で団結して出撃する騎馬軍と敵の弱みを徹底的に利用して，西暦917年と933年にハンガリー軍を大きな敗北に追い込むことが出来た．

　こうして，ドイツ人は，西暦955年にアウグスブルク郊外のレッヒフェルトで決定的な勝利を得た．部族兵の3番目の隊長ホルカ・ブルツと男爵レールはレーゲンスブルクの絞首刑場の露と消えた．

　後に，「大帝」の名が付け加わるオットーⅠ世の勝利はドイツの歴史家たちからは，「世界史的な変化」として，又アジアの野蛮人からキリスト教文化を救った，として喜ばれた．伝説によれば全ハンガリー軍の内たったの7人が生き残ったといわれる．彼等は，生涯辱めを受け，「嘆きのハンガリー人」とし

て国内をさまよい，彼らの食べ物は皆で物乞いをしてもらってゆかねばならなかった，という．余談であるが，レールについて，有名な言い伝えがある．レールは敗北した後で死刑を宣告されたが，最後に自分の愛用の角で勝利した王を突き倒そうとした．そして，「あの世でお前は私に仕えるであろう！」，と叫んだ．伝えられるレールの象牙の角は900年も後に，小さな町ヤースベレーニで発見されたという．

　ハンガリーの年代記作者達によれば，ブルツはいずれにせよ大変な権力欲の旺盛な，戦争にたけた指導者であって，皇帝にたいして，自分と民族が「復讐と禿鷹の神である」，と見栄をきったという．レッヒフェルトの勝利の実際の影響は非常に様々に異なって評価された．近代のハンガリーの歴史学者たちは，敗北は以前の説よりもそんなにたいしたものではなかった，と主張している．2万6000人のドイツ兵が10万人ないし12万8000人のハンガリー兵士に打ち勝ったというのは全くのデマである．ハンガリー軍の勢力はアウグウスブルクの戦いのときは，今日ではせいぜい2万人と推定されている．この強い指導者ブルツの縛り首と，特に敗北の心理的影響こそ決定的であった．更に，西欧のキリスト教にとっては，非キリスト教徒のハンガリー人の魂を獲得する上ではよい機会であった．

　民族がどのようにして敗北を克服していったのかはわからない．しかし，いずれにしろレッヒフェルトでの決定的な戦いは，画期的な出来事へと道を開いた．ハンガリー人は他の民族達の様には世界から姿を消さなかった．彼等はむしろ西欧の文化を受け入れ，ローマとビザンティンの間でカトリック教を選択した．アールパードのひ孫，大公ゲーザのもとで，ひと呼んで，馬に乗った盗人達は，言葉や或いは政治的なアイデンティティーを失うことなく，世代を経るごとに定着して農民や牧畜に従事していった．

　ドイツの歴史家ツェルナックは，「マジャール人は，既存の経済的，住居地の条件に，又，キリスト教が支配的になりつつあった時代の社会的，文化的な条件に呑み込まれていった最初のステップ民族であった」，と述べている．しかし，ゲーザとその息子聖イシュトヴァーンのアールパード王朝が，部族の連合からキリスト教の国家を形成し，それが終焉する間での政治的意思のもとに大変革をもたらした鍵はハンガリー人にあった．ティートマー・フォン・メルゼブルクが報告しているように，ゲーザ自身，裕福で強力で，いろいろな神々

に生贄を差し出したが，その事実は流れ自体を変えることにはならない．4半世紀（972年－997年）に亘る支配の間に彼のもとで民族は没落から救われた．遊牧民族からの解放は最終的なものになった．レッヒフェルトの戦いの後数十年足らずにハンガリーで起こったことは歴史的奇跡以上のものであった．騎馬遊牧民族の部族連合から迅速に，混乱はあったにせよ，キリスト教王国が生まれた．

ハンガリー人のキリスト教王国の領土的一体性は当初，一連の血みどろの争いによって達成された．大首長ゲーザの死後，アールパード家の2人が後継を要求した：バラトン湖の南部地域ショモジを支配するコパーニュ首長が其の1人であり，彼は，一族の最年長者が後を継ぐという，血統の権利に由来する原則という伝統を主張した．この非キリスト教的首長に対する相手は，当時既にキリスト名をイシュトヴァーンというゲーザのまだ非常に若い息子ヴァイクであった．彼の生誕の年は967年とも969年とも或いは975年ともいわれ，又，彼がいつ洗礼を受けたのかも明らかではない．確かなことは，イシュトヴァーンはキリスト教と国家の分かち難い結びつきを根拠に挙げ，長子相続の原則と言っても，誰が最初に生まれて，相続するのか決定するのは，首長乃至後の王の権利である，と主張したことである．

ゲーザ大首長は973年に洗礼を受けた後も基本的に荒野に住んでいたが，自分の息子のイシュトヴァーンがキリスト教の教育を受けるように努めた．死の直前に重い病気に掛かっていた大首長は彼の息子がバイエルンの大公の娘と婚姻するように目論んでいた．ことは成功した．イシュトヴァーンが若きバイエルン大公，後の皇帝ハインリッヒ2世の妹ギーゼラと結婚式を挙げたのは996年のことであった．ゲーザが997年に没した時，イシュトヴァーンは，特にプラハの大僧正アダルベルトの影響下，非常に熱心なキリスト教信者で，彼の父親と違って，戦術上ではなく，心からの信者であった．

バイエルン大公の息女ギーゼラと共に沢山のドイツ人の宣教師や牧師達が，更に貴族に属する騎士達や役人達がやって来た．ゲーザの時代に既に，彼が支配権を実施するのに部分的にはバイエルンの騎士達から成り立つ護衛に守られていた．今や，多くの面でそうであった．

イェネ・スーチは，刀が，言葉と十字架の為に障害を取り除いていったことを示唆している．しかしながら刀を誰が振り回すのか，彼がどういう構想を

持っているのかが重要である．国の将来にとって決定的な戦いは西暦998年，ハンガリー西部のヴェスプレムの郊外で行われた．イシュトヴァーン自身の部族，彼の「子飼い」兵士と並んで，第一線にはドイツ出身の騎士たちが，決定的な役割を果たし，部族長のコパーニュを破った．伝説と年代記は深いシンボル的な場面を報告している：戦いを前に，若いイシュトヴァーンは家来とドイツ人騎士たちを集め，彼らの真中で跪き，パンノニアの守護神聖マルチンに勝利を祈願した．そして，ドイツの風習に沿い騎士たちに教会で祝福された刀を抜かせ，更にキリスト教を普及することを誓った．[1]

　司令官として，イシュトヴァーンの側には，シュヴァーベンの2人の騎士と有名なバイエルンのヴァッサーブルク出身のヴェッゼリンが並んで侍立した．敵は明確に定義されていた：非キリスト教徒で野蛮な，伝統に墨守する部族長に対するもの，である．コパーニュ首長は，イシュトヴァーンの血の繋がった親族であり，遊牧民族の習慣に従い，後継者としての正当制を主張する為に，ゲーザの未亡人と結婚しようとしていたが，鎧に身を固めたイシュトヴァーンの騎士達に敗れ命を落とした．

　イシュトヴァーンにとっては実際には，部族長の権力を握り，略奪で豊かになった，非キリスト教徒の家来達との関係を打ち破り，アールパードの後継者としてのあらゆる部族たちに対する権威を改めて確立することだった．ヴェスプレム近郊での戦いは，民族の伝統的な意味では「ゲルマン人とハンガリー人との間の戦い」として不朽の名を残したが，コパーニュに対する仮借なき，容赦しない徹底的な勝利と，基本的には，この戦いは緩やかな半遊牧民族間の人的同盟を，確固としたキリスト教国家ハンガリーに作り直すこととなった．

　挑戦者の勝利は，同時に，後のイシュトヴァーンの，大きな，殆ど独立に活動していたトランシルバニア（例えば，叔父のジュラ）首長とか「ギリシャ人」と同盟していたといわれる南部のアイトーニュ首長に対する挑戦の前触れであった．反抗する部族に対する軍事的な絶滅作戦と平行して，所謂「黒ハンガリー」に対する戦いも行われた．「黒ハンガリー」は1004年から1006年にかけて「武力と愛」によって改宗された．「黒ハンガリー人」とは，ハヴァール族やペチェネーグ族と同様にハンガリー部族と同盟していたセイケイ部族とチュルク部族人で，トランシルバニアや南部ハンガリーに傭兵の一族として住み着いた人々を指していた．

ハンガリーの歴史の上でイシュトヴァーンに関する姿はいろいろである．彼のドイツ人宮廷年代記作者の言う通り，彼が善良で，「敬虔」であったのか，それとも無慈悲で残忍であったのか矛盾した姿が伝わってくる．彼は，自分の血の繋がった親族であるコパーニュを単に殺しただけではなく，其の死体をなおも4つ裂きにしたのは本当か？　イシュトヴァーンはコパーニュ公を3つに刻んで，近くの大僧正の町ヴェスプレム，ジュール，セーケシュフェヘルヴァールにそれぞれ磔にする一方で，もう1つは，反抗を続ける叔父のジュラに対する警告の意味でジュラフェヘルヴァール（トランシルバニアの）に送り付けたという，ぞっとするような言い伝えがある．このように後者の見方を考えると，彼が譲歩せず，強硬な態度であったことが確認される．個々の戦いの時や経過については，ハンガリー国家の初期の他の点と同様，論争がある．確かなことは，イシュトヴァーンが王として，高齢であった敵を，または反抗する可能性のある者に対して，素早く又完膚無きままに対処した，ということである．

　イシュトヴァーンは1083年に聖人に列せられた（アールパード家では8人の聖人が輩出したが，彼は其の最初であった）が，外国の，又，ハンガリーの歴史家からは，最も愛され，最も幸せな，もしかしたら最も重要な人物，少なくとも「ハンガリー国家形成上，最も成功した，良心的な支配者である（ジュラ・セクフュ）」と見なされている．彼は，国民をキリスト教に改宗するのに熱心で，それ故彼はカール大帝と比較される．イシュトヴァーンⅠ世は深く信仰に帰依し，自分と国民を野蛮な過去と非キリスト教の伝統から解放するという不屈の意志を間違いなく持っていた．彼のハンガリー王としての戴冠は，最も可能性が高いのは西暦1001年1月1日であるが，（西暦1000年クリスマスという多くの説もある）ハンガリーの歴史にとって転換点であるが，もっとも，それに至る歴史や，国際的な相互関係を見るとこの出来事は議論のあるところである．ハンガリーの歴史記述によって唯一一般的に受け入れられている，ドイツ人僧侶メルセブルクのティートマーによる報告がある．それによればバイエルン公の義弟に当たるイシュトヴァーンは皇帝オットーⅢ世の「好意と圧力のもとで」教皇シルヴェスターⅡ世から，王冠と祝福を受けた．イシュトヴァーンが王冠を受けたのは，法王からか，それとも皇帝からかを巡って，数十年前にはなおも，ハンガリーとドイツの学者達により「国家的」論争があった．この間

に，イシュトヴァーンは教皇によって，オットーIII世の承認の下に王冠を授かった，ということで意見が一致した．

ボヘミア，モラビア，ポーランドと違って，ハンガリー王国は神聖ローマ帝国との間で封建的主従関係にはいらず，実際は独立国となった．完全な独立の下に，イシュトヴァーンは国と彼の権力をキリスト教的君主国家に変えていった．それは主体的な政治行為であり，この意味は十分に高く評価されているとは言い難い．

英国のハンガリー研究家 C. M. マカートニはこれについて次のように述べている：キリスト教への改宗によって，当時，通用していた法の外部にあった集団であるハンガリー人が，キリスト教諸国民の家族の一員となり，キリスト教的権利だけではなく義務を負ったキリスト教徒の国王を持ったことは，国王が神の恩寵によってその位についた王であるということで，この正統な権利に対しては臣下の諸侯は理由なくして挑戦してはならない，ということ意味した．[2] そして彼は，ハンガリー王は皇帝と同列ではないが，さりとてこれに従属しなかった，と示唆している．使徒の象徴（聖なる長槍と使徒の十字架の複製）は，ハンガリーの教会がローマの権威にだけ服従する，ということを意味しており，マカートニによれば，「これはこの国が実際にとてつもなく強大であったことを示している」．

このようにして，少し前まではまだ半遊牧民で非キリスト教民族であった民族は，政治的，民族的本質を保ちながらキリスト教的ヨーロッパの一員となった．異教世界との仮借なき別離だけではなく，国家の劇的な変革はイシュトヴァーンの国家が実際には単に彼の父親から引き継いだ集団ではなく，それを否定したものであった（ジュラ・クリストー）．[3]

イシュトヴァーンは封建領主になろうとは決して思わなかった．そうではなくて，独立君主になろうとした．そしてイシュトヴァーンの王冠は彼の戴冠以来常にハンガリーの独立と自由の象徴であった．その変化の多い歴史と国家学上の意味については後に触れることになろう．その点で今の時点でもうはっきりさせておく必要があることは，何世紀にも亘って敬意を持たれ，現在ブタペストの国会議事堂に安置してある王冠をイシュトヴァーンは一度も冠っていないことである．何故ならば，下部の所謂「ギリシャ」的な部分はやっと1074年に，即ち，彼の死後ほぼ40年経って完成し，「ラテン」的な上の部分は恐ら

くやっと13世紀に完成したと思われるからである．ハンガリーの歴史家達は，皇帝ハインリッヒⅢ世がハンガリーの混乱につけ込みハンガリーに入り，反乱に勝利した（1044年，ラーブ河の傍で）後に王冠を奪って，ローマに持ち帰ったことを頑なに黙秘している．

今日のイシュトヴァーン王冠の姿は神話によっている．それでも何故相変わらずそのように名づけられているのだろうか？　この質問に対して「イシュトヴァーン王冠の千年」という最も広く読まれている本で，カールマーン・ベンダ教授とエリク・フェゲディ教授は，驚くほどあけっぴろげに：「この信仰は数百年間生き延びてきた．歴史家にとっては，この場合，王冠が実際にイシュトヴァーンの王冠なのかという問題ではなく，兎に角イシュトヴァーン国王の王冠であったと言う揺ぎ無い信仰の事実以外に無いである」，と述べている．[4]

王冠の由来如何にかかわらず，イシュトヴァーンの改革が実施されたという事実とその影響については疑問の余地がない．それは行政面に留まらず，全国に渡った教会組織の建設にも及んだ．戴冠と共にイシュトヴァーンは神の恩寵による王となり，絶対君主となった．こうして彼は実際には中世の国王に認められた主権を意のままに行使する権利を得た．例えば，外交がそうであり，又，どんな人間でも，例えば身分の低い人でさえも王が望めば，王の意思の代表として公の地位に任命できたし，栄誉のある人でも，王の好みで任命したり，または，辞職させたり，法律を制定する権利がそうであった．彼の絶対君主制の基盤は計り知れない膨大な国王の所有する土地と，教会組織に対する絶対的な命令権であった．

王は，外交的には，近隣諸国に対し，断固とした，しかし，中庸な態度によって，法治国家でキリスト教秩序を建設することに成功した．イシュトヴァーンは1018年までに，南はブルガール，北はポーランドに対する有効な防衛によって，全カルパチア地域をハンガリーのコントロール下に再び置くことの成功した．彼の40年以上に亘る支配で，たった一度だけ，神聖ローマ皇帝コンラードⅡ世が1030年，強力な軍隊を率いてハンガリーに攻め入った時に真剣な武力紛争が起こった．大きな損害もなく，戦術的に優れたイシュトヴァーンは攻撃を撃退し，逆にウイーンをも占領したぐらいである．

内政的には，王冠の権威は首長たちに対する勝利の後，侵すべからざるものとなった．初期のハンガリー王の強力な中央集権化は封建的な関係の為に阻害

されていた．そこでイシュトヴァーンは組織的に首長が所有する土地の大部分を提出させて彼らから所有権を奪った．従った首長には，たったの3分の1の所有を認めたのみであった．これは，事実上ハンガリー人によって住まわれているすべての地域に彼が所有を広げたことを意味した．首長たちの権力は政治，軍事，警察，行政に亘って統一された．国王は凡そ40の王城県を指定し，それぞれは「ゲシュパン」（ハンガリー語ではイシュパーンと呼ぶ）と呼ばれた城主が任命された．

　王城県は王の城を地方行政組織の中核とするもので，殆んどの場合は以前の氏族の集落と同じであった．次第に，伝統的な社会的氏族達は破壊され，かたや王城県が設立され，国王の忠実な家来が王の城主に任命されていった．国王はドイツの制度をモデルにして，又，神聖ローマ帝国から示唆されたが，実際には王はすべてをハンガリーの置かれた特殊な条件に合わせて制度を作った．「封建的な秩序ではなく，王に対する個人的な関係がキリスト教ハンガリー国家の社会の新しい秩序の原則になった」，とトーマス・フォン・ボギャイは述べている．[5] それは，古い社会のあり方の配慮なき破壊を意味したのではなかった．「自由民」の社会，即ち，権力を剥奪された部族長や首長の子孫で男系の者達は，彼等が転覆活動に参加しなかったり，個人の犯罪によって個人的な権利を剥奪されていない場合には，西側から或いは隣国のスラブ諸国から移住した騎士たちと共に，彼らの特権を維持することが出来たのであるが，これら「自由民」の社会は，全国民の中で特権を与えられた唯一の政治的要素であった．彼らのみが政治的な協議に参加する事を認められ，公の役職に付くことが出来た．彼らのみが直接国王の司法権に従うことが出来，また，教会への公租を除き，彼等は税金の免除を享有した．彼らの義務と特権は，兵役に従事することであった．

　キリスト教化は支配者の王朝の権威を新たにしたのみではなかった．ローマのキリスト教会への帰依及びそれによってラテン語とラテン文字の継承は，古くからの異教徒の慣習を破壊したのみならず，ハンガリーが言語的な，文化的な，政治的な網の中に統合されたことを意味した．聖イシュトヴァーンの息子への警告は特に重要な資料である．この書き物は多分1015年にイシュトヴァーンの名とその命によって，匿名（多くの資料に寄れば南ドイツ）の僧侶によって王宮で書きとめられた，という．

キリスト教徒の支配者の主な権能は，教会を守り，異教性を克服することである，となっている．「信仰の楯を得れば，至福のかぶとを同時に見るだろう．この武器で見えない敵に対しても見える敵に対しても，正当性のもとに闘い勝つことができるだろう」．[6]

イェネ・スーチがいみじくも強調しているように，ハンガリー王国の領土的一体性は剣によって，しかし理想の下に，巧く2つが融合されて実現した．「敵」の概念も決して種族の「民族」を意味せず，異教と同じ意味であった．イシュトヴァーンは上記に引用された書き物で，信仰が王国の最も重要な基礎である，と述べている；彼は，教会が第2で，聖職者が第3であるといっている．意識的にキリスト教的な世界主義のもとに従属するというのは彼の国家観の一部であった．イシュトヴァーンは常に平の信者よりも聖職者に頼った．もっとも，聖職者達は最初は外部からやって来なければならなかった．キリスト教の聖職者が異教の聖職者にとって代わるのを促進する為，国王は，少なくとも，若いハンガリー人たちが神学や行政の知識を得るよう，外国の叙任司祭や僧侶に依頼した．ゲルマンの制度に意識的に頼ったのは，法律や行政がラテン語の専門用語が用いられたことや，貨幣の鋳造にも現れている．例を挙げれば，イシュトヴァーンは最初の貨幣のモデルと貨幣の鋳造の職人をレーゲンスブルクから入れている．

まさしく匿名の著者による「警告書」の最も重要な部分が，異国の聖職者や外国から来た貴族たちのますます増大する影響力についてこれを肯定したのは，決して偶然ではない．しばしば言及される部分は次のようになっている．「1つの言葉と1つの慣習しか持たない国は弱く，もろいものだ」．イシュトヴァーンは強調している．「様々な国や地方から，いろいろな言葉，習慣，様々な学ぶべき品物や武器を携えてくる移民は，国王の宮中を賑わせ，立派にして，外国の勢力をひるませる．だから，我が息子よ，私はお前に対して，彼らが他のどの地よりもお前と共に，お前の所に留まる様に彼らを好意的に迎え，扱うように託するのだ．そしてもしも，お前が私の建設したものを破壊し，私の集めたものを離散させようものなら，お前の王国は疑いもなく大きな損失を蒙るだろう」．

全く新しい教会組織の立ち上げの時には，誠実な信心深い国王の側には，プラハの聖アダルベルクの教え子達だけではなく，ドイツ，イタリア，フランス，

そして近隣の諸国からの高位の聖職者や使節団が非常に数多く参列していた．国内の聖職者達の育成は非常にスムースに進んだので，既に1040年からはハンガリー生まれの者が司教の位に昇った．ハンガリーに住む南部スラブ人（クロアチア人，スロヴェニア人）は教会用語に多大な影響力を及ぼした．というのは，スラブ語を語源とする借用語が沢山使用されたからである．国王の家来や兵士達の中には英国，キエフ，ビザンティンからの人々がいた．だから王の警護の統括者のタイトルはドゥクス・ルイゾルムと称した．その際の「ルス」（ハンガリー語で orosz）の命名は人種的に様々な家来がいたことを物語っている．

　イシュトヴァーンが西暦1038年8月15日に没した頃，ハンガリーには2つの大司教区（ジュールとカロッチャ）と8つの司教区があった．国王の指示により，10個の村ごとに1つの教会を建て，1人の司祭を置くことになった．ヴェスプレムの司教区は既にゲーザ大公の戴冠以前に建設されたものと思われる．修道院の建設の中ではベネディクト派大修道院パンノンハルマの院長は多分傑出した，飛び抜けた特権を与えられた．例えば，大修道院長の自由な選出，エステルゴム大司教の直接管轄下に置かれたこと，である．イシュトヴァーンは，打ち負かした彼の従兄弟で，縛り首にしたコパーニから奪った領土の10分の1をパンノンハルマ大修道院に寄進するよう指図した．大司教区と彼の統治時代に設立された修道院はハンガリーの大金持ちの大土地所有者に属していた．イシュトヴァーン国王は，若くして亡くなった彼の息子イムレと，1046年の異教徒の反乱で殉教者としてなくなり，1083年に聖人となった司教ゲルハルド・フォン・チャナードと共に，カロリング朝のシステムをモデルとして「国の教会」，即ち，強力に中央集権化した，権威主義的な王国を作り上げた．これは，国内的にも外交政策においても，神聖ローマ皇帝に対してさえも主権を主張することが出来た．

　聖イシュトヴァーンは国家の設立者として，又，アールパード公は征服者として，常にハンガリーの歴史認識においてある程度論争や対立を引き起こしてきた．4つ裂きにされたコパーニュ公は反抗するハンガリー人の原型として残り，トゥルルの鳥は聖イシュトヴァーン王冠に対する異教の象徴となった．「イシュトヴァーン対アールパード」はハンガリーの様々な歴史の局面に，「キリスト教徒の国王によるカトリック的な普遍主義のもとに西欧の文化圏の中に

結びついたハンガリー」と,「国土を征服したという正統性に支えられ,根っこが東方にあるという特色を持ち,自分の力で支えられた異教の大公国ハンガリー」との間の対立が登場することになる.一方で,国王イシュトヴァーンの「複数の民族からなる国家の,そして複数の文化からなる初期ハンガリー王国になる」という遺言に近い信仰告白と結びついた普遍主義があり,他方で,「少数民族を省みない,フン族の王アッチラ以来の継続性の象徴としてのアールパード礼賛を伴う単一民族」の神話がある.[7]

第4章　継続性と自由を巡る戦い

　イシュトヴァーン国王が永遠の眠りにつくや否や，若い王国は困難な危機に陥った．それは彼が生きている間に暗示されていた．王位継承問題は決着がついていなかった．イシュトヴァーンの息子は1031年に狩の時の事故によって亡くなっていた．それによって必然的にイシュトヴァーンの従兄弟のヴァーソイとの戦いとなった．彼は異教徒の伝統に従い王位を継ぐことの正統性を主張した．そこで，イシュトヴァーンは彼を目が見えないようにし，彼の耳に鉛を注ぎ，彼の3人の息子をポーランド乃至キエフに追放してしまった．

　国王は彼の妹と追放された総督の間の息子，ヴェネツィア人ペーテル・オルセオロを自分の後継者に決めた．ペーテルは間もなく宮廷革命により失脚してしまい，権力欲の旺盛なイシュトヴァーンの義理の弟にとって変わられた．神聖ローマ皇帝ハインリッヒⅢ世の介入によってペーテルはもう一度王位についた．勿論，ドイツの皇帝の臣下よりましといっていいぐらいであった．広範な反抗運動が遂に，この「お喋りイタリア人とわめき散らすドイツ人」のような外国人，ハンガリーの貴族よりも格段に優遇する異邦人を，追い出してしまった．

　目を見えなくされたヴァーソイの家系の者に仕える最も古い作者による年代記は，イシュトヴァーンのドイツ人夫人ギーゼラが，ヴァーソイに対する悲惨といえる仕打ちに責任がある，とし，ペーテルは，国の全部をドイツ人の手に委ねてしまった，と書いていた．他の評伝は，ペーテルはヴェスプレムに住んでいたギーゼラを良く扱わなかった，とも言っている．

　イシュトヴァーンの未亡人は，いずれにしてもハインリッヒⅢ世がそこに来たとき，彼と共に，1045年にハンガリーを去り，パッサウに赴いた．彼女は後にニーデルンブルクの修道院の女性修道院長になった．長いこと彼女はヴェスプレムに彼女によって設立された大寺院に葬られたものと信じられていた．第一次世界大戦の前夜になって，ミュンヒェンの考古学者がパッサウのニーデルンブルクの修道院の教会にあるお墓を発掘した．それ以来，その修道院はハ

ンガリーの信者達の崇拝されている巡礼場所となった．[1]

　ギーゼラは結婚のとき，プレスブルク（現在のブラチスラヴァ），ショプロン，ソンバトヘイ等の周辺を結婚の贈り物としてもらっていた．ドイツ・ハンガリー関係に関する歴史家たちは，彼女と共に入ってきた数多くのドイツ人騎士や聖職者，手工業者たちがそこに住み着いた，と一致して考えている．このような多くの貴族出身の高貴な先祖はハンガリーの宮廷に於いて，ドイツの高い位の貴族の習慣を持ち込んだ．当時も後にもドイツ人の騎士たちは国王の兵士達対して，例えば，ペチェネーグ族のような東方からの敵に対して指揮を取った．そして，彼らは，又，ドイツの国王，オーストリア辺境伯の庇護の下に，何度もハンガリーの混乱に介入した．ドイツ人の影響は権力者がそれを肯定したことが決定的であった．ハンガリー国王は後には，彼らの権力を更に確保するために，人の住んでいない地域にドイツ人を住まわそうとした．

　ベラ・フォン・プカーンスキがその「ハンガリーに於けるドイツ文献の歴史」の中で，11世紀から13世紀にかけてのドイツ人の大々的なハンガリーへの入植に対する反応について書いているように，ドイツに友好的なハンガリー人は別にしても，国民の大部分は，好意的でない不信感を持って対応し，当初に於いては多分幾つかの抵抗運動も企てられた．1939年に著されたこの代表作で著者は第二次世界大戦に関連してまさしく的確に付け加えている：「このような二重性はハンガリー人のドイツの影響について，全歴史を通ずる特徴である」．

　血みどろの，そしてしばしば不透明な王位を狙う者同士の，又家族の内輪もめで，脅威を感じたもの，追われたもの，勝利した指導者達はしばしば強いドイツの隣人の助けを求めた．目をつぶされた，ヴァーソイの最年長の息子アンドラーシがキエフから戻って国王になった．これによって，軽んじられた分家が始めて，（最後ではないが）アールパード王朝の継続性を，そして多分ハンガリーの将来をも救うことになった．王位を追われたペーテルは同様に目をつぶされ，去勢され，間もなく死んだ．

　しかしながら，アンドラーシュI世によって導入された安定化のプロセスは何度も後継者問題によっていつも中断され，または脅威に晒された．アールパード時代に関する最も権威ある専門家の1人であるジュラ・パウラーは，1899年にこの混乱の時代について次のような見解を述べている：「39年間にこ

の国は6度も指導者が替わった．アンドラーシュも含めれば3人の王が暴力によって亡くなっている．ベーラⅠ世は追放されてこのような死に方をするのを免れた．ソロモン王も同様であったが，彼は国王の椅子から3度も逃げ出さねばならなかった．国王家族の争いは9度も外国，ドイツ，チェコ，ポーランド軍の国内駐留を許した．それに，3年間，ドイツに貢納し，5人の国王が逃げ出し，ドイツ国王の前に屈辱を喫した．国内の一般的な治安は完全に乱れた」．[2] それに加えて2度にわたる大きな反乱があり，王国は30年間分裂した．

やっとラースローⅠ世の1077年から1095年までの治下，ハンガリーは新たな繁栄の時代の始まりを迎えた．国王はペチェネーグ，ウツェン，クマン族の攻撃に対する防衛戦争の英雄になった．これらの東方から殆んど無人のカルパチア峡谷を通って侵入してきた民族は，当初は国内に留まり，結局押し返されてしまった．国民を救い，信仰を守った者として，又，軍人と武器無き人々の父としてラースローは亡くなった後，聖人となった．

11世紀と12世紀の外交的要因はハンガリーの発展にとって都合よく作用した．国は小さな国々と王家同士の結婚によっても結び付けられた．クロアチア王ズヴォニミール亡き後，その妹イロナと結婚していたラースローⅠ世はクロアチアの核心部分，スラボニアを占領する機会を得，ハンガリーの例にならって，そこを県に変えた．司教区ザグレブが建設され，さらに南進が計画された．やっとこれまた傑出した彼の後継者で，その高い教養ゆえに別名「本の虫」とも呼ばれた，カールマーンの時代になって，ダルマチアも征服することが出来た．カールマーンのクロアチア王としての戴冠は，中断と紛争を含めて，800年に及ぶハンガリーとクロアチアの連盟の始まりとなった．両国の相互関係の実際の性格と発展，並びに権利と義務とについては，中欧諸国に通常のように，両国の歴史家たちは今日まで論争している．

このような新たに領土を加え，これを確実にすることは，カールマーン国王の巧みなコマの進め方の1つであった：例えば，ラースロー国王の娘ピロシュカをビザンティン皇太子ヨハネス・コメノスと結婚させた．彼女はビザンティン王妃エイレーネとして，私欲がなく，ビザンティンの教会への慈善活動ゆえにその死後聖女として称えられた．ビザンティンとヴェネチアの直接の関心地域への進出によってハンガリーは両国とのライバル関係になった．ピロシュカの息子マヌエル・コメノス国王は，ハンガリーを征服する為に自分の血が半分

ハンガリー人である事を利用しようとして，22年の間10回以上に亘ってこの国に侵入した．交互の戦いはそれでもハンガリーの独立を一度も危うくさせるようなことはなかった．

イシュトヴァーン国王によって導入された国王顧問会議，——副王，クロアチア知事，トランシルバニア侯，司教，県代表，短くいえば偉い人々で成り立っている——は内戦を防止する為に，ラースロー国王及びカールマーン国王の下で政治的にこれらを処理するべく開かれた．国王の絶対的権威は12世紀の内はまだ不可侵であった．

フライジングの司教オットーは，コンラードⅢ世の義理の兄弟であるが，彼が1147年にハンガリーを旅し，国王陛下に対して過失を犯した，または疑いのある貴族は誰でも，国王の命令によって，自分の臣下の面前で身分の低い宮廷の役人によって鎖につながれ，拷問や事情聴取のために引っ張られることが可能であった，と羨望して報告している．司教はさらに，ハンガリー人たちはどんな問題でも時間をかけて話し合って決定するよう習慣付けている，とも言及している．国の高い位の人，国家の重臣，首長，移民してきた騎士たちは国王の宮廷に乗り込み，自分の椅子を持ち込み，国王の議長の下に討議する．ドイツ人のハンガリー人像に関して何度も引用されるものは，まさにこの司教が言及した次のようなあざ笑いである：運命のなせる業なのか神の恩寵のなせる業なのか知らないが，この素晴らしい国を恐ろしい，野蛮な民族に委ねてしまった．[3]

ハンガリーの歴史家たちがいみじくも指摘しているように，西欧では「アジアの集団」の血なまぐさい略奪と彼らに対する不安が，積極的な業績よりもより強烈に残ってしまった：しかし，聖イシュトヴァーンと彼のドイツ人妻及びドイツ人騎士たちや聖職者によってキリスト教国家が建設され，イシュトヴァーンの末裔達が既にドイツ人たちの移民を移住者としてハンガリーに呼び込み，この遠隔な国土を自分のものとして，侵入してくるペチェネーグ，クマン族或いはモンゴル系のトルコ人に対するキリスト教の砦として次第にその役割を果たしていったのだ．

カールマーン国王は，その時代，賢明な，啓蒙的な国王であった．魔女狩りに対する有名な法律は，魔女なんて存在しない，としてこの国王が制定したものであった．又国王は，国民の間にいまだ根強かった異教的な生贄を主張する

聖職者や，シャーマニズムを退けたりした．

　彼の法制定の事業や聖ラースロー国王によって導入された盗難（鶏を盗んだ罪で死刑！）に対する苛酷な罪を緩和したのにもかかわらず彼は時代の申し子であった．アールパード王朝の例に漏れず彼も宿命的な兄弟同士の争いに巻き込まれた．そして自分の息子に後を継がせるのを確実にするために，残忍にも彼の弟とその息子ベーラの目をつぶしてしまった．王の息子に子供がいなかったので，——100年前と同じく——再び，王位を狙ったものの分家の者がアールパードの支配の継続を保証することになった．

　このようにして混乱にもかかわらず，殆んど通例となったアールパード王朝内の王冠を巡る争いは聖イシュトヴァーンの1つの遺産になってしまった：即ち，政治的領土的一体性とキリスト教の維持である．定住以来ハンガリーの国土は（クロアチアを除いて）殆んど2倍になり，人口も当時としては立派なほぼ200万人に達したと見られる．

　南欧での重要な強国の地位を得る過程で西欧諸国への国土の開放は馬鹿にならない役割を果たした．ドイツ人の移民に関しては，貴族，騎士や聖職者達だけではなかった．既にゲーザⅡ世は1150年にアーヘン周辺やモーゼル河周辺から農民を，シビウ地域に移住させた．彼らは後に一般的にはザクセン人と呼ばれた．1224年の国王の書簡に彼らに与えられた特典が納められている．[4]

　ハンガリーへのドイツ人移民は計画的に進められ，2段階で執り行われた．：アールパード王朝時代の移民政策では，国土の北方地域とトランシルバニア地域に関するものと，次に，トルコとの戦いの後のハプスブルクによるものであった．それは，第一義的には南部ハンガリーに関するものであった．13世紀の始めに上部ハンガリーのツィプス人（この名前はドイツから新たな祖国へ持ってこられたものと思われる）である．13世紀半ばには更に上部ハンガリーに多くの山間部の町が出来，その住民の殆んどはドイツ人であった．年代記作者達は1217年には既にブダとペストの周辺にシュヴァーベン人が住んでいたと報告している．

　国王の自由都市は後にアールパードの諸王の最も重要な移住政策の1つとなった．「ハンガリー人が国家を造り，ドイツ人がハンガリーで都市を造った．土地を征服し，国家を造る事が主要な要素であったように，都市を造ることは

社会の発展と産業の発展にとって主要な要素であった」.[5] 全く別の経済的，社会的要素が都市の発展にとって重要な要素であり，初期に於いて数多くのイタリア人が都市の中核の形成に携わり，文化や躍動の為に参加した．しかし言語史の学者パウル・フンハルヴィ（19世紀）のこの見解は又，論争のあるところであるとしても，ドイツ人の「都市の世紀」に果たした役割は疑いもなく決定的なものであった．

「ザクセン人」が今日までも政治的に特別の権利を享受してきたが，そのトランシルバニアに於いても，ドイツ人は民族的な，また教会での特別な地位を守って来ることが出来た．彼らは，異国から来た他の民族グループと同じように，特にカルパチアの国境を確保する為に移住させられてきたもので，上部ハンガリーとトランシルバニアに住み着いた．ドイツ人騎士や移住者達は，ハンガリーの高い位の貴族と国王の間の紛争においては，殆んどの場合，一致してその時々の国王の側についた．ドイツ人に対するこのように明確な優遇扱いは，当然，既に1439年に流血の衝突をブダで引き起こした．ドイツ人とハンガリー人の都市住民での間のお互いの反目は，19世紀の前半の改革・革命をめぐって，又，都市のユダヤ人に対するポグロムにおいて爆発し，ハンガリーの多民族国家の歴史を通して赤い糸のように流れていた．

寛容な——殆んどそれは「リベラル」と呼んで良い——初期のハンガリー国家の非ハンガリー人民族への対応は，単にスラブ人のハンガリー人との融合を早めただけでなく，南ロシア，ステップ地帯から逃げてきた人々に国を解放することにもなった．そして彼らは兵役に従い，更に国境守備兵として住み着いた．既に11世紀から12世紀にかけてアールパード王朝はかっての敵，悪名高いペチェネーグ族や，それに引き続くやはりトルコ系のヤジーグ族をさえ受け入れた．ステップの騎馬弓隊は国王の軍事力への支援部隊としていつも大歓迎だったのである．その相矛盾する影響については後で論ずることにするが，クマン人の流入は，東方からの兵士用の民族の最後になった．数百年の間に彼らの結びつきは解消してしまい，戦士たちはハンガリー人の恐ろしく強い同化力に晒された．チュルク族はその後第一義的にはドナウ河とティサ河の間の大きなハンガリー低地に住み着いた．

NS（ナチ）時代の人種理論及びそして今日に至るまで時として湧き上がる，

「純粋な」ハンガリー人とか，「深い」ハンガリー人と「薄い」ハンガリー人[6]の間の溝に関する論争の観点から，ドイツ・ハンガリー関係の歴史家デニス・シラギを引用することは重要である．彼は，「マジャールの国民的な性格をユーラシアの先祖の遺伝素質から導き出すのは正しいことではない」，と強調している．「勿論，遺伝要因は重要な役割を果たしているだろう；しかし，歴史上，多くの典型的なマジャール人がいて，その祖先はスラブ人，ドイツ人，ロマン人，或いはユダヤ人であって，決して東方のステップ世界の騎馬民族ではなかった，という事実はすこぶる重要である」．[7] 定住の前後，大々的な流入と移住の波，特に13世紀と17，18世紀の大きな国民的な危機の後，カルパチア盆地内部の開かれた広野では，民族の「溶解」の場となっていった．

時代と共に我々は何度も，ハンガリー人は血の結びつきではなく，言葉を1つにし，言葉と共に国民の文化的アイデンティティーに対する信仰で結ばれている，ということを見ることになる．或いは偉大な詩人ミハイ・バビツが第二次世界大戦前夜に形容したように，「ハンガリー人というものは，歴史的な現象で，発展してきたものは決して物理的なものではなく，精神的な現象であった…ハンガリー人とはやはり，入り混じった，又いつも入り混じってゆく国民である」．[8]

傑出した，また同時にアールパード王朝のコスモポリタン的な国王は，ビザンティンの宮廷で育ったベーラⅢ世（1172－1196年）であった．彼の時代にハンガリーは内政的にも外交的にも，そして又教会および文化的にみても花開く時代を迎えた．最初に彼はビザンティン王妃の妹アンナ・フォン・シャティオンと結婚した．2番目の結婚にはフランス国王ルイ7世の娘を娶った．これはハンガリーの西側との結びつきを確かなものにするのに役立った．それには面白い記録がある．結婚の約束の公文書としてベーラが岳父に毎年の税金収入を書き綴った文書がパリの文書館にある．彼の収入は当時の英国やフランスの国王のものに匹敵し，唯一2人の皇帝（註 神聖ローマ皇帝と教皇）に適わなかっただけである．

ベーラの栄華として象徴的なのは，彼の前任者達が大抵，ポーランドやロシアの貴族の娘と結婚したのに対し，彼はフランスの指導者と王族同士の結びつきをやってのけたという事実である．絶対的な指導者としてますます自信を持った彼は，フランス人建築家にエステルゴムに豪華な屋敷を立てさせ，王家

と教会の緊密な結びつきの印としてそこを自分の城とすべく移った．それでも国王はビザンティンとの緊密な接触を維持した．自分の貨幣には初めてビザンティンの二重の十字架が刻印され，それがハンガリー王の紋章の一部になるのである．

ハンガリーは（ギリシャ）正教の影響を受けつつも，ますますラテンの西欧文化領域に結び付けられていった．国王はシトー修道会（註 ベネディクト修道会に属す）の修道院を建設させ，直接，フランスから修道士を招いた．重要な宗教エリートはパリで教育を受けた．年代記は，例えば，ベーラⅢ世が1192年にハンガリー人学生エルヴィンを音楽の勉強のためにパリに派遣し，2年後にはミクロシュをオックスフォードに送ったと記述している．

外交政策においては国王は再びダルマチアとクロアチアをハンガリーの支配のもとに置くことに成功した．このことが200年に亘るヴェネチアとの鋭い反目を導いた．ベーラと彼の後継者アンドラーシュⅡ世はロシアの大公との紛争に巻き込まれた．介入によって後にガリツィンとなるハリツ公国でのハンガリーの支配をもたらした．重要なのはこのような冒険ではなく，国王が王宮で始めた，文書化と財政の改革である．

ハンガリーの衰退はベーラ国王の年長ではない息子の国王アンドラーシュⅡ世の治世から始まった．彼は西側的な意味でハデ好きな，単に馬鹿な，贅沢で，評判のみに関心を持った．毎年のような戦争は，特にガリツィンの支配は，次から次へとドイツ人，フランス人，イタリア人の王妃が発言権を持っていたように，殺人や撲殺にまで発展し，高くついた．

彼の最初の王妃は，バイエルン族アンデックス・メラニエンの血を引くゲルトルートで，彼女は自分の弟を過度に優遇して，又数多くの家臣が従って付いてきた．これに対しては高位の貴族たちの間で外国人に対する反感がつのった．国王が再び東方に遠征している間に，王妃は1213年9月28日に血の謀反の犠牲になった．その中心には副王がいた．

600年後にヨージェフ・カトナは，「副王」のドラマの中で，彼が国民の為に「異邦人の」王妃を彼女の一族と共に，貧しい国民を弾圧している，としてその弁護のために劇的な混乱の中で王妃を刺し殺した，との見解を述べている．カトナの10年後，フランツ・グリルパンツァーはこのテーマを新たに取上

げ，全く反対の見方から描いている．王妃は「王の忠実な従僕」で，王妃は謀反人に殺害された，国王に忠実な年老いた「バンカヌス」はあくまでも王に忠実であった．「副王」は自尊心のある誇りを持った寡頭制主義者で，バンカヌスは信頼できる，名誉ある宮廷官吏であった」，と性格付けている．このように，ハンガリーの文学批評家達が悲劇的な人物像である副王について様々な相異なるハンガリー人とオーストリア人の見解を述べている．[9]

　これに対して，国王アンドラーシュと王妃ゲルトルートの間に生まれた娘，チューリンゲン辺境伯夫人エリザベートは今日でもドイツの聖女として尊敬され，ハンガリーでも高い評価を受けている．中世のドイツの詩人は，ハンガリーの魔術師クリングソーがエリザベートの王宮で彼女の結婚と人生を予言したように，敬虔な国王のもとにハンガリーの騎士的な世界について伝えている．伝説や言い伝えの格好のテーマである．ヨーロッパにおけるハンガリー人像についての有名なエッセイでシャーンドル・エックハルトはこれについて次のように付け加えている：「多分，ニーベルンゲンの歌の中でのアッチラ／エツェルとフン族への非常に好意的な描写は，ドイツ人歌手のハンガリー王室に対する関係を反映しているだろう」．クリームヒルデのフン族は勇敢であるが，彼らはただ単に数に於いて勝っていたのでゲルマンに勝った」．[10] これに対してオーストリアの研究家は，後の言い伝えでは，イシュトヴァーンの王妃ギーゼラは残酷で悪意のある王妃で，多分ニーベルンゲンの中のクリームヒルデのネガティヴな側面のモデルだった可能性がある，と述べている．

　いずれにしろ，今日でもプカーンスキの，ニーベルンゲンの伝説にどのようにドイツ・ハンガリー関係が反映しているのか，という問題は解決済みだとはいえない，という主張には賛成できよう．

　既にベーラⅢ世の時代に，一時的にビザンティンとの同盟と王朝間の結びつきの理由もあって，ハンガリーはビザンティンから見ればもはや「野蛮でずる賢」くなかったが，ビザンティンのある年代記作家はハンガリー民族を，「素晴らしい馬と武器を持ち，鉄と鎧を着ている…海の砂のように数が多く，果敢なことでは右に出る者がいないし，勇気に満ち，戦いでは負けず，自らは独立，自由で，頭を真っ直ぐに挙げ，自らの主人の気風に満ちている」．[11]

　このような賛美に満ちた描写はハンガリーの歴史記述では「価値ある貢献」であると持ち上げられようが，西欧では，知識人や一般世論でも，それは恐怖

の織り交ざった嫌悪感で捉えられているのが圧倒的である．それは部分的には太古の野蛮性を描いたものでもあるが．いずれにせよ，オーストリア大公で後のドイツ国王で，1291年にいったんは失敗したけれども，結局，隣国に侵入しえたアルベルトは，ハンガリー人をヒュドラに喩えている：1つの頭をたたけば30もの頭が次に出てくる．彼らは悪賢くて，ヌルヌルする蛇のようにすり抜けて，いったん負けても，2倍の強さで再び襲い掛かり，蛙のように泥沼から這い上がる…云々．[12]

　バーベンベルク家とハプスブルク家だけがアールパード王朝時代のハンガリーと武器を交えたわけではなかった．アンドラーシュⅡ世は，トランシルバニアのブルツェン地方を提供して境界を接するクマン地方（今日のルーマニア）を含めて，ハンガリーから切り離したハンガリー騎士団の国家を造ろうとしたドイツ騎士団と1211年，闘ったが，全く不成功に終わった．しかし，1225年に国王は武力によって騎士団を追い払った．

　国の将来に重要な道筋をつけたのは，身分の高い貴族の一部や特に財産のある国王に仕える自由民と王宮に仕える警護の人々が1222年に実行したことである．彼らの反旗は，度を過ぎて物資や収入源を優遇された少数のもの（一部は外国人）に向けられ，それは又経済の失政と，寡頭政治家達の過度の干渉に対するものであった．アンドラーシュⅡ世は所謂金印勅書を発しなければならなかった．この金色の印が押された勅書によって国王は，国王の軍隊に寡頭政治家に対しての自由を保障し，彼らは，国境外の戦争に参加するかしないかの自由を享有し，国王が法律に従って支配しない場合には，高い位の者と貴族は武力によって抵抗する権利を初めて認めた．この抵抗権は1687年までハンガリー国民の特別の誇りとして残った．国王は，又，いずれのお金もその価値の下落を止め，彼の金融改革，例えば，ユダヤ人やムスリムの宮廷貴族に与えていた関税権，貨幣鋳造権，塩を作る権利を白紙に戻すことなどを，又，評議会にかけることなしに外国人に地位や所有権を与えてはならないことを約束した．生活を享受し，軽率なアンドラーシュⅡ世のモットー，「国王が贈り物をするときの尺度に制限なし」，は，最終的に過去のものになった．

　金印勅書は英国のマグナ・カルタに遅れること，たった7年だったので，数世紀に亘って，このことがハンガリーの国民的誇りの1つになった．また，言葉使いでも，時々使われる決り文句「我々と英国人は」となったり，自由と

市民の権利の前触れとなった．

　2つの勅書の主な違いは，英国では貴族が最初にして，最後に，王権の絶対主義を除去したのに対し，ハンガリーでは自由民が貴族に対して一石を投じたことにある．英国では，国王の犠牲の下に貴族に対しての文書による国王の譲許であるのに対し，ハンガリーでは高級貴族の犠牲の下に自由民への譲許であった．金印勅書は，すべての自由な住民が，即ち，すべての「国民」が同じ政治的な権利を有することを宣言した．ただし，自由民とは普通の貴族と理解された．王の周りの少数政治家の強い権力は弱められたわけではなかったが，それでも1222年には法的に統一的な中流貴族の広範な中核が初めて現れ，彼らが19世紀に至るまで，所謂政治的国民を担うことになった．

　国王の権力的地位の弱体化は，国王から独立した大土地所有者達が形成されるという形で進んだ．このような背景として，当時の，「匿名」としてのみ知られる国王ベーラⅢ世の書記によってまとめられた政治的に重要な文書ゲシュタ・ウンガロルムに見られる．ここで，フンの王者アッチラの遺産を奪回して征服したという神話に見られるように，これは，後の世代に亘ってアリバイとなってゆく．神話が成立してくる時代，この年代記は定住に遡って大土地所有者と高位の貴族たちが部族長の末裔としてその権利を根拠付け，彼らが国王評議会のメンバーたることを永久に確保しようとすることになる．初期の，最早確認のしようもない相互に契約で誓ったという昔のことを掘り起こすことは，確かな目的を持ったもの以外のなにものでもなかった．

　惜しみなく県や城の財産を欲の深い貴族の連中に与えてしまったアンドラーシュⅡ世と違って，息子の後継者のベーラⅣ世（1235－1270年）は国王の権力を復権しようとした．まじめで，信心深い彼は，王位に就くや否や，与えてしまったものを再び取り戻さんとして，教会からさえも取り戻し始めた．このような彼の処置は，彼の厳しくかつ陰惨な登場とあいまって，国家の防衛にとって非常に大切な上部の，又中級の土地所有者たちの間に，よそよそしい感じと嫌悪感と苦々しい感じを植え付けてしまった．国王に接することが難しいことが，例えば，書面で求めた要請でなければ受け入れられなかった，ということに繋がった．不幸なことには，カルパチア盆地のキリスト教の王国が短期的とはいえ，誇り高き歴史を脅かすことになる危険が，まさしく，国内的に緊張が高まった時に起こった事である：世界制覇を狙った蒙古の近づく来襲である．

第5章　1241年の蒙古来襲とその結果

　西暦1241年，ヘルマン・フォン・ニーダーアルタイヒは彼の修道院の記録に簡潔に書き留めている：「この年，ハンガリー王国は350年の歴史の後タルタールによって滅ぼされた」．このバイエルンの僧侶は，神聖ローマ皇帝フリードリッヒⅡ世がほぼ同時期に英国国王に手紙で，「あの高貴な王国が，国民を根絶やしにされ，荒野にされ，無人の場所に変わり果ててしまった」，と書き送ったことに驚愕した．時代の目撃者や年代記作家達はアジアの侵入者をまだ「タルタール」と呼んでいたが，侵入者自身は，既に蒙古族と呼んでいた．[1]

　「蒙古の嵐」はほぼ10年以前からアジアや東ヨーロッパでは進行中で，既にロシア人，クマン人，ポーランド人を巻き込み，ジンギス・カンの後継者の攻撃は激しい勢いで，最初，ハンガリーに向かった．1241年4月11日，バツー・カーンに率いられた蒙古騎馬軍は，モヒ郊外でサジョー河とヘルナード河の合流点で，数の上で優勢であったが，悪しく指揮された，車座に保塁を固めたハンガリー軍を殲滅し，教会や世俗の高位の人々を筆舌に尽くしがたいほどの混乱の中で大部分はメッタ殺しにした．奇跡的に国王と数名の騎士たちは生き延びた．しかしながら，蒙古族はベーラの後をクロスターノイブルク（註 ウィーン郊外）まで跡を追い，彼らは，ダルマチアの島の町トゥロギーに陣を敷いたが，王は最後の逃げ道を見つけた．蒙古は，法に合致したその国の支配者が生きている限り，その国を最終的に征服したとは見なさなかった．

　数ヶ月に亘ってトゥロギーに閉じ込められた国王，従ってハンガリー，いや西欧までが突然，大カーンが極東のカラコルムで亡くなったことによって救われた．1242年春にその知らせが後継者に関するものと一緒にバツーにもたらされた時，蒙古は即座に引き返した．彼らはハンガリーからたっぷりとした戦利品と数多くの捕虜を伴い撤退していった．13年後も宣教師カルピーニとルブルクはカラコルムでハンガリー人奴隷を見た．

　蒙古の嵐の年はマジャール民族にとって時代の境目であった．歴史家ゲル

ギ・ゲルフィのような中世を知っているものは，ハンガリー人はあの恐ろしい体験から最早完全には回復することができなかった，と主張している．ゲルフィの計算によれば，大低地の部落のほぼ60％が破壊されたという．住民の内，殺されるか捕虜となって連れ去られることを免れた者も，飢えによる死や疫病に脅かされた．その上，2年以上に亘る飢饉が襲った．なぜなら，すべてが破壊され，耕地は最早耕作されなかったからである．

ドナウ河の西部ではまだ状況はよかった．というのは蒙古はこの地域を通過する時に略奪したり，焼き払っただけで，占領したわけではなかったからである．この地域の住民はほぼ20％減少した．上部ハンガリーのスラブ人，トランシルバニアの山岳地帯のセイケイ人やルーマニア人たちは広範に難を免れた．1240年当時のハンガリーの住民ほぼ200万人の半数が，古い計算によれば，すべてのものが直接，間接的に蒙古の嵐の犠牲となった．[2]

ベーラⅣ世にとっては蒙古の襲撃は驚きではなかった．国王は，多分ハンガリー人でなく全西欧人の中で，世界支配の考えに凝り固まった蒙古人の拡張の持つ，死の危険を予見した唯一の人間であったかも知れない．ハンガリーは，完全には断絶していなかったロシアの大公たちとの関係から，東部の出来事，また1223年の蒙古の騎馬遊牧民に対するロシア人やクマン人の壊滅的な敗戦を早くから，かつ的確に知っていた．

ベーラはまだ皇太子の時代にドミニコ派の修道僧からなるグループを，伝説上遠くの昔の故郷に居残っている部族たちをキリスト教に改宗させる為に東方に派遣していた．マジャール人起源の地域を求めていくうちに，僧ユリアンは実際，ヴォルガ流域でハンガリー語を理解する人間に出会った．この「親戚」から彼は恐るべき蒙古人が西に向けてまっしぐらに侵攻中であることを聞いた．修道僧は帰国した後1237年に旅の報告書をしたため，ローマに宛てて送った．ユリアンが蒙古の目的を探る為に，2度目に東方に冒険の旅に出たときには，この間にこの部族は略奪されてしまっていた．ユリアンは恐ろしいニュースと戦争準備の正確な情報と共にハンガリーに取り急いで戻った．彼はまたバツー・カーンがベーラに，降伏を促し，ハンガリーに逃げ込んでいた「クマンの奴隷」の引渡しを要求した書簡を持たらした．ベーラは最後通牒に答えなかった．長らく，ローマの首座争いに没頭していた教皇と皇帝と違って，国王は蒙古の脅威を真剣に受け取っていた．彼は，言いがかりと要求が相手側に無

視されたり，応答がなかった場合，壊滅的な攻撃が後に続くことを知っていた．

　ベーラIV世は自分の国が襲撃に直面していることを予感し，戦争の準備を行っていた．自分自身で彼は国境を視察した；敵が攻めてくる峡谷には防御施設を設置し，強力な兵力を造ろうとした．彼の行った準備やハンガリーの貴族への警告や教皇と皇帝フリードリッヒII世，西欧の国王達への働きかけにもかかわらず，蒙古の来襲が，ハンガリーの運命を左右し，蒙古がモヒでの勝利の後はハンガリーの国のあらゆる方向にほぼ気ままに兵を動かすことが出来たのは，第一義的には国王の責に帰すことではなかった．その知力と勇敢さにもかかわらず，ベーラは最高指揮官ではなかった．彼は又武力に秀でた職業軍人を持っていなかったのだ．父親の金印勅書以前にはどんな時でも戦いの騎士になる準備が出来ていた職業軍人はこの時には「気楽な土地所有者」[3]になっていた．驚くべき正確さとまさに計画的なテロで殺戮する蒙古の騎馬軍団に対して彼らは最早敵ではなかった．

　その他にまだ他の要素が決定的であったが，これを西欧の，しかしハンガリー語に堪能でない西欧の歴史家にはほとんどしかるべき考慮を払われなかった．これはハンガリー史の大きな穴であるが，これがハンガリーがトルコとハプスブルクに敗れた一因でもあった．

　ことは，既に早い時期のハンガリー国家で顕著な作用を現わしていた，あの異質ものに対する態度にあった．

　外部にたいして胸を開くことと閉ざすこと，寛容さと猜疑心が交互に揺れ動くということが，多分，ハンガリー軍の背骨を形成していた各種の民族グループ間の悲劇的な紛争の主たる理由であろう．チュルク族の一員であるクマン部族は過去に於いては何度もハンガリー人を攻撃してきたが，後に，又，蒙古の絶え間ない侵入に対してマジャールの庇護を求めてきていた．ベーラは王位の継承者としてクマン人のドミニコ派への改宗を勧め，1万5000人のクマン人を改宗させたクマンの首長の寄進に応えてきた．彼は，更にこれらの「西欧化した」クマン人のために教区を造ってやったりした．10年後には「東方」のクマン人が蒙古人を逃れてカルパチアを越えてきた．国王ベーラは彼らを受け入れる前に洗礼を受けさせ，そして，迫り来るアジア人の侵入に対し，4万人の騎馬戦士の応援を期待していた．しかし，この間にキリスト教的・西欧的になったハンガリー人社会は遊牧民族の統合は緊張を孕ませ，血を流す暴動にま

で発展した．蒙古の攻勢が真っ最中の時に不信感に絡まれたハンガリー人貴族がクマン人首長のクタンを襲い，殺害してしまった．彼の戦士たちは復讐を誓い，殺人と破壊を尽くしてブルガリアに引き上げていった．それはモヒでの決定的な戦いの4週間前で，国王は最強の連合軍を失ったことになった．

　クマン人の同化のはじめの頃，実際に存在していた緊張関係を強めてしまった貴族のグループは，それまでの動員を維持して欲しいという国王の勧告を，遅々として，しかも抵抗するようにしか従わなかった．蒙古の来襲に就いての2人の重要な証言者である，ロゲリウス参事とトーマス・フォン・スパラトがその報告で，国王と大貴族の一部の間に深い不一致があったことを明らかにしている．フランスの当時の年代記作者によれば，バツーはモヒ近郊での戦いを前にして彼の兵士達に対して，相手を見下した号令を出して言ったとさえいわれる．「不和と思い上がった精神で混乱したハンガリー人はお前達にかないっこない」．と．

　既に述べたように，貴族達は，ベーラが彼の父親が気前良く分け与えた財産を引っ込めようとし，又，貴族の反対を押し切ってクマン人を国に招き入れたことを怒っていた．嫉妬に駆られて彼らは，国王がハンガリー人よりも外国人を優遇していると非難した．彼らは更に，クマン人は蒙古の同盟者としてハンガリーにやって来て，機会があれば，ハンガリーを背後から襲う，とさえ噂を流した．年代記作者のロゲリウスは，自ら蒙古の来襲を体験したが，彼は勿論，別の見方をしている．彼は，ベーラⅣ世をハンガリーの傑出した指導者であったと評価している：国王は，異教の民族を改宗させ，教会の為に偉大な功績を残した；まさに彼は貴族たちの「高慢ちきなずうずうしさ」を抑えようと試みたが，彼らは自分達の不従順を裏切りによってさえ貫こうとした．ロゲリウスは国王を，蒙古によって国が直面している危険に対して適切な時期に処置をとらなかった，という非難に対してもベーラを擁護している．むしろ貴族達は動員し，国王の旗の下に急いで集まるようにと既に早くから警告されていたはずである，というのである．国王が明らかに軍隊の秩序を確立することに不得手だったのにもかかわらず，ロゲリウスは，国王に反抗する余り，国王に従って戦いに参加するのを拒んだだけでなく，ベーラの敗北を望んでいた，として敗北の主要な責任をあのハンガリー人貴族たちに帰している：「彼らは，敗北が自分達には関係ないことであろうと思っていたからである」．

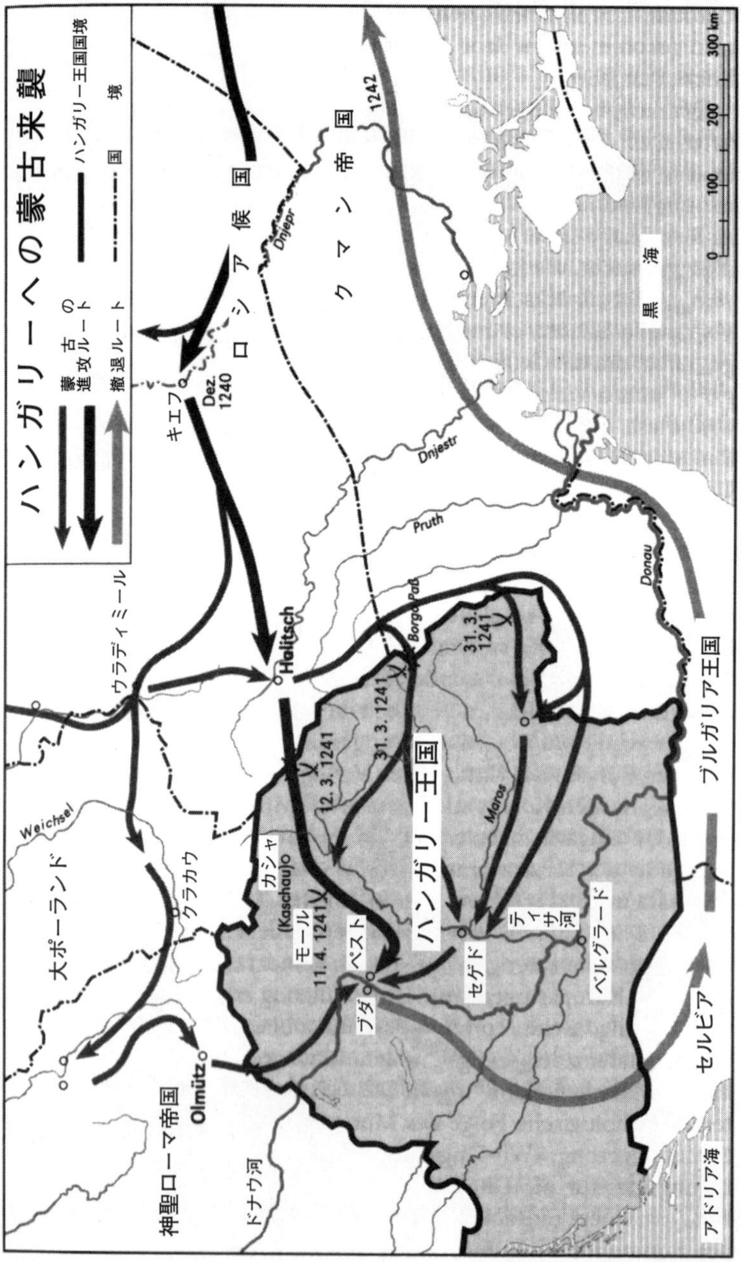
ハンガリーへの蒙古来襲
蒙古の進攻ルート
撤退ルート
ハンガリー王国国境
国境
キエフ
Dez. 1240
ロシア侯国
Dnjepr
クマン帝国
1242
黒海
0 100 200 300 km
Dnjestr
Pruth
Donau
Borgo Paß
31. 3. 1241
ブルガリア王国
ハンガリー王国
Maros
ティサ河
セゲド
ベルグラード
セルビア
アドリア海
ドナウ河
神聖ローマ帝国
Olmütz
大ポーランド
クラカウ
Weichsel
ウラディミール
Halitsch
12. 3. 1241
31. 3. 1241
カシャ(Kaschau)
モール 11. 4. 1241
ペスト
ブダ

第5章 1241年の蒙古来襲とその結果

　異邦人に対する不信と自分達の陣営の中での不和と争いに加えて，西欧世界の沈黙があった．聖職者の年代記作者はキリスト教徒である西欧の王族達を，ハンガリー国王の助けを求める声に応じなかった，と非難している．ハンガリーの友人のだれ1人として国の不幸に際して援助の手を差し延べなかった．ロゲリウスは教皇も皇帝も同罪であるとした．すべてがみっともなくどうしようもなかった．ベーラは1253年に教皇ビツェンツIV世に対して書簡を送っている：「…あらゆる方面から…言葉の上だけで援助を受けた…我々は大きな困難の時に，ヨーロッパのキリスト教の指導者及び諸国民から何も支援を受けなかった」．蒙古の悪夢は，意識的，無意識的に，国王の教皇との書簡のやり取りや彼の外交政策上の行動を規定した．蒙古の嵐がその後にも影響を及ぼした最大な心理的なものは，歴史上，次のようなものであった：「我々ハンガリー人は1人なのだ」ということである．ハンガリー人に特有なこと，即ち，孤立している，という認識は更に孤独意識に発展し，ハンガリー人の歴史観の1つの要因になった．16，19，20世紀の破局を通して，ハンガリー人のこの気持ちはこり固まってしまった．

　次の蒙古の来襲への恐怖感はベーラ国王の王族との婚姻政策に奇妙な結果として現れた．彼は例えば教皇に手紙で書いている：「我々はキリスト教のために国王の権威を傷つけてまで，2人もの娘をルテアニアの王子に，3人目はポーランドの王子に嫁がせた．理由は東方の彼らを通じて不可解なタタールに関する情報を得るためである」．もっと大きな犠牲は明らかにその手紙で言及されているように，最初に生まれた王子をクマン人の姫と結婚させたことであった．このような結びつきによって，既に蒙古の攻撃の数年後ドナウ・ティサ平野の人口の少ない地域に呼び戻されていた，戦いに慣れた騎馬遊牧民クマンはますます強くアールパード王家に結び付けられていった．そして，キリスト教の西欧の共同体への同化が早められていった．たとえ，同盟者として必要な時にも異邦人への猜疑心は，そして最大の危険なときにさえも陣営内の不和は，そして孤独で，突き放されたという，理由のある感情とあいまって，ハンガリー王国の歴史上最初の大きな破局の背景となった．ハンガリー人が理解されず，売られ，敵に包囲されていると感じたのは，多分，それも第1に，明確に国際的な歴史記述でも非難されている「恥知らずな恫喝」と関係あるかもしれない：オーストリアのバーベンベルク公フリードリッヒII世――逃亡中の隣

国の国王の従兄弟——はこの従兄弟を罠に誘い，彼の身ぐるみを剥ぎ，彼を捕らえさせたのである．このオーストリア人に対して，既に同時代の人々は「争い好き」というあだ名をつけている．というのは，彼は殆んどの隣人と不和になり，1236年には神聖ローマ皇帝からも激しく非難され，帝国封土を取上げられていたくらいである．

イタリア人僧侶のロゲリウス参事は蒙古の来襲の生き証人であり，自らは1年間囚われの身になった経験を持つが，彼はその報告の32章でこの恥ずべき事実を書いている：

> 国王は追手から逃れて昼夜を問わずポーランド国境に向かって逃げた．そこから王は可能な限り急いでオーストリアとの国境地帯で待つ王妃の下へまっしぐらに急いだ．オーストリア公はこの知らせを聞き，内心悪だぐみを考えつつ，表向きには友好的に対応した．国王は武器を解き，朝食が用意されている間，長い逃走の旅路の間恐ろしい弓矢や刀を神の摂理によって1人潜り抜けてきた後に水辺に眠りについたとき，再び起こされた．彼はオーストリア公の顔を見たときに，非常に喜んだ．公は何よりも慰めの言葉を語り，ドナウ河を渡り，対岸でより安全に休むように勧めた．国王は悪だくみに気づかずに，公の言葉に頷いた．というのは，公は，自分は河の向こうに城を持っており，そこで国王を正しくおもてなしできよう，と述べたからである．しかしながら彼は国王をもてなそうなどとは考えず，彼を打ちのめすことを考えていた．国王は難を逃れた，と信じていたが，別の災難の犠牲になった．魚が凍え死ぬのを避けるために氷を避けたが，その代わりに火の塊に飛び込んで焼け死んでしまうように，国王は危機から脱したと信じ，もっと不幸な事態に陥ってしまった．オーストリア大公は彼の悪だくみで国王に勝利し，国王を手玉に取った．彼が主張するところによれば，かって彼が国王にやられたように，金を要求した．更に国王はその金の一部を現金で，又一部を金塊と銀塊で支払い，残りは遂に王国の隣接する3つの県を担保として差し出す前には釈放されなかった．[4]

ロゲリウスによれば，公は又ハンガリー人避難民を略奪し，防備無き国土に武力で侵略した．バーベンベルクのフリードリッヒII世——シュタウフ家の皇

帝と間違わないように——はポジョニ（現ブラチスラバ）とショプロンを占領しようとした．両市はしかしながら持ちこたえることが出来た．年代記作者は，フリードリッヒⅡ世とベーラⅣ世の間では古い証文があったということを知らなかった．バーベンベルク公は既に1233年以来数回に亘ってハンガリーに侵入し，ハンガリーの大貴族たちの国王に対する反乱を支援していた．アンドラーシュⅡ世と2人の息子，ベーラとコロマンが公の攻撃を撃退して，ウイーンまで追跡した時，フリードリッヒⅡ世は高額の賠償金を支払ってのみ，和平を結ぶことが出来た．彼はこの屈辱を決して忘れることが出来なかった．だから，西欧的な意味での連帯ではなく，教皇グレゴリーⅨ世の警告にもかかわらず，ハンガリーの絶望的な状況を利用したのである．

　歴史家のギュンター・シュテックルは「西側の隣国に裏切られたというハンガリー人の歴史認識に」「非常にネガティブな印象を与えたことは理解できる」と示唆している．[5] 良く知られているように，すべての中・東欧の国々の学校教科書には自国や地域の歴史についてバランスの取れた例はないのであるが，ロゲリウスによって描写されたようなエピソードほどに明らかになった例はない．例えば，ハンガリーの歴史家バーリント・ホーマンは1947年に「…フリードリッヒは…タタールの攻撃の下に苦しんでいる国に対してキリスト教的な連帯という偉大な，もてなす側の権利を最低に辱めて現わしてしまった」．これとは正反対に，オーストリアの歴史家フーゴ・ハンチュは1947年にバーベンベルクの役割を次のように見ている：「…フリードリッヒは…タタールにドイツへの方向を間違えて教えた…オーストリアは再び西欧の砦として，帝国の楯としての役割を果たしたのだ」．

　死を宣告された王国が，こともあろうにフリードリッヒのオーストリアの新たな拡張の試みを成功裡に阻止したのは，歴史の皮肉としか言い様がない．フリードリッヒの死後，ベーラは1246年，ライタ河の戦いに於いてバーベンベルク家の継承戦いに介入し，一時的にシュタイアーマルクを自分の支配下においた．ベーラの息子で王位の継承者はシュタイアーの国の領袖であった．しかしながら，ハンガリー人はオーストリアのマルヒエッグでボヘミアのオトカーⅡ世に対する惨めな敗北の後，最早持ちこたえなかった．

　この章の始めに引用したバイエルンの僧侶が短いノートで言及した「ハンガリー王国の滅亡」には勿論至らなかった．国王ベーラⅣ世は帰還した後，むし

ろ大きなエネルギーと，注目すべき知性と，鉄のような構想と，印象的な勇気で，荒廃した国土，なかんずく，大低地と東方の人のまばらになった国土の再建という巨大な課題に取り組んだ．

ベーラは蒙古が撤退した後も28年間王位にあり，国家の政治家として業績を挙げ，聖イシュトヴァーンについて2番目の国家の建設者としての栄誉を得た．イシュトヴァーンと同様にベーラは外部に門戸を開いた指導者で，大々的な移民政策の創始者であった．彼の支配領はカルパチア盆地全部を越え，クロアチア，スラボニアとダルマチア更にボスニアの一部に跨った．

国王が政治的な行動能力を非常に速く取り戻したのは，人口の密集していた国の西部が蒙古の破壊を最小限に免れたということで説明できよう．それにもかかわらず，彼は内外政策において蒙古による新たな来襲という悪夢から2度と自分を解き放つことが出来なかったようだ．国の防衛を優先するという政策は全く新しい防衛システムの組織化に繋がった．

蒙古の攻撃にほんの少しの城砦のみが持ち堪えたという事実ははっきりさせた．：厳として強固に固められた場所のみが十分な安全を保障するということで，国王は全土にできるだけ多くの石で守られた町や地域を目にしたがった．更に王は新たな攻撃力を備えた軍隊を築き，軽弓槍隊を重装備の騎兵隊に変えた．

大低地の至る所でクマン人の再移民が行われ，それがこの異邦人グループが新しく作られた軍隊の中で非常に強い役割を果たすことに繋がった．ベーラIV世はこれまでに引用した教皇イノセントIV世への手紙の中でこの事実を示唆している：「残念なことに，非キリスト教徒の輩に国防を任さなければならなくなった．そして，彼らの支援の下で我々は教会の敵を懐柔しなければならない」．さらに，クマン人と共に，元々は同じく東方からのステップ騎馬民族の一員たるアラン族のヤジーグ部族が定住することになった．

1267年と日付けが入った国王の記録によれば，彼はハンガリーの人口を増やす為に世界中から農民や兵士達を国に呼び込んだ．ドイツ人の入植の他，スロバキア人，ポーランランド人，ルテアニア人は上部ハンガリー（今日のスロバキア）に，ドイツ人，ルーマニア人それに沢山のハンガリー人はトランシルバニアに移って行った．都市部には間もなくフランス人——大抵はワロン系のものであるが——，イタリア人，ギリシャ人がいついていった．

1250年以降はオーストリアのユダヤ人が移って来た．新しく城砦に囲まれた宮廷都市ブダやエステルゴム，ブラチスラバのユダヤ人共同体は国王自身による保護の下に置かれた．カールマーン・ベンダ著の「ハンガリー歴史クロノロジー」によれば，余談であるが，エステルゴムは既に1050年にはユダヤ人商人の中心を成し，ロシアとレーゲンスブルクの間の商談を取り扱っており，町にはシナゴーグが打立てられていた，という．貨幣の鋳造はエステルゴム大司教区に与えられており，ウイーンから移住してきたヘンシェルという名前のユダヤ人に委託されていた，という．

驚くべき迅速な再建，都市の建設，国王が絶対的に優先事項とした新しい軍隊の建設の為には，国王ベーラは非常に高い政治的な犠牲を，少数の例外を除いて，了見の狭い，自分よがりな大貴族に払わなければならなかった：即ち，重大な結果を招くことになる大貴族の手になる権力の集中であった．ベーラの過激な処置に反比例して，また，蒙古の襲撃に先立って部分的にしか実行されなかった改革に対して，彼らは自分達の特権を保持することに成功した．もっと酷い結果を招来した事は国王の所有物と城を最早返さなくてもよくなったことだけではなく，更に新しい贈り物を受けたことである．これらのあらゆることが直ぐ後になって混沌とした状態に導いたのである．

ベーラ国王は自分の治世の十数年間，軍の指導者としては優秀であるが，権力志向の強すぎる息子，後のイシュトヴァーンⅤ世と激しい紛争に巻き込まれていた．イシュトヴァーンⅤ世の国王としての期間はたった2年間ではあったが．彼は，あらゆる高位の聖職者達との私闘に巻き込まれていた大貴族の権力と，国王ベーラによってバランサーとして意識的に特権を与えられて育成された中小貴族の間を巧く操作することが出来なかった．それに加えて，ハンガリーの中に組み入れられたクマン人騎馬兵という解決されていない問題があった．彼らは国王の家族に壊滅的な影響を与えていた．クマン人の騎馬兵は新しい軍隊にとって，特に，ハンガリーの国境外に軍が進出する時には，不可欠な支柱であったが，万を越えるかっての騎馬遊牧民を，完全に社会，教会の中に，そして言語的にも同化させることには更に2・30年が掛かった．

ベーラの息子イシュトヴァーンの，陰険に殺されたクマン人首長クタンの娘エリザベートとの結婚は，この民族集団との永続的な和解に導くはずであった．

クマン人を貴族に列する計画もあった．しかしながら，イシュトヴァーンの死によってこのような努力は水泡に帰した．

イシュトヴァーンの息子，ラースローIV世（1272 － 1290 年）はまだ少年であった．そして，国王の母，エリザベートは，「ハンガリー王妃で，クマン皇帝の娘」と呼ばれたが，彼女は執政としては全く荷が重く，権力欲の強い大貴族の操り人形に成り下がり，何でも O．K するものに成り下がってしまった．彼女とその息子は基本的にはクマン人だけを信用し，過大な，示威的なステップ騎馬民族の優遇によって微妙な同化のプロセスを促進するどころかむしろ妨げてしまった．

一度だけ，若き国王ラースローIV世は歴史的な偶然によってオーストリアの歴史に瞬間的にではあるが登場することになる．デュルンクルト近郊の戦いに於いてハンガリー人とクマン人からなる軍は――1 万 5000 人と見積もられているが――ハプスブルクのルドルフとボヘミアのオトカーII世の戦いに決定的な役割を果たした．ブタペストの歴史家ペーテル・ハナークによれば，「マルヒフェルドの戦いに於いてハンガリー軍はハプスブルクの力と権威を形成することになった」．

この歴史的偶然性をのぞいて，生前に既に「クマンのラースロー」と呼ばれた若き国王の人生はスキャンダルと恋愛関係，陰謀，血を見る結果の連続であった．情熱的な，活気に満ちた，そして伝説によると常に恋していた国王は，どんな理由があるにせよ，自分の妻でナポリのアンジュウ家の王妃イサベラとの間に後継ぎをもうけようとしなかった．彼は彼女を修道院に監禁さえもした．教皇が，彼の生活ぶり，沢山の愛人，彼の回りに沢山の異教の家来がいるのに対して警告を発した時，このどうしようもない性格異常者は「大司教を始め司教の一団をローマに至るまでタタールのサーベルで首をはねる」，と威嚇した．いずれにしても大司教は教皇に手紙を送った．ラースローIV世はその他に，国王顧問会議の最中に，即ち，高官や位の高い僧侶がいる目の前でクマン人の愛人とセックス行為に及んだとさえ言われる．国王は破門され，遂に，28 歳の時ハンガリーの大貴族の差し金で 2 人のクマン人に殺された．

ラースローには子供がなかったので，国は無政府状態に陥った．大貴族たちは自分達の影響力のあるところを家族の所有として登録し，事実上，国を相互

に分割した．アールパード家の最後の国王アンドラーシュⅢ世は中央の力を再び再興することも出来なかったし，その崩壊を止めることも出来なかった．彼は1301年に崩御し，たった1人の娘を世に残した．このようにして，アールパード家の男系相続は消滅し，当時のヨーロッパの世界では名声のある切望された家系の王冠を巡って再び長い国内闘争の時代に入った．その中からラースローⅣ世の妹でナポリ王妃マリア・フォン・ナポリの孫が1308年にアンジュウ家のカーロイ・ロバートの名で勝者として踊り出た．

　長期的に見て歴史的にも政治的にも，特に心理的にも「クマンのラースロー」の時代の最も重要な遺産は，彼の宮廷宣教師シモン・ケーザイがすべて脚色したマジャールの「新しい歴史像」であった．ベーラ国王は1252年に教皇に出した有名な手紙に於いて，まだ蒙古人をアッチラや殺戮をして焦土化するフン族と比較していた．1世代も過ぎないうちに，1282年と1285年の間に宮廷作者はフン族について全く別の見方をしている：天才的なおとぎ話の作家のようにシモン・ケーザイ師匠はアッチラをキリスト教徒の国王の誇らしい先祖だとしている．「イタリア，フランス，ドイツのいたるところの資料に当たって」，彼は下層の出身の，国王ラースローⅣ世に感激しているこの宮中の僧侶は望ましい歴史像を纏め上げた．
　宮廷の作者は「2度の定住」という驚くような理論を提示している：108の部族が既にはるか以前に，当時はフン族と呼ばれた民族が，今日ではハンガリー人と呼ばれる同じ民族が形成された．スキタイから来てパンノニアを700年ごろ既に占拠したが，アッチラの下で地上の半分を占領した．それから彼らは最終的にパンノニアに移住する為に一旦スキタイへ帰還した．1280部族のうち108の部族が，ケーザイによれば，本来の共同体の，純粋な，子孫である．このようにして歴史的な継続性が保たれたのである．しかし事実は違うが．
　このような「創作力に富んだファンタジー」が，イェネ・スーチに言わせれば，マジャール人のカルパチア地方に対する「歴史的な権利」と，低い身分の貴族たちの大貴族たちに対する自己主張の存在理由の歴史的，法律的，さらには「道徳的な」理由付けにもなっている．上昇しようとしている小貴族は自由な戦士たちの上流貴族たちの持っている権力の源泉に近付こうとする意思と同じであった．

批評「国民と歴史」のなかでスーチは,中小貴族の国家を正当化しようとする,国王に忠実な聖職者の新しい構想は問題外だとしている.[6]

西側の見解に対して,ケーザイによってアッチラとフンの時代は,後から名誉挽回したことになる.ロマンチックな作家がファンタジーに任せて創作した歴史がハンガリー貴族の歴史的事実や近代までの国民の歴史記述を規定していなかったとして,このような馬鹿げた説は肩をすくめて無視することもできよう.オーストリア・ハンガリーの評論家ラディスラウス・ロスディがハンガリーに関するエッセイで,遺憾ながら長期間に亘って続き,間もなく国民全般の資産にまでなろうとする歴史的な虚構を示唆している:

　　それ故,これまでの長い間,ケーザイ師匠によって創られたフン族の伝説に迷わされない,歴史に特別に教養ある,批判的な素養のある少数を除いては,きちんとした歴史観を思ったハンガリー人は誰もいなかった;いつもは繊細な感情を持っている20世紀のハンガリーの詩人も,この伝統に少なからず得意なのである.これはしかしながら,実際には「最後の遊牧民」としての諦めの入り混じった優越感の現われに他ならない.[7]

「2度にわたる定住」の説は,長いこと歴史家や学者や国粋的な政治家達が好き勝手に使ってきた.「匿名」の,又特にケーザイによって創られた,浪漫に溢れた,英雄的なフン族の伝説は政治家や作家達の幾世代をも通して,抗しがたい魅力を発揮してきた.そして,その強烈な魅力を多くの人々が今日でも密かに首肯しているのである.例えば,1848年の革命に,穏健な,国王に忠実な考え方故に批判されたイシュトヴァーン・セーチェニ伯爵は,1814年11月21日,ドイツ語で書かれた日記帳に(オリジナルな記述によって)次のように書いている:

　　私がもっとも崇拝するフン族の種族から発したに違いないということは,私がスイスの最も美しいアルプス或いは,イタリアの豊かな渓谷や地方でも決して,自分の祖国の荒地程に興奮したり,感激したりすることも無いということによっても証明されていることである…私の中には,あらゆる国々を荒廃させる,あの押し寄せる,敵を壊滅するアッチラの数知れない

騎馬戦士たちへの情熱がこもっている．例えば，いずれの文化や理性からも自由になれたならば，そのような人間は私の性格にあっており，私は，幸せな人間になるのに．[8]

　この言葉は，数十年後にセーチェニの自殺の後に公表されたのであるが，深層心理的に非常に示唆に富むものである．彼の人生と役割については，後に触れたい．これは，いかに自由への渇望，勇敢さ，連帯への美徳がハンガリー人の特性になっているかを示すものである．そして，これは，殆んどのアールパード王朝の国王が証明したように，寛容と政治的な賢明さが見逃されているかを示すものである．
　いずれにしても，誇張なしに，そのような民族はまず存在しない，と言っていいだろう（多分セルビア人は例外かもしれない）．即ち，エルネスト・レナンの言葉が正しく指摘しているように，「自己の歴史を改ざんしないような国民はいない」．

第6章　中欧の大国へ：
　　　　異邦人の国王の下で

　西暦1301年のアールパード王朝の消滅の後，ハンガリーでは遠方からの異邦人国王の支配が始まった：そのうち4人はナポリのアンジュウ家から，1人はルクセンブルク家の，2人はハプスブルク家の，そして3人はポーランドとボヘミアのヤゲロウ家から来た国王であった．モハーチの破局までの225年間，この国の出身の国王はたった1人しか出なかった：マーチャーシュ・フニャディ，人呼んでコルヴィヌスである．伝説によればハンガリーで好かれたこの国王も父方はルーマニアの出であった．

　殆んど80年にも亘ったフランス―イタリア系のアンジュウ家王朝の時代は，経済的・国家政策的な繁栄の時代であった．豪族間の救いようのない，血で血を洗う混乱の中から中央集権的な，強力な手で指導された国家が出現し，その経済・金融政策は，中世のヨーロッパの大国に登る基礎となった．

　低い身分の貴族たちと一部は鉱山町のドイツ人市民の助け及び法王の使者，ジェンティル枢機卿の断固とした支援のおかげでカーロイ・ロバート（後にカーロイI世と呼ばれた）は，強力であった大貴族達を孤立化させ，危険な家族連合を決定的な戦いで打ち破ることに成功した（1312年）．それでも国王は，自分の住む場所を南部トランシルバニアのテメシュヴァールから中央のヴィシェグラードに移すのを10年以上待った．一時的に国王の屋敷が国の片隅におかれても，カーロイI世が急進的な金融改革を準備することを妨げなかったし，目的を持った優遇策によって新しい都市共同体を促進するのに妨げにならなかった．力をそがれた大貴族達に代わって，国王が忠誠を期待できる50ないし100の貴族の家系が登場した．

　中世の中で，ハンガリーの地位が上昇していくのには，商業ばかりではなく，特に豊かな貴金属埋蔵があった．見積もりによれば，当時の世界の金の生産の3分の1はハンガリーからであり，3分の2はアフリカからであった．アフリカ産の金は殆んどすべてはイスラムの中近東に向けられ，ヨーロッパの金の需

要は 80％は，ハンガリーによって賄われていた．国の銀の生産も重要性が高まった．ヨーロッパの全生産量のほぼ4分の1に達した．金の生産は新しい鉱山町の設立によって，更に冶金権利の開放によって強力に促進された．更に国王の力は，関税及び税収入と貴金属並びに貨幣鋳造権の独占によって確立された．フローレンスの例にならってカーロイI世が鋳造した金貨（フォリント）はヨーロッパで所望された，広く受け入れられた支払手段であった．

　国王は，入植の促進に大きく注目した．スロバキア人，チェコ人，ルテニア人，ポーランド人，忘れてならないのはドイツ人の鉱山労働者が国に招き入れられた．14，15世紀の人口は大きく揺らいでいるが，カーロイI世治下のハンガリーの人口は，再び蒙古の来襲以前の水準，即ち，ほぼ200万人に達したと見られる．これは，まごうことなき成功である！

　都市では，大きな国際的な商業が行き交う都市が特に発展した．アールパード時代に重きを成したエステルゴムやセーケシュフェヘルヴァールなどはブダにその地位を譲らざるを得なかった．中央の山岳地帯がドナウ河に注ぎ，ハンガリーの低地が始まるこの商業都市は首都となった．

　西暦1335年，ドナウ河の膝元60キロ北方のヴィシェグラートに，国王カーロイの招待によって，ボヘミア王ヨハン，ポーランド王カシミルの歴史的な会談が持たれ，そこにはニーダーバイエルン公ビッテルスバッハ家のハインリッヒもまた陪席していた．この3人の国王の会談で，ポーランドとボヘミアの争いは調停され，西欧との交易を，実入りのいい主権を主張しているウイーンを外して，プラハーブルノ或いはクラコフから東部ハンガリーを通ずる道に迂回することが決められた．ほぼ660年後にハンガリー政府の招きによって当時のチェコスロバキアとポーランドの国家・政府首脳がヴィシェグラート――かっての国王の城はもう廃墟しか残っていないが――に，共産主義が破綻した後，協力の道筋を付ける為に集まったことは，非常に象徴的な歴史に因んだものであった．このようにして国際的な会議で通称される「ヴィシェグラード国家群」の名が成立したのであるが，識者の中でもその由来を正確に知っている人はそんなにいないようである．

　経済的な関係の促進だけではなく，そして平和政策に関して，カーロイ国王はハンガリーの立場を当時のヨーロッパ強国の間で確保した．又彼の賢明な婚姻政策もこの目的の為に役立った．例えば彼の最初の妃はガリチン出身のロシ

アの侯爵の娘であった．2番目はボヘミアから，3番目はボヘミア国王ヨハンの妹，4番目は，ポーランド王ラディスラフ・ロキエテックの娘エリザベトであった．アンジュウ家にとってはポーランド王の後ろ盾が確保された．更なる王朝間の南北に跨る婚姻の野望に，カーロイの息子ラヨシュとアンドラーシュの結婚が役立つことになる．カーロイⅠ世のその成功裡な，平和を狙った外交・婚姻政策は同時に将来の紛争の種を根ざしていたということを，彼は気が付かなかった．いずれにしろ，国王はその長い統治期間，北部と西部の国境を固め，オーストリアのハプスブルク家からポジョニを奪回することに成功した．

　この対決より調停に重きを置いた国王が，よりによって不思議な事件によって気味の悪い影に覆われたことは，数世紀後の人々が取り組むことになる．例えば，偉大な詩人であるヤノシュ・アラニは，1860年ごろ，この話の中心人物であるポーランド人の絵に描いたような美人の王妃について有名なバラードを書いている．若くて美しいクララ・ツァーハは，後にポーランドの王になるカシミルのお妃の弟に誘惑され，または，暴行されたという．彼女の父親で金持ちの貴族である，フェリシアーン・ツァーハはその直後に，とっさに取った刀で国王の家族が昼食を取っていた最中のヴィシェグラードのお城の食堂に乗りこんだ．父親のツァーハは，自分が警護官に殺される前に，立ちはだかったエリザベト王妃の4本の指を切り落とした．詩人は結果を次のように描いている：

　　　　「忠実な王妃よ」と国王は呼びかけた，
　　　　「ああ，4本の指を失ってしまった！
　　　　決して無駄に失ったのではない！
　　　　このために，何を希望するのか言ってみよ？」
　　　　「人差し指を失ったことに対し，
　　　　彼の娘の死を褒美に，
　　　　そして私の中指のために
　　　　彼の成人した息子の死を！
　　　　私の残りの2本の指は
　　　　復讐されましょう，

容赦なく根絶やしになった場合のみ
フェリシアーンの家系すべてが！」

　ことはこのようであったという．少なくとも，伝説による限り．その際，真の動機は例によって暗闇の中に葬られたままである．可能性としては，当時の評判の悪い貴族と国王の間の対立があり，ツァーハの娘は単に口実に使われたか，民間伝承がこのために出来たのかもしれない．いずれにしても，異邦人の王妃の弟に対する非難は（1世紀前のドイツ人王妃ゲルトルートの場合と同様），多くの人にとって見れば国民的な恥と取られよう；正当な復讐は民族の記憶の中に，或いは文学の主題として生き続けよう．

　ハンガリーの王冠を冠した国王は，1326年にヴィシェグラードのお城で生まれたラヨシュⅠ世であった．彼はカーロイⅠ世の長男で，皇太子であったが，伝説及び歴史記述が「大王」と名の付けた唯一の国王であった．我々の世紀の半ばまで，ラヨシュ大王の治下の40年はハンガリー史に於ける「もっとも胸を張れる時代」或いは「素晴らしい時」と見なされている．ホルティの時代の指導的な歴史家であったバーリント・ホーマンは，彼の「外交政策は中世の大国となるというアールパード王朝の夢を適えた」，と断定している．
　今日では，彼の外交的な努力（「アドリア海に跨るアンジュウ家の支配」）特にバルカン半島や北欧への費用のかかった，度々の遠征に関しては懐疑的意見が多い．その時代の人々や王宮の年代記作者達は戦場での成功のみ，または，一時的なハンガリー大国が広がったことのみを見てきた．我々の時代の歴史研究者たちは，これに反して彼の構想の非現実性，後のトルコ支配という観点からも，忌まわしい結果に繋がったことを挙げている．
　国内的には，当時30万平方キロで，人口ほぼ300万の国は，大貴族を排除した結果，国中に亘って平穏が支配した．19世紀の終わりにかかれた論文によれば，ラヨシュの時代には「ハンガリーには何の敵対的勢力の侵入もなかった」，という．華々しい一連の冒険によってラヨシュは一時的に，北海からアドリア海に跨る広大な国を築くことに成功した．外国への遠征の無い年は殆ど無かった．新たに彼はボスニアからワラキアまで，属国の帯を築き上げた．形式的だけにせよ，セルビア，北部ブルガリア，ベネチアの指導者達は数年間，

彼を最上の封建領主として承認した．ラヨシュの最大の軍事的な成功はダルマチアの征服であった．彼は，ベネチアの反抗を抑えて支配権を握り，ラグア海岸（今日のドブロブニック）からフィウメ（リエカ）に至るまで，周りに付属する島々を含めて何十年にも亘ってハンガリーの支配下に治めた．

結局は無駄に終わったが，ラヨシュのナポリの王冠を目指した南イタリアの戦争は高くついた．ナポリ王冠をハンガリーに得んとして，既にカーロイⅠ世は彼の息子のアンドラーシュと父親のロバートの後継ぎのヨハナを結婚させた：その前提はロバートの死後アンドラーシュが王位につく，ということであった．アンドラーシュの母親は高額の賄賂で教皇の特免を得，両者は結婚することになった．ことが運んでアンドラーシュが王位に就こうとしたとき，ヨハナも教皇も，いわんや住民も，異邦人を国王として受け入れようとしなかった．ヨハナの積極的幇助の下で，1345年，彼女の沢山の愛人の1人が4人の夫の最初の夫であったアンドラーシュを殺害した．自分を弟の法的な後継者と見なし，その死に復讐し，更に自分の幼い子供を王位につけることを決心したラヨシュⅠ世は，1347年と1350年の2度に亘って，1度は陸上から，1度は海上から大々的なナポリに対する遠征を行った．軍事的には彼は2度とも勝ったが，法王はヨハナの退位を拒否し，ラヨシュがナポリを去るとハンガリー人とドイツ人の傭兵によって保たれた見かけ上の支配は崩れてしまった．彼は，多大な血の犠牲ととてつもない費用がかかった，ナポリに長期的な足がかりを得るという考えを遂に放棄した．1382年に至ってようやく，彼の親戚のヅラッソのカーロイが，2－3人の法王が対立して支配を競ったヨーロッパの大空位時代に，1人の法王に支援されてナポリをハンガリーの軍隊によって占領した．不義のヨハナが首をしめられて殺害されたという知らせは，死の床に苦しんでいるラヨシュ大王の下に届いた．

ラヨシュⅠ世は北方へも手を伸ばした：カシミルⅢ世大王は，男系の後継者を残さずに亡くなった（1370年）ので，もう30年前に合意されていた家族の契約により，従兄弟の後継者としてポーランドの王に選出された．彼の母親がポーランド人であり，彼の叔父がリトアニアで戦争を行っていた時に3度にわたって援助に駆けつけたことが彼の王位への道を開いた．しかしながら，それは，ハンガリーの国粋主義の歴史記述者たちが時には言っているようには決してポーランドがハンガリーの一部になった訳ではない．

第6章 中欧の大国へ：異邦人の国王の下で

トルコの脅威や又ポーランドの武力を伴った外交・内政問題に鑑み，この人的な結びつきは実際はこの病気の国王にとってはどちらかというと成功というよりは重荷であった．ラヨシュⅠ世の死後12年後には，それからも両国の特別な結びつきはあったにせよ，あのポーランドとハンガリーの間の人的な結びつきは胡散霧散してしまった．ラヨシュの若い方の娘ヘドビッヒはリトアニア公ヤゲロウと結婚し，その後に夫はカトリックに改宗して，ポーランド王ウラディスラフⅡ世となった．新たに生まれたヤゲロウ王朝——その生みの親はヘドヴィッヒであった——のもとでポーランドの大国としての歩みが始まった．

またハンガリーがラヨシュⅠ世のもとで，ポーランドだけでなく，ナポリ，ダルマチア，ワラキア，一時的にはボスニアでも重要な役割を演じたのは，親族的な関係と婚姻政策と関係がある：寡夫になった国王はアールパード家と姻戚関係にあるボスニアの太守の娘，セルビア人エリザベス・コトゥロマヴィッチと結婚していた．その後，熱烈な信者である国王は，世界が悪魔の仕業と恐れた異教徒のボゴミル部族を打とうとした．

彼の前提なしの「真の宗教」への帰依とドイツ神聖ローマ帝国への儀礼として，彼はアーヘンの皇帝の教会堂にハンガリーのチャペルを建てさせた．そこにはこれまで宝物殿に安置してあったキリストの聖遺物が陳列されたという．ヨーロッパはハンガリー国王を誠に「偉大な」国王であり，聖人に値する国王である，と認識した．

国民にとってより大事なことはペーチに1367年にハンガリーの大学が出来たことである．もっとも，それは単に比較的短い期間存在したに過ぎないが．

彼の部下及び外国の同時代人の記憶ではラヨシュ大王は，広く愛され，戦いに際して常に非常な勇気で褒め称えられた真の騎士であった．そのことは，しかしながら，次のように見ることもできる：ラヨシュは狩以外には戦争で時間を過ごすのがもっとも好ましいと思った．歴史家のジョウジズ・ディビは，騎士王の彼を中世の理想的な人物で，その精神をも体現している，と言っているが，他方，「…殺戮があれば乾杯し，血を流すこと，破壊を喜び，そして夕方には戦場の至る所殺戮された死体の山…このように騎士の姿の猛々しい姿が前面に出てくる…奪うことと与えることへの喜びと，攻撃への喜びに裏打ちされた価値観である」．[1] これらを証明する事実は沢山ある．というのは，ラヨシュは彼について熱心に語られるソフトなイメージと違って，激昂する本性があっ

たからである．例えば，1362年に皇帝カールIV世がラヨシュの母王妃エリザベトのことを見下して語ったところ，ラヨシュはすぐさま全軍に動員をかけ，その軍の先頭に立ってモラビアに突入した．

　それでも多くの同時代の観察者は彼のことを平和の男として賛美している．ヴェネチアの公使は国王ラヨシュに付いて次のように書いている：「私はこのような堂々として，力強い国王を見たことが無い，そして彼以上に平和と平穏に務めている国王を見たことが無い，と神様に証人として訴えたい」．他に，マカートニに引用されている同時代の人は記している：「このようにソフトで，高貴で，誠実で，寛容で，友好的で，開かれた人物は他にいない」．[2]

　イタリアとフランスの影響下で彩られた宮廷文化の華麗さと，忠実な貴族たちへ寛大に贈り物を施し，多くの出征の機会を利用して小貴族たちに叙勲したり，多分富裕にしたりして，2人のアンジュウ家の国王は，国を実際上意のままに支配し，60年もの間議会を召集することも無かった．他方ラヨシュI世は1222年の金印勅書を新たにし，あらゆる貴族たちに「全く同じ権利」を与えた．更に彼は，これまで古くから伝えられて来た貴族への相続の権利をその一族全員に認めることを確認した．このラテン語でaviticitasと表現される拘束は，1848年まで有効で，長期的に見て厄介なものであった．というのは，貴族の土地所有を家族に固定したことは，農業の発展を阻害し，自由民と非自由民との間に乗り越えることの出来ない壁を作ってしまったからである．

　国王ラヨシュの治世の終わりには，ほぼ50の家族がハンガリーの土地の3分の1を所有することになった．彼らの地位はアンジュウ家の導入した兵役に従事するシステムによって更に強化された．税金を納める義務の無い貴族は兵役に従事する義務を負った．大貴族は彼らの家来達と独自の旗の下で登場することが出来た．50人の男からなる一団は自分達の主人の旗の下に従軍し，それをバンデリウム（イタリア語に由来する）と呼んだ．多くの小貴族の家族達がこのような単位で大貴族に奉仕した．このような新制度の下で小貴族の相当部分が——その中にはまさに兵役を行う家来——大貴族たちに直接依存することになった．

　国王ラヨシュの死後歴史は繰り返すようだった．というのは，王は男児を設けなかったので，アールパード家が断絶したと同様に権力の空白が生じ，強い

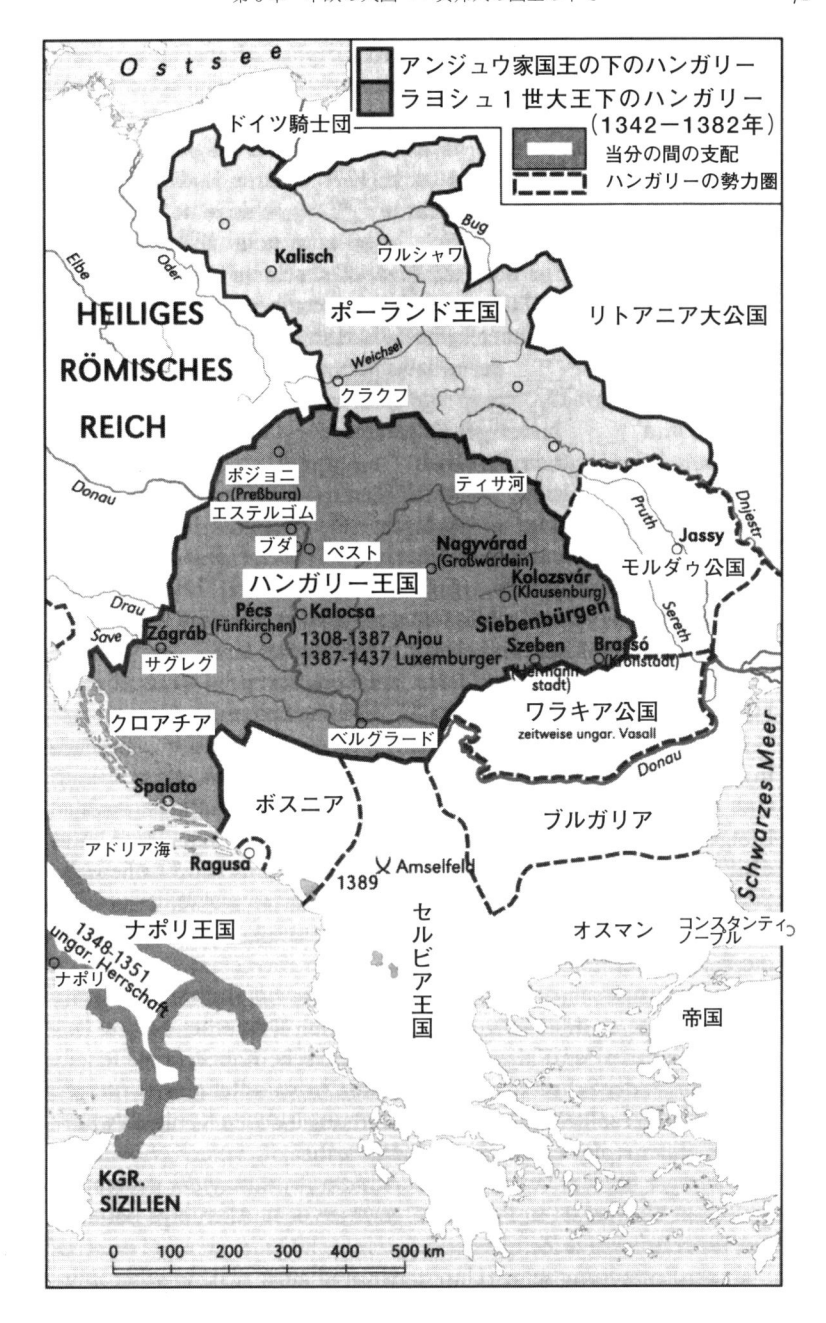

第6章　中欧の大国へ：異邦人の国王の下で　　　71

凡例：
- アンジュウ家国王の下のハンガリー
- ラヨシュ1世大王下のハンガリー（1342－1382年）
- 当分の間の支配
- ハンガリーの勢力圏

地図中の地名：

Ostsee／ドイツ騎士団／Elbe／Oder／Kalisch／ワルシャワ／Bug／HEILIGES RÖMISCHES REICH／ポーランド王国／Weichsel／クラクフ／リトアニア大公国／Donau／ポジョニ(Preßburg)／エステルゴム／ブダ／ペスト／ティサ河／Nagyvárad(Großwardein)／Pruth／Jassy／Dnjestr／モルダウ公国／Drau／Pécs(Fünfkirchen)／Kalocsa／Kolozsvár(Klausenburg)／Siebenbürgen／Save／Zágráb／1308-1387 Anjou／1387-1437 Luxemburger／Szeben(Hermannstadt)／Brassó(Kronstadt)／Sereth／サグレグ／クロアチア／ベルグラード／ワラキア公国 zeitweise ungar. Vasall／Donau／Schwarzes Meer／Spalato／ボスニア／ブルガリア／アドリア海／Ragusa／1389 × Amselfeld／セルビア王国／オスマン／コンスタンティノープル／1348-1351 ungar. Herrschaft／ナポリ王国／ナポリ／帝国／KGR. SIZILIEN

0　100　200　300　400　500 km

大貴族たちがこの状態を自己の目的に利用した．

　ラヨシュ I 世は長女マリアとハンガリーの王宮で育てられたその婚約者であるルクセンブルク辺境伯で，皇帝カール IV 世の息子を彼の残した2つの国の後継者に決定していた．しかしながら，ポーランド王はハンガリーとの人的な同盟関係を終えていて，妹のヘドゥヴィッヒを女王に就けていたし，ハンガリー王国では敵対する大貴族の間で激しい闘争が生じていた．こういう訳で，11歳のマリアが「国王」に就任し，力を信奉する，恣意的な，配慮の無いボスニア生まれの王妃の母親エリザベートが執政を引き受けた．ハンガリーの貴族たちは，女性の後継者に付いて意見が分かれた．幅広い層で好まれていなかった国王の未亡人が後見人になったことに対しては強い反対があった．1つのハンガリーのグループは幼い娘の従兄弟でナポリの，通称「小」カールを王位につけることにした．これによって，一連の血の決着，暗殺，復讐の戦いが権力に飢えた大貴族や欲深い豪族の間で展開され，その陰謀とお互いに落とし前をつける様子は，さながらヴェルディのオペラの脚本のようであった．

　ヴィシェグラード城で行われた最初の「小」国王とマリア及び摂政である母親との会合でカールはある書類を提出した．カールが友好的な話し合いの中で，その書類に目を通している時，女性国王達の味方の1人の大貴族が戦闘用の斧で彼を切りつけた．数日後，彼はその傷が元で命を落とした．彼はたったの39日間のみ「支配した」訳であるが，それは数多くのバラードの素材になった．カールの従者達は南部の大貴族グループの下に難を逃れ，見かけ上，和解の為の交渉に2人の女王と彼女達に従う人々を南部に誘い，そこで残虐な復讐を行った．女王たちに従う者は，馬車から引きずり出され，殺害された．襲った者達はマリアと国王の母親を，部族の長で，クロアチアの太守の城に連行し，彼は，伝えられるところによると，娘の面前で自らの手で母親の首を締めて殺した，という．名目上国王であるマリアはほぼ1年間に亘ってダルマチアに人質として拘留された．

　遂にジギスムントはマリアとの結婚を強制することに成功した．実力者の大貴族と高位の聖職者達の公式な合意の末，1387年，彼は国王に選出された．カールの指導的な支持者達を，自分の行った約束にもかかわらず，彼は絞首刑にした．国王の母親を殺害したものに対しては，拷問し，殺害し，その遺体は4つに切り刻まれた．マリア自身は24歳の時，馬術で落馬し，妊娠中に亡く

なった．

　ジギスムント（シグモント）は50年間治世を全うした：1387年から1437年までである．彼は留守がちで，ハンガリーだけを支配した訳ではなかった．彼は百戦錬磨の戦術家であり，名誉欲旺盛で，野心家で，積極的，消極的な買収の名人であり，同時に天賦の才ある人で，ヨーロッパの建設に取り付かれていた．ジギスムントは生まれながらにして，又，教養もあり，優れたヨーロッパ人であった．彼の母国語はフランス語であったが，彼は流暢なラテン語，ドイツ語，チェコ語，ハンガリー語およびイタリア語を喋った．自分の語学の才についてジギスムントは自分で次のように語っている：法王とはラテン語で，詩人や絵描きとはイタリア語で，政治家の大貴族とはハンガリー語或いはチェコ語で，自分の馬とはドイツ語で喋るが，独り言はフランス語で喋る．

　彼の歴史像は，当然のことながら，特にチェコの教会に反旗を翻したヤン・フスに対して約束を破ったことによって影を落とした．ローマの皇帝として彼はフスに対してコンスタンツの公会議への参加に同意した．にもかかわらず，フスとその随行者達は異端者として裁判され，火炙りの刑に処せられた．ジギスムントの治世の間，ボヘミアや特にトランシルバニア始め他の中央ヨーロッパ各地でのフス派の教義との戦いが影を落とした．ジギスムントはハンガリーを野心的な計画の跳躍台にしようと思った：チェコ王冠と皇帝の地位を狙う為に利用しようとした．そのための権力基盤としてハンガリーは中央集権で無ければならなかったのである．

　国ではジギスムントは非常に好かれていなかった．度重なるの外国滞在，1410年以来神聖ローマ皇帝としての仕事があり，ボヘミアの内外での戦闘などでハンガリーでは彼は侵入者とかよそ者と見られていた．彼は，ブダ城の舘を華やかに建設し，彼が死んだ時には遺言で帝国ではなく，ナジヴァーラドの「聖なるラースロー」の足元に埋葬して欲しい，と希望したのにかかわらずハンガリー人は，国王はハンガリーを疎かにした，といって不満を述べた．最終的にはジギスムントは5つの王位についたが，ハンガリーそしてボヘミアでの彼の支配は長い間名目だけに終わってしまった．彼の犠牲者の1人はジギスムントをこう呪っていた：「神かけてお前の家来にはならない．チェコ人のブタ野郎！」

　ハンガリー人の目からも外交の得失は惨めなものであった．ジギスムント自

ら指導したトルコに対する十字軍が酷い失敗に終わったこと（1396年，ニコポリス），トルコ人が益々南方に侵入してきたこと，ダルマチアを最終的にベネチアに取られたこと，上部ハンガリーでフス派の攻勢を許したことなども内政面で緊張を高めた．[3]

奇妙な事件の1つは1401年に国王が貴族の1グループに一時的に拘留された事があった．下級貴族と高位聖職者達の国王顧問会議が「聖なる王冠」の名において国を治めていたが，その実彼ら自身の権力と金を狙って，その時々の彼らの利益を巡って争い或いは支援して，様々なグループに分裂していた．この反目はジギスムントの時代を超えて国を政治的に不安定にした．国王は買収や政治的，財政的な約束を行って自分の解放に成功した．更に，ハンガリー国内でもこの間に多くの土地を所有し，多大な力を持つ前副王のガライの一族とも親しい姻戚関係にあるシュタイラーの伯爵の頭領シレイの美しい，金持ちの，軽薄な娘バーバラと2度目の結婚をし，彼の地位を固めた．

経済的，行政的に多くの有益な改革にもかかわらず，彼は実際には1度も自分の国を支配したことが無く，国は力のある一握りの大貴族が，完全に権利を無くした農民を自由に搾取すると言う犠牲の下に益々支配していった．彼の治世の最後の月に，トランシルバニアで最初の大規模な農民暴動が起こった．セイケイの小貴族の一部が農民指導者のアンタル・ブダイ・ナジを支援した．暴動は，やっと，恐怖の余りパニックに陥ってから成立した，トランシルバニアの「3つの民族の連合」，即ち，ハンガリー人貴族，セイケイ人（貴族と同等な自由農民）とザクセン人の連合によって鎮圧された．

外部から導入したハンガリーの国王は，5分の2の国の土地を所有するほぼ60の大貴族の，所謂「国の意思」を体現する道具に過ぎなかった．貴族たちと緊密に協力する高位の聖職者達にコントロールされている教会の所有財産は国の12％を占め，それに対して，国王の城及び財産は5％に過ぎなかった．

西暦1437年，ジギスムント没後，女婿のアルプレヒト・フォン・ハプスブルクがハンガリー国王に選出されたが，2年も経たないうちに亡くなってしまった．再び王朝の危機が襲った．あらゆる他の問題を被ったトルコの危険という絶対的な緊急性にもかかわらず，国は再び後継者を巡って内政上の争いに陥った．そして今回は，争いにハプスブルク家とポーランドのヤゲロウ王朝を

巻き込んだ．

　後継者を巡る危機の中心に聖なる王冠が関わる事になった．国王の正当な権能を発揮する為には，国王の後継者の資格を有するものが，教会の祝福を受け，聖イシュトヴァーン王冠を冠り，教会の儀式に参集した国民の同意によって，はじめて王権が与えられることになっていた．15世紀以来，国王は，聖なる王冠を頭に冠る前に，議会が課した条件を守り，法に従って国を治めると言う約束を厳かに宣誓することになっていた．王冠無しにしたがって法律にのっとった国王はいないことになっていた．

　ジギスムントの娘で，アルブレヒトの未亡人で妊娠5ヶ月のエリザベートは，生まれてくる子供が王になるのを確実にするために，摂政の地位を要求した．後の国王ラディスラウ（ラースローV世）の生まれる2日前に王妃の依頼で，彼女の女官の1人イロナ・コタナーが数人の助けを借りて，ヴィシェグラード城に安置されていた聖なる王冠を盗み出し，王冠をオーストリアへ運び出した．王妃エリザベートは，枢機卿でエステルゴム大司教のデーネシュ・セーシを味方につけ，生後3ヶ月の幼子を盗み出した王冠でセーケシェフェヘールヴァールに於いて国王として戴冠することに成功した．このようにして，最後のアールパード王朝の国王の死以来，正当性の条件として必要であった不可欠の叙任の儀式が実行に移された．

　この間にハンガリーの貴族たちは，やっと16歳になるポーランド王ウラディスラウI世（ヤゲロー）をウラースローI世の名でハンガリー王に選出してしまった．しかし，聖なる王冠は，幼いラースローと共に後の皇帝フリードリッヒIII世のヴィーナー・ノイシュタットにある城に厳重な監視の下にあった（王冠は4半世紀後に非常に高価な代償と引き換えに再びハンガリーに戻った）．トルコの危険性に鑑み，貴族たちの多数によって行われた現実的な要求は正当性という聖なる形式よりも強かった．5月の半ばに厳粛さで乳飲み子を国王にしたその同じ枢機卿セーシが，ウラディスラウI世をハンガリー国王とした．貴族たちはラディスラウの戴冠を厳粛に無効と宣言した．

　しかし，ウラディスラウは何故，イシュトヴァーンの王冠無しで国王になれたのだろうか？　王冠は，教会から持ってきた聖遺物の入れ物で間に合わせ，儀式に参列していた高位の聖職者や貴族たちが簡潔に，「本来は国の住民の同意が必要な」エリザベートに盗まれた聖なる王冠の「効力と力」が，使用され

たニセの王冠に移り伝わっている，と述べたのである．王妃と新しい国王の間で直ちに内戦が始まり，それは2年間続き，その間にハンガリーがトルコに益々侵食されていることには考慮が払われなかった．ヤゲロウ家の新しい国王は南からの危険性に精力的に取り組んだが，彼は1444年11月早々倒れてしまった．彼は勇気があり，猛烈に闘ったが，始めに忌まわしい，拙速な攻撃のためにヴェルナ近郊で兵を失い，落命した．今やハンガリーの貴族たちはラースロー国王に意見が一致したが，皇帝フリードリッヒⅢ世によって彼は更に宮中に留め置かれた．これによって，天才的な軍隊の指導者ヤノシュ・フニャディの登場する時がやって来た．貴族たちは彼を，1446年，国王無き間，国王摂政に任命した．

第7章　フニャディの英雄時代（マーチャーシュ国王の時代）：トルコの危険性を背景に

　一般的な見方によれば，ハンガリーは封建勢力の無政府状態とそれによって有利になったトルコの侵入に対し，特に，1人の男の天才的な能力と勇気によって救われ，独立国として破綻するのをほぼ70年先に延ばした，といわれる．この男はヤーノシュ・フニャディで，マジャールの歴史上，最も多彩な，謎に満ちた，魅力的な，好まれた人物である．

　この国の歴史にとって驚くような矛盾の1つに，決定的な瞬間に「系図」だとか由来が全く民族と関係ない出身の将軍，国家の指導者，詩人が現れる，ということがある．フニャディはトランシルバニア地方にワラキアから移住してきたルーマニア（多くの資料ではスラブとも言われる）の家族の出身であった．ハンガリーの名前は，ルーマニアの低い身分の貴族であった彼の父親ヴァイクがジギスムント皇帝から贈られたトランシルバニアのヴァイダフニャディ城（今日はルーマニアのフネドラ）に由来する．若いフニャディは職業軍人として当初から並々ならぬ才覚を現わし，ジギスムントは彼を可愛がり，至る所の戦場へ連れて廻った．そして，個人的な助手としてプラハの王宮へ招致した．実際にフニャディは瞬く間に国際的に知られた軍の指導者となり，ハンガリーの最も豊かな土地所有者となり，彼は恐らく国王ジギスムントの婚外児ではないかと噂が執拗に囁かれたぐらいである．

　西欧の見方では，「粗野な」ハンガリー人が，キリスト教の高貴な守護神となり，野蛮の代名詞であった戦争上手のハンガリー人が，功労者となったのはもっぱらフニャディのトルコに対する英雄的な行為のお陰であった．「生血を吸い，恐ろしいスキタイ人」であったものが一度にキリストの救世主になったのである．ハンガリーは全ヨーロッパの「守りの城壁，守りの壁，防波堤，防護溝，石の壁，柱，楯」として名を馳せたのである．このイメージが国民の性格を彩った：即ち，勇敢さである．既にスルタンのバヤジッドはハンガリー人をフランス人と並んで「地上の諸民族の中で，最も勇敢な国民である」，と呼

第7章 フニャディの英雄時代（マーチャーシュ国王の時代）：トルコの危険性を背景に

んでいた.[1]

防護壁としてのマジャール人への賛美は勿論時として，あざ笑いを誘った．例えば，フリードリッヒ・ヘッベルは「水に落ちた市民でも泳いで自らを救う．彼は別に自分を救ったといって特別に褒美を貰うことも無い」と，ハンガリーへの警句で述べている．

マジャール人がトルコに抵抗を示したのは，第一義的には自分，祖国そして自由の為であったのは疑いない．フニャディがほぼ神秘的な英雄として写ったのは何もハンガリー人にだけではなく，他の脅威下にあった国民も彼を希望の星と見ていた．にもかかわらず，ハンガリーがトルコの優勢に対して60年間実際は1人で戦ったのは，フニャディが一度法王に苦々しく訴えたことでも明らかである．この戦いに於いてフニャディは，前例の無いほどに勇敢に，注目すべき辛抱強さを示し，反転と敗北を覚悟の上で独特な戦闘を示した軍人であった．2つの事実が重要である．第1に，彼は自分を固く信じた，天才的な戦術上手で，戦略家であった．2番目に，彼は早くから，気分によって戦役に従事したり，しなかったりする貴族出身の騎士たちを頼っていては軍事的に勝つことは覚束ないことを悟っていた．それには，良く訓練された，定期的に俸給の支払われる傭兵と意欲のある志願兵が必要であった．力強い言葉で兵士達を扇動するフランシスコ派の司祭ヨハネス・フォン・カピスターノの助けを借り，フニャディは1456年，ベオグラード郊外で圧倒的な優勢なトルコを徹底的に叩きのめした．このため，ハンガリーだけではなく，全大陸をトルコの危険性から70年間防いだのである．ここにフニャディの歴史的な意味がある．この圧倒的な勝利を記憶する為に，ヨーロッパのカトリック地域では毎日正午に教会の鐘が鳴らされるのである．

1453年1月30日付けの国王ラースローの贈呈の時の言葉が示すように，フニャディは他の人が「外国人の助けと自分の先祖の栄誉」により達成することを「自分自らの汗と徳と才能と努力で」達成した．それ故に国王アルプレヒトは彼を「偉大な業績の為，兵士の身分から帝国男爵の爵位を授けた」．トランシルバニアの太守，テメシュの伯爵，ベオグラード提督というようにフニャディは「驚異的昇進」を遂げた．

古くからの高位の貴族から見れば「よそ者」，「成り上がり者」に見られた彼は，自分の富を増やすことにかけては天才的なものを持っていた．彼の地位が

頂点に昇った時には，230万ヘクタールの土地を所有し，28に上る城，57の町，ほぼ1000に上る村を所有していた．いずれも国王が贈ったものであった．それらを彼は非常に巧く治めていた．

　彼の時代の後の，或いは彼の時代の前の戦場での偉大な将軍達と同じように，歌にも歌われたトルコ戦争の英雄はしかし，国家の運営には長けていなかった．いずれにせよ，彼が王国の摂政であった6年半の間，国家の基本的な改革も，中央貴族の権力を制限して中央の行政を強化することにも，又，地方の貴族たちの発言力を引き上げることにも成功しなかった．もっとも，彼は更なる努力を行う機会を持たなかった．というのは，フニャディはベオグラードでの勝利の後，直ぐに亡くなってしまったからである．余談であるが，宣教師のカピスターノも，多分ペストで亡くなっている．ビザンティン崩壊の3年後のフニャディの死は，彼が西欧に再び希望を与えていただけに全ヨーロッパでは非常に惜しまれた．

　フニャディの死は大貴族たちの拡大する権力闘争が血で血を争う段階に至らしめた．亡き軍事指導者の敵対者達はその家族，特に，息子のラースローとマーチャーシュを排除し，フニャディの遺産を山分けにしようとした．反フニャディ側は特に，この間に13歳に成長したラースロー国王の支援を得た．ラースロー国王を皇帝フリードリッヒⅢ世はオーストリア，チェコ，ハンガリー貴族の3者の共同の圧力のもとに，コンスタンチノープル陥落の直前に「釈放」せざるを得なかった．いずれにしてもラースローは新たに戴冠すること無しに1453年ハンガリー国王として承認され，少し遅れてプラハで，ボヘミア国王として戴冠した．叔父のウルリッヒ・シレイの影響のもとに若い国王はフニャディの息子達に不利になるように動いた．そして，シレイを将軍に任命した．

　血の紛争の最初の犠牲者は憎まれ役のシレイであった．ベオグラードでの言い争いの最中に彼はフニャディの長男ラースローとその家来達に殺された．この間に17歳になった国王は余裕を持ってフニャディの息子を後任の将軍に任命した．そして，国王はシレイの殺害を罰しない，と約束した．数週間後，ラースローⅤ世は2人のフニャディの息子を，彼らの緊密な助言者で，影響力の強い司祭ヤーノシュ・ヴィテーズと彼らの家来達を共に逮捕させた．ラース

第7章 フニャディの英雄時代（マーチャーシュ国王の時代）： トルコの危険性を背景に

ロー・フニャディは48時間後，ブダの中央広場で王宮の全員が見守る中で首をはねられた．他の者の死刑は，執行されなかった．

それから，国王とフニャディの未亡人，彼女の弟ミハーイ・シラーギに率いられたフニャディ派の間で戦闘が荒れ狂った．年下のフニャディの息子で，15歳のマーチャーシュは，2歳年上の国王ラースローに人質として，最初はウィーン，次にプラハに連行された．しかしそれから，若き国王がプラハで突然，後継者も無く，ペストに罹って亡くなってから全く新しい状況が生じた．大貴族の双方の一味は，勿論一時的ではあるが，妥協することにし，若い方のフニャディの息子が国王になる道を開いた．

そもそも数は少ないが，大抵のハンガリーに関する案内書は，単にその事実のみに言及しており，フニャディの死後と彼の若い方の息子の国王就任までの2年足らずの間血みどろの戦いが行われたことには触れていない．それでも，この若き国王の選出前後の時代はハンガリーの文学と音楽にとって最も多く謡われ，劇化されたテーマとなっている．数え切れないほどの詩，叙事詩，劇，オペラがマーチャーシュI世国王（1458－1490年）の複雑な，ハンガリーの視点から見れば特別に栄光に満ちた人生を描いている．

いかにしてマーチャーシュが国王になり，若き血気盛んな指導者が強力な敵の陰謀に打ち勝ったかについては，19世紀に至っても文学的想像は逞しいものであった．フニャディという名前は，低い身分の貴族や国民の間でまさしく魔術的な響きがある．プラハでの人質から解放された15歳のマーチャーシュは，間もなく，父親の血を引いているだけでなく，政治的な駆け引きでも，賢明な外交官としても，決断力のある国家の指導者としても父親を遥かに凌駕していることを示した．彼は気分と関心によって，無慈悲にもなれ，非妥協的にもなれ，復讐心に燃え，或いは，騎士にもなれる典型的なルネッサンスの指導者であった．その意味で，ハンガリーの歴史に於いて「歴史を造ったり」，同時にコスモポリタン的な指導者であるという国民的伝統の体現者であった．

彼が，家族と国王ラースローを支援した敵方の大貴族たちとの間の戦いを兎に角生き延びた，ということだけでも奇跡に近かった．彼の解放，フニャディの敵方との協約，そして最後は国王への就任は，彼の叔父ミハーイ・シラーギの実行力と彼の教育者で，父親の友人であったヤーノシュ・ヴィテーズ司祭の

お陰であった．司祭はチェコの国王摂政で，後の国王ゲオルク・ポディエブラドとの間で，マーチャーシュの解放と彼が国王の娘カタリンと婚約することを秘密裏に約束していた．ほぼ同じ時期にマーチャーシュの母親と彼の叔父は敵方の副王ガライとの間で，和平の協定を結ぶのである．ガライはほんの数ヶ月前に，フニャディの年長の息子に死刑を宣告した人物である．今や，ガライの一味は年下のフニャディの息子が国王になることを受け入れたのである．条件として，副王の娘アナと彼が結婚することと，彼の兄に死を宣告した人物に復讐をしない，ということであった．大貴族たちと聖職者達は彼を選出することに合意し，1458年1月24日に，凍りついたドナウ河の上で集合した低い身分の貴族たち——伝説によれば4万人——はこの15歳の国王の就任を祝った．議会は5年間，彼の叔父シラーギを国王摂政に立てた．

　若きマーチャーシュは，彼の岳父の庇護を離れてブダに送られた．そこで彼は国民の歓呼に迎えられて国王の位に就いた．戴冠式は6年後にやっと，皇帝フリードリッヒⅢ世が王冠を返還した後，挙行された．ハンガリー国民の歴史における最初の「国民的な国王」は，就任してからもう数ヶ月も経たずに指導性が優れていることを証明した．即ち，彼を国王に推挙したはずの大貴族たちの後見から抜け出した．彼の国王としての選出から5ヶ月も経たないうちに，大貴族たちは，摂政シラーギの支持の下に，野心満々の若き国王に対して謀反を起こした．マーチャーシュⅠ世は電光石火の如く反応した：彼は，謀反の張本人である，副王，トランシルバニアの侯爵を罷免した；彼の叔父シラーギは1458年夏に辞任しなければならなかった上，謀反を広めた罪で後に逮捕された．職を解任された副王ガライを始め25人の大貴族はその後ギュッシングで1459年2月，フリードリッヒⅢ世をハンガリー王に選出した．このハプスブルクの人間は1440年以降聖イシュトヴァーン王冠を手にしており，これを謀反人たちはその理由に使った：「王冠あるところに国がある」，というわけである．皇帝は慈悲深くもこの申し出を受けた．彼はまた，「マーチャーシュが低い身分の出である」ということを言ってはばからなかった．しかし，反乱は直ぐに破綻した．

　フリードリッヒⅢ世とマーチャーシュⅠ世の争いは更に5年間続き1462年7月19日にヴィーナー・ノイシュタットで和平が結ばれた．5日後に遂に皇帝はイシュトヴァーン王冠を返還することに決めた．コストはいずれの観点か

第7章 フニャディの英雄時代（マーチャーシュ国王の時代）：
トルコの危険性を背景に

ら見ても高くついたので，ハンガリーの歴史家たちは皇帝フリードリッヒこそが実際の勝者であったと見ている．マーチャーシュは，聖なる王冠と22年間エリザベート皇后に貸し与えられていたショプロンの町を得るために金貨にして8万グルデン（1457年当時，国王の収入の5分の2に相当）を支払わねばならなかった．更に，フリードリッヒは西部ハンガリー（今のブルゲンランド）の所有を得た．マーチャーシュによればフリードリッヒは更にハンガリー国王のタイトルを所有し，仮にマーチャーシュが法的な後継者を残さずに死んだ場合にはハンガリーの王冠を引き継ぐ，と言ったといわれる．皇帝は若いハンガリーの国王よりも27歳も年長なので，契約のこの部分は笑止千番とも言うべきであるが，しかし，フリードリッヒは若き挑戦者よりも実際3年間長生きをした！　皇帝がマーチャーシュを養子にしたことは少しでも救いである．

　翌年の春「マーチャーシュⅠ世コルヴィヌシュ」は祝意のうちに戴冠した．コルヴィヌシュの名前は彼の紋章の中にカラスが描かれていたからである．彼の宮廷歴史家は，後になってフニャディ家の紋章は，一家が，カラスの助けを借りてガリアの巨人を倒したといわれるローマの優れた騎士ヴァレリウス・コルヴィヌシュと家族的なつながりがあるとか，さらには，一家が「ジュピターの家系」であることを証明するものである，などの作り話を行った…端的に言えば，ハプスブルク家やヤゲロウ家から「成り上がり者」と蔑まれることの無いように正統性を裏付けようとするものであった．いずれにしても，国王の外交に於ける覇権主義的な野望と個人的自意識を調和しようとするものであった．

　セーケシュフェフェルヴァールで王国議会が開かれた機会に行われた戴冠祝典に於いてマーチャーシュは馬に乗って丘の上に駆け上がり，青空に向かって，両手を挙げて，憲法を守ることを誓った．それから彼は馬を駆り又丘の上に上り，四方の天に向かって抜き身の刀で空を切った．憲法とは，2つの基本的な法を意味した：1222年のアンドラーシュⅡ世の金印勅書と1351年のラヨシュ大王の時の法律である．即ち，貴族たちの特権の集大成である．4回刀を振ることで，彼は何処からであろうといずれの敵からも国を守る決意を宣告したのである．

　最初の5年間で，即ち，彼がまだ戴冠式を済ませる前に，マーチャーシュⅠ世は王国での絶対的な権力を確立することと，大貴族たちの封建的な特権を削ることの前提を満たした．この5年間に彼は叔父（シラーギは1460年の末にト

第7章 フニャディの英雄時代（マーチャーシュ国王の時代）：
トルコの危険性を背景に

ルコの捕虜となり，スルタンの命によって首をはねられた）のあらゆる庇護から自由になっていた；彼は，国内の反対勢力，古い貴族たちを破滅させ，トルコに勝利した．北方の境界地域を長らく略奪したボヘミアの傭兵，有名なヨハン・ギスカを牢に閉じ込めた．彼の成功物語の最高潮は，トルコからボスニアのヤジチェ砦を奪ったことで，これによって南方の境界は平穏になった．彼は成功したのみではなく，とても有名になった．というわけで，彼は，「兵士の国王」と呼ばれ，戦場には兵士たちと共に出陣し，夜は外套に包まって兵士達の間で眠った．

それでも彼はトルコの，ハンガリーとヨーロッパにとっての危険性を過小評価したのだろうか？　或いは，何度も何度も燃え上がる戦火とボヘミア，ポーランド，オーストリアとの紛争は彼の帝国主義的な野望の一部であったのであろうか？　マーチャーシュは結局のところは神聖ローマ帝国皇帝の地位を狙おうとしたのであろうか？　彼にとって大事なことは先ず第1に中欧の覇権であった．行政的，政治的，財政的改革は，とりもなおさず，果敢な，しかし彼に忠実な支持者の間でも議論のあった彼の外交を展開するうえで内政的な保障に役立った．これが，国王と教育者で緊密な顧問であった，この間に大司教及び官房長に任命されたヤーノシュ・ヴィテーズとその甥で有名な詩人かつペーチの司祭ヤヌシュ・パノニウスとの不仲の原因となった．両者は他の貴族たちや高位聖職者たちと謀って国王を追い払い，ポーランドの国王カシミルⅣ世を国王に持ってこようとした．それでもマーチャーシュは他の多くの反抗者に対すると同様，その芽を摘み取った．

あらゆる税体系の改革と，その代表を80の県に送り，いわゆる県貴族を促進することで国王は一種の政治的な「自己の権力基盤」を造り，その黒色の楯とヘルメットから有名な「黒い軍団」の創設と維持の基礎を作った．マーチャーシュは，この国王に直属する傭兵軍を，大貴族の私的軍隊とは別に，独立したものにした．この軍団は，常に規律と装備を点検し，有能な司令官の任命によって多分ヨーロッパで最も強力な軍隊となった．マーチャーシュは，ボヘミア王の称号を得たことと，彼の軍事的，外交的に優れた能力によって，モラビア，シュレジア，ケルンテン，ウイーンを含む下部オーストリア（1485年）を征服しただけでなく，その2年後にはフリードリッヒⅢ世が住むヴィーナー・ノイシュタットを攻略していた．

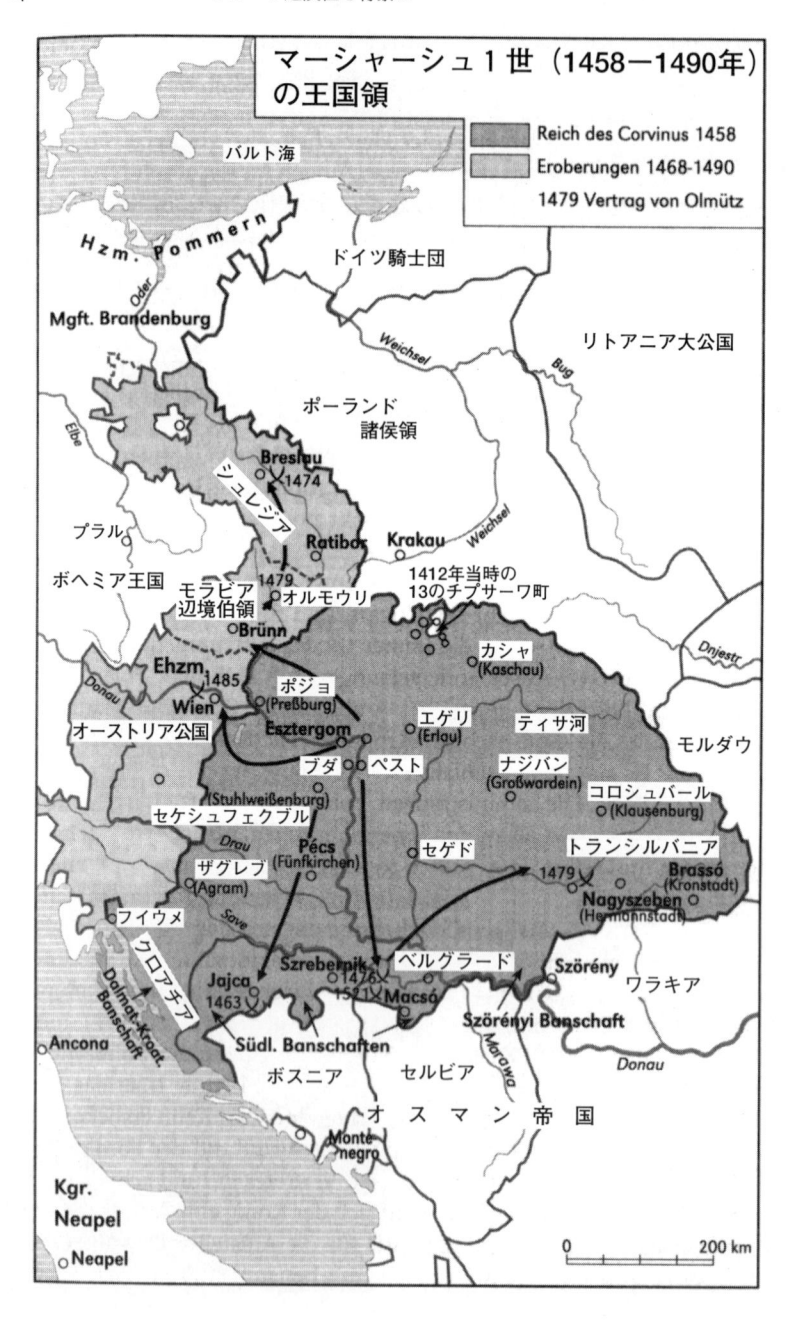

第7章　フニャディの英雄時代（マーチャーシュ国王の時代）：
　　　　トルコの危険性を背景に

マーシャーシュ1世（1458－1490年）の王国領

凡例：
- Reich des Corvinus 1458
- Eroberungen 1468-1490
- 1479 Vertrag von Olmütz

地名・地域：
バルト海、Hzm. Pommern、ドイツ騎士団、Mgft. Brandenburg、リトアニア大公国、Oder、Weichsel、Bug、プラル、ボヘミア王国、Elbe、Breslau 1474、Ratibor、Krakau、ポーランド諸侯領、シュレジア、モラビア辺境伯領、オルモウリ、Brünn、1479、1412年当時の13のチプサーワ町、Dnjestr、カシャ（Kaschau）、Ehzm、1485、Wien、ポジョ（Preßburg）、Esztergom、エゲリ（Erlau）、ティサ河、オーストリア公国、ブダ、ペスト、ナジバン（Großwardein）、コロシュバール（Klausenburg）、モルダウ、Donau、（Stuhlweißenburg）、セケシュフェクブル、Pécs（Fünfkirchen）、セゲド、トランシルバニア、ザグレブ（Agram）、Drau、Brasso（Kronstadt）、Save、1479、Nagyszeben（Hermannstadt）、フィウメ、Dalmat.-Kroat. Banschaft、クロアチア、Jajca 1463、Szrebernik 1476、1521、Macsó、ベルグラード、Szörény、Szörényi Banschaft、ワラキア、Ancona、Südl. Banschaften、ボスニア、セルビア、Marowa、Donau、Montenegro、オスマン帝国、Kgr. Neapel、Neapel

0　200 km

第7章 フニャディの英雄時代（マーチャーシュ国王の時代）：
トルコの危険性を背景に

「どの観点からも天賦の才があり，彼は優秀な兵士であり，第1級の行政マンであり，言語にも堪能で——彼は6ヶ国語を話し——教養のある占星術師であり，啓蒙された青年でもあり，傑出した芸術理解者でもあった，」と，マカートニは国王を評している．[2]

彼が2番目の妻として，1476年，ナポリ王フェルディナンドの娘ベアトリスを娶った時，ハンガリーはイタリアのルネッサンスに道を開いた．後にも先にも例が無いようなイタリアの芸術，文化の影響が，このルネッサンス国王の最後の統治の15年間に花開いた．

イタリアの宮廷歴史家ボンフィニは，彼のハンガリーに関する作品のなかで，ベアトリスの輿入れ以来国王の生活態度は一変した，と強調している．

　ベアトリスが到着して以来，ハンガリーの国王は，これまでそこで知られていなか芸術作品を運び込み，多大な費用をかけて重要な芸術家達を宮廷に呼び集めた．彼は高給を払ってイタリアから，画家，彫刻家，貴金属彫刻師，家具屋，金細工師，石木切り師，設計士などを呼び寄せた．教会のミサのやり方を変え，ドイツやフランスから王宮の教会には歌い手が招かれ，国王は，庭師や果物栽培者，土地改良者を宮廷に招き，イタリア，フランス，シチリアのチーズが供された．その上，道化師や演劇役者が招かれ，特別に，これも王妃の趣味で，吹奏楽団，チタ演奏者，その他の音楽師が招聘された．彼の贈り物は詩人，演説書き，言語学者を集めさせた．マーチャーシュはこれらのあらゆる芸術を好み，驚くほどの気前よさで支援した．彼は，ハンガリーを第2のイタリアにすることを目論見ていた．これに対してハンガリー人たちは彼の無駄使いを非難した；彼らは国王が，より良い目的に使うべき税金を不必要なことに使い，安易に弄んでいるとか，昔の国王達が倹約に努めていたことから乖離しているとか，厳しい古くからの習慣をなおざりにし，代わりにイタリアやスペインの楽しみに没頭していると，毎日批判し続けた．神の恵みを受けた国王はこれに対して，芸術の保護者や天才を育てる者が誰でもするように，教育の重点を段々，国の中に置き，大貴族や身分の低い貴族は洗練された風に生活するように促した．彼は彼らの財産をしかるべく華美に使うように，国民が以前は凄

く軽蔑していた異邦人と共に巧く交際するように要求した．彼は第一義的にすべての人が彼の例に倣うよう望んだ．[3]

(15世紀，ラテン語から)

宮廷は外国人達で溢れ返っていた．そして国王は実際に，宮廷を贅沢に維持するために沢山の金を使った．特にイタリア人芸術家達によって完成された金で描かれた書物を有するピカピカのコルヴィニアナ図書館の為にはそうであった．2500巻の本を集めたこの図書館は国際的に有名になった．マーチャーシュの収集は，絵画，彫刻，宝石，金細工，その他の物から成り立っていた．

その時代の最良の建築家達がヴィシェグラード，ブダの城や，征服した後のウイーンで，庭園や池を造り，華やかな通り，広間，塔，屋根をつけた通り，赤い大理石で作った噴水，銀箔で被った屋根，贅を尽くした接見の間，食堂を設計した．ボンフィニは又ブダの王宮に造られた巨大な記念碑にも言及している：真中にマーチャーシュがヘルメットを冠り，楯と槍に支えられ考えにふけっている；そして右側に父親，左側に兄のラースローがいる．「彼の宮殿は，豪華さに関して言えば，ローマ人の贅沢さに劣らないものであった」，と述べている．

マーチャーシュの治世に於いて2番目のハンガリーの大学がポジョニ（今日のブラティスラヴァ）に設立された；この大学はしかしながら，最初のペーチの大学と同様長くは続かなかった．イタリア人歴史家及びハンガリーの人文学者はラテン語でものを書いた．この時代には既にブダのアンドラーシュ・ヘスの最初の印刷所が作動していたのにもかかわらず，印刷物は多くなかった．

文化的な言語はラテン語ではあったが，旧約聖書の一部分は既にハンガリー語に訳され，宗教書もそうであった．別名「コルヴィヌシュ」に象徴される古きローマ―イタリア語で書かれた「ライン」は，花咲くマーチャーシュ神話の一部に過ぎなかった．というのは，その外には，国王の強力な個性に照らし，誰も敵はいなかったので，「第2のアッチラ」とか「スキタイの異邦人」とかの馴染みある表現の方が，マーチャーシュの尊敬されたい気持ちと愛国的信条によりマッチした．当時マジャールの先祖だと思われたアッチラとフン族を英雄視する「愚かな付随的な現象」（と，マカートニは見ている）は，貴族たちや大衆の政治的世界観，特に文学上の伝説の上に，長く刻印されてきたあの昂揚

第7章 フニャディの英雄時代（マーチャーシュ国王の時代）：
トルコの危険性を背景に

した伝道意識の現れである．

　一方でマーチャーシュは税の徴収を強めて，ラヨシュⅤ世の時代と比べて国王の収入は5倍に増え，宮廷の維持と3万人の，圧倒的に外国人の傭兵「黒い軍団」に支出した；他方で，国王は貴族に対する強い態度と軍事的な成功によって，「マーチャーシュ，正義の味方」として多く賛美された英雄になった．彼は好んでしばしば人知れず民衆の中に紛れ込み，力の強い者が弱い者を襲うときには，その場で罪を償わせることによって，弱きものを不正と搾取から救ったという．宮廷で働いていたイタリアの文人アウレリウス・ブランドリーニに対して国王は次のように語ったという：

　　この国では誰もその力を過信してはならない．だからといって，誰も助けが無いといってすべての信頼を無くすことはない；困った時には，誰もが自分の権利を主張することができる，たとえ私達であっても．ここでは官吏が国民を農奴のように圧迫することはない．というのは，彼らは辞めさせられることを覚悟しての役職であることを知っているからである．この正義の法秩序と保障は法ではなく，それの上に位置し，そして法を定める国王に由来するのである．[4]

　彼の同時代の人が否定的に描き，この国が長続きしなかったのは，彼の2度に亘る結婚生活が子無しに終わったという事実である．それ故に彼は自分の非嫡子児であるヨハネス・コルヴィヌシュを後継者にしようと試みた．この王朝を継続させようとする計画は，マーチャーシュが1490年，ウイーンで亡くなって失敗に終わった．

　軍事的な成功と国内的な改革努力にもかかわらず，ハンガリーの歴史における彼の実際の重要性は，彼個人の人格の輝かしい，長く続いた精神的な影響力にもかかわらず，彼の時代に終わってしまった．マーチャーシュは彼の生活ぶりからして，最も贅沢で，同時に，多くの世代を超えてハンガリーの国民に親しまれた指導者であった．それ故，ことわざに，「国王マーチャーシュは死んだ，彼と共に正義も死んだ」．とある．

　「大衆の国王」マーチャーシュはハンガリー人国家の栄光と，ハンガリーの力の頂点を体現していた．だから，幾世代に亘ってハンガリーの歴史家が，彼

第7章 フニャディの英雄時代（マーチャーシュ国王の時代）：
トルコの危険性を背景に

の時代のことを賞賛したい気持ちを持つのは理解できる．幾世紀もの分裂，外国による占領，没落の間，詩人や国民は広く消え去った偉人のことを言い伝えや文学によって懐かしんだ．ノスタルジーの理由についてイェネ・スーチは冷静に次のようにまとめている：「マーチャーシュの度重なる遠征以来ハンガリーの歴史は，多くの勝利した戦闘を知っているが，1つとして勝った戦争を知らない．1485年来，我々はいつも戦争に負けていた．例外は，17世紀の末にトルコ人に対して解放遠征を行ったことのみである．それだって，圧倒的にハンガリー兵がリードしたわけではなかった．ボチカイ，ベトレン，ラーコーツィの成功は長引く戦いの中で，結局は1711年に敗北してしまったが，それでもそれらは，勝利した戦闘であった…」．

　いずれにしろ，マーチャーシュ国王は，彼の死後500年以上経っても，1994年と1996年の代表的な世論調査でも，聖イシュトヴァーン，1848年の英雄達，セーチェニとコシュートを抑えて，最も好感の持てる人物であった，という事実は注目すべきである．

第8章　モハーチの破滅へ

　国王マーチャーシュの死後ハンガリーでは自己権力の拡充，権力闘争，敵対関係の狂宴の時代に入っていった．高位と身分の低い貴族たちのお互いの利益を巡る闘争が短期間の間に国を奈落の縁に追いやった．

　特に王の継承問題をめぐる企みと権力闘争は，マーチャーシュが打立てた政治的，軍事的，社会的体制の根本を揺るがせるものであった．彼の非嫡子の息子であるヤーノシュ・コルビヌシュは，自分の意志を貫くには弱体で平和主義的であった．他方，ハプスブルク家の王（後の皇帝）マクシミリアンは大貴族が「掌に載せて操る」には強すぎた．このようなわけで，ボヘミア王，ヤゲロー家のウラディスラヴⅡ世（1490 – 1516）が王位に選ばれた．彼は封建貴族の期待を裏切らず，後に「ドブジェ」というあだ名を貰ったほどである．要するに「結構である」とか「それでよい」と答えた．偉大なるマーチャーシュ王の後継者は，ハンガリーの歴史に，どんな提案にも反対せずに受け入れる「ドブジェのラースロー」として名を残すことになった．

　投げやりで，弱体な国王を意のままに操る大貴族の党，所謂「宮廷党」に対するバランサーとして，中小貴族を支えとする「貴族」党が成立した．指導的役者はサーポヤイ家の野心家のヤーノシュで，後にトランシルバニア侯爵となった．このドラマの主役は既にマーチャーシュ王によって書記兼司教に任命され，その後エステルゴムの大司教に昇り，新国王の宰相に任ぜられた絶大な権力を持つタマーシュ・バコーツであった．この押しの強い，抜け目のない男はハプスブルク家と繋がり，「宮廷」派閥の先頭に立って，将来「国籍を問わず，又言語種族を問わずけっして外国人を」国王に選出しない，という1505年の議会の決議を迂回しようとした．実際にプレスブルクでこの後継者に関するヤゲロー家とハプスブルク家の間の1491年合意では，ウラディスラヴが子供無しに終わった場合，マクシミリアンⅠ世をハンガリー国王に定めていた．しかしながらこの合意はハンガリーの貴族には見せられず，それゆえ承認もされなかった．

しかしながら，王位継承者ラヨシュが1506年に誕生したことによって全く新しい状況が生まれた．1507年には既にウラディスラヴ家のマキシミリアンの孫との所謂二重婚約が合意され，それから1515年にはウイーンで形の上での結婚となった．シュテファン寺院での二重結婚式では，9歳のラヨシュはフェルディナント大公の姉のマリアと，又，フェルディナントはハンガリー王の姉と婚姻した．ウラディスラヴ国王の死（1516年）の年皇太子ラヨシュはやっと10歳であった．彼は特に反対もなく王位についたが，彼が成人するまでの間，摂政評議会を置くことになった．この機関においてこの間に枢機卿に任命されタマーシュ・バコーツが強い発言権を持っていた．

この平凡な生まれの，とてつもない野望の持ち主は，ちょっと前には法王にさえなろうとしたが，1513年に行われた法王の選出に際しジョバンニ・メディチ，後のレオ10世に辛くも破れた．多分，これに関連した失望への慰みか，この才能豊かな枢機卿は，帰国後新しい法王の委託により，増大するトルコの危険に対して大々的な十字軍を布告した．これが統一的なハンガリーの終わりの初めになるのである．

フランシスコ派の僧侶にたきつけられた農民達は，武装し，数の上でより強いことを自覚し，この機会を利用して自分達の目的の為，大土地所有者に向かっていった．彼らは，枢機卿や国王の解散命令にもかかわらず，勇敢なセイケイ人将校のジェルジュ・ドーザを指導者に選出した．多くの司祭や僧侶がこの一揆に賛同し，反抗する大衆の先頭に立った．彼らは，貴族の城を襲撃し，略奪して，殺戮した．数週間の，特に東部ハンガリーやトランシルバニアでの戦いの後になってやっと，トランシルバニア侯ヤノシュ・サーポヤイは1514年，農民一揆を残酷に弾圧した．

大貴族の復讐は恐ろしいものであった．ドーザは焼け焦がれる鉄の椅子に縛り付けられ，真っ赤に焼けた王冠を頭の上に載せられた．その他の首謀者達は，2週間の間食事を与えらず，ドーザがまだ息をしている間に，彼の肉を体から引きちぎって食うことを強要された．想像に絶する残酷さとフランシスコ派僧侶のレリンクの縛り首は，将来の反抗の芽がないことを目の前に晒し，どのような反抗も芽を摘むことになった．貴族はあらゆる農民をその「忠誠のなさ」故に「永久の服従」によって罰した．どのような所有も彼らから簒奪された：貴族の前には，農奴に対しては如何なる法律も裁判も保護することがなくなっ

第8章 モハーチの破滅へ

た．
　ドーザの姿は時代と共に姿を変えてきた：最初は口承によって，それから歌，詩，劇によって彼は，のうのうと贅沢に暮らす，無思慮な残忍な貴族に対する反抗の象徴となった．それ故，転換点に於いては，ドーザの記憶が何度も何度も繰り返して威嚇的に強調されてきたのは無理からぬことである．例えば，1848年の革命の年，国民的詩人シャーンドル・ペテフィによって宣誓された：

　　今は国民は懇請している，軟化せよ！
　　国民は，立ち上がったときには恐ろしい．
　　拒否されている暴力を伴う時！
　　お前達，支配者よ，ドーザの事を聞いたことがないのか？
　　彼は，焼けた鉄の椅子の上で焼き殺された．
　　逆が起ころうとは思わないのか？
　　彼の魂は炎になった！　その事に注意せよ，
　　彼が突然お前達を灰に帰さないように！[1]

　金持ちに対して似たように警告した，ほぼ70年後のジェルジュ・ドーザの孫が作った詩をエンドレ・アディが引用している：

　　我は，農民の指導者ドーザの孫なり，
　　彼は貧しい伯爵であったが，国民と共に泣いた．
　　［…］
　　ドーザの民衆が集まれば，どうなるか，
　　荒々しい怒りが前進すれば？
　　［…］
　　（ハインツ・カーラウによる）

　農民暴動に対する復讐は，王国議会で，「永遠」に農民は農奴身分であると決議され，ほぼ同時に，小貴族の指導者で法律家であるイシュトヴァーン・フェルベツィによってハンガリーの慣習法に纏められた．それは，「3つの法律」と呼ばれ，ハンガリー社会を，全面的に強力な「政治的権利のある国民」

と全く権利のない国民に分裂させた．フェルベツィのテーゼは明瞭で天才的なものであった：（高位の貴族や高位の教会関係者だけではなく）一般に貴族たちは「神秘的な人間」の具現であり，「聖なる王冠の部分」であるというのである．あらゆる特権階級の「唯一無二の自由」というフィクションと，王冠を，貴族的国民の本質的な核であり，王権の権威の源泉としたことは，ハンガリー国民の国家法上のアイデンティティの基礎となった．最貧の者も含めてどの貴族も聖イシュトヴァーンの王冠の一部となった．これによって，農民と町の市民達は国の構成部分或いは王冠の一部であることを否定された．

　正しくもハンガリーの歴史家たちは，フェルベツィの教義がハンガリー社会と西欧の発展の間に深い溝を作ってしまったことを示唆している：「3つの法律」は国王によって署名されず，それゆえ法律に格上げされる事はなかったが，それでも1848年までは法秩序の基礎と見なされていた．詳細に見ていくと，それは貴族とその他の国民の間のポッカリ開いた政治的，社会的，心理的な溝であり，それは第2次世界大戦の後の社会的変革まで続いた．
　イェネ・スーチ[2]の重要な作品「ヨーロッパの3つの歴史的地域」の中で，彼は，偉大な思想家であるイシュトヴァーン・ビボーを引用しつつ，ハンガリーが千年代の最初の500年には「構造的に」即ち，社会のあり方では，西欧の一部であったか，或いはそれに近づこうとしていた；歴史的な破滅以降の400年間，この国は東欧のタイプの構造に成り下がっていった．と述べている．もう1つの重要なファクターは，貴族の数の上での強さであった：中世の末期にハンガリーでは，20乃至25人に1人は貴族であった．因みにフランスでは100人に1人であった．逆にいえば，ハンガリーでは，45乃至50人に1人が自由民で，フランスでは，10人に1人であった．
　従って，ハンガリーでは中世は近世以上に大きな，即ち，人口の5％を占める貴族層を残したのである．ビボー，それにスーチもまた，言っているように，これらには粗野な，無教養な，それでいて特権を備えた小貴族を含み，「近世のハンガリー社会の発展にとって有害な現象」として残ったのである．このように見てくると，「3つの法律」は特権階級にとって，免許皆伝の如く貴族のバイブルになったことは疑いない：この巻物は，16世紀だけでも14回に亘って，そして後には70回以上も版が積み重ねられた．

第8章 モハーチの破滅へ

　それゆえ，モハーチの事前及び事後の直接的な傷跡は，詳細な（4巻に亘る）「ハンガリー史の年表」を読むとまさに幽霊のような感じがする．というのは，スルタン・スレイマンⅡ世（「華麗な」）が，まさに分裂した，いつも混乱に陥っている国に対して，決定的な攻撃を準備している時に，貴族たちが何について論争し，争っていたのか？　中小の貴族たちは，特に債務の引き伸ばしによって，或いは彼等の都市にある家が税の義務から免除される事によって自己の金融状態の改善されることに一生懸命であった．執行権を巡って，大貴族とこの間にフェルベツィの巧みな指導のもとに力をつけてきた小貴族たちの指導者の絶え間ない争いが燃え上がった．彼と彼の仲間達は，外国人に向けられた決議の主要な火付け人であった．小貴族たちの攻撃の的は，独自の権利と彼ら独自の裁判権を持っていたドイツ人の町の持つ特権であった．長く数十年間，圧倒的に数多くドイツ人が住む町で，ハンガリー人（そしてスロバキア人）は，ドイツ人住民にこれまで認められてきた権利を認められてこなかった．首都であるブダでは，「4代まで遡ってドイツ人である男性のみ」が町の裁判官に選出される事が出来た．ドイツ市民の中から更に税理士，町の書記，大半の陪審員が選出された．ハンガリー人達の証人は，ドイツ人たちからも支持された場合に裁判で認められた．例えば，ベシュテルセバーニャとペストでは，土地の取得は完全に権利を持ったドイツ人にのみ許された．余にも強いドイツ人の影響力を恐れて，既に1439年にはブダではドイツ人とハンガリー人の衝突が生じた．[3]

　王国議会が16世紀でも，壊滅的なモハーチでの戦いとブダのトルコ人の占領を前にしても，いまだに外国人の，特にドイツ人の影響に対して押し返そうと懸命になっていたのは，都市とその周辺で民族間で，ことさら言語を巡るナショナリズムではなく，経済的，社会的に色づけられた紛争が危険な段階に達していた兆候であった．外国人とは，都市の「原住民」であるドイツ人にとっては，歓迎されざる，むしろ危険な競争者を意味した．このようにして，孤塁を守るザクセン人やドイツ系市民達のハンガリー人，スラブ人，後のルーマニア人たちの進出に対する防衛戦は，1848年の革命の変革の時にプレスブルクやペストでの，ユダヤ人に対するドイツ人企業家や手工業者たち流血のポグロムに見られるような，一貫したものがある．

このような，政治的，社会的，部分的には民族・宗教的緊迫状態（1526年以前にプロテスタンティズムはドイツ系ハンガリー人の間では決定的な部分を占めていた）の中でに若き王ラヨシュⅡ世は，トルコの前進を防御せざるを得なかった．トルコの攻撃の目的は，最終的にはハンガリーではなく，ウイーンとオーストリアであったのだが．ハプスブルグのマリアを娶ったラヨシュⅡ世は，南部からの脅威的な侵略に時宜に適った準備をするためには，力も手段も，ましてや国際的な後方支援を得ることも出来なかった．その他に，大貴族と小貴族との敵対関係はこの時点で新たな頂点に達していた．フェルベツィは（一時的に）勝利したグループの頭目として，自分を副王に選出せしめていた．最初の処置として彼は，ハプスブルク家の利益を代表していたフッガー家に対して北部ハンガリーのベステルセバーニャの貴金属鉱山の借用権を反故にした．これによって彼は，4000人の失業した鉱山労働者の暴動を挑発した．不穏は血を見，フッガーの信用を失ったことは，ハンガリーにとっては取り返しのつかないものであった．よりによってトルコの危険が激しくなった時にである．

絶望のなかでハンガリーは，書簡や使者を派遣して，ローマやヴェネチアやウイーン，ロンドンに援助を求めた．法王クレメンスⅦ世にとっては宗教上の真の敵はもちろんドナウ河にはなく，改革の旗手マルティン・ルターであった．ハプスブルプ出身のスペイン国王カールⅤ世もまた法王の警告の対象であり，最終的には，法王によって画策された仏・伊同盟の敵であった．実際トルコのハンガリーへの攻撃は，パリのすべてのキリスト教徒の王——フランスの王は15世紀に法王からこのような称号を受けていた——とキリスト教の西欧への挑戦者との間の提携を促進していたのである．いずれにしろ，フェルディナントは困難に直面している義兄弟を助ける事も出来なかったし，助けようともしなかった．

当時ハンガリーでは，（後に更に強くなるのだが）オーストリアのハプスブルク家が，取り分け西側に於ける自分のポジションの確立に集中し，南東部，特にハンガリーにおいてトルコに対する戦いを怠けているのではないか，という苦々しい気持ちがあった．端的に言えば，ハンガリー人は何処でも歓迎され，スレイマンに対する戦いに勇気付けられ，ローマでは祝福されさえしたが，それでも援助は空手形におわった．

1万人のトランシルバニア侯サーポヤイの兵力を待たずに，若きラヨシュⅡ

第8章 モハーチの破滅へ

世国王は先頭に立って，急いで集められ，良く訓練されていない，素人まがいの2万5000人に満たない軍隊を率いて1526年8月29日，ドナウ河に近い小さな町モハーチ近郊で，3倍から5倍優勢なスルタンの兵に立ち向かった．ハンガリー側は殆んど武器・弾薬を持たなかった．というのは，教会や世俗のお偉方は，多分自己の側の権利を剥奪された，ドーザの反乱以来処罰された農民達をスレイマンの兵士達より恐れたからだろう．トルコ人は戦術的にも技術的にも，特に砲兵隊に関しては，ハンガリー人を遥かに上回った．

スルタン・スレイマンは1時間半で容易に，迅速な勝利を掴んだ．短い，英雄的な戦闘の末に，大抵の教会や世俗の指導者，その中には，7名の司教が，1万5000名の兵士達（大部分がドイツ人，ポーランド人及びチェコ人傭兵であった）と共にモハーチの原野に散っていった．完全武装のままで逃走した国王は，荒れ狂う土砂降りの中で乗った馬と共に水嵩を増した河で溺れ死んだ．その直ぐ後で，国王は，戦闘の後で逃走中にハンガリーの貴族の1人によって，フェルディナントをハンガリー王にしようとして刺し殺された，という噂が広まった．これを裏付ける証拠はなかった．それにしても，この若き国王の死を巡る状況については，ヤゲロー家からも一度として明らかにされなかった．更に，サーポヤイ侯がその戦闘が始まった時に自分の部隊と共に安全な場所で待機していたという，当時立った噂も同様に明らかにされなかった．サーポヤイが3年後，王位を巡ってフェルディナントと争う中で，よりによって同じ戦闘の場所モハーチで，スルタンに永遠の誓いを述べていたという事実は，モハーチの戦いの際の彼の振る舞いに関する疑いを濃くするものである．

それにしても，疑いのないのは，略奪や，権力の凋落に伴う争いと全くの混乱という，恥ずべき付随現象があったことである．王妃マリアは王宮の高価な宝物と，50人の騎士と共にブダから逃げ出した．：トルコからのみではなく，ハンガリー人からも，最初にプレスブルクに逃げ，それから兄のいるウイーンに向かった．ハンガリー人は，このハプスブルク家の人間と彼女のドイツ人女官たちを決して好んでいなかった．王妃と宮廷人は自分達だけで閉じこもり，彼等の首都——そこだけではなく——に現れるたびに，ドイツ人への憎しみを益々助長するのであった．

副王イシュトヴァーン・バートリ——同じ名前の，後のトランシルバニアの

伯爵と親戚ではない——は友人のバッチャーニュ伯爵と共にモハーチから巧く逃れた後，トルコの略奪から逃れていた修道参事会員と共に時を過ごしていた．ペーチの司祭の宮廷にあった古い宝物が彼等の手に渡った．他のハンガリーの貴族や将校たちは，エステルゴムの大司教の宝物殿を略奪して，王妃の船を襲い，女官達を暴行した．「傷口から血を流している時に，焼け落ちた町がまだくすぶっている時も，ハンガリー人捕虜が遠方に連れ去られている時にさえも，四散した貴族たちは，たった1つ満足感を覚えた：ドイツ人の宮廷が崩れ去って，ドイツ人の王妃が逃げ去った喜びである」，と歴史家のセクフュは記述しており，更に付け加え，それは第一義的には「ドイツ人」への憎しみに鬱憤を晴らしている貴族たちの扇動であって，それ故にドイツ人商人，手工業者，医師は当分の間身を隠さねばならなかった．[4]

それ故に，モハーチの後2ヶ月後にポーランドの公使の報告の正しさを疑う理由がない．その報告は記している：ハンガリー人は殆んど新しく生まれ変わったみたいである．…外国人の支配が終わった事に，貴族の広い層で大変喜ばれている．多分，このような人々は，「自分達の紋章付き指輪のみでトルコ軍全員を叩きのめしてやる」と豪語していた人々と同じであろう」．「悲しみではなく，喜び」という雰囲気が，ハンガリーの歴史に於いていかに度々自らを欺いた事か．次の150年間，小貴族と，彼らのみではなく，異邦人の支配がどんなものであるかを知る事になった．

勝利したトルコの軍勢は国王の宮殿，町，ブダ城を占領し，略奪した．彼らは，トランスダヌビエン地方と，ドナウ・ティサ平原を荒廃させ，ハンガリーからの十数千人の捕虜を引き連れて取り合えず引き揚げた．今日に比べると，当時は3倍も広かったが，そのハンガリーの内外情勢は，モハーチの壊滅的事件によって，政治的にも，地理的にも，そして最後は人口的にも完全かつ回復できないように一変してしまった．後世の世代になって初めてこの敗北の広がりと影響について理解するようになった．

「モハーチ」は全ての後の世代の人々にとって，国民的破局と同義語になった．これは誇張ではない：ハンガリーは400年間に及ぶ独立の政治勢力としての地位を，ヨーロッパの政治の地図から消えてしまったのである．ハンガリーは解体したように映ったのである．

マジャール人の性格，この「陽気さ，粘液質，憂鬱さの独特な混合」(ヨーカイ) は，この深く根ざした，歴史に彩られた危険にさらされた，という感情で説明されるかもしれない．「マジャール人の国民として死」をテーマにしたり，基本的な気持ちを悲観主義としたり，孤独が国民性になったり，希望なき中での希望を抱いたり，個人が強迫されていたり，こうしたものが文学の大きな主題になったりした．数多くの詩が国民の運命をうたっている．

作家のゲーザ・オテイツクは，ハンガリー以外では殆ど知られていない主要な作品「国境の靴」(1950 年) という作品の中で，ハンガリー的なものとその敗北との独特な関係について，学校で使われる教科書を例に非常に克明に描いている：

　モハーチの戦いの 400 周年が近づいてきた．敗北を祝うのは奇妙な事に見える．しかし，ここで勝利を祝うとしても最早強力なオスマン帝国は存在しない．この間，蒙古の跡も消えてしまった．我々の目の前からも，強靭なハプスブルク帝国までも．我々は，敗北したが生き延びた大きな戦闘を単独で祝うのに慣れてきた．多分我々は，敗北を勝利よりも，発奮すべき，夢想する材料に祭り上げ，より重要な事とするのに慣れきってしまったのだろう，いずれにしても我々の（より真実の）持っているものにしてしまうのに…[5]

第9章　トルコ支配の壊滅的な結果

　モハーチでの国家的な破滅はハンガリーだけではなく，東・中欧の歴史にとっても1つの区切りであった．法王ピウスⅡ世は，ハンガリーを「キリスト教徒の守り」であると評価した．今や，ほぼ150年間トルコの拡張に対する防波堤を築き，バルカンにおいてオスマンの支配に何度も刃を突きつけてきた中欧の大国は，ウイーンの手前で人っ子一人いない土地となり，ハプスブルクとオスマンの果てしない，又，時折降りかかった幸運にも恵まれた戦いの現場となった．トルコ軍は，10月始めには沢山の戦利品を伴ってハンガリーを引き払ったが，お互いに対立する貴族グループは壊滅的だった敗北から何も教訓を得なかった．逆に，彼らは荒廃した国土で，王位を巡って一層激しさで虚しい争いを続けた．争っていた連中は，突然の（勿論，取り敢えずだが）トルコの撤退を，トルコの危険が去った，と信じていた．そして，何の得にならない国内の争いにのめりこんでいった．これが，最後にハンガリーの国家，たとえようのないハンガリー的なものの喪失，そして，カルパチア盆地の3分割に繋がった．

　外部からの危険に対して一体となって闘う代わりに，2人の対立する王を巡って，のるかそるかの戦いが始まった：即ち，ハンガリーの最も豊かな大土地所有者で，1514年の農民暴動を血で抑圧したヤーノシュ・サーポヤイが，小貴族に支援され，ハンガリーの国民的指導者として登場し，彼は，ヤゲロー一族との合意された承継契約を楯にとるハプスブルク家のフェルディナントⅠ世に戦いを挑んだ．結果は1440年の状況の繰り返しであった．再び，双方のライバルが，セーケシュフェヘールヴァールの同じ教会で戴冠した；最初にサーポヤイ，1年後にはフェルディナントが戴冠した．再び，同じ教会の指導者が国王の頭に王冠をかぶせた．フェルディナントの戴冠の際には，1年前，他の国王の戴冠式に同席した多くのお偉方が出席していた．2人の国王のいずれも他の一方に最終的な辞退を押し付けるほど強力ではなかったし，ましてやスルタンに反抗する事も出来なかった．国王ヤーノシュの方が弱かった：ヤーノ

第9章 トルコ支配の壊滅的な結果

シュは，トルコとフランスの助けを得てやっとポーランドでの短い亡命からハンガリーに戻る事が出来，フェルディナントとの戦いを続ける事が出来た．ヤーノシュは既に1529年にスルタン・スレイマンをモハーチ郊外で君主として承認し，彼に忠誠を誓っていたので，敵の目から見れば，何処から見てもトルコの臣下だった．

1538年に，2人の国王の間で妥協し，分裂回避の歴史的な機会が存在したかどうかについては，この混乱の時の有能な，非常に掴み所のない，同時に悲劇的な人物が関係していた．その男は，生まれはクロアチア人で，ゲオルギウス・ウテシェニックーマルチヌチと称し，彼はフラテール・ゲルギの名で歴史に名を刻んだ．彼の重要さとその役割を理解するには，マジャール人が150年間，ずっとトルコとハプスブルクの二正面と戦わねばならなかった，ということを知る必要がある．このような混乱した，多くの場合突然変化する戦いでは，両方の前線で，英雄，裏切り者，殉教者が出るものである．[1]

1480年生まれで，クロアチアの小貴族出身のフラテール・ゲルギは，軍事義務の後，パウリスト派の修道士になった．僧侶になった後，ヤーノシュ国王の宮廷で重要な地位に就き，最後は財務係となった．フラテール・ゲルギは不可欠なアドヴァイザーで，道徳的に完全無欠な男として証明しただけではなく，彼はハンガリーの一体性の確信的な信奉者であった（セクフュによれば，「彼はハンガリー人を殊のほか好み，ドイツ人を憎んだ」）．2人の国王がナジヴァーラドで合意を取り交わし，それが和平を導き，ハプスブルク家に好都合な秘密の王位継承の約束となったのは，彼の功績であった．フラテール・ゲルギはナジヴァーラドと言う重要な地域の司教区を任され，後にはエステルゴム大司教になり，最後は枢機卿にさえ昇りつめた．

かくして彼はフェルディナントのもとでのハンガリーの統一に努力したが，なおかつ，彼は，ハプスブルク家が東部ハンガリーとトランシルバニアの中心部を実際にトルコから守ったならば，トランシルバニアをフェルディナントに任せることをいつも決意していた．フラテール・ゲルギの役割は，国王ヤーノシュが死（1540年）の直前，晩年に結婚したヤゲロー家のポーランド国王の娘イサベラとの間に，息子のヤーノシュ・ジグモントをもうけたことに決定的な役割を演じた．死の床で，国王はフェラテール・ゲルギに乳飲み子のことを頼んだ．司祭はすぐさま子を国王と宣言し，その国王と前国王の妃と共にブダに

移った．

　2人の国王がお互いに荒廃した国で争っている間，トルコは着々と国の豊かな地域を，即ち，マジャール人が現実に住んでいる地域，ドナウ河・ティサ河の平野をその周りの地域も含めて占領してしまった．調略により，1541年，スレイマンは2つの地域を当分の間占領した後，一戦も交えることなく首都ブダをも結局占領してしまった：1歳のヤーノシュ・ジグモントと母親を守る，という口実の元で．ハンガリーは3つに分割された．ハンガリー王国は幾つかの西の県と上部ハンガリー（現在のスロバキア）に縮小され，ウイーンによってあたかもオーストリアの1地方のように統治された．

　トランシルバニアが，スルタンの保護下でも，独立の公国として成り立ち，生存できたのは，第一義的には，フラテール・ゲルギの絶え間ざる努力のお陰である．10年間，人嫌いの，ガンとして買収に応じなかったこの僧侶は，トルコ，ハプスブルク家のフェルディナント，気まぐれなポーランドの皇太后の間の奇妙な三角関係を，いずれの側にも受け入れられるような，基本的にはハンガリーの利益に資すような，国土の統一に結びつくような政策を推進した．彼の生涯の敵は意外にも皇太后であり，彼女は，余りにも強力な，いつもまじめで，如何なる快楽も好まないフラテール・ゲルギからの提案であれば，嫌悪感から，後には抑制の効かない程の憎しみで，自分の息子の利益に反しても，家族の利益を犠牲にしても反対した．トルコによる策略，敵対する勢力の占拠と衝突，双方からの涙乍らの陳謝，禁欲の僧侶と公国の強力な男と，ポーランドの騎士たちに取り囲まれ，幾人かの豪族に支援された，人生を享受する皇太后との間のお互いに不信感にとらえられた緊張関係の浮き沈みがそれに続いた．しかしながら，言葉に堪能な傑出した外交的な能力，南部スラブ出身のトルコの司令官に対するきめ細かい対応，それにいつもフラフラしている国王フェルディナントへの基本的な忠誠に鑑みて，結局は，あらゆる方向から見て不安な不透明な姿と映った．豪族と貴族たちには，殆んど70歳に近い，制しがたいエネルギーの持ち主で，いつもフェルトの外套をまっとって現れる政治家はまさしく不気味であった．

　1551年に，この間フェルディナントにトランシルバニア侯に任ぜられたフラテール・ゲルギはハプスブルク家の人間とイサベラとの間で新たな合意を達した：皇太后は国を去り，息子のヤーノシュ・ジギスムントは王位を放棄する

第9章　トルコ支配の壊滅的な結果

代わりにシュレジアのオペルン公国に甘んずる，というものである．フェルディナントはトランシルバニアの貴族たちによって国王として承認された．1532年以来サーポヤイ家によって所持されていた聖なる王冠は歓呼の中に，ハプスブルク家のもとでは公式に新しい首都となったプレスブルク（現在のヴラチスラバ）に移された．この間にフェルディナントの傭兵隊長ジョバンニ・カスタルドが少数のドイツ・スペイン兵を率いてトランシルバニアに入った．トルコは当初，これら全てを承知していなかった．やがて直ぐにスルタンは罰として軍隊を派遣した．フェルディナントの提案で枢機卿の帽子をまとっていたフラテール・ゲルギは，攻撃途上のトルコに対し，もう一度，お金と個人的なコンタクトと，心理的作戦で，偽善と秘密外交で防ごうとした．彼の敵たちは，フラテール・ゲルギが，実際にはサーポヤイ家をハプスブルク家の助けを借りて追放し，そうしてトルコの後ろ盾を得てフェルディナントを操り，最後はトランシルバニアでの独立の支配権を得ようとしている，と新たに疑った．言われるところでは，フラテール・ゲルギの書記が不信を抱いたカスタルド将軍に夜の会見で，死の事件がありうると警告したという．カスタルドは，劇的な手紙でフェルディナントに，必要な時には，不気味な僧侶を始末する全権を要請した．

1551年12月17日，フラテール・ゲルギは自分の城の中で，朝の祈りの最中に，襲われ，スフォルツァ・パラヴィツィニを始め8人のスペイン人，イタリア人の将校たちによって50回にも及ぶ剣による刺し傷で殺害された．遺体は70日の間略奪された城中に放置された．暗殺の重要な動機は枢機卿が持っていた金・銀の宝物であった，という噂が執拗に立ったのは恐らく事実であろう．犠牲者が聖職者の指導者であったので，裁判はヴァチカンで行われた．3年経ったが，僧侶の裏切りについて証明する証拠は見つからなかった．結局フェルディナントもカスタルド他も殺人に関与した人々は，皇帝の圧力によって法王は罪なしとした．

剣は単にパウリスト派の聖職者の肉体を刺しただけでなく，ハンガリーをも刺し殺した，とセクフュは苦いコメントをしている．実際のところ，殆んどのハンガリーの歴史家は，ハプスブルク家の下で東部ハンガリーをハンガリー王国に再統一する事が出来たであろう唯一の人物の殺害は，道義的に非難すべき事であるのみならず，政治的にも理由がなく，意味がなかった，という見解に

第9章 トルコ支配の壊滅的な結果

傾いている．その後直ぐに襲ってくるトルコの大々的な攻撃と，その結果ハプスブルク家と，この間にトランシルバニア公爵に任ぜられたヤーノシュ・ジギスムントとの間の激しい戦いを見れば，魅力的であった人物フラテール・ゲルギの悲劇的なケースは，タレーランがエンギン公の射殺の跡で告白したと言われることに当てはまる：「これは犯罪以上のものである．間違ったことをした！」．

暗殺事件の後，国王・ハプスブルク家のハンガリーと，あらゆる方角に勢力を拡大したトルコの支配地域の境界を巡って再び激しくなった争いは，その後の数年間，ハンガリーの再統一に都合のよいように変化することなく，むしろ，トランシルバニを最終的に失う事になった．トルコによって投入され，侯爵に任ぜられたヤーノシュ・ジギスムント・サーポヤイは，母親のイサベラが1559年亡くなった後も，皇帝マクシミリアンⅡ世に対する戦いを続けた．

この間にスルタン・スレイマンはウイーンを征服しようと最後の試みを行った．強力なトルコの軍隊は，エッセグからドナウ河を越え，シゲトヴァールの要塞に至り，これを1ヶ月半で征服した．クロアチア太守ミクローシュ・ズリニは，この要塞を数百名の兵士と共に最後まで守った．彼はハンガリーでも，クロアチアでもトルコに対する戦いの伝説的な英雄に数えられている．彼はオスマン軍優勢の中で，脱出時の戦いの際命を落とした．「華麗な」スレイマンはこの要塞を落とす寸前，亡くなった；しかしながらこの知らせは最初の内は秘密にされた．皇帝マクシミリアン，その当時，ジュールの近郊で，8万の兵士を率いる総司令官であったが，彼は，シゲトヴァールを救う為にエステルゴムを攻撃する事もしなかったし，スレイマンの死によって混乱している状況を利用して，ハンガリーでのトルコの支配を終わらせることに努力もしなかった．決然として行動する変わりに，マクシミリアンは1568年，新しいスルタンとの間にアドリアノープルで，ハンガリーの分裂を伴った和平を結んでしまった．その中で彼は，スレイマンの征服した部分をオスマン帝国の一部と認めてしまった．ヤーノシュ・ジギスムントはハンガリー王のタイトルを放棄し，自分をその後「トランシルバニア侯でハンガリーの一部の支配者」と呼んだ．それは，ティサ河の東に位置する県を支配する，ことを意味した．侯爵領は引き続きスルタンに貢ぎ物を納める義務を負った．和平の協定は，公式に150年間に

亘って，カルパチア地域を3つの地域に分割することにしてしまった．

今日では，最終的に3分割されてしまった，という意味でモハーチでの敗北か，それともブダの陥落が，歴史上のハンガリーの没落でどちらが絶対的に最悪の状態であったのかを考えても仕方あるまい．全てのハンガリーの歴史家は，170年に及んだトルコの支配が，いまいましい，人口的にも，人種的にも，経済的にも，社会的な結果に於いてもハンガリーの歴史上，最大の破滅であった，という点では一致している．誇張ではなく，第一次世界大戦後，押し付けられたトリアノン条約によって歴史上のハンガリーが分割された状況は，既に400年前のトルコの時代にその根元があった，ということが出来る．

ハンガリーの将来にとって特に悲劇的であったことは，もっぱらマジャール人によって住まわれていた地域，即ち，大きな低地，ドナウ河を跨ぐ丘陵地帯が甚大な損害を受けたのに対し，ドイツ人が住んでいた都市及びスロバキア人，ルーマニア人，ルテアニア人の住んでいた北部ハンガリーやトランシルバニア地方は比較的軽微な損害だった事である．昔最も豊かであった南部ハンガリー及び中部の平地は，最初の頃の戦いで最も激しく荒廃し，人口も既に16世紀には根絶やしにされた．モハーチ以前には，マジャール人が全人口350乃至400万人の内，75乃至80％を占めていた．それが1600年頃には250万人と見積もられていた．トルコの引き揚げた後は，全人口は約400万人と見られている．即ち，1720年には，人口は中世末期の水準を辛うじて越えるに過ぎない．[2]

この数字で，2つの重要な要因を見過ごしてはならない．

トーマス・フォン・ボギャイによれば，200年間で人口は少なくとも3倍に増えるものである，というのである．彼の計算によれば，800乃至1000万人の自然増の数が全く消えうせてしまったのである．――それがもっぱらハンガリー人の犠牲の下に，である．セクフュは，トルコの侵入なかりせば，人口は17世紀には1500乃至2000万人にまで昇っていた，とまで言っている．ハンガリー人の占める割合も80乃至90％になっていただろう．注意深い計算でも100万人に及ぶ人口の減少があったといわれる．そうでなければ，トルコの時代の後には，ハンガリーの人口は英国と同じぐらいになっていた，ということになる．

もっと手痛かったのは，ハンガリー人に不利になるような，急激な民族的な

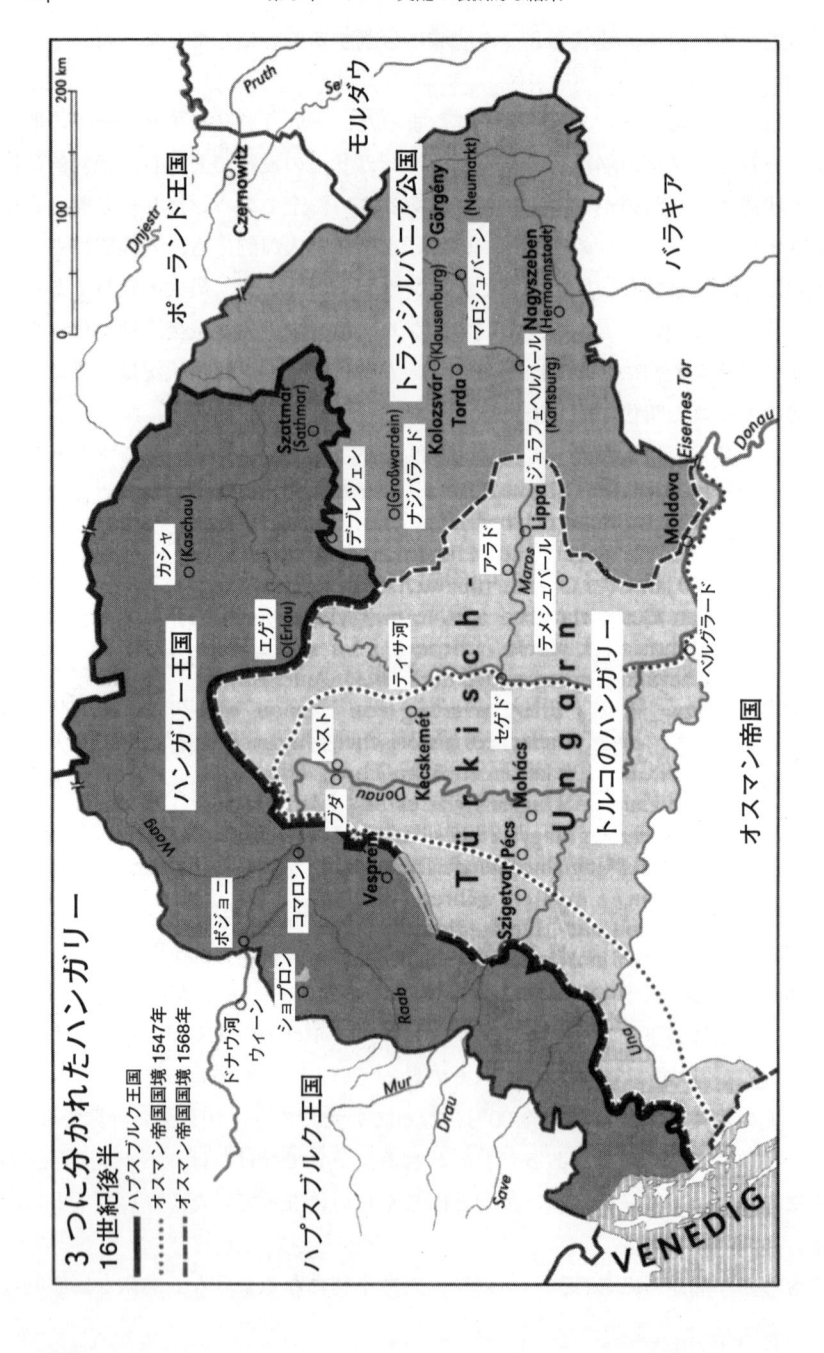

第9章 トルコ支配の壊滅的な結果

3つに分かれたハンガリー
16世紀後半

- ハプスブルク王国
- ・・・・・ オスマン帝国境 1547年
- ----- オスマン帝国境 1568年

ハプスブルク王国／ハンガリー王国／トランシルバニア公国／トルコのハンガリー／オスマン帝国／ポーランド王国／モルダウ／ワラキア／VENEDIG

主な地名: ウィーン、ショプロン、ポジョニ、コマロン、ブダ、ペスト、ヴェスプレム (Veszprém)、セゲド、モハーチ (Mohács)、ペーチ (Pécs)、シゲトヴァール (Szigetvár)、ケチケメート (Kecskemét)、エゲル (Erlau)、カシャ (Kaschau)、サトマール (Szatmár/Sathmar)、デブレツェン、ナジバーラド (Großwardein)、コロジュバール (Kolozsvár/Klausenburg)、トルダ (Torda)、マロシュバーシャールヘイ (Neumarkt)、ジュラフェヘールバール (Karlsburg)、ナジセベン (Nagyszeben/Hermannstadt)、ゲルゲーニ (Görgény)、リッパ (Lippa)、アラド、テメシュバール、ベルグラード、モルドバ、チェルノヴィッツ (Czernowitz)、Eisernes Tor

河川: Dnjestr、Pruth、Se...、Waag、Donau、Raab、Mur、Drau、Save、Una、Maros、ティサ河、ドナウ河

第9章 トルコ支配の壊滅的な結果

変動があったことである．彼らは戦いの主な負担を背負っていたのである．オスマン帝国で，最も望まれたのはハンガリー人奴隷であり，近東の市場で最も高い値段がついたのは彼らだった．ハンガリー人は，山奥の人が近か付きがたい場所に隠れる事の出来たバルカン諸国の住民よりもより犠牲を強いられた．更に，イスラムに改宗した数がバルカンと比べて極端に低かった．

北方へのセルビア人の，南方へのスロバキア人の，そして大量のワラキア地方からのルーマニア人の流入が，ハンガリー人の全人口に占める割合をほぼ半分に減らしてしまった．1690／91年を例にとってみても，トルコの反攻を前にして，セルビア人難民は，皇帝レオポルトの命令によってハンガリーに受け入れられた．それに，意図的に大々的な行われた18世紀のドイツ人とスラブ人の移住を計算に入れると，1787年の人口調査では，850万人の全人口の内ハンガリー人の占める割合はたったの39%を数えるに過ぎなかった．この数字の影には，このような国民的悲劇が潜んでいるのである．

ジュール―ブダ―デブレツェンを繋ぐ一線の南部の大低地は，数世紀に亘る荒廃，沈滞，伐採によって，木も生えない，ステップに似た大平原に変わってしまった．豊かな村も農民達が逃げてしまった後は人気も無くなった．ブダから程遠くないヴァーツの町で1605年，旅人が一握りの農民達に遭遇した．彼らは，人伝えによってのみ，彼等の貧しい家が建っている現在の場所に，以前は豊かな都市があったと聞いていた．英国人の旅人エドワード・ブラウンは1669／70年に，ウイーンからベグラードまで続く果てしない緑深い草原を走った，と報告している；風景は彼に荒々しい海原の印象を与えた．

メアリイ・ヴォールティイ・モンターグ夫人はコンスタンティノープルに英国の公使として派遣されていた夫のいるところへ行く途中，1717年1月16日の日付でウイーンの友人に書き送っている：

> オイゲン公は，親切にも，ドナウ河の水嵩が増しているから安心して水路で旅するように忠告してくれた．彼は，ハンガリーの家は水から守られていないといっていたが，私はブダからエッセグまで一軒も家の姿も見ず，3日乃至4日の間荒涼とした，雪に覆われた平原を旅するより仕方がなかった．そこでは，寒さは厳しく，多くの生き物は凍え死んでしまっただろう．私にはこの恐ろしさが強烈な印象に残るだろう…[3]

第9章 トルコ支配の壊滅的な結果

　トルコ占領時代の中部ハンガリーとドナウ河両岸地域は土地全体が完全に収奪された．17世紀半ばにはトルコの占領地域の廃墟は90％の平野に，穀物生産に適していた耕地の3分の2に及び，家畜の維持に適していた土地の半分に及んだ．それだけではなかった．南部及び中部ハンガリーの占領後スルタンの部隊は，大きな戦いで邪魔になるものはすべて荒廃させたばかりでなく，所謂平和な時でさえも絶え間ない小規模の戦いに際し，村全体を破壊してしまった．特に恐れられたのは，ハンガリーとトランシルバニアに支援のために投入されたクリミアのタタール人で，彼らは至るところに血の跡を残していった．

　これまで首都であったブダの行政を司るトルコの役人は，1577／78年の58742人だった税金を納める家計の単位が，1662／1663年には12527に減少したことを記録している．戦い，疫病，連行，そして特に沢山の難民の殺害，飢えも加わって，かっての豊かな地域の人口減をもたらした．こうしてだんだんに住み込んできた，或いは移住してきたルーマニア人やセルビア人が，しばしば，半分地面に沈み込んだ木製の小さな貧しい家に住み着いていた．彼らは，土地がやせると，または，境界で争いがあると即座に去ってしまった．

　荒廃がいかに進んでいたかを示す光景として，トルコが引き揚げた後の1世代後，東部ハンガリーの最大の都市デブレツェンではたった8000人，南部のセゲドでは5000人の人口しか残っていなかった，という事実ほど雄弁に語っているものはない．このような中心的都市のほぼ40キロの範囲を越えた地域では，殆ど住民は住んでいなかった．この地域は，中世の終わり，1490年ごろには，殆どハンガリー人しか住んでいなかった．その当時は，9万人の人口があったのに，トルコの支配下で，人口は3分の1に減少し，1720年になって始めて，約50万人を数え，その際にはマジャール人は凡そ50％に減っていた．[4]

　トルコの征服者は国を5つに分け（パシャリクと称した），それらをブダのパシャ（ベグレルベグといった）のコントロールのもとに置いた．土地の所有権は国家に属したが，それにしても，5分の1だけが「アラー」のために，所謂カースの持ち物として直接管理された．国家の所有という形態は，ある法的な安定性と管理上の安定性を提供し，農民達には，以前の所有者に比べて負担は少なかったが，トルコの職業軍人たちや役人達は土地から可能な限り短い期間

にできるだけ多くの収穫を得ようとした．この結果が無分別な収奪であり，これによって農民は土地から去って行った．広範な動物の飼育で有名なハンガリー東部の人のまばらな大平原は特にあの時代の名残である．

トルコに支配されたハンガリーの領土の3分の1はいずれの観点からも外国だった．征服者の唯一の目的は，占領地を維持する事にあった．役人達が頻繁に変わるのはこの目的に適ったのである．役人の地位が高いほど，ハンガリーにいる期間は短かった．長くいると経験からコンスタンチノープルでの人的な結びつきが難しくなったのである．145年のトルコのブダ支配の間，99人のトルコの最高位の数を数えた程であった．

比較的に民族的，宗教的自由が確保されたのは，トルコは，占領に対する義務が実行される限り，キリスト教徒の内情には干渉しなかったからである．ハンガリー住民のイスラム化や融和への努力は見られず，その数はトルコの直接支配下でも，数え方にもよるが，100乃至150万人ぐらいだったと見られる．

更に，トルコは貴族と農奴を区別しなかった．戦場の普通の兵士だけではなく，忠実な農民も，貴族出身である，という証明書は容易に手に入れられた．兎に角，貴族の段階に上るのは空虚な言葉だけのものであったし，だからこそ，容易であったに違いない．急激に貧乏な貴族の数が増えたのは，単にハンガリー王国領とトランシルバニア侯爵領だけではなく，トルコ地域でも見られた．トルコは，農民と市町村がハンガリー国家に対しても，逃れていっていなくなった土地所有者に対しても，公租を支払ったり，国王・ハプスブルク家の土地で勤務する役人に地方の問題や法律問題を持ちかけることも許した．はっきりとした境界があるわけでもなく，又，商人，聖職者，説教士たちは1つの支配地域から他の支配地域に自由に出入りしていたので，国民意識と生残り意思にとっては長期的にとてつもなく重要な力となった．

このような背景の下に400年後の共産主義下のハンガリーでの政治的ジョークが意味を持ってくる：

　　何故，(ロシアの)国家元首ニコライ・ポドゴルヌイが最近トルコを公式訪問したのか？
　　理由は，何故トルコの軍隊がその当時150年間もハンガリーに留まる事が出来たかを知るためである．

或いは，別の言い方であるが．殆んどのハンガリー人にとっては隷属と同じである，赤軍による「解放」記念日を年々祝うことについて，
　モスクワの使者が，担当の役人に情報を得るために，アンカラを訪問した．質問：トルコ人はどうしてこの反抗的なハンガリー人を 150 年間も支配してのけたのか？
　アンカラでの，名を明らかにしない高官の答え：確実なのは，我々はモハーチの戦いの記念日などは祝う事などさせなかった…

　トルコのシステムは，その最上の時代でも非生産的であったし，しばしの最悪の時代では，悲惨なほど破壊的であった，とマカートニは述べており，更に彼は，幾つかの温泉と要塞の他はトルコ人はハンガリーに何ももたらさず，その代わりにそこにあったものを破壊し，朽ちるに任せた，と述べている．
　トルコの動機は最初のハンガリーの偉大な詩人バーリント・バラッシの詩に繰り返し登場してきた．彼自身は，1594 年にエステルゴムの城壁を巡ってトルコとの戦いの最中に戦死した．その詩は，ハンガリーの文学史家ジェルジュ・ミハーイ・ヴァイダに言わせれば，「真の宗教心」とか「感覚的な放縦」を反映している．中世の盗賊貴族で，ルネッサンスの冒険家の家族の出身で，バラッシは 9 つの言語を書いたり，話す事が出来た．バラッシは「ハンガリー国民を貶めた」，とか，「深い溝の町」のなかの「ウイーンの女性ズザンナとアンナーマリア」を褒め称える歌を作った．バラッシは戦場での戦士としてより愛の遍歴で有名になった．彼の最も美しい愛の詩は，やっと 1879 年（！）になって発見され，出版された．
　バラッシは，シャーンドル・ペテフィが 1849 年に死ぬまで，英雄的として亡くなった唯一の詩人ではなかったが，最も天才的な詩人であった．当時もその後も，国王・ハプスブルク家のハンガリーとトランシルバニア侯爵領の接する境界の要塞を巡る衝突や，敵の取り囲みから大胆に突破しようとする試み，敵の国へ電撃的に攻撃する事，著名な戦士の間の伝説的な一騎打ちなどは，詩人達や作曲家達の格好の材料になった．
　ケセグ郊外のミクローシュ・ユリシク，ドレーゲイでのゲルギ・ソンデイ，エゲリでのイシュトヴァーン・ドボー，特にシゲトヴァールのミクローシュ・

ズリニのような，城や要塞で司令官達の英雄的な大胆さは，単にウイーンに対するトルコの大々的な攻撃の際に見られたことではなく，幾度も見られた．それらは，ハンガリー語やドイツ語の文学史に登場した．そういうわけで，著名な戦場司令官で，詩人のミクローシュ・ズリニ伯爵は，ほぼ100年後に，同名の彼の曽祖父とその英雄的な死について叙事詩「シゲトの危機」を著した．150年後，詩人のテオドル・ケルナーは1812年，同じテーマについてウイーンで初演された劇「ズリニ」を書いている．ケルナーは1人の兵士に言わせている：「自由なハンガリー人は神と国王にのみひざまずく！」．ハンガリー人の英雄の勇気への讃美とハンガリー人の支配者への忠誠は，折からの，ウイーン人のナポレオンⅠ世に対する自由闘争に鑑み，嵐のように歓呼された．[5]（実際に，ズリニ家とハプスブルク家の関係については後に言及する）．

トルコとの戦いの時期に既に，ヨーロッパではハンガリー人の勇敢さは評判になっていた．後に法王ピウスⅡ世となったエネアス・シルヴィウス・ピコロミーニは，私的書簡で，ハンガリー人が自分達の血を忘れないように，他のヨーロッパ人も忘れるべきでない，と書いた．

ドイツやフランス，イタリアの同時代の人々も，ハンガリー人の戦いに示された忠誠心を称えていた．クロアチア人ゲオルギーヴィツは，1554年に，「ハンガリー人より勇敢な国民はいるのだろうか？」と叫んだ．

ヨーロッパにおけるハンガリー人に関する人物像についての基本的なエッセイで，シャーンドル・エックハルトは，時として称賛する時に同情も入り混じっている，として例えば，ヴォルテールが「歴史の中で我々の目の前を通過してゆく諸民族の中で，ハンガリー人ほど不幸な民族はいない…自然は力強いハンサムな，頭の良い人間を無駄にしている…」，と述べた事に言及している．エックハルトは又，マジャール人の戦争での有能さの鍵は，古えの風土の教えの意味での気候になぞらえて，ジャン・ボダンの言葉を引用している．「ハンガリーは重要な国である；だからその住民は活力があり，戦い好きである」．これに反し，フランス人は慇懃で，穏やかな風習がある．何故ならば，彼らは穏やかな風土に生きているからだ…．[6]

第10章 トランシルバニアの重要性

　ハンガリーの一体性のために疲れも知らず闘ったフラテール・ゲルギも手助けして作った自治的なトランシルバニアが，ドイツ人とオスマン帝国の間のハンガリー国家にとって非常に重要な中心になり，更に，民族の将来にとって重要なハンガリー文化と国家という考え方の故郷となったのは疑いのないところである．ハンガリー3分割は国民を2つの陣営に裂き，更にこの事情の下に，火種となった宗教の決定的な分裂を伴った．トランシルバニア公国は，スルタンに任命されたり，彼によって承認されたハンガリー人による侯爵の国であったが，疑いもなく，オスマン帝国の世界戦略上の跳躍台であった．ハプスブルク家の孤立化と弱体化は，トルコの利益になったので，トランシルバニアは特にヨーロッパでも著名な侯爵，例えば，イシュトヴァーン・バートリ（ポーランド王に選出された）とか，イシュトヴァーン・ボチカイ，ガーボル・ベトレンのもとで，ハプスブルク家とハプスブルク家によって推進された反宗教改革に対する二重の砦に発展していった．

　16世紀の終わりにはトランシルバニアは，面積で言えば，今日のハンガリーよりも大きかった：10万平方キロメートルもある．侯爵領は，トルコの強力なコントロール下に，ズタズタに切り裂かれたハンガリー王国から引き離された北部と南部の境界沿いにある県，所謂「partium」を含んでいた．この肥沃な，住民が多く住んでいる辺境地帯には，ハンガリー人が多数を占めていた．計算によれば当時のトランシルバニア公国には，95万5000人が住んでいた；約50万人がハンガリー人で，そのうち25万人がセイケイ人であった．それに次いでルーマニア人が28万人，9万人がザクセン人，その他が8万5000人——大多数がセルビア人とウクライナ人——であった．注意しなければならないのは，実際のトランシルバニア，即ち，辺境「partium」の町や都市に属しない地域の面積は6万平方キロで，そこでの人口は65万人足らずに過ぎなかった．国内は情勢の混乱と外部からの攻撃の間に，辺境「partium」の裕福な地域は17世紀には，再び短期間なりともトルコに占領された．[1]

このような複数民族的，多数文化的背景の下でのみ，この比較的小さな公国がその時代に持っていた重要性が理解されるのである．ハンガリーの精神生活が，ハプスブルク家とトルコの支配下の地域で，殆んど死に絶え，その国民の生存と文化が死に直面した時，トランシルバニアは寛容と民族文化の砦である事を示した．

16世紀から18世紀までの歴史に於いては，宗教の自由と，宗教改革派と反宗教改革派の争いは，トルコの属国体制の中で，政治的な自決権や政治的展望の問題と切り離すことが出来なかった．

概して，オスマン帝国にとっては宗教的な争いはどうでも良かった．それでも，その時々の立場は外交政策上の問題だった．同時に，ハンガリー王国との再統一の希望は，公国の外交にとって，特に16世紀には，突出した役割を負った．トルコはハプスブルク家，即ち，危険な敵方と同じようにカソリック支持の立場をとり，トランシルバニアの後ろ盾としてはプロテスタント派と同じ立場をとった．後にハプスブルク家に反抗するトランシルバニア侯と，スルタンの好意的な支援の下でフランス国王の間で時として同盟関係になったのは，端的に，トルコが彼等の敵の敵は友人と見なしたからに過ぎない．

殆んど200年の間，1526年のモハーチの悲劇と，1711年の，失敗したけれどもフェレンツ・ラーコーツィII世の自由闘争によって強制されたサトマーの和平の間，偉大な，勇気ある侯爵や，大貴族，戦士や思想家，そして又聖職者や学生，兵士，詩人達は，2つの強力な支配者，即ち，皇帝とスルタンの間でハンガリーの存在を救おうとした．常に争いがあり，現実主義と幻想との，又，状況の直視と古き偉大なものへの希望を維持することの間に綱引きがあった．異邦人の支配の時代と内的アナーキーの続く間，忠実，裏切り，自由，圧制というような定義は白か黒かというようにはっきり区別できなかった：こちらではキリスト教的には，あちらでは異教のイスラム教では，というようにはっきりとは．宗教改革と反宗教改革の時代には例えば，むしろ，「ドイツ人」，「ハプスブルク」的なものへの憎しみが大きかった．必要な場合には，キリスト教徒は，ウイーン，ハプスブルク的な反宗教改革の度を外れた行為に，或いは，外国人の傭兵の残虐性に対して，宿敵のトルコと同盟した．[2]

まさにカトリック—ドイツに対する戦いにおいては，16及び17世紀のハンガリーの民族の独立と宗教的な自由は不可欠に絡んでいた．トルコとのとりあ

えずの和解をとるか, 異邦人との妥協なき戦いか, という選択は, ハンガリー人の政治的精神的なエリート達が, ほかの関係でも他の現象でも一切ならず直面したものであった. 民族, 文化, 国家の生存に関するものであるとすれば, 3分割されたハンガリーの再統一が大なる国民的課題であった. 独立の, 或いはより少ない独立の行動, より大きな悪とより小さな悪の選択は, 劇的な方向転換, 時として悲劇的な転向と無制限な戦術の自由裁量の能力を要求した. オスマン・トルコとハプスブルク家は分裂したハンガリーにとっては, 一面では敵であり, 同時に同盟者であった. 両方の陣営で闘うハンガリー人はしばしば相互に戦っていた. 同時代の人々は敵と味方の定義を違ったふうに行っていた. 両陣営で, 「愛する祖国の真に必要な事」のために闘っている者は, 他の陣営からすれば裏切り者と見られた.

特に宗教改革と反宗教改革の時代には, トランシルバニアの, 或いは周辺の宗教的自由の為に戦っていた英雄や聖職者達は, 王国・ハプスブルク領ハンガリーだけでなく, 当時のドイツの文学でも, 「反逆者」,「権力欲旺盛な冒険主義者」,「トルコの傭兵」,「キリスト教徒の敵」とレッテルを貼られた.

宗教改革はハンガリーで野火のような勢いで広がった. 運命的なモハーチの戦いでの敗戦の1年後, 議会はルター派（当時は殆んどがドイツ人だけだった）に対して死刑として火あぶりの刑を要求していた. 仲介者はハンガリー人学生とハンガリー出身のドイツで学ぶ学生達であった. ヴィッテンベルク（註 ルターが17か条の要求を掲げて宗教改革の火蓋を切ったところ）大学だけでも, 例えば1616年にはハンガリーからの学生数は340人であった. 他には, バーゼル, ジュネーヴ, ライデン, ユトレヒト, 更にはオクスフォードに学んでいた. 16世紀の終わりには, 2850名のハンガリーからの学生が外国の大学で学んでいた, と記録されている；[3]

いずれにしてもはっきりしているのは, 北部ハンガリーとトランスダヌーヴ地方でドイツ人と部分的にはスロヴァキア人が住んでいる地区と都市ではルター派が支配的で, そして, 特にトランシルバニアのハンガリー人はカルビン派になった. そこでは, 自分をハンガリー人と思えば, カルビン派になった. 国籍と宗教が一体となり, イスラムに反対する者は即ちトルコに反対する者に, カトリックに反対する者は即ちハプスブルク家に反対する者となり, ギリシャ正教に反対する者は即ちルーマニアやセルビアに反対する者となった. このよ

うに宗教改革は国民的色彩を帯びた．聖職者は民族思想の前衛となり，支柱となった．スイスやオランダから帰国した学生達は，最初は宗教的な書き物やバイブルの翻訳を通して，やがて成長していった国民文学の創作者となっていった．

既に引用した「ヨーロッパの3つの歴史的地域」のなかでイェネ・スーチはラテン語からハンガリー語に転換するのが遅れた理由を次のように挙げている：「封建領主の舘が欠け，騎士道の環境が欠けていたことで結局は，西欧に比べてほぼ300年，ハンガリーの言葉が書き言葉になるのが遅れた理由である」．12世紀の末の古いラテン語で書かれた写本に初めてハンガリー語で――死者への言葉――関連のある文章が見られた．「古いハンガリーのマリアの訴え」という，1300年ごろ成立したハンガリー語の最も美しい詩や，1310年及び1370年に出来た「(聖なる)王女マルガレーテの伝説」と，「聖フランシスの伝説」もそうである．後者の2つは後年の写しを通してのみ伝えられた．それらは最も古いハンガリー語の訳本に違いない．15世紀の末に至ってようやく，作者達は宗教的な本や詩をハンガリー語で創作し始めた．

最初のハンガリー語の本はクラコフ(1527年)とウイーン(1536年)で印刷された．初めてのハンガリーの出版所は1530年代に発足した．恐らく最も重要な書物は1590年にガーシュパール・カーロイによって完成された初めてのハンガリー語版完訳聖書であろう．

ハンガリーの文化が誕生し躍進した副産物は，16から19世紀にかけて最も優れた人物がクロアチア，ドイツ，スロバキア，ユダヤ人の出身者であったことである．ハンガリーへの傾倒は，意思の結果であって，偶然誕生したわけではなかったのである．それは，既にハンガリー人が多数を占めていた都市コロシュヴァールで活躍したルター派の司祭カスパル・ヘルスについていえる．このザクセンの聖職者は成人してからハンガリー語を学び，ハンガリー語に魅せられて，ルター派の最初の偉大な文体学者となり，同時に聖書の翻訳その他の作品の印刷・出版者となった(1552－1566年)．ガーシュパール・ヘルタイの名で，彼はハンガリー文学史に名を残した．コロシュヴァールでの最初のカルヴィン派の司祭の名は，元はフランツ・ヘルテルと称した：彼は，新教徒の思想家で説教師としてフェレンツ・ダーヴィドの名で知られた．

トランシルバニアでは単に宗教の名で迫害が行われなかっただけではない；

公国は宗教的寛容の橋頭堡であり，当時のヨーロッパでは稀有な存在であった．最初の侯爵ヨハン・ジギスムントは，4回も自分の宗教を変えた．彼の偉大な後継者は，宗教間の平和的な共存に努めた．議会は数度に渡り (1550, 1564, 1572 年)，最初にカトリック教徒と新教徒に，そして，新教徒がルター派，カルヴィン派，ユニタリアンに分裂した後には，全ての信仰者に対して，宗教の自由の権利を公布した．ガーボル・ベトレン (1613 – 1629 年) の「黄金時代」には，トランシルバニアは唯一の寛容さの例であった．例えば，ベトレンは，かって公国を追放されたイエズス会の聖職者を呼び戻し，イエズス会のジェルギ・カールディの聖書の翻訳を財政的に支援した．侯爵は自分の改革派の宗教のために大学を設立し，印刷所，図書館を作った．同時に彼はカトリックのために大学を認め，ギリシャ正教徒のルーマニア人には，司教区を，ルーマニアの聖職者を「農奴義務」から解放し，ユダヤ人は黄色いダヴィデの星印を付ける義務から解放した．何処からも迫害されていた再洗礼主義者達に彼はトランシルバニアに移住させた．正教徒ルーマニア人たちは，ルーマニア人が（1437 年以来と同様，ハンガリー人，セイケイ人，ザクセン人が住み）固定的な国民を形成していなかったので，この地域を「寛容な」地域と見なしていた：即ち，正教徒達は，信仰の自由は実行に移すことができたが，彼らに対しては政治的な同権は認められなかった．[4]

ハンガリー王国では，ハプスブルク家の反宗教改革の動きが勢いを増して進んでいた．その中心人物で，再カトリック化に成功したのはエステルゴム大司教で，枢機卿となったペーテル・パーズマーニュ (1570 – 1637 年) であった．彼は，プロテスタントの説教師達とラテン語とハンガリー語で言葉巧みに闘い，30 のハンガリーの貴族の家族をカトリックに取り戻した．しばしば，1555 年のアウグスブルクの和議という残酷な原則「土地を所有するものが，宗教を決める」，に従い，全住民は，その土地の宗派に従った．パーズマーニュは又，1635 年に今日もなおブタペストに存立するティルナウの大学を設立した．

再カトリック化は，宗教的にもトルコに対する態度の観点からも，東部・西部ハンガリーの分裂を深くしてしまった．17 世紀をハンガリーの詩人，哲学者，政治家達は「ハンガリーの没落の世紀」と評した．もっとも，トルコ支配の時代は，勿論ハンガリーの後退の決定的な要因であったが，ハプスブルク家の代理人によるハンガリー王国とトランシルバニアでの非寛容な，いやしばし

ば残酷といっていい支配もまた，後世に残る悪影響を持っただろう．反宗教改革を委託された者が，ハンガリー王国でプロテスタント教徒に対して行った迫害は，「トルコよりも悪かった」と，言われる．1591年に始まった，所謂，ハプスブルクとオスマン・トルコとの15年戦争によってトランシルバニアもまた，大混乱と悲惨な状態に陥った．皇帝ルドルフと若い侯爵ジグモント・バートリ（1581 - 1597年在位）——最初に選ばれた侯爵で，後の偉大なポーランド国王イシュトヴァーン・バートリ——は，最初は同盟してトルコに対し，大なる勝利に導いた．

　勇敢な，魅力的な，スポーティーな若き侯爵は，やがてシェークスピアのドラマに出てくるような陰惨な，変態的な様相を呈してきた．彼が完全に予測のつかない，残忍な性格異常者に成り果てたのは，彼のハブスブルク家から来た王妃マリア・クリスティナとの不幸な結婚によっていっそう拍車をかけることになった．ジグモントは即ち，性的不能者であった．そして結婚生活は実行不可能であった．それを隠し，同時に抑圧する為に，侯爵は常に妻と家から遠ざかり，奇妙な行動をとり，筆舌に尽くしがたい混沌に陥ってしまった．少なくとも5回にわたって，予測不可能な支配者は，辞任を予告し，それを覆した．例えばジグモントはトランシルバニアを最初，皇帝の恐れられた司令官ギオルギオ・バスタ将軍に引き渡すと言いながら，その後で，ワラキアのそんなに獰猛ではないが，攻め手の勇敢なミカエル，そして最終的には，復讐心に燃えたトルコに渡してしまった．[5]

　皇帝ルドルフは，圧倒的にプロテスタント教徒が強かったトランシルバニアを力ずくで，言われるところの裏切り者から，特に強制的な改宗と土地の取上げ，再カトリック化を果たそうとした．バスタ将軍はハンガリー人系のトランシルバニアで真のテロ支配を確立した．ワロン，イタリア，スペインから来た大半の傭兵達は負担に苦しむ住民にとって災難と残虐であった．確かに，西欧の30年戦争の際の傭兵はマシ，というわけではないが，トランシルバニアやハンガリー王国では人々は100年以上に亘って苦しんだ．上部ハンガリーのドイツ系住民達はボチカイ，ベトレン，ラーコーツィたちの侯爵たちを宗教の自由の前衛として尊敬したが，傭兵軍隊と彼等の司令官達の我慢のならない振る舞いは，嫌悪を助長し，やがてドイツ人，従ってハプスブルク家に対してもあからさまな憎しみになっていった．

既に言及した皇帝の役人達の残忍な武力支配は，ボチカイ将軍——かって，皇帝ルドルフとその叔父のジグモント侯爵を尊敬していた——の指導のもとに一揆を促した．軍事的に非常に天才的であった，カルヴィン派の大土地所有者であった彼は，血の混乱の中で，ハイドゥー民と呼ばれる向こう見ずな兵士達で成り立つ軍隊を作り上げた．この軍隊は，本来低地に住むスラブ人の粗野な牧童達から成り立ち，後に圧倒的多数が迫害され，故郷のなくなったハンガリーの難民で構成されていた．ルター派の宗教の広がりが，ハンガリー人のドイツ人の影響に対する嫌悪感を助長したが，ハプスブルクの容赦のない反宗教改革は，上部ハンガリーのドイツ語を話す都市の住民を特に苦境に陥れた．ボチカイの，政治，宗教の自由を巡る戦いは，従って，ハンガリー人のみではなく，同じくドイツ系市民や小貴族達の支持を得た．

ボチカイが，最初にハプスブルクの忠実な家来として，そしてトルコを憎しむ者として見られていたので，ところを変え，トランスダニュウブでも貴族達に燃えるような呼びかけを行ったことは，祖国，ハンガリー，そして宗教の自由の擁護の為には，愛国者はトルコ人とさえも一緒になる，という確信を呼んだ．新たな総司令官バルビアノがボチカイの土地を攻撃したことが彼の攻守ところを変える直接の原因になったという．そのことは，歴史的な重要性を変えるものではない．ハンガリーのハイドゥー民が皇帝からボチカイの側に移り，トルコ軍とタタール軍と共に圧倒的な勝利を収めた．1605年にトランシルバニア侯爵及びハンガリーの侯爵に選ばれた彼は，王冠を断り，皇帝に和平を強いた．これによって，手におえない大貴族の彼は，4つの県を拡大したトランシルバニアの生涯の侯爵として承認された．さらに皇帝側は，大，小の貴族，自由都市，市場の宗教上の自由と貴族達の共同決定権，副王の機能の復権を認めた．

1606年に，彼は皇帝とトルコの間を取り持ち，ジトヴァトロクの和平を現状維持の原則の下に結ばせた．この和平の直後にボチカイは死んだが，多分，彼の野心的な宰相に毒殺された，と見られている．この宰相は，数日後，ボチカイのハイドゥー民に殺された．

ボチカイの勝利と外交的成功は，ハンガリー史に新たなページを開いた．印象的で，ほぼ200年後に公表され遺書で，侯爵は「トランシルバニアは…たとえ他の者が侯爵になろうとも，ハンガリーから決して切り離してはいけない；

ハンガリーは,トランシルバニアを押しのけるのではなく,その兄弟,血,その四肢として見なければならない」,と,警告していた.ドイツ人とオスマン・トルコ帝国の均衡を彼はハンガリーにとって生存の為重要と見なし,従って彼ははっきりと明確に,スルタンの保護の下の強いトランシルバニア公国を打ち出していた.「ハンガリーの王冠が,強力な国民,ドイツ人のもとにあり,ハンガリー王国がドイツ人に依存している限り,トランシルバニアにハンガリーの侯爵がいる事が必要で,有益である.というのは,それはハンガリーにとって楯と矛になるからである」.トランシルバニアがハンガリーの王国が成立するまで,ハンガリー人の独自の国民性の宝となり,そして,ハンガリーとトランシルバニアの間で国家連合を作る,というのが,イシュトヴァーン・ボチカイの基本的な構想であった.彼の肖像はジュネーヴの改革像の一環としてカルヴィンの像と並んで立っている.[6]

ハプスブルク家は王国ハンガリーの再カトリック化には成功したが,ティサ河の東側の宗教改革は,3つの承認された国家が平和裡に共存する形で行われ,その異なる信仰告白が尊重され,殆んど無傷で温存された.無名の著者が17世紀末に,「叫び」と題するパンフレットで表現したように,ハプスブルク家は,ハンガリー人に「ボヘミア人のズボン」をはかせるのに成功しなかった.[7]

第11章 ガーボル・ベトレン
——臣下，愛国者，ヨーロッパ人

「彼が生まれてこなかったら，或いは永遠に生きていたら！」．この嘆かわしい言葉で，ヤーノシュ・ケメーニは，トランシルバニア侯ガーボル・ベトレン（1613－1629年）の死を悼んだ．彼はベトレンの忠実な支持者で，後継者であった．多くの人々が，「ハンガリーのマキアヴェリ」と呼んだベトレンは，ハンガリーの歴史の上でもっとも不可解で，驚くべき，最も重要なステーツマンであり，同時に，トランシルバニア公国のもっとも成功した，国際的にももっとも尊敬された支配者であった．

比較的に短い，自治を有するトランシルバニアの「黄金時代」を築き，その象徴であったこの男について，ゴロー・マン（註 トーマス・マンの弟）はその作品「ワレンシュタイン」[1] のなかで，陰惨な，非常に軽薄な人間として描いている．ベトレンは，「殆んどトルコの農奴的な臣下」で，「マジャール人であり，確固としたカルビニストであったが…世俗的な面ではお天気屋で，頭の中ではいつも新しい支配の為の計画を目まぐるしく変え」，「信用できず」，「頭の中の幻影」で「今までにないタイプの支配者」になろうとして，汗水たらした野望と恐怖を入り混ぜた，「粗野に現場に駆けつけ，希望を抱かせたかと思うと，謎を吹きかけ，ふたたび消え失せてしまう」，と描いている．

ゴロー・マンはそれでも，ベトレンを「凡そヨーロッパに相応しくない粗野な人間」「割礼を施した，隠れイスラム教徒」で，更には「タタール人その他」とさえ書いている本をからかい，侯爵は，「旧いマジャールの家系」に生まれ，ブランデンブルク家のカタリーナと再婚した，としている．最後の点は正しいが，ベトレンが「マジャールとスラブの王国」さらに「半分プロテスタントで半分ギリシャ正教の，モルダウ，ワラキアを含めたダチェン王国」を造ろうとしていた，というのは歴史学者たちの空想の産物であった．彼の時代の1500通にも上る手紙にも又研究にもそれを真剣に取るべき示唆もない．

むしろ，ハンガリー及び国際的な歴史記述において議論のあることであるが，

第11章　ガーボル・ベトレン――臣下，愛国者，ヨーロッパ人

侯爵は権力の事実に冷静に基づいた孤独な決定2つをしなければならなかった：かつて彼は，1619年11月，一般に恐れられていたウイーンへの総攻撃に際して自分の兵にプレスブルクに撤退するように命令した事，そしてその翌年，トルコの支配者から，ハンガリーの国王にならないかという戴冠を断った時のことである．侯爵が（ゴロー・マンに言わせれば）「ヨーロッパの東南の端くれの」小さな公国を超えて有名になり，30年戦争の初期に3つの変転する連合のパートナーと組んでハプスブルク家に挑んだ攻撃はカードを新たに加え，彼が，打ち負かされる事のない戦場の支配者として，又素晴らしい外交官として明確に証明するものである．基本的には，ベトレンは戦場に出ている時も自分の国の手綱をしっかりと握っていた，シニカルな権力の戦術家であった．

たまり溜まって爆発的に行動したり，或いは，逆に巧みな小さな一歩で，抜け道もない状況を脱したりする，カリスマ的な人物が時々出現するのは，ハンガリーの歴史の予測不可能なところの1つである．ガーボル・ベトレンは，好かれざる，その評価を巡って論議の多い人物で，信用されず，又戦いを挑まれた男であったが，彼を好んだ人も，敵も，彼を賞賛する人も，批判する人も次の点では一致していた．即ち，彼の，ステーツマンとして政治家として，しばしば不承不承ながら，その偉大性は承認していた．[2]

彼の権力を掌握するまでの道も既に独特なものであった．1580年生まれのベトレンは，3人の侯爵に最初に外交顧問として仕え，そして34の戦場で戦い，何度も負傷し，2度に亘って国外に逃げ，沢山の辛酸をなめた後宮廷での企みや権力闘争のベテランとして，33歳でやっと国家の最高の地位へ決定的な跳躍を果たした．行政府の長官であるバートリ侯爵は，種々の試みの後，ハプスブルク家と協力してみようと計らった．他方，ベトレンは常にトルコの保護の下にトランシルバニアの独自性を維持しようとした．彼は，バートリを押し上げたが，トルコに友好的な彼の助言者に対する相互の怪しくなった関係と，噂された殺人の謀議の際に，50人の味方と共にトルコに亡命した．このようにして，一定しない，いつも信頼できないバートリに対して，テメシュヴァールやブダ，ベオグラード，アドリアノープルの中庸なパシャたちに共謀するように意見を言ったり，大宰相やスルタンの信頼を勝ち得るきっかけを得た．

ことは希望したとおりに運んだ：ベトレンはコンスタンティノープルの信頼できる男になり，不幸なバートリの後継者候補となった．彼のもとにあらゆる

方向からトルコ，タタール，ルーマニアの軍隊が集まってきた．トランシルバニアの歴史で初めてトルコの総司令官，カニザのパシャ，トランシルバニア議会はコロシュヴァールでのコンスタンティノープルの候補者であるベトレンを侯に「選出する」為に召集された．凡そ8万人の外国兵がベトレンが権力の座に就く為に必要な圧力を加えた．1613年の数ヶ月間ほど公国に沢山のトルコとタタールの兵隊がいた事がなかったといわれる．それにもかかわらず，パシャの確固とした強迫があって後，選挙は見かけの上では正当に執り行われた．ベトレンは，公の選挙のとき，既に評判のとおりの外交的巧みさを示した．即ち，彼はパシャの命令で召集された長老達の会議で，1612年に発令された追放を取り消すように要請した．そして彼は集会の場を立ち去った．それは，トランシルバニアの貴族が例がないほど屈辱感を味わう瞬間を前にして，彼らに対して丁重に敬意を表したのであった．

　太った，口ひげを生やした，高い教育もなかったこの男は，自分を権力につけた軍隊が，略奪と暴行を行った後を見るだけであった．パシャ達でさえも兵士達の羽目を外した殺人狂いをコントロール出来なかった．侯爵は，兵士達の恥ずべき行為について，兵士達の雇い主達に遺憾の意を表明する事がなかった．彼は同様に，「選挙」の前に，ハンガリーの国王や大貴族たちに，貴族たちの支持グループや党の設立を頼もうとはしなかった．世間の意見などはベトレンは関心を持たなかった．文字通り，現職の侯爵の対立候補は，トルコの王室にかけていた，というのは，トランシルバニアの運命は後にも先にもそこで決定されるということを彼は知っていたからである．

　彼が選出された4日後，前任のバートリは理由も解らないが，一般の道で数人のハイドゥー民に殺害された．ベトレンが委託したという執拗な噂は遂に明らかにされなかった．ただ宮中で晩年のベトレンのダンス教師をしていたスペイン人貴族のドン・ディエゴ・デ・エストラダは，300年後にやっとマドリドで出版されたメモワールの中で，侯爵が，バートリはベトレンが留守をしている間に自分の最初の妻に暴行した罪を償わなければならなかった，と言ったと主張した．

　トルコに投入された侯爵がその忠実性や，非常に早くザクセン人やハンガリー人達という彼のかっての敵対者との和解を達成したのにもかかわらず，また彼の勇気ある妥協にもかかわらず，ベトレンは自分の力を妨害無しには実行

第11章　ガーボル・ベトレン——臣下，愛国者，ヨーロッパ人

できなかった．彼のパトロンは，更なる確固とした，臣下に苦痛ともいえる証明を要求してきた．

　高位の使者は，長らくハンガリー人の戦士の手によって治められていた2つの要塞をコンスタンティノープルに引き渡すよう迫った．長い交渉の結果，ベトレンは，要求を減じさせ，トルコ人に，単に南西の境界にあるリッパの要塞を任せることだけにすることに成功した．占領は，しかしながら，反抗を呼んだ．こうしてベトレンは，自分の意に反して要塞を手に入れることを余儀なくされた．そして，13ヵ日の血みどろの戦いの後この城をトルコ人に引き渡さざるを得なかった．かつて一度もハンガリー人の支配者が城を自由意志でトルコ人に引き渡した事はなかった．この事件は多分侯爵の経歴において最低であった事であろう．

　1986年のハンガリー・科学アカデミー編纂の3巻からなる「トランシルバニア史」で，リッパの譲渡を，非常に明確に批判している：

> 　ガーボル・ベトレンがその当時死亡していたのならば，我々は彼をハンガリー史の中で最悪の人物の1人に数えただろう．しかしそうはならなく，彼はさらに13年間も支配者でいたので，彼は，偉大な歴史上の人物の列に連なった．

　しかしながら，ベトレンがどのようにして，不信の目で見るトランシルバニアの貴族と民衆を一方に，常に監視の目を怠らない，時として自らの不透明な権力闘争に明け暮れるコンスタンティノープルを他方にして，その上ハプスブルク家の王国の中で揺れ動くハンガリーの上級貴族の間の複雑な交渉のど真ん中で，政治的な奇跡をやってのけたのか？　魅惑的な研究でハンガリーの女流作家のアーグネシュ・ハンキシュは，ベトレンが外国の権力に依存しつつ，その陰に隠れて，もう一方の外国の権力と戦いながら，国民的な依存性を削減しようと試みた事を示唆している．それは，歴史的な目的と強制されたオポチュニズムとのバランスを取ろうとするものであった，という．

　ベトレンにとっては，目的が手段を正当化した．その意味で彼は，カルヴィン的なハンガリーのマキアヴェリであった：彼にとっては，フローレンスの運命論者とカルヴィン派が言う神の天命論には矛盾はなかった．しかし目的とは

何であったのか？　それは，まさしく無謀とも思える大胆な，全ヨーロッパを含む構想の段階的な実現であり，その骨子は次のとおりであった：

- ハプスブルクの政治的拡大と宗教的な不寛容に対して，トルコの支援を得て，トランシルバニアの独自性を確保すること，
- 1620年の敗北以来，場合によってはスエーデン，オランダ及び英国と共に，プロテスタントのボヘミアとモラビアと同盟して，統一ハンガリーを再現する道を開くこと，
- 国民的国王を戴冠させる事，
- 完全なトルコ帝国に従属する事の危険性を，ある程度減ずる処置を確保しつつ，全ヨーロッパ規模で反ハプスブルク同盟を築くこと，

　ベトレンには従って，100年に満たない前にそれを滅ぼした当のトルコの支援を得てまで，マーチャーシュ国王の王国の再現がちらついた．彼の事を一括して否定する幾人かの歴史家（ゴロー・マンを含めて）の見方は，私の考えでは間違っていると思う．勿論，ベトレンの全ヨーロッパを含んだ大胆な構想は，大国間の勢力均衡と自らの可能性について判断が間違っていただけではない；ベトレンは，ハンガリー王国の大・小の貴族たちの行動に対しても幻想を抱いていた．それは確かである．しかし，回顧と歴史の展開を認識すれば，実験は容易に否定的に評価される．当時の状況からすれば，それはそれほど現実から遠いものでもなかったし，少なくとも試みに値するものであった．セクフュによれば，ベトレンの悲劇は，西のほうにいるハンガリー人がウイーンに対し武器無しに自分達の考えを実行できると考えるには，早く登場しすぎた，ということである．半世紀後であれば，容易であったかも知れない．その時であれば，外交政策において弱体な，実際に臣下であったミハーイ・アパフィ侯爵が部下達を巧みな立ち振る舞いによって長いこと平和の時代をもたらしたであろう．ベトレンのヨーロッパ政策は，発想に於いても企みに於いても又電撃的行動に於いても，同時代の人々をしばしば混乱させ，それ故に反動作用を呼び起こした．このような天才的な権力政治は決してコンスタンティノープルの好みではなく，彼は又，オスマン帝国の利益の為だけでなく行動した．彼は「小さな一歩一歩を踏み出す綱渡りをしていた」（ハンキシュ）．[3] 若し，彼が本当の目的を

第11章　ガーボル・ベトレン――臣下，愛国者，ヨーロッパ人

明らかにすれば，遅かれ早かれ，トルコの反撃に会うであろう．しかし，それを巧み過ぎるほど隠せば，国民と連合しているパートナーの信頼を失うだろう．いわんや，長きに渡っては困難であろう．或る名前を伏せたトルコの指導者は，「この非信者は一度たりともトルコ軍を助けた事がなかった．彼は，いつも自分の国のことを考えていた」，と結論付けた．英国の在イスタンブール公使サー・トーマス・ローエはそのように一刀両断的には決して見ていない．彼は，賢い侯爵の事を尊敬していた．しかし，彼の性格は遂に理解しなかった．そして，ロンドンへの報告の最後にいつもこう結んだ「これは偽善だ」．[4]

分厚いベトレンの書簡，同時代人のメモ，証言から，彼の本当の意図については疑いのないものであった：彼は，ハプスブルク家がトルコをハンガリー全土から追い払うなどと信じず，又，そうする意図もなかった，と信じていた．彼の構想では，再興されたハンガリー王国だけが自立性への道を切り開く，というのであった．そしてそれは，先ずトルコの庇護の下で，そして後にいつの日にか勢力関係に変化が生じて，そのときにはたとえ「保護国」に反抗しても，というものであった．帝国―カトリック側の最も重要な彼の敵，即ち，反宗教改革の旗手ペーテル・パーズマーニ首座大司教と，力を持った副王ペーテル・エステルハージがその部類に属するが，彼らに反してベトレンは，ハプスブルクの東方への拡大を阻止することを自分の政策構想に優先させた．寵臣国家というトルコの体制は結局ベトレンのみでなく，彼の後継者ジェルジ・ラーコーツィにも十分な独自の構想をめぐらす裁量余地をもたらし，両者は，皇帝に対抗する為にスエーデンやブランデンブルクとの同盟に進むことが出来た．

ベトレンはプラハのハプスブルクへの叛旗の意味をすぐさま理解し，どのような事情があろうとも中立の立場をとることはなかった．トルコの守護者の同意の下に，彼は，プロテスタントのハンガリー貴族達やチェコの反抗者たちとの連絡をとった．1619年夏，ボヘミア大公に，援助を申し出，遠距離にもかかわらず信じられないほどの進軍で，30年戦争に参加した．大規模攻撃の後，巧みな策略で，彼の部隊は戦いを進めて，上部ハンガリー北東部の街カシャと，ハンガリーの当時の首都プレスブルクを占領し，そこで副王は城に持っていたイシュトヴァーン王冠を差し出した．短時間の間にベトレンは殆ど全ハンガリー王国を手に入れ，既に述べたように，ボヘミア，モラビア，ハンガリー軍からなる5万の大軍の先頭に立ってウイーンを包囲して現れた．

にもかかわらず，彼がプレスブルクに退却したのには推論であるが，いろんな理由がある．公式には，カルパチア山脈から東部ハンガリーに進出したポーランドの傭兵が，彼の宿敵たる，カトリックの大貴族ホモナイと組んでトランシルバニアでのベトレンの支配権を危険に晒したから，といわれる．しかし，より確かなのは，この間に彼がウイーン包囲が難しいのに気づいた事である．彼は軍事的な敗北よりも道徳的な敗北を優先し，それによってハンガリーでの彼のポピュラリティーが下がったということはなかった．

更に1年後に，ベトレンは軽微な騎兵隊を連れてハンガリー王国に現れた．強化されたハプスブルクの危険性を前にして，ハンガリーの大貴族の大半はハンガリー国王の候補者としてベトレンを支持したが，その代償は実際上の完全な彼の骨抜きで，新しい国は無制限に特権を拡大した下級貴族達のおもちゃとなる恐れがあった．1620年8月25日，国王の選出はベステルセバーニャ（現在のバンスカー・ビステリカ）で実際に執り行われた．しかし，ベトレンは戴冠式を戦争の結果，場合によっては皇帝フェルディナントⅡ世との合意まで待とうと思った．

この間に，ベトレンはあらゆる矛盾に立ち向かわざるを得なかった．特にブダのパシャによる重大な不信と戦わねばならなかった．トルコは，侯爵の戦闘中の軍隊を支援する代わりに，ヴァーツの城を落とし，占領してしまった．そうしている間に，ボヘミアの反抗軍は，1620年11月8日にプラハ郊外の白山で決定的な敗北を喫してしまった．ボヘミア軍の壊滅とそれにひき続いた残酷な復讐を見て，ハンガリー王国の貴族達は，再びベトレンとのリスクを犯そうとしなかった．ベトレンだけが戦いを続けた．彼は降伏せずに，彼のコントロールの及ぶ地域を維持し，沢山のプロテスタント教徒難民を受け入れた．レオポルト・ランケはこの時代について，「ベトレン侯爵は世界史の流れの力強い指導者となった」，と記している．

この間にベトレンはコンスタンティノープルに矢継ぎ早に書簡を送り，ウイーンに対して具体的な軍事攻撃を提案した．1万1000名のタタール兵と4500名の歩兵が彼の軍勢を強化すれば，彼はプラハとクラコフすら占領することができよう，と1621年2月10日付の書簡に書き送った．ハンガリーの貴族達は降伏して，皇帝フェルディナントから完全な恩赦を得，莫大な税金の免除を代償に得た．ついに，ベトレンは1621年末にニコルスブルクの平和条約で，国

第11章 ガーボル・ベトレン——臣下, 愛国者, ヨーロッパ人

王のタイトルを放棄して, イシュトヴァーン王冠を返還する用意があることに同意した. その代価として, 上部ハンガリーの7つの県を自分の支配下に置き, ハンガリー王国で貴族が自治を獲得し, プロテスタント信徒が信仰の自由を確保することを達成した. 彼は, 1623年にドイツのプロテスタント派にくみして再び戦争に入り, ハンガリーの副王の仲介によって, 新たな和平を達成した.

1626年, ベトレンは, イギリス, オランダ, デンマークの同盟国としてハプスブルクに戦いを挑んだ. しかしながら, ブランデンブルクとフランス軍と共に, トルコーロシアのポーランドに対する連合軍の援護をも得て, スエーデンのグスタフ・アドルフ国王の背後を確保すべき側面からの大々的な攻撃は, ベトレンの他の構想と同じく, もはや実現しなかった. 侯爵は当時既に, 重病に冒されていた.

この彼の最後の大胆な計画は, ブランデンブルク伯の妹カタリーナとの結婚によって可能となった. この宮廷結婚によって, ベトレンはスエーデン国王とも義兄弟となった. ブランデンブルク伯への手紙の中でベトレンは, オーストリアの王家は決して悪だぐみを止めず, それ故, これを完全に絶やすか, もしくは, 少なくとも品位を汚す必要がある, と述べている…

当時は, 少数の者しか, この同じベトレン侯爵が, 2年程前に全く別の王族同志の結びつきに行こうとしていた事を知らなかった. 彼は, フェルディナントⅡ世の娘に手を差し延べ, ハンガリーの執政として皇帝の支援を得て, トルコに当たろうとしていた. それによれば, トルコは4, 5年の内に全てのハンガリーから追放される可能性があった. 予期せぬ申し出によって困惑し, この考えは, 最終的には実現不可能として回避された. この成功しなかった試みの後で, 侯爵はカタリーナと結婚した.

まさにガーボル・ベトレンはハンガリー史上大の筆まめで, 侯爵として, しばしば自分の手で, ほぼ毎日のように手紙を書いたので, 今日彼の二枚舌も, 嘘っぱちの理屈付け, 彼の徹底的な偽善行為も知られている. ベトレンは普通の意味で, 土地や権力をより沢山得ようとしたわけでなく, 勿論彼の指導の下であるが, 3つに分割されたハンガリー王国の再興を目指した. 彼は, 自分の目的の為にあらゆる側を, 利用しようとした, 少なくともそのようにしようと試みた. 当時は今日に比べて, 比較にならないほど多くの約束や外交的な攻略が秘密裏に行われることが出来たが, ベトレンの背後での企みや違う方向に平

行して約束されたことが，知られる所となった．当時，ヨーロッパ中をいつも徘徊していて，信じられないほど遠距離にベトレンの数百の密書を届けようとして送られた隠密が，しばしば敵の手に捕まったり，単純に賄賂をつかませられたりした．

例えば，オランダで写し取られたり，ケルンの雑誌に公表された，自分の正体をあらわにしたベトレン書簡[5]によって，限られた，勿論政治的に重要な人々の間でベトレンの評価は下がったが，彼が死ぬまで，即ち，1629年11月15日まで，小国トランシルバニアで謳歌した強力な重要な地には全然影響はなかった，という事実に何ら変わりなかった．彼の軍隊は決して敗れなかった．ワレンシュタインでさえも彼との直接対決を避けた．トランシルバニアは16年間の彼の支配する間は，敵を一度たりとも国に入れさせなかった．彼は，又そのように自分の遺書で強調していた．

さらに彼は，既に書いたように，宗教には非常に寛大であり，教育と科学の寛大な促進者であった．1617年にトランシルバニアからハイデルベルクに来た22名の学生の内，侯爵から学資を得た者は6人いた．例えば，ベトレンは，彼の死後経歴を書いたガーシュパール・ボイティに手紙のなかで，4年間ボイティの学資を面倒見ることを約束していた．ボイティは，パドアとパリで学び，神学のみでなく哲学を学ぶよう勧め，ボイティがベトレン自身と国のために教会と世のために尽くすことになった．ベトレンは専門学校と図書館を設立し，ドイツの詩人，音楽家，ウイーンの金属細工士，ヴェネチアからの芸術家達をジュラフェヘールヴァールに招いた．

ハンガリーの歴史家たちは，それ故にベトレンを，近代的な，重商主義に彩られた絶対主義の原則に従い，力を全うした，マーチャーシュ国王以来の最も成功した支配者であると見なしている．彼が導いた戦争によって公国にとってマイナスの効果を及ぼしたものは何一つなかった．逆である！　トランシルバニアにとっては「黄金の時代」に突入した．ベトレンの寛大な貿易，工業，鉱業，輸出政策は，驚くべき速さで実を結んだ．生活水準の向上と国の収入の倍増は，彼の意欲的な外交政策と後の公国の繁栄の維持の基礎となった．

ベトレンは大変な読書家であった．戦場にも本を運ばせ，テントの中には机を備えさせた．彼の宮廷の煌びやかさは，1620年に既にアングレーム侯爵を感嘆させた；彼が訪問した時，粗野なものは何もなかった，と記している．特

第11章　ガーボル・ベトレン——臣下，愛国者，ヨーロッパ人

にブランデンブルクのカタリーナとの結婚後には，侯爵は宮廷の維持の為の費用を上げ，晩年の数年間は10%高めて自分の収入の半分を費やした．

侯爵の宮殿の後は殆んど残っていないが，財産目録とか同時代の人々の記録から彼の宮殿は，華麗さに於いてはバロック様式の贅沢な他の貴族の屋敷と対抗できるほどであった．そのように，侯爵は1624年だけでも，ほぼ1000枚に上る高価な絨毯を購入させ，翌年の始めには，31個の高価な指輪を買わせた．

トランシルバニア文書館の館長であるヤーノシュ・サラールディはベトレンの死後30年経った後,「ベトレン侯への賛辞」と題する彼の書で次のように書いている：

> 彼は国に自由をもたらし，それによって，ミサと聖なる信教の自由な行いをもたらし，これによって彼の声望は全キリスト教徒の世界において増加した；コンスタンティノープルとトルコ国民は，彼を信頼し，彼の生きている間中彼を尊敬した．その結果，彼が治めている間，国は平和に生き，外国の敵から守られた．又，国の資産は質・量ともに増え，人口も増加した；彼は国民を戦争の間も守り，難しい遠方の戦争は傭兵にやらせた．というのは，彼は自分と国民の幸福を皇帝の大々的に武装した軍隊と戦わせようとは思わなかった．それは彼にとって見れば，望むところではなかったし，必要とは思えなかった．だから，彼は激しい戦いからはこうして避けていた．
>
> 遠方の国々から，彼はコストを厭わずに優れた手工業者，学識の有る発明家，石工などを国に入れさせた…言い換えれば，彼は家を建て始めたのだ．そして，彼がもっと長く生きていれば，後世のために，宗教の効用と拡大の為に，国家と社会のために評価の高い仕事を残しただろうのに…[6]

彼の死後数百年経って，ベトレンの構想，彼の政治が目ざしたもの，達成したものは，後世の歴史記述，評価を巡っては今なお議論のあるところである．書簡の中でベトレンはハンガリーの貴族達を，民族の自由と統一に関して，その卑怯と裏切りを非難することを決して止めなかった．ハンガリー王国では大貴族達にとっては，彼らの特権の維持とそれを可能な限り拡大する事が彼等の決定的な問題であった．彼らは，ベトレンの指導のもとでのハンガリーの統一

を望まなかった．再カトリック化した貴族達はハプスブルク家に賭けた．簡単に言えば，貴族達は分裂していた．そして彼らにとっては，ベトレンは戦争に行って，外交的な画策をしたりしたことによって，妥協の男ではなく，寧ろ分極化する男として映った．ハンガリーの独立性のために決心して戦った彼は，ハプスブルクの支配の下での政治的な一体性の実現を阻止する為に何でも行った．宗教の寛容性について確信する彼は，宗教上の争いから多かれ少なかれ免れていたハンガリーを数十年に亘って，改革派と反改革派の間で武力紛争までに発展した争いに引き込んだ．他方に組する，即ち，カトリックのハプスブルク側に立ち，例えば，著名な大司教ペーテル・パーズマーニや国王の副王ミクロシュ・エステルハージは，彼らなりに，そして皇帝フェルディナントによって自ら保障された譲許（これも2世代も後で，しかも彼らが想像していたのとは違った形でハプスブルクによって実現されたが）が与えられたにもかかわらず，ハンガリーの愛国者に留まった．ハンガリーの歴史家ドモコシュ・コシャーリが，その研究書「歴史の危険性」[7]のなかで述べているように，一般的な状況は複雑であった：一方ではハプスブルクは強力にはハンガリーに結びつきたくなかった；その結果，彼らは，ハンガリーとは強力かつ決定的には事を構えたくなかった．そうではなく，単にオーストリアの防衛にとって必要とするだけの土地を望んだ．他方では，ハンガリーが無傷のまま，多かれ少なかれ全体として独立にトルコの側に立って行動できる，と信じるのも幻想であった；トルコは直接征服するか，もしくは，——好ましい場合でも——せいぜい臣下の国家を望んだ．

「誰と同盟し，誰に敵対するか？」という説問は，ハンガリーにとっては，あらゆる変転に於いても，20世紀の終わりまでも，革命か改革か，或いは，蜂起か迎合か，という決定問題に当たって今日的なものであった．これは，或る状況，或いは時期に於いて決定的な役割を果たした特定の人にも宛てはまった．例えば，カーダール政権末期の1980年代，ガーボル・ベトレンの生誕400年祭の時にも，トランシルバニア侯爵と共産党書記長が思惑交じりに比較された．特に，アーグネシュ・ハンキシュのベトレンの「綱渡り」と「小さな一歩」に関する非常に関心の或る研究が引用されたのがきっかけとなって，公けに発表されないにしても，ヤーノシュ・カーダールが征服者（ソ連の直接の，

第11章 ガーボル・ベトレン──臣下，愛国者，ヨーロッパ人

あけっぴろげの軍事力によって，十月革命が抑圧された後）の為に臣下として投入されたことが，それとわかるように，回りくどく比較された．彼が，60年代にソ連の支配を危うくしないで，和解と小さな改革路線に舵を切った時には，その相似をさらに補った．実際には，1983年のハンキシュのエッセイや，その2年後に作成された，どちらかというと政治というよりもエロチックな動機からでた映画「侯爵からの傷ついた別れ」の脚本のどちらもカーダールとその時代を比喩するものではなかった，と作者自身が筆者に語っている．多くの知識人達の間でそのように解釈されたのは，実際にも，或いは誤まってそう思われたにしろ，「大独裁者」（ゴロー・マン）の影で権力を行使し，又維持した様子の詳細が似ている事が自然にそうさせたのである．

実際カーダールもまた見るところ，出口のない状況において権力に就いた．そして，彼は，血生臭い抑圧と巧みな周辺的な譲歩の混合によって，常に目覚めていた抑圧者と，西側の支援の不十分さに失望して諦めきった被抑圧者の間で，尾根伝いに歩むことに成功した．彼もまた，経済を活性化し，血の混乱の時代の後，僅かばかりの福祉と一種の見せ掛けの安定をもたらした．

実際は，ちょっと見ると適当な比較と考えられるが，本当は違いはもっと本質的に大きなものであった．共産主義者とソ連の植民地支配体制と比較すれば，オスマン帝国は，時々の襲撃を除けば，寛容の帝国だったし，文化的に多様であった．あらゆる方向に提案し，接触を試みたベトレンの持っていたような外交的行動余地は，ソ連の直接の影響下にある共産党の書記局長には，高嶺の花であった．オスマン帝国とロシアのコントロール体制の違いは，まるで，そろばんとコンピューターの違いのようなものだった．その上，ベトレンとカーダールは全く違う世界を体現しており，その場合，300年以上の違いを意味しているわけではない．

ベトレンはどの分野でも多彩な人生を送った；彼は一度たりとも外交交渉や戦争に関する関心を失った事がなかった．彼はバロック時代の侯爵であり，その宝石は財産的価値があり，又，彼は，音楽家，歌手，役者達に取り囲まれていた．彼は，毎日，毎夜華やかな色の服装をしていた．彼は食道楽で，海の魚，牡蠣，南国の果物を輸入させていた．我々が，カーダールに就いて知っていることは数少ないが，それでも，これと全く反対の事を示唆している．彼は，そ

の比較的に人気のある時でさえ，チェス，釣り，狩以外には興味のない，基本的にはハデでない，内行的な人間であった．ベトレンのたった1つの手紙でさえも，殺人的な嘲りの言葉，微妙な皮肉，激しい怒り，心からの好意，或いは，理解のこもった連帯が読み取れるが，当時のハンガリー党書記長のあらゆるステレオタイプの，いずれの使用にも備えて，公表前に注意深く削除された演説や声明，手紙，インタヴューにはそれが見られなかった．

　比較してわかった事は，次の2つのことに集約されよう：どちらの小さな中欧の国の行動余地も，ヨーロッパの勢力関係でのみ考慮でき，そして，人物の役割が，17世紀でも20世紀でも，危機の時は非常に重要である事，多くの場合には決定的であるということ，である．

第12章　ズリニ或いはズリンスキ？
2つの民族の英雄

　チトーのユーゴスラヴィアの中で進んだ密かな「セルビア化」に対して，クロアチアの劇場や放送，大学，経済界で抵抗は，最初は散発的な若者のビラ配りで始まった．60年代であったが，私が，ザグレブへ初めて旅した時，クロアチアの民族的オペラ「ニコラ・スビチ・ズリンスキ」の熱狂的な拍手は，聞き取れないほどのざわめきのなかで，しかしはっきりと判るような示威行動に変わっていった．「一体何を，ハンガリーの国民的な英雄が，大セルビア主義に反抗してクロアチア民族の自覚に求めようとしているのか？」と，その時も後になっても私はドイツ文学のズデンコ・スクレブ教授に尋ねた．教授は私の無知に，怒るよりも，寧ろ我が意を得たりと，我慢強く具体的な例を出しつつ，彼は，セルビア人の所謂「ユーゴスラヴィズム」と平行して進んでいるクロアチア人の民族的自覚という相異なる傾向について説明した．

　南西ハンガリーの小さなシゲトヴァールの要塞を英雄的に守り，優勢なトルコ軍から脱出する際に命を落としたミクローシュ・ズリニは，幾世代にも渡る学校の生徒達にとってと同様に私にとっても，生き生きとしたハンガリーの愛国者であった．又多くの歴史の教科書でも1556年の英雄ズリニと同名のひ孫ズリニはともに，ハンガリーの独立戦士として描かれている．ハンガリー人の誰が，2人のズリンスキが，クロアチアの同じように多くの世代に亘って，クロアチア史の恐らく最も偉大な英雄として学び，教えてきたことを知っているのだろうか？

　事実両者は正しいのだ．ズリンスキ家は——元はスビチと呼んだが——12世紀の始めに，ハンガリー国王カールマーンとの間で所謂支配協定を結んだ，クロアチアの最も旧い家系の出であった．ズリンスキの名前を名乗ったのは，16世紀の半ばに，皇帝フェルディナントからムール島の大土地をチャトルンヤの要塞と共に任された時に遡る．ズリニ（ズリンスキ）は太守でもあった，即ち，クロアチアの副王であった．そして，彼の母国語はクロアチア語であったこと

は疑いのないところである．他方で当時クロアチアは，特別な行政に属していたけれども，400年来ハンガリーの一部であった．高い位の貴族の身分であるズリニは，ハンガリー国民，即ち，政治的な国民というカテゴリーに属していた．要するに，人種的にではなく，法律的・政治的なカテゴリーにである．ズリニ／ズリンスキはトルコとの戦いで，皇帝フェルディナント同時に，ハンガリー王国の支配者として王冠を受けた国王の為に，クロアチアの貴族として命を落とした．彼はハンガリーのために亡くなったクロアチア人であった．彼が人種的に何処の国に属するかということは，言語が問題であった当時，近世のハンガリーにおいては問題にされなかった．

にもかかわらず，シゲトヴァールの英雄の国籍問題は歴史上，激しいテーマであった．特に，「愛国者」と「民族的ニヒリスト」との間でそうであった．貴族階級の概念では，国土の境界の中に住んでいる貴族は使っている言葉にかかわらず（よしんば，相互の言葉はラテン語であった），ハンガリー人であった．このような概念は，19世紀には，市民階級に援用され，さらに国の一般市民のものとなった．そんなわけで，1868年には，ハンガリーの市民はいずれも，不可分，統一的な，ハンガリー国家の平等な一員となる原則となった．これに反し，ドイツの政治的文献では，後では他のヨーロッパの言語でも，「ハンガリー」と「マジャール」を区別することが普通で，ハンガリー語では，もっぱら後者のみが知られているようになった．後で，この問題については，同化のプロセスに関する論議を呼んだマジャール化の章で触れたいと思う．狭い意味での「ハンガリー人」という概念は，即ち，ハンガリー語を喋り，人種的にハンガリー人に属する全ての市民はハンガリー人であるということが18世紀以来普遍的になった．

相変わらず，熱く，いつも現代的な国籍問題は，このようにズリニ／ズリンスキの時代に起こった問題ではなく，混乱した，時代に逆行したものであった：ズリニ／ズリンスキは，クロアチアの出身であったが，彼はハンガリー語も喋った；イェネ・スーチに言わせれば，従って彼は，クロアチア人でも，ハンガリー人でもないというべきである．スーチは，歴史的な人物や出来事を，恣意的に都合のいいよう解釈することの危険性を指摘している．1876年に初演された国民オペラ「ニコラ・スビチ・ズリンスキ」の脚本家と作曲家であるフーゴ・バラディクとイヴァン・ザイクにとっては，英雄は勿論クロアチア人

第12章 ズリニ或いはズリンスキ？ 2つの民族の英雄

であった．テオドル・ケルナーにとっては，既に言及したように，彼は自由な，国王に忠実なハンガリー人であった．このように，ハンガリーの詩人や劇作家が彼をハンガリー人と見たのは当たり前であった．大戦間の優れた歴史家であるジュラ・セクフュでさえも，はっきりと結論付けていた：「両親がクロアチアの出身であっても．彼自身はハンガリー人と見なしていた．愛する祖国とは彼にとってはクロアチアではなくてハンガリーであった」．

ズリンスキ／ズリニ家族の歴史は，複雑で，まったく劇的であった：軍事的な勝利，政治的な敗北，愛情と苦悩，軽率と不寛容，裏切りと死という歴史は，沢山の傷跡から出血し，侘しい，略奪され尽くした，3分割されたハンガリーの悲しい運命と不可分であった．クロアチアであろうがハンガリーであろうがその家族がどちらの国籍であろうと，この貴族の夫人と男達の浮沈にとっては重要ではなかった．

尤も著名で，尊敬された人物で，政治的な重要人物で，同時に人間的なドラマの主人公は，ミクロシュ・ズリニ伯爵であった．彼は，同じ名前の，シゲトヴァールの英雄のひ孫であった．この掴み所のない，数世紀経って魅惑的な兵士であり，詩人であり，ステーツマンであり，思想家であった彼は，歴史に剣の英雄として呼ばれることを喜んだ．トルコに対する勝利はヨーロッパにおける名声を博した．

彼の生存中に，ロンドンでは，「セリニ」伯爵の英雄的な行為が本に出版された；この名前によって彼は西欧で当時知られるところになった．現実には，彼は片手に剣を，もう一方の手にはペンを持っていた．しかしながら，彼が26歳の将軍の時に書いたシゲトヴァールの防衛について書いた叙事詩と，形式においても理由についても素晴らしい書き物である「トルコ人に対する毒薬という処方箋」は，彼の死後400年たってやっと公けにされたので，当時の人々には，効果がなかった．19世紀の始めにいたってこの作品が多大な注目を浴びた．それから彼の人生と作品は，「伝説的な思想家である詩人とワレンシュタインとかガーボル・ベトレンのような現実政治家」という人間の2つのタイプについてハンガリー人を幾世代にも亘ってとりこにしてしまった，と，アンタル・セルブは理論付けた．

それでは，この2番目のニコラウス・ズリニは一体クロアチア人であったの

かそれともハンガリー人であったのか？　1620年に，クロアチア太守ジェルジュ・ズリンスキの息子として生まれ，グラーツとウイーンのイエズス会で育てられ，その後イタリアで学んだ．18歳で，トルコとの国境の要塞で戦場に参加した．戦功華々しいので，皇帝レオポルトは彼を26歳で将軍に抜擢し，一年後にはクロアチア太守に任命した．彼の先祖はクロアチア人であり，彼も生まれはクロアチアであることは明白である．しかし，クロアチアの参考文献でさえも，彼の抒情詩が，曽祖父とシゲトヴァールの征服についてハンガリーで書かれていることに言及している．実際，詩人である軍人は2ヶ国語を操った．彼が生きている間に公表された唯一の詩集を彼の弟のペーテルはクロアチア語で訳している：ズリニの抒情詩には，トルコ語とラテン語の表現と並んで南部ハンガリーの所謂ゲチェイェル口調の応用で，クロアチアの動機が見られる．

ズリニの詩作や散文は，彼が尊敬するタソーや或いはマキアベリの作品に比べるとそんなに優雅でも芸術的でもないが，それらは，政治的にも道徳的にも民族的な作品と見られている．それらは，作者自身が抒情詩の英雄であり，彼によって描かれるトルコとの戦闘場面や衝突は現実に体験したものであって，今でも我々が読むに値するし，心を捉えて離さない．アンタル・セルブが強調しているように，ズリニは，自分自身が意識的にハンガリー人だと思ったので，単純にハンガリー語で書いたのである：

> 彼がハンガリー人であることの結果は，彼の意思の賜物である．ズリニが生まれはクロアチアであるという事実を消す必要はない．彼の弟は，クロアチアの愛国者であり，詩人である…しかし，ズリニの国籍は彼が所属したいと思う国のものというのが決定的である．こうして彼はハンガリー人の中でも最もハンガリー人的である．彼の例は，人間の国籍は，血によって決まるのではなく，その人間の決定によって決まるものであるということを示している．[1]

彼の詩の中で，ズリニはハンガリー語を殊のほか愛し，彼は他のどの同時代の人よりもハンガリーを統一しようとした．同時に彼の背後にはやはり，深いコスモポリタン的なものがあった．この人道主義者で，かつ戦士は6ヶ国語を

第12章 ズリニ或いはズリンスキ？ 2つの民族の英雄

自由に操った：ハンガリー語，クロアチア語のほかに，ドイツ語，イタリア語，ラテン語，フランス語である．ハンガリーの随筆家達は，ズリニは「言葉の真の意味でヨーロッパ人であり」，「彼の肉体全てがヨーロッパのハンガリー人である」といつも強調している．詩人のバラッシ或いはその教師である言葉巧みな枢機卿パーズマーニと違って，ズリニはイタリアに注目し，ラテン語やドイツ語の文学を手本としなかった．政治的な文学では，150年という距離があったが，マキアベリは彼を虜にした．詩人の中では，タソーとマリーノに感激した．

同時代の人々にとってはズリニは普通の人ではなかった，いや，奇妙な人物だったかもしれない：一方で彼は，非常に冷静な戦士であり，同じ身分の人たちが限度のないほど酔い潰れるのから距離を置いていたし，彼の貴族的な振る舞いを通して小貴族達とは際立っていた；トルコに対する遠征の合間を縫って，チャークトルニャの要塞にある美術館や豊富な図書館で，彼は，ヴェネチアから取り寄せたイタリア語の書物を原語で読み，ハンガリーの解放の方法についての自分の考えをハンガリー語，ラテン語，フランス語の手紙や研究書に書き綴っていた．他方で，強情な，天才的な戦場の主は，彼が持っている深い宗教心と支配しているウイーンの宮廷への忠誠にもかかわらず，大きな困惑を引き起こしていた．というのは，そこではトルコに対しての彼の遠征は気に食わなかったからである．ハプスブルク家はコンスタンティノープルと平和裏に共存を希望し，長期的には，平和を望んでいたからである：最初は30年戦争の為，後にはフランスとの権力闘争のためであった．パーズマーニュによって再カトリック化が成功裡に進められてきて，大貴族達の宮廷への結びつきも非常に強化されたのにもかかわらず，軍の不信は根深かった．特に独立に活動しているクロアチアの太守のような将軍達に対してはそうだった．有名な皇帝の将軍であったライモンド・モンテクコリは，戦争を成功裡に遂行する為には「兎に角，金，金そして金」が必要だと見なしていたが，彼は，カトリック教徒であろうが，或いは，カルビン派であろうとハンガリー人を憎んでいた．

常に一定しない，感謝もしない，激しい気性の，扇動的なハンガリー人の気性は，…理性によっても制御できないし，平然としていても彼らを動かす事が出来ないし，法律によっても彼らを治める事は出来ないだろう．

恐れを知らない民族に対しては恐れなくてはならない．それゆえにその意思は鉄の杖でたたきつぶさなくてはならないし，厳しく押さえ込まなければならない…暴れ馬は絹糸では制御できず，鉄のくつわだけが制御できるのだ．[2]

　このように皇帝の最高司令官は，彼がトルコという敵から守るべき国について考えていた．宮廷戦争会議のほかの影響力のある人々も，中央の重要な人々も，ハンガリーの「反抗者，盗賊，天を恐れない人間」について見方は同じであった．従って，ズリニのハンガリー副王への選出は，国民の雰囲気にもかかわらず，最後の瞬間に，皇帝自身が候補者リストから彼を落としてしまって，無に帰してしまった．

　詳細に見れば，この尋常でない人間の人生は失敗の連続であった．クロアチア太守は，多くのハンガリー人達と同様，出来るならば，トランシルバニアを統治していたジェルジュ・ラーコーツィⅡ世を解放されたハンガリー国王にしようと考えていた．国王マーチャーシュについてのズリニの本（1656年）の本当の意味するところは，新しい英雄，ラーコーツィ侯或いは恐らく彼自身が，ハンガリーをトルコの楔から解放する事が出来る，と思ったのだろう．しかし，この夢も，際限なき名誉欲に駆られて侯が軍の先頭に立ってポーランド王になる為にポーランドに攻め入って，自分の王国と命を失って，駄目になってしまった．勝利したトルコは，最も重要な要塞を征服し，トランシルバニアを略奪し，豊かな辺境地域を再び切り離し，忠誠を誓う臣下のミハイ・アパフィを胴体しか残っていない公国のトップに据えた．こうして自立的トランシルバニアは，ズリニの無謀な計画から消えてしまった．

　この間，ズリニは南部で新たな勝利を掴み，彼の冬の行軍は全ヨーロッパを奮い立たせた．特にトルコ軍にとって生命線であるドラウ河にかかるエッセグの長い橋の破壊に成功したことは，驚異を呼んだ．しかしズリニは宮廷戦争会議の命令により，いつも，最後の瞬間には撤退と自分の要塞の放棄とを余儀なくされ，宿敵であるモンテクコリの陰謀により，トルコに対して留めの一撃を加えることを放棄せざるを得なかった．

　トランシルバニアや占領下のハンガリーからの沢山の救援の求めがあっても，或いは，西欧世界のアピールにもかかわらず，レオポルト皇帝は紛争に介入す

第 12 章　ズリニ或いはズリンスキ？　2 つの民族の英雄　　137

る事には消極的であった．国際的な軍隊の先頭に立ってモンテクコリはスタイアーマルクに境界を接するセント・ゴットハールドの近郊で，トルコ軍に対して決定的な勝利を収めた．少なくとも占領下のハンガリーの一部を解放する為に大々的な攻勢が期待されたのにもかかわらず，皇帝は和平を決断した．ヴァシュヴァールの和平は 20 年間効力を持つ，とされた；この協定は，全てのトルコの占領地を承認し，トルコに対して寛大な戦時賠償を認めさえした．理解に苦しむ，勝者の敗者に対する譲歩の報はハンガリーだけではなく，全ヨーロッパで驚愕を持って受け止められた．ウイーンの宮廷，特にレオポルト皇帝の最も近い顧問のロブコヴィッツ男爵はこの結果に満足であった；彼らは一石二鳥を得たのである：皇帝は，西側に対してフリーハンドを手にし，南東部に対して確かな安全保障を得たのである；少なくとも，ハンガリーの身分層がトルコの支援を得て，ウイーンに何かをたくらむということは論外となった．

　ハンガリーの利益を売り払うのではないかという宮廷への不快感は強く，ズリニを含むこれまで忠実なカトリックの大貴族でさえも，ハプスブルク家から背を向け始めた．ズリニが間違った戦略について，皇帝への不満を表明した覚書が公になると，フランスの官吏やルイ 14 世の使者はズリニとの連絡をとり始めた．1 世紀後にフランスの文書館で発見されたルイ 14 世が書いた書簡で彼は，「私は，密かにセリニ（ズリニ）伯爵と連絡をとり，皇帝との間に戦争を始めるのに備えて，ハンガリーの中で不穏の空気を醸成するのを計った」．[3]

　フランスの中欧の専門家である V. L. タピエは，彼の著作「二重鷲の帝国の下の諸民族」の中でこの書簡を引用して，フランスがハンガリー問題を，ハプスブルク家のオーストリアへの友好か敵対かという問題の下に置いたという，フランスの妨害政策の被い難い証拠である，と述べている．実際問題として，ルイ 14 世にとってはハンガリー身分層の自由などは全くどうでも良かった．謀反や一揆をたくらむ連中とのこのような接触を通じて彼は次の数十年間，オーストリアのハプスブルク家に対する不満を扇動したが，ハンガリーにとっては，少しばかりの金と沢山の友好的な言辞のほかは何事ももたらさなかった．ズリニは希望のない現実を認めたが，しかし彼は，ハンガリーがいつの日か自分の力で自らを解放出来るのではないか，という希望は捨てなかった．

　最大の希望のない状態からハンガリーの未来が生まれると言う信仰は，「理性的な希望なき状態が，突然非理性的な将来へ転向すること」は，セルブの言

によれば，ズリニ以来のハンガリーの詩作の特徴となった．このような信仰が，唖然とするような，多くの読者にとっても理解不可能な奥深い悲観的に満ちているが最後にはオプチミスティックな結論にいたるという，例えば，ミハーイ・ヴュルシュマルティの詩「図書館での思考」（およそ1850年ごろ）という詩，或いは，イムレ・マダークの「人間の悲劇」という劇（1860年ごろ）に現れている．その中には，ハンガリー語で書かれたものの中で最大限の芸術といわれる部分がある．

この範疇に，ズリニの最後の偉大な作品「トルコ人の毒に対する薬」で，身分層の習慣的になった時代錯誤を，導入の形を装って鋭く非難している．始めと最後に，彼独特のスタイルで纏められた中で，国民軍の設立と全国民の動員を勧告しているが，これが彼の熱情的なハンガリーへの思いとなっている．：

　　　ハンガリーに手を触れるな！　哀れなハンガリー国民よ．お前の直面している最後の危険について，もはや誰も叫びはしないほど状況は悪くなっているのか？　誰の心にもお前の悲惨さは感じられないのか？　誰もお前の最後の戦いに励ましの言葉さえかけないのか？　私だけが，お前のお守り役となり，お前が直面している危険を教えているのか？　このような役目は私にとっては荷が重い．それでも神が祖国に対する私の愛情を与えるならば，見たことを勧告する：聞け，生きているハンガリー人よ．危険を察知せよ．目を焼き尽くすような火を見よ！　偉大なる神よ，私は誓う．私の怠惰が故に神が，眼前の私の国民の血を又要求することがないように，私が知っている全てのことを勧告する．[4]

ハンガリー民族が「恐ろしいトルコ」の最後のトランシルバンニアでの壊滅的行軍の結果，蒙った苦悩を描いた後，彼は，最早キリスト教世界からは何の援助も期待できない，という結論に至った．ハンガリー人が必要とするものは「武器，武器，さらに武器と勇敢な決意である」．そして彼は，祖先の英雄的行為を思い出させ，今日のハンガリー人は言葉の他は先祖と何も比較すべきものも持っていない，という苦々しい確信をいだいた．何故だろう，と作者は考えた．

第12章　ズリニ或いはズリンスキ？　2つの民族の英雄

何故なら，我々は戦いの時の規律を最早持っていないし，酒飲みで，だらしなく，お互いに憎みあっているからだ…ハンガリー人ほどその貴族の称号を自慢する国民はいない．その貴族の称号を維持する為に，或いはそれを証明する為に，ハンガリー人ほど何にもしない国民もいない，ということを神に誓って言う．

ハンガリーの貴族達の誤りや罪の羅列にもかかわらず，ズリニは突然のように呼びかけている：

　私に，どの民族を望み，どの国民を信頼するかと問えば，ハンガリー人と答えるだろう．何故かというと，彼らは，最も相応しい，力強い，素早い，彼らが望みさえすれば，最も勇敢な国民だからである．彼らがトルコと戦いに入ってから200年経った．何度トルコの皇帝自身が何千人の兵士達を引き連れて我々の国に来ただろうか．オスマン帝国の最も勇敢なスルタン・スレイマンだけが我々に対して5度に亘って遠征して来た．それでも，神は我々全てを見捨てなかった；そして，和平が，見かけの上の連合を結んだ時が，大部分，いまいましいものとなってしまった．戦いの時ではなかった．それ故に，私は，インド人やドイツ人や，イタリア人やスペイン人ではなく，ハンガリー人を自分の護衛に望むのである．

彼は次の警告を発して結んでいる．「ハンガリー人がナジヴァラードを奪回しなければ，そしてトランシルバニアを失えば，我々は無になる：恥じながら，我々はこの地から去らねばならない．ブラジルには十分な土地がある．スペインの王に一地方を貰って，我々の居留地を作れば，そこの住民になれる！」．「それでも，神を敬い，祖国を愛し，一滴でもハンガリー人の血を持つものは，諦めることなく，武器を取るだろう．」そういう精神で，彼の結びの言葉は，「意思あるところに，道がある．」で結んでいる．

17世紀の偉大な将軍で，詩人で，同時にハンガリー人の発想豊かな思想家は，第3の道，彼が表現するところの，「トルコという麻薬と，ドイツという餌」の間で独特の解決法を見つけようと無駄な努力を行った．彼に残された時間がなかった．1664年11月18日，狩の途中で手負いの猪の犠牲になって命を

落とした．「小さな戦争の巨匠」の死は，「オーストリアの歴史ハンドブック」[5]によれば，国民的な悲劇の補強として，ハンガリーでは悲劇的な偶然とは考えようとはしなかった．彼の狩での事故は，アンタル・セルブのような文学史家にとっても「永遠の謎」となった．そんなわけで，セルブはその文学史の中で，宮廷のワレンシュタインに対する暗殺の陰謀を仄めかしつつ，ウイーンは銃を用意してそこに，「この猪がミクローシュ・ズリニを殺害する」というラベルを張り付けた，というのである．理解できないヴァシュヴァールの和平の衝撃は，ズリニ将軍の死後も宮廷から遠ざかっていた大貴族の空気に影響を与えた．国の最高の権力者である副王フェレンツ・ウェッシェレーニ，ジェルジ・リパイ首座大司教，エステルゴム大司教は，謀反の最も重要な張本人で，彼らは，フランスからの具体的な支援が得られるという，偽りの幻想を抱き，ヴェネチアにいるフランスの公使と連絡をもちさえした．病気がちな副王ウェッシェレーニはルイ14世に書簡で支援を要請した．他のハンガリー及びクロアチアの大貴族はウイーン駐在のフランス公使グルモンヴィユと連絡し，ハンガリー，クロアチア，トランシルバニア，ワラキアの連合という素晴らしい計画を打ち明けた．亡くなった将軍の弟で，同様に太守ペーテル・ズリニは，例えば，1666年9月の書簡で，武器を持った2000人のフランス兵と技術の専門化がアドリア海に上陸することを提案していた．その場合には，ズリニによれば，「全ハンガリーがウイーンに対して立ち上がるであろう」．彼は，自分の約束の保証の為に，自分の息子を人質にさえしてもよい，と伝えた！　益々多くのハンガリー及びクロアチアの貴族達がこのオペレッタもどきの謀反に誘い込まれ，混乱に巻き込まれた．沢山の通信と交渉が行われ，ついに，パリだけではなく，コンスタンティノープル，ヴェネチア，ワルシャワ，そしてウイーンの知るところとなり，謀反が進行中であることが知られてしまった．

ペーテルの妻アンナ・カタリナ・フェランゲパンはベネチア駐在のフランス公使と協議し，商人に変装してウイーン郊外の村のレストランで，ウイーン駐在の公使グルモンヴィユと会い，何度もハンガリーの最高裁判所長官フェレンツ・ナーダシュディ伯爵，ペーテル・ズリニと会った．ウェッシェレーニとリッパイ亡き後，副王になる予定のナーダシュディとズリニがグループのオペレーションの指導者になった．前者は，武装蜂起を迫り，後者は冒険的な計画を企てようとした：即ち，皇帝を狩に行く途中で誘拐し，自分達の要求が満た

第12章 ズリニ或いはズリンスキ？ 2つの民族の英雄

されるまで捕まえておく，というのである．この計画の支持を得る為に使者がワルシャワとアドリアノープルに送られた．トルコはオーストリアとの平和を維持することを望み，通訳——ウイーンに買収されていた——は，ハンガリー・クロアチアの使者よりも早くそのような接触について宮廷に情報を流した．皇帝はスパイを通じてのみでなく，コンスタンティノープルからも情報を得ていた．

　それぞれ別個にナーダシュディとズリニは彼等の計画と謀反を裏切って，恩赦を要請した．それでも，さらに進め，最後に，遅すぎたが，レオポルト皇帝にもう一度恩赦を乞うた．実際は混乱に満ちた，騒々しい謀反と企み以外は何も真剣な事は起こらなかった．ナーダシュディ伯爵は皇帝に個人的に長時間に亘って，全てを語った．謀反人たちは逮捕され，国家反逆罪で有罪となり，処刑された．ナーダシュディはウイーンで，他の者——ペーテル・ズリニ，フランジョ・ケシュト・フランゲパンとスタイラー県のタッテンバッハ伯爵はビーナーノイシュタットで．ズリニの妻アンナ・カタリナはグラーツにあるドミニコ派の修道院に幽閉され，彼女はそこで精神に異常を来たして亡くなった．

　ズリニの義理の息子であるフェレンツ・ラーコーツイ I 世は北部ハンガリーでの蜂起の主役であったが，これも急速に失敗してしまった．彼の母親で，宮廷の中のイエズス会と緊密な関係にあったゾーフィア・バートリは自分の息子の恩赦を取り付けたが，彼は，高額の罰金を支払う羽目に陥った．処刑された者及び長期にわたって拷問刑に架せられた者達の財産は没収された．ナーダシュディの財産だけでも，ざっと20万グルデンに達した．素人ぽい大貴族との長い間の接触にもかかわらず，ルイ14世は，——グルモンヴィユを救う為に——皇帝レオポルトに「この危険な謀反を暴いた」ことに対して心から祝福する，というシニカルな態度を取った！

　ハンガリー王国は当面，征服された敵方の地方のように扱われた．謀反人は，ハンガリーの裁判所ではなく，憲法に反して，オーストリアの裁判にかけられた．このことは，既にどの観点から見ても，非生産的な「実施理論」の前触れであった．これによれば，ハンガリー人はその反抗性と反乱によって，自治と自由を「実施」したという訳である．レオポルト I 世は憲法を無効にし，ハンガリーを厳しく監視した．行政権は，プレスブルク（今日のブラチスラバ）に置かれた監督庁に移された．そこには，ドイツ騎士団の長官が議長を務めてい

た．彼は，上部ハンガリーの再カトリック化を導入し，「信用できない者」に対して魔女狩りを行っていた．

　数百名のプロテスタントの聖職者が血生臭い復讐劇に晒された；彼らは，改宗するか，奴隷のように扱われるかであった．ハンガリーは，ハンガリーに移された皇帝軍の費用の40％を引き受けなければならなかった．さらに，1万1000名の国境の要塞を守っていたハンガリー兵の内「疑いのある」ほぼ8000人が解雇された．猛烈な均一化処置は，絶対王政と身分制国家の間の恒久的な緊張に強力な刺激を与え，同時に，クルツの反乱と呼ばれ，大部分がプロテスタントの反乱者で，小貴族，農民の新たな反乱の土壌を準備した．義勇軍は，若き伯爵イムレ・テケイの指導のもとに間もなく上部ハンガリーで大きな成功を収めた．ビーナーノイシュタットで処刑されたペーテル・ズリニの娘イロナは，この間にフェレンツ・ラーコーツイI世の未亡人になっていたが，彼女は，ハンサムな，思慮深い，14歳年下のテケイ伯爵に恋してしまった．数年後に結ばれた結婚には，彼女は単に大きな財産をもたらしただけでなく，小さな子息フェレンツ・ラーコーツイII世をもたらした．このようにして，ズリニ／ズリンスキ，バートリ，ラーコーツイのグループが一緒になり，評判の悪い「実施理論」は間もなく，非常に不幸な考えとして，考案者とその犠牲者に災いをもたらすのである．

第13章 クルツの反乱の指導者テケイ：
冒険主義者か，裏切り者か？

　17世紀末頃は，ハンガリーは希望のない，分裂した国であった．ハプスブルクによってさらに財産を増やした，パールフィ，バッチャーニ，セーチェニ，とりわけエステルハージ家に見られる貴族のカトリックのエリートたちは，西欧のキリスト教世界の橋頭堡，楯としてのハンガリーであるという，皇帝とハンガリーの伝統に忠実であった．彼らは，宮廷から，全ハンガリーの解放を期待していた．それ故に，協力する用意があった．勿論それには，彼等の古くからの特権を維持する事が条件であった．又それが，当時はハンガリーの国民的な自治，さらには，彼等の国家的独自性を意味していた．ジュラ・セクフュは，新たなハンガリーの歴史の悲劇を次のように現わしていた．即ち，ハンガリーの身分層は，ハプスブルクからは無視され，せいぜい少ししか考慮されなかった．例えば，ウイーンの宮中の行政組織や戦争会議のメンバーには，1世紀の間ハンガリー人は誰一人として入っていなかった．

　人的にアクセントは変わったかもしれないが，ハプスブルクのハンガリー政策は，西部に於ける成功した再カトリック化も含めて，ウイーン風の絶対主義とハンガリー身分層の要求する主権要求との間の対立を克服できなかった．その際，単に原則のみではなく，特にトルコ人が荒らしまわり，最終的には撤退した地域の，辺境の要塞と傭兵の維持，残された資産の分け前を巡って具体的な利益をどうするか，という問題があった．この問題は，トルコが去った後数十年間見られた問題であった．イェネ・スーチは「ヨーロッパの3つの地域」という本の中で双方の偽善をあばいている：

　王宮は，彼らが，ハンガリーの「民族」の為によいと思った事だけを行おうとしている，そして，反抗者はそれを妨げている，と言っている．これは嘘である．他方で，貴族は，「ハンガリー国民」の限りない苦悩について話している．これは時と共に，二重の嘘である事が明らかになった．というのは，貴族

が国民というとき，結局は自分のことを言っているのであり（その際は，そのように一緒にするのは，ヨーロッパのその当時にしても明確に嘘である事ははっきりしている），彼自身はそんなに悩んでいないのである．[1]

トランシルバニアは，縮小され，トルコに高い租税を支払わなければならなかったが，トルコの臣下であるアパフィ公の下で相対的安定を享受していた．70年代には，復讐をのがれて逃げてきた貴族がそこに隠れ家を見出していた．この間ルイ14世は，東南部にいるハプスブルクの敵となる者を相変わらず支援しようとしていた．1677年5月には，フランス，ポーランド，トランシルバニアの連合が，ワルシャワで署名された．その秋には，既に2000名に近いフランスの兵士と軍事エキスパートがポーランドを通ってトランシルバニアに到着した．

レオポルトによって導入された軍事政権の，新教徒の貴族や聖職者への苛酷な処置や情け容赦のない処置は，ポーランドやフランス，それになにはともあれ，トランシルバニアの支持を得た，上部ハンガリーの新たな反抗者たちを相互に近づけた．彼らは若きイムレ・テケリの指導のもとに，当面は世間をあっと言わせるような成果を得たが，しかし長続きしなかった．反抗者は，自分達を「クルツ」と呼んだが，その名は，多くの人が言うように，1514年にドサで立ち上がった農民が自分達をそのように呼んだ，十字軍（ラテン語でcrux）に由来するものではなく，どちらかというとトルコ語のkurudschu（反抗者）に由来するもであった．

クルツは始めは，小さな，規律のない騎馬集団で，20歳に満たないテケリが強力に戦術的巧みさで力のある統一軍に育て上げた．テケリ自身は，貴族に昇格した商人の家族の出で，ウェッシェレーニーズリニの謀反に荷担した父親の死後，上部ハンガリーの北部にある，アールヴァ川に面した彼の城が落ちた後，トランシルバニアに逃げて込んでいた．彼の軍事的成功，又，上部ハンガリーの鉱山の素早い占領，モラビアへの彼の騎馬集団の大胆な侵攻は，彼の名をヨーロッパに知らしめ，皇帝をして，ハンガリーに対する政策を変更させることを強要する事になった．19年間の休止期間を経て，レオポルトI世は1681年，ショプロンに議会を召集し，圧制色の強い罰金税を取り消し，制限つきながら，新教徒の宗教の自由を再び導入した．同時に，帝国議会は，副王

の地位にパール・エステルハージイ（テケリの義兄弟！）を再び選出させた．クルツはショプロンの議会に現れず，皇帝が恩赦を提案したのにこれを無視した．テケリはトルコの支援の下に戦いを続けた．

　何故沢山のハンガリー人が，少なくとも当分の間，テケリ派を支持し，直ぐにキリスト教徒派に参加しなかったのかという問いに対しては，マカートニの説を想起する必要があろう：「4分の3のハンガリー人は，ハプスブルク家とオーストリアを宿命的な敵と判断していた」，ことは明白な秘密である．[2] あるフランス人旅行者は，例えば，失敗した貴族の謀反について次のように報告している：「この…特異な，常軌を逸した国民は，ドイツ人の統治を信じられないほど憎んでおり，自分達の国王の選出を望んでいる．彼等の特権は，その反対給付であるというのである」[3]

　歴史家たちは，皇帝の軍隊は，トルコに対する戦いの際も，特に解放後もハンガリーの地で，あたかも征服した敵の地のように振舞った，と示唆している．皇帝の兵士が，トルコと全く同じように残忍な行為を行い，しかも彼らが，キリスト教徒であったことに民衆は怒っている．

　クルツ特に騎馬兵は，名人芸に達していたが，規律がなかった．彼らは攻撃の時は勇敢で，それでいて突然後退し，縦横自在であった．テケリは厳しく自分の兵士達を率い，それでいても彼は前進する時には兵士達とテントの中で寝食をともにしたので，好評であった．多くの戦闘が，北部ハンガリーのワイン生産地域で行われた．皇帝の兵もクルツの兵も敗北を喫したけれども，それは，大抵の場合，兵士達が酔っ払ってしまったからである．奇襲攻撃は，国民的スポーツになったほどである．このようにテケリは文字通りベッドから飛び起きて命からがら逃げた事もあった：その時は，カバンも戦争指令もないままだった．

　きびきびしたクルツの指導者は，同時に優れた組織人であり，彼に支配されていた地域では自分の評判を巧く利用し，その地域の財政基盤の確立を図った．イロナ・ズリニとの婚姻は，ラーコーツイ家の数え切れないほどの土地をもたらし，この間に26歳に満たないテケリの物的基盤を，クルツの活動を広げるのに役立った．コンスタンティノープルは，トランシルバニアのアパフィ侯爵の，ハプスブルクに対する注意深い，煮え切らない態度に明らかに失望し，益々見かけ上成功していたテケリに賭けてきた．カシャとヒュレック城の獲得

の褒美として、スルタンは彼を上部ハンガリーの侯爵に任じた：ハンガリー王国、トランシルバニア、トルコのパシャの支配する地域と並んで、今やテケリにコントロールされた上部ハンガリーが誕生したのである。

ハンガリーの歴史記述上、テケリの政策について詳細に検討が行われた。トルコとの同盟に行くよりも、ウイーンから申し出があった妥協策を受け入れた方が良かったのではないか？ ウイーンにとっては、フランスの拡張に対する戦いや、兆候が見えてきたスペイン継承危機に対処する方が、トルコに支援されたクルツの若き指導者の活動に対処するよりも重要ではなかったか？ セクフュはトルコとの同盟は、テケリの取り返しのつかない過ちである、と見ているのに、クルツ運動の支持者達は、そこに、サーポヤイ、ボチカイ、ベトレン、そして、ラーコーツイ、そして遂には1848年の独立戦争に至るあの方向性がある、と見るのである。

ブダのパシャがテケリを国王に任命したのは、テケリが一貫して、初めから、オスマン帝国ベッタリの人物であった、とは意味しない。彼の妻イロナ・ズリニの1681年11月の日記には、若きクルツの指導者は、当時まだ15歳であったが、ハプスブルクを自分の力で追い払い、その後で、「我々の祖国をトルコから解放する」ことを夢見ていた。テケリはこのように全体を見ていたが、彼が最初に追い払われ、当時素早い勢いで変転していたヨーロッパの勢力関係を彼が誤まって判断していた犠牲者となった。

彼の生涯を研究したダービド・アンギャルは、テケリが政治でも戦場でも、「小さな戦士」であったこと、を書いている。彼は、何の外交的組織や情報のソースも持たず、単に彼の凄まじい野望に取り付かれた、と述べている。

彼のその後にも影響してくる彼の失敗は、勿論、西欧キリスト教の勝利を意味したが、トルコのその後の大規模なウイーンへの攻撃を誘発した。テケリはトルコの力を過大評価し、彼のトルコとの協力が国際的衝撃となった事に考慮しなかった。テケリだけではなく、他のハンガリーの大貴族達も、大宰相カラ・ムスタファに奉仕し、北部への遠征に参加した。

なんと言っても彼は、15万の大軍のオスマンの総司令官であった。この大軍を見て、トランシルバニア公アパフィ・ミハイⅠ世はスルタンの臣下として、自分の部隊を連れて太守にお目どおりを願った。1863年8月22日、ウイーン

第13章　クルツの反乱の指導者テケリ：冒険主義者か，裏切り者か？

の郊外にあるカラ・ムスタファのテントの中で，トルコ軍の儀典長が描いたシーンが報告されている：

> 国王（アパフィ公）は…数人の随員を従えて3本の柱に支えられたテントに入り，壁近くに備えられた椅子に腰をおろした；通訳が彼の横に位置し，しばらく彼にセレモニーの主要な点を説明した．この間に奥から官房長とコンスタンティノープルの軍事担当使臣が，宮廷用のターバンと国家のマントルを身につけて登場した．その後ろには，頭を真っ直ぐに上げ，権力を身につけた，勝利を確信した大宰相のターバンとヤマイタチの毛の入ったラクダの毛のコートに身を包んだ大元帥が現れた．際限なき威厳を持って彼は，挨拶の言葉を述べ，ソファーに腰掛けた…それから，国王に，大宰相の着物のすそにキスする事が許した．しかしながら，公は直ぐに着席せず，再び大宰相に近づいて，その着物のすそに口付けをした．これに対して，大宰相が，座るように促がすと，頷いて腰をおろした．様々な質問と答えの後に，公は新たに大宰相の着物の端に口付けし，必要な表敬の儀式は終了した．コーヒーやシャベットやパイプ用タバコが供された…[4]

アパフィ公が，大宰相のマントのすそを恭しく口付けし，その直後6頭立ての馬車，6つの金であしらったコップ，1頭の馬具つきの馬，4頭の予備の馬を，贈り物として送った間に，ウイーン包囲は着々と進んだ．トランシルバニア公は，5000人の兵の先頭に立ってカラ・ムスタファのテントのある陣営に赴いたのであるが，それは次のような理由があったからである．彼は，彼のパトロンが上部ハンガリーで成功裡に活躍しているテケリにトランシルバニアも任せ，20年も統治してきた自分にとって変えるのではないかという，理由のないでもない不安を抱いていたからである．テケリは2万人のクルツの兵を抱えていたが，ウイーン包囲からは距離を置いていた．彼は，トランスダニューブと南部ハンガリーへの遠征を好んだ；そして，彼の「国」を拡大し，1683年末には，当分の間ではあったが，プレスブルクさえも征服した．テケリもアパフィも，ウイーン近くの大宰相のテントの中での屈辱的な奉仕を行って僅か3週間後に，「勝利を確信」していた大宰相が，壊滅的な敗北を喫するとは想定していなかった．1683年9月12日，カーレンベルクの戦闘でロートリンゲ

ン公カールとポーランド王ソビエスキは，オスマン兵を圧倒し，撤退を余儀なくさせた．これによって，ヨーロッパの歴史に新しい章が始まった．副王パール・エステルハージはロートリンゲン公の軍隊に従って闘うことにより僅かではあるが，ハンガリーの兵は勝利に貢献した．

　予期に反してウイーン郊外で歴史的転換が行われ，教皇イノセントXI世によって財政援助が行われたハンガリーでの国際的な反攻によって，テケリの運は尽きた．北部ハンガリーのムンカーチの城砦を守ったイロナ・ズリニの英雄的な行為は，彼女の夫の役割を背後に追いやってしまった．それは，信じがたい出来事であった．反トルコの伝統の中で育った最も旧いクロアチアの家柄の1つの出身である伯爵夫人は，トルコとの同盟の中で，3年間に亘って皇帝の軍に対して戦った．皇帝軍は，1686年9月2日に，ハンガリーの首都ブダをトルコの支配から145年ぶりに解放していた．彼女の行為は，父と叔父を処刑したハプスブルク家への憎しみからなのか，それとも相変わらず闘っていたテケリへの情熱的な愛情からなのか，我々は知るよしはない．

　イロナ・ズリニは，1688年1月に降参した．宮廷は，彼女が夫と接触する全ての手段を禁じた．彼女の息子は，3年間，拘禁状態を一緒に経験したが，やがて彼女から引き離され，娘も同様であった．しかしながら，これによってテケリ・ズリニ夫妻の冒険的な物語は終わったわけではない．

　テケリは，皇帝軍に追われ，次々と城を明渡していった．皇帝軍の中にはかってのクルツ兵も沢山いた．多くの大貴族，都市，県はレオポルト皇帝から提案された大赦を受け入れた．トルコは，その時にいたって，彼を重荷と見なし，将棋の駒のように扱い，より良い和平の為のいけにえに使った．1685年10月15日，ナジヴァーラドのパシャはテケリを午餐に招き，その時彼を鎖で縛らせ，ベオグラードに連行した．

　相変わらず恐れられた，ヨーロッパの圧倒的世論では，キリスト教の裏切り者と見なされていたクルツ運動の指導者が降参したというニュースは，爆弾のように反響を呼んだ．ヨーロッパ中で，「罰の当たった不忠者」，とか，「正当な処罰だ」という，不幸を大いにあざ笑うような報道がなされた：トルコは，自分達が大きな過ちを犯した，ということに勿論直ちに気づいた．テケリは早速1686年初頭には再び自由の身になり，「権利を回復した」．しかし，時は遅

すぎた．その間に彼のクルツ兵はところを変え，カシャの街を放棄していた．ブダを征服し，解放した1万5000名のハンガリー人の兵隊は，元々テケリのクルツ軍に所属していた．

テケリはトルコ軍の高い地位の将校になったが，一方で，彼はルイ14世に「オスマンの地獄に居り，悲惨な目にあっている」とも書き送っていた．1690年，「クルツの王者」にとって最後のチャンスがやって来た．アパフィの死後コンスタンティノープルは，テケリをトランシルバニアの国王に任命し，議会も，彼が2万人の兵の先頭に立って皇帝軍をゼルネスト近郊で破った後に，彼をトランシルバニア公に選出した．殆んどのハンガリー人やセイケイ人は，皇帝軍の略奪や計略に怒り，テケリの側についた．2ヶ月足らず後に，バーデン公ルードヴッヒ・ビルヘルム辺境伯は，「トルコのルイ」ケテリを永久にトランシルバニアから追放した．

ゼルネストの戦いで勝利した時に，皇帝軍の将軍ドナト・ハイスターがトルコの捕虜になったが，これをテケリは利用して，将軍と交換に彼の妻イロナを得ることを宮廷に承認させた．1699年1月29日に結ばれたカルロヴィッツで，ハプスブルクによるハンガリーの征服が決められた和平の後，テケリは，小アジアのニコデミアに幽閉された．イロナ・ズリニは1703年に亡くなるまで，彼の傍にいた．テケリは1705年，48歳で死亡した．

英国の外交官で，ラ・モトゥレイがフランス語で書いた旅行記に，彼が通風に悩むテケリを訊ねた個所がある．それによれば，テケリは，1701年にアドリアノープルでスルタンにメモランダムを渡して欲しい，と頼んだのに，これが聞き入れられず，その代わりに，ニコデミアに行くように命令された事を，非常に怒っていた．夫人の英雄的な勇気だけが，彼に力を与えている，と語ったという．それでも，テケリはこの外交官に，亡命を止めることの仲介を求めた，という．テケリはフランスの宮廷の犠牲者であるというのである…．

別の旅行者，フランスの骨董屋でポール・ルカは，1705年7月，死の直前のテケリを訊ねた．病に罹った侯爵は，話の後夕食に招待した．「食事は素晴らしいもので，沢山のぶどう酒が出た．その点，ハンガリー人はドイツ人に似ている；彼らを区別したくない唯一の点である…次の日にも侯爵は自分を1時間の会話に呼んだ…彼は何にでも関心を持ち，精神的にも活発であった」．[5]

テケリの最後の願いは，トランシルバニアかハンガリーの地に埋葬されるこ

とであったがスルタンがこれを許さなかった．200年以上後になってやっと，ステーツマンとしての広い視野の欠けていた「悲劇の英雄」は，上部ハンガリーの彼の生まれ故郷ケーシュマークに葬られるべく移送された．

彼が，1688年に，ブルガリアで国民の蜂起があったとき，トルコを支援したことは，この冒険人生の影の部分であろう．彼の義理の息子で，後の自由闘争の英雄フェレンツ・ラーコーツイⅡ世は彼の事を，「まるで蛇のようで，私の母のベッドへはいずりよった」，と形容している．それでも今日，ペスト側にラヨシュ・コシュート通りと名の付いた立派な通りがあり，ドナウ河のエリザベート橋からまっすぐに行くとラーコーツイ通りに出，それから，テケリ通りに出る．失敗した自由闘争の英雄を祭ったパンテオンの入り口に，あのクルツ運動の指導者の名が連ねている．彼の短い，冒険的な人生は，人間的な大きさと道徳的な野卑さを複雑に絡ませ，今日にいたっても正確な判断は不可能である．

第 14 章　ハプスブルク家に反抗するフェレンツ・ラーコーツイ II 世の独立闘争

　1697 年 9 月 11 日，オイゲン公がトルコに対して決定的な勝利を掴んだとき以来，コンスタンティノープルは，ハンガリー，トランシルバニアに引き続いてスラボニアの大部分をも放棄しなければならなかった；トルコのコントロールの下には，テメシュヴァール周辺のバナト地方が残った．1699 年にカルロヴィッツで結ばれた和平協定は，実際上，150 年以上に亘ったハンガリーに対するトルコの支配の終了と，同時にオーストリアがヨーロッパの大国としてのし上がったことを意味した．ハプスブルク家は「今や，ドナウ河を軸として，東部アルプス，ズデーテン並びにカルパチアの国々を包含する豊かな，統一された領土を持った国となった」．[1]

　オーストリアにとって積極的意味を持ち，他方，ハンガリー兵は，テケリの冒険以降も援軍としてのみ登場したことを見ると，自由闘争の結果はハンガリーにとって決してバラ色ではなかった．この国は依然として他国の支配下にあった．ボギャイが明確に現わしたように，「トルコの追放は，ハンガリーに真の解放も，満足ももたらさなかった」．[2]

　ブダが解放された 1686 年——1699 年ではなく，この年を今日まで，トルコ支配の終焉と見なしている——の後，プレスブルクの王国議会は，「感謝を持って」ハプスブルク家の男系が後継の権利があることを承認し，1222 年に，金印勅書が認めた貴族の抵抗権を放棄した．自由な選挙による国王の選出と抵抗権の放棄は，絶対王政への重要な一歩であった．国王が戴冠の前に，従来の身分層の自由を誓って，又，署名しても尊重するという国王の約束には，新たに次のような規定が付け加えられた：「国王と集合した身分層が解釈と運用について一致する限り」．レオポルトは，兎に角，王国議会を最早召集しなかった．彼の政府は，「実際上，宮廷戦争会議，王室（そこでは，特にドイツ人が座っていた）そして，ハンガリーの大司教コロニチュによって実施された残酷な独裁であった」．[3]

1691年12月4日，レオポルト詔勅によって，トランシルバニアは，ハンガリーに対して独自性を維持しつつ，王冠を伴った国であると声明された．直接の皇帝による統治と促進された再カトリック化によって，宗教上の，部分的には，国民的な矛盾が現れ，いろいろな要素が重なった混乱は，ある程度の政治的な独自性と宗教的な特別な地位が認識され，一時的に全体としてハンガリーに属しているという意識が薄れる中で，所謂トランシルバニア化なるものが進行した．

　荒廃した，人口の少なくなったハンガリーの国土を再建せんとして，クロアチアの貴族の家系の出身であるレオポルト・コロニチュ枢機卿は，大々的な計画——有名な問題のある——「制度的な仕事」を打建てさせた．ハンガリーでしばしば引用される言葉にコロニッチュというものがあるが，それが果たしてそこから来たのかはっきりしないが「ハンガリー人を先ず乞食にし，それからカトリック教徒にし，最終的には彼らをドイツ人に変える」と言ったとか．しかし，政治的心理的に重要なのは，枢機卿の姿勢と具体的な処置はそのような言葉を裏付けるようなものに見られるということである．彼によって導入された，ウイーンの特別委員会は，皇帝（ハンガリーのではなく）の軍人や国王に忠実な大貴族に大々的な土地を配り，これによって配慮のない植民地化を進めた；新たに設立された村には，ドイツ人やセルビア人が迎えられた．宮廷の戦争会議は，広々とした，圧倒的に新たに移住してきたセルビア人が住む地域，所謂軍事境界を設け，その行政にはもっぱら軍事行政のみが許可された．歴史的ハンガリーの南部境界に沿って，非ハンガリー人からなる集団が住むことになった．どちらかというとハプスブルクに好意的であるセクフュでさえも，その「ハンガリーの歴史」の中で次のように明言している：

　　　ハンガリー人は，それによって，敵対者が数百年間に亘っていつでもハンガリー人を扇動したり，彼らがハンガリーの国の領地で，保護され，特権的に住み着く，という状態に置かれた．我々は，これ以上ハンガリーの国家的独立性が損なわれたということを想像すらできない程である；西及び中欧で，その歴史に於いて似たような状態を経験した民族はない．[4]

　先に言及した特別委員会は，巧妙な方法を見つけた．即ち，「解放のコスト」

第14章 ハプスブルク家に反抗するフェレンツ・ラーコーツイⅡ世の独立闘争

を賄うためにという口実で，高額の金銭を古くからの，即ち，かつてはトルコに占領されていた中央ハンガリーの合法的な土地所有者から出させた．このような高額の金は，ほんの少しの貴族だけが調達できた．16年間の解放戦争とその後でハンガリー人が支払ったツケは非現実的なほど高いものであった．

　トルコ軍が進行してきたときも，撤退していった時も被った生命の損失や略奪の後に，間もなく「解放軍」の略奪が加わった．それのみではなく，手足をもぎ取られたハンガリーは例えば，トルコとの戦いの為の兵力のコストの，1685年には70％，1686年には51％を負担しなければならなかった．さらに，4万人から5万人の外国兵がハンガリーに駐留した．彼らのために兵舎があったわけではなく，彼らは，特に農民や一般市民，貴族の家に宿営した．副王パール・エステルハージが書いているように，ハンガリーがたった2年間で皇帝軍へ支払った額が，150年間トルコに支払った額より多かった．一般の兵隊達ではなく，将軍や将校達は，「解放」したはずの一般市民に対して想像を絶する残忍な行為を行った．

　最悪の例は，ナポリの由緒ある家族の出身の将軍アントニオ・カラッファであった．「戦時司令官」として，彼は1685／1686年，東部ハンガリーのデブレツエンの街で，拷問の手段で一般市民から，金と食料を出すよう圧力を加えた．1年後，この盗賊の首領は，広範な「謀反」を見つけ，最後には，裕福な市民，貴族，それがドイツ人であろうとハンガリー人であろうと，上部ハンガリーのエペルィェ（プレショフ）の町で残酷な拷問によって処刑した．カラッファは，その後で，これらの全く無実の人間の全財産を没収した．

　全ハンガリーに及んだ軍事行政の無能，汚職，恣意性は，将来のハプスブルク支配に対するハンガリー人の態度に取り返しのつかない悪い結果をもたらした．エペルィェのカラッファの血の法廷は，数百名の改革派の聖職者に有罪判決を下した．コロニチュの導入した特別法廷と同じように，多くの「解放された」人々をして，トルコが帰ってくることを希望させた．厳しい，絶対主義的な，同時に汚職に満ちた政権に苦しんだハンガリー人たちは，17世紀の末頃，かってないほどドイツ人の支配者を呪った．血に飢えた将軍や将校達がまさにベルギー人であったり，イタリア人であったり，あるいはスペイン人であったりしたが，そんな事は，ドイツ人に対する増大する苦々しい気持ちや嫌悪感には変わりなかった．

第14章 ハプスブルク家に反抗するフェレンツ・ラーコーツイⅡ世の独立闘争

膨れ上がった憎しみはしかしながら，当初は，絶対主義の政治家や教会指導者達の圧力でもやもやと燃え上がっただけであった．かっての国境の兵士達で解雇されたもの，さ迷うハイドー民，故郷を追い出された新教徒たち，ウイーンの特別委員会によって損害をこうむったり，財産を没収された小貴族達は，世紀が変わる直前には，何度も小さな反攻を爆発させていた．苦悩から自発的な農民一揆が北部ハンガリーで頻発していた．緊張が増大し，いつか爆発せねばならなかった．

いつも容易に押しつぶされていた散発的な不穏が，1703年には，ヨーロッパ中に危険な野火のように広まったのは，特殊な人物が，特殊な状況下で登場したことと関係している：ハプスブルク帝国がスペイン継承戦争に巻き込まれたことは，新たな，テケリの行動をはるかに超える，国中に広がったクルツの蜂起に繋がり，その運動は，短い間に全ハンガリーとトランシルバニアをハンガリーのコントロールの下に置いた．しかしながら，全ては，1人のカリスマ性のある人物なければ想像も出来なかったし，不可能であった．フェレンツ・ラーコーツイⅡ世侯爵は国民の為に，全く正しい瞬間に立ち上がった．

ヤコブ・ブルックハルトはその「歴史上の偉大な人物」について「世界史の観察」のなかで次のように書いている：

> 時に歴史は，突然，世界が従ってゆく1人の人物に集中する事を望むことがある．この偉大な人物は，一般的，特別な偶然で，その一身に，留まるべきか，動くべきかを依存させている…その本質は，世界史の真のミステリーである；彼等の時間との関係は，聖なる結びつきで，びっくりするような時にのみ実現する．その時とは，偉大な巨人の独特の，最も高い尺度を示し，巨人のみに必要性を感じるのである．[5]

ブルックハルトは，副文において，「相対」，「当分」，「歴史的」巨人の基準について述べている：

> 最も，稀なのは，世界史に現れる個人で，精神が偉大な人物である．それは，道徳の利益の為に諦める事のできることであり，このような自主的

第14章 ハプスブルク家に反抗するフェレンツ・ラーコーツイⅡ世の独立闘争

な自己抑制は，単に賢さからくるのではなく，内的な良心から来るのである．政治的な偉大性は利己主義的であり，あらゆる自分にとっての長所をとり尽くすことにある．

　まさに，「精神の大きさ」と「道徳心」に於いて，フェレンツ・ラーコーツイⅡ世が，最初はいやいやながら，そして非常な反抗者となり，今日までロマンチックに美化された人物である理由であろう．突然，唖然とする変遷と，矛盾は，ハンガリーの歴史上，この多分，最も純真な，優雅な人物の人生を彩っている：それは，英雄的行為，身震い，愛，遊び好き，ナイーヴな信じやすい性格，とてつもない富み，みすぼらしい外国への逃避である．彼は，祖国と貧しい国民への揺ぎ無い忠誠心を持った，コスモポリタンで，ヨーロッパ人であった．フェレンツ・ラーコーツイⅡ世は59年間生きた．その中で，彼は成人してから，12年間しか故郷で生活しなかった．殆んど4年間，ポーランドで，4年以上をフランスで，そして18年間トルコで過ごした．やはり，海外逃亡で（200年後）なくなった作家のゾルターン・サボーは，彼の随筆の中で，次のように述べている：ラーコーツイはハンガリーにいてもヨーロッパ人であったと同様に，外国にいてもハンガリーにいると同様にハンガリー人であった．

　彼の家族の運命は，ハンガリーの歴史の浮き沈みを反映していた．1676年3月生まれのフェレンツ・ラーコーツイⅡ世の父方の先祖は，4人がトランシルバニア公であった．又，祖母の家族の4人は侯爵であったし，その中には，ポーランドの偉大な国王ステファン・バートリがいた．フェレンツはあの処刑されたペーテル・ズリニの孫で，子供達から引き離され，海外逃亡した，ムンカーチュ要塞の英雄，イロナ・ズリニの子供であった．子供の時から，彼は継父イムレ・テケリの遠征を経験しており，それから，ムンカーチュの幽閉を経験していた．

　皇帝レオポルトは，若いラーコーツイを里子に出して，枢機卿コロニチの直接の監督下に置き，ノイハウスにある高等学校とプラハの大学でイエズス会の教授に教育させた．ラテン語とフランス語のほかに，フェレンツは特に数学と自然科学に勤しんだ．彼の義兄弟の中尉アスプレマン伯爵の屋敷で，早熟で，魅力的な若者は大貴族の生活スタイルを素早く身に付けた．イタリアへの旅，

華やかな社交，乗馬，狩，時として多くの負債を蒙ったカード遊びがそれだった．これらは，皇帝が家族の持っていた莫大な財産を没収しなかったからこそ可能であった．

シャロシュ県知事，神聖ローマ帝国侯爵に任命され，ラーコーツイは18歳で，ほぼ70万ヘクタールの土地所有を引き継いだ．若者は，その直前にヘッセン・ラインフェルツ公の15歳の美しい娘シャルロッテ・アマーリエと結婚した．彼女は，チューリンゲン辺境伯ルードヴィッヒ4世とアールパード国王アンドラーシュII世（1205－1235）の娘聖エリザベートの直系であった．最も裕福で同時に上部ハンガリーのトップであったこの男は，当時殆んどハンガリー語を話せなかったので，政治から距離をおきたいと思っていた．トカイ地方の周辺で一揆が勃発して，反乱軍が彼に指導者になって欲しいと思った時には，彼はウイーンへ逃れ，皇帝に，上部ハンガリーの所有の土地と引き換えに帝国の他の地域の土地に移してくれるよう願い出た．しかしながら皇帝はこの願いを断った．とてつもなく裕福な，若い一家の主人には——ラーコーツイ夫婦は当時既に3人の子供がいた——宮廷に忠誠を誓い，国民の苦悩をやり過ごすという期待は，甘かった．

民衆が益々苦しんでいるという印象を持ち，皇帝の軍事行政の傲慢性に，ラーコーツイは，暴動を引き起こした隣人で，教養のある，言葉に説得力のある，11歳年長の伯爵ミクローシュ・ベルチェーニと緊密な，生涯に亘る友情を結んだ．伯爵は，ポーランドの友人の助けとフランスとの連絡で，ウイーンに対して新たな反攻を準備しようと考えていた．ベルチェーニとの緊密な関係は，若い侯爵が，ハンガリー語を再度学ぼうとするのを助けた．ただし，彼は亡命中，メモワールはフランス語で，告白はラテン語で書いている．

1700年，遂にラーコーツイはルイ14世並びにその大臣バーベシューと直接コンタクトをとるイニシアティヴをとるに至った．彼は，ロンゲヴァルという軍曹を密使として手紙を持たせ，パリに送った．しかし，ルイ国王は反応せず，大臣の答えは控えめであった．失望した使いは，自分の手柄にしようとして，帰ってくると直ぐに，ラーコーツイを宮中に訴え出た．侯爵は，1701年に逮捕され，祖父がそこから断頭台へ進んだ，ビーナーノイシュタットの同じ牢獄につながれた．事情聴取の間，ロンゲヴァルは数度にわたって彼を不利に導い

第14章 ハプスブルク家に反抗するフェレンツ・ラーコーツイⅡ世の独立闘争

た．この軍曹は，侯爵の人生の中で，特に亡命中，その信頼を裏切った沢山のエージェント，詐欺師達の最初の者であった．

死の秘蹟を受けたラーコーツイが，1701年11月7日に牢獄から脱出できたのは，フランスに傾斜しているラインの貴族の血を引いた彼の生活欲旺盛な，決然とした夫人のお陰であった．シャルロッテは彼女の魅力と説得力を牢獄の司令官である，ゴットフリート・レーマン軍曹に向けた．彼は，生まれつきの，革新的なプロイセン人であった．だから，プロイセン国王と英国皇太子の，有名な犯人の妻に宛てた手紙は，効果を発揮した．レーマンは，逃亡に一役買ってでる事を承知した．遂に，ラーコーツイは鉄格子を切り裂く事に成功し，兵士に変装して，牢を脱出することに成功した．最初，興奮して，道を間違え，その事を気づいて，彼は酔っ払った兵士のふりをし，歌をうたいながら門を通過して，外で待機していた馬車に乗った．レーマンは絞首刑になった；又，秘蹟を施した牢獄のイェズス会の牧師も脱走を補助した罪で，有罪となり，シャルロッテは，子供達と共に人質としてウイーンに幽閉された．

5日後，ラーコーツイはポーランドとの国境を越え，数人の部下と共に逮捕される前にポーランドに逃げることの出来たベルチェーニと合流した．間もなく，彼は国境の近くの城で，城の持ち主であるシエニアウスカ公女と知り合い，ロマンチックな恋に陥った．ほぼ2年後の1703年6月16日，ラーコーツイが雨の降った夕刻，彼女の城を去って，たった2人の従者を連れて，ハンガリーの地を踏んだ時，大々的な，殆ど8年にも及ぶハプスブルクに対する自由戦争が始まった．

始めは，思ったとおりには進まなかった．ラーコーツイは自分のメモワールに，その夕方，約束されていたように5000人の歩兵と500人の騎馬戦力ではなく，刀と肥スキと鎌で武装した250人の歩兵と50人の馬に乗ったハンガリー，スロバキア，ルテニア人の農民が彼を待っていた，という．しかし，この小さな集団が短い期間のうちに，3000人に膨れ上がり，3年間の内に7万5000人の軍隊に成長した．これは，国の中で最大の土地所有者で，最も優雅な貴族と，最も貧しい，疲れ果てた，絶望した，どんな事でもする用意のあった農民の，珍しい，運命的な出会いであった．

一握りの貴族達の素人まがいの謀反から，国民的な広範な運動に発展していったのは，ハンガリーの歴史上，初めてラーコーツイという人間性を通じて，

1人の大貴族が，貧しい，税を負担する，無報酬の仕事に携わる国民と組んで，民族の防衛の為に戦ったのである．ラーコーツイⅡ世は，蜂起の間中，農奴の苦悩と悲惨さに付いて思いを示し，具体的な援助を行った唯一の貴族の大司令官であった．彼の恥じらいと自然の控えめの性格，自己犠牲は，彼の個性的魔術に特別な評価を加えた．彼は素晴らしい演説の才があり，ハンガリー語でも，ラテン語でも，フランス語でも即興で演説し，ドイツ語，イタリア語，チェコ語を話し，読む事もできた．しかしながら，ラーコーツイは，戦場の人ではなく，彼の回想録を読むと，それは，基本的に，負けた戦の物語であった．クルツは，少なくとも1708年までは，数の上では勝っていたのに，又，戦闘精神が旺盛だったのに，一度も重要な戦闘に勝利しなかったのは，将軍や将校達が無能であり，戦術的な誤りであり，部隊に規律を欠き，協力を欠いたからである．侯爵自身その回想録の中で，彼の部隊の状態と，戦争指導においてテケリの時代からも引き摺っている見解を激しく弾劾している：

> 最もよいのは，敵から遠く離れて陣地を築き，見張りを立てることなく，沢山飲み食いして，人と馬がよく休養した後，敵を2乃至3日急いで行進して追いつき，激しく又荒々しく攻撃することである．敵が逃げれば，追いかけ，そうでなければ，素早く後退する…私の無知によって戦いで多くの間違いを犯したことは認める；しかし，人間的に理性的にみれば，資金不足と戦争が行われている地域についての一般的な知識のなさで，勇敢にかつ良く始めた戦争が終わりを告げた．[6]

他方，マーチャーシュ国王の時以来初めて，無からハンガリー国民軍が育ち，武装して，補給物資を輸送し，制服を支給したのは，ラーコーツイの組織力と，どの点でも一身を捧げた努力の賜物である．例えば，1704年から1710年にかけて彼は自分の兵士達の為に，5万1000足の長靴と4万6000着のマントを支給した．

クルツがそのように迅速にほぼ全ハンガリーをそのコントロール下に置けたのは，そして，1708年まで基本的に，国土の大部分，特にドナウーティサ低地，東部ハンガリー，上部ハンガリーさらに時にはトランスダニューヴ地方，或いは，トランシルバニアを長らく占領して持ちこたえる事が出来たのは，国

第14章 ハプスブルク家に反抗するフェレンツ・ラーコーツイⅡ世の独立闘争

民から支援されただけではなかった．ハプスブルク帝国がスペイン継承戦争に巻き込まれ，ウイーンはハンガリーから皇帝軍の旅団の大部分を引き揚げる事を余儀なくされたからでもある．クルツの自由戦争のタイミングは従って絶妙であった．ラーコーツイは始めから全てをルイ14世と，1707年のオノドの議会によってハプスブルク家が退位させられた時にはハンガリーの国王になって欲しいという要請を受けたバイエルン選帝公マックス・エマヌエルⅡ世との同盟に賭けていた．

戦いはもっと長く続き，国際的な仲介の努力が沢山ラーコーツイとの接触に導いたが，実際上，賽は1704年，オイゲン公とマルボロー侯爵が率いる皇帝とイギリスの連合軍が，ヘヒシュテッテで，フランス・バイエルン連合軍に決定的な勝利を獲得した時に投げられていた．ラーコーツイは，1704年以来，トランシルバニアの仮の侯爵というタイトルと1705年以降は，ハンガリーの「臨時侯爵」というタイトルを持っていたが，1708年のトレンチェンの戦闘で重大な敗北を決した．クルツ側は，死者2500名，捕虜400名を数えたが，皇帝側は，160名の損失に留まった．トレンチェンは，特に西部戦線でのハプスブルクの勝利という印象を残したので，益々多くのクルツ兵の逃亡に繋がった，という意味で，転換点であった．伝説的な旅団長ラースロー・オツカイもトレンチェンの後数週間で，彼の軍と共に敵の側に寝返った．裏切り者は，1710年初頭にクルツの軍隊に捕まえられて，2日後に処刑されたが，それは，重大な損失であった．

叛旗の意志は，次第に失せていった．というのは，侯爵の命令にもかかわらず，多くの貴族達は，自分達の農奴に，兵となることを禁止したからである．貧しい農民達は，自分達の状態が改善していないのを認識し，戦いの最後の数年間は，武器をとることに益々躊躇した．それに加えて，1708年以降のペストの流行は，戦闘部隊の減少に繋がった．公式の数字では，反抗の期間，41万名の人がペストの犠牲者となった．これに対して，戦闘では，8万名が命を落とした．

軍事的には，見通しは暗かった．それでも，侯爵は，夫人と妹のもたらした皇帝の平和提案を拒否して，いろいろなイギリスやオランダの仲介努力をも拒否した．彼は，ベルチェーニと共に，ウイーンの約束の真意に懐疑的で，最後までトランシルバニア公国の独立に固執した．特にラーコーツイは，最後には

ロシアの援助を期待した．ツアー・ピヨトルⅠ世は，彼に何度も会うだけではなく，彼に対して，ポーランド王を申し出た．フランスは，一時的にクルツを金銭面及び将校を派遣して，支援した．しかし，この援助は限定的であった；それは，400名の兵士の給金にも足りなかったし，協力が，頂点に達した時にさえ86名のフランス人将校がハンガリーにいたに過ぎない．さらに，ルイ14世は，ラーコーツイの希望のないロシアとの同盟に反対で，寧ろ，スエーデンやトルコとの同盟を勧めた．フランスの外交的支援はほとんど効果がなかったし，それでも，他の国がハンガリーに差し延べた手よりもましであった．

フランスの風刺の絵に，ルイ14世の連合政策について，次のように描かれている；国王は川岸に腰を下ろして釣り糸を垂れている．水の中にはいろいろな人が顔を出している．ラーコーツイも食いついた．しかしこのような印象は間違いである．ハンガリーとフランスの歴史家たちは，イニシアチヴはハンガリー，即ち，ラーコーツイからとられた点で意見が一致している．いずれにしても，スペインと北欧の支配をめぐる陰謀と交渉の錯綜のなかで，実効性のある，信頼すべき同盟者を探すハンガリーの侯爵の努力は虚しかった．

彼自身，人間的に揺り動かされる，深い宗教的な彼の著作「罪びとの告白」の中で，益々希望のなくなっていく，圧倒的な敵への戦いの最後の数日を次のように描いている：

　　　日に日に，追い詰められてゆく．我々に味方する数少ない県は，怪我した連中を治療するのには十分であるが，逃亡する大貴族達や貴族，我々に忠実な膨大な数の兵士の家族達は，苦情を訴え，敵に占領された県は自分達の決定で城を明渡して我々に従ってきて，逃げてきた国民の状態は異常なものであった．冬は荒れ狂い，大量の雪が積もり，騎馬兵だけが道を使用できる有様であった；逃げ惑う大衆は，積荷でいっぱいの農民の馬車を村から村に引いてさ迷い，食料を求め，山の中に避難し，湿地帯の窪みに身を隠した．兵士達は，自分の家族を救い，世話をする為に脱走し，国民と避難民の悲しい訴えは私の耳に間断なくこびりついた．寒さに耐えかねて，兵士が殆んど裸足のままその場を放棄した；1人が武器を失い，他のものは馬を失い，他の全ての者たちは給金を失ってしまった．彼等の訴えは正しい；彼らは，忠誠心のなさや悪意があって兵士たる立場を放棄した

のではなく，もはや耐え切れなくなったからである…私は，私の人生にいつも誠実であった人々の運命と悲惨さを恐れ，悲しんだ．しかし，私は自分を失う事はなかった；私は国を去り，故郷から追放されねばならない事を悲しんだりしなかった．私は，その中の誰に対しても人生の可能性を確かに出来なかった事を悲しむ…[7]

このような暗い背景の中で，侯爵は休戦と平和の交渉を始める事に同意した．実際に，皇帝軍の最高司令官，ハンガリー生まれのヤーノシュ・パールフィ伯爵は，既に1710年晩秋にクルツの将軍シャーンドル・カーロイ伯爵に個人的手紙を送ってイニシアチヴをとった．ムンカーチュ地域及び東北部ハンガリーのカサで押し戻され，包囲され，大損害を蒙ったクルツ軍の最終的な殲滅は，最早，時間の問題であった．パールフィとカーロイの間で交渉され，1711年4月30日にサトマールで署名された平和条約は，5年前に皇帝ヨゼフI世から提案されたものよりも不利であった．ラーコーツイは，最後の瞬間に拒否し，カーロイを最高司令官として職を解き，クルツが戦いを続ける事を宣言したところ，身分層の会議は，カーロイが平和条約を署名し，降伏する全権を与えた．1711年5月1日，クルツは149本の旗を降ろした．1万2000人の兵士がカーロイに従い，皇帝ヨゼフI世に恭順を誓った．皇帝が，既に2週間前に死んでいた事は，厳に秘密に付されていたので彼らはそれを知らなかった．ラーコーツイ，ベルチェーニ，それに数多くの忠実の部下達は，申し出のあった恩赦を拒否して，亡命の道を選んだ．

第15章　神話と歴史：
　　　　時代の変遷の中の偶像

　果たして，カーロイが，侯爵が国を留守にして，ツアー・ピヨトルⅠ世とポーランドで交渉している時に，しかも，侯爵の意に反して平和を結んだことは，クルツを裏切った事になるのか？　或いは，それが，より状況を悪化させないよう阻止し，妥協によって荒廃した国土と疲弊した国民に一息つかせる最後のチャンスだったのだろうか？　ハンガリーの歴史家，政治家及び知識人はこの問題について意見が分かれている．

　現代ハンガリーの歴史学会会長であるドモコシュ・コシャーリは，その著作「再建と市民社会，1711－1867年」で，カーロイは「裏切り者」であるというのは，19世紀に於いて国民的ロマンチズムが陥った困難を説明する伝説である，といっている．残された条件の中では，国に，平和と，安定と，再建に向けてのより良き条件を確保する為にはあの妥協以外には方法がなかった．[1]　ハンガリー国王カールⅢ世として戴冠した皇帝カールⅣ世は父親のように強力なハンガリーに対する嫌悪感を持たなかった．彼は，ハンガリーを解放することは非常に大切で，「ハンガリー人は，ドイツ人に統治されている」という信仰から解放することも大切なことを理解していた．[2]

　ラーコーツイの自由戦争が，あらゆる国民の層や，文学や出版物に，それほど強烈に，又長く記憶されているのは，若く，高貴で，完全に無私の精神であった侯爵の人柄と関係している．彼の悲劇的な運命，長年にわたった亡命生活，政治的な失望感は，サトマールの妥協を交渉した人を冷静に評価するよりも，ハンガリー人の空想力をより逞しく駆り立てた．ある評論家が世紀の変わり目にラーコーツイの初めての伝記についての対話の際，「巧く行った航海よりも，難破した時の方が注目を浴びるものだ」と述べたようなものである．

　ラーコーツイの魔術の威力は，太陽王ルイ14世の住むヴェルサイユにも届いた．皮肉屋のサン・シモン卿でさえも，このハンガリー人の人柄を著名な伝記に書いている．彼は，精神力豊かな人ではなかったが，賢明な，控えめな，

第15章 神話と歴史：時代の変遷の中の偶像

熟慮した，威厳を備えた，高慢なところのない，真っ直ぐな，心のある，非常に勇気ある人であった，と書いている．[3]

　ルイ14世が亡くなった年，侯爵はグロスボイの中にある，修道院の隣にある家で，ひっそりとメモワールを書いたり，瞑想にふけったりして静かに過ごしていた．トルコの宮廷が1717年に，ハプスブルクに対して戦争を続けるべく武器と資金の提供を申し出た時，ラーコーツィは予期せぬチャンスが到来したと思った．フランスの執政やロシアのツァーや他の要人達の警告にもかかわらず，彼はフランスの帆船でトルコへ旅発った．この間にオイゲン公はトルコ軍に対する決定的な勝利を手にしていた．この戦争の間に，バナトやワラキアに亡命していたクルツ兵が何度もトランシルバニアに押し入ったが，彼らは，長らくその地に留まるような勝利を確実にしなかった．その時，パールフィ将軍の率いる騎馬軍団はベオグラードの手前でオーストリア軍と一緒にトルコに対して戦った．それでも，ハンガリー軍の役割は，双方から見てたいしたものではなかった．

　和平交渉に際して，皇帝の代表は，ラーコーツィを縄で打ち，引き渡す事を要求した．このような考えは，激しく退けられたが，1718年に結ばれたパサノヴィッツの平和条約15条には，侯爵と彼の将軍達はハンガリーの国から遠くに引き離される事がはっきりと書かれている．彼らは，当初ボスポラス海峡のヨーロッパ側の小さな場所イェニコに連れられていったが，1720年以降には，コンスタンティノープルから馬で2日かかる，マラマラ海の北岸の街ロドストに22の家に分散して閉じ込められた．

　そこで侯爵は，宗教的な瞑想にふけり，聖アウグスティヌスの例にならって告白録を練ったり，指物師としての趣味や，特に時々は自分の外交活動について書き物をして時を過ごした．殆んどの彼の外国での秘書や支援者は，最初の通訳から最後の信頼者までがスパイであったり，ペテン師であり，彼らは，たいていは皇帝のお抱えであったり，情報をロシアやオランダにも売っていたのだ．

　フランスの歴史に今日まで名残を留めているのは，ベルチェーニ侯爵の息子によって設立された騎馬連隊である；この連隊には沢山のハンガリーからの難民が流れ込んだ．これを造ったラースロー・ベルチェーニは，1712年以来フランスに仕えて，後にフランスの司令官になった．彼の連隊は，今日でも名前

の上では「ベルチェーニ騎馬連隊」として残っているが，最近では，ボスニアに落下傘部隊として投入された．

ハンガリーの将来の世代及びハンガリー文学の発展にとって重要なのは，当時殆ど誰も注目しなかった侯爵の若き宮廷貴族であった．トランシルバニア出身のケレマン・ミケシュという若者はあわせて44年間も亡命先で過ごし，この間に，一度も送りつけられたこともなかったコンスタンティノープルの存在もしない「愛するおばさん」への空想上の手紙を200通以上書き上げた．これらの手紙は，侯爵の，明らかに動きのないロドストの生活，亡命先の望みと失望，孤独で近づきがたい，瞑想にふける活動と死について，さらに自分自身の，皇后マリア・テレジアによって恩赦を無残に拒否され，亡命先で，暗く落ち込んでいく希望のなさを描いた作品で，18世紀のハンガリーだけでない，独特の文学的な作品であった．作者が亡くなってからやっと40年後になってミケシュの作品は公にされ，多くの読者の目に触れるのにはさらに多くの時間がかかった．

「我々の最初の社会的な作家が最も孤独な作家であったのはハンガリー人の運命の皮肉なのか或いは象徴なのか？　放り出されて，亡命を強いられ，読まれもせず，空想上の環境の中で，作家として世界的に愛される役割を果たすのが？」，と，アンタル・セルブはそのセイケイ地方出身の小貴族について書いている．ミケシュは，「空想的な文学世界の空中楼閣」の中で，ラーコーツィの悲劇を永遠にしただけでなく，1000頁に亘るフランスの雑誌にも翻訳したのであった．

やっと1906年にハンガリー国会はラーコーツィを軽蔑すべき人間とした法律を無効とし，1904年の皇帝の依頼に基づいて，侯爵とその部下達の亡骸をトルコから移送することを決議した．新聞報道によれば，特別列車が通る沿線には，農民やハンガリー人，「ザクセン人」，ルーマニア人，シュバーベン人，セルビア人，スロバキア人達が跪いて祈りを捧げた，とある．1906年10月28日，ブタペストの聖イシュトヴァーン教会に安置された遺骸には数千人の参列者が最後の別れを告げ，その後，ラーコーツィの遺骸は，母親と息子達と，ベルチェーニの家族の棺と共にカサに移送され，そこに埋葬された．ただ1人が欠けていた：ケレメン・ミケシュである．使節団は，「忠者の中の忠者」の墓

第 15 章 神話と歴史：時代の変遷の中の偶像

を見つけることが出来なかった．

　ラーコーツィの生誕200年の機会に1976年，ドイツのハンガリー移住者のグループがロドストに行ったが，彼らは，かつての亡命の跡を殆ど見つけられなかった．[4] ラーコーツィの追放は既に英雄物語になっており，国民的なロマンの核心になっていた．そうでしか，彼の亡骸を大々的に帰還させた少し後であるが，ほぼ死後200年たって自由の英雄の人間的弱さを非常に注意深く晒すのは，ハンガリーの歴史記述の多分最も大きなスキャンダルを思い起こさせる，と言うことが理解できないことである．それは，当時（1913年）殆ど無名に近かった若いハンガリーの歴史家ジュラ・セクフュで，彼は，（1908年から1925年まで）ウイーンの宮廷お抱えの或いは，国立の文書館で働いていた．「亡命先のラーコーツィ」はこっぴどく，時には皮肉に，その女性遍歴，博打好き，政治的なナイーブさを検証していた．憤激の嵐に晒されたのは，真っ先に，資金に困ったラーコーツィが信頼する部下アプベ・ブレナーに命じてパリにあるホテル・トランシルバニアに賭博場を開設させようとした事である．このマラケイス広場15の施設は，長年にわたって儲けを生み，ラーコーツィに優雅な収入をもたらした（一説によると，年間4000ルーブル）．侯爵が独立戦争の重要な時に国を留守にして，「ポーランドで楽しく過ごし」，ベルチェーニと一緒に踊り明かし，きれいなポーランドの女性とスキー旅行を楽しみ，自分の妊娠中の妻を捨てて隣にある城に愛人を訪ねた，ということなどは節度を越えていた．セクフュは，英雄を中傷したり，ウイーンの宮中の周辺から撒かれた政治亡命者の信頼や彼等の独立性を落としめようとする悪だくみにのったことを非難された．

　怒りに狂ったナショナリストはセクフュの著作を公開の席で焼き払った．彼はこれに対抗し，新たな著作を表して，彼の説は，資料的にも全く正しい，と主張した．この歴史家は，ラーコーツィが，カジノ（プッチーノのオペラ「マノンレスコー」に言及）を「同国人の飢えを防ぐ為に」設けた，というのである．ラーコーツィの女性問題については，彼は自分自ら「罪人の告白」の中で公にしている，というのである．セクフュの弁解は，多くの支持を得て1916年，第一次世界大戦の最中に発刊された．

　このスキャンダルの与えたショックは，著名な歴史家が将来大戦間に転向す

るのに，直接，間接的に，又，意識的にであろうと，無意識であろうと影響した可能性がある．彼は17年間ウイーンで生活した．1918年，革命の後，共産主義の政府は，彼に，ブタペストの大学教授のポストをオッファーしたが，彼はこれ拒否せず，かといって就任もしなかった．ウイーン在住中に彼は，ユダヤ人の未亡人で，喫茶店持ち主と結婚し，セクフュが1925年に大学の教授職につくと彼女と一緒にブタペストに行った．この間，1920年，彼の最も有名な，そして影響力のある「3つの世代」が出版された．それは，歴史的なハンガリーの没落の主たる原因である，貴族と同化したユダヤ人にたいする決別宣言であった．セクフュは行き着く所，殺人的な遊戯に結びつく土壌となる，あの「巧妙な」中産階級の反ユダヤ主義の理論家となった．その後，彼はバーリント・ホーマン（長らく教育大臣であり，1945年以降は無期懲役の判決を受けた）と共に5巻からなる「ハンガリー史」を編纂した．しかしながら，ホーマンと違って彼は既に1941年に，親ヒットラー，右の政権に公けに反対の態度をとった．[5]

1945年以降は彼は，全面的に新しい政府の側に立った．1946年1月から1948年9月，即ち，共産党が権力を握る決定的なときに，彼は在モスクワのハンガリー大使であった．「革命の後」と言う本を彼は1947年に出版し，その中で彼は，ホルティ政権とユダヤ人追放への激しい批判をした後，ソヴィエトの体制とスターリン讃美を行った．スターリンは「最大の尊敬と愛情の対象である」と述べたのである．スターリンをソ連の国民は愛しており，なぜならば，国民は，スターリンが，まるで昨日，今日，明日移住してきたかのように質素な生活をして居り，国家の為に働いていることを知っているからである，と書いている．[6]

帰国すると，セクフュは共産党によって国会議員に任命され，1年後には，大統領にまでなった．ホーマンは獄中で死亡したのに，セクフュは集団的国家元首にまでなったのである．ラーコーツィからスターリンまで——それは，議論の多い，偉大な作家の人生の転向点に於いて，ハンガリー人の知識人が歴史の転換点に弄ばれた例である．

第16章　ハプスブルク王朝の支配下で
——マリア・テレジアの時代

　数世紀に亘って，ハンガリーの歴史家達は，ラーコーツィ侯爵によって熱心に否定された1711年のサトマールの和平が，ハンガリーをオーストリアの一地方に，そして恐らく植民地の地位に貶め，そして，聖イシュトヴァーン王国の多数民族国家の中でハンガリー民族の没落を導いたのか，或いはその原因となったかに就いて論争してきた．歴史家のドモコシュ・コシャーリはこれと全く反対に，「嘆かわしい失敗」とか，「民族の命取り」とか言うのはおかしい，と反論している．彼は，英雄的であった17世紀と比べて18世紀が没落の，そして脱民族の時代であった，という見解を否定している．1711年から1867年にかけての彼の総括的な分析の始めに，彼は，18世紀がむしろ荒廃した国家を次第に回復させた世紀であると述べている；即ち，その世紀はむしろ再生の世紀であり，内部の力を結集した世紀であった，というのである．貴族達はその既得の権利を守ろうとし，民族の自決権はその権利の一環であった．簡単に言えば，「悪い状況下で比較的成功裏の出発であった」．[1]

　それでは世代に亘って地方貴族階級と絶対王政の間の緊張が完全に溶けなかったにしても，実質的には緩和された理由は何であったのだろうか？　国王カールは戴冠式に際して，ハンガリーの法律を尊重し，議会の了承を得つつ統治することを約束した．1687年に既に抵抗権は取り消されたのにもかかわらず，国王は貴族の政治的，社会的，経済的な特権を承認した；そして，有効な法律の規定なくして逮捕されず，国王のみに従属し，完全に税を免除されるという権利も承認された．中世以来の免除特権は，軍役に服する義務に立脚していたのであるが，16世紀に既に貴族の軍隊はトルコに対して国土を防衛する能力も無かったのである．こうして，貴族階級が国土の防衛に当たって義務を果たすというのは最早過去のものとなっていたのである．ハンガリーの解放は，既に述べたように，貴族の功績ではなく，ハプスブルクの傭兵の働きの賜物であった．それと同時に彼らは，皇帝・国王に直属する軍隊の設立を承認した．

その時々の戦争に必要な経費については議会の承認が必要であった．その税金は，公民権を剥奪された者及び世俗或いは教会の大土地所有者達から搾取された農民達が支払ったのである．

農奴を完全に自由にする権利，そして地方豪族に支配された県の行政の自治は引き続き貴族に対して保障された．サトマールの和平に際して約束された包括的な恩赦は宮廷によって厳格に守られた．ルードヴィッヒ大王によって法律に格上げされたアヴィチテート (avitizitaet) 原則はそのままであった．これによれば，土地は個々の貴族に属するのではなく，家族に属する；土地は相続されるが，売却されてはならないということになる．

オーストリアの歴史家で，古いハンガリー貴族の家庭の末裔である，モリツ・チャーキは，ハプスブルクはサトマールの和平によって，封建的な社会構造を温存してしまい，当時既に時代遅れとなっていた政治的，社会的構造を退ける最後の機会を逃してしまった，と論じている．[2]

その同意を得なければいかなる決定も出来ない，議会の所謂大貴族グループには当時108の大貴族が属していた：2人の侯爵，82名の伯爵，24名の男爵で，国土の3分の1が彼らによって所有されていた．既にフェルディナントⅠ世の時代に設けられた議会の大貴族と僧侶に属する上部グループと，中小貴族，王に直接所属する自由都市，位の低いカトリック司祭に属する下部グループの区分けは1608年に法律によって定められた．大土地所有者達は当然のことながらそれ以来，又，特に巧くいった反宗教改革の後に，決定的な役割を果たした．高位の貴族たちの大部分は120年の間に2度にわたって信仰を変え，17世紀の末までに再度カトリックに改宗した．

大部分プロテスタントに留まった中小貴族はほぼ人口の5％を占めた．即ち，トランシルバニア，クロアチア，軍事境界線を含む大ハンガリーの930乃至950万人の人口の内，40万人が貴族に属していた．一般的な呼び名はその意味で誤解を招きやすい．高い位の貴族と所謂「煌びやかな靴をはいた貴族」との間には大きな溝があったのである．お互いに姻戚関係にある200ほどの大土地所有者――そのうちの半分ほどがハンガリー人に過ぎないが――で，彼らから生じた司祭や大司教を含め，彼らの大土地所有の規模は桁違いであった．[3] エステルハージ家族に就いてその当時 (1839年) 旅行記を残したヨハン・パゲットが，当時の人の住んでいなかったアイゼンシュタットの城について次のよう

第16章　ハプスブルク王朝の支配下で——マリア・テレジアの時代　　169

に報告している．

　エステルハージの贅を凝らした様子を説明すると，旅人の自由を剥奪してしまわれるのではないかと心配するぐらい，それは英国の大富豪の栄華と同じようだった．彼はここから数マイルの所に更に3つの同じ位に立派な城を持っていた…英国は瀟洒な城や裕福な邸宅で有名であるが，エステルハージがかってどんな贅を凝らしたか想像もつかない程である．沢山の国からの美女がひしめき，360もある客間が客で一杯となり，そこで催ようされるコンサートがハイドンによって指揮され，オペラはイタリア人歌手によって演じられ，その庭園はさんざめく客で賑わい，控えの間では煌びやかに着飾った従者達で満ち，門は侯爵である主人の歩兵に守られて，エステルハージの優雅さはヨーロッパの王族の館の半数以上を遥かに上回っている，というべきだろう．そのような過去の贅沢な栄光を想像させるものは私はヴェルサイユ宮殿しか知らない…．

　メリノ羊の越冬宿舎は25万個に及び，夏には2500匹の羊がいるわけだから，羊1匹に就き100平方メートルの広さがあることになる！[4]

　ハプスブルク支配のもとで多くの豪族が貴族のタイトルを得，やがて彼らは緊密に協力して支配階級になった．1670年から1780年の間に160家族が伯爵の，或いは男爵のリストに加えられた．それに加えて249もの外国の貴族がハンガリーの貴族に列せられた．ウイーンの宮廷は，不断の戦争で負債を抱え，それ故，将校や宮廷への物資供給者達は始めは土地を，次には貴族の称号を獲得したからである．例えば，非常に立ち回りの巧いリンツのフランツ・ハルルッケルンというパン屋の親方がいた．最初，彼は食料品を納入して，警部主任となり，後に男爵に叙せられ，ベケシュ県とチョングラート県の物資供給を任された．国王は彼をベケシュ県の馬車監督官に任命した．そして，リンツ出身の名も無い家族はカーロイ一族のものと婚姻した．[5] この一族の一員が，巧く馬を乗り換えて，ラーコーツィの意思に反して，サトマールの和平を相手側の同国人ヤノシュ・パルフィ伯爵との間で交渉し，署名したシャーンドル・カーロイ将軍で儲けるのである．1年後，この男は男爵から伯爵カーロイとなった．ハンガリーの小学生は代々，カーロイは「裏切り者」である，と教えられてきた．歴史家のカールマン・ベンダは，カーロイがそのときに置かれた

状況下で正しい合意に達した,と記している.ほかにより良い結果は当時ありえなかった；これに反してこの機会を受け入れなければ,自由闘争の参加者達にとっては結果は悲劇的であったであろう.[6]

　皇帝に忠実な将校と兵士達は「ラバンセン」(足軽兵)と呼ばれたが,古くからの,或いは新たに生まれた「ラバンセン」貴族達はラーコーツィやベルチェーニの広大な領土の分配にあたって応分の分け前に浴した.受益者は特に,トゥラウトゾーン侯爵やムンカーチュ近くのシェーンボーン伯爵,マインツ大司教などの外国の貴族でもあった.これらの外国人たちは居住権を得て,間もなく大貴族のグループの最上席の位置を占めることになった.これらには小貴族から身を立て,伯爵に上り詰め,大富豪になったアンタル・グラサルコヴィッチがいる.彼は,中でも有名なグドゥル城を建立し,そこにはマリア・テレジアも既に訪れ,後にはエリザベート皇后も度々滞在することになった.又,アンドラーシ,フェステチッチ,ポデマニスキのように名の知れた家族も,元はと言えば決して古くからの貴族の家柄ではなく,皇帝への忠誠が認められて貴族の称号を与えられたのである.[7] この華麗な発展時代に副王パール・エステルハージ伯爵に注文され,17世紀中庸にニュルンベルクで完成されたトビアス・サドラーによる派手やかな出版物によれば,エステルハージ家はアダムの末裔であり,族長エルス,アッチラ,フンなどと親戚関係があると示唆されている.

　非常に裕福な大貴族と非常に貧しい小貴族として約2万5000から3万に上る家族が存在していた:「bene possesionati 物持ち」といわれる数千ヘクタールの土地を持った貴族と,「possesionati それ程でもない」といわれた小土地所有者である.下級貴族の多くのメンバーは大貴族に従属し,「色鮮やかな靴を履いた」貴族の生活状態はしばしばオーストリアの農民よりも貧しかった.

　このように深刻に分裂した身分社会が「政治的国民」を形成していた.貴族階級の間の国民・民族的反目は,皇帝ヨゼフⅡ世の反改革路線に対する闘争に至って,即ち,18世紀末に至って初めて完全な勢いで噴出するのである.

　それ以前,即ち,クルツ独立戦争のときには,圧倒的に再カトリック化した貴族が優勢な西側と,過半数がカルビン派の東側の違いが大きくて,特にハプスブルクに対する政治的な立場の対立があった.「ラバンセン」と呼ばれる皇帝に対する忠誠派と反対派「クルツ」という単純化した分裂は,いまだ永く前

面に出，国民の実際の生活とかけ離れた，日々の政治的，宣伝の，歴史の記述の対立軸となっている．いずれにしてもマカートニが示唆したように，サトマールの和平に際してハンガリーの「ラバンス貴族」が最も難しい交渉相手であった．というのは，抵抗したものに対して恩赦を与えれば，これらの人々の犠牲の上に自分達が裕福になるという希望が消えるからである．

　ハンガリーのハプスブルク王制への一体化の道で，実際的な制裁と，1722，23年の議会に於ける女性の王位継承権の承認は後の難しい問題を秘めていた．それにもかかわらず，大貴族と地方豪族は，理論的には独立したハンガリー王国が継承した土地と不可分・不離に帝國（Union）と結びつくことを承認した．これによってハンガリーは政治的に独立した存在であることを止めたのである．

　二重帝國の歴史について熟知している米国の歴史家ロバート・A. カンは，妥協は双方にとって役立ったが，長い目で見るとハンガリーにとってより大きな利益をもたらした，との説である．彼によれば，国王カールIII世（皇帝カールIV世）とマリア・テレジアの政府は2世代に亘ってサトマールの和平で確認された，控えめであるが，ハンガリーの国家の権利を制約しようとはしなかった．[8] カールにとっては自分の娘に王冠を継ぐ権利を確保して，帝國の不可分の支配権を確実にすることが第一義的に重要であった．

　それからの数十年間は矛盾した展開が見られた．一方ではマジャール人の国はヨーロッパの勢力争いに出る幕は無かった．外交，国防政策，財政，教育行政では国王，ひいては国家全体の中央政府の下に置かれた．また，イシュトヴァーン王冠の領土の独自性も再興されなかった：トランシルバニア公国，バナト，スラボニア，軍事境界地域はそれぞれのウイーンの中央政府の管轄となった．最高行政府は，1723年に王に直属するプレスブルク（現在のブラチスラバ）の総督府に設けられた．そこでは国内のすべての行政に関して全権を持つ副王または国王の代官の議長の下に置かれた．――1848年まで．国家的な独自性などは全く無かった．

　他方で，行政権は実際は52の県にあり，中央政府にも，3年毎ではなく，ますます長期間に亘って召集されることがなかったプレスブルクのハンガリー議会にも無かった．国王に任命された代官たちはしばしば権力の無いお飾りに

過ぎなかった．中・小貴族の地方豪族から選出された行政官達が強力であったからである：公共の安全を守ることから税金を査定すること，兵士に物資を供給することなど日々の直接の行政をコントロールすることは彼らが司った．

　地方の豪族の自分よがりの，視野の狭い郷土愛国主義とその日常の政治への，又，県での活動を，パイプを吹かした「小人物の支配者」（フランソワ・フェイテ）の人生の姿勢として，ヨージェフ・エトヴェシュ，カールマーン・ミクサートなど19世紀のハンガリーの作家が沢山の短編小説や物語に描いている．しかも，ハンガリーに非常に好意的なジュリア・パルドーのような英国の旅行者までも批判的に書いている．

　マジャール人の主要な間違いは彼らが傲慢であることにある．マジャール人は，その民族，自由，古い歴史を持っていること，特にその特権を誇りに思っている．彼らにとっては高貴な血筋，長い系図，形のみの収入以上のものは何も無い．私が言っているのは形のみということである．というのは，他の普通のヨーロッパの中でハンガリー人ほど貧しい貴族は多分いないだろう．実際上破産していない貴族の数は20も無いであろう．

　これは強く響くかもしれないが，しかし容易に証明できることである…ハンガリーの貴族はすべてを外見の虚栄の為に，贅沢の為に，偉ぶる為にはなんでも犠牲にする．このために彼らの支出は収入を常に上回り，そのために彼らの財産を不注意な贅沢を利用するユダヤ人や商売人の大勢に振り込まなければならない．

　「英国と商売の契約をするというアイデは」，考え深い大貴族によれば，「簡単に言えば，現在では泡のような期待に過ぎない．その段階に至るまでには沢山のことを学ばなければならない．マジャール人は商売人となるためにはまだ学んでいない．特に貴族ときたからには，皆と同じようにソファーに静かに腰をおろし，自分達の長年にわたる生産物を，現金で支払う用意があるという商売人に手放してしまう．投機をせず，計算をせず，待つことをしないためには，たとえ50％損をしてもよいのである．」[9]

　他の関連で前述のジョン・パジェはある若いリベラリストの貴族達を描いて

第16章　ハプスブルク王朝の支配下で——マリア・テレジアの時代

いる：

　祖国の，或いは隣国のしっかりした政治的，商業的な姿を知らず，彼らにとってはオーストリアがあらゆる悪の根源である，と確信し，そのために悩み，その権力を恐れ，恨むのだ．英国の急進派でさえもハンガリーのリベラル派ほど徴税権を非難することは無い；しかし彼らはそういう非難を，不思議なことに，貴族の特権とごっちゃにしている．彼らは反対という原則と，貴族の特権を区別して整理することができないのである．彼らは実際権利と特権の区別がつかないのである．

　…多くのハンガリー人は従者や家臣たちの愚かな虚栄心について語るが，彼らはそのようなことが外国人に不公正なことと写り，吐き気をもようさせることに氣付いていない．もっと悪いのは，オーストリアに押し付けられた「圧制」——彼らの権利と特権に対する攻撃——を彼らが語るときの言葉使いである；彼が英国人が同情するまでかなり長々と喋るが，同じように彼らの家臣たちが不服従で，反抗的であることを説明するのである！　貴族の税金免除は重大な結果を招く．というのは，あらゆる公的な支出は無報酬で働かされる農奴によって負担されているのである．小貴族はとにかく，市民が職業を持ち，税金，公課，関税を納める様に生活するよりも，比較的貧困のまま生活したいのである．それでいて自由とは彼らの特権であると考えているのである．[10]

　ハンガリーの貴族階級は，不平や不満を表すのにもかかわらず，全体としてはカール皇帝とマリア・テレジアの治世に満足していた．そして，自分達に満足していたので，次のような有名な矛盾する格言が考え出された．「ハンガリーの外には人生は無い．あったとしたらそれは人生ではない」．

　このような背景の下で，商業や取引を名誉に値しないと見なすハンガリー人の貴族のメンタリティーが，この国の後進性の主要な原因と見なされた．貴族の特権が法律で保証されたことはこの国の近代化を1世紀遅らせた，トルコ人による支配ではない，と，チャーキは述べている．とっくに時代遅れとなった地方豪族の支配構造はハンガリーの経済・文化の崩壊の決定的な要因である，と断じている．

　ハプスブルク家が地方の豪族たちと結んだ妥協のメリットは予想より早く出

第16章　ハプスブルク王朝の支配下で——マリア・テレジアの時代

てきた．ロシア側について2つの戦争に敗北したカールⅢ世は娘のマリア・テレジア（1740－1780年）に，軍事的にも財政的にも道徳的にも自信の無い帝國を残した．1741年4月にオーストリア軍がブレスラウの近くのモルヴィッツでプロイセンに壊滅的に敗れたとき，フランス，スペイン，バイエルンがハプスブルクの領土を襲った．オーストリアはこのような軍事的に破滅的な状態にあった．当時23歳のマリア・テレジアは，ウイーン駐在の英国公使が述べているように，まさに「資金も無く，クレジットも無く，兵も無く，自分の経験と知見も無く，最後には何の助言も無く」，それでいて，多分支配者として最も重要な資質を備えていた．即ち，不幸の中にあって勇気を持つことである．プロイセン，とバイエルン－フランス連合軍がボヘミアと上部オーストリアに向かって進軍してきたという凶報がウイーンに届いた：「閣僚達は真っ青になって椅子にひっくり返った；1人だけはシャンとしていた：女帝の心だけが．」と，トーマス・ロビンソン卿は書いている．[11]

　ハンガリー国王（彼女は，自分自身が支配者であり，王妃ではなかったので，男性の形式が意図的にとられた）としての戴冠式を終えて4ヶ月後，マリア・テレジアは，最後の使われていなかった砦たるマジャール人を彼女の劇的に落ち込んだ王国に，勇気をもって動員するという可能性に確かな感触を得た．彼女の父の高級官僚たちは，ハンガリー人は武器を与えたら何をするか判らない，と言って彼女に，金或いは兵士を送ることはやめた方が良いと助言した．助言者の1人は，「陛下が，悪魔を信用なさる方がましです」，とさえ言ったという．[12]

　トルコとの戦争で，又クルツ派（ハプスブルク家に反対する一派）との戦争で将軍であった，ハンガリー人の副王パルフィ伯爵とエステルゴム大司教イムレ・エステルハージを通じて綿密な準備の後，多くの警告にもかかわらず，マリア・テレジアは1741年9月11日の午前，プレスブルク城にあるハンガリー議会に現れた．逸話は沢山あるが，真っ黒の衣装に身を包んで，剣を抱え，テーブルの間をゆっくりと歩み，王の座に上った女帝は，劇的な，しばしば涙で中断したラテン語の演説で「勇敢な，忠実なハンガリー人」に訴えた．彼女は美しく，はっきりとした声で語りかけた．後世伝えられたり，絵に描かれたような，まだ6歳になったばかりの，皇太子ヨゼフを腕の中に抱えていたわけではなかった．（この様子は10日後のフランツ・ステファンが共同摂政としてハン

第16章 ハプスブルク王朝の支配下で——マリア・テレジアの時代　　175

ガリー憲法に宣誓した儀式の時に起こった．)

　この女性であることを最大限に生かした情感に満ちた「すべての世界から見放された哀れな女帝」の演説は偉大な政治的，劇的にも見事なものであった．

　この我々2つの国，2つの国の人々，我々の子孫，我々の王冠の問題です．すべてに見放され，我々は，このお集まりの高貴な皆さんの忠誠と，ハンガリー人があらゆる時代に名を馳せた勇敢さが助けて呉れることを信頼しています．我々は，ここにお集まりに高貴な議会の方々が一刻も失うことなく，我々の人々，我々の子孫，王国と王冠の危機を救う為に，直ちに必要な援助を決定し，実行されることをお願いします．忠実なるこの議会の皆さんは，この国の幸せと名誉が維持される為に，私達の王による愛がすべてを行うことに信頼してください．[13]

　訴えは圧倒的に成功だった．ハンガリーの貴族たちはサーベルを抜いて，「血と剣をマリア・テレジアのために！」と，叫んだ．しかし，このような大々的なシーンは，殆どの文献では言及されていないコスメチックな欠陥があった．プロテスタントの東部ハンガリーの県の代表は立ち上がって——執拗な噂であるが——大声ではっきりと，「しかし物質的な援助はご免だ！」と叫んだと言う．[14]

　豪族達の熱狂的な回答は決して空手形ではなかった．と言うのはハンガリーは最初聖イシュトヴァーンの諸国から全部で10万人の兵力を拠出しようとした．最終的には，急遽召集した6万人の兵力を送り出した．そのうちの半分が貴族と正面警備兵（兵役に義務づけられた農民）であった．[15] 直接，間接的にもハンガリーは最も苦しい時のマリア・テレジアとオーストリアを救った．30年にも満たない過去にハンガリー人は，彼女が今最高の代表者である王国に屈辱的に扱われ，その彼女が，ハンガリー人に今や急な援助と献身と忠誠を呼びかけたことを忘れるべきではない．重要なことは軍事的な協力の大きさではなく，40年前と比べて（スペイン継承戦争中），武力蜂起はマリア・テレジアの運命にとどめを刺したに違いない，という事実である．それ以上に，心理的にも重要なハンガリーからの軍事援助が無かったならば，リンツとプラハの解放は不可能であっただろうし，ミュンヒェンを占領することも出来なかったであろ

う．ハンガリーでの成功，ハンガリー貴族の騎馬兵の攻撃，彼らに率いられた歩兵旅団の攻撃はオーストリアの敵を驚かせ，混乱させた．これらすべてが，英国が介入する前に戦争が有利に向かったことに貢献した．

マリア・テレジアは，魅力と騎士道的態度と巧妙さでプレスブルクでの勝利を果たしたが，ハンガリーの貴族たちの特権の確認と拡大という譲歩を行った：特に貴族の「基本的な権利と自由」に属した税免除，地方の裁判権に対する不介入，農民の公租に関する扱いの確認を行った．「私は，取り上げる為に来たのではなく，差し上げる為に来たのです」と彼女は宣言した．この意味で女帝は議会が求めていたものの大部分を承認したのである．

その後女帝は繰り返し文書と口頭で「ハンガリー国民」に対して彼女の謝意を現わした．彼女は，「ハンガリー人は基本的に律儀であり，良く扱えば，彼らからは何でも得られる，」と言う風に考えた．20年後不穏の時期が来た時，彼女は貴族の農奴に対する非人間的な取り扱いついて，「私は，良きハンガリー人である．私の心はこの国民に対して感謝で一杯である」と，自分の立場を，ハンガリー代官である自分の義理の息子に明らかにしている．

恩赦を受けたハンガリーの2人の指揮官が七年戦争（1756－1763年）の際，ハンガリーの騎兵隊の評判とハンガリー連隊の勇敢さをヨーロッパ中に広げ，女帝に深い感嘆の気持ちを持たせた．フェレンツ・ナーダシュディ将軍は続けて3つの大胆な騎馬攻撃によってコリンの戦いで1757年，プロイセンのフリードリッヒ2世に決定的な勝利を招来した時，女帝はシェーンブルンのお城で，（「王制の誕生日だ！」）と祝い，テレジアン勲章を傑出した軍事功労賞として創設した．ナーダシュディは第十字賞の最初の受賞者の1人である．ところで，ロードンと並んで疑いも無くマリア・テレジアの天才的なこの将軍は，1671年にレオポルトⅠ世がズリニ・ウェッシェレーニの謀反に荷担した罪でウイーンで絞首刑に処したナーダスディ伯爵の孫に当たる…

2，3ヶ月後に，向こう見ずな戦場の戦いに成功したのはハンガリーの将軍アンドラーシュ・ハディクで，彼は既にシュレジア戦争で世間をあっと言わせるような成功を収めていた．見事に実施された作戦の為，ハディクは敵方の心臓部まで押し入った．フランス軍に向かって西の方に進軍しているプロイセン軍に対して1711年，エステルゴムに生まれたこの将軍は，たったの3500騎の

第16章 ハプスブルク王朝の支配下で——マリア・テレジアの時代

騎馬兵と歩兵及び4台の砲台を従えて直接ベルリンを攻撃した：1757年10月，彼は短い，血みどろの戦いの後，ケペニック門への侵入を企て，橋を破壊し，1700人の兵士とともに街の中に突入した；他の部隊はコトブス門を占領した．恐怖に驚いて，混乱したベルリン市民は，敵は少なくとも1万5000人はいると考えた．実際は大挙したオーストリア軍の前衛と信じて，市の行政は12万5000ターラーを銀貨で，ハディクの名前で同額を火事見舞いとして支払い，更に2万5000ターラーを兵士達に贈り物として支払った．攻撃の脅しは目的を達した．その翌日，ハディクは部隊とともに，攻撃を全くせずに街を去った．誰も，この大胆な一群が，6つの奪った旗と400人の人質とともに何処へ行ってしまったのか知らなかった．1日で歩兵隊は50キロ，騎兵隊は80キロメートルを退却した．300の騎兵からなる部隊がウジハージイ大佐の命令の下に，追いかけてきたプロイセン軍を迎え撃った．その小競り合いの際に，マジャール人とマジャール人が戦うことになった．と言うのは，プロイセン歩兵隊の先頭にはプロイセン国王に仕えた騎兵隊大佐のミハイ・セイケイがいたからである．

驚いた大王は10月18日にベルリンに帰還した．プロイセンの部隊は前日に再度首都であり，宮廷のある街に帰っていた．フリードリッヒ大王はハディクの追討を兵に命令した．「この連中は捕まえなければならない．生け捕りにしても，殺すにしてもだ！」フリードリッヒの日記はこのように記している．ハディクの部隊に追いつくことは怒り狂ったプロイセンの王にはかなわなかった．

ハディクの騎馬兵の一撃は，プロイセン王は「シュレジアの泥棒」と，心からも憎んだが，マリア・テレジアは，ハプスブルクの歴史に詳しいアダム・バンドルツカによれば，非常に得意であったと言う．女帝はハディクに手書きの「このような賢明な，巧みに実行されたベルリンに対する企てに非常に満足である」という賞賛の言葉を贈り，3000ドゥカーデンの賞金とともに，最近設立したばかりのマリア・テレジア軍事勲章を授けた．ハディクの勇気ある冒険は華やかな物語に花を添えた．例えばハディク将軍はベルリンから高価な毛皮で出来た手袋を女帝に送ったが，急いだ余り不幸にも，24個の左手用の手袋ばかりが送られてしまった，という類である．ハディクは間もなく世襲の伯爵の称号を贈られ，元帥，枢密顧問に昇格し，トランシルバニアと，後にはガリツィンの軍事総督に任命された．彼のキャリアの最高潮は1774年に宮廷軍事

委員会の長となり，この地位を彼は1790年に亡くなるまで手にしていた．この地位の重要性については，それまでハンガリー人には行政の顧問にすら手が届かなかったことからも推し量ることができる．歴史家のユリウス・ミシュコルツィが強調しているように，何世紀にも亘ってハンガリー人のどんな政治家も政府に参画出来なかった…最も高い地位の副王や宮廷官房長でさえも全王宮政府からは締め出しを食っていた．[16]

マリア・テレジアは疑いも無くオーストリアの歴史上優れた支配者であった．フリードリッヒⅡ世でさえも，その遺言の中で，「賢明な侯爵」，「最も賢明で，政治的に最も才ある侯爵」，と言って彼女を褒め称えた．彼は素直に認めている，「偉大な男として称えられるこの女性は，父親の残した揺れ動く王国を確かなものにした」．[17]

「戦争の続く14年間だったにもかかわらず，16人の子供を産んだにもかかわらず，貴族や僧侶達の反抗にもかかわらず，マリア・テレジアは心底からの偉大な改革者で，婦人の魅力を備えた，部下を選び，使いこなす卓越した能力を備えた指導者であった」と，バンドルツカは述べ，更に次のように付け加えた．

彼女の後にも先にも彼女の人格に結び付けられている，旧ハプスブルク家，ハプスブルク・ロートリンゲン家の王朝の中で，必要な時に適切な人を適切な地位につけることを理解した者はいなかった．彼女のように厳しい戦争の中で，それほど多くの基本的な，物事をひっくり返すような新しい事をやってのけた人はいなかった．彼女はそれを後世にまで伝えた．オーストリアの近代史のどんな分野であっても，例えば，行政，金融，経済政策，教育，軍事，裁判制度，福祉の歴史を見ても，決定的な改革と誇るべき制度は，皆いつも偉大な女帝の時代に作られた，という結論に達する．[18]

政治的本能でマリア・テレジアは，王国の中でも最も難しい国ハンガリーとの付き合いでは，いつも伝統に条件付けられた要素を守り，時によって小さなジェスチャーを見せることによって，不審の目で見ている，自分の利益を考えている貴族たちと，中央の改革の為に少なくとも部分的に妥協してきた．情実人事，表彰，個人的に恩を与えることなどが彼女を助けた．宮廷のハンガリー

政策は，女帝の人間的な好意によって彩られた．彼女は死の数週間前，ハンガリーの宰相ヨージェフ・エステルハージ伯爵を呼び，「ハンガリーの人たちに，私が最後の瞬間まで感謝してあの人たちのことを思っていた，と伝えて欲しい」，と述べた．[19]

このような態度と教育政策，科学，宗教のイニシアティブは広範な，時として予測しなかった結果をハンガリーの，又間接的に，帝國の将来に投げかけた．マリア・テレジアは，ハンガリーの高い位の貴族と裕福な中等貴族をウイーンの影響下に引き寄せるのに成功した．彼女は1746年にウイーンに彼女の名にちなんだ，即ち，エリートの中等学校テレジアヌムを設立し，そこでは1772年までに117名のハンガリーの貴族の師弟が学んだ．多くのハンガリー人がヴィーナー・ノイシュタットにある軍事アカデミーを卒業した．その勇敢さで目立った将校達は新しく出来た聖ステフアン勲章を授与られた．新教徒達は宗教活動において制限され，ユダヤ人は非情にも迫害され，時にはボヘミアやモラビアから追放されたりした．しかし，敬虔な女帝は，部分的には帝国を統一するために，カトリック教会を支援した．勝利した反宗教改革派は宮廷に友好的な，そしてはっきりとバロック・カトリックの色濃いハンガリー愛国主義を造ってしまった．この愛国主義は「マリアの国」(Regnum Marianum) のアイデアを頂点として，中世の国家のマリア信仰と結びついた．

女帝の2つの姿勢がハンガリー人の国民的・宗教的感情に深く残った．1757年以来マリア・テレジアは聖イシュトヴァーンの時代に由来する「ハンガリーの使徒の王」というタイトルを再び自分に冠した．このタイトルは，教皇クレメンスXIII世が，トルコとの戦いで犠牲となったハンガリー国民を称えて，言わば古くて新しい特権として承認した権利であった．もっと強烈だったのは，1771年に聖イシュトヴァーンの右腕がラグサからブダの王宮に，賑々しく返還された効果であった．[20]

国土に関しては，トランシルバニアは母国から引き離されていたままであったが，マリア・テレジアはそれ以前にはポーランドのジギスムント国王に貸与されていた300の都市，フィウメ港，ティサ・マロシュ河地域の軍事境界地域をハンガリーに編入した．

将来のハンガリーの言語，文学，国民のアイデンティティにとって非常に重

要で, 勿論当時はその効果が見通すことの出来なかったのは, 1760年に女帝の為にウイーンでハンガリー貴族からなる近衛兵が造られたことであった. どの県も5年間に渡って貴族の若者を2人ウイーンに送った. それに加えてトランシルバニアは20人を送った. 後に女帝は近衛兵の数を500人に増やした. これが, ハンガリーの歴史の特色のパラドックスの1つになった. と言うのは, ハンガリー語の近代化が, ハンガリーではなく, 異邦人の国家で始まり, したがってウイーンがハンガリー文学運動の中心になったことである.[21]

18歳の近衛兵であったジェルジュ・ベシェネイ (1747-1811年) は, ウイーンで最初にフランス語を, 次にドイツ語を学んだが, その結果, 啓蒙思想の知識を広める為には母国語の助けが必要だと言う結論に達した. より高度な知的要請に対応する為には言葉自体の近代化が必要であった. 次の課題は, 人間が人生に興味を持つことであった. そして第3の課題は読者の関心を惹く文学を造ることと, 読者を近代化の方向に引っ張って行くことであった. 今日, 我々から見れば, 1772年以降に発表された彼の作品はそのスタイルからしてとても楽しむと言うわけには行かないが, それでも, ベシェネイを近代ハンガリー語の草分けと言っても言い過ぎではない:彼は友人達とともに言語の近代化のために最初の一石を投じ, 言語運動を始めた. 亡命先で, 英語でハンガリー史を執筆した, 随筆家のパウロ・イグノトゥスは, ベシェネイはその文学の近代化により「ハンガリー国民を発見した」, と, 言ったのは相当深い意味で正しいかもしれない.[22] 彼が世に出る前は, ハンガリー語で書かれたものは一握りほどあったが, 殆んどが宗教的なものであった. 最初のハンガリー人向けの新聞 Magyar Hirmondo は当初, ラテン語で, そしてドイツ語で, やっと1780年に至ってハンガリー語で, しかも, プレスブルクで発行された.

ベシェネイは因みにドイツ語とフランス語で詩を書き, 多くの書物を翻訳した. 一般的に啓蒙思想の文化言語的, 哲学, 文学分野でフランスの影響は, ハンガリー地方豪族に対し, 直接, 間接を問わず, 大きかった. マリア・テレジアの時代に立てられた200に余る図書館には数千冊のフランス語で書かれた書物が置かれた.

ハンガリーの熱心な啓蒙主義者の1人は, 部分的にフランスの, そしてトルコの血を引いた将軍ヤーノシュ・フェケテ伯爵で, 彼はよくボルテールと手紙のやり取りをしていた. フェケテは, フェレネイにいる愛国主義者に沢山のフ

ランスの詩を送った．ボルテールはそれを直したり，誉めたり，ハンガリーの熱心な弟子に新しい作品を書くよう促したりした．余談であるが，詩作する将軍への関心は単に文学だけに留まらなかった．と言うのは，フェケテは詩の他にそのたびごとにトカイのワインも送ったから…[23]

ローマン主義以前にはハンガリー語が主役を務めることはなかった．貴族たちの第2の母国語はラテン語であった．その当時の革命的なルソーの契約論は，ハンガリー（そこでだけ）ではラテン語で発行された事実はほかに説明の仕様がない．数十年後，ジョン・パジェが書いている：

　私は，豪族達がハンガリー語を喋らない理由は，慇懃ではなく，もっと他の理由があるのではないかと疑っている．要するに彼らは喋れないのだ．ヨーロッパの殆どの他の言葉も自国の言葉より巧く喋れるほど，大貴族の大部分は非国民化しているのだ．[24]

　マリア・テレジアは，彼女によって採られた外国人の入植政策によって人口に占めるマジャール人の比率が下がってしまったのにもかかわらず，ハンガリーでは非常に人気が高かった．その政策は第一義的には荒廃した，人口の希薄な，湿地帯地域の経済の再建にあったが，しかしながら，新しく入植してきた人々の国家に対する忠誠は，僧侶コロニチュによれば，「革命と騒動に向きがちなハンガリー人の血をドイツ人によって抑制する」，ということも大切であった．[25] 17世紀末以来，宮廷はブダにエージェントの人を派遣し，バイエルンやオーストリアに，3年から5年の間の税金免除や，入植者が恐れていた土地に縛り付けられることから自由であると言う条件で入植を促していた．入植者達の主流は，主に南西ドイツ，特にコンスタンツ湖周辺の村々，モーゼル側流域から入ってきた．大半はグループでウルムに集まり，特別に作られた「ウルムの箱」と呼ばれた船でドナウ河を下ってウイーンに向かい，そこで選り分けられ，登録された後「フン族の国」に移送された．

　入植者としては先ずカトリック教徒が選考され，次いで，新教徒が選考された．このようにしてマリア・テレジアの時代は特にバナト地方や南部ハンガリーのバチュカが入植先となった．1763年から1773年までの間だけで5万のドイツの家族が入植した．彼らの勤勉さと宮廷への忠誠でドイツ人は優遇され

た．1787年の調査によれば，90万人のドイツ出身の入植者が記録されている．即ち，920万人のハンガリーの全人口の約10分の1がドイツ系であった．[26]

有能なドイツ人の「忠実な島」としての形成と同時に，「粛々として入植」が進んでいった．北部ではスロバキア人とルテニア人が入植し，東部及び南東部にはルーマニア人が入り，彼らはトランシルバニアでは既に過半数を占めていた．南部ではクロアチア人，セルビア人が入植した．中世末期の荒廃期とトルコ人支配の結果，マジャール人の占める割合は1787年には，推計乃至個々の地域を合算して，たったの35乃至39％に過ぎなくなっていた．[27] この統計は，部分的には組織化された，部分的には不法な外国からの入植に不信感を抱いた中小の貴族に衝撃を与えた．マリア・テレジアはハンガリー貴族の名誉欲や誇りを非常に巧みに満足させることに長けていたが，それでも，反抗の兆しが燃え上がることやクルツ指導者に対するノスタルジアが燃え上がらないように常に監視を怠らなかった．それには次のような逸話がある：

ある日，アスプレモン伯爵はオノトの領地を視察に出かけた．重い馬車はぬかるみにはまってしまい，馬は泥から抜け出すことが出来なくなった．そこにオノトの教会のミサから帰る百姓達の一行が彼らの軽い荷車で通りかかった．誰も止まらなかった．彼らはぬかるみにはまった運の悪い，大声で罵っているドイツ人のことを笑い飛ばした．遂に伯爵は馬車から降り，笑い飛ばしている百姓達に向かって怒って言った：「ラーコーツィの孫が泥の中で苦労しているのをお前達は黙ってみているのか？」．するとその名を聞いたとたん，百姓達はすぐさま馬車に駆けつけ，ぬかるみから助け出し，伯爵を喜び勇んでオノトに案内して行った．このニュースがウイーンにも伝わり，伯爵が宮廷に現れた時，マリア・テレジアは怒りで顔を真っ赤にしていった．「アスプレモン，聞きなさい．貴方が泥の中に漬かっていなさいと言っているのではない．しかし，ラーコーツィの名を使って悪ふざけをし続けるならば，獄に繋げますよ」．[28]

支配者によって促進されたドイツ人の大々的な入植は，ドイツ化を意図的に促すというよりは，ハンガリーの行政，更にそれを越えて，ハプスブルクの帝國を中央集権化することにあった．この意味で，女帝生存中の最後の議会で1764年に開かれた議会は運命を決するものとなった：地方豪族は，貴族の所

有する財産に対して税金を課し，農民の負担を軽減し，戦争税を増税しようという，女帝の意思に反対して，最終的に自分達の意志を通した．これに対し，マリア・テレジアは議会から拒否された，農民の義務の高さを定め，これを変更または高めることを禁止する「土地台帳令」を女王勅令として導入した．（土地台帳は中世には土地と抵当権の台帳であった．）女帝は憲法に反対する処置をとり，短期的な利己主義を動機とする貴族の反対を間接的に押し切ったのである．このことは，今やハンガリーにとって不利益となる，それ以上に差別的な経済政策を自由に進めることに繋がった．

　多くのハンガリーの歴史家達によって指摘されていた，オーストリアによる植民地化の結果，ハンガリーは発展が遅れたという点に関しては，今日では別の観点で，区別して見られている．例えば，ドモコシュ・コシャーリは，オーストリアの関税・経済政策はハンガリーを遅れた農業国と，西側の工業製品の買い手になり下げたのではなく，そういう状態を利用した，と示唆している．[29] 議会は1764年以来召集されなかった．ハンガリーは一層帝國の所領の食糧・原材料供給の役割に成り下がっていった．勿論，緩慢な経済成長は見られたが，貴族たちの租税免除に固執する態度はウイーンの官僚にとって，ハンガリー経済をオーストリアの関税制度から締め出す格好の口実を与え，ハンガリーを不利な状況に置き，最終的には帝国全体にとって有害な状況を生み，これが1848年に至るまで意識的に悪化させ続けた．

　彼女の入植・経済政策にもかかわらず，マリア・テレジアは，全般的に賞賛された，特に好かれた支配者であった．それに反して，彼女の息子ヨゼフが行ったショック体験は，人間味を知らず，ハンガリー人のメンタリティーを無視した徹底的な改革であり，過去の信頼関係に戻ることをもはや不可能にするものであった．すべてが啓蒙主義という名の下に実施された皇帝による近代化は，逆にハンガリーのナショナリズムを激しく煽り，1848年の中欧の政治地図を劇的に変えてしまうことになった．

第17章 「帽子を冠った国王」に対する戦い

　ヨゼフⅡ世（1780 - 1790年）ほど，ハプスブルクの治世にたいして評価の分かれる皇帝はいない．彼は果たして偉大な改革者だったのか，或いは国家第一の奉仕者だったのか，国民の皇帝で，農民解放者だったのか，信仰浄化者だったのか，教条主義者だったのか，皇帝による革命家であったのか？　その失敗がオーストリアの指導層に今日まで影を落としているスタイルとものの考え方に影響を及ぼしている，余りにも悲劇的な王冠の継承者なのか？　確かにヨゼフは真のヒュウマニズムによって国を治めようとした．しかし，彼は時代を先取りし過ぎた．深く伝統に染まっていた国民はその結果に従おうとはしなかった．特にバロックの中で，恭順な敬虔さを植え付けられたカトリック教徒がそうであった．皇帝は，寛容勅令により，新教徒や正教の人々やユダヤ教徒まで従わせようとしたが，無理解に会った．彼は，農奴制を廃止し，個人の自由と職業選択の自由を拡大し，新しい官吏のタイプを促進し，帝国全土で教育と福祉を促進した．ヨゼフⅡ世は10年足らずの治世の間，6000の勅令と11000もの新たな法律を作ったという．[1]

　ハンガリーの歴史上，彼のことを「（王冠ではなく）帽子を被った国王」と呼んでいる．と言うのは，彼は，彼が破壊しようとしていた貴族の，その憲法に誓うということを避けるため，自ら聖イシュトヴァーン王冠を冠することを放棄した唯一の支配者であったからである．浮世離れした配慮のなさで，彼は聖イシュトヴァーンの王冠を単なる博物館の聖遺物としてウイーンの宝物殿に入れてしまった（ボヘミアのヴァツラフ王冠も）．自由裁量を得るために，ヨゼフⅡ世は議会を召集しなかった．そして，選出された県庁の役人の替わりに，中央の厳しい指示に従う，10の地域に，中央から派遣した役人に変え，そのトップには宮廷の役人を任命した．

　支配者の理想は，統一的な行政と，軍隊，政治の制度のもとに厳しく，一体となった国家であった．ヨゼフⅡ世は，彼自身が記しているように，「国家の利益というファナティズム」思想を持っており，様々に異なった王国の地方を，

第17章 「帽子を冠った国王」に対する戦い

唯一の，あらゆる施設や負担においても同じ地方に作り変え，同様な方法で指導できる1つの大衆にしようと試みた．[2]

　専制君主的な世界を改良して統一化する最も重要な手段は，1784年6月18日以降，帝國の隅々でドイツ語が話されることであった．役人は3年間ドイツ語を学ぶ猶予が与えられた．歴史的な特性やこの間に育った性格を無視したこの処置は，貴族の土地に対する課税を準備することを目指した人口調査や土地調査と共に，全ハンガリー貴族たちの怒りを買った．ヨゼフII世にとっては，決してドイツ化が重要ではなかった．彼にとって重要なのは階級的に組織化された，信頼できる，勿論ドイツ語ができる官僚と支配的なドイツの様式を取り入れた王国が，圧倒的に一体として等しく治められることであった．余計なことであるが，彼にとっては，ハンガリーにおいても，クロアチアにおいてもスロバキアやルーマニアにおいても私的な分野でどんな言葉を使おうと関心がなかった．このような目的を睨んで彼は1784年4月26日，ハンガリー人宮廷官房長エステルハージ伯爵に冷たく，厳しく王の訓示で次のような説教を垂れて書いている：

　ラテン語のように死んだ言葉を日常使用することは，暗黙に，国民に，国民が何ら正統な母国語も持っていないか，国民がその言葉を読むことも書くこともできないという恥じを説明するのにまさに適切である…ハンガリー語が全ハンガリーで通用しないと言うならば，同じことだろう…ということはドイツ語以外はどんな言葉も王国の中で，戦争の時も政治に関しても全国土で通用する言葉は無い．[3]

　皇帝の不幸な外交，即ち，ハンガリーが主として負担せざるを得なかったが，ロシアとの同盟で始まったトルコ戦争，オーストリア領のオランダの蜂起が成功したこと，プロイセンのスパイが暗躍したことなどは，激しい貴族たちの抵抗を呼び起こした．特に，1789年に導入が予定された貴族の所有地に対する12.22%の追加課税は地方豪族の武装蜂起に至った．県は軍役を拒否した．ヨゼフ的啓蒙主義的絶対君主体制はハンガリーでは明らかに破綻した．死の床に臥して皇帝は，寛容令，農民解放，国民厚生令を除いてすべての問題となった改革を引っ込め，議会の召集を約束し，聖イシュトヴァーン王冠をハンガリー

に返還するよう命令した．

　ウイーンからブダまでの王冠の行列は4日間かかった．全国，取り分け道筋に当たる県では人々が感激で一杯であった．改革派の僧侶ヨーゼフ・ケレステッシはその日記の中で，キットゼー，ジュール，エステルゴムからブダに至る凱旋行列に触れている．[4] そして又次の点にも言及している．「この機会に凄まじく沢山の人々がウイーンに押し寄せた．彼らドイツ人たちは，物価の上昇が，神がハンガリーの王冠を自分達の下に置いた罰を与えた，と感じて王冠の出発を見届けようとしたのである」．
　数百名の騎馬兵と歩兵を従えた貴族と衛兵，県とペスト市の使者達に囲まれた行列が王宮に着き，6人の選ばれた貴族が王冠の入った箱を王宮の大ホールに運び，3段高いビロードで包まれた場所に置いた．

　そこで裁判官カーロイ・ジチが簡単な挨拶をし，箱を開けようとした．ところが鍵が閉まってなかなか開かない．ドイツ語で彼は別の鍵を要求した．それに対して，そばに立っていたハンガリー人ジグモンド・ネメシュが言った．「旦那様，これはドイツの王冠ではないですよ．ドイツ語など解らないでしょう；閣下，ハンガリー語で試してみてください．そうしたら開くでしょう！」，一座は笑いに包まれた．こうして裁判官はハンガリー語で箱を開き，王冠は取り出され，王宮の広間で集まった人々に見せられた．その後，箱は埃を吹き払われ，再び閉じられた．1人のドイツ人従僕が掃き清めようとしているとき，1人のハンガリー人が叫んだ．「帰れ，ドイツ人め．ドイツの手でよくもできるものだ」．そして彼は自ら掃き清めた．

　ヨゼフⅡ世が1790年2月20日に世を去り，彼の弟で，後継者レオポルトⅡ世（1790－1792年）に多方面で危機に面していた帝國を，殆んど混沌とした状況で残した．新しい皇帝は多大な戦術的巧妙さで，帝國とハンガリーの関係を緩和することに成功した．1790／1991年に開かれた議会において，身分層・国民憲法は法律第10条ですべて確認された．レオポルトは，ハンガリーを「他の領国を手本にするのではなく，独自の法律に基づいて治める」ことを約束した．この時期はまさにフランス革命の警鐘がなっていた．それでも，ハン

ガリーの地方豪族は自分達の特権を依然として享受することが出来るものと考え，この国の旧い行政のシステムを再建し，これによって新しい政治的，社会的進展からこの国を切り離すことができると考えていた．後の革命に対する三帝同盟や1809年のナポレオンのシェーンブルン宮殿からの呼びかけではなく，レオポルトⅡ世による譲歩のみならず，多分，革命への共通の不安が，ウイーンの中央政府にとって危険な貴族たちの反対運動につながった．サボルツ県の見解が広範に広がった意見を代弁していた：「貴族がいなければ，王の権力は力がない．支配者がなくては，貴族は成り立たない」．その際，ハンガリー貴族の挙げた自分達の権利を擁護する理由は，フランスの貴族達とは様相を異にしていた：即ち，貴族の特権の擁護は，外国にいて統治する国王の利益を維持することと同じであった．

ハンガリーで啓蒙主義が根付くかどうかは，まだ弱々しかったが，遅々として形成されていた知識層にかかっていた．ともかくも，1700乃至1790人，高々3000人のハンガリーからの若者が特にドイツ，それにスイス，オランダ，英国の大学で学んでいた．知識人の数は，公式の推計によれば，当時5000人に満たないという（それに比し，僧侶は18487名いた！）．今日では，ハンガリーの歴史家は，15000人から20000人と推定している．それにしても920万人という全人口の中の話である．[5]

特に重要な役割を果たしたのはフリーメイソンである．彼らの中の知識人は，啓蒙的な貴族たちと緊密な連絡網を打ち立てていた．（余談であるが，ヨゼフⅡ世もフリーメイソンのメンバーであった）．1780年にはハンガリーには凡そ30の支部があり，800乃至900人のメンバーがいた．ハンガリーの新聞の定期購読者数は増加しており，行政の中心地であるペスト・ブダ（やっと1872年に至って合併することになるが）には，医者，弁護士，公務員，進歩的貴族の凡そ1500人が反封建主義にとって豊かな土壌を形成していた．[6]

同時に，まだマリア・テレジアの時代にベシェネイとその友人たちが計画していた，国語化へのキャンペーンは，ドイツ語導入への反対と見なされたヨゼフⅡ世の勅令によって，逆に勢いを増した．ラテン語を公式言語として弁護する運動は，やがて，ハンガリー語を国の言語としようという熱心な努力に変わった．マジャール人の国民意識の発揚は再びセルビア人，ルーマニア人，その後勿論，スロバキア人，クロアチア人との軋轢を生んだ．ハンガリー人は

「貴族国民」という音頭をとった人たちは，一般庶民と異なり，相変わらず大多数を占めていた．マジャール語を行政，科学，教育の言葉として導入しようと言うキャンペーンは，ウイーンの宮廷とそれと組んだ人々との軋轢となった．「古いハンガリー」の歴史家であるベーラ・グリュンヴァルトは1世紀後(1910年)，その当時の状態を次のように描写している：

　異邦人の，敵対的な王制，非寛容の抑圧的な教会勢力，国を忘れた高位の貴族，国家の利益に無関心な大量の小貴族，小ドイツ市民，抑圧された農民，皇帝の配下に成り下がった兵士，国家をなんとも思わない新教徒，沢山の民族大衆――ルーマニア人，ルテニア人，セルビア人，ドイツ人，スロバキア人――これらの要素がハンガリーの生活を取り巻いていた．[7]

「ドイツ人への憎しみ」と言われるものがある．当時ハンガリー人は「ドイツ」というとき，2つの異邦人的なものを思い浮かべた：1つは，宮廷乃至政府の役人である．これには，一般的な市民は個人的には接触がなかった．その次は，依然として外国人の兵士達である．その兵士がオランダ人だろうが，イタリア人だろうが，スペイン人だろうが兎に角彼らはハンガリー人の目には皇帝の兵士として消え去ることのないドイツ的なものを体現していたのである．あらゆる歴史家は，皇帝の傭兵はハンガリーの国土で数百年間に亘って，残虐に荒らし回ったことを示唆している．ウイーンへの報告では，傭兵達は不幸な国民の家に泊まり込み，トルコ兵よりも怒りを買った，とされている．[8] ドイツ人は，逆に，マジャール人を「卑劣な異端児」(カルビニズム)，とか，「不忠な反逆者」(クルツ派の反抗)と見なしていた．[9]「ハンガリー人の定住以来積み重なった憎しみ，誤解，妬みなどが突然新たな，恐怖感に満ちた精彩を持って浮かび上がった」，と，バロック時代のハンガリーに関する論文に書かれている．
　ウイーンからブタペスト大学の図書館に配属されたレオポルト・アロイス・ホフマンは，レオポルトⅡ世のためにスパイ活動を行い，ハンガリーの革命家の集まりにペンを以って革命の精神に反対したが，彼はハンガリー人について次のように述べている：「ハンガリーの田舎貴族はパリの荷車引きのような知識しかない」．[10] 他にドイツの作家J. ライマンは，「ハンガリー人は，聞き分けの良い馬と煌めくサーベルの方が奇妙な本よりも大切だという性向をもってい

る」，と書いている．[11] 我々は後で「文化的違い」と言う理論と，ハンガリーと，ドイツとの間の変転する関係について触れよう．重要なのは，既に啓蒙主義の時代，ハンガリーの歴史的破滅から，200年の時差を以って，失敗したり，すぐさま失敗を取り返さずにいるうちに，ヨゼフを取り巻く時代がハンガリーを一層遅らせてしまった．特別なハンガリーへの思いをもってさえ，そのことを理解することは出来ない．

逆に，ハンガリー文化を最も代表する人は，劇的な，数の上でも，割合の上でも明確なハンガリー国民の減少に絶望した．詩人のシャーンドル・キシュファルディは，彼が若かった兵士の時に1792年に行った旅について報告している．それによれば，彼は，スロバキア人，シュヴァーベン人，ルーマニア人，ドイツ人をハンガリー人以上に沢山見たので，「ハンガリー国民は消えてしまうのではないか」と言う不安を持った，という．[12]

この年，偶然ではなく，ヘルダーの本「人類の歴史の哲学に関する考察」が出版され，その中でマジャール人の暗い将来が描かれいた．「彼らは，スラブ人，ドイツ人，ワラキア人，その他の人種の中の少数民族になり，数世紀先には多分その言葉も殆ど見られなくなるだろう」．[13] その後の200年の間ヘルダーほど引用された外国人の観察者はいなかった：脅かされる運命と，小さな民族（アジア人の端くれ）たるハンガリー人が異邦人，敵対人種の間で生き残ろうと努力してきたことに警告する意味で．

ハンガリーでも啓蒙思想及びフランス革命の哲学が知識層の間で多くの共感を呼んだのは，フランツⅡ世皇帝の長い治世（1792－1835年）の最初の頃，ジャコバン党の陰謀が示し，それは劇的な衝撃的経験を呼び起こして，それが，ハンガリーに対する支配者の不信を顕著にした．才能に恵まれ，柔軟性のあった父親に対して，フランツは「狭量で，無味乾燥で，閉ざされた，小さな所で特殊な才能のあった人物で，その政治は揺れ動く時代にあって，兎に角生き延びることであった」．[14]

第18章　修道士マルチノヴィッチとジャコバン党の陰謀：革命的殉教者としての秘密スパイ

　1795年5月20日，水曜日の早朝，それぞれ4頭の馬に引かれた5台の木製の馬車がブダの王宮の麓にある草むらに向かって走っていった．それは，4人の首謀者（所謂「司令官」）とジャコバン運動の設立者で，主な被告人，修道士イグナツ・マルチノヴィッチを断頭台に運ぶところだった．馬車は，死刑を宣告された仲間が首を切られるのを見られないように配置されていたが，マルチノヴィッチだけは，6時半に設定された仲間の刑の執行を見ていなければならなかった．
　最初にヤコブ・シグライ伯爵が断頭台にしゃがみこんだ．しかし，首切り役人は若い伯爵の頭部を胴体から切り離すのに3回も試みなければならなかった．次は貴族フェレンツ・セントマルヤイ，そしてかっての騎兵隊軍曹で，5年前に他の将校達とともに議会に対してハンガリー語を指揮命令語として導入すること，ハンガリー人の将校をハンガリーの旅団に配属することを要求した，ヤノシュ・ラツコヴィッチ，最後に，以前からハンガリーの現状についてこれ以上放置できないと言う批判的な文書を著していた，かっての副知事で弁護士ヨジェフ・ハイノーチが処刑された．40歳のマルチノヴィッチは断頭台に引っ張られていく時に癲癇性の発作に襲われた．死刑執行人がマルチノヴィッチの書き物をひけらかしながら燃やした時，吐き気を催すようなおぞましく最高潮に達した．この残虐な見世物を数百人の見物人が見守った．遺体は秘密の場所に埋められた．
　2週間後に同じ場所でジャコバン運動に携わった2人の人間が首をはねられた．それ以来この原っぱを民衆は「血の原っぱ」と呼び，後に公式な名称になった．1914年5月，即ち119年後にこの殉教者達の遺骨を発見した．1960年以降，7人はケレケシ墓地に眠っている．
　1794年夏，全部で53人の貴族，市民，作家，大学教授，公務員，弁護士が逮捕され，国家反逆罪で告訴された．1人のみが50歳を過ぎ，後は25歳にも

第18章 修道士マルチノヴィッチとジャコバン党の陰謀：
革命的殉教者としての秘密スパイ

満たなかった．2人は自殺した．18人が死刑の判決を受け，その内11人が長期間の拷問の罪に変更された．鎖で殴打され，有罪の判決を受けた者はクフシュタイン，ブリュン，ムンカーチュの怪しげな拷問の館に姿を消していった．フェレンツ・カツィンチー（1759-1831年）は，ハンガリー語の近代化に力を尽くした人物で，しかし，ハンガリー語よりもドイツ語を書き，ドイツ文学を敬愛し，偉大な翻訳家でもあったが，彼も2387日を牢獄で過ごさねばならなかった．詩人のフェレンツ・ヴェルシェギイは10年の禁固刑を受けた．何故ならば，彼は，マルセイエーズをハンガリー語に訳したからだ．

運動の中心人物は初めから終わりまで悪魔的な，多くの観点から殆んど天才的な男イグナツ・マルチノヴィッチであり，彼の活動的な人生は，心理学の臨床的な例と犯罪推理小説とフランス革命の思想がたどった物語が混在するようであった．[1] それに呼応するかのようにこの男の人格と役割について，人々の意見はまちまちで，人間的にはどの観点からもメチャメチャであるが，この男の果たした歴史的な役割について，西側では完全に無視されているが，宮中のハンガリーに対する見方を長いこと強く反映している．

マルチノヴィッチの先祖は17世紀の終わりに，セルビアからハンガリーに逃げてきた逃亡者数千人の中の1家族であった．彼が言うように，父親が軍事に従事していたアルバニア貴族であったのか，セルビア人の酒場の主人だったのか判然としない．はっきりしているのは，イグナツ・マルチノヴィッチが1755年にブダで小市民のドイツ人の家族の息子として生まれたことである．そして彼は16歳の時，この間未亡人になった信仰心厚い母親の希望により，6人の少年の中で最年少の少年としてフランシスコ派の修道院に迎えられた．彼は僧侶になると言う誓約書に署名し，優秀な成績で神学と自然科学を修めた．しかし，既に1774年，修道院の生活に窮屈さを感じたこの若き男は修道院から脱会することを願い出た．修道院長の懇請に応じ彼は願いを撤回したものの，彼の先輩や院の兄弟達と揉め事が絶えなかった．遂に彼の親戚の将校がチェルノヴィッツの歩兵旅団の従軍僧の職を斡旋した．

マルチノヴィッチはすぐさまブコヴィナに行き，そこで初めてフランシスコ会上司の許可を求めた．チェルノヴィッツで彼はイグナーツ・ポトッキ伯爵に会った．伯爵は1794年にポーランドの独立戦争中，大臣になった人物である．このポーランドの貴族は言語能力があり，教養に富み，頭のいい僧侶に印象付

第18章 修道士マルチノヴィッチとジャコバン党の陰謀：
革命的殉教者としての秘密スパイ

けられ，フランス，英国，スイス，ドイツの旅に同行するよう誘った．啓蒙思想を確信していたポトッキ伯爵は至る所で同志を募った．両人は1782年冬に殆んど1年ぶりに帰国し，マルチノヴィッチはレンベルクに残り，そこでフリーメーソンのメンバーと緊密な連絡をとり，1783年にはヨゼフⅡ世によってレンベルク大学自然科学の正教授に任命され，1年後には学部長に任命された．そして今や公けにフランシスコ会と決別し，世俗の聖職者となった．彼の学術的な発見と啓蒙思想の精神で発刊された哲学書や研究は外国でも知られるところとなった．80年代末には彼は既に無神論者となり，物質主義哲学の信奉者として，民主主義的改革者として，教会と貴族階級の確信的敵対者となった．同時に彼は上からの，即ち，啓蒙君主からの改革を期待していた．

　不幸なことに，マルチノヴィッチはレンベルクの至る所で軋轢を引き起こした．彼の留まる所を知らない出世欲と自分の地位の度を越した過信は他人を軽蔑することとあいまって彼を袋小路に追いやった．学部長の地位を辞して彼はウイーンやブダの教授の地位を求めたが無駄だった．彼のあらゆる努力は失敗した．，部分的には彼自身の限度のない自己顕示欲，他の部分では，再び強くなったイエズス会勢力の悪だくみに寄るものであった．少なくとも真相は，この能力のある科学者の国際的評判が冷たくあしらわれた事にあろう．

　このような状況の中で1791年7月，ウイーンで決定的な変化が起こった．マルチノヴィッチは，既にヨゼフⅡ世によってペスト地区の秘密警察のボスに任命された元喫茶店主フェレンツ・ゴッタルディに出会った．レオポルドⅡ世が戴冠した後，ゴッタルディは皇帝に直接アクセスできる全秘密警察網の長になった．彼は二重スパイの技術，撹乱の師匠であり，お互いに敵対する全帝國を網羅するスパイ網の長であった．皇帝はハンガリーの地方貴族たちと妥協の道を探り，示威的に和解の道に入ったように見せかけて，実は，彼自身でビラを造り，後援するように見せ，農民達が地主に対して反抗するようにけしかけた．それと同時に常に皇帝に忠実なセルビア人の中でハンガリー人に対する憎しみを煽った．このような危険なゲームで彼は地方豪族に圧力をかけ，分離傾向を緩和しようとした．

　警察長官のゴッタルディは宮中劇場官僚の陰謀に荷担し，情報網を全国的に張り巡らせた．この中に既に言及したホフマンの他，大学教授でペスト大学図書館長ユリウス・ガベルホーファー，ヤーノシュ・マイラート伯爵等の名前の

第18章 修道士マルチノヴィッチとジャコバン党の陰謀: 革命的殉教者としての秘密スパイ

通った作家，貴族の A. メディヤーンスキイ男爵，書籍出版者，ビジネスマン等が含まれていた．[2] しかし彼らは光明会，フリーメイソンの秘密組織のメンバーやイエズス会にする関する必要な情報を与えることをしなかった．だからこそマルチノヴィッチの方から協力したいという希望が表明された時はゴッタルディは大喜びであった．この学者は，彼の秘密の，同時に様々な秘密組織に関する，彼の内密の，過度に誇張した報告が皇帝の注目を浴び，このようにして出世できるのではないかとの，まんざら理由のないわけではない期待を抱いていた．皇帝は警察長官の勧めによって3回も彼を引見したという．

マルチノヴィッチは溢れるような想像力と異常な出世欲で，フリーメイソンの光明会，イエズス会から愛国主義者たちに至る両極のあらゆる可能性のある謀反をごっちゃ混ぜにした報告を行った．このすべての，半分真実で，半分はデッチ挙げの情報はただ1つの目的，即ち，皇帝の信頼[3] とそれによって政治力を得るためにだけにあった．いつも新しい話や様々なラインの代表の名前を密告することによってマルチノヴィッチは自分の有益性や更には不可欠なことを証明しようとした．彼の書いたものが皇帝を動かして改革の方向に向かわせ，啓蒙思想的絶対主義の上で王制と皇帝の利益になり，同時にハンガリーの地方豪族や国民的運動を明確に拒否することに繋がるはずであった．歴史家のカールマーン・ベンダは，彼は今日的意味のコスモポリタンであって，あるときはハンガリー人といったり，あるときはセルビア人といったりした．簡単に言えば，彼はヨーロッパ規模の啓蒙的な改革者で，しかし，愛国主義者ではなかった．レオポルトは彼にハンガリーの憲法，地方豪族と教会に対する2つのビラの起草を命じた．

1791年末以来マルチノヴィッチは原則としてウイーンに滞在し，全く彼の言いなりになった警察長官ゴッタルディを通して，自らを官房長，宮廷の外交政策の参謀或いは顧問に推薦させようとした．しかし皇帝レオポルトはこれを拒否した．彼はマルチノヴィッチを単に最優秀なスパイと見て財政的には寛大に報い，マルチノヴィッチが希望した宮廷化学官のタイトルも与えた．1792年初，皇帝はスパイの親玉に，ハンガリーの貴族の間に国家的騒擾が起こるのを阻止する為に，国民が地主に対して立ち上がるよう，秘密の命令を下した．マルチノヴィッチはこの秘密のプロジェクトの為に協力者を募るよう命令を受けた．上へ行く為の道はこの自信家には開けてきたように感じられた．しかし

第18章 修道士マルチノヴィッチとジャコバン党の陰謀：革命的殉教者としての秘密スパイ

　レオポルトⅡ世は彼のひそかな，入り組んだ，「秘密の参謀」によって練り上げられたハンガリーを変革する計画を実現することは出来なかった．彼は予期せず1792年3月1日，世を去った．それは又この尋常でないスパイが望んでいた出世があえなく終わったことも意味した．

　皇帝フランツはゴッタルディにもマルチノヴィッチにも関心がなかった．新しい警察長官はゴッタルディーマルチノヴィッチ組には月づきの支払いを停止した．2人は嫌われたのだった．2人は皇帝の慈悲を再び得ようとしたが無駄だった．ゴッタルディは皇帝に言った：「マルチノヴィッチは光明会の指導者の1人であることは本当です．しかし，彼は他の指導者たちの名を明らかにしたのです…彼は地獄に送り込んでもやり遂げる人物です」．マルチノヴィッチはフランツⅡ世に対して，密告の内容と彼の考えを書いたものを，例えば，封をした封筒に入れてオーストリアの10人の光明会の指導者と称する人々の名前を送りつけた．それも無駄であった．新しい皇帝は彼の改革提案に全く興味を示さず，書簡の入った封筒を開きもせずにそのまま新しい警察長官に渡した．

　中身は，啓蒙思想的改革者としての彼の本当の気持ちと，彼の野望との間でマルチノヴィッチが内的な葛藤に苦しんだことを明らかにしている．彼は出世の為ならばいつでも自分の思想を投げ捨てる用意があった．それだからこそ彼は何度も異なった，互いに矛盾する提案をしたり，自分の緊密な同志を密告したりした．教会から，フランシスコ会を無断で去ったことを理由に訴えられた裁判が中止されたり，サスヴァールの名誉大修道院長に任命されたり，遂には皇帝より恵みの金を与えられたりしたが，とき既に遅かった．苦々しく失望したマルチノヴィッチは既に復讐を考えていた．

　苦々しさと傷つけられた誇りと復讐心で，彼は1794年，愛国主義者の，同時に革命運動の指導者を引き受けた．簡単に言えば，彼が以前に密告した組織の指導者になったのである．彼の活動的な，鋭い嗅覚，特に強力な指導力に，これまでどちらかと言うと理論だけに終わっていた知識層や貴族たちを熱中させ，彼を嫌っていた人も，彼を信頼していなかった人も彼に従った．マルチノヴィッチは自分の下に直接従う2つの組織を作った：「ハンガリー人改革派協会」，と「自由と平等協会」である．彼は2つの組織の宣言書の発案者で，組織者で，起案者であった．最初の協会は，小貴族を獲得する為のもので，小貴族の支配のもとで共和国を造る事を考えていた．即ち，基本的には王制の破壊

第18章 修道士マルチノヴィッチとジャコバン党の陰謀：革命的殉教者としての秘密スパイ

を目指していた．貴族はその特権を維持できたが，農民は自由農民になる，というものであった．マルチノヴィッチにとっては，1848年の半世紀後の改革派と同様に，啓蒙的，改革的な貴族階級と急進的な市民階級の利益の調和を考えたものであった．

そこでマルチノヴィッチは突然ハンガリーの愛国闘争者として登場した．彼は見事に，ハプスブルクに対する貴族の復讐心と具体的な不平とを，異邦人の支配に対し徹底的に告発することへ振り向けることをやってのけた．ハンガリー人は，ポーランド人の例のように，聖なる反旗を翻し，皇帝フランツの王権を否定し，共和国を宣言する；というものであった．ハンガリー人は自分自身のためにあるべきである！　豊かな土地に住む900万人の人々は，自分達を組織すればトルコ人に対してであろうとドイツ人に対してであろうとも自分達を守ることができる．

王制の歴史家ユリウス・ミシュコルツィは，奇しくも別の考えを持っていたと指摘している：マルチノヴィッチの宣言案では，オーストリアの王制と国家を切り離して，ハンガリーの貴族共和国を連邦共和国に変更し，いずれの民族もそれぞれの政治的な憲法を持った独自の領土を持ち，それぞれの民族は自分の言語を使用する権利を持ち，自由に宗教を選ぶ権利がある．領土は緊密な連合で結ばれ，外部に対しては一体として，不可分の共和国を構成する，というわけである．

この構想を実現する方法としてマルチノヴィッチは，武力蜂起が必要と考えた．そして，国家の目的を越え，市民の革命家の指導によって市民革命を行うのは，自由と平等協会の課題だと考えたのである．改革派は第2の協会が存在していることを知るべきではなかった．と言うのは，第2の協会はもっぱら手段として役に立つべきであったからである．第2の構想では，ジャコバン党の考えで，知識人と農民の連合を考えていた．

数ヶ月後には2つの協会は，組織化されたとは言えないものの300人の構成員を数えるに至った．4つの指令所と指導的な立場にある人々は，マルチノヴィッチから何度も，彼がパリの本部から直接指令を受け，財政的，武器の援助も期待される，と言い聞かせられた．要するに，彼らは，欺かれた．実際は，グループの活動は，人権と改革に関する議論と改革主義者の協会の宣言案の宣伝に費やされた．運動の構成員の大半は貴族で，半分は平均年齢が20歳から

第18章 修道士マルチノヴィッチとジャコバン党の陰謀：
革命的殉教者としての秘密スパイ

30歳までの知識層であった．

極秘裏にされたのに，警察のスパイがハンガリーで暴動を起こそうとしている宣言案が出回っていることをウイーンに報告した．ハンガリー北部の県の軍司令官は武力蜂起が起こることさえ恐れた．軍隊が召集され，ハンガリー方面に増強された．警察は1794年7月に突入して，20人近くを逮捕した．その中には元秘密警察長官ゴッタルディ，かって若き皇帝の数学の教授であったアンドレアス・フォン・リーデル男爵とイグナーツ・マルチノヴィッチが含まれていた．例によってマルチノヴィッチはまたしてもハンガリーのジャコバン党の人々を密告した．名誉修道院長は尋問者に，自分は単に皇帝レオポルトⅡ世の意を汲んでやったに過ぎない，と弁明したが無駄であった．

ジャコバン運動は一握りの愛国主義者で人道主義者であった理想主義者たちによって構成されていた．大衆の基盤もなく，財政的裏付けもない彼らは国家と王制にとって本当の危険を意味したわけではなかった．しかし，マルチノヴィッチが尋問に際して，あらゆる公式なハンガリー人が協力者であり，知っていたと述べたことによって影響は大きくなった．彼は，協会が既に3年前から存在し，数千人のメンバーを得，高い地位の人，例えば，裁判官ジチやザグレブ司教のヴェルホヴァツとの協力を挙げたと言う．マルチノヴィッチが自分の劇的な誇張によって自分を罰することが危険であるとして寛大な処置を期待したかどうか，或いはいつものように，度を越した，抗し難い自信過剰から主張したかどうかは重要ではない．問題は予期に反する反響なのだ．

まだ22歳にならなかったアレクサンダー・レオポルト大公は，当初ハンガリーに友好的な副王であったが，衝撃を受け，深く失望した．彼はすぐさまあらゆる比較的穏健なハンガリーの高位の者の職を解き，彼の兄皇帝フランツⅡ世の為に極端に反動的な計画を立てた．その中には，既に1790年にハンガリーが，マルチノヴィッチの計画では，議会で展開することになっていたものが停止された．若き大公はその直後に事故で亡くなったが，この計画は皇帝の狭い考えの世界に深い傷跡を残した．ウイーンの王宮はこれより以降，王国の中に平穏と秩序を保つ為にもっぱら検閲と警察力に頼った．

「その国に恐怖感を植え付けるいい例だったに違いない」，と，のちに作家で，長い間政治犯だったフェレンツ・カツィンチイは記述している．又それ故にこそ，ハンガリーのジャコバン党の英雄の死は忘れることが出来ない．イグナー

第18章　修道士マルチノヴィッチとジャコバン党の陰謀：革命的殉教者としての秘密スパイ

ツ・マルチノヴィッチという不思議な人物について，後世の人々は又いろいろと研究するのである．1848年に蜂起した人々は，彼を偉大な革命家の先駆者と見るのである；1919年，評議会共和国は彼の肖像画の切手を発行し，血の原っぱに彼のために記念碑を建立した．保守的な或いは右よりの歴史家達やジャーナリスト達は逆にマルチノヴィッチを，良心の欠けた，無原則の冒険主義者で，皇帝の秘密スパイであった，とみている．[4] 多分彼は両方だろう：即ち，病的な野心を持ったスパイで密告者で，同時に大胆な思想家で，早すぎた革命的な組織者であった．

　事実，マルチノヴィッチによって鋭く表現された恣意的な絶対主義の支配の原則はフランツⅡ世の統治した43年間すべてに亘って実際に行われたのである．国家社会主義及び共産主義の時代には，人々は独裁的或いは権威主義的政権との間で戦ったり，馴れ合ったり，最終的には裏切りの中にもみくちゃにされた知識層の問題にぶつかったり，[5] 同じような経験をしたのではなかろうか？　したがって，名誉修道院長マルチノヴィッチの特異な事件はハンガリーの歴史上，註釈以上の意味がある．

第 19 章　イシュトヴァーン・セーチェニ伯爵と「改革の時代」：「偉大なハンガリー人」の成功と挫折

　ヤコブ・ブルックハルトはその著書「世界史の観察」の中で,「勝利しつつある偉大な人」と「敗北しつつある偉大な人」を区別している：「後者に付いては後世の人は懺悔と復讐心の感じを受け取り, 勿論自分自身を誇示する為に情念を見出す」. それから彼は「歴史的な世界の動き」の始めと終わりの関係について考える.

　始めた人はそれ故決して完成者とならない. 何故ならば, 彼は, 動きを初期段階で描写してしまうが故に追いていけなくなってしまい, 新しい段階はそれ自身の固有の人々を用意している為である. フランス革命では, 担っている層が全く変わってしまい, 実際の偉大な人（ミラボー）でさえも第2段階には追いていけなかった…その間に, 小数の人々にさえ知られていなかったが, 恐怖の間で, 兎に角それまでの成果を結果に結びつける為に生まれた人々がやってきて, 波を静め, 奈落の底を乗り越える人々が出てくるのだ.[1]

　それ以前にも以降にも, イシュトヴァーン・セーチェニ伯爵ほど, 1825年から1830年そして1848年の揺れ動くハンガリーの歴史上「改革の時代」において「敗北した」偉大な男,「始めた男」,「完成しなかった男」というそれぞれ異なった決定的な役割を演じた人はいない. 改革運動から独立戦争までの彼の反対者, ライバル,「完成者」たるラヨシュ・コシュートはセーチェニを1840年,「偉大なハンガリー人」と呼んだ. 歴史家や随筆家達は彼のことを「最も興味ある」,「最もロマンチストな人」と呼び, 多くの人々は彼のことを, その頃の数十年間の政治を彩った, タレントと勇気を持った男の中で「最も孤独な人」と呼んだ. ブルックハルトの意味で彼は,「一般的なものと特殊なもの, 固定しようとするものと動こうとするもの」の協動作用,「存在している

第19章 イシュトヴァーン・セーチェニ伯爵と「改革の時代」：偉大なハンガリー人」の成功と挫折

ものと新しいものの革命」であった．

革命に於けるセーチェニの唯一の公式な肩書きは，1845年8月以来，副王評議会の交通部会の委員長だけであった．1848年3月から神経がおかしくなったその年の9月まで彼はハンガリー政府の最初の交通大臣であった．それでもセクフュは「国家の歴史上セーチェニは聖イシュトヴァーン以来最も成功裏にその役割を勤めた」，と記している．[2] ハンガリー出身のアメリカの歴史家デニス・シノアは，「…トルコの支配時代以来ハンガリーは彼にほど負っている人はいない」，と考えている．[3]

セーチェニは実際特異な現象であり，それに加えて，ハンガリーの歴史上様々な政治家集団が現れた独特な時期におけるそれである．彼の画期的な役割を理解する為には，勿論当時の国際的な発展，王家の態度，ハンガリーの政治，経済，文化の間の相互関係に付いて考慮する必要がある．これらの背景の下に，特にハンガリー語をめぐる戦いの観点から「セーチェニ要因」と彼の歴史的並びに歴史学上の非常な意味が初めて解ってくる．

ハンガリーは19世紀に始め，見掛けは美しいオーストリアの植民地であった．多分，ハンガリーはマリア・テレジアとヨゼフII世の治世の後，18世紀から19世紀に移る頃もっともウイーンで人気があった．しかしこのような上辺だけの表情を見せたのは，単に上流階級の国民と中流階級地主達だけであった．ウイーンに滞在したベルリンの出版者で発行人であったフリードリッヒ・ニコライにとってもそうであった：

…ハンガリー人は民族衣装を着ていなくとも，いろんな点から引き立ったので判ってしまう．この国民は，健康で，逞しく，大きいことで知られている．ハンガリー人という者は，真っ直ぐに歩き，言うなれば，真っ直ぐ前を向き，他の国民だったら得意満面にいるような姿勢でいる．自由な国民に属していると言う意識からだろう．[4]

自由はこの当時貴族にだけ許されていた．すなわち，1290万人の大ハンガリー（クロアチアを除けば1130万人）人のうち，54万人だけであった．ハンガリー人が5分の4で，残りはクロアチア，ドイツ，ルーマニア人であった．彼らは政治に参加を許された．ラテン語が公用語であり，政治的国民に属する複

数言語間のコミュニケーションの手段であった．最高の機関は議会で，上流貴族の院と，その他の地方豪族の院の2つの院から構成されていた．下院は52の県と王に属する自由都市から選出された貴族で構成されていた．どの貴族議員も1票を持ち，都市の住民（57万6,000人）は議会でたった1票のみであった；即ち，下院においては市民全部で1人の貴族の票に過ぎなかったのである！

マリア・テレジアとヨゼフⅡ世によって賛同された改革案をハンガリーの貴族が拒否したのはどう見てもピュロス王の勝利（ギリシャのピュロス王が多大の犠牲を払って勝利した戦い）だった．あらゆる改革を拒絶してハンガリーは「経済的にも社会的にも精神的にも中世のままであった」，とは，ハンガリーのナショナリズムの鋭い批判者であるハロルド・シュタインアッカーの言葉である．[5] 1780年から1840年までの工業生産は4倍に増えたが，（55％の土地を持つ）ハンガリーの工業製品の輸出は相変わらず全帝国の工業製品の輸出の7％に過ぎなかった．トランシルバニア，クロアチア，軍事境界線地域を除いた狭義のハンガリーに関する統計によればたった548個の企業があっただけ（反対党によれば412以下であったと言う）で，帝国の中では既に10000の企業があったといわれている．19世紀の始めにはハンガリーの全都市合わせても人口でウイーンに適わなかった．都市においても旧式になった徒弟制度に基づく封建的な社会構造が支配的であった．ブダでは1830年，あらゆる権利を持った市民はたったの1000人が登録されているだけであった．低地の農民都市を例外として，住民は大半はドイツ人であった．全人口のたった89人に1人が商業乃至産業に従事していたのに対し，オーストリアでは10人に1人が，またロンバルディアでは9人に1人であった．[6]

基本的に良くなかったのは以前も以降も土地の所有と税の免除の権利はもっぱら貴族に属し，これは農奴制に密接に関連し，これはやっと1848年に廃止された．数少ない貴族の改革者であるゲルゲイ・ベルゼヴィッチは1806年当時の惨めな状態を次のように描写している：「貴族階級は土地の5分の4を所有しており，これに対しては彼らは全く税金を払わない．残りの6,628,580人の国民は政治的には何の権利も有しておらず，土地の5分の1のみを所有しているが，あらゆる公的負担を担っている」．彼の提案は反響がなかったのみならず，彼の農奴制に対する，又無報酬の労働提供に対する批判ゆえに「国家に対する裏切り」として有罪判決を受けた…[7]

第 19 章　イシュトヴァーン・セーチェニ伯爵と「改革の時代」：偉大なハンガリー人」の成功と挫折

　1790年から1792年の議会はそれでも政治的な転換を行った：ますます熱心に行われたハンガリー語の母国語としての解放である．国民としての生き延びることに関係することであった．貴族は極めて少しの例外を除きウイーンで生活していた；そこに彼らの街の舘があり，彼らは少なくとも冬を過ごした．彼らはドイツ語の劇やイタリア語のオペラを支援した．それに反して，ハンガリー語の近代化にはほんの一握りの者しか関心を持たなかった．このような状況で，1811年，議会において多くの県はハンガリー語を公式の言語として導入することに反対した，何故ならば「ハンガリー語を喋る貴族が全くといっていいほどいないから」！と，議事録には載っている．歴史家のベーラ・グリュンヴァルトは，辛辣な嘲りで，ハンガリー人は本当はハンガリーの首都を持っていない，という殆ど信じられない事実を示唆している：

　国民が，その言葉を理解しないような首都を持っているようなことは，一国の国民の歴史においては奇異なことである．ハンガリー人の首都ではドイツ語が話され，50年前に移住してきたハンガリー人の職人は数十年間の内にまるでドイツに移住してきたように母国語を忘れてしまう．国王や支配者のメンバーがハンガリーのズボンを履いたり，ハンガリ語を少し口にすれば，そこに集まっている人々は涙を流して感激してしまう．ハンガリーのズボンや幾つかのハンガリー語は，ハンガリーが必要な時にしか登場しない，ということを忘れてしまう．[8]

　要するに，プレスブルクは圧倒的にスロバキア人が住んでいる県のど真ん中にあるドイツの都市であった．トルコの脅威がとっくの昔になくなっていたのに，大貴族たちはブダよりもこの都市を好んだ．と言うのは彼らが豪華な屋敷を持っているウイーンが近いからである．そこは居心地が良く，プレスブルクに集まって住んでいたからである．
　ハンガリーが半分植民地的に従属していたことは，皇帝フランツⅡ世が13年もの間議会を召集する必要がないと考えていた事実からも窺える．税金の紐を引き締めることに対して増大する県の抵抗や，戦争景気が終わって，インフレに移行しつつある現状に鑑み，国民意識を高めつつある地方の豪族との対話に復帰した方が良い，と宰相メッテルニヒが多分考えたが故であろう，1825

第19章 イシュトヴァーン・セーチェニ伯爵と「改革の時代」：
偉大なハンガリー人」の成功と挫折

年やっと議会が再開された．
　英国の旅行作家ジュリア・パルドーはそのような地方豪族の議会での雰囲気の印象を次のように描写している：

　議会でのハンガリーの地方貴族の様子ほど，東方以外で，それほど絵を見ているような集団を見たことは実際のところ経験したことがなかった．そこでは司祭が黒色の絹の幅広い着物を着，金色の鎖と十字架を身に付け，真紅色のマントルに身を包んで居る；中年の貴族は皮で出来たチョッキを着，アストラカン産子羊の毛皮で出来た帽子を被っている；高位の公務員が緑或いは緋色の毛皮の上着を着て，黄金の煌びやかな円筒帽をかぶっている；議会の若い，今風のメンバーは高価そうなマントルを広げ，明るい色のカシミール製の房をぶら下げ，煌びやかな帽子を持ち，多くの者はアオサギの翼で飾られた帽子を持っている；身の回りのあらゆる所に黄金のサーベルの鞘，真紅のサーベルのつるし，鋼鉄製の，象牙のこづかの，或いは高価にしつらえた武器を携えている．
　議会の一般的な印象について描写するのに，付け加えなければならないのは，多分，他のヨーロッパの国では議会内でこのように美しく着飾った面々を見るのは不可能だろうと言うことである．[9]

　1825年の議会が，改革時代の始まりと見られているが，それでも1830年をハンガリーの歴史の重要な新しい段階と見るハンガリーの歴史家達の見方も正しいと言わざるを得ない．にもかかわらず，1825年，より正確にいえば，当時召集された議会がイシュトヴァーン・セーチェニ伯爵が初めて注目すべき登場を果たした格好の舞台であったと言う意味で転換点であった．[10]
　ようやく34歳になったばかりの騎馬隊長セーチェニ伯爵は1825年10月12日にプレスブルクの上院で全く予期せずしてハンガリー語で演説を行った時はセンセーショナルな出来事であった．彼が何を発言したかではなく，そもそも上院議員がたどたどしくも，ハンガリー語で発言を行ったこと——とんでもない事で，媚びへつらう廷臣にして見れば醜聞ものであった——が，特別なことであった．
　3週間後に第2のセンセーションが続いた：セーチェニは彼の所有するすべての土地（約5万ヘクタール）から上がる1年分の収入を，科学アカデミーの

第19章 イシュトヴァーン・セーチェニ伯爵と「改革の時代」：偉大なハンガリー人」の成功と挫折

設立の為に寄付した．6万グルダに相当すると言われる．彼の登場は比較的若い上流貴族に衝撃を与え，同時に常に秘密警察の見張りが付いた．しかしセーチェニは直接メッテルニヒとの連絡を付けていた．そして彼はメッテルニヒに既に議会での劇的な登場の後に改革提案を盛った2つの書き物を手渡していた．これは強力な宰相に即座に拒否された．そこで，メッテルニヒの夫人メラニー・ジチは，（若き娘の頃この鋭い伯爵に恋したと言われるが，）伯爵のメッテルニヒ家との連絡を保っていた．

セーチェニは1791年ウイーンに生まれ，1826年まで職業軍人であった．最も古い貴族の息子として彼は非常に裕福な，贅沢な，恋愛問題に巻き込まれた貴族の生活を送っていた．繰り返し皇帝に願い出たのにもかかわらず少尉に昇進しなかった彼は，1814年頃この若き将校は日記を就け始めた．彼は英国，フランス，イタリア，ギリシャ，小アジアに旅行した．その際彼は2人の召使，1人のコックの他に1人の風景画の画家を連れて歩いた．数ヶ国語に堪能なこのハンガリー人はナポリの王妃やウエールズの皇女と踊ったり，諸国の王達や領主達とホイストをやったり，社交の席でシャトーブリアン，ラマルタン，ヴィルヘルム・フンボルト達と交わった．ウイーン会議の際，セーチェニは，ツァー・アレクサンダーがハンガリーの美女を「天使のような」とか「魔女のようだ」とか「可愛らしい」とかに分類していた，と書いている．彼は英国びいきで，乗馬と女性が大好きであった．ただし，彼の遺言に従って，彼に長いこと仕えてきた秘書は，プラトニックなものでも私的な恋文も失恋もすべての暗示するもの及び，書いた主人の姿を歪めかねないメモも，ほぼ5000頁に亘るノートも粉々にし，或いは判読不可能にしてしまった．

それでも，この日記に現れたのは決して英雄の姿ではなく，1人の人間の姿であった．常に創造的天分の才と絶望との間にゆれ，既に若い時から退屈さと憂鬱にさいなまれ，何度も自殺したいと言う思いに駆られていた．この様な内的な分裂には早くして亡くなった彼の義妹への不幸な愛情関係が関係していた．そしてこのことから彼は十数年も長い間既婚の婦人に憧れ，その夫が亡くなってから非常に遅くこの婦人と結婚したのである．日記によって，彼の20年代の前半からこの愛国者の成熟してゆく過程が読み取れる．その中で，ハンガリーの身分制国家のどしようもない後進性が彼の苦痛に満ちた認識を新たにした．後にセーチェニは小貴族たちの誇りを傷つけることに容赦しなかった：こ

第19章 イシュトヴァーン・セーチェニ伯爵と「改革の時代」：「偉大なハンガリー人」の成功と挫折

の「物事を知らない粗野な輩が，ハンガリー以外には人生はない，などと言っているのは，無用な，お笑い或いは同情さえ誘いかねない事だ」．

当時は市民といえるのはドイツ人だけであったので，市民社会への改革の道，近代化或いは又リベラルなナショナリズム，ハンガリー語を公式な言語にすることへの道には，広い視野を持った特権階級自身，特にセーチェニ伯爵を先頭にして立ち上がった．広く旅して歩いたことのあるこの貴族は始めは満足にハンガリー語を喋ったり，書いたりすることが出来なかった位であるから，彼は特異な現象であって，彼の政治的な成長はハンガリー史上2度と再現しなかった奇跡であった．教育でもセーチェニは事実言葉は勉強しなかった．彼の日記及び政治的な書き物は，フランス語の長々とした補足を交えて，ドイツ語で書かれていた．秘密警察の報告では，彼のラテン語は非常に出来が悪く，したがって国家の仕事には就けられない，とされたが，彼は，イタリア語とラテン語ができた．この上流貴族は年とともにハンガリー語に関する知識を完璧にしたが，全般的には彼は少しはっきりしないドイツ語での方がより自分の考えを著した；彼の日記がこれを良く示している．[11]

自分のひそかな考えをセーチェニはスタッカート風の短い文章で，道徳的な感情を込めて，荒々しい警句で表していた．確かに，国際的な状況は，この尋常でない人物の登場を容易にしたのだろう．1830年のフランス革命，伝統的にポーランドに友好的なハンガリー人にとってのポーランドの独立戦争の作用，農民の間で高まる不満，特に，25万人の犠牲者を出したコレラの蔓延などの出来事を言及すれば十分であろう．奇しくも彼の伝記を書いた1人が言っている：

セーチェニが居なかったら事態の進展はもっと，多分ずっと遅れて起こったであろう，そして疑いもなく違った展開をしただろう．セーチェニは，他の人よりも早く見つけた熟した果物を摘み取る為でなく，彼が完成したのはヘラクレスの行為（困難な仕事）であった．[12]

ハンガリーでの3月革命の前夜，及び1848年の独立戦争の歴史において，国際的な政治的な，そしてハンガリーの経済的，社会的な発展を評価するに際して，あの政治をリードした偉大な個人の重要性を軽んじてはならない：「敗北した人」も「勝利した人も」．例えば，あのマルクス・レーニンが持て囃さ

れた時代の歴史記述に見られたように，歴史の展開へ彼らがものすごく大きな影響を与えたことを否認するのは間違ったことである．改革の時代は，ある人の「世界像」に合うかどうかに関わらず，最初にセーチェニによって，そして第2段階においては彼の大の対立者であるラヨシュ・コシュートによって代表された．

　セーチェニは決して普通の意味での実際的な政治家ではなかった．それ以上の人であった：基本的には彼は国民の近代化運動の，道徳的エネルギー，全国民の良心を体現していた．国民意識の力強い手段としてのハンガリー文学が興隆していったのは確かに言語の近代化に尽くしたフェレンツ・カチンチのものすごい働きが無かったら不可能であったであろう．しかしながら，そのための道を開いたのは，又ヨーロッパに近付けたのはどの観点から見てもセーチェニであった．彼の倫理的な観点から，既存の制度を改善したり新しい制度を創設するだけでなく，彼が病的だと考えた国民の精神状態をラディカルに直すことが肝要であった．「彼の名前は，ドイツの発展に尽くしたシュタイン男爵の名前と同じように，ハンガリーの国家と国民の発展にとって重要である」とセクフュは記している．[13] 彼が競馬や英国のクラブの制度を真似たペストのカジノ（後に国立カジノと改名された）での催しもので若い貴族たちが議論する洒落た場所を作ったのは，その始まりに過ぎなかった．既に1823年から1826年に掛けて彼の本当の考えを記している：

　ハンガリーは自由な国なのか？　神に誓っていう，違う！　貴族は自由である——農民は従者で，奴隷である…この反リベラルな状態を弁護することは決して高貴な課題ではない．我々は，特典と特権を共有している40万人と議会が話題にもしていない1000万人の人々を目にしている…
　…そうしておいて我々はキリスト教的人権，自由，リベラリズムを口にしている！　間違っている．我々は決して改革主義者として生まれたのではない．我々自身を改革しなければならない．我々は謙虚で，自分を否定することを学ばなければならない…[14]

　セーチェニは，キリスト教的人道主義と神秘的な民族感情から出発した思想家であった．リベラルな民族主義者として，彼は当時の反ユダヤ主義から自由ではなかった．恐らく彼は「浪漫主義的要素を持った啓蒙主義的な改革者」と

第19章 イシュトヴァーン・セーチェニ伯爵と「改革の時代」：偉大なハンガリー人」の成功と挫折

形容するのが最もふさわしいのだろう．彼の目ざすのは，「今のままではハンガリー人ではない！　ハンガリー人になる！」であったが，彼が目指したハンガリーは現実の政治的理由により結局はハプスブルク王室との同盟者であった．

彼は何よりも実行の男であり，理屈の男ではなかった．彼は自分が登場する前に，国民に新しい生に目覚めさせるのだ，と誓っていた．「この試みは人生を賭ける意味がある」，と，彼は，トランシルバニアの友人ミクローシュ・ウェッシェレーニ男爵に書き送っていた．男爵は改革運動の指導者の1人で，後に恣意的な支配者の牢獄の中で盲目となった犠牲者で，1839年3月のペストで起きた大洪水の際の英雄として歴史に名を刻んだ人であった．

セーチェニは猛烈なエレルギーと，例を見ない勇気でことに当たった．彼は日々の考えをせっせとドイツ語で日記に書きとめ，まだ十分でなかったハンガリー語で1830年，「信用」と題する本を著して，貴族国家の聖なるタブーを打ち破った．彼は激烈に農奴の解放と貴族の共有していた免税特権の廃止を訴えた．彼は又，600年もの古い，貴族の所有する土地を信用を確実にするために担保とすることを禁じた原則が，通常の信用取引の成立を阻害し，農業の近代化に必要な手段を当初から阻止していたとして特に攻撃した．

文学的表現も少なく，長文であるが一般的には解りやすい異端的な考えの効果は，歴史家は，「雷鳴のような」とか「地鳴りのような」という風に形容した．最も売れ行きの良いハンガリー語の本でも200冊が限度であった国で，セーチェニの最初の本は5ヶ月の間に2000冊の読者を見つけたほどであった．1年間の間に4回増補がなされ，2回もドイツ語の出版が行われた．[15]

「信用」に続く2つの本，「光明（1831年），「スタディウム（1833年）」で大貴族の著者は，ツンフト（同業組合）の廃止，独占やその他の制限の撤廃，交通の改善を訴えた．合言葉にもなった「1つの言葉で国民は生活している！」によって彼は経済，行政においてハンガリー語を導入することを断固主張した．宣伝活動の傍らセーチェニは最初の動物飼育協会を造り，英国で船を造船し，外国から専門技術者を招聘し，港を造り，オーブダに造船所を設立した．これらによって少なくとも最初の基礎を築いた．20年後，蒸気船の数は48に達した．これらの船は間もなくバラトン湖でも交通の便に供された．ティサ河の水の流れを調整し，鉄の門を通ってドナウ河の船の航行を可能にし，特に，ペストとブダを繋ぐ初の恒常的な，冬でも使える有名な鎖橋を，スコットランドの

第19章 イシュトヴァーン・セーチェニ伯爵と「改革の時代」：偉大なハンガリー人」の成功と挫折

技師アダム・クラークによって作ったことは彼の活躍の頂点であった．法律によってすべての人は，従って貴族といえども，2グロッシェンを払う義務があった事は，貴族の免税特権の最初の象徴的な「風穴」であった．

　ここでは，極く短くこの偉大な経済，社会の改革者の沢山のイニシアチヴだけに触れる．：鎖橋に続くブタペストの小山を抜けるトンネルの建設とペストの大きなプロメナードの建設およびハンガリー国立劇場の建設，音楽院，職業学校の建設などがそれである；それに引き続き，初の蒸気製粉機，最初の近代的機械工場，製鉄工場，最初のスポーツクラブとボートクラブを造った．これらはすべて直接または間接的にセーチェニの名前が付けられた．その当時の偉大なハンガリーの詩人であるヤーノシュ・アラニュは，セーチェニの死を悼み3つの主要な業績を称えた歌を作っていた：

　1人の人間の手で本が書かれたのではない，熟慮したり，教えようとしたのではない．存在と無を切り離すあの境界で，3つのピラミッドが天高く聳え立っている．[16]

　「長時間に亘った議会」における，国民への熱烈な愛情を込めた演説はハンガリーの将来に対して決定的な影響を及ぼした．又，1833年1月21日に行った，法律の中における言語の混乱についての演説もそうである．

　法律の問題は最初，家庭でドイツ語で議論され，議会ではハンガリー語で議論され，最終的にラテン語で宮中に送られ，それからハンガリー語もラテン語も出来ない顧問のためにドイツ語に翻訳され，皇帝に提示される．それはドイツ語で書かれており，それから議会へラテン語に翻訳されて送られ，ハンガリー語で討議され，最終的にはラテン語の法律となる．

　殆んどの改革提案は上院と皇帝，時には宰相メッテルニヒの反対で失敗に帰した．それにもかかわらずセーチェニのイニシアチヴで動き出した反対運動は長期的には最早止めようがなかった．進展する国民的運動のダイナミックは，特にハンガリー語を公式の国語に昇格させることに関しては，当初誤まって評価され，それは単にメッテルニヒとその助言者達だけではなかった．ウイーンではセーチェニのことを「ステッフィ」伯爵と呼び，空想主義者として扱って

いた．非常な有名人であるフランツ・グリルパルツァー等もハンガリー人と彼らの有能さを高慢であると批判し，例えば彼は1840年，日記に次のように書いている：

ハンガリー語には将来性は無い．どのヨーロッパの言語と語彙にも関連せず，数百万人の非文化的な国民に限定されている言葉が，ハンガリー人が科学においても芸術の分野でも目立った人物がいないという点を差し置いても，将来決して普遍的なものにはならないだろう．仮にカントが純粋理性批判をハンガリー語で書いたとしたら彼の著作は3冊しか売れなかったであろう…ハンガリー語以外の何の言葉も喋れないものは無教養で，仮に彼に能力があったとしても彼だけに留まるであろう．[17]

数年後プレスブルクの議会を訪れた後，彼は一層軽蔑したように記述している：

ハンガリー人がやろうとしていることは，もし彼らが3000万人を擁する国民であったならば非難できないだろう．しかし，実際の状況では彼らがやろうとしていることは笑止千番である．[18]

この様なまた似たような，例えば「ハンガリー人の主な間違いは，理解が鈍く，拙速に判断する，ということである」というようなグリルパルツァーの発言は勿論例外ではなかった．オーストリアの進歩的な人々でさえも，ハンガリー人が風変わりで，ショウビニスティックな「中国の万里の長城の向こうの」意味不明な言葉を喋る国民だ，と見なしていたのである．グリルパルツァーは次のように予言している：

ドイツの一地方であるオーストリアは教養あるドイツとの密接な関連で，…あらゆるスラブやマジャールの努力を泡のごとくに消えさせるという特徴を備えている．[19]

グリルパルツァーがこの様な軽蔑的な言葉を吐いていた丁度その頃，1848／1849年にヨーロッパ全土で知られるようになったシャンドール・ペテフィ

やミハイ・ヴェレシュマルティ，ミハイ・チョコナイーヴィテス，ヨーゼフ・カトナなどの数名の偉大な詩人達が台頭しつつあった；ヨージェフ・カトナは素晴らしい劇作家でバンク・バンの作者であるが，グリルパルツァーがウイーンで自作「主人の忠実な従者」を上演した年に既に亡くなっていた．

　メッテルニヒの絶対主義が続いている頃は，それまで不断に続いていたドイツ語化に反対してハンガリー語の延命と近代化の戦いが続いた．国民意識が進みつつある時に，ドイツ語とその文化に対する劣等感と国民的な心理意識に裏打ちされた関係の最もいい例は，有名な詩人で，ヴェネチア出身の愛国者，後のエゲリの大司教となったラースロー・ピルカーの事例が挙げられる．[20] 書簡の形をとった自伝の中でこの神父は，20歳になって初めてドイツ語を始めた，と書いている．次の書簡で彼は直ぐに，さっきのことは公けにしないで欲しい，と懇請した．彼は自分の評判を恐れたのだ．そして最終的には自分の言葉を習った経緯について，自分は出身からして，ハンガリーの指導的な層の者ではない，等と弁明した．

　コインの裏側は荒々しい争いであり，そこでは若い作家達がピルカーをめぐって古き巨匠カチンチとの間で行っていた．即ち，彼はピルカーの叙事詩「聖なる太古の真珠」をハンガリー語に翻訳していた．これに対して，文学の近代化の先駆者で若き批判者フェレンツ・トルディは鋭く攻撃した：何故カチンチは，この様なドイツ語で書いたようなハンガリーの人間の作品を翻訳するのか？　そのような人間は故国の恥だ，と問い質した．事情がわかっている人にすればおかしなことで，トルディはブダのドイツ人の市民家族の生まれで，彼自身最初の作品「ハンガリー詩に関するポケットブック」をドイツ語で著していたのだ．

　しかしトルディはピルカーと同じような人となった．彼は重要な「外から来てハンガリーに住み着いた人に」なり，ハンガリー文学の歴史の創設者で，ハンガリー文化の決定的草分け的存在になった．特に彼はドイツの影響を押し返すことに熱心に取り組んだ．またドイツ語で兄弟達と文通していた，民衆詩人カーロイ・キシュファルディも「住み着いたハンガリー人」となった．彼はドイツ語の雑誌を手伝わないかという誘いを怒って断った．[21]

　この様な背景を理解する為には，沢山の教養あるハンガリー人がドイツの文化に抱く劣等感とともにセーチェニの呼びかけを理解する必要がある：「ハン

第19章　イシュトヴァーン・セーチェニ伯爵と「改革の時代」:
偉大なハンガリー人」の成功と挫折

ガリーは鼠が溺れ死ぬようにドイツの知識人達の間で死に絶えてしまうだろう」．或いは（ウェッシェレーニへの手紙の中で）：「オーストリアにはドイツ色が満ちており，ハンガリー色は殆んど無い」．この意味で，ドイツに特に好意的な歴史家シュタインアッカーはマジャール・ナショナリズムを振り返って述べている：「チェコ人と同様ハンガリー人も，言語，精神，教育において余りにも外国の影響が強すぎ，危険である．彼らはそのことに気が付いており，危惧している」．[22] この様な没落感情に対して，セーチェニはハンガリーの偉大な将来について確固とした確信を抱いていた．

　セーチェニは国民に対して真実を隠さず，叱ったりもした．あらゆる可能な手段を動員して，時には厳しい侮りや畏敬の念を欠くほどの批判を持って彼は，貴族たちが自己満足と狭い居心地の良さを貪っている状態から揺り起こそうとした．彼の鋭い批判やリスクの多い提案はしばしば激しい矛盾さえ引き起こした；多くの県では激昂した小貴族が彼の書物を燃やしたこともあった．ますます広範なリベラルな野党の人々は彼のことを感嘆し，好いたというより尊敬した．

　同時代人で，作家のカール・マリア・ケルトベニは，30年代後半の伯爵の様子を次のように描写している：

　至る所からセーチェニの名前が聞こえる．それも実体の無い，不透明な機械的な神というのでなく，改革を行っているその人があらゆる角で，通りの端で，ひょっこり現れ，姿を現すのである．まさに今着工したばかりのドナウ河に沿った道路や古くからあるヴァーチ通り或いはペストのグラーベンを散歩したり，ぶらついていると突然，物思いにふけった，熱中した，いそいそとした，身振り手振りをした，多くの場合1人か数名の従者を引き連れ大声で議論しながら，あらゆる方向に軽く会釈をし，時々通りを横切って誰かを呼び，引き止めたりしている姿を見かける．そしてすべての通りかかった人々は最大限の敬意を払って挨拶し，多くの人々が立ち止まり，不思議な，チョコチョコ動き回る人物をしばらく見つめ，お互いに行き交う人々に「あれがセーチェニだ」と語り合った．

　人々はハンガリーに居た評判の良い副王のどんな人物よりもこの高貴な伯爵に畏敬の念を持った．彼は通りすがりの誰にでも語りかけ，あらゆる市民を自

分と同じように扱い，どんな店にも微笑を称えて大きな声で語りかけて立ち寄り，それでも本物の貴族の振る舞いに，すべての人々は心底から頭を下げるのであった．[23]

　1840年頃セーチェニの名声は頂点に達し，彼には溢れ返るように沢山の表彰が行われた．しかしこの様な順調そうな外見は偽りだった．1840年4月に3年間の禁固刑から恩赦で釈放された弁護士で政治家のラヨシュ・コシュートは彼に「偉大なるハンガリー人」という栄誉称号を与えたが，財を持っていない小貴族で，昇りつつある星とコスモポリタン的な上流貴族の間の争いはますます政治的な場に持ち込まれた．セーチェニは改革を行おうとし，しかし革命を恐れた．コシュートのペストのカジノ及びアカデミーへの受け入れについてはセーチェニは既に拒んでいたが，彼への個人的な嫌悪は，ハンガリーの将来に関して特別影響する対立となっていった．彼は，抑制の効かない，ますます感情的になって公の場でコシュートを，革命を画策している，といって非難し，日増しに支持基盤を失っていった．この間，ハンガリー語の公用語化を巡る戦いは単にウイーンに対するのみでなく，歴史的なハンガリーの中における非ハンガリー住民に対する遠心力として働いた．国民としての目覚めは，スロバキア人，ルーマニア人，クロアチア人，セルビア人たちにもあり，彼らの識字可能なエリートたちは，政治的な国民をハンガリー語の共同体に，つまり，ハンガリー語イコール・マジャールという図式を受け入れる訳にはいかなかった．
　自分達の言語の境界と国の政治的な境界を一致させんとする努力で愛国的な改革者達は，両面の敵との紛争，即ち，一方においてはハプスブルク家と，他方においては非ハンガリー語の住民の多数との争いに入っていった．この努力は彼らにとっても，国にとっても悲劇的な結果に終わってしまった．ハンガリー語を全土において公けの言葉とし，又教育にも導入しようとした争いが，遂にはハンガリー王国を滅ぼすことになった．当時の目覚めつつある国家を造るという思想がコシュートをも狂気に巻き込んだ．ラテン語を行政上の言葉として維持しようと考えていたスロバキア人とクロアチア人に対してコシュートは「千年に亘る歴史的権利」に目覚めよ，と呼びかけた．「ハンガリーには，この国の上にハンガリーの聖なる王冠が輝いていることに疑問を挟む人は居ないだろう」．それ故に，と彼は，行政上の言葉はハンガリー語以外にはない，

と結論付けた.[24]

セーチェニは,彼の日記の中でひそかな憂慮を持っていたことを認めている:「ウイーンでは人々は自分のことを余にもハンガリー的だと思い,ここでは,余にもオーストリア的だと思っている.」[25] それにもかかわらず,彼は自分が設立した科学アカデミー総会の開会演説において,1842年11月,マジャール化に反対する世論に対して激しく立場を表明することを躊躇しなかった.「言葉を交わすことは魂を交わすことではない」.誰もが,自分がして欲しくないことを他人にしてはならない,という道理を「損なってはならない」.

どうして数において我々は劣ってるのか——と悔やまれている,そして,多数のドイツ人とスラブ人の中に融合してしまうのも殆ど不可能だと;言語と国籍は広げられねばならない.勿論それは正しい！ しかし重要なのは,どのようにして,である.というのはすべての手段が目的を達するのではないからだ.今の当世風のやり方は我々を目的から遠ざけている.私は数が少ないことで心配したことは無い.そうではなくて我々の存続を心配しているのだ.理由は,——はっきり言わなくてはならないが——,我々の民族の存在は物質的にも精神的にもそんなに重きをなしていないからだ.これこそ悪しきことである.我々はもうこの様な苦い事実を呑み込まなければならない.そうしてこそ初めて全体として健全になることができよう.——：精神力の中心問題は量的なものではなく,質的なものである.我々の存在はそうであるとすれば,数が少ないので危険であるのではなく,我々自身が十分重きをなさないからなのである.[26]

殆んどの貴族たちは1843／44年,議会において決議されたハンガリー語を,他の,同様に目覚めつつある民族のいる国の中で公用語に格上げするということの危険性について軽視していた.セーチェニは,国民的熱情に語りかける政治は危険とみなしているという彼の意見を隠そうとはしなかった.彼は又,リベラルな,民族的な要求を過剰にすることは破滅に導きかねないと予言した.1848年3月の平和的な,勝利に満ちた変革「合法的革命」（イシュトヴァーン・デアークの著作のタイトル）[27] は,動揺し,強度の憂鬱病に悩んでいた,政府の交通大臣を引き受けていたセーチェニに,今一度,ハンガリーが進化に基付い

て，王国の中で発展を遂げるのではないかという希望を抱かせた．ウイーンの反応が，扇動されたセルビア人とクロアチア人そして最後に軍の後押しを受けて，改革と4月憲法を後退させようとしていることを知って，彼は夜な夜な悪夢に襲われ，1848年9月4日，閣議の最中に神経発作に襲われた．あらゆるものが火となるように見え，そして「血，血，そしてすべて血の海だ」，と叫んだ．

ハンガリーを取り巻くすべてに関して，深く根ざした自責の念と過度の責任感，それに気違いじみた想像で，彼は，医師と秘書がウイーンのデブリン地区にある精神病院に運ぶ途中に自殺未遂を図り，これはとり止められた．彼は2度と精神病院を離れることが無かったけれども，1856年に，精神科医によって基本的には回復したとされ，再び政治に関して書き始めた．ロンドンで出版され，ハンガリーに密輸入された彼の偽名の風刺ものによってセーチェニは，独立戦争の失敗した後隷属するハンガリーに設立された恣意的な支配を，嘲笑と鋭さで攻撃した．その直後に執行された家宅捜査や警察署長の威嚇はセーチェニに新たな怯えと部分的に気違いじみた想像を持たらした．1860年4月7日から8日にかけての夜半彼は自ら命をたった．警察の指示で，彼の葬儀は公示の1日前にナジセンクで行うこととされたが，葬儀には凡そ1万人が参加した；そして彼のために行われた4月末ブタペストでの鎮魂ミサにはほぼ8万人の参列者を数えた．[28]

1840年以来ハンガリーではセーチェニとコシュートの間で繰り広げられたライバル関係があった．政治的に，又歴史認識において，2人の対極は「頭脳と心」の間の対立と捕らえられている．どちらが正しいだろうか？ セーチェニは変化をハプスブルク家との対決なしに達成しようと考えていた；コシュートは民族の自決権を要求していた．彼も1848年までは，ハプスブルク家からの離脱は考えていなかった．両者の評価と彼等の対極的に設定された路線は後に，ホルティ時代（1920－1944年）の右派保守指導層とその後の共産主義プロパガンダによる歴史を道具として利用する重要な要素の一部となった．

セーチェニは一度も自分の周りに強力な政治的グループを結集することに成功しなかった．これは人気のある民族の代表たるコシュートに出番が用意された．しかし失敗したといいながら，セーチェニは，新時代の草分けで，彼のライバルで，「完成」した人コシュートも言ったように，「偉大なハンガリー人」

であった．彼は，既に1823年7月4日の日記に，「世界にはハンマーのような人か，きっかけを与える人が必要である．私は後者である…」と明記していた．

第20章　ラヨシュ・コシュートとシャーンドル・ペテフィ：1848年革命の象徴

　1947年（第二次世界大戦終了後）と1991年（共産主義の崩壊後），半世紀に2回に亘って世論調査機関が，国民の代表的な人々に，ハンガリー史上最も著名な，かつ困難な時代を挙げるよう質問した．答えは最も暗い時代については様々であったが，最も輝かしい時代については驚いたことに，異口同音に24％の人が1848年の独立戦争をあげ，20～13％がマーチャーシュ大王の時代をあげていた．[1]

　大きな変遷と世代の変化にも拘わらず1848年の出来事が依然として高い位置を占めていることは，ハンガリー人が祖国の民族の独立と国家の独立へ向けた努力に変わらない優先度を付している明確な証左である．150年前の出来事は，単に非常に見通し困難な外交的，軍事的な戦いではなく，ハンガリーの最も偉大な詩人かつ作家が劇的にし，マジャール人のハプスブルク家支配からの独立と，オーストリアと同盟していたクロアチア，ルーマニア，セルビアそれに加えて特にオーストリアから支援を求められていたロシアとの戦いであった．欧州の全ての列強は明確にハンガリーに対して否定的で，ハンガリーは完全に孤立していた．今日の目から見れば，敗北は必至であった．しかし，それ故にこそ「嵐」の年1848年のハンガリーの合法的革命は単に画期的な事件というだけでなく，ハンガリーの浪漫主義の源泉であり，その後の危機の時代には幾度も引き合いに出されたのである．

　イシュトヴァーン・デアークが，「我々は今なお1848年の春何が本当に起こったのか知らない．しかしこの点だけはみんなの意見は一致している．兎に角素晴らしいことが起こったのだ！　ハンガリーの春は誰にとっても持つ意味は様々である．しかしこの国の全ての人間にとって何らかの意味を持っている．」[2]

　この1848年の革命，1849年秋の敗北に至る独立戦争，新しい絶対主義の恣意的な支配に反対して行われた国内及び外国での抵抗運動，そして1867年の

オーストリア・ハンガリー間の妥協を巡る争いと意義付けの全てに於いてラヨシュ・コシュートほど密接に関係している人物は過去に於いても，今日でも居ないといってよいだろう．他のどんなハンガリーの政治家も彼ほど国民の全ての層を通して英雄と見なされ，と同時に近隣諸国の政治家から憎まれの対象になった政治家も居ないであろう．彼のその長い人生（1802－1894年）は，その国民の勝利と敗北と一体のものであった．

　国際的歴史家達の評価はその当時の偏見と間違った情報によって，また後世に於いては彼の政敵によって悪役に仕立てられたことも手伝って，彼の全体像は歪んだものとなった．ドイツの作家ゴロー・マンにとっては「この人を興奮の中に引っ張り込む，あまりにも自画自賛的なこの革命家はそれまで例を見ない気の狂ったような民族主義者である．彼は非マジャール民族に対して，政治的存在のない完全な隷属か抹殺かを迫った．」[3] 同様に英国の歴史家A・J・P・テイラーはコシュートの役割について「理想主義を売り物にして民族主義的感情のために権力の座に着いた」．[4] と書いている．

　英国のジャーナリストで歴史家であるエドワード・クランクショウはその著作「ハプスブルク家の瓦解」の中で馬鹿げた比較をしている．「ヒットラーがドイツ人であると，またムッソリーニがローマ人であると言っているように彼はハンガリー人だと主張している．しかしコシュートはスラブ人であり，しかもスロバキアの農民である．彼の母親はハンガリー人ではない」．[5]

　ドイツの歴史家フランツ・ヘーレはその皇帝フランツ・ヨゼフの伝記の中で19世紀にオーストリアのジャーナリストによって広められた，コシュートがスロバキア人であるという説を繰り返したが，それでもコシュートは「熱烈に変節して」[6] ハンガリー人であると感じていた，としている．

　予期されたことであるが，ハンガリーの歴史家達はコシュートの祖先の歴史と系図を1263年，即ちベーラ4世時代に遡って資料を漁り，調査を繰り返してその逆を証明しようと試みている．[7] はっきりしているのは「Kosut」はスロバキア語で雄の山羊を意味していることである．さすれば，コシュートの家系は遡れば，一部にはスロバキア人の血が流れている可能性がある．コシュートの母カロリーナ・ベーバーはチプサーの人（12－13世紀以来スロバキア地方にいたドイツ語系の民族）であり，従って当時のハンガリー北部エペルイェスに

第 20 章　ラヨシュ・コシュートとシャーンドル・ペテフィ：1848 年革命の象徴　217

定着したドイツ系であった．コシュートの母国語は間違いなくハンガリー語であったが，ドイツ語にも堪能であった．クランクショウがコシュートの母について言っていることは間違っていることがわかる．彼女は息子との間でハンガリー語で文のやりとりをしていた．複数の言語を使用していたのは家族の，というよりその地方の特徴であった．独特のハンガリー・ドイツ・チプサーの環境はコシュートが「自分はハンガリー人として生まれ，ハンガリー人として育てられた」．と自分の日記に記していても何らおかしくないものであった．ハンガリー語以外の言葉は彼は外国語として学んだ．年取って，彼は，彼をスロバキア出身ときめつけるオーストリアの歴史家を不思議だと言っている．その歴史家は，嘗て以前には言及していなかったのに後にコシュートは「ハンガリー」出身だと言い出している．

　如何に言われようともコシュートがハンガリー人であることに疑いをはさむ余地はない．西側の著作者達はどちらかというとハンガリー語よりドイツ語やチェコ語を解するのでコシュートに関する逸話は「寝返り者」とか「改宗者」といったそれらの言語の文献から引用されたものが今日まで流布されている．彼の時代に遡っての，或いは遠い遠戚の人々が複数の言語を操ったことは，北部ハンガリーのスラブ系或いはドイツ系の多くの貴族階級の家族は 19 世紀にはハンガリー人としての自覚が極めてはっきりしていたので，そのこと自体重要なこととは思われない．付け加えて言えば，コシュートの「性格はハンガリー人に典型的だ」とか「顔つきがハンガリー人に特徴的だ」とよく言われるが，これもどうかと思われる．ハンガリーの歴史にとって重要であったし，今でもそうなのは，コシュート自身が自分を 100％，ハンガリー人であると明言しており，ハンガリー人がコシュートの失敗にも拘わらず常に彼に忠実であり続けたという事実そのものだけといってよい．

　1837 年 5 月 5 日夜のことであった．ブダの丘を激しい嵐が吹き荒れる中，「神の目」という宿屋を兵士達が取り囲んでいた．信頼できる情報によれば，長らく革命の準備をしていたラヨシュ・コシュートという危険なジャーナリストがこの宿に数日来滞在して，ある大きな仕事を行おうとしているというのである．そして家族はドナウ川を挟んで反対側のペスト地区に居るというのである．数ヶ月をかけた準備の末，当局は逮捕に踏み切った．コシュートは捕らえ

られ，蜂起と反逆の罪で裁判に架けられた．「国会報告」(1832年から1836年に架けて344部，最後には手書きで72部を発行) という定期購入者や限られた読者向けの比較的小さな新聞を発行していた，この弁護士兼ジャーナリストは，貴族出身者は憲法によれば裁判によって法律に則った判決を受けて初めて逮捕が許される，という理由で弁護を拒否した．

この夜は，当時35歳の弁護士の人生にとって岐路になった．この小さな，大半の住民がスロバキア人である北部ハンガリー，ゼムプレン県の所有する，土地とてない貧しい小貴族出身の若者は髭を生やし，青白い顔色をし，焦げ茶色の髪をしていたが，極めて弁舌に優れていた．彼は周知の権力の恣意的行使の犠牲者であった．彼の逮捕はウイーンのハンガリーに対する新たな厳しい路線の明確なシグナルであった．この結果，抗議の嵐が巻き起こった．コシュートは巧みに，かつ，粘り強く裁判を戦い，2年の監禁の後判決ということになった．判決は3年の禁固刑となったが，最高裁の段階で罪が上乗せされて，4年の禁固刑になった．これはコシュートを殉教者に仕立て上げることになった．

コシュートと体制に反対する勢力の首領ミクローシュ・ウェッシェレーニに対する処置は静かだった水に石を投げ込むようなものであった．当初は見せかけは法律問題であったが，実は改革問題が民族の独立の問題と同一視されることになった．

獄につながれたことはコシュートにとって人間的にもまた知的にも実りあるものとなった．ブダにある監獄では彼は母親の訪問を除いて，直接には外部からの接触は禁止されたが，手紙のやりとりは許された上，断続的に書物を入手することも許された．監獄の環境改善の現れとしてコシュートのため国の負担でアウグスブルガー・アルゲマイネ・ツァイツングという新聞まで差し入れられた．彼は特にシェークスピアの作品に滋しみ，マクベスの一部を翻訳し，それを通して英語力を磨いた．これは後に亡命中英国や米国でハンガリー人達と同様に彼の聴衆を魅了するのに大いに役立った．コシュートは獄中，バイロンやラマルタンの詩，ギボン，ヒューム，ベランジェー，ラシーヌ，ボルテール，そしてジャン・ポウルの作品を読みあさった．

その間，精神面で支障を来した皇帝フェルディナント1世に替わって行政を司っていた所謂枢密国家会議は，中庸な政策へと舵を切っていた．この新しい

政治路線の現れとして，コシュートは40年5月10日，刑期を待たずに早期釈放された．数ヶ月後彼はランデラーという出版社より，新聞を発行し，その編集長になって欲しいという意外な申し出を受けた．後に判明したことであるが，ランデラーは警察のスパイであって，コシュートへの申し出では，高い確率で，メッテルニヒ自身のイニシアティブで行われたようである．

　この処置の背後にある動機ははっきりと解明された訳ではないが，収入の多い職場を得ることにより，この気鋭の，活発な法律家を実際の政治活動から遠ざけることが出来るのではないかというウイーンの宮廷の希望があったのではないか，といわれる．検閲を追加することによって，少なくとも彼の急進性を和らげることが出来るのではないかと期待したが，かかる期待は誤りであった．

　実際は1週間に2度発行されたペスティ・ヒルラップ（ペスト新聞）は好評な，著名な反対派の代弁者となり，出版者及び編集長にとって，商業的にも成功した．コシュートの非凡なジャーナリストとしての才能と驚くべき熱心さによって発行部数は6ヶ月間で60部から4000部に，1844年初めには5200部に昇った．大きな関心に鑑み，投票権のある人口が13万6000人，読み書きできる人が100万人未満の国で，信頼できる推定によれば，この新聞の読者数は，ほぼ10万人に達した．[8] 国中の通信員から情報が寄せられたが，殆ど全ての，3年半の間で216に昇る論説はコシュート自らが筆を執り，署名をした．表紙に論説を載せることはコシュートのアイディアであり，読者を鼓舞し，しばしば紙面の重要な記事を示唆するものであった．いつも検閲当局とのつばぜり合いがあった——コシュートの論説には7件についてだけ取り消しを命じられたにすぎないが——にせよ，当時のジャーナリズムの実態は後世の極右または共産主義体制の実態に比べれば，殆ど自由であった．[9]

　コシュートが唱えたモットーは「我々の関与なしには我々に対する支配なし」というものであった．言い換えれば，彼は帝政の中で民族の自決を目指したのである．ペスティ・ヒルラップ紙は貴族の非課税の廃止，農奴制度の廃止，人道主義的改革，例えば監獄や病院の改革，トランシルバニアとの同盟やハンガリー語を全土で公用語とすることを主張した．その当時トランシルバニアでは住民の大半がルーマニア人であったことは，コシュートやその他の全ての急進派や保守的な改革者には重要ではなかった．ペスティ・ヒルラップに1842年，彼は次のように書いている．

ハンガリーではハンガリー語が公用語でなければならない．日常の生活でも，教会用語でも，立法でも行政でも，政府と裁判所も公共の安全と警察権の行使でも，直接，間接を問わず税に関しても，経済に於いても．少しだけで満足するのは卑屈であり，それ以上を要求するのは暴君のすることである．どちらも我々にとっては自殺行為である．[10]

　当時喫緊の問題はハンガリー語を公用語として如何にしてウイーンに認めさせるかであって，非ハンガリー人をハンガリー化させるかではなかった．コシュート自身は少数民族の人々が私的な生活で彼らの固有の言語を用いることには反対ではなく，同化を目指すことにはいつも強く反対していた．スラブ人やルーマニア人，ドイツ人達が，神聖な王冠の下で1つの国民即ちハンガリー人として居る限り，彼らが固有の習慣とその言語を使用することは何ら差し支えないと思っていた．

　改革者達は汎スラブ主義の危険性を酷く懸念していた．後世，ロシア人，ポーランド人，チェコ人，クロアチア人，セルビア人との間にあれほど深い亀裂が生じようとは当時は誰も想像しなかった．ハンガリーはロシアとドイツの影響の狭間にある国と思われていた．アウグスブルガー・アルゲマイネ・ツアイトゥングがコシュートの見通しとして，来るべきドイツ人とスラブ人の戦いではハンガリーは前者を応援するが，それでも独立した民族としてドイツ人と融合することはないと伝えている．全てのハンガリー人と同様，コシュートもクロアチア人だけは別格として見ていた．彼らは既にハンガリー人がウイーンに要求しているのと同様な権利を要求していた．1844年の法律でハンガリー語はクロアチアを除く王国領で公用語となった．自由を要求する民族主義者の中の夢想家達は神聖な王冠の国内でのハンガリー人によるヘゲモニーが貫徹されることを夢見ていた．そのために国内の他の言語種族も同様な民族感情を募らせていたことを見逃したのである．彼らは独立の国家を持てないが故に自己主張として自分たちの独自の言葉の使用に発露を見いだしたのである．

　言語は三月革命前のいろいろなスラブ民族運動の革新の精神的手段の中心的役割を果たした．クロアチアの作家リュデビト・ガイは1830年代以降大南スラブ・イリリア国家の樹立と共通の書き言葉を持つことを目指していた．彼が実際にオーストリアの金を貰ったスパイなのかどうかに拘わらず彼がイリリア

国家を作ろうというのは彼の夢であった．それでもガイの努力はクロアチアでの文化の発展を促したし，セルビアの偉大な詩人ブク・カラヂッチによる言語学的なイニチアチブに見られるウイーンにおける南部スラブ文学の発展を決定的に後押しした．スロバキアでも19世紀前半にはヤン・コラーとかパベル・サファリク，ルドビト・ストゥーアなど詩人，作家達がスラブ民族独立の理想を提唱し始めていた．

　コシュートはハンガリー語の公用語化のみで満足しているわけではなかった．特にペスター・ヒルラップ紙上のコシュートによる素晴らしい論説と同紙の記事のため，一般的には経済的な自立，特に関税の自主権の問題は政府と野党の間の絶えざる争いの的となった．ドイツ語を公用語とするオーストリアとの経済的平等の要求をウイーンは聞く耳を持たなかった．影響力ある銀行家ゲオルク・ジナは次のように述べている．

　ハンガリーが文化国家になったとしてもオーストリアにとって利があるとは思われない．1杯の穀物，1頭の動物と言えども，どんなハンガリーの生産物もオーストリアとの国境では高い関税を払わねばならない．他方ハンガリーはたとえどんな粗悪な工業製品でもオーストリアから買っている．[11]

　中央政府の固い，かつ敵対的な態度はコシュートの周辺の改革派の中の急進派を益々刺激した．野党は，ハンガリーを他の帝国の領域と区別して「保護関税」地域からはずすことではなく，オーストリアではなく，ハンガリーの管理する関税権の強化を要求していた．コシュートは単に保護関税を要求するだけでなく，オーストリア製品のボイコットを呼びかけていた．これは少し過激すぎた．メッテルニヒはペストの出版会社の持ち主に対し，編集長を解雇してもよい，と通告した．当初コシュートは社主がそのようなことをすれば，分け前の問題で紛糾するだろうぐらいに高をくくっていた．しかし彼は間もなく新聞社への全ての関与も禁じられた．

　そして1844年5月強力な宰相の官邸があるウイーンのバルハウス広場で30歳若い野党の政治家との不思議な会見が行われた．会談は2時間半に及んだ．メッテルニヒは最後の試みを行い，コシュートに「独立した作家」という隠れ蓑を与える，即ち彼を「買う」ことを誤解ないようにはっきりと提案した．コ

シュートは6月，ウェッシェレーニに宛てた手紙で，メッテルニヒは「真の意味で外交官だ．彼は生涯にわたって正直な人間に恐らく10人と会っていないため，人間の真摯な性格に何らの信頼を置いて居ないようだ．私はハンガリー人なら誰でも買収できるとは限らないと言うことを彼が私から学んでくれたことを希望している」．と書いている．[12]

コシュートは新聞という武器なしでも改革運動の指導者だった．今や，彼は事務局長として，地方支部を持った，業界組合と国防組合を結成した．彼は見かけ上魅力的な「ハンガリー製品だけを買おう」というスローガンを掲げた．彼はまた，ペストからフィウメまで鉄道を敷設させる目的で「ハンガリーに海を」という人気のあるスローガンも作り出した．コシュートはこの港町の言葉巧みな若いハンガリー人詐欺師に引っかかった．その男は1846年秋姿を消し，15万グルデンに上る負債を残していった．コシュートの様々な組合は総崩れし，彼は単に事務局長の地位を失っただけでなく，債権者を満足させるために自分のなけなしの貯金を叩かねばならなかった．見かけは失敗したのにも拘わらず，この試みは国民意識を広範な層に広めるのに役立った．

経済面での実験に失敗した後，コシュートは全力を再び政治に向け，間もなく疑いなく国民的指導者になった．1847年秋に招集される次の帝国議会の選挙に於いて，彼はリベラルな野党の著名な，人気のある政治家として重要な役割を担った．最もセンセーショナルだったのはコシュートが貧しい小貴族の出で，従って必要な選挙資金もなく，最重要な選挙区であるペスト地区で立候補したことである．数多くのリベラルな有力者が，何よりもラヨシュ・バッチャーニュ伯爵，（後の首相）が相当な資金でこの有名な候補の選挙戦を応援してくれた．コシュートは時にはビロードのような声と劇的なジェスチャーで，時には轟きのような調子と情熱的な誇張で，素早く，本能的にその時々の聴衆の心を掴む，素晴らしい演説家であったことが一致して報告されている．ウィーンやペストの彼の敵，セーチェニを含む保守派の貴族たちは益々増大するコシュートの影響力に憂慮を深めた．ある時メッテルニヒはセーチェニとの個人的話で，政府はコシュートに対して数々の間違いを犯した，彼を牢に閉じこめ，そして自由にした，ある時は彼に新聞をやらせ，しかる後にそれを取り上げた，一体どうしたらよかったのか？　と述べている．セーチェニは即座に「利用するか若しくは絞首刑にすべきだ」と答えた．ある日彼は遠出をした際

第20章 ラヨシュ・コシュートとシャーンドル・ペテフィ：1848年革命の象徴

コシュートに，メッテルニヒに言ったように自分に対する皮肉を言った．しかしこの2人はその態度や性格に於いて全く違ったので，コシュートは毒のある皮肉癖のある相手を全然理解せず，セーチェニは自分を威嚇していると考えたのである．「この蛇は自分をどうしようとしているのか．この蛇は人間と呼ばれているのだ．」とコシュートは手記で書いている．[13]

選挙の公開投票は，1847年10月18日，正確に言えば朝9時から夕方7時まで続いたが，コシュートはバッチャーニュをはじめリベラルな有力者，反旗を翻した貴族，知識人，それに市民達に支援されていた．選挙結果は予想されていた．コシュートは2948票を獲得し，対抗者は1314票であった．ペスト行政区は60万人の人口を抱え，1万4000人の投票権を有する貴族を有していた．即ちほんの少数の有権者が選挙権を行使した．新たに選出された議員は次の数ヶ月間，改革派の攻勢の餌食となり，帝国議会で，彼の妥協派との戦いで見られた猛烈な勢いはペスト行政区の副郡長が次のように懸念した通りであった．

コシュートは扇動者で，決して平和的な，礼儀をわきまえた人間ではない．彼は恩寵ある国王が招待するに相応しくない．コシュートは全ての帝国議会の議員以上に，1人で問題を起こす人間だ．[14]

嵐は1848年2月にフランスで始まった．パリでの革命の知らせは息をつかせない早さで，ハプスブルク帝国の様々な分野で政治的，民族的爆発を起こした．ウイーン，ブタペスト，プレスブルク（ブラチスラバ），ザグレブ，ミラノ，そしてベネチアでの改革派や革命家達は，長続きはしなかったものの連帯の雰囲気の中で，互いに影響しあった．リベラルな立憲主義的，社会・農民的革命から帝国内の11の民族グループ間の民族・人種革命への移行は，1849年のグリルパルツァーの唱える命題——「新しい文化の道は人道主義から民族主義を通って，野蛮性に繋がる」——の正しさを間もなく，十分証明することになる．[15]

ハンガリーでの劇はヨーロッパの大きな革命の中の一部であった．国際的な変化はハンガリーでの出来事の，規模，限界，可能性と限度を規定した．このことはまた，この地域の諸国民と王国の運命にことのほか大きな影響をもたらした．プレスブルクとブタペスト（当時は未だペスト－ブダ）は主舞台であっ

た．コシュートは人を引きつける魅力で最初から決定的人物であった．彼の疑う余地のない主役としての地位とカリスマ性を持った指導力は，やっと1848年9月オーストリアとの最終的な断絶の後，国民の広い層のみならず，改革運動の政治的エリート達からも無条件で承認されたのである．

パリからの革命のニュースが，プレスブルクの帝国議会での協議が遅々として進められている最中に，稲妻のように届いたとき，コシュートはその独特の政治的カンで即座にイニシアチブを採った．1848年3月3日，マカートニが「革命の開始宣言」といみじくも形容した激しい演説を彼は議会で行った．

ウイーンの体制という鉛製造の煙突から悪臭漂う空気が流れ出し，全てを沈殿させ，毒で汚染させ，我々の神経を麻痺させ，精神の跳躍を金縛りにしている．

コシュートはウイーンに最後通牒を突きつけ，オーストリア帝国内の各領土内で，ハンガリーと同じように，それぞれ独自の憲法を持つべしと要求した．「王朝はそれ自身の利益かそれともぼろぼろになった体制の維持かを選択しなければならない」．更に彼は，特に，帝国議会の新選挙，議会に責任を負うハンガリー政府，軍隊の新編成，ハンガリー財政の独立，貴族への課税，農奴制の廃止，都市の市民と農民の政治的平等を訴えた．[16]

エドワード・クランクショーのような多くの歴史家は，「このオーストリアに対する火のような戦線」の背後にカトー的動機，「オーストリアム（Carthaginem）デレンダム　エッセ，このオーストリアを破壊する，」というようなものを感じ取ったのだろう．このような粉砕の手段と方法については貴族階級と市民達は意見を異にしていた．[17] コシュートは当時，実際は王政を維持するという基本は維持しており，近代化した，王政内で独立したハンガリーを欲していた．

彼の演説はウイーンでの革命への熱狂をも煽った．詩的で感動的なテキストは直ちにドイツ語に翻訳され，ウイーンでばらまかれ，街頭では何度も読み上げられ，学生達の間で強い反響を得た．3月13日にはウイーンで革命の火の手が上がり，50名の死人が出た．その夕方，メッテルニヒは追われた．彼の失脚は更なる不安の拡大のシグナルだった．既に14日にはプレスブルクの帝

第20章 ラヨシュ・コシュートとシャーンドル・ペテフィ：1848年革命の象徴　225

国議会はつい，この間セーチェニを含む貴族院に否決されたばかりのコシュートの王に対する要求を何らの討議もなしに，王に対する両院の代表団をウイーンに派遣するという，彼の新しい提案とともに，採択した．

1848年3月15日

しかし，賽は始めプレスブルクでもウイーンでもなく，ペストで投げられた．そして，3月15日の革命の音頭は職業政治家ではなく，若い知識人達，その先頭に立ったのは，25歳の国民的詩人シャーンドル・ペテフィであった．この日，ブタペストで起こったことは，ハンガリーの歴史の中で，その詳細にわたって，最も多く記述されているもので，150年後の今日でもハンガリーの生徒は暗唱を義務付けられ，時々の政府はその政治的路線に沿ってであるが，それ相応に相応しく，栄誉をたたえ，政治的に利用してきている．

ドナウ川の河畔にあるペテフィの銅像の前と，ブタペスト国立博物館の前の石段で，ハンガリー人は毎年3月15日にその混乱した歴史の上で，最も重要，かつ，議論の余地なき革命の忘れ去ることのない幕開けを偲ぶのである．毎年3月15日には小学生から中学生，大学生それに愛国者達は赤，白，緑の徽章を国民の誇りとして身につけるのである．それ以来，権威主義的或いは独裁的政権はこの記念日が何らかの火付け役になるのではないかと恐れてきた．例えば，第二次大戦中の1942年3月15日，権威主義的なホルティ政権の第三帝国との同盟政策に反対して，ペテフィの銅像前で，独立を叫んで大々的なデモが行われた．また，共産党のカーダール体制の時，この日は特に厳重な警戒態勢の下で式典が行われた．それにも拘わらず，公式な，当局によって取り囲まれた中での行事の後，不許可の政治集会が繰り返された．警察当局は，愛国的な歌を唱和し，伝統的な記念の場所に向かって行進する青少年達に棍棒をふるった．勿論それはもはやハプスブルクに対するものではなく，ましてハンガリーにとって圧倒的に人気のあった外国オーストリアに対するものではなく，言うまでもなく，自由を求めてである．

それでは1848年のこの記念すべき日に何が起こったのであろうか？[18] 歴史的な変化を導入したペストでの革命運動の前衛は凡そ50名の若い作家，ジャーナリスト，官吏，中産階級の下層部分の人々及び一握りの貴族達であった．彼らのスポークスマンは有名な詩人ペテフィ25歳，作家モール・ヨーカイ23歳，そして歴史家パール・バーシュヴァーリはやっと21歳になったばか

りであった．彼らはペテフィが設立した「10人委員会」，その後「青年ハンガリー」と名乗ったクラブのメンバーであった．ペテフィの考えは当時既にコシュートの改革提案を遙かに超えるものであった．彼は過激な共和主義者であり，言葉と行動に於いて国王を嫌悪しており，国民の自由と権利を剥奪された階級の解放を信奉していた．コシュートの示唆で，若者達は12ヶ条のプログラムを作成し，更に新しい過激な提案を加えて，要求カタローグに変えていった．いの一番に新聞の自由と検閲の廃止を要求し，次に，国民に選ばれた議会に責任を有する政府をブタペストに設置することを要求した．更に，市民と宗教の完全な平等，国民警護隊，陪審裁判，国立銀行，ハンガリー軍などの創設，外国（つまりオーストリア）軍隊の撤退，政治犯の釈放，トランシルバニアとの共同体の創設（国内の非ハンガリー系の住民には一言も言及がない）が主な要求であった．

　3月14日にウイーンから不穏と革命が始まったというニュースがブタペストにも届くと，ハンガリーの青年達は12ヶ条の要求を直ちに公表することを決議した．それに加えて，ペテフィがそのために次のような愛国的な詩を作った．

　　立ち上がれ，ハンガリー人よ，祖国が呼んでいる
　　戦いのために，集うときがきた．
　　君たちは自由を望むのか，それとも奴隷でいいのか？
　　選択せよ！　栄誉と権利の問題だ！
　　先祖の神に誓おう，
　　決してもはや
　　暴君に屈しはしないと！
　　けっして！[19]

　「青年ハンガリー」のメンバーたちは3月15日いつも集まるペストの町中のカフェー・ピルバクスに集合し，12ヶ条の要求とペテフィの詩を読み上げた．ペテフィ，ヨーカイ，バーシュヴァーリは大学で学生達を動員し，検閲なしに要求と詩を印刷することを要求するためにランデラー―ヘッケンアスト出版者に向けて既に集まった2000人の人々とともに行進した．午前中に国立博物館

前には1万人が集まり,そこで要求と詩が再び読み上げられた.最後に2万人の人々が街頭に繰り出し,ペスト市参事会と知事に対しても彼らの要求を突きつけた.ただ1人の政治犯だった,社会主義的扇動者ミハーイ・タンシスが釈放された.知事の取り巻きは,革命の雰囲気に「青ざめ,震え上がって」降参してしまった.彼らは,ペストの住民の成人男子のほぼ半分を擁したデモ行進の不気味な勢いに恐れをなし,更に(主としてイタリア人からなる)首都警備の兵隊に信頼を持てなかったためである.

結局プレスブルクの帝国議会とウイーンの宮廷に急進的な要求をうけいれさせたのは,革命の「偉大な日」ではなく,4万人以上の武装した農民がペテフィの指導の下に,多分いわゆるヨゼフの日に——ペストで市場が開く日——の始めに,共和国を叫んで,農民一揆を計画している,という噂が火のような勢いで広まったことであった.実際は,市場が開いたのは数日後であり,武装した農民や謀反の計画は全く噂に過ぎなかった.農民達は商売をするためにペストに来るのであり,若い過激派は市場の開くのに合わせて,公開の告知を目論んだことがこのような噂に繋がったのである.にもかかわらずこの噂は,ハンガリーの改革派の政治的目的を驚くほど迅速に達成するテコになった.歴史家は,帝国議会が農奴制を廃止したのはもっぱら自分が率いた若い改革者達の成果だと主張するペテフィの主張を否定しつつも,全ての歴史書を見るとペテフィの「10人衆」がペストでの無血革命に重要な役割を果しただけでなく,その後のウイーンとプレスブルクでの進展の大きな突破口となったことで一致している.[20]

ハンガリーで最も著名な詩人シャーンドル・ペテフィ(1823-1849年)の人生と,革命と独立戦争の時の役割については沢山の専門家が研究している.したがって,後世の人々にとって他の如何なる(コシュートを除き)政治家や軍人よりも革命の精神と一体化して記憶されているこの国家的詩人の人となりに限定して述べてみよう.ペテフィに率いられた農民一揆という恐ろしい幽霊が繰り返し強調されたのは,勿論情熱的なこの革命家の演説と特に詩がもたらしたものである.フランス革命の急進的な考えはペテフィや無産階級,それに夢想的な社会主義者達を鼓舞した.彼は自分自身で国民の悲惨さと権利を剥奪されている現状を体験していた.ペテフィは既に16歳の時から自分の生活を切

り開いて行かなければならなかった．旅芸人達に混じって，使い走り，劇場の小使い，エキストラ，役者などをこなした．全土を徒歩で回り，各地を知り，特に国民の直面している諸問題を知ることが出来た．1844年にこの若い才人の最初の詩集が出た．それによって，ペテフィは文芸界に知られることになった．勇気と情熱を持って，しかし必ずしも展望があったわけではないが，才能あふれた詩人は貴族や官僚達封建主義者と革命の的を攻撃した．1848年3月30日2万人以上の人々が国立博物館の前で近づく革命について，ペテフィの燃えるような演説に耳を傾けた．同士達とともに彼はユダヤ人の国民警護隊を組織し，圧倒的に多くのドイツ系市民と商人に唆されたプレスブルクとブタペストでの反ユダヤ主義迫害を激しく攻撃した．政府が反ユダヤ主義暴力行為による圧力でユダヤ人解放問題で後退し始めると，再びペテフィやタンシスその他の急進派が彼らの機関紙「3月15日」で「卑怯者の政府」と抗議した．彼の燃えるような共和主義的思想と過激な革命への憧れ——この3月は彼にとっては単に「第1幕」に過ぎなかった——それに英雄的な指導者という者に対する嫌悪は若き詩人を他の政治指導者やコシュートからも孤立させていった．

しかし国民は彼に耳を傾け，彼を慕った．アンタル・セルブは彼の文学史でペテフィをハイネとバイロンと比較している．ペテフィは民衆の言葉と民謡を芸術詩の水準に引き上げた．彼以前にはハンガリー出身のドイツ系ユダヤ詩人カール・ベックがその詩的物語「ヤンコ，ハンガリーの馬番（1841年）」でハンガリーの広々とした低地平野を称えている．ペテフィの詩の重要なテーマは愛であった．彼はまさしくその愛の詩の中で彼が完全な唄の名作者であることを示している．[21]

格別彼はハンガリーと心の中で結びついていた．

> 我はハンガリー人なり！　世界で最も美しい国だ．
> ——世界そのものであり——我が祖国である；
> 神が地球上で美しいものを創造し，
> それを我が祖国に与え賜うた．
> 雪を頂いた山頂から眺めると，
> 遙かに蒼き海を望み，
> 平野は実り豊かに広がっている．

第20章 ラヨシュ・コシュートとシャーンドル・ペテフィ：1848年革命の象徴

恰も恵みは終わり無きが如し．

我はハンガリー人なり！　我が面は恥辱に燃えている，
我は祖国が没落に直面しているのを見る，
この間にも我らには燭光が殆ど当たらないのに，
周囲には自由の曙が輝いている．
それでも！　我は故郷を去らず，
この世のどんな代償があろうとも，嘘偽りに会おうとも，
ハンガリー国民――深い屈辱の下にある――に，
我が心と最後の息は共にある．

(1846年)

　彼の深く根付いた情熱的愛国心は，独立戦争の間に造られた彼の詩に見ることが出来る．

カルパチアの山々から低ドナウの地まで
獣がうなり，空は荒れ狂い！
髪を振り乱し，額に血をし，
嵐の中に立つのはハンガリー人のみ．
仮にハンガリー人としてこの世に生を受けなかったら，
この国民を前にして，
さぞかし孤独であったろう，
この地球上のどの国民も味わったこともないような孤独感であろう．

　今日まで最も多く翻訳され，国際的に最も著名なハンガリーの詩人は，しかし，元々はセルビア系で，曾祖父の時代にスロバキアに移り，彼の両親，父は肉職人，母は女中，で，まだ訛りの入ったハンガリー語を喋っていた．彼の名は元々ペトロビッチだったが，1842年にこの若い詩人で俳優はペテフィという名を使った．[22]
　1848年6月，彼はハンガリーの低地の小さい町で，国会に立候補したが，醜聞混じりの妨害に会い，成功しなかった．その地の貴族達は「彼は狂気の扇

動者」と攻撃しただけではなく，その地から追い出したりもした．彼らはペテフィが「ロシア」のスパイで，この地をスロバキア人に返還させようとしている，との噂を流したりした．その際にスロバキア人にとって民族的に軽蔑的な [tot] という表現を使ったりした．

この詩人はホンベード部隊（註 1848年夏に設立された部隊で，郷土防衛隊．後のハンガリー国民軍．ホンベードとは時間の経過と共に兵隊と同義語となった）に入隊した．彼は少佐に昇進し，トランシルバニア軍を率いたポーランド人のベム将軍の副官となった．圧倒的に優勢なロシア軍に対する戦いで，ペテフィはシェゲシュバール（シゲショアラ）で 1849年 7月 31日倒れた．

戦場で彼の死体は発見されなかったので，若干 26歳の詩人の英雄死は語りや記述の上で伝説的となり，それ以来如何なる政治的方向にとっても革命の殉教者の旗印となった．例えば，第一次大戦の間，ペテフィの墓がシベリアに存在するという噂がハンガリー人捕虜の間で口から口に広まり，それには写真まで添えられていた．1989年の体制転換後，ある有名な企業家などは探索隊をロシアに派遣してこの詩人の遺体を発見し，ハンガリーに持ち返えろうとしたしたぐらいである．最新の伝説ではペテフィは 1849年にロシアに亡命を求め，シベリアの郵便局員の娘と結婚し，ロシア名「アレクサンダー・ペトロビッチ」で詩を書いて生涯を送ったとも言われている．例のペテフィの亡骸を公開した企業家はこの間，倒産したが，この遺体は考古学者が妊娠している女性のものだ明らかにした．

ペテフィが消息を絶ったという神話は 150年経っても消えることがない．この詩人の像は圧倒的な敵に対して破れた独立の戦いを偲ぶシンボルとなっている．この真に国民的詩人の重要な詩歌を少なくとも数行なりとも朗詠出来ないハンガリー人は 1人として存在しない．

第21章　勝利，敗北そして崩壊：
1849年革命の失敗

　1848年春，ウイーンとブタペストは同様に革命の熱気に包まれていた．目撃者によれば，3月15日にプレスブルクから蒸気船でウイーンに到着した貴族達は熱狂的な歓迎を受けた．彼らのキラキラ光るサーベルと腰にアオサギの羽根で着飾った煌びやかなハンガリーの礼装は色華やかなものであった．その中で唯一人コシュートだけがいつものように質素な黒い民族服で現れた．この使節団は予め用意された皇帝に宛てた声明文を携えていた：

　この歓喜の時にコシュートとバッチャーニュを先頭に血気盛んなハンガリー人も遂にウイーンに到着した…如何なる歓呼に迎えれられたか筆舌に尽くしがたい喝采がいつまで続いた．国旗がはためき，軒連ねる家々や町々の窓には色とりどりの布が風に揺れ，花束が舞う中を使節団の馬車はゆっくりと通りを進んでいった…一行の最初の目的地はウイーン大学であった．ここでコシュートの演説は歓喜をもって受け止められ，サーベルを掲げての，或いは考えられる限りの歓呼は，当初，祝福に満ちた兄弟の連帯で歓迎され，あらゆるオーストリア国内諸民族の制約がとっぱらわれ，将来彼らが確固とした道徳的な絆で結ばれることになるのを期待させた．[1]

　3月17日午前，皇帝フェルディナントⅤ世国王はラヨシュ・バッチャーニュ伯爵がハンガリー政府を組閣すること及びシュテファン大公を全権代官に任命することを許可し，副王が主催する帝国議会が決めたあらゆる法律も承認することを約束した．後に紛糾する点や残された問題は別にして，ハンガリーの改革派はこれにより無血で特異な成功を収めた．しかも帝政の崩壊によってでなく，既に1791年以来法的に承認されている独立の範囲内でである．国王はハンガリーに対して憲法を認めただけでなく，トランスシルバニアを併合する権利とクロアチア・スラボニアに対する主権並びに軍事境界線の編入を承認した．

僅か数週間でかくてハンガリーは勝利した．セーチェニ自身，3月17日に内密の書簡で告白している．「コシュートは全てを賭けた．そして少なくともこれまでのところ，私の政治が恐らくは20年間かかっても達成できなかったことを祖国のために勝ち取った」．[2] 新憲法によればハンガリー語は全土で公用語として認められた．包括的なリベラルな改革が導入され，近く選出される国民の代表に責任を負う政憲議会が設置された．選挙法改正の後，これまで国民の1.6～1.7％だけしか認められなかった選挙権が7乃至9％に広がった．英国でさえ改革法により国民のたった4％のみが選挙権を有していただけであったことを考えれば，当時ハンガリーが獲得したものは注目に値する．[3]

貴族階級は，それが理想主義からであれ，或いは（ポーランドのように）農民の反乱を恐れてであれ，種々の動機からであれ，彼らの税法上の特権を放棄し，農奴制の廃止に同意した．農奴であった農民の凡そ60％はそれでも自分の土地を持ったわけではなかった．急遽31に上る法律が準備され，封建的身分制国家が西欧風の議会制民主主義国家に変わるはずであった．ハンガリーに対して独自の財政行政と外務省，それに独自の国防省が認められた．

新首相バッチャーニュ伯爵は，国内有数の裕福な土地所有者であり，急進的なペストの人々から見れば余りにも穏健であり，ウイーンの宮廷から見れば進歩派過ぎたが，重要な政治家であった．コシュートは税財務大臣，セーチェニは公共労働・交通大臣（「人々は私をコシュートと一緒に絞首刑にするだろう」と彼は日誌に書いている），作家で開明的な人道主義者のヨージェフ・エトヴェシュ男爵は文化・教育大臣，ベルタラン・セメレは内務大臣（後に首相），そして評判のよいリベラルな政治家フェレンツ・デアークは法務大臣に任命された．最初の憲法に合致したハンガリー政府は4人の貴族，5人の身分の低い貴族出身者で形成された―コシュート以外は裕福又は金持ちの人々であった．外務大臣には，国内で最も金持ちのパール・エステルハージが任命されたが，彼はウイーン宮廷の回し者と見られ，「この死の毒薬」たるコシュートをウイーンが牽制しようとしたものである．

ハンガリーと全王国との関係で多くの問題が未解決のまま残った．例えば，双方の外務省と軍事関係者間の調整問題である．それでもなお，バッチャーニュ政府はめざましい経済と文化の発展の道を開き，農民を解放し，同時に，貴族達の指導的役割と経済的生存条件を確保した．労働者と農民の間に燻って

第 21 章 勝利,敗北そして崩壊：1849 年革命の失敗

いた不穏の空気を取り除き,反ユダヤ主義の暴発を防いだ.多様な,かつ増大する緊張にも拘わらず,遂に,新しい,実際に機能する国会が選出され,そこでは改革派が明確に多数を制した.コシュートは決然とした,良心的な財務大臣として非常な能力を発揮した.彼は相矛盾する,混乱した条件の中で独自の財務行政を確立した.彼の政治的影響力は勿論彼の名目的地位を超えて広く及んだが,それには,7月以来,自分の新聞を発行し,時たま,「政府の中の野党」として行動していた事情もある.

ハンガリー革命の宿命的な問題は緊張を孕んだオーストリア,クロアチアとの関係,ルーマニア人,セルビア人,スロバキア人等の重要な異民族との関係であった.ハンガリー人はいつもウイーン宮廷とオーストリア政府の権力を中央に集中せんとする試みに対して戦ってきた.しかし,彼ら自身の中央集権的動きに対して今度はスラブ人とルーマニア人の反抗を惹起した.民族的ロマン主義を唱える人々に対して,今日のハンガリーの歴史家,例えば,ドモコシュ・コシャーリは,民族主義の過激化はウイーンの政策でも,汎スラブ主義でも,外からの先導のせいで生まれたのではない,と強調している.これらの民族グループはそれぞれの社会的,政治的発展によって,ハンガリー人と同様な民族的主張と民族感情を表明する段階に達したのである.他方,コシュートやほとんどの指導的なハンガリーの政治家達は,他の民族の要求を認める用意はなかった.[4]

第一,彼らの目的はハンガリー王国の領土の一体性を確保することであって,それを破壊することではなかった.そのほか,他民族に要求されている領域には沢山のハンガリー人が住んでおり,譲歩すれば,彼らが異民族の支配下に置かれてしまうことになるのだった.進歩的な或いは革命的なハンガリー人でさえも,社会的改革の効果と新たに獲得した自由の凝集力を強く信じたので,真面目に民族間の問題に巻き込まれるとは思っていなかった.

ウイーン政府の責任者達は,民族間の意見の違いを自分たちの利益のために利用し,その際特にベオグラード——当時はまだオスマン・トルコ帝国の中で自治権を持った伯爵領であった——からも支持されたセルビア人とクロアチア人がブタペストと武力闘争にはいるようそそのかすのを助長することが重要だった.ウイーンの宮廷は,ハンガリーの改革が王国の一体性を毀すと見て,

当初から革命を逆戻りさせようとしていた．ウイーンにとってはあちこちの民族グループがそれぞれの要求を満たそうがそんなことはどうでも良かったのである．彼らにとってはハンガリーに対する同盟国が欲しかったのである．[5] だからこそ他の民族グループは革命が失敗に終わったとき，非常に落胆したのである．後に或るクロアチア人は「我々はおまえ達が罰と見なしているものを褒美として貰った」とハンガリー人に語った由である．[6]

革命と独立戦争が間近に迫った特徴は軍内だけではなく，貴族と小貴族社会での混乱であった．当時のハンガリーは今日のハンガリー共和国の領土の3倍であったが，マジャール人は人口の40％を占めるに過ぎないという，しばしば看過される事実から出発しなければならない．他の民族グループは既に1848年春には，一部はハンガリー国内で，一部はクロアチアのようにハプスブルク帝国内での自治と独自の行政を要求していた．

（オスマン・トルコの）セルビア伯に支援された南部ハンガリーのセルビア人は，領土要求を突きつけ，ベオグラード政府に奉仕する1000人を擁する武装した「非正規」軍の助けを借り，ブタペスト政府に対して最初のあからさまな蜂起を行った．彼らは見境い無く，ハンガリー人，ドイツ人及びルーマニア人の居住地域を攻撃した．ハンガリー歩兵連隊の3分の2は外国で任務に就いていたし，12のハンガリー軽騎兵連隊の半分しかハンガリーに駐屯していなかった．バッチャーニュ政府は皇帝―王国の正規軍の出動を要請し，少し前に設立されたハンガリー国民軍も動員した．その後判明したことであるが，セルビアとの国境はハプスブルク軍の将校によって指揮され，彼らは皇帝―王国の旗を掲げていたのである．つまり，ハプスブルク軍が相対峙していたのである．[7]

イシュトヴァーン・デアークは先に引用した本の中で，ハンガリーの革命の直面したいくつかの困難――友好軍と敵対軍を区別すること――や帝国・王国の将校達の道徳的ディレンマを述べている．フリードリッヒ・フライヘル・フォン・ブロンベルク大佐は次のような体験を語っている．

1848年夏，ブロンベルク―自分自身がドイツ・オーストリア人でポーランド兵からなる騎馬大隊を率いていたが―南部ハンガリーのバナト地域に駐留していたが，その地域はドイツ，ハンガリー人，正教会，カトリック教会派のセ

第 21 章 勝利，敗北そして崩壊：1849 年革命の失敗

ルビア人，ルーマニア人，ブルガリア人が混在する地域であった．ブロンベルク大佐はセルビア人一揆に威嚇されたとき，上司の司令官の指示を仰いだ．しかしこの司令官は，個人的には，ブタペスト政府に好意的では無かったのにも拘わらず，大佐に対して，国境を守り，外国勢の一揆に当たるよう指示した．同様な勧告がこの地域を管轄する王国ハンガリー委員からも発せられた．彼自身セルビア人であった．ブロンベルクは成功裏に戦ったが，セルビア人一揆の指導者——ドイツ・オーストリア系のハプスブルクの将校であったが——ブロンベルクに対して皇帝への義務を忠告した．皇帝への忠誠は国王へのそれに優先されるものであった（皇帝と国王はこの際勿論同一であった）．そこでブロンベルクは自分の配下のポーランド兵に対して，この地域から撤退するよう命じた．それによって彼は偶然にハンガリーに忠実だったドイツ人住民をセルビア人の怒りに任せてしまった．ブロンベルクは完全に不安になり，オーストリアの陸軍大臣に「閣下，我々の置かれた苦しい状況をお察しください．その上で，我々をこの地からの撤退を命令してください．我々の置かれた葛藤はもはや耐えられません」．しかし，ブロンベルクは召還されなかった．理由は，オーストリアの陸軍大臣の回答は，ブロンベルクの大隊はハンガリーの管轄下にあると想起していたからである．その代わりに，ブロンベルクは「自分の良心に聞く」よう指示された．その結果，嘗ては彼の保護下にあった地域は，暴力と奪略行為に会いながら，セルビアに占領され，しかしその後，1 度はセルビア国籍の，嘗てのハプスブルクの将校の指揮下で，2 度目はポーランド人の将軍の下でハンガリー軍によって解放された．[8]

デアークは脚注で次のように記している．即ちブロンベルクと嘗てセルビア側に付いた相手は後に共にハプスブルク軍の将軍になり，他方ハンガリー政府の委託を受けたポーランド人ベム将軍は戦争が終わった後，国外に亡命し，セルビア国籍のハンガリー軍司令官ヤノシュ・ダムヤニッチ将軍はオーストリアによって処刑された．

ハンガリーの革命に対して最も組織化された軍事的抵抗を行ったのはクロアチアであった．その旗振り役は大佐から将軍に抜擢された，その直前にクロアチア長官に任命されたヨウジプ・イェラチッチであった．彼は根っからのクロアチアの愛国者で，皇帝に最も忠実で，同時に激しい反ハンガリー感情を持っ

た将校であった．

　オーストリアからの分離と王政の廃止は当初，そして1848年秋までは目標になっていなかった．だからこそ所謂「君側の奸」達の，即ちウイーンの反動的宮廷諸派や軍幹部——その最も重要な，そのためには何でもやる用意がある道具がイェラチッチであった——陰謀は軍将校団の中や[9]，一般の兵士達の間で取り返しの付かない混乱を引き起こそうと画策していた．新しく長官に任命されるやいなや直ぐさま彼は，ハンガリーの首相と国防大臣に対して，如何なる命令にも服さないことを明らかにした．国防大臣，騎兵隊大佐ラーザール・メサロスは当時ブタペストにすら居なかった．というのは彼はラデツキー元帥の下で皇帝のためにイタリアで戦っており，最高司令官は彼をイタリアから手放したくなかったので，やっと5月になってこの新しいポストに就いたのであった．この間にハンガリーは皇帝と国王の承認の下にイェラチッチ将軍を反乱者だと声明し，6月にはブタペストの政府の要求により彼は全ての地位から外された．ところが3ヶ月後，このクロアチアの将軍はオーストリアの攻撃の先鋒として再び登場することになる．

　ハンガリー独立戦争が非常に複雑で，いずれの側の参加者にとっても時として，混乱した，歴史的一大事件であったことは夏の危機的状況の推移が物語っている．新たに選出されたブタペストの帝国議会が議決した事項——例えば独立の（ホンベード）陸軍の創設，独立の国家予算の策定や独自の通貨の発行——は帝国政府にとっては挑戦であった．

　1848年7月11日，ラヨシュ・コシュートは，名目上単に「財務大臣」に過ぎなっかったが，ハンガリー史上最も有名な演説を行った．彼はこの時病気で，体力が弱っており，国会の演台に上るとき人に支えて貰わねばならないほどであった．この政治家が凡そ昼頃演台を降りたとき，あらゆる国会議員は感激して席から立ち上がった．彼は最初は震えるような，殆んど囁くような声で，次第に大きな声で，クロアチア，セルビア，ロシアの危険性を訴え，オーストリア，イギリス，フランスそして新しいドイツとの関係について語った．彼の全ての説明はただ1つの目的のためであった．即ち国会が2万人からなる国民軍の創設のための4200万フォリントの予算を政府に認めて欲しいと言うことで

第21章 勝利，敗北そして崩壊：1849年革命の失敗

ある．コシュートが全力を尽くしたことは記録に残っている演説文でも判る．あらゆる証人は修辞上の芸術品であるという印象を後世に伝えている．

　諸君！（着席せよ，との呼び声あり）疲れたときはお許し願いたい．祖国を救って欲しいと呼びかけるために，演台に上るとき，この瞬間の偉大さが胸をふさぐように私の魂に訴えている．私は神がラッパを私の手に与えて，死者を蘇らせ，もしも彼らが罪深き者で，か弱い者ならば，再び死の世界に差し返し，もしも彼らが生きる力を持っているならば，永遠に復活させよ！　と命令しているような気がするのです．まさにこの瞬間に我が民族の運命が掛かっているのです！
　諸君に神は民族の生か死かの決定を委ねる私の提案を任せたのです！　この瞬間は余りにも重大なので，私は演説術などに訴えようなどとは思っていません…諸君，我が祖国は危機に瀕しています！[10]

　コシュートはその演説の中で，セルビアとクロアチアの危険性と皇帝の二枚舌（オーストリアの皇帝と国王が，同じ人物であるのに，お互いに衝突していることを皮肉を込めて当てこすりながら）について述べ，その当時の欧州におけるハンガリーの孤立した厳しい状況を説明した．英国については，自国の利益に資する限りに置いてのみハンガリーを援助しようと述べている．そしてコシュートはフランス人の自由への前衛を「非常に共感」しつつも，ハンガリー人の運命をフランスの保護に任せてはならないと力説した．「ポーランドもフランス人の共感を得ていた．共感はあったが，ポーランドという国はもはや存在していない」．
　コシュートはドイツ同盟との関係について述べている．ハンガリー人はまだ幻想に安住しており，フランクフルトの国民議会に2人の国会議員を派遣した．彼らはオーストリアがドイツ同盟に参加することを期待していた．理由は，その場合には1722／23年の「実際的制裁」が効力を失い，オーストリー・ハンガリーは自分たちの運命を自分たちで決めることが出来ると期待したからである．そうすれば，国王はブダに居を移し，ハンガリーの独立の王政を維持できると思ったからである．ハンガリーの消息筋によれば，5月にはオーストリアですらなおもスラブ人に対するドイツ・オーストリア・ハンガリーの同盟を信

じていたという．事情はどうであろうと，コシュートはドイツとの同盟の可能性に如何に重要性を付していたか隠そうとしなかった．

　私は自然の真実がそこにあることをはっきりと申し上げる：ハンガリー国民は自由なドイツ国民と，そしてドイツ国民は自由なハンガリー国民と心で結ばれ，友好関係に生きることと，東の文明に責任を持って一体となることを運命付けられている．しかし現在のところ，フランクフルトでの会議はまだ産みの苦しみの段階であり，交渉の結果がはっきりしていない．帝国の臨時元首選出後樹立されるべき内閣が行うことであるが，こういう段階なので，現在我々の代表が現場で，これから我々の希望に基づく我々とドイツの友好的同盟について交渉すべき正式な相手が見つかる瞬間のために待機しているのである：しかしそうであっても，我々は我々の権利，独立，国民の自由に関しては一歩も引いてはならない．

　熱狂的な拍手の中で，演説の最後に，予算を承認するよう訴え（起立した国会議員達は口々に「承認する」と叫んだ），コシュートは疲労しつつも，涙ながら続けた：

　これが私のお願いである．皆さんは人間として立ち上がってくれた．私は国民の偉大さに頭が下がる思いである．私が祖国を愛するがためにお願いしたことが実行される限り，地獄といえどもハンガリーを覆い包むことは出来ないでしょう！

　コシュートの演説が欧州の情勢を悲観的に説明したのに拘わらず，また，革命の波がフランスからポーランドにかけて枯渇していったのにも拘わらず，急進的な左派は政府に圧力を加えていった．特に政府は，イタリアの独立闘争を蹴散らすためにハンガリーから4万人の兵士を出征させるようにとの国王への皇帝の要請を拒否すべしとした．内閣は割れ，穏健なバッチャーニュとエネルギッシュで決断力に富むコシュートとの対立は次第に鋭くなり，ついには世間にも知られるところとなった．兵士の徴用に関する躊躇いは宮廷との軋轢を更に増すことになった．しかし，この間王宮を巡る状況は大きく改善した．プラ

ハでビンディッシュグレッツ元帥がチェコ人の反抗を破ったのである．ハンガリーの政治家は，年老いたラデッキー元帥がコストッサ近郊でピエモンテの軍を見事に破り，ロンバルディアを取り戻したことがオーストリアの戦争へのモラルに及ぼした影響に気が付かなかったのか，気が付くのが遅すぎた．

遂に1848年9月11日に賽は投げられた．この日，この週予め皇帝によって再び地位に復帰したイェラチッチ将軍指揮下のクロアチア兵，国境及び国民警備隊5万人はドラウ河を越え，白黒の国旗の下にブタペストを目指し，宮廷及びウイーンの国防省を密かに勇気づけた．こうして，ハプスブルクの将軍達が軍隊を他のハプスブルクの将軍達との戦いにし向けるという戦争が始まった．ハンガリーの貴族マイラート伯爵が1848年夏にいみじくも次のようにその様を述べている——「ハンガリー国王はクロアチア国王に宣戦を布告した．そしてオーストリア皇帝は中立を装い，この3者は3ヶ月の間同一人物であったのである」．[11]

この数日間コシュートは政治的にも，心理的にも重要な旅をハンガリー低地で行っていた．住民の間や村々で彼はホンベード軍のために数千人の志願兵を募った．彼の行った募集のための旅は農民達にとっては特異な経験であり，ハンガリーの文学や芸術にも触れられている．他の如何なる人物も，大平原の政治に不信感を強く持っている人々を1世紀以上に亘ってこのように強く魅了した者はいない．殆どのハンガリーの比較的大きな市町村にはコシュート通りと名付けた通りがあり，或いは彼を称えて銅像が建っている．彼の神話は今日でも国民の唄に残っている：

　　ラヨシュ・コシュートは金色の羊だ，
　　その背には金色の文字が刻んである，
　　この文字を読める者は，
　　コシュートの息子となることが出来る．
　　ラヨシュ・コシュートは書き上手である，
　　彼はランプの火を必要としない．
　　彼は手紙を書くことが出来る
　　薄らとした星明かりの下で．[12]

9月にはコシュートは既にあらゆる分野で主役を演じていた．国会では，首相と並んで小さな常設委員会を設置することに成功した．この委員会から国土防衛委員会が生まれ，その後10月8日，首相に選出されたコシュートの指導の下にこの国の政府の仕事を担うことになった．

宮廷はこの政府をハンガリーの正統な政府と認めず，中庸なハンガリーの貴族であり，元帥フェレンツ・ランベルク伯爵を王の全権委員かつ全ハンガリー軍の総司令官に任命した．そうする一方でバッチャーニュに替わって，殆んど名も知られていない政治家に新しい政府の樹立を委任した．この間，副王とバッチャーニュは辞任した．現職の首相の副署名の無いランベルクの任命は広範な怒りを買い，彼がウイーンに到着した後，この「裏切り者」は激昂した民衆によって路上で彼の馬車ごとリンチされた．

皇帝フェルディナントはすぐにハンガリーの国民議会を解散し，戒厳令を布告して，イェラチッチ将軍を全総司令官に任命した．しかし彼は任された絶対的権力を受け入れることが出来なかった．というのは9月29日ブタペスト近郊パーコツで彼の軍隊はハンガリー軍の部隊に敗れ，この間，ペスト・ブダに進撃できず，後退したからである．1週間後，クロアチア第2軍はバラトン湖南方のオゾラで壊滅的な敗北を決した．この2つの勝利は首都と革命を救い，多くの詩や劇で再現されている．数日後，コシュートの提案で国会は王の詔勅の無効を宣言した．オーストリアとハンガリーの公然とした戦争は不可避となった．同時にコシュートの支配が始まった．

コシュートは1848年9月と1849年4月の間，国防委員会議長として実際上危機の期間中「臨時に国会に責任を負う独裁者」であった．実際に彼は政治指導者だけでなく，精神的，組織的指導者でもあり，戦争の宣伝マンであった．革命が独立戦争として継続され，国民が武力による反抗の道を選んだのも，疑いもなく第1にこの真の国民的英雄の非常に優れた人を引きつける魅力のなせる技であった．彼の持つ負の人格について多くの歴史家や当時の彼の側近が書いている：嫉妬心と虚栄心，冷淡さとエゴイズム，敵の立場について理解する能力に欠けていること，また，他の民族への理解が全くないこと，などである．彼が外交に幻想を抱いていたことは，多分，彼が1849年までウイーンより西に行ったことがないということで最も良く説明できよう．彼は無能な将軍達を

優遇し，最も天才的な武将，即ちアルツール・ゲルゲイを追放したりしている；コシュートは自分の武将を勝つ見込みが全くない戦場に送り出している．

それなのにひとは何故コシュートを許すのだろう？ 所詮彼は解放者であった．封建主義の残骸を取り除き，農民を解放し，ユダヤ人を解放し，産業を促したのは彼であった．特に彼は——彼の国民にとってだけでなく——独立という理想の象徴であった．[13]

ウイーンの10月革命はオーストリアの歴史にとって，ハンガリーの将来の発展を含めて，広範の影響を伴った転向点になった．労働者と学生の蜂起は10月6日に始まった．不満が重なりそれが発火点となった炎は，ウイーン駐屯地の敵弾兵大隊の反乱であり，それは国防大臣ラトゥールがイェラチッチ支援のためにハンガリーに派遣しようとしていた部隊であった．ラトゥール自身，国防省の中で襲われ，リンチを受けた．彼の切り刻まれた死体は街頭の柱にブラ下げられていた．皇帝，宮廷や高級官吏はモラビアのオルモウツへ逃げ延びた．

ドイツの革命詩人フェルディナント・フライリグラートの詩ウイーンがドイツ人に蜂起を呼びかけたが，それも，皇帝の部隊によるウイーンの占領をハンガリー革命軍が解き放して欲しいという希望と共にむなしく費えた．オーストイア・クロアチア連合軍は長らく躊躇った後にウイーンに向かって前進してきたハンガリー軍をシュベヒャット近郊で打ち破った．10月30日，ビンディッシュグレッツ元帥はウイーンに入り，抵抗する者を血の海と化し，軍の独裁を（1853年まで）打ち立てた．ポーランドのベム将軍は逃亡に成功したが，大砲を市民に向けることを拒んだメッセンハウザー大佐は処刑された．同様な運命を幾人かの急進派，例えば，フランクフルトの国民会議の議員ロベルト・ブルームは辿った．[14] 双方は戦争に備えていった．オーストリアはフェリックス・シュバルツェンベルク伯爵を新しい首相に迎えた．外交官で，将軍で，功名心の高いビンディッシュグレッツの従兄弟であるこの男は，ロバート・A・カンによれば「冒険家で勝負師」であった．[15] ラデッキーは北イタリアをコントロールしており，ハンガリー反乱軍への間近に迫った進軍の総司令官はビンディッシュグレッツがなった．

ゾフィー大公妃とともにシュバルツェンベルクは，フェルディナント皇帝に，

その18歳の甥を，大公フランツのために退位させることに成功した．帝位の交替は1848年12月2日に行われた．セーチェニに言わせると「青白き吸血鬼」であるシュバルツェンベルクは，容赦のない，横柄な，帝国主義的な男であったが，彼はハンガリーを永遠に田舎の水準におとしめようと決意していた．新皇帝は，啓蒙的だったヨゼフィニズムの時代に敬意を表してヨゼフを自分の名に付け加えたが，ほかのどんな相談相手も追従できないほどシュバルツェンベルクを信頼した．このような信頼の結果は勿論疑い深いもの以上であった：クレムシールの帝国議会の暴力による解散や1948年3月の，数多くの国会議員の逮捕などがその例である．

この間，ハンガリー人は12月，新しい皇帝を彼らの国王として認めることを拒否した．何故なら，新皇帝は聖イシュトヴァーン王冠によって戴冠されておらず，前皇帝の国王としての宣誓に拘束されないとしていたからである．コシュートはこの様な最終的な断絶を欲していたわけではないが，心の中ではそれを歓迎していた．12月にはオーストリア軍はあらゆる方角からハンガリーを攻撃した．中庸な政治家達の，前首相バッチャーニュや法務大臣デアークの和平への代表団はウイーンで失敗した．ビンディシュグレッツは2人の著名なハンガリー人と会うことさえ一蹴した．ハンガリーはあらゆる方面から包囲された．北からはシュイック将軍の率いるオーストリア軍の一部によりガリチン方面から攻撃された．東南部ではルーマニアとザクセンの軍が攻撃に参加した．南方では，セルビア軍が押し寄せ，クロアチア軍はドラウ河とドナウ河を越え，西からはビンディッシュグレッツが強力なオーストリア正規軍を率いて攻め寄せてきた．かくて1849年1月には彼らはブタペストを占領した．コシュートは総勢約200名の国会議員と政府職員と共にブタペスト東方220キロのデブレツェンに逃れた．

この臨時の首都は実際大きな村で，たった1人の医者が個人の診療所を構えているに過ぎなかった．カルビン派の牙城で，迫り来るオーストリア軍から最も遠く離れたこの町はしかしカトリックのハプスブルクに反抗する象徴であった．

年末にはハンガリーの敗色は濃厚となった．フリードリッヒ・エンゲルスがノイエ・ライニッシェ新聞に書いているようにオーストリア人はハンガリー人の革命は「たばこの煙」のようにかき消されたと思った．[16]

第 21 章　勝利，敗北そして崩壊：1849 年革命の失敗　　　　243

　しかしながらハンガリーは，ますます激しく戦った．ビンディッシュグレッツは，それほど力の在る総司令官ではなかった．その上，彼は自分自身のどうしようもないほどの虚栄心とハンガリー革命軍将軍達のよりすぐれた戦術の前に犠牲者となった．ブタペスト東方のカーポルナでの戦略上重要でない戦いで，ポーランドの将軍ヘンリック・デンビンスキに率いられた軍に勝利して，この伯爵は，ハンガリーが決定的な敗北を被った，と信じた．当時まだオルモウツに滞在していた宮中にビンディシュグレッツはデブレツェンへの進軍を目前にしていると報告した．彼の傲慢な態度は，既に 3 月 4 日に憲法を押しつけられ憤っていたハンガリー人に，この間に勝利の雰囲気の軍をオーストリアへ進める上で心理的に重要な動機付けとなった．

　1849 年 4 月 14 日，ハンガリーは，ハンガリーからこれまでの権利を奪い，クロアチアースラボニア，ダルマチア及びトランスシルバニアを取り上げた，押しつけられた憲法の発布に対して，「独立宣言」を行った．これは，心理的には理解できるものの，政治的には賢明ではなかった．[17] これによって，帝国議会はデブレツェンの大改革教会でハプスブルク・ロートリンゲン家が位を失った旨宣言した．コシュートは全会一致で「総督—大統領」に，ベルタラン・セメレは政府の長かつ内務大臣に選出された．

　ハンガリーは孤立したが，その軍隊は「春の奇跡」と言われるような勢いで勝ち続けた．革命側の主な要求はハンガリー語を使用言語にした国民軍の創設であった．そうはいっても命令はそれ以降もドイツ語で発せられ，伝えられていた．というのは重要な将校の相当な部分はハンガリー語を解さなかったからである．コシュートの熱心な同士は例えば英国人のリチャード・グヨン将軍であり，革命前は大佐としてハンガリー騎馬隊に所属し，ハンガリー女性と結婚してハンガリー愛国者になった．沢山の外国人の職業軍人の中で，伯爵カール・ライニンゲン—ベスターブルク将軍を忘れてはならない．彼はヘッセン王国の血を引き，英国の王室とも姻戚関係にあって，ハンガリー人女性と婚姻し，ハンガリー人となった．

　1848 年秋には 5 万人の帝国・王国の軍人がハンガリー側に立って戦った．そのうち約 1500 人が職業軍人であった．正規軍は未だ新しいホンベード軍隊に編入されていなかった．兵士達はこれまでの制服を着用していた．だから沢山の悲喜劇が起こった．というのは敵兵と味方の兵を区別するのがしばしば難

しかったからである．ラッパや太鼓の合図が同一で，訓練そして命令用語も同じであった．少なくとも1000人の将校，或いはハプスブルク軍の10%の将校はハンガリー側に付いた．ハンガリーの軍事歴史家ガーボル・ボナは，ホンベード軍の830名の将軍と将校のうち15.5%はドイツ人，4.2%はポーランド人，3.6%はセルビア人とクロアチア人であったと推定している．[18] 独立戦争の希望に満ちた最初から，厳しい結末まで，革命軍のコスモポリタン的特徴は維持された．一般的に言えば，(トランシルバニアのザクセン人を除いて) ハンガリー系ドイツ人，多くのスロバキア人そして開放に望みを託したユダヤ人は例外なくハンガリー側に付いた．そして凡そ3000人のポーランド人も多くの将校を含めて同様であった．

　猛烈なエネルギー，変わることのない楽観主義と独特の個人的ダイナミズムで，徴集した寄せ集めの数千人の軍隊に，当初外国から武器と弾薬を調達し，最後には短い間にゼロから軍需産業を立ち上げたのはともあれコシュートであった．彼は1849年6月までに1万7000人のホンベード軍を育成するのに成功した．

　革命が最高潮に達し，宮廷の反撃が硬直状態になったとき，――そして1849年5月に首都を奪回したときに頂点に達したが，――1849年春にハンガリーの勝利は全ヨーロッパを揺り動かした．ドイツでは沢山の人々と並んで，マルクス，エンゲルス，ハインリッヒ・ハイネやフェルディナント・フライグラートがそうであった．ノイエ・ラインシェ新聞のその年の最初の号はフライグラートのハンガリーの唄で始まった．

　　　今や荒れ野に炎が揺らめいている

　　　陣中の火だ；
　　　今や屈折していた勇気は炎と燃えている
　　　ハンガリー人の手に；
　　　…

　　　目をこちら，西の方角に向け！
　　　この世界でただ1つの民族が，

第 21 章　勝利，敗北そして崩壊：1849 年革命の失敗

勇敢にも固く
鉄拳を上げて呼びかけに答えている！…[19]

　カール・マルクスとフリードリッヒ・エンゲルスによる無条件のハンガリー支持は彼らが最後になっても積極的な革命の運動に驚嘆したことと，南部スラブ人に対する軽蔑と関係がある．綱領に似たテーマでフリードリッヒ・エンゲルスはノイエ・ライニシェ新聞にひどく感嘆した様を書いている．「長い間で初めて真に革命的性格を持った男に出会った．彼は絶望的な戦いの手袋を，国民の名の下に敢えて身につけ，彼の国民にとってダントンとキャルノーそのものである，その名はルードヴィヒ・コシュート」

　ハンガリーが 1848 年秋に未だ後退局面にあった頃，エンゲルスは自分の新聞で「1848 年の最も偉大な男を守ろう」と世論に働きかけた．1849 年 4 月には既に彼は「良く組織され，的確に指導された軍隊」としてハンガリー軍を称え，ゲルゲイ将軍とベム将軍を「今日最も天才的な総司令官」としている．

　同時にエンゲルス（マルクスと同様）はチェコ人や特に南部スラブ人，即ちセルビア人，クロアチア人及びスロベニア人に対する軽蔑の念を隠そうとしなかった．彼らは「歴史のない民族であり」，ドイツ或いはハンガリー民族の「付属」であると表現していた．オーストリア内の南部スラブ人は混乱した「千年の歴史」の「落ちこぼれ民族」である．11 世紀以来彼ら自身民族の独立の「最低限の見かけ」さえも失ってしまった．それ故，彼らはドイツ民族とハンガリー民族に引きずられている「肉片」以外の何ものでもない．とさえ言っている．[20]

　ゲルゲイ，ベム，クラプカ始め有能な将校達に率いられたハンガリー軍の華々しい勝利，全てのトランシルバニアと大部分のハンガリーの解放にも拘わらず，この春は引き返すことの出来ないカタストロフィーに近づいていた；ロシアの参戦である．介入は，オーストリア政府が情勢を制御できなくなったときに備えて，既に 3 月に決定されていたことである．これは 1830 ／ 31 年にポーランドの革命をたたきつぶして以来特に強化されたハプスブルク家とロマノフ王家の緊密な協力関係の自然の成り行きであった．従って，コシュートの独立宣言が（ロシアの）介入を誘った訳ではない．ウイーンからの度重なる緊急援助の要請の後，皇帝フランツ・ヨゼフは 1849 年 5 月 1 日，ウイーン新聞

にも掲載されたツァー・ニコライへの書簡で、「アナーキーに対する神聖な戦争」においてハンガリーの革命に対抗するための援助を要請した．ツァーは折り返し、ポーランド副王イワン・ポシュケビッチ伯爵にオーストリアの戦友を至急援助せよと命じた旨返答した．オーストリアの屈辱感の頂点は皇帝フランツ・ヨゼフがワルシャワに呼びつけられたときであった．そこで彼は5月21日、35歳年上のロシアの支配者に跪いてその手に口づけすることが許されたのである．若き皇帝はこの時の体験を母に書き送っている．

> 彼は私を無限の好意と心からなる歓迎をしてくれた．午後4時には2人だけで食事を取った．私たちは大急ぎで出発した．特にロシア製の鉄道は規律正しく、正確に走った．ここでは全てがきちんとしており、静かで、気持ちよいものである．[21]

ハンガリーや外国の歴史家、最近ではいろんな人が、オーストリアの評判をおとしめかねなかったロシアの援助は革命に勝利するために本当に不可欠だったのか議論してきた．ラミング・フォン・リードキルヒェン軍曹——5月末オーストリア軍総司令官に任命されたハイナウ砲兵隊司令官の参謀——は彼の出陣報告の中で次のように述べている．

> 1849年春の予期せぬ成功の後、瞬く間に広がり、その影響は計り知れなかったハンガリーの蜂起を、オーストリア国家が、ロシアの援助なしに押さえ込むことが果たして出来ただろうかと何度も問われている…ハンガリー及びトランシルバニアへのロシアの武力介入は、外交的あらゆる分野にも及んだ軍事的に決定的優位にとって不可欠だった．ロシア軍の力強い、圧倒的な援助は、たとえオーストリアが余り元気でなく、うまく戦ったのではないとしても、必要な成功に導いたのである．[22]

オーストリアの歴史家ツェルナーは「君主制支持の保守勢力の勝利は外国の援助がなければ不可能であった．」と見ている．[23] これに対してイシュトゥヴァーン・デアークは、オーストリアはより時間が掛かったかもしれないが勝利を自分だけで導くことも可能であった、と見ている．彼が引用している戦争

による損失に関する資料を見ると,この見方も頷ける.

　　オーストリアは正確なこの様なリストを作っていない.ハンガリーに至っては全くないに等しい.ハンガリー側は約5万人の兵を失い,オーストリア側もほぼ同じと見られる.これに対して,ロシアはほんの543名の死者と1670名の負傷兵を出しただけである.同時にパシュケビッチ軍から発生したコレラは1万1128名の人命を奪ったのである.[24]

　更に付け加える.ロシアの介入はハンガリーの運命を決定付けた.19万4,000名のロシア兵と17万6,000名のオーストリア兵,それに1,200台の大砲対して,15万2,000(多くの資料によれば17万)名のホンベード軍は450台の大砲しか持っておらず,これでは勝ち目はなかった.それでも戦いは8月まで続いた.

　ハンガリーはヨーロッパで完全に孤立した.長官コシュートと首相セメレはヨーロッパの諸国民に対して絶望的な呼びかけを行った.:「ハンガリーの地でヨーロッパの自由が決定されるだろう.この国を失えば世界の自由は大きな国を失い,この国民を失うことで忠実な英雄を失うだろう!」.[25] コシュートの全権代表ラースロー・テレキ伯爵とフェレンツ・プルスキー——最良の社交場のコネを有していた——がロンドンとパリで働きかけたが駄目であった.過去及びその後も何度も(1241年から1956年まで)そうであったようにヨーロッパの大国はハンガリーの利益の為には指一本触れようともしなかった.例えばパルマーストン卿は常に君主国の一体性の支持者であった.たとえ,ロシアの介入の跡で,彼が英国下院で公けには憂慮を表明しても,ロンドン駐在のロシア大使には私的に,ツァーの軍は素早く行動して欲しいと述べているのである.[26]

　パシュケビッチ,ハイナウ,イェラチッチはハンガリー軍をあらゆる方面から国の南東部の隅っこに追いつめた.事態がそのようになるまで,残っている議員はハンガリー南部の都市セゲドでそれでも最後の国民議会の議会を開催し,7月28日,2つの重要な,特に異なる民族とユダヤ人が同じ権利を有しているという象徴的な決議を採択してその役目を果たした.コシュートが7月,ルーマニアの指導者,リベラルな知識人ニコラエ・バールセスクと和解と協力

について，またセルビアの代表とも交渉した後，この民族法は採択された．この法律は，ハンガリー語を公用語であると確認しつつ，全ての民族グループの自由な発展を保証していた；例えば，市民は誰も官吏に対して自分の言語を使用する権利を有していた；地方行政でどの言葉を使うべきかは多数決で決めることとなった；また，教育では授業はさまざまな言葉で行われることとなった．

ユダヤ人の解放決議については何の議論もなかった．政府と議会は，革命の間 10,000 − 20,000 人の自由意志或いはホンベード軍で多くの将校として貢献し，軍需産業のために無視できない寄付をして少なくともキリスト教徒のハンガリー人と同様に国のために忠誠を尽くした全ての民族グループは平等であることを承認した．革命戦争が終わった後ユダヤ人はハンガリーに忠誠を誓ったことの高い代償を払わされた．その代表の何人かは逮捕され，幾つかのユダヤ人共同体は高い罰金を支払わなければならなかった．[27]

振り返ってみれば，セゲドでの楽観論は理解が不可能であり，もはや幽霊のようである．政府は逃亡中であった；疲れ切った，敗退してきた軍隊は一部は包囲されていたし，一部は撤退中であった；100 を超える議員は既に辞職させられており，圧倒的な敵の勢力は前進中であった．——そんな中でも 2 つ目の臨時首都ではなお希望に満ちた楽観的雰囲気だったのである！ セメレ首相は英国やフランスの政府が「目覚め」たと楽観的な演説を行っていた．コシュートは集まった農民達を前に「この町から将来ヨーロッパの自由が輝き出ることであろう」等と予告していた．

僅か 2 週間後にこの夢は終わってしまった．セゲドとテメシュヴァール郊外の重大な敗北の後コシュートは辞任して，ポーランド人伯爵の召使いに変装し，有名な髭をそり落とし，かつらを変え，2 つのパスポート——1 つはハンガリーの（タマーシュ・ウドゥバルディ），もう 1 つは英国の（ジェイムス・ブルームフィールド）——を持ットルコにその逃亡した．既に 8 月 11 日，彼は国防大臣ゲルゲイに全権を委任した．一日国家主席であったゲルゲイは縮み上がった軍，11 人の将軍，1426 名の将校，3 万 2569 名の兵士，144 台の砲台と 60 の軍旗と共に，アラド近郊のビラゴシュでロシア軍に降伏した．[28] ゲルゲイがオーストリア軍ではなく，ロシアに武器を差し出したことが，革命を企てた連中に対して激しい復習を余計に煽ったかどうかについてははっきりしない．いずれにしても，ビラゴシュ近郊での降伏はハプスブルク帝国での革命の終焉であっ

第21章 勝利，敗北そして崩壊：1849年革命の失敗

た．それに先立つ数週間前にドイツでは最後の共和派がプロイセンに降伏していた．ハインリッヒ・ハイネはパリでハンガリーの敗北は全ヨーロッパの革命の失敗の最終章であると見ていた：「自由の最後の砦が失われた…」パシュケビッチ伯爵はツァーに「ハンガリーは陛下の前に跪きました」，と報告している．ツァーはオーストリアに，倒された反乱軍に対し穏便に対処するよう警告した．

若い皇帝はバート・イシュルで彼の19歳の誕生日を祝っていた．母はいつものように，全てを綺麗に準備した．テーブルには19本の蝋燭が大きなトルテに飾れ，チロルの歌手がオーストリア国歌を歌い，上機嫌の本人は6頭の鹿の肉にナイフを入れた．しかしその直後に，彼の伝記の1つによれば，フランツ・ヨゼフは後々に影響する重大な過ちを犯した．彼は，いつもそうであったようにシュバルツェンベルク首相の妥協無き，配慮無き忠告を聞き入れてしまった．皇帝の御前で閣議は8月20日，あらゆる首謀者，参謀将校以上は，戦時裁判に架けることと決定された．[29]

恐ろしい復讐の実行は悪評高い将軍フォン・ハイナウ男爵——ドイツ人で，ヘッセン・カッセル選帝公ウイルヘルムⅠ世の婚外児——の責任で行われた．彼はイタリアで「ブレスキアのハイエナ」とあだ名された．と言うのは，激しい市街戦の末征服したロンバルディアの町で女性を公開でムチ打ち，牧師を祭壇から引きずりおろして，逮捕した上法衣のまま射殺したからである．老元帥ラデッキーは「彼は私の最も優れた将軍である．彼はひげ剃り剃刀みたいな男で，使った後ケースに入れておかねばならない」と形容した．砲兵司令官ハイナウは素早く，情け無用に仕事をし，与えられた任務に感激する人であった．「私は秩序を打ち立て，冷静に数百人を射殺させることが出来る男である」，と彼はラデッキーに書き送っている．元々の命令は，ウイーンの承認無き限り，死刑は執行してはならない，というものであった．皇帝と政府は最後にはハイナウの要求に譲歩した：執行された死刑を告示するだけで十分というわけである．

1849年10月6日，国防大臣ラトゥール暗殺の一周忌に当たるこの日，ハイナウはアラドにある城壁内の墓地でハンガリー革命に拘わった13名の将軍を処刑させた．9人は絞首刑，4人は銃殺刑であった．14人目の嘗ての皇帝軍

の将校でその後ハンガリー軍の将軍になった者は死刑の判決を受けたものの，最後の瞬間，恩赦を得た．彼は終身刑となった．革命の英雄の命日にはハンガリーでは毎年，記念の催し物が行われるが，彼らの中にはオーストリア出身ではないドイツ人1名，ドイツ系オーストリア人1名，ハンガリー系ドイツ人2名，クロアチア人1名，バナトのセルビア人1名，アルメニア出身のハンガリー人2名が含まれていた．5人の「純粋のハンガリー人」は誰もがハンガリー語を話せたり，理解できたわけではなかった．ペストでは穏健な6人の民間人が処刑されたが，そのうちの1人は，嘗てのハンガリー首相ラヨシュ・バッチャーニュ伯爵であった．彼は従姉妹から渡されたナイフで首を付こうとして重傷を負ったので，絞首刑用の縄を首に巻き付けることが出来ず，判決通りではないが銃殺された．

2000名の将校と民間人愛国者が，今や隷属国家となった国の軍事長官となったハイナウによって牢獄に繋がれた．凡そ500人の嘗てハプスブルクに仕えた将校，その内24名の皇帝・国王の将軍が軍事裁判の法廷に立たねばならなかった．約40名の将校が（将軍はいなかったが）絞首刑となり，その他の大部分の者は長期間獄中の身となった．120の処刑が実行されたものと見られている．政治犯が服役していた刑務所は超満員であった．

オーストリア出身の米国人歴史家ロバート・A・カンはその名著「ハプスブルク帝国の歴史1526－1918年」の中で，この様な圧政に非常に批判的に記述している：

ゲルゲイを例外として，極端に反動的なツァーでさえ勇敢なハンガリーの指導者達に好意的であったのに，此れを無視したシュバルツェンベルク政府は益々恥ずべきものとなっていった…シュバルツェンベルク政府と血も涙もない国家権力者達のやり方は，アメリカ内戦でアポマトックスにおいて降伏した南軍の将校達にグラント将軍が示した寛大な態度と正反対のものであった．シュバルツェンベルクは，ハイナウと共に，英国人，フランス人，ドイツ人はもとより，ロシア人からも一様に嫌悪感を持って受け止められた；ハイナウなどは後に行われたブラッセルとロンドン「友好訪問」の間，公けの場で中傷された．[30]

ハイナウは間もなく宮中に嫌われ，1850年に年金生活に入った．おかしなことにこの「オーストリアの血の犬」（とハンガリーの歴史教科書に書いてある）は，よりによってハンガリーに土地を購入した．しかし，「新しい領主」（ヨーカイの同じ題名の小説の中で漫画風に描かれた）は他の領主から完全に無視された．彼はどうやら精神に異常を来して，1853年ウイーンで死亡した．

皇帝軍のもう1人の決定的人物，バン・ヤェラチッチは数年長生きはしたが，同様に精神錯乱を来した．失望したクロアチアの愛国者は，オーストリア政府が彼に十分約束を守らなかったので全て財産を放棄してしまった．それぞれの歴史的転換点がイェラチッチの伝説を生んだ．例えばクロアチアがブダペストと妥協する前の1866年に，ザグレブの中心広場に，北の方向，即ちハンガリーを指さしている馬上の彼の銅像を贈られた．しかし80年後の1947年，チトーの時代に，この銅像は撤去され，広場は「共和国広場」と改名された．1990年クロアチアが再生すると，政府は再び銅像を建てさせたが，勿論その指は南を指している．即ち，もはやとっくに忘れ去られている敵国ハンガリーでもなく，新しい宿敵セルビアでもない．この広場は再び「太守ヨジパ・イェラチッチ太守広場」と呼ばれている．

第22章　英雄コシュート対「ユダ」ゲルゲイ：
　　　　犠牲神話の中の「善玉」と「悪玉」

　敗北がほぼ明らかになったとき，相い対立する，そして本質的に相互に関連している英雄化と悪魔化の傾向が起こった．ハンガリーの歴史記述と歴史文学では英雄崇拝と死神神話がいつの時代でも1つの役割を果した．ハンガリー人自身も彼等の幻想と民族的ノスタルジアが達成されなかったときの新たな生贄をいつも決まって見つけ出した．同時に，危機的状態においては，その時々の政敵を民族の裏切り者と見なす傾向があった．この様に問題を整理してしまうことが，17, 18世紀のクルツの反抗から1956年革命の評価を巡る論争に至るまで，ハンガリーの近・現代史の一貫した脈絡である．

　この宿命的といってもよい神話で1849年以降の最も有名な，悲劇的な犠牲者はアルトゥール・ゲルゲイ，そして裏切り者神話を作った人の名はラヨシュ・コシュートであった．150年の長きに亘って，単に政治家や歴史家だけでなく，作家達はその詩，小説，また，劇作家達，映画製作者たちはその中で，英雄コシュートと裏切り者ゲルゲイ，革命家と反動主義者というふうに競って対決させてきた．1994年に至って初めてドモコシュ・コシャーリの775頁で2巻に渡る著作が乱暴な議論に終止符を打った．当時80歳になった科学アカデミー総裁は，既に「熱い鉄」について，1936年の学位論文において取り扱い，「ゲルゲイ問題の歴史」を，神聖化されたタブーに配慮することなく分析していた：歴史記述と歴史解釈，更に広く社会の歴史認識は過去の事実とどう向き合って来，どう向き合っているのか，と問いただした．[1]

　1840年から1848年にかけての改革運動はセーチェニとコシュートのライバル関係に彩られたが，独立戦争の歴史はアルトゥール・ゲルゲイとラヨシュ・コシュートとの間の不可避の戦いに覆われた．フリードリッヒ・エンゲルスだけでなく，大半の将校達は，言葉少なく，静かな，時として自虐的な将軍に心酔した．コシュート自身も，意思に反してであるが，天才的な戦略家で勇猛な部隊の司令官に対して，大々的な勝利の後には何度も喝采を送った．

第22章 英雄コシュート対「ユダ」ゲルゲイ:犠牲神話の中の「善玉」と「悪玉」

コシュートは,一度は経済的理由で軍人としての道を諦めて化学エンジニアとして教育されたこの16歳若い騎馬中尉を,革命軍でたったの5ヶ月の勤務の後,1848年11月1日,将軍に抜擢し,主部隊の総司令官に任命した.感情的で,しばしば熟慮せずに行動するが,しかし天才的な,掴み所の無い政治家とは対照的に,当時30歳になる将校は,コシュートと同様,母親が貧しいドイツ人の市民家族の出で,冷静な,ピューリタン的な,閉鎖的な人間であった.彼の妻は,父親がフランス人で母親が英国人であったが,ニュルンベルクで孤児としてドイツ語を学び,語学教師で,貴婦人達の話し相手としてプラハに滞在中にゲルゲイと知り合い,親交を結んだ.ゲルゲイはその生活態度も非常に質素で,勝利の度毎にコシュートから提供された金銭や煌びやかなタイトルを断った.

彼の煌めくような組織力は,見たところ突破口の無いように見える戦場においてもその大胆さは証明され,その際ゲルゲイは2つの原則的問題でコシュートの意見と正反対のものを貫いていた:彼は,第一義的に志願兵,国民防衛軍,支援部隊などを頼るよりも,職業軍人ではないとしても,正規の,力強い軍を信頼していた.更にゲルゲイは,熱烈な愛国主義者であったが,国王フェルディナントによって認可された憲法を守り,帝国の中でハンガリーが改善されることを狙っていた.具体的には,ゲルゲイは,1849年1月5日,多くの将校が皇帝の側に廻り,彼も皇帝への忠誠を公けにしたとき,国民への不忠実を疑われた.彼は,彼の将校師団の崩壊を憂慮しそのような行動をしたが,これによって国防委員長としてのコシュートの不信を招き,当分の間ポーランド人将軍ヘンリック・デンビンスキイにとって変わられるという事態を招いた.彼は,コシュートが軍事問題に何度も干渉し,矛盾した指示を出し,それを無視したことによって混乱を招いたことは認めたが,ゲルゲイもまた独立の,政治的指導者達との調整なしに進められた決定を行い,コシュートによって任命された,或いは,時として十分でない規律で,軍の中に不穏の空気を惹起し,困難な状況の中で状況を更に悪くした.[2] 誤解とコミュニケーションの不足,それにコシュートの周辺の陰謀によってライバル関係は限界に達していた.

ハンガリーの敗北は決定的ではないものの,これによって疑いもなく加速された.1849年8月11日,コシュートは辞任し,ゲルゲイは全権を任された.しかしながら,翌日にはコシュートはゲルゲイに対して書簡を発した:

国民を救出する為にあらゆる合理的なことをなさない場合，私はこれを裏切りと見なすだろう．貴方が，国民の名においてでなく，軍の名において，そして軍の為に同意するならば，私はそれを裏切りと呼ぶだろう．[3]

ナショナリズムに汚されていない歴史家はこの書簡に，コシュートがトルコに亡命してヴィンディン（今日のブルガリア）から英国，フランス，アメリカ合衆国の公使，政治的代表に宛てて書いた有名で，評判の悪いこの書簡は，熟慮した上での第一歩を踏み出した，と見ている．書簡の中で，ゲルゲイは世界に「ハンガリーのユダ」と烙印を押されてしまった．権力欲或いは冷たいエゴイズムのために彼は独立戦争を裏切ったのだと．ゲルゲイさえ裏切らなければオーストリアとロシアの連合軍はハンガリーを打ち破れなかったであろうとか．戦いを継続すれば成功したであろうとか．外部的優勢ではなく，内部の工作の失敗が敗北の原因であるとか．要するに，コシュートはこの間に自分の解任を撤回したが，自分の失った自信を取り戻す為に，そして亡命先で新たな指導力を確立する為に生贄と裏切り者を必要としていたのだ．彼の目論みは当たった．ゲルゲイはコシュートの非難から決して解き放されることはなかった．

不思議がってロバート・A・カンは「ハプスブルク帝國の歴史」の中で「マジャール・ナショナリズムは，コシュートのオーストリアの首枷から解き放す，という決定を，常に首肯するのは正しいが，不必要な血を流すのをお終いにするというゲルゲイの正しい決定をコシュートが不当に批判することはどうであろうか」，と，述べている．[4]

裏切り者の神話は，勿論ゲルゲイに対するコシュートの個人的感情に掛かっているわけではない．コシュートは，第一次世界大戦の前に社会主義者の歴史家エルヴィン・サボーが1848年の革命について書いているように，自分の名声と評判を救う為に裏切り者を常に手段として必要としたわけではなかった．国民は狡猾のみにて打ち破られるのではなくて，むしろ，将来の希望を打ち立て，新たな独立戦争への支持を勝ち取ることが重要であった．

ゲルゲイはどうなったであろうか？　ツァー・ニコラスの個人的介入によりゲルゲイは戦後処罰を免れた．総司令官パシュケヴィッチ侯爵とツァー個人が

オーストリア及び皇帝に対して，ハンガリーに対して寛容であるように要請したが，ゲルゲイに対してのみその要請が受け入れられた．ゲルゲイは，武器を捨てた将校達は引き渡されない，という約束が守られるということを信じた．彼は，すべての部隊の司令部や砦の司令官達に，祖国は平和を望んでいるので，彼の例にしたがって戦いを止めるよう書簡を発し，またロシアの総司令官から尊敬を表す印として1100個のロシア金貨の入った袋を贈られ，返すことすらなく受け取った．こういうことは，ハンガリーの将軍が歪んだ目で見られることに繋がった．実際には，ゲルゲイは大部分の金を皆に分け，何千人もの兵士達や市民の命を救った．彼もロシア人も将校や兵士達を降伏によって落とし穴におびき寄せようとしたわけではなかった．悲劇的なことは，きっと多くの将校達が，もしも国外に逃亡して，又総司令官（コシュート）の持つ偉大なカリスマ性の犠牲にならなかったら，処刑や獄に繋がれることも無かったのにということである．ゲルゲイが生き延び，或いはそれ相当に寛大に扱われたことは，憤慨したその時代の人々や目を眩ませられた後世の人々の目には，裏切り者の所為にすることはある意味で信用できることに見えてしまう．

10ヶ月足らずの，近代ハンガリーの唯一の偉大な司令官という名声も，高くついてしまった．1849年9月以来，彼はクラーゲンフルトで蟄居を命ぜられて生活した．しかも，丸々17年間もである！ 1852年にゲルゲイは「1848／49年の私の人生とハンガリーでの活動」と題して手記を著した．この著作は最初ドイツで出版され，後に英語，イタリア語，スウェーデン語でも出版された；オーストリアでは出版は禁止され，ハンガリーではやっと1911年に至って出版されたほどである（！）．エンゲルスはこの本を「犬のように汚い」と評した．というのはゲルゲイは，当時賞賛された革命的傾向から距離をおいていたからである．当時の名声高き文芸評論家の1人であるイェネ・ペーテフィは，「かき乱された心にとっては，被告が当時将来を悲観している国民全体が棺を前にして悲しんでいるのに，遺体即ち革命を冷酷にも解剖しているように見えたのだ．真実を見ようとしない最大の障害は，世論にはゲルゲイの姿が暗ければ暗いほどコシュートが輝いて見えるということだ」，と書いている．[5]

ゲルゲイの弟は，弁護士であったが，生涯不当な誹謗に立ち向かおうと試みた．3冊の分厚い本を，沢山のドキュメントとともに著し，将軍の活動の真実を明らかにした．ゲルゲイはブタペストに帰った後，鎖橋の監督者という控え

めの仕事を与えられ，橋の使用料を報酬として受け取ったが，それが世論の激しい怒りを買った．石炭・レンガ工場の所長であった時は，同僚の抗議によってその職を辞めなければならなかった．彼が，数百名の労働者を伴ったトランシルバニアでの鉄道のプロジェクトの監査を引き受けようとしたときには，他の役人が「裏切り者」を同僚として受け入れようとはしなかった．ゲルゲイは「国民の虚栄心の，そして民族主義的ロマン主義の犠牲者」であると，有名な批評家パール・ジュライは書いており，それに付け加えて，「我々は感激し易い，無慈悲な検証には嫌悪感を抱く国民である」，としている．

ゲルゲイは国民神話の犠牲者に留まった．その際，彼の姿は，その時々の政治的方向によって，20世紀に於いても政治的に利用された．大戦間に於いては，ホルティ政権は1935年にブダの丘に馬上の像を建てた．大戦中，破壊され，その像は共産主義者には修復されず，その代わりにその胴はスターリン像を建立する為に使用された．それは1956年10月23日の革命勃発に際し打ち倒され，粉々にされた．ほぼ40年後に共産主義後の政権は2.5トンの重いゲルゲイの馬上の像をブダの丘の同じ場所に打建てさせた．

幾多の歴史家たちのあらゆる努力にもかかわらず，ゲルゲイ将軍は1958年に発行された歴史教科書では――著者の学校時代――蔑まれた敗北主義者であった．極端なナショナリストと共産主義者は熱心に進められたゲルゲイ悪魔説に荷担した．コシュート崇拝は殉教者ペテフィの神格化とともに伝統的な像を形造り，この中に「裏切り者」ゲルゲイも一役買っている．

コシャーリはその画期的な著作で，ゲルゲイが裏切り者ではなく，傑出した，特に心からの愛国的な総司令官であって，特別な人物であったと確信している．仮令彼が時として間違った一歩を踏み出したとしても，或いは情勢を誤まって判断したとしても，彼は決してある特定の対案を示すという意味で政治的な指導的地位を狙っていたのではなかった．要するに，彼は政治的指導者ではなく，天才的な軍人であった．革命にしろ独立戦争にしろ，その大きな，複雑な歴史の相互関連と国際的な要素を，馬鹿げた，粗野な神話によって歪めることを，歴史家は警告したのである．神話化によってハンガリーの指導者達は善玉と悪玉が個人的に戦ったのである．ゲルゲイが優れた軍人で，良き愛国者であったとしても，それによってコシュートの歴史的重要性は決して小さくはならないのだ．

第22章 英雄コシュート対「ユダ」ゲルゲイ：犠牲神話の中の「善玉」と「悪玉」

ハンガリーの独立戦争に関する神話と裏切り者ゲルゲイという伝説は，1711年，カーロイ将軍に反対したラーコーツィの所為にするのと同じように執拗に長く続いた．マイテニとヴィラゴシュの降伏を並べるのは，2人の所謂裏切り者カーロイとゲルゲイに同じような責任を被せようとするものである．ゲルゲイが1869年に，亡くなったセメレ首相の葬儀に参列した時，議会で彼は非難された．やっと1884年以降，269名の将校達が彼の名誉回復を求め，これによって彼は遂に年金を政府から得た．ハンガリー史の悲劇の中心人物は1916年5月に98歳で亡くなった．彼の遺体は国立博物館の広間に安置され，数千人の国民が彼に別れを告げた．

ラヨシュ・コシュートは独立戦争から45年も生き長らえた．彼は1894年5月20日に亡くなる最後の日まで亡命先で，ハンガリーに持続的な影響を与えた．この偉大な男の人間的弱さ，限りなき名誉心，しばしば傷つけられた誇り，国際問題で冒険を行う傾向などは，亡命先でも国内でもそれまでのことを帳消しにする基礎となった．作家のツィグモンド・ケメーニュは最も厳しい調子で；コシュートを自分の感情に突き動かされた熱狂主義者と見なし，コシュートはそうして国を大惨事に貶めた，と見なした．リベラルな政治家パール・ニャーリはコシュートを「いまいましい喜劇役者」と呼んでいる．パリで生活していた，かつての内務大臣で後の首相ベルタラン・セメレは殆んど病的なといっても良いような手厳しい攻撃をコシュートに加えている．彼は，その著作の中で，或いは，多くの評論の中で，又，タイムズ紙に宛てた随筆の中で，更には様々な論評の中で，コシュートの政策を「知事的な大統領」と揶揄し，それを亡命先でも策動している，と騒ぎまくった．[6]

それでも，知識層の脱落やコシュートへの批判や亡命先でも彼の奇妙な行動にかかわらず，ハンガリーの大衆には影響が無く，或いはアングロサクソンの世界と殆んどのヨーロッパ諸国での彼の名声には何の影響もなかった．ネオ絶対主義の後続政権の血みどろの復讐ほどコシュートと，なくなった自由闘争詩人ペテフィの神格化に貢献したものは無かった．レオポルトⅠ世，ヨゼフⅡ世が失敗したのに引き続き，いわくつきの「実現理論」が3度目に適用された．それは，ハンガリー人が要求していたあらゆるものを「自分の所為ですべてを失ってしまった」以外の何物でもなかった．これは実際にはすべてのハンガ

リー人に従属を強い，その憲法上の権利を失うことを意味した．トランシルバニア，クロアチア，ヴォイヴォディナとバナトそれに軍事境界地域は再びハンガリーから切り離された．内務大臣アレクサンダー・バッハによって打建てられ彼の名を冠したシステムは，16の警察大隊の銃剣と秘密警察，ハンガリーの伝統的な県に派遣されたオーストリア人とチェコ人の官吏に支えられていた．憎まれた官吏は俗に「バッハの騎兵隊」と呼ばれた．それでも，学校のシステムや行政面においてドイツ的にしようというネオ絶対主義の試みは成功しなかった．逆に，ドイツ式への嫌悪感はドイツ的なものへの憎しみに変わっていった．

　従属させようとする試みは却って独立戦争と革命の英雄を思い出させた．圧制も経済的な処置も国民の受動的な抵抗を破ることに成功しなかったし，裕福な貴族たちを膝まづかせることにも成功しなかった．ハンガリーは独立戦争に敗れたが，長い目で見たら平和を勝ち取った．1848－49年の犠牲があったがゆえに，ケーニヒグレーツの後如何なるオーストリアの政府も，帝國の中でハンガリーの確固とした地位を保持したいとする要求と，歴史上のハンガリーの中でマジャール人のヘゲモニーを確立したいというハンガリー人の要求に抵抗できなかったのは，この敗れた戦争の最も重要な結果であった．このような展開に，勿論コシュートとハンガリーの亡命者達の疲れを知らない活動が，陰に陽に貢献したことは間違いない．

　コシュートの亡命先での地位が上昇したことは，世界中の聴衆や会話の相手に対する彼の魔術的に人々を惹き付ける魅力も一因である．又部分的には2つの大国オーストリアとロシアに対するハンガリー人の孤独な戦いへの遅ればせながらの，そして持続的な感嘆も預かっている．その際，極端な報復もハンガリーへの追加的に同情を買った．死刑が確実なのを前にしてコシュート，セメレ，ベムと5000人の，優れた将校達と兵士達は，先ず当時トルコの支配下のブルガリアのヴィディンに逃亡した．セメレ首相は聖イシュトヴァーン王冠を数人の部下とともに国境の町オルショワの近くの土中に埋めて隠した．1853年にオーストリアの警察官が王冠の隠し場所を見つけたとき，小数の亡命者達はパリに在住していたセメレが隠し場所を漏らしたことを疑った．実際は，ウィーンの警察署長が亡命者グループへの大々的な潜入と，当時セメレとともに王冠を埋めた革命軍の将校を買収して隠し場所を発見したのであった．イシュ

トヴァーン・ヴァルガという密偵は，英国での亡命から帰国した後一般的な名誉を勝ち得た．彼は大ヴァルダインの町の司書長となり，科学アカデミーの会員となった．彼が1876年に死んだ時にはそれなりに哀悼が寄せられ，真に愛国者として葬られた．王宮の秘密文書が公開された後になってやっと，ヴァルガは，沢山の謝礼を得たオーストリアのスパイであったことが解った．[7]

内務大臣バッハは当初から外国でも活動しているスパイに多大な関心を寄せていた．皇帝の承認の元でバッハと彼の部下は，コシュートをトルコで誘拐し，或いは殺害するという冒険的な計画を立てた．トルコ内で16人以上の警察のスパイが監視し，亡命者達の秘密を探った．オーストリアとロシアは亡命者達の引渡しを求めた．スルタンは英国とフランスの圧力の下にそのような要求を断ったが，コシュートと若干の亡命者を小アジアの町キュタヤに移し，そこに幽閉することを認めた．数週間後に，殆んどの兵士達と亡命者達はオーストリアの恩赦を受け入れて故国へ帰った．ほんの数百名が今日のブルガリアであるトルコ内の町シューㇺラに留まった．この間にオーストリア政府は亡命者を裁判にかけることに決定した．9月に，コシュート，セメレ，最後の外務大臣カーズマー・バッチャーニュ伯爵，将来の帝國外務大臣ジュラ・アンドラーシ，他の主だった革命に参加した人々を，不在のまま死刑の判決を下した：死刑執行人はそれらの名前を死刑台に吊るした．[8]

丁度この頃コシュートは58人の部下達とアメリカのフリゲート艦「ミシシッピー」号の船上にあり，ロンドンに向かっていた．ペストの牢獄で彼の名前が最初の死刑囚の名前に吊るされたその日，マルセイユの港には沢山の人々が彼を待ち受けていた．政府は危険な客の上陸を許可しなかった．その直後，ジャン・バブティスト・ジョンキルという名の靴屋が，コシュートにフランスの国民の歓迎を個人的に伝えようとして，意を決して海の中へ飛び込んだ．そしてマルセイユに繋がれているミシシッピー号に泳ぎ着き，デッキをよじ登り，寒さに震えながらも——もう9月であった——，コシュートの前に跪き，叫んだという，「人類の救い主に会った以上，最早自分は死んでもいい」．[9]

コシュートは英国への旅を大変な成功を収めて終え，1851年12月から1852年7月に亘って総督—大統領として合衆国を訪れた．ヴィディンに着いたとたん，コシュートは1849年8月11日にアラドで表明した自分の辞意を撤回し，辞意はゲルゲイに殺すと脅かされて強制されたもので，彼は再び総督として復

帰し，元首として扱って欲しいとした．要するに，最初から彼がハンガリーの亡命者達の代表であることについてはっきりしておきたかった．詩の朗読を思わせる，シェイクスピアを引用した英語の演説で，サウスハンプトン，ロンドン，マンチェスター，バーミンガムを1851年10月の1ヶ月足らずで廻り，英国人の心を嵐のように捉えた．その後の7ヶ月間米国を廻り，大変な歓迎を受けた．人々は横断幕や旗を掲げまるでコシュートをイエス・キリストやモーゼ，ジョージ・ワシントンと比較する有様であった．ラファイエット将軍以来はじめての外国人としてコシュートは議会の両院で演説し，又ミラード・フィルモア大統領と会見した．勿論大統領はコシュートが会った他の公式の相手と同様，殆んどハンガリーに付いては知らなかった．コシュートは500回もの演説を，大部分英語で行った．政治的にはこの旅は，後のナポレオンIII世やサボアーと，ハプスブルクに反抗するにあたってフランスとイタリアの援助を交渉する際と同様に不成功に終わった．将軍イシュトヴァーン・テュルや1849年10月初旬に至って初めて降伏したコマロン要塞の著名な将軍ジョルジ・クラプカ，イタリアやアメリカの内戦において司令官，将軍，大佐などで名を売った数百名のハンガリー将校達の華々しい戦歴は，国際的にマジャールの名声に貢献した．しかしあらゆる宣言や極秘のミッションは祖国の解放には結びつかなかった．要するに，数多くの極秘の或いは公けの，時として冒険的なミッションとハンガリーでの素人じみて組織された謀反さえも例外なく結果は同じであった．即ち，ゼロであった．[10]

コシュートが絶対主義政権にとって，その個人的な影響力，巧みな英語の演説，幾多の外国語力，そのエネルギーと驚くべき博識によって，亡命者達の間で最も危険な人物であったことは，幻想を持たない歴史家が振り返っても紛れも無い事実である．勿論彼はヴィディンからロンドン，トリノに至るまで磁石のように人を惹き付ける人であったと同時に，他の亡命者達や特にオーストリアの秘密機関の陰謀の標的であった．民主的であった英国にはその頃，亡命者達の中にはマルクス，エンゲルス，ロシアの愛国者アレキサンダー・ヘルツェン或いはイタリア人革命家ジュゼップ・マツィニが滞在していた．ヘルツェンは手記で特に次のような印象を書いている：

　　コシュートは彼のポートレートや銅像よりもずっとハンサムであった：若い

第22章 英雄コシュート対「ユダ」ゲルゲイ：犠牲神話の中の「善玉」と「悪玉」

ときはさぞかし美男子だっただろう．熱に浮かされたような，思慮深かそうな表情は女達に多大な影響を与えたであろう．彼の顔つきや姿はマツィニ，サルフィ，オルシニのように古代ギリシャ人のように彫の深いものではなく，しかし（将にそれ故にこそ我々北方人には近親感を覚えるのだが）彼の寂しげな，柔らかな眼差しは強烈な知性のみでなく，深い感受性を現していた；結局，思慮深い微笑み，少し熱狂的な喋り口は彼にたいする好感を抱かせた．彼がフランス語，ドイツ語，英語であろうが喋る時いつも強いアクセントがあったが，演説は非常に巧かった．彼は決り文句を喋るのでなく，何処でも通用することを喋るのでもなく，彼は目の前にいる人と考え，その人に最後まで耳を傾け，大抵，独特の考えを編み出した．彼は教条とか党派精神とは無縁であったからである．多分，彼の理屈や反論には弁護士的なものがあったかも知れないが，いずれにしても彼の言う事はまじめで熟慮したものであった．[11]

しかし，批判する人や敵も多かった．彼がマルセイユで，「共和国万歳！」と叫び，サウスハンプトンでは「女王陛下万歳」と叫んだことはマルクス，エンゲルスだけでなく多くの人の気を悪くさせた．コシュートがナポレオンⅢ世，ガリバルディ或いはビスマルクまでにもハンガリーの味方に引き入れようとしたことに，かってコシュートを尊敬していたマルクスやエンゲルスは鋭く，又個人的な手紙でも激しい批判を行った．マルクスはコシュートがボナパルトと結託したことをそんなに怒っているわけでもないが，コシュートが思い違いをしたことを怒った：「政治においてはある目的の為には，悪魔と組むことも許されるが，悪魔を騙す，という確信を持っていることが必要で，その逆であってはならない」．[12]

2人の革命家，即ち，マルクス，エンゲルスは，その直前までに誉め言葉を寄せていたコシュートにその激しい行動にますます眉をひそめた．マルクスはコシュートが「ふらつくような弱々しさと収拾できないような矛盾と狡さの兆候を見せるようになった」としている．[13]

マルクスは，その緊密な友人ヨゼフ・ヴァイデマイヤーから，──マルクスがエンゲルスに伝えたところによると──，コシュートが，サウスハンプトンからニューヨークの旅で有名な踊り子ローラ・モンテスを引き連れて，至るところで大歓迎を受けたことを刻々と知らされた．この旅行について序ながら，

コシュートの部下で，当時の副官フェレンツ・プルツキイも報告している．彼の手記によれば，その踊り子は非常に押し付けがましくて，コシュートに「将軍，今度オーストリアと戦争する時は私に騎兵旅団を1つ任せてください」と言い，これに対してプルツキイは即座に答えたと書いている：「お嬢さん，そういうものだけが貴方を満足させることができるでしょう」．[14]

ほぼ1世紀後に公開されたマルクスとコシュートとかっての首相セメレの間の争いを，ハンガリーの歴史家がオーストリア，ロシア，英国の文書や通信文から調べているうちに，オーストリア秘密警察の2人のハンガリー人熟練スパイが個々の指導的な亡命者の状況のみでなく，それを越えて重要な人物，特にコシュート達の間に不和ができるように画策していたことを発見した．[15]

実際，オーストリアは既にトルコにいる亡命者達について非常によく情報を得ていた．だから内務大臣バッハは今一度この「転覆を企てている連中」の非常な危険性を警告し，閣議の席でオリジナルの情報の詳細を披露し，彼の考えを強調した．時々シュヴァルツェンベルク侯爵は——余興のように——セメレの手紙を引用しながら補足説明を加えた．シュヴァルツェンベルク亡き後はケンペン—フィヒテンシュタム男爵がスパイ網の直接の監督者になった．

捕らえどころの無い，文章力の優れた，恐らく最も野心的なオーストリアのスパイは1820年生まれの新聞記者で，積極的な革命家であって，既に1849年秋にトルコに逃亡した後に密偵に雇われたグスターヴ・ツェルフィであった．暗号名「ドクトル・ピアリ」或いは「グスタフ・デュモン」で，様々に活躍したスパイは1851年3月末までにベオグラード或いはコンスタンティノープルからウイーンに260通に上る報告を行った．彼は，コシュートの忠実な支持者である，在ベオグラードのサルディニアの領事を自分の手中に入れることにすら成功した．ツェルフィは8ヶ月間，領事の館に住み込み，トルコにいる亡命者，就中コシュート個人との書簡の交換を番人として取り扱った．ツェルフィは1865年までオーストリアのためにスパイとして働き，15年半のあいだに1897通の報告を暗号名「poste restante Wien」宛てに送った．どの報告書も3頁から5頁のものであり，一目見て解りやすく分類してあり，横には中間タイトルが記してあった．

圧倒的に多くはロンドン或いはパリからの報告で，手書きの書簡やドキュメ

ントの写しが添えてあった．ツェルフィは自分自身でも情報提供者を雇っており，その中では非常に有名なハンガリーの俳優ガーボル・エグレシもその1人であり，彼は独立戦争中は国民防衛軍の将校であった．1923年に或る歴史家がウイーンの文書庫の中にオーストリア秘密警察が支払った年金と謝礼金受け取りのリストの中にこの俳優の名前を発見して，歴史学の集会で発表しようとしたとき，議長で，後の文化大臣クノ・クレベルスベルク伯爵は，ハンガリー人からすべて幻想を奪ってはならない，といって，発表を禁じた…

　当局はツェルフィの仕事に満足していたので，彼には1851年には東欧で活動していた他の6人のスパイ全部合わせた報酬よりも多く支払っていた．彼の主な報告の重点はコシュートについての情報で，この点文才あるスパイは事実，作り話，批判的なコメントを巧みに織り混ぜ，彼の報告は最高レベル，即ち，シュヴァルツェンベルクとケンペンの間で議論され，時としてはロシアにすらも手渡された．

　ハンガリー人のもう1人のスパイは特にパリを舞台に活動していた．彼の名はヤーノシュ・バンギャといい，プレスブルガー・ツァイトゥング紙の編集長であった．この2人のスパイは1848年春の革命の最中に既に知り合っていた．バンギャは独立戦争では大佐にまで昇り，最後は，コマロンの警察部長として活躍した．1849年10月の降伏後は，彼は殆んどの亡命者と同様，指名手配され，ハンブルクに逃亡した．証明される限り1851年にそこでオーストリアのスパイとなった．バンギャは程無くしてパリに移り，そこでハンガリーとドイツの亡命者たちの情報を，当初はウイーンに，後には，噂によれば，プロシャとパリの警察に提供したと言われる．フリーメーソンに入って追加的情報を得ることに成功した．ツェルフィと違ってバンギャは用心深く無かった．大学教授の報酬のほぼ3倍に当たる月400フォリントを稼いだが，彼の贅沢な暮らし振りはいつの日か亡命者の間で疑惑の対象となった．ほぼ1年半の間この2人のハンガリー人スパイは，兎に角に間違った情報をばら撒くことでコシュートを孤立させること及び信頼性をなくすことにともに協力して働いた．2人は，病的な嫉妬心を持ち，苦々しい思いでいたセメレにとっては格好の梃子であった．セメレとかっての外務大臣カーヅマー・バッチャーニュは協同でロンドンのタイムズ誌に公開の書簡を掲載した．バンギャは仲間が反コシュートと反ゲルゲイについてのセメレ忘備録をドイツ語に訳すのに協力した．マルクスもド

イツ語訳については少なくない役割を果たした．

又2人のスパイは，エンゲルスがハンガリー革命に関する書き物を紛失させる事に成功し，セメレとマルクスがコシュートと対立するように煽ることに成功した．このような巧みなデスインフォーメーション政策は様々に後で証明された，コシュートの，特にフランスとイタリアにおける政治的活動に関するマルクスとその仲間の間違った主張などに現れた．

ロンドンやパリのほかのハンガリーとドイツの革命家達と同様にマルクスも最後には，バンギャがスパイで結局ほら吹きであることにやっと気付くが，傷は取り返しが付かない程であった．イロシュファルヴァ出身の，生まれの良いバンギャは，1854年，トルコに渡り，イスラム教に改宗し，メーメド・ベイの名でトルコ軍に入隊した．マルクスによれば，3度の結婚をし，チェルケス族の指導者となり，ロシアと戦った．再び裏切り者として捕まえられ，軍法裁判で死刑の判決を受けた．しかし，彼は釈放されることに成功した．すべてをコシュートの所為にした．その後のバンギャの活動はわからない．彼が死んだ年は1868年とされる．

ツェルフィは隠し通したが，1860年代半ばに彼のスパイとしての仕事は突然の終わりを告げた．といっても犠牲者や敵対関係者から暴露されたのではなく，彼の雇い主，即ち，ウイーン内務省から不正確であるという口実のもとに解雇された．彼の俸給が半分に減らされたことに対する訴えと，彼を1849年以来雇いあげたコンタクト・パーソンとの言い争いは，今日まで書庫に残されている数少ない示唆に富んだ文書である．

45歳でG. G. ツェルフィ博士は今度は英国人として新たな役割を演じることになる：科学者としてである．彼は，多くの本の著者として，又ロンドンの芸術大学の教授として名をなす．後に彼は歴史と哲学に関する多くの講演を行った．1880年の末，彼は科学者としての最高頂を極めた：ツェルフィは王立歴史協会の総裁に選ばれた．1892年初めに亡くなった時，ザ・タイムズ紙は2日後に科学者としての詳細な栄誉を称えて，そして僅かにハンガリー革命時代軍曹であったことを示唆して追悼文を掲載した．まだツェルフィが死ぬ直前，ヴィーナー・レキシコン誌は彼のことを，英国での経歴に一言も触れることなく，怪しげな謀反人でオーストリアに対するスパイであると記述していた．彼は，沢山の顔を持った，しかし，特性もなく，人間的な性格も無い，疑いも無

く天才的な男であった．そして，失われた革命の時期の最も非建設的な役割を演じた男であった．

　マルクスとエンゲルスの間の交換書簡の最初の著者であるエドゥアルド・バーンシュタインはバンギャの名前を聞くのも嫌だったので，彼を示唆するようなものはすべて削ってしまった．ツェルフィの陰惨な役割は後になってやっと発見された；マルクスとセメレの間の書簡とツェルフィのマルクス宛の書簡は部分的に第二次世界大戦の後で見つかった．ツェルフィに関する，或いはマルクス・コシュート・セメレとの関係に関する詳細な研究は1978年および1985年，ウイーンとブタペストで発表された．

　ベルタラン・セメレ，——かつての内務大臣，最後の首相であった——ほどハンガリーからの革命政治亡命者の国際的名声と多くの害を与えたハンガリーの亡命者はいないだろう．彼の敵対的なマスメディア政策とバンギャとツェルフィの造った噂話に影響された彼の手紙と書き物はマルクスを揺り動かしたが，イニシアティヴはコシュートにいつも嫉妬し，うつ病的なセメレ自身から出ていた．余り知られていないことであるが，セメレはマルクス特にエンゲルスとの間で商売上のコンタクトを希望していたことは事実である．かつての首相は，知人を通した危ない投機によって夫人の全財産1万5000フランを失った．切羽詰ったセメレはワインの輸入と輸出で生き延びようとした．彼はトカイ，エルラウ，バラトン湖のワインを買い，これらを英国やフランスに売りさばこうとしていた．彼は個人的にエンゲルスに宛てて2ダースのワインをマンチェスターに送った．エンゲルスにとってはこのワインは甘すぎたが．兎に角このワイン商売は巧く行かなかった．1865年にはパリでセメレは亡くなった妻の遺品をセリに出して，その際に，「良質の赤・白のハンガリー・ワイン」250本を売りに出した．惨めな失敗の連続は密かに進んだ精神撹乱を速め，病人になった政治家をブタペストに帰還せしめた．セメレは最後の年月を精神病院で過ごし，1869年に57歳の若さで亡くなった．国会議事堂前の堂々たる通りは彼の名を冠している．彼の残した功績は，革命政府最後の数日に成立したユダヤ人解放の法律と諸民族の平等の法律であった．

　その人格と多様な活躍によって自国民だけでなく，世界中の多くの政治家達

を魅惑の虜にしたラヨシュ・コシュートも悲劇から逃れることは出来なかった．オーストリア―ハンガリーの妥協とその深遠な結果は亡命生活を続ける政治家に段々と失意を与えていった．コシュートは更に27年もの間トリノとその周辺で過ごし，世間に対し，たった2つの政治的な処置で知られた．[16] 彼に最も近く，彼が死ぬまで忠実であったジャーナリストで後にハンガリーの国会議員となったイグナツ・ヘルフィは，ハンガリー，クロアチア，セルビア，ルーマニア公国からなるドナウ連邦の設立というコシュートの提案をミラノの雑誌で明らかにした．3000万人の人口を持つこの連邦はブタペスト，ザグレブ，ベオグラード，ブカレストで交互に共同の評議会を持ち，外交，財務，貿易政策を導くこととされた．ハンガリーのそれぞれの村と共同体は自分自身で公用語を決定することになっていた．トランシルバニアの住民はハンガリーと憲法上同じ国家を樹立するのか，お互いに同君連合を組むのかを自ら決定することとされた．「すべてがお互いのために，1人1人が皆の為に」というモットーの下にスイスの例のように過去に終止符を打とう，とされた．しかし，ハンガリーでは誰もトランシルバニアに何らかの特別な地位を与えるなど議論しようとしなかった；コシュートを支持していた独立党も含めて誰もが連合国家の構想に対して沈黙を守った．コシュート自身も後なって基本構想を弱めた．そして他の者は彼のユダヤ人の緊密な友人ヘルフィが拙速に世に出してしまった所為にした．

　第2の，ケンケンガクガクの議論になったイニシアチブは，かっての協力者で，後のオーストリアとの妥協のアイデアを提案したフェレンツ・デアークに宛てた1867年5月の「カサンドラ書簡」であった．その中でコシュートはギリシャ神話を引用して，将来の不幸を警告した．オーストリアは直面するであろう内外の危険，遠心分離的な民族勢力はツァーリスト的な帝国主義からハンガリーを守ることが出来ないであろう，と述べた．彼のアピールは当時何らの実際的作用は起こさなかったが，重要な部分は，ウイーンとブタペストの間の歴史的妥協に関する利点と欠点を巡って何度も何度も繰り返して議論が起こった．

　コシュートはその後も個人的には更に積極的に生きた．80歳に至っても6時間のアルプス登りをおこなって，軍事研究の書を著した；その中でも彼は数千通の手紙に返事を書き，故郷からの多くの代表団や個人的な訪問を受けた．

同国人とハンガリーの新聞は彼のことを「トリノの世捨て人」と呼んだが，彼はその殆んどの敵対者達や同志達のみではなく，自分のたった1人の娘や妹よりも長生きした．彼の息子達はイタリアで生活し，その1人，ラヨシュはイタリア国立鉄道総裁となり，もう1人のフェレンツは後にハンガリーに戻って独立党の指導者を引き受けた；しかし，彼は無能な政治家であり，ひ弱な性格であることを露呈した．

コシュートはひっそりと生活し，困難が増す生活であった．1881年のイタリアの金融危機の結果3度目に殆んどの全財産を失ってしまった．自分の手記の出版に関する契約や，例えば，彼の図書館を事前に売り払うという忠実な友人の間接的な援助のお陰でいつまでも背筋を真っ直ぐに伸ばした年老いた老人は生き延びた．殆んど盲目になっても，コシュートはエネルギッシュに，自分の義務を正確に達成するためには働き続けた．

このような暗い雰囲気の中で，1884年夏，突然，若い女性が少しばかりの太陽の光をもたらした．コシュートはシャロルタと知り合いになった．彼女は17歳になる亡命ハンガリー人で，トリノの名誉米国領事であるヨーゼフ・ツェイクの姪であった．[17] 著名な老人とトランシルバニアの美しい娘は極端に年の違った取り合わせであった．それでも，シャロルタの旅立った後，7年間に亘る，時々の手紙のやり取りがあり，その中でコシュートはトリノでの最後の年月の彼の考えや苦悩を書き綴った．「この町で私は20年以上過ごしたが，仕立て屋と靴屋以外には30万人の住民とは魂の触れ合いは全くなかった．私を苦しめた孤独という霧を通して，一度として太陽の光は差し込んで来なかった」．

コシュートは不在にもかかわらずいつもハンガリー議会に選ばれて居り，ブタペストを含めて33の都市で，名誉市民に任命されていたが，彼はトリノに留まっていた．彼が故国に帰らない理由は，若き恋人が書き綴っているところによれば，「ハプスブルクのハンガリー王国に対する生きながらの抗議である」．彼が逃亡して以来，オーストリア警察のお尋ね者手配には，「ドイツ語，ハンガリー語，ユダヤ語，ギリシャ語，トルコ語，英語，そして少しばかりロシア語を話す」，とされていた．[18] 40年後になって明らかになったところによれば，コシュートはシャロルタに，彼の郵便物は帝國秘密警察によって開封され，相変わらず指名手配されていたことを示唆していたという．シャロルタは，従っ

て手紙を直ぐに処分するように言われ，兎に角注意深くなったという．

今日ハンガリーで出世しようとするものは，疫病魔を避けるように私を避けなけなければならない．まるで相変わらず私を怖がっているようだ．私の老骨が危険だというのではないだろう．ハンガリー国民は相変わらず献身的に私のことを思ってくれている．だからこそ当局は，この犠牲心がいつの日か私の名前と結びついているアイデアを過去の墓場から思い起こさせるのではないかと警戒しているのだ．

ハンガリーでは2人の宿敵コシュートと皇帝フランツ・ヨゼフは時代とともにこんがらがった草むらのようにお互いに結びついていった．と同時に，日々の政治から遠ざかっていった．妥協という象徴的な和解は，奇妙なそして，コシュートに関するエッセイを書いたセクフュも言及しているようにヴァーツ市の「無意識な，本当の嘘」という声明に現れている．決して辞めようとしなかった，皇帝との間で決して和平を結ぼうとしなかった前市長に対して，ヴァーツ市は，1894年に名誉市民の称号を与え，皇帝のフランツ・ヨゼフが続けた重苦しい時代の後，憲法にのっとった生活の創造者として栄誉を称えた！

2人を奇妙に共通に賛美するにしても反抗の指導者とこの間年老いた皇帝との溝は乗り越えられなかった．コシュートが1894年3月20日，92歳で亡くなった時，フランツ・ヨゼフは激しい抗議のデモにもかかわらず，国葬を許可しなかった；政府と議会は公式には表面に出てはならなかった．[19] トリノ市は迅速にブタペスト市議会の代表団に遺体を引き渡し，遺体はブタペスト市が用意した特別列車でブタペストに運ばれ，同市は公式な喪に服した．首都は3日間，黒の布で覆われた．地方からは1万人以上の農民が路上で夜を明かし，亡くなった英雄に最後の別れを告げた．遺体を載せた棺は国立博物館の正面ホールに安置され，4月1日に50万人の人が見守る中，埋葬された．

死を前にしたコシュートの最後の書面によるメッセージは次のようであった：

時計の針は時の流れを決めるのではない．それは我々に時を示すのみである．

第22章 英雄コシュート対「ユダ」ゲルゲイ:犠牲神話の中の「善玉」と「悪玉」

私の名前も時計の針に過ぎない．それは，ハンガリー国民の将来の運命が止まらなければ，来るべき，来るに違いない時を示している．その将来とは：「ハンガリー市民の為の自由な祖国だ！　その将来とは：「国家の独立である」．[20]

　コシュートは文字通り，1世紀を生きた男であった；彼の業績と人格に1848年と1849年の歴史は凝縮される．彼は，ハンガリーは特別な悲劇と特別な評価を受けるだろうという，魂のこもった，同時に最も危険なメッセージを残した．人間的な弱さを持っていたのにもかかわらず，彼の手は血で汚されなかった．彼には，多くの彼の後継者達が，政治的な立場を違えても示した，シニカルな態度や残虐さ，うろたえ，魂の抜けたような姿勢が無かった．

　1952年，人間性を無視したスターリニズムの頂点で，独裁者マーチャーシュ・ラーコシは支配政党の共産党の名で，コシュート生誕150周年の機会に2巻に亘るエッセイ集を発行した．イデオロギー活動の責任者ヨゼフ・レーヴァイは，コシュートを折から進められていたブタペストや他の都市から信用できないブルジョワ分子達を強制的に人の少ない田舎に移住させることを正当化させるために不当に使った．共産党はコシュートの仕事の完成者である，というのである．周年記念出版の協力者は更に破廉恥にも「スターリン—ラーコシ—コシュート」という3銃士にまで吊り上げたのである！

　共産党員たちは，100年祭のときに既に懸念していたのっぴきならない問題に直面した：即ち，独立戦争を押さえ込んだロシアの役割についてである．そこでは，英雄化も悪魔化も役に立たず，空想だけが手助けした．そこで，才能ある，著名なハンガリーの作家が，コシュートとペテフィの道がスターリンとその「最も優れた生徒」であるラーコシに繋がるということを見つけ出した．

第23章　王妃エリザベート，首相アンドラーシと宰相ビスマルク：オーストリアとハンガリー間の和解への道

　1867年6月8日は戴冠式の日であった．その日，全ブタペスト（1872年までは公式にはペスト，ブダ，旧ブダの3つに分かれていた）では5時にスタートした．[1] 既に夜明け頃より礼服に身を固めた人々が地方から上京してきていた．そしてドナウ河の両側に沿った道に立ち並んだ．7時きっかりに戴冠式の行列はお城を出発した．先頭は高らかなトランペットと共に騎馬隊が城門を通過した．その後を宮廷のお小姓の一隊，警護隊，帝国のお偉方，大貴族の旗を担いだ一隊，聖なる王冠を手にした首相ジュラ・アンドラーシ伯爵，更に帝国の紋章を持った大貴族達，最後にハンガリーの元帥の服装に身を包んだフランツ・ヨゼフが乗馬して進んだ．お城からブダにあるマーチャーシュ教会に向かう行列の最高潮は8頭の白馬に引かれた王冠に輝く馬車に乗った王妃の行列であった．リベラルなドイツ語新聞ペスター・ロイドは彼女の登場を次のように報じている：

　王妃の象徴である輝くダイヤモンドの王冠を頭に，なおかつ，前屈みの姿勢で，恭順を表しながら，高貴の表情の中に深い感動を表しながら，王妃は恰も神聖な間を飾っている絵の中から立ち上がり，生き返ったように，歩き出した，と言うより，フワリと浮かび出したようであった．王妃の登場は此の神聖な場所に深く忘れ難い印象を与えた．

　教会での戴冠式は1時間足らずであった．聖歌隊は古い聖歌と，有名なハンガリー出身のフランツ・リストがこの日のために作曲した戴冠ミサを歌った．厳かな教会の儀式でフランツ・ヨゼフは大司教ヤーノシュ・シモル侯爵によって王位を授けられた．そして聖・世俗2人の最高位者，右には大司教，左には副王を勤める首相アンドラーシが跪く国王の頭に王冠を被せた．エリザベート

第 23 章　王妃エリザベート，首相アンドラーシと宰相ビスマルク：
オーストリアとハンガリー間の和解への道

も王妃に任ぜられ，アンドラーシは伝統に従って，彼女の右肩に王冠を触れさせた．そして彼は祭壇の前に進み，古くから伝わる，神聖な掟に従って，「国王，万歳！」と叫んだ．万歳三唱は教会に響き渡り，その後市中に何度も響ました．

戴冠式典の後人々は鎖橋を渡って，ペスト側にある宣誓の場に憲法上の宣誓のために移っていった．参加者は，司祭を含め皆で馬で移動した．国王は白馬にまたがり，聖なるイシュトヴァーン王冠を頭上にいただき，煌びやかな外套を肩にかけ，刀を腰に付けていた．此れを目にしたルードヴィッヒ・フォン・プルチブラムは次のように記している；

　　この民族衣装の煌びやかなこと，宝石で飾れた馬具や留め金，武器や剣帯の価値，煌びやかさ，トルコ石やルビー，真珠を散りばめた武具や刀剣を見ると，オリエンタルな贅沢を見るようで，（ハンガリー帝国議会で）議論されるときに聞かれる，この国の貧困と搾取という記述とは違うようである．全体的印象は此は封建・貴族の軍隊のショーのようである．煌びやかに着飾った帝国男爵や貴族達と黙って服従している武装した家臣や男達を見ると，まるで形の上で中世に舞い戻ったようである．特にヤジグ人とクマン人の馬引き達が，一部は鎧甲をかぶり，一部は熊の皮をかぶって，動物の縫いぐるみや，水牛の角をかぶって行進するのを見ると，キリスト教のヨーロッパが東方の異教徒に対して防衛してきたことを思い出させる．市民的，職業的或いは産業的色彩は全くない．

貴族達は大貴族の壮観さを最大限見せつけた．ラースロー・バッチャーニュ伯爵はこの時のためにわざわざ作らせた乗馬服を披露し，馬具のみで 12 キロもしたほどである．彼の弟エレメーは中世のカタローグから画家に再現させた衣装を作らせていた．彼は 18,000 の輪を手製で作らせた銀製の鎧をまとっていた．エレメー・ジチ伯爵は大きな，鶏の卵の大きさのエメラルドの入った家紋をあしらった飾りを身につけていた．ハンガリー国王の戴冠式は細部にわたり古式に従って執り行われた．宣誓台が設けられ，そこには高価な絨毯が敷き詰められていた．両側に帝国議会の両院の議員が林立した．ここで青空の下にフランツ・ヨゼフは大司教が導く言葉に従い「我々はハンガリーと近隣諸国の

権利，憲法，法的独立と領土的一体性を犯すことなく維持することを誓う」と宣誓の言葉を述べた．

その後国王は馬上の人となり行列は戴冠の丘に向かった．鎖橋に向かってペスト側には国のあらゆる県から集められた土によって，プレスブルクの形に従って戴冠の丘ができあがっていた．そこでは所謂「王の一撃」と呼ばれる儀式が行われた．丘の上で伝統に従って，国王はギャロップする馬の馬上で，どの方向から来る敵に対しても国王はこの国を守ると言う決意の印として，四方八方に向かって剣を振り回した．

実際の国民の祝祭はその夕刻ペストにある市民の森で行われた．雄牛の丸焼きと葡萄酒が無料で振る舞われた．憲法に則った戴冠の式典は翌日，精霊降誕の月曜日にも行われ，首都の祝福の祭りを，両陛下は王宮のバルコニーからハンガリー人が民族衣装で着飾り，国民の贈り物を携えて行進するのを見物するのであった．当時最も著名な作家で，革命家からハプスブルク王朝に忠実となった，モール・ヨーカイは戴冠式の25周年にあたって出版された本で，「これほど盛り上がったハンガリー国民生活の劇は二度と経験できるものではなく，忘れ難いものであった」と結んでいる．

ショー的な戴冠式の祝祭は勿論，農民や多くの町の貧しい暮らしとは明確に対照的であった．外国人の観察者，例えばスイスの公使は首都の新聞とは違って，それほど感動したわけではない：

全行列を通して，煌びやかさと実際素晴らしいものであったにも拘わらず，客観的観察者にはカーニバルの行列のように見えた…この様な中世の出し物は今日の我々の時代に合わない代物である．

ベルギー公使夫人も祭りの豪華さを複雑な気持ちで眺めていた．「全てにおいて粗野の残骸が見られる」．

この戴冠式は息つく暇のない場面が変転する，劇的かつ驚きに満ちたヨーロッパの歴史のまれな展開の始まりであった．個人の瞬間，登場人物の個人的な憎しみと好意，それに，とどまるところを知らないプロシャの国力の上昇の

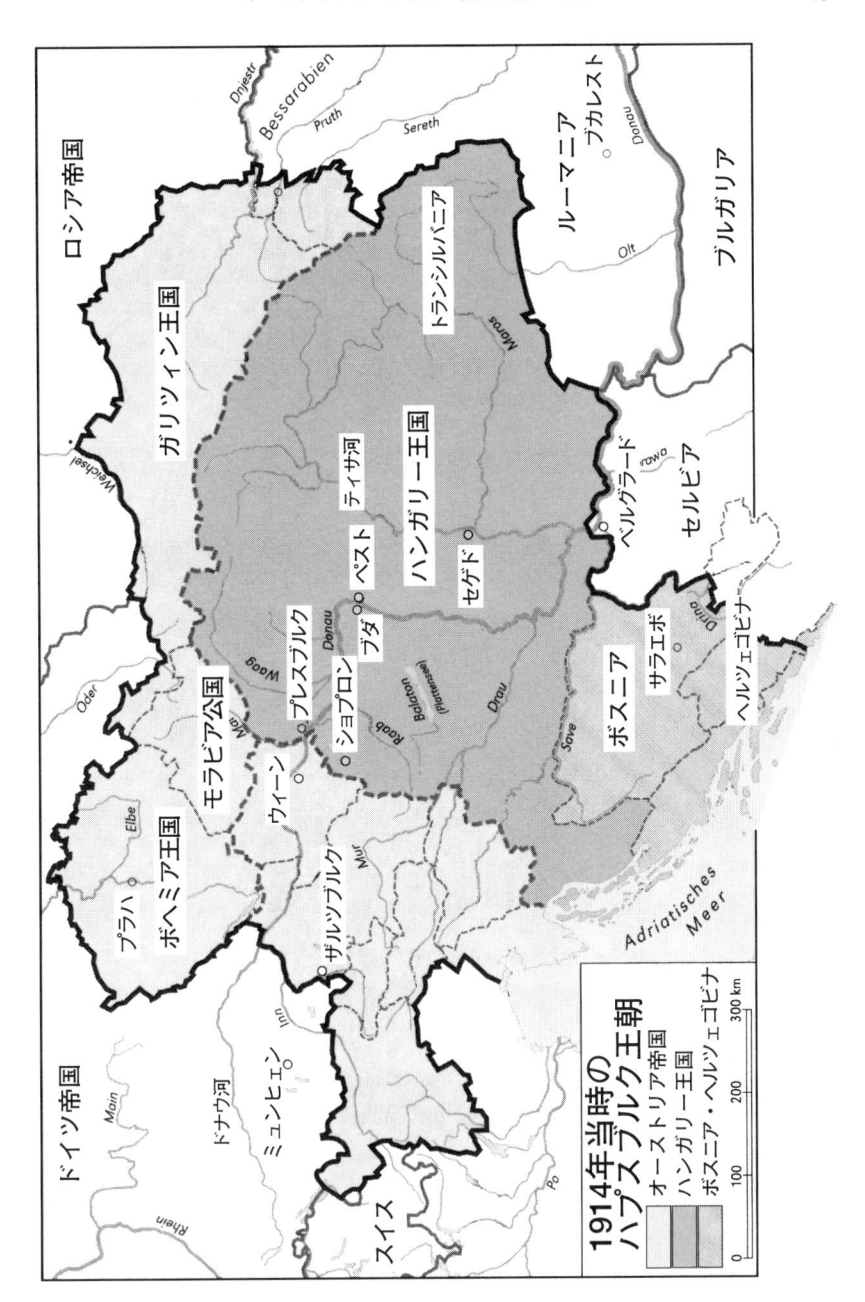

第 23 章 王妃エリザベート，首相アンドラーシと宰相ビスマルク：
オーストリアとハンガリー間の和解への道 273

第23章 王妃エリザベート，首相アンドラーシと宰相ビスマルク：オーストリアとハンガリー間の和解への道

結果，これらは，ヨーロッパ政治に及ぼした大きな流れは共に重要である．イタリアでのハプスブルク王朝の外交的失敗は最初，ハンガリーにおける警察と行政の弾圧の段階的緩和に繋がり，1860年代の始めに憲法で保障される譲許も行われようとした．が，ハンガリー帝国議会は全会一致で此れを拒否した．コシュートは亡命先の外国から，1849年当時の王権剥奪決議のようにハンガリーが完全に独立すべきことを訴えていた．消極的抵抗の難しい時代を生き抜いた嘗てのバッチャーニュ内閣の法務大臣フェレンツ・デアークは野党の政治的指導者になっていた．此れの控えめな，素朴な，静かであるが非常に知的な政治家は明らかに出口のない状況の中で「国の賢人」となっていった．国民は，遠くから未だ人々を魅了し続けていたコシュートに憧れていた．勿論，幾人かの思想家はハンガリーの病気「つかの間の火」のシンボルとしてコシュートを見ていた．それに対して消極的抵抗時代，デアークの戦術は1848年の権利を維持していくことであった．彼は冷徹な現実主義の代表であった．

詩人のミハーイ・バビツはそのエッセイ集「ハンガリー人とは」の中でデアークのことを「最も典型的なハンガリーの政治家」と評している．此れの太った，非常に巧みなザラ県，――トランスダヌビアン南西部――出身の田舎貴族は一度たりとも名声と権力を求めようとせず，リベラルな指導的な政治家としては，ブタペストにある小さなホテル「英国女王」のアパートに住んでいた．

皇帝フランツ・ヨゼフが最後は二重帝国制度を受け入れたのはデアークのみの功績ではなく，特にビスマルクの作品でもある．[2] ケーニッヒグレーツ近郊で敗北し，ドイツからオーストリアが最終的に駆逐されたのはハンガリーにまたとない機会をもたらし，デアークはこの機会を逃してはならないと思った．帝国の中でのハンガリーの持つ意味は，ハプスブルク帝国の政治的比重が東方及び南東に移ったことによって，基本的に増大した．王朝が長い目で見て，ドイツとロシアに挟まれた，ヨーロッパの心臓部に位置する大国として生き長らえるかどうかは，基本的には，王朝内の最強の「歴史的民族」と協調出来るかどうか，そして最終的には妥協できるかどうかに掛かっていた．フランツ・ヨゼフは1859年，1866年の2度に亘る敗戦の後，絶対主義的に，同時に両方を統治することが不可能であることを悟らざるを得なかった．こうした状況の中で，デアークは双方がメンツを失わないような解決策を彼独特の現実感覚で提

第 23 章 王妃エリザベート，首相アンドラーシと宰相ビスマルク： オーストリアとハンガリー間の和解への道

案した．

彼の有名な「イースター提言」が 1865 年 4 月 16 日付けの日刊紙「ペストの日記」に掲載され，それが，1848 年，宮廷によって受け入れられた憲法の承認という法的継続性に基礎を置く，ウイーンとブタペストの間の「妥協」を巡る戦いの始まりとなった．デアークはハンガリーの立場を熟考された緻密さと同時に印象に残るような責任有る調子で明らかにした．本来非常に批判的なハンガリーの歴史家でさえも此のハンガリー人政治家の国家政治家たる業績を認めている：

彼がこの解決策を実現できた独特の権威は，この民族に稀な性格によるものである：

彼は尺度というものを持っていた．力関係や世論の移り変わりとは別に，彼は自分の路線をしっかりと堅持していた．彼は迷うことのない法的感覚に基礎を置く濁りのない尺度を持っていたのである．それはともすれば形式主義に流され，往々にして明確な法律的論理に貫かれたものではなく，強い道徳的個性に依拠した，それでいて利益や希望で曇らせるようなものではなかった．デアークは状況が不利の時はじっと耐え，状況の変化を待つタイプであった．自然な人で，しかし偉大な人物であり，セーチェニにのみ見られるような独特の性格であった．[3]

皇帝は受け入れる姿勢を示した．宮廷は，ハンガリーが 1848／49 年の革命の後あらゆる国家法上の特権を失ったとし，悪評高き報復を放棄する用意があった．ケーニッヒグレーツ近郊での敗北後は，ゆっくりしたテンポで非公式に行われた交渉の最終段階に達した．この意味でビスマルクは実際上ハプスブルクに対する勝利によって妥協への道を開いたといえる．「ハンガリーは何を要求しているのか？」と皇帝は破滅後シェーンブルン宮殿でのデアークとの最初の会見で質問した．これに対して「ケーニヒグレーツ後はケーニヒグレーツ以前にあらず」，とハンガリーの最も重要な政治家は彼持ち前の態度で答えた．

1867 年初めはオーストリア政府首脳の交代があった．二重帝国制度の考えが勢いを増しつつあったのに反対して，5 つの政治単位からなる連邦制の国家連合を唱えていた首相リヒャルト・ベルクレディ伯爵は以前ザクセン首相で

第23章 王妃エリザベート,首相アンドラーシと宰相ビスマルク: オーストリアとハンガリー間の和解への道

あったフェルディナント・フォン・ボイストと交替させられた.彼はジュラ・アンドラーシ伯爵とお互いに良く理解していた.アンドラーシは1858年に外国での逃亡生活からハンガリーに戻った,活気或る,弁舌の冴えた,デアークに次いで重要なハンガリーの政治家であった.こうして皇帝は十数年前死刑の判決を受け,「人形」として絞首刑台で八つ裂きにされたアンドラーシを1867年,デアークの提案によりハンガリーの首相に任命した.[4]

殆んどパラドックスと言って良い状況であった.

コシュートがデアークに宛てた有名な1867年5月の「カサンドラ書簡」によって,将来の内外からの危険性についての警告したことの影響はまずまず押さえられ,ゾフィー大公妃が憎むべき「反乱者同盟」との合意に反対していたことが無力化されたのは,王妃エリザベートの役割が大きい.ロバート・カンが妥協についての分析で次のように明言している:

> ハンガリーに於いてはデアークの誠実さも,アンドラーシの巧妙さも,またこの2人の男が好かれたことも,フランツ・ヨゼフ皇帝の好意的な意志も,仮に王妃エリザベートが,ハンガリー騎士達の騎士道的な琴線に触れるような仲介をしなかったならば,この妥協が成立するのに十分ではなかったであろう.[5]

当時の時代を知るものにとってはエリザベートの果たした役割は明瞭であった.例えば,戴冠式の機会にペスター・ロイド紙は次のように伝えている:

> 国民の好意が全て,全くと言って良いほど王妃に向けられていることを疑う人などいるだろうか? 優雅なこの女性はハンガリーの本当の娘のように思われていた.人々は,彼女の宝石のような心の中には祖国愛の気持ちが居座り,彼女がハンガリーの言葉とハンガリー人の思考方法を会得しており,ハンガリー人の願いに対して,常に暖かい賛意を示してくれる,ことを確信していた.[6]

スイス公使は戴冠式に関する報告で述べている.エリザベートはこの国で

第23章　王妃エリザベート，首相アンドラーシと宰相ビスマルク：オーストリアとハンガリー間の和解への道

「今や，最も好かれている人物である」．と．2つの恩赦事業が「全ハンガリー人を熱狂的な興奮に」かき立てた．1つは皇帝が1848年以来の全ての政治犯に対して恩赦を施したことで，もう1つは伝統に従って，戴冠式の贈り物として，アンドラーシの諮問に答えて，10万グルダ相当額が，皇帝軍に対して戦った軍隊の遺族，即ち，ホンベード軍人の寡婦，遺児及び傷病兵に対して寄付されたのである．

この様な行為は帝国の西部では批判的に受け止められ，例えば，高級副官クレネヴィユがその妻に寄せた手紙で，「こんなことは卑劣極まることだ．こんな屈辱を経験するよりも死んだ方がましだ．一体この国はどうなるのだろう？即ちこのような悪党の意見を受け容れるのは，統治するとはいえない．アンドラーシは1849年に受けた絞首刑判決以上の罪に値する」．と述べているのはそんな雰囲気が伺われる．その他或るハンガリー嫌いの宮廷官吏はブタペストからの手紙の中で，エリザベートは戴冠式の後でどうしてもアンドラーシが主催する舞踏会に出席したかった，「彼はもはや多分裏切り者とはいえないだろうが，むしろもっと悪質な，女によって影響された悪党である」とも書いている．既に1年前，皇帝夫妻がブタペストを訪れたとき，この目聡い宮廷官吏は，お城で開かれた舞踏会で皇后がアンドラーシと15分もの長い間ハンガリー語で喋っていたことを記録していた．自分の妻への手紙の中で「宮廷女官は全くその会話を理解できなかった！！！」と強調している．

当時の噂話やその後十数年の安っぽい文学作品の1つの話題はシィシィ（彼女自身Sisiと署名している）——人々はそう呼んでいる——のアンドラーシとの関係であった．此れに関して歴史家ブリギッテ・ハマンはその大著「エリザベート，意志に反して皇后に」で，新たに発見された資料にも照らして次のように書いている：

多くの宮中の人々の大きな好奇心とまさに犯罪推理小説的な勘によって，皇后の「誤った」アンドラーシとの会合を証明しようとする試みは一度たりとも成功しなかった．2人—皇后とアンドラーシはいつも好意有る多くの宮中の人々のコントロール下にあった．（疑いもない）2人の愛が一度だけ明確に「間違い」に導いたと言う説も，事情に通じている筋によれば，エリザベートが体つきからしても肉体的な愛情の対象になるのは考えられなかったし，アンド

第23章 王妃エリザベート，首相アンドラーシと宰相ビスマルク： オーストリアとハンガリー間の和解への道

ラーシはいつもどんな状況でも計算高い政治家であったということを考慮に入れたとしても，そんなことはあり得ないようである．[7]

このことは，エリザベートが実際上ハンガリーのことに情熱的に関わり，宮廷の国家政策，いや，歴史的な決定に決定的な役割を果した事実に何ら変えることにはならない．ブリギッテ・ハマンは，エリザベートのハンガリーへの好意は，ウイーン宮廷内の彼女の反対者，とりわけ大きな力を振るっている大公妃ゾフィーへの反発にあるとしている．チェコ語を学ぶべきだという大公妃の要求に対して，シィシィはハンガリー語を主張して，1863年2月に自分の意志を通すのに成功した．皇帝とその母がハンガリー語は難しすぎて習得が簡単ではないと言うのがかえって彼女のやる気に火をつけた嫌いがある．重要なのはケチケメート出身の4歳年下の身分の低い貴族出のイダ・フェレンチとの親密な関係であった．彼女は低い身分のため，宮廷女官ではなく，単に「講師」の身分に過ぎなかったが，王妃がジュネーブで暗殺されるまで34年の間最も緊密な友人で有り，その範囲は広く宮廷を越えるものであった．ハマンに言わせれば，イダのウイーンの宮廷入りはエリザベートのハンガリーとの妥協への熱心な関わり合いの始まりであった．そしてイダはデアークとアンドラーシの親密な回し者で，これらのハンガリーの自由主義者は王妃の孤立を彼らの目的の為に利用したというのである．エリザベートは1866年，イダ・フェレンチの仲立ちにより，本人の署名入りのデアークの肖像画をハンガリーから手に入れた．この肖像画は王妃の死まで宮中の彼女のベットの上に飾られていた．

この事との関連で興味深い事実は，宮中の自室に皇帝が嘗てハンガリー首相であったバッチャーニュの処刑の場面を描いた絵を掛けさせていたことである．作家のイシュトヴァーン・ラーザールは，フランツ・ヨゼフが何故この絵を掛けさせ，毎日眺めていたのかは心理分析の問題である，と記している．皇帝はそれほど憎悪に貫かれていたのだろうか？ それとも，特異な後悔の表現なのであろうか？[8]

はっきりしていることは，エリザベートは皇帝の婚約者であった15歳の時に既に立派なハンガリー人ヨハン・マイラート伯爵の歴史の講義を受けており，特にハンガリーの特別な権利および1849年に取り上げられた憲法について勉強していた．1857年，1865年，特に1866年のハンガリー旅行を通じて彼女は

第23章 王妃エリザベート，首相アンドラーシと宰相ビスマルク：
オーストリアとハンガリー間の和解への道

ハンガリーという国及びその住民への共感を持ち，ハンガリー人は1つ1つの政治的な緩和処置を直接又は間接的に若い皇后のお陰と解釈したのである．1866年1月，当時28歳であったシィシィが，王妃の誕生日の祝意とハンガリーへの招待を伝えるため，ハンガリーの帝国議会の代表団の一員としてウィーンを訪れた当時42歳のアンドラーシとの記録すべき会見が行われた．この時ハンガリー人達は，エリザベートがハンガリーの伝統的な国民服を身にこなし，大司教の言葉に対し原稿なしに自由にハンガリー語で感謝の言葉を返したことに驚き，次に，大いに感激した．アンドラーシは長身で，漆黒の口ひげを生やし，碧眼のおとぎ話から出てきたような，金をあしらい，毛皮で編んだハンガリー貴族の煌びやかな礼服をまとい，まるで絵本にあるような中世のマジャールの衣装を着ていた．既にその夜，宮中晩餐会の後，皇后とこの魅力的な客との間でハンガリー語による活発な会話が行われた．

アンドラーシは恩赦を受けるまで主としてパリで過ごし，人に印象づける術を心得ていた．フランスの首都のサロンでは貴婦人達は彼のことを「美しい絞首刑された人」と呼んでいた．というのは彼は1851年にコシュートや他の謀反人と共に不在のまま死刑の判決を受け，ブタペストで象徴的に絞首刑にされていたからである．母親の支援のお陰でこの語学に流ちょうな貴族は国外逃亡中の他の殆どのハンガリー人とちがって，お金には全く困らなく，外交官達やジャーナリスト達と最良の関係を持っていた．このようにして培った世界との広い付き合いが後に役立った．皇帝による恩赦の後，彼は1858年に故国に戻り，デアークの緊密な側近になった．「反論あたわざる男」という評判を取ったこの男は，1866年2月に行われた皇帝と皇后の数週間に亘るハンガリー旅行に際し，エリザベートの好んだ話し相手であった．「イダが吹き込むアンドラーシの評判はシィシィの公然とした好意を募らせた．そして，彼女は全てこの好意をハンガリーに向けた」とハマンは書いている．

ケーニヒグレーツ後のオーストリアにとり危機的な，そして妥協にとって決定的な1866年夏，エリザベートは短い中断を置いてほぼ2ヶ月間ハンガリーに滞在した．彼女は手紙や口頭で，直接，間接的にハンガリーのことを弁護し，こうして皇帝に巧みに影響を与えた．交替させられたベルクレディ首相は，彼女が以前からこれまで成功しなかった「特殊な，エゴイスティックなハンガリーの要求を更に念を押して支持する」ために，皇帝の打ちひしがれた気持ち

を最大限利用した．と記している．フランツ・ヨゼフがデアークとアンドラーシに会うことを躊躇っていたとき，彼女はブタペストからウイーンにいるハンガリー担当の長官ゲオルク・マイラートに手紙すら送って，アンドラーシを外務大臣，「少なくとも」ハンガリーの大臣に任命するよう皇帝に働きかけるように圧力をかけた．彼女が個人的にどれだけ熱心だったか，彼女の手紙の最後の部分が示している．「事を成就させてください．私は成功しなかったけど，あなたが成功したら，百万の人があなたを祝福するでしょう．我が息子はあなたのために，即ち最大の苦労者のために毎日祈っています」．更にアンドラーシとの会見の後で，シィシィは情熱を込めて皇帝に宛てて，1866年7月15日，ブタペストから長い，感情にあふれた手紙を書いた：

彼は自分の見解を明確にはっきりと述べた．私はそれを理解し，もし，あなたが彼の言うことを信頼し，全てを信頼するならば，私たちは，ハンガリーだけではなく，王制も救うことが出来ると確信しました．いずれにしろあなたが彼自身に，しかも今すぐに彼と会談すべきです．何故ならば日ごとに，状況は変化し，終いには最早彼の手に負えなくなる可能性があるからです…しかしどの栄誉或る人でもするように，彼は国が沈没に直面しているとき，自分の力の限り国を救うべく貢献する用意がある人です；彼の理性，国に対する影響力など全てをあなたの足下に披瀝しましょう…最後にルドルフの名においてあなたにお願いします．どうか最後の機会を逃さないで下さい．あなたが[No]と言ったなら，それは最後の瞬間に我が身の利益を越えた私の助言を聞き入れなかったことになります…私にはもはや，いつもしてきたように，ルドルフに正直に「私は自分の出来ることは全てやった．お前の不幸は私の意図したのではない．」という認識で自分を慰める以外に残された道はありません」．[9]

フランツ・ヨゼフは妻の要求に応じ，初めにデアーク，次の日にアンドラーシに個別に会見した．皇帝はその結果，依然として疑心暗疑であった．「彼らは最大限の希望を言っていたのみで，それがうまくいったときの保証について何も語らなかった…」．孤独な，うち沈んだ支配者はシィシィに「お前の，最終的にはハンガリーの立場に立つことで，我が国に明確な忠誠を尽くして名状しがたい苦悩を被ることとなる，今こそ特に配慮と慎重さを必要とする国々を

第 23 章　王妃エリザベート，首相アンドラーシと宰相ビスマルク：
オーストリアとハンガリー間の和解への道

退けることは私の義務に反する」，と自分の置かれた状況への理解を求めた．

シィシィはしかしアンドラーシのために火の中をも潜り抜ける覚悟であった．そこで皇帝に譲歩を迫るために文字通り美しい妻としてのあらゆる手段を使った．「あなたの返事を待っています．そしてハンガリー問題が最終的に片づき，私たちが間もなくエーシュ・ブダヴァラ城で会えますように希望しています．あなたが，私たちがそちらへ行くようにと書いてくれれば，私の心も平生になります．と言うのもそうすれば望んだ目的が達成されるからです」．

ハマンは皇后エリザベートの伝記の中で，彼女は「従順な，それ以上に狂信的な」アンドラーシの個人的及び政治的な「道具」であったと見ている．「彼は，オーストリア（そしてハンガリー）の救世主であるという気持ちを彼女の中に起こさせることを巧みに心得ていた」．

イダ・フェレンチを通してのエリザベートとアンドラーシとの間の直接或いは秘密のルートの他に，ジャーナリスト，ミクシャ（マックス）・ファルクのルートがあった．彼は皇后からハンガリー語のレッスンをしてくれるように頼まれていたが，実際はむしろその内容はハンガリーの歴史と文学を教授することであった．ファルクを通して，1848年当時文化・教育大臣であった（1867年の妥協の年から71年に架けてこの地位に就いた）リベラルな作家で政治家であったヨージェフ・エトヴェシュ男爵とのルートも出来た．公にはイダ・フェレンチを通ずるアンドラーシとの連絡は今や，エリザベートの目から見ればファルクとエトヴェシュを通ずる連絡も加わった．

ユダヤ人の血を引いていることは周知の事実であったが，ミクシャ・ファルクは晩年のセーチェニ伯爵と緊密な関係を持っていた．[10] それが故に彼は1860年には「警察のリストに載っていた」．家宅捜索の時秘密警察は彼のあらゆる手紙を押収した．彼はまたしばらくの間，「検閲罪」で牢獄で過ごさねばならなかった．当時彼は銀行の従業員としてウイーンに住んでおり，アンドラーシの親しい友人と見られていた．これらのハンガリーの重要な男達との直接の或いは隠れたコンタクトの意味は決して買いかぶってはならない．ハマンがエリザベートは「ハンガリーの魅力に取り憑かれた」と言っているのは間違いではない．エリザベートは狂信的に，また精力的に較べものにならないほどただ1つの目的，即ち，デアークやアンドラーシが望んだようなハンガリー的妥協を達成するために働いたのである．

ファルク自身はハンガリーの優れたジャーナリストであった．彼の外交に関する論評や記事はブタペストの主要な新聞に掲載された．彼の一般的に知られたイニシアル「FK」はクオリティーと独自性の印となった．戴冠式の後，ファルクは著名なペスター・ロイド紙の編集長になり，彼の指導下で間もなく，同紙は1万部の購読者を数え，当時としてはジャーナリズム，出版業の偉大な業績を上げた．ファルクはまた影響力のある国会議員にもなった．

彼の死後，ブタペスト市内の通りが彼の名に命名された．1943年には彼の生まれのせいで彼は最早好まれず，その通りも改名された．第二次大戦後，ミクシャ・ファルクは名誉を回復し，通りの名も元に戻された．しかしそれも長く続かなかった：1953年には国民軍の方が魅力的になった…その後，共産党が崩壊して初めてミクシャ・ファルクの名は登場し，その通りは遂に3度目にその名を復活した．[11]

エリザベートはデアーク，アンドラーシ，エトヴェシュ，ファルクというハンガリーの巨人達と接触し，その後もこの関係を維持し，これらの人々への賛辞を隠さなかった．例えば彼女は皇帝に次のように書き送っている：「今日は，デアークが食事にきました．自分にとって大変な名誉です」．皇后が1876年，亡くなったデアークの棺に寄り添って涙した様子はミハーイ・ジチの有名な絵によって永遠のものとなった．この絵はハンガリー政府の注文で，国立美術館に架けられている．その絵の中ではエリザベートがデアークの棺に花輪を捧げ，一方で彼女の頭上には国民の守護神が星の王冠を掲げている．

驚いたことに，1867年以降支配者がハンガリーの血を引く者であることを証明せんとする試みが何度も行われた．「フランツ・ヨゼフがアールパード家の出である」ことに関連した各種の祝い事は皇帝を「ハンガリー」の者にしてしまおうというものであった．先祖研究者達は既に戴冠式の頃，皇帝は実はベーラ3世（アールパード家出身）とアンチオキアのアンナの子孫である，ことを明言していた．それだからこそフランツ・ヨゼフは自分のお金でブダ城の中に彼の「王家の先祖」の墓を作らせたのである．特別なチャペルには，墓石と並んで，アールパードからフランツ・ヨゼフに至る系図を記した大理石の石版を作らせた．広く知られた1896年の千年祭の時には皇帝は「新アールパード」として登場したほどである…[12]

第23章 王妃エリザベート，首相アンドラーシと宰相ビスマルク：
オーストリアとハンガリー間の和解への道

このような皇帝をポピュラーにする数多くの発明の努力も実際は成功したとはいえなかったが，彼の妻を巡る神話はハンガリー人の心に強く根付いた．既に結婚式の時に，新しい皇后は1321年に亡くなり，後に聖人となったハンガリーの皇女エリジェーベートの15番目の孫である，とも言われたことがある．世紀が変わるお祝いの祝辞では，皇后は第2の聖エリザベートとも呼ばれた．

更にハンガリーの好意をはっきりと表す印として，戴冠のお祝いとして，18世紀の30年代にグラッサルコビッチ伯爵によって建てられたグドゥル城をハンガリー人の名において寄贈することを決定した．シィシィは，大きな財政難に陥っていたとき既に，皇帝にブタペスト近くのこの城を購入することを働きかけていた．1万ヘクタールに及ぶ広大な森はまさに乗馬には打ってつけであった．しかし皇帝は百室を擁するこの城を購入することについて財政難を理由に難色を示した．国民が此れを寄贈したことはハンガリーのために力を尽くしてくれた皇后の努力に対する象徴的な印だけではなかった．

妥協以前にシィシィはハンガリーで全部で単に114日間を過ごしたに過ぎない．これに対して，ハンガリーの王妃としての戴冠後は，ハンガリーの歴史家の計算によれば，彼女はハンガリー，主としてグドゥル，部分的にはブタペストに合計2549日滞在した．ヨーカイに宛てた手紙に，彼女はここハンガリーではいつも自由に感じている，と書いている．[13]

困難な妥協を巡る交渉の時も，その後の彼女の募る憂鬱の時も，政治から遠ざかったときも，ハンガリーに対する彼女の態度は変わることがなかった．彼女は人生が終わるまで特にハンガリーについて，また自由に対しては基本的に大きな関心を抱き続けていた．ハイネを真似た数多くの，公にされなかった，彼女の詩は素人まがいのものであるが，500頁以上のこの詩集は「エリザベートの彼女自身や，彼女を取り巻く世界，彼女の時代について最も自由な，最も個人的な証言である」（ブリギッテ・ハマン）．それ故エリザベートの詩「おお，私があなた達に王を贈ることが出来たなら！」は特に政治的に衝撃的である．妊娠中の王妃は戴冠の後1868年，出産前の3ヶ月間ブタペストに滞在した．そこでスイスの公使は「すべからく一般的な希望は，生まれてくる子供が女の子であるようにと言うものであった．というのは，「実際的な制裁」や後に結ばれたあらゆる合意にも拘わらず，ブダ城で生まれたハンガリー王妃の男の子は将来のハンガリー国王となり，時と共にハンガリー王冠の下にある国土は

第23章 王妃エリザベート，首相アンドラーシと宰相ビスマルク：オーストリアとハンガリー間の和解への道

オーストリアから分離することになろうから，このことはおおっぴらに語られていた」．とベルンに報告している．詩の中の常軌を逸した調子を見れば，その当時広く行き亘った心配を裏書きしている．

> おおハンガリー，愛するハンガリーよ！
> 重い鎖に繋がれたお前を知っている，
> どんなにか私はお前に救いの手をさしのべたいか，
> 奴隷の身から救うために！
> 自由と祖国のために命を落とした
> 隠れた英雄も少なくない．
> お前達と心の中で結ばれた私，
> 今お前達の息子，国王を贈ることが出来たなら．
>
> 彼は正当な生まれのハンガリー人，
> 鉄と銅の心を持った英雄である，
> 明晰な理性を持った，強き男である，
> ハンガリーのことだけにその心臓は高鳴る．
>
> お前達を解放するだろう，どんな妬みを買っても，
> 誇り高きハンガリーを永久に！
> 彼は全ての人々と喜びと苦しみを分かち合う，
> 彼はそのような，お前達の国王となろう！[14]

今日では奇抜なアイデアと考えられても，当時は非常に深刻に取られた．それだけに，シィシィが産んだ次の子供が男の子ではなく，マリー・バレリーと名付けられた女の子であったことにウイーンは大きく安堵した．憎まれ役のゾフィー大公妃は，皇帝に忠誠なハンガリーを祝い，ブダ城に男児が生まれていたら，「ハンガリーが帝国から分離する口実になったに違いない」とその日記に書いている．

いずれにしろ，皇后エリザベートは1848／49年の革命の年の勝者の復讐処置を心から憤っていたことを隠そうとしなかった．ある時，彼女はミハイ・ホ

第23章 王妃エリザベート，首相アンドラーシと宰相ビスマルク：オーストリアとハンガリー間の和解への道

ルバート司教に「もし，私達にその力があったなら，私と主人は，ルードゥヴィッヒ・バッチャーニュとアラドで血祭りに上げられた人々を再生させる最初の人になったであろう事を信じてください」，とあからさまに述べている．皇太子ルドルフもこの考えに沿って育てられた．既に彼の最初の政治的考えを記した書き物には，アンドラーシの政治とその魅力的性格について書かれている．[15]

アンドラーシ自身1866年7月30日の日記に，「もし，事が成功したならば，ハンガリーは，想像している以上にこの国を見守っているこの美しい守護者に感謝しなければならないだろう」，また，その後にも「この美しい」保護者はハンガリーとアンドラーシのために沢山のことをしてくれた，と記している．

オーストリアの歴史家フリードリッヒ・エンゲルーヤノジは帝国の新秩序について次のように書いている：「ハンガリーはこの決定的な数年間，デアークとアンドラーシという2人の偉大な政治家を与えられたことを感謝すべきである」．[16] しかしながら，ビスマルクによってなされ，武力によってドイツからオーストリアが引き離されたことと，ハンガリーに魅せられた皇后がいたという幸運なしには「妥協」はこうは円滑には行かなかったであろう．

ルーマニア―フランス文化哲学者のE・M・シオランはシィシィがハンガリーを好きになった別の動機を見つけたと言っている：

ハンガリーに特有な悲劇がある．ハンガリー的なものにシィシィは凄く魅了された．多分彼女を実際に掴んで離さなかった唯一のものはこれだったのだろう．ハンガリーへの彼女の偏愛は政治的に見れば自殺行為である．というのは，ハンガリーの政策，ハンガリーのショウビニズムは帝国の崩壊の主たる原因であるからである．その政策は他の民族グループの犠牲においてハンガリー民族を常に優先し，それに対する反抗は必ずしもウイーンに対するものではなく，むしろブタペストに向けられていたのであるから．政治的に見れば，シィシィの態度は間違いであった．彼女はハンガリー人の中にある最も魅力的なものに惹かれたのである…理由は理解できる．性格，言葉，人間が彼女はとらえて放さなかったのである．グドゥル城のこの木が彼女を魅了し，この木が彼女のハンガリーの最良の友人になったのは偶然ではない！ シィシィのファンタジー，気分，特性…が迫り来る破滅の所謂背景になった．それは多かれ少なかれあら

ゆる人々が認識していた．それだからこそこの人物は重要でかつ素晴らしいのである．[17]

シオランは，ブラームスとエリザベートが19世紀の哀愁の頂点をなし，両人はハンガリー的な全てに盲目的な極端な愛情を持った，としている．偉大なハンガリーの詩人ミハイ・バビッツも，ハンガリー人の性格の特徴は，シニカルな暗さではなく，穏和なユーモアで緩和された，肩をすくめ，少しばかり哀愁を帯びた諦めにある，と書いている．偶然ではないが，ハンガリーの格言に次のようなものがある：ハンガリー人は泣きながら楽しんでいる．

第 24 章　敗北の中の勝利：
　　　　妥協と二重帝国のその後

　戴冠式と妥協として公知されたウイーンとブタペストの間の歴史的な妥協が採択された数ヶ月後の 1867 年 12 月 10 日,「祖国の賢人」と言われ,最も影響力の強かった政治家フェレンツ・デアークは基本政策を演説した．主都の市民の代表を前にして,自由主義者の代表は非常に積極的な評価を述べた：

　モハーチでの敗戦以来イシュトヴァーン王冠諸国が今日のように密なときはなかったといえるのではないか．またオーストリアの王朝の支配が行われて以来これほど支配者と人民が信頼関係にあるときはなかったのではないか．そして,我々とオーストリアとの間で今日ほど不和と苦々しい雰囲気がないときはなかったと言えるのではないか．これまで国境越えることの無かった外国資本が今やより大規模に,容易に我が国に流入し,我が国民は巧みに,利口にこれを利用するすべを心得ている,と言える．これらを全てひっくり返すと言うならば,それは妥協の基礎を攻撃することになり,全てはそうすれば無に帰すであろう．[1]

　このように,画期的な合意の創意者は,亡命先の外国で怒り吠えるコシュートに言及することなく,国が本当の独立を得たのではないとの国内の反対派の批判に反論した：

　殆んどのヨーロッパの大国は大きな国土と,圧倒的な力を持っているので,ハンガリーがその間で,安全な保護を与える同盟国なしに,単独で,独立国としてやっていけない．大国は彼ら自身が,我々が彼らの希望と計画のじゃまになると信じれば,そして,我々が自分の力のみを頼る場合には,彼らの莫大な力で我々を排除するだろう．我が国の運命は大国の間にあると言っていい．
　それでははたして,1867 年 5 月 27 日にハンガリー国会で 209 対 89 の多数で

承認され，6月12日に「オーストリア皇帝と聖ハンガリー国王」により発効した「妥協」は「敗北の中の勝利」であったのであろうか？　或いは，重大な結果をもたらすオーストリアを前にした屈服，もっと言えば，コシュートが国会での決議の3日前に公開書簡で，パリから寄越したように，「民族の死」だったのであろうか？

　ウイーンやブタペストの幾世代もの政治家，歴史家や知識人達が，「オーストリア帝国」が「オーストリア—ハンガリー」帝国に変わることによる性格と結果について意見を異にしている．殆どの人は，如何なる動機からにせよ，二重帝国について良いことを言っていない．帝国全体のオーストリア及びドイツ系の人々は，それに非ハンガリー系の歴史家の圧倒的多数の人々は，「妥協」は基本的にハンガリーの勝利であったという点で一致している．ゲオルク・シュタットミュラーは1963年に著した東欧事情で次のように書いている：「この後退により，ドイツ系はドナウ側中流流域の政治的，秩序についての指導力を放棄した」．[2] よりわかりやすく，よりはっきりとフランツ・ヘレはそのフランツ・ヨゼフ伝記で，「ケーニヒグレーツの敗戦後パニックになって」妥協の方向に急いで「ハンガリーの条件をのんだ以外の何物でもなかった」のは重大な結果を伴った政治的な失敗であった，と言っている．[3]

　帝国の半分，オーストリア側では中庸の人々の多くが，メモや日記に書いているようにどちらかというと憤っていた．例えば，外交官であったアレクサンダー・フォン・ヒュウプナーは「ロシアの援助によって征服したハンガリーはこうして1849年に敗北したはずの革命側の手に渡ってしまった」と嘆いている．フランツ・ヨゼフは嘗ての反抗者の手に引き渡されてしまった．[4]「帝国参事会のメンバーである王国と各国（二重帝国の西側）」と「聖なるハンガリー王冠の国々」で成り立っている二重帝国は「解雇されたも同然な王国」であるとこれまでも引用してきたボモも言っている．フランスの歴史家ルイ・アイゼンマンは1904年に解りやすいが，学問的には議論の余地の多い形で，「妥協」は，共同の事項について「権利の平等，オーストリアがコストの3分の2を負担し，影響力の4分の3を得た」ことを意味する，などと言っている．ハンガリーの加わった重要性と帝国の没落及びその崩壊に果たしたハンガリーの重大な役割は，世紀末や20世紀前半の傑出したオーストリアの作家，リルケ，カフカ，ベルフェルや特にヨーゼフ・ロートの作品にも現れている．

第24章　敗北の中の勝利：妥協と二重帝国のその後

　二重帝国とは実際，恐ろしく複雑な建物と言うべきで，それはハンガリーによって人工的に作られた落とし穴，床に設置された鉄菱或いは弱点の入った物であった．その略称だけをとってもそれは「秘密の科学」と言える．共通の制度や施設は「皇帝及び国王の」もの，略して「k. u. k.」と呼ばれた．ハンガリー人は副詞の「及び」を重視し，それを対等の表れと見なした．もっぱらオーストリアの役所は「皇帝―国王の」，略して「k. k」と呼ばれ，もっぱらハンガリーだけのものでは国王は「k」と略称された．ハンガリーでは普通「magyar kiralyi」（ハンガリー語で国王）或いは略して「mag. kir.」とされた．

　救いようのない混乱した関係と「オーストリア」の表示が消えてしまった苦痛についてロベルト・ムジルはその小説「特性のない男」の中で次のように書いている．

　人が考えるように，それはお互い，相補うようなオーストリアとかハンガリー部分から成っているのではなく，全体として，また，部分的に，すなわち，ハンガリーとして，また，オーストリア・ハンガリー国家感情として成り立ち，後者はオーストリアを基盤としており，これにより，オーストリアの国家感情は実は祖国のないものとなってしまった．オーストリア人はハンガリーでしか感じることが出来ず，しかも，そこでは嫌悪感を感じるのである．祖国では，議会に代表を送っている王国とオーストリア・ハンガリー帝国の国民だと称しているのである．これは，ハンガリー色が勝り，それでいてハンガリーがより少ないことになる．彼は，喜んでそうしているのではなく，彼が反対していたアイデアの為にしているのである．彼は，ハンガリー人を嫌い，またハンガリー人も彼を嫌っているのである．こういう関係がさらに悪くなっていくのである．

　というのは，ハンガリー人は最初から最後までハンガリー人で，ただ，他国人にとっては――彼らの言葉などわからない――オーストリア・ハンガリー人なのである．これに対してオーストリア人は，最初に，基本的には無であり，上流階級の人によれば，オーストリア・ハンガリー人或いは，オーストリア・ハンガリー帝国人と見なすべきだというのである．要するに適当な呼び名がないのである．ハンガリーとオーストリアの2つの部分は，要するに，赤・白・緑の上着に黒・黄色のズボンを履かせたようなもので，上着はそのままである

が，ズボンはそれまでの黒・黄色のズボンでは最早なく，1867年がそうしてしまった．[5]

「カカニーエン」の意見の引用（そしてムジルの他の場面での見解の反映）と彼の政治的並びに民族的闘争は，何故当時多くのドイツ系オーストリア人が心の底から形式にせよ，内容にせよ，「妥協」を嫌悪していたかを今日なお伺わせるものがある．バランスのとれたハプスブルクの歴史に詳しいロベルト・カンでさえも，「オーストリアは妥協に関するハンガリーの解釈の政治的捕虜となった」．と言明しているほどである．[6] 帝国内に生存し，全人口の47%を占めるスラブ人と，6.4%を占めるルーマニア人がドイツ人（人口の24%）とハンガリー人（人口の20%）が権力を二分することに強く反対したことは理解できることである：詰まるところ彼らはそれによって第二級の国民になってしまったのである．それ故にこそ，「勝利者」と言われる国，即ち帝国のハンガリー領で，世論や著名な歴史史料編纂者或いは多くの政治家が，ハンガリーが一段下の地位にあり，政治的にも経済的にも従属しており，表向き「植民地の地位にある」などと不平を言ったのかと言う疑問は複雑で議論の余地有るところである．

ハンガリーにおける特に周知にして政治的に危険な，事実と受け止め方の違い，客観的な状況と主観的な印象の違いのその後の進展を理解するために，「妥協」の本質的な規定ぶりをより詳細に見る必要がある．「妥協」は人的同盟以上のものであった．それは同一の支配者を頂いた2つの国家の結びつきであった；それは「現実的な同盟」であって，2つの異なる，しかしあらゆる問題について全く独立ではない国家間の条約であった．フランスの歴史家ビクトル・ルシエン・タピエはこの合意を「内容からも形式からみても，19世紀では滅多に見られない立憲政体の証書の一種である」と見なしている．[7] 多くの国家学者達も，一体「二重」とは，二重帝国とは法律的には何を意味しているのか首をひねった．「妥協」はいずれにしても連邦国家を造ったのでもなく，国家連合を造ったのでもなかった．そこには連邦国家のように，2つの国家を超越するような全体的国家が有るわけでもなく，国家連合のように2つの国家が全く独立していると言うわけでもなかった．その上，憲法に関してオースト

第24章 敗北の中の勝利：妥協と二重帝国のその後

リアとハンガリーの理解が全く同じというわけでなく，このことも事態を一層複雑にした．

　実際に，特別な構成となっていた：帝国を構成している半分ずつはそれぞれ二院制の議会，それぞれ1人の首相と様々な閣僚で構成される独自の政府，を持っていた；それぞれは制限付きではあるが領土を防衛する軍隊（ホンベード，領土防衛軍）と独立の税制を持っていた．その3つの共通の「皇帝，国王の」（k. u. k.）省，即ち外務，軍事，そして共通の事項（例えば外交や国防）にかかる目的のための財務の各省が存在した．その「k. u. k.」帝国省は「所謂代表団に責任を負った」：帝国参事会とハンガリー議会からそれぞれ60名ずつ選ばれたメンバーで構成される委員会がそれである．あらゆる共通の事項に関して3つの k. u. k. 省はそれぞれ別々に，毎年交互にウイーンとブタペストで1回開催される代表団に諮らねばならなかった．委員会は文書で相互に連絡し，議論のあるケースについて決議するためにのみ共同で開催した．ハンガリー側はこの余り効果的でない方法を国会に上位の機関がないことを強調するために要求した．外務大臣は従って，双方の代表団を前に個別に報告をしなければならず，同じ文言の議決が採択されるために議員に対しては2度に亘って報告し，答弁しなければならなかった．代表団の議決は皇帝の承認を得て，法律となった．

　国防に関しては，いずれの国家もその領土内で徴集する兵の数を決定でき，兵役義務の実施と国民民兵の組織を自ら実施できた．1848年の時と k. u. k. 軍の一体性は保たれた．指揮用語はドイツ語とされたが，これはハンガリーにとっては対等制を損なうとされ，40年後の不成功に終わった軍の自主権を巡る最後の抵抗の際にやっと廃止されることになった．軍事予算と徴集兵の限度数は10年ごとに開催される妥協交渉において交渉圧力の手段として使われた．

　共通事項の予算をどの割合で負担するかを巡る葛藤は，そもそも中心的な問題であった．1867年の交渉の時はハンガリーの分担は30％に決められていた．共通事項の支出のハンガリーの分担は1907年には36.4％になっていた．この点に関しオーストリアの歴史家達はハンガリーが優遇されたと察知していたが，帝国問題について中庸なハンガリーの研究者ペーテル・ハーナクはこの6.4％の上昇は先進国オーストリアの経済水準に近づいた実際的な数字であると見なしている．[8] 目を見張るほどの経済発展にも拘わらず，帝国のオーストリア側はハンガリー側に較べ，物的，サービスの生産は相変わらず2倍であった．こ

の問題については，妥協交渉において関税と通貨問題について，又両国で話し合われた鉄道路線についてと同様に議題となった．

10年ごとに繰り返される「分担率」の問題は帝国の維持，生き残りの問題ともなった．カール・ルーガーは1895年，下院でドイツ系オーストリア人に心底から「二重帝国は不幸，いや我が祖国が耐えなくてはならない最大の不幸である．敗戦にも勝る大きな不幸である」．と演説したそうである．[9] このような陰鬱な発言にも拘わらず，数々の困難は乗り越えられ，第一次大戦の最中1917年5月の最後のものもそうであった．

二重帝国の操縦機関として，ハンガリー政府とオーストリア政府の他第3のものとして共通評議会があった．3人の「帝国大臣」と帝国を二分する国の2人の首相は，外務大臣を議長とする大臣参事会議を構成していた．これによって外交やその他の共通の事項についての実施に，少なくとも間接的に関与していることが確保された．

「妥協」は，トランシルバニア，今日のスロバキア，カルパチアーウクライナ，バチュカ，クロアチア王国，スラヴォニアを含む全「聖イシュトゥヴァーン王冠諸国」の歴史的領土及びその軍事境界の保全と政治的一体性を確保するというハンガリーの国家法上の要求を承認した．全国土面積 325,411 平方キロメートルに 1500 万人の「大ハンガリー人」が住み，その内の約 40%（1850・51年の公式の人口調査では 36.5%に過ぎない）がハンガリー人，14%が南スラブ人（クロアチア人とセルビア人），14%がルーマニア人，9.8%がドイツ人，9.4%がスロバキア人，2.3%がルテアニア人であった．完全な国内的自治を享受していたクロチアースラヴォニアを除けば，ハンガリーの国土は 28 万 2870 平方キロメートルで，ハンガリー人の割合は 41.6%に上昇する．ハンガリー人の割合を計算するときはクロアチア人は実際上除外されていた．此れによって，ハンガリー人の総人口に占める割合は，1890 年には 48.6%，そして 1910 年に行われた最後の人口調査では 54.5%にまで上昇していた．しかしイシュトゥバーン王冠の公式な領土を出発点にすれば，その数字は 42.8%(1890 年)，乃至 48.1%（1910 年）に過ぎない．言い換えれば，他の民族は 2088 万 6487 人に増加した人口の中で常に絶対多数を占め続けた訳である．いずれにしろ，この 60 年間でハンガリー人人口の急激な増加ぶりは目を見張るものがある：パー

センテージで見るとその増加は106%であるのに対し，帝国全体の人口伸び率は60%そこそこである．ハンガリー人の急激な自然の人口増と大々的なハンガリー化のために帝国内の人口に占めるハンガリー人の割合は15.5%から20.6%に上昇した．

ハンガリー（クロアチアを除く）での宗派の割合は1910年時点では次のようであった：ローマ・カトリック約50%，正教会派12.8%，ギリシャ・カトリック11%，カルビン派14.2%，新教徒7.2%，ユダヤ教徒5%．ハンガリー人に限れば（他の民族を除いて），異なった様相を示している：ローマ・カトリック59%，カルビン派26%，ユダヤ教徒7%である．[10] カルビン派は「ハンガリー人の宗教」と言われ，カルビン派（及びユダヤ教徒も又）は文化的政治的に人口の割合に占める数字に増して大きな影響力を持っていた．

帝国の西側では帝国全体の人口に占める割合（統計では36.2%から35.6%に）や政治的にも経済的にもドイツ人のヘゲモニーが低下していったのに対して，帝国のハンガリー側では反対の傾向が見られた．即ち政治的にも，経済的にも，文化的にもハンガリー人のヘゲモニーが増大していった．

二重帝国におけるハンガリーの役割に関しては，特に共通外交政策・財政政策の分野で重要であったし，時として決定的でもあった．その為に，ハンガリー人にして，最も成功した外務大臣ジュラ・アンドラーシ伯爵（1871 – 1879年）を上げれば十分であろう．その際特に皮肉なことは，同名の彼の息子ジュラ・アンドラーシが帝国の最後から2番目の外務大臣であった（1918年10月24日から11月2日迄）ことで，彼は協商側に特別な和平を提案したが成功しなかった．

1867年から1918年の10年間に，10人の外務大臣の内3人が，15人の共通財務大臣の内5人がハンガリー人であった．1914年の外務省及び在外公館の人員の27.5がハンガリー出身であった．ハンガリー人の小貴族ベンジャミン・カーライは最も長くその職にあった共通財務大臣であった（1882 – 1903年）．彼は1878年に占領したボスニア・ヘルツェゴビナの統治の責任者となった．

政治的，経済的，財政的事実を客観的に観察すれば，ハンガリーはその歴史上この時代，より大きな利益を得たと言えよう．モハーチでの敗北以来初めてハンガリーは再び自己の運命を自分で決定できるようになった．全てではないが，多くのことがハンガリーの指導者達が，特に民族問題や社会問題で，相互

に密接に関連しているという枠の中で,どの様な政策を採っていくのかに懸かっていた.この点に関して特にドモコシュ・コシャーリは指摘しているが,C. A. マカートニは,「オーストリアが幾世紀にも亘って民族問題で引きずった多くの欠点によって惹起した疑惑の霧の中で」妥協がハンガリーにもたらした現実的,大きな利点が民族問題に隠れてしまったのは残念であるとしている.[11]

「二重帝国のアキレス腱」は軍隊とそれと密接に関係している「政治的構造の中心である」皇帝・国王の役割であった.「ハンガリーの独自性と帝国の安全・存続が損なわれないよう」(1867年の法律第12章の序文)に造られた制度が複雑,不安定で,緞帳〔どんちょう〕だったので,あらゆる議論のある問題に於いては共通の支配者が最終的な制度として,そして決定的な役割を果した.この点は多くの観測者やその時代の証人にとかく見過ごされがちである.ハンガリー政府は比較的重要な問題については,直接国会に諮らず,厳密に規則に従って先ず皇帝に所謂「事前裁可」を諮っていた.フランツ・ヨゼフは双方の政府の提案を国王の家族のメンバー,貴族特に軍事顧問達と相談した.支配者は同様な方法を,双方の国会の「代表団」が共通の決定をなし得ないような難しい問題についても,用いた.ハンガリーの歴史家ラスロー・ペーテルは次のように述べている:

　軍に対する統帥権――憲法・法律の枠外である――についてはフランツ・ヨゼフは帝国が大国として決定的な案件――外交,国防及び皇室の財政――のすべてに関して自由な裁量権を有していた.国家政策の最高の分野ではフランツ・ヨゼフは1867年以降も独裁者であった.形式的な憲法上,その地位について明確な定義付けが無いメンバーで構成される,行政機関と言うよりも協議機関と言うべき大臣参事会議(時々重臣会議と呼ばれた)に共通の事項について諮問させた後で自ら決定を下した.[12]

アメリカに移住した後著作した,ハプスブルク帝国の崩壊について基本的な彼の作品で,社会科学者オスカー・ヤーシは,他の国と較べて,ハプスブルク宮廷には,国民を何らかの政治的連帯に統合するような共通の理念とか心情が一切無かった.皇帝がハンガリー人を満足させるためにしばしば決定をしたが,それは特にデアーク・アンドラーシ時代にこの偉大な2人の説得力と節度それ

第24章　敗北の中の勝利：妥協と二重帝国のその後　　　　　　　　295

に皇后エリザベートがハンガリーに好意的だったことも関係しているだろう．彼女は自らかってアンドラーシに言ったことがある．「イタリアで皇帝にとって不都合なことが起こったら，それは私にとって苦痛なことでしょう．でもハンガリーで同様なことが起こったならば，私は死ぬでしょう」．[13]

　オーストリアの歴史家フーゴー・ハンチュは，「帝国の大きな生存問題はハンガリーの政治家にとっては自分の国の利益に較べればいつも，より小さな問題であった」，と断言しているが，此れが広範に持たれていた見解であった．相互に対立していたオーストリアの諸政党が，ハンガリー側の帝国の半分の影響力が益々増大し，彼らの見解によれば，当然なるべきハンガリーの帝国への結びつきが緩やかになっていくのを非常に苦々しく思っていたことを，後の社会党の首相であり，民族問題の理論家であるカール・レンナーは，「意志の共同体を欠く機関共同体」であると表現している．帝国が多くの問題で時としてどちらかと言えばハンガリーの見解に傾いているとき，ウイーンでは密かに「反オーストリア皇帝のハンガリー国王による絶対主義」などと陰口をたたかれた．

　鍵となる「軍事事項」だけが，実際上「妥協」以前の「古き良き時代」とほぼ同様に皇帝とその側近の手にもっぱら残されていた．フランツ・ヨーゼフは最高の元帥として，ドイツ語で命令できる軍に対して無制限の支配権を振るっていた；彼のみが宣戦を布告し，K. u. K. 軍，この「帝国無き帝国軍」は「分裂した王国を結ぶ最後の絆」であった．オーストリアの軍事歴史家ヨハン・クリストフ・アルマイアーーベックは K. u. K. 軍隊の功績は，「妥協後も帝国の制度であり続け，100人の兵士がいるとすればドイツ人24人，ハンガリー人20人，チェコ人13人，セルビア・クロアチア人11人，ポーランド人ルテニア人それぞれ9人，ルーマニア人6人，スロバキア人4人，スロベニア人イタリア人それぞれ2人を抱える全オーストリア国家意識の唯一，不可欠の見本であったことにある」，と見ている．[14]

　当にこの「全オーストリア的」なる性格がハンガリー人にとっては苛立たせる言葉であり，それは単に民族主義者だけのことではなかった．民族主義の社会的心理を詳細に見れば，ハナークが言うように軍は高い確率で帝国の「アキレス腱」であったと言えよう．[15] 1867年から1918年に掛けてハンガリー人の国防大臣は1人もいなかった．国防省の人員に占めるハンガリー人はたった

6.8%に過ぎなかった．将軍職についてみれば，その割合は10%に満たない．公式の統計によれば5人の職業将校の内4人はドイツ系であり，ハンガリー人は8%乃至9%であった．ただし，アメリカ人歴史家イシュトヴァーン・デアークはその著作，［K.(u).K.］の中で，この数字はオーバーであって，彼の計算によればドイツ系の職業将校の占める割合はたったの55%に過ぎないとのことである．16

いずれにしても，ハンガリーではこの軍は国家の中の独立した存在で，ハンガリーに非友好的な権力，言うなれば占領軍と見なされていた．ハンガリー政府は共通の軍隊に対して，指揮，組織及び使用に関して並びに，国防省の指導，政策に関して一切の影響力を持っていなかった．この様な非常に敏感な分野においてハンガリーは従って，宮中の，帝国の西側に依存していた．

アンドラーシ首相は政治的対等制を達成するという大きな仕事を危険に晒したくなかった．それ故彼は軍に関する協定を国会で通した．その際に彼は，政府はあらゆる手段を講じてより大きな軍の自立に努力することを約束した．ハンガリーが要求した徴集兵力制限数は全体で10万人の内，年24万人でK. u. K.軍は平時には25万人から1914年には50万人に増加し，戦時には1500万人にふくれあがった．国防省を巡るやりとりの際，アンドラーシは，オーストリアとハンガリー（クロアチアを含む）にそれぞれ領土防衛軍を造ることでフランツ・ヨゼフ皇帝の同意を得ることに成功した．このホンベード軍と呼ばれた兵力は固有の表章と軍旗を持ち，特にハンガリー語を命令語とすることが許された．このホンベード軍は国民軍の核となると思われ，それ故にこそ，宮廷はホンベード軍には固有の砲兵部隊を持つことさえ認めなかった．この領土防衛軍は，1万乃至1万2000人以上の兵力しか持たなかった；しかし，1912年の第一次バルカン戦争勃発時にはその兵力数は2万5000人となり，この時に至って初めて，砲兵隊を持つことが出来た．17

10年ごとに熱意を込めて行われた軍の法律を巡る議論は，二重帝国の不安定な構造上，予め仕組まれていた起爆剤であることを証明した．ハンガリーにとっては，そもそも国家法上のオーストリアとの関係，特にハンガリー指揮下の固有の軍隊の問題は民族の生死の問題であった．既に死に近づいていたアンドラーシは1889年4月5日，上院での彼の最後の重要な演説で，固有の軍隊を所有することに反対すると述べた．1848年，シュベヒャット郊外で皇帝軍

と戦った経験のある嘗てのホンベード軍の将校は，自分の国の人に次のように述べている．「全ての国が今日その安全を依存している大きな国際問題やヨーロッパの勢力均衡にとって，もっぱら法的観点ではなく，軍事的大国が決定的である」．それ故，「将校であろうと兵であろうとを問わず，凡そ軍人は，家庭で愛することを学んだこと，帝国にとって正しいことの防波堤が軍にあることを学ぶ」必要がある．「共通の軍隊は，或る異なる物，国家の中の第三者的な存在であってはならず，専ら共通の防衛軍であり，帝国の双方の共通の所有物である」．[18]

余談であるが，k. u. k. での軍が，即ち，「皇帝と国王の」(kaiserlich und koeniglich) 軍が改名され，最早単に「皇帝一国王の」(kaiserlich-koeniglich) 軍と呼ばれなくなったことは大成功として大々的に祝われた．1903年9月にフランツ・ヨゼフ皇帝はクロピーで，有名な，「軍の組織」を緩やかにしようとする「一方的な試み」に対して公開で，強い命令を発した；彼は軍を，「共通に，一体として」保つことを誤解無きように繰り返した．今日，もう少し柔軟性を持って対処すれば軍についての争いも避けることが出来たのではないかと憶測しても無駄であろう．ここでは第一次世界大戦の背景や経過については述べないが，ハンガリー部隊は，k. u. k. 軍としても，ホンベード軍としても勇敢に戦った．デアークによって上げられた皮肉な事実は次のことであった：「最後まで戦ったハプスブルク帝国の戦闘部隊は大部分がスラブ人，ルーマニア人，イタリア人であり，それはとりもなおさず協商側の同盟に属した国の国籍を持った人々であった」．

時と共に軍について益々激しくぶつかり合った双方の見解の相違は，同時に，2つの指導的な国民の戦いとヘゲモニー争いの結果と原因であった．更に加えて，ドイツ人とハンガリー人の優越的地位に対するこれまたお互いに相争う諸民族の戦いが包括的な改革を難しくした．——この様にして民族問題は永続することになった．ムジルは問題を次のように描いている：

民族間の争いは…それほど激しかったので，このため国の機関は1年間に何度も停止した，しかしこの間，そして国家が休止しているとき，物事は文句なくうまく行き，何事もなかったかのように進んでいった…この国では人々は——感情の最高潮に至るまで，そしてその結果についても——いつも，思って

いた予想外に行動したり，或いは行動する以外に考えてしまうのである．カカニエンは最も先進的な国家であった；この国では，何もなければ自由であり，その限りにおいて何かを消極的に一緒に行動する．と言う国であった…[19]

民族的多様性をみて，これと関連する数値を見ると，「妥協」が民族問題を，連邦の枠内でも民族的自治の方向でも挫折させたことを示している．同時にハンガリーの歴史家ユリウシュ・ミシュコルツィの見方が妥当であるという強い理由も存在する．「妥協」の100周年記念日に彼は「王朝と宮廷にとっては，1867年，妥協は最上の選択ではなく，大国の地位を維持するのに唯一の道であった」と結論付けている．[20]

ハプスブルク王朝と今日のアメリカ合衆国やスイスを比較することは間違いであることは民族的多様性を見れば明らかである．1910年の統計によれば，帝国内の主要な民族グループ11——ドイツ人（23.9％），ハンガリー人（20.2），チエコ人（12.6），クロアチア人（5.3），ポーランド人（10），イタリア人（2），セルビア人（3.8），スロバキア人（3.8），スロベニア人（2.6），ルテニア人（7.9），ルーマニア人（6.4）——の内ドイツ人，クロアチア人，イタリア人，セルビア人，ルテニア人，それにルーマニア人の6民族だけが帝国の双方に居住していた．帝国の西側を連邦制にしようという試みは，カンの言葉を借りれば，「不幸な未完の銅像」に過ぎなかった．

伝統的に指導的地位を占めているドイツ—オーストリア人に対する激しい民族の戦いに較べれば，ハンガリー人が優位にあるハンガリーに於いては一見，スムーズに行っているように見えた．しかしこのハンガリーでの「静謐と秩序」はウイーンの国会での騒ぎよりも遙かに危険なものであった．ハンガリーの議会では413人の議員の内，各民族数に応じて，215名がハンガリー人で，198名が他の民族に割り振られていた．合法的な権利からほぼ完全に除外されたルーマニア人，セルビア人，スロバキア人，それに非常に制限され，自治の問題だけに限られた権利を許されたクロアチア人達は，民族的野党を既に早くから，王政に敵対的な，破壊活動や民族独立主義を目指す方向で動かしていた．そしてその目的は民族問題の改革ではなく，オーストリア—ハンガリー帝国の打倒であった．[21]

第 24 章　敗北の中の勝利：妥協と二重帝国のその後

帝国の東側の発展に関しては，第一次大戦の終わりの崩壊にとって，1867年が絶望的な，劇的な状態が出発点だったとは簡単には言えない．アンドラーシ内閣は躍動とエネルギーを持ってリベラリズムの精神で彼の描いた平等を実現しようとした．偉大な構想を持ち，戦術的な柔軟性を持ち，外交分野では可能性を追求する芸術的繊細な感覚を持ったこの首相は，その際，閣僚の一員ではなかったが，フェレンツ・デアークの大変な声望に依拠することが出来た．デアークは首相のポストと，戴冠式の際，代官の位置に，王冠の隣に大公，司祭と共に並んで立つという特別の名誉をと声を掛けられたが，彼はこの 2 つを断り，その代わりにアンドラーシを推薦した．国王が彼に，何か希望はないかと尋ねたとき，答えは，「私が死んだ後，陛下が，フェレンツ・デアークは律儀な人間であった，と仰っていただければそれは私の望外の幸せであります」．であった．

政府のメンバーで有数の知識人で，重要な法律の起案者であったヨージェフ・エトヴェシュ男爵は，既に 1848 年当時バッチャーニュ内閣で教育・宗教大臣と言う同じ大臣職を務めていた．彼は幼少時代ドイツ語を喋る環境で育ったので，ハンガリー語はやっと 12 乃至 13 歳になって話し始めた．エトヴェシュはパリにいるモンタランベールやトックビルと文通し，アンドラーシ不在の時はその代理を務めた．彼の友人であるミクシャ・ファルクはエトヴェシュを形容して「祖国を熱狂的に愛した，ドイツ哲学の理性と世界詩人の情熱を備えた人物」と述べている．[22]

エトヴェシュ，デアーク，それにアンドラーシも名前のみのリベラリストではなかった．ユダヤ人解放，民族問題，それにクロアチア―ハンガリーの妥協などの法律は，後々あらゆる分野で必ずしも実施されたわけでないものの，彼らの傑出したステーツマンの影響を物語るものである．デアーク，エトヴェシュそして亡命中のコシュートを含めてあらゆるハンガリーの政治家達は，凡そ 54 万人と見積もられたユダヤ人に，既に 1849 年の革命政府当時に認められた無制限の市民権を最終的に法律で認めるべきことを明らかにしていた．「ユダヤ人ほど我々に忠誠だった市民はいなかった；それなのに彼らほど不公平に我々から扱われた市民も居なかった」．とペテフィの友人の作家のモール・ヨーカイは述べている．エトヴェシュとデアークは，選出された最初のユダヤ人議員が国会に登庁した光景に感激している．

1868年の民族法は，(多くの大抵のドナウ地域のシュバーベン人やスロバキア人を除いて) 他の民族集団が革命の挫折に参加したことに見られる，1848，49年の苦い経験を克服するために多くの期待が寄せられた始まりであり，同時にセゲドでユダヤ人解放のために決議された民族法の実施の約束を実行する必要があった．デアークやエトヴェシュを始めとする起案者達はリベラルな高い地位又は中流の貴族達で，彼らは，国家権力をハンガリー化やハンガリーのナショナリズムのために非ハンガリー民族に対して行使してはならない，と強調していた．既にセーチェニは改革時代に，「ハンガリーの陶土製の食器」をドイツやスラブ製の「鉄の食器」にぶつけるとハンガリーの食器は粉々になる，と喩えて，ハンガリー化を急ぎすぎると他の民族を反ハンガリーに追いやってしまいかねないと警告していた．

既に述べたようにコシュートは，亡命先でハプスブルク王政の代わりとしてドナウ国家連合を提唱していた．彼の誓てのパリにおける使臣であるラースロ・テレキ侯爵は更にその先を行き，ハンガリーが「歴史的権利」を放棄して，中欧の小民族の権利を均一化させることさえ主張しだした．彼は亡命先から強制的に帰国させられ (彼はオーストリアの諜報機関によってドレスデンから連れ戻された)，皇帝の恩赦を受けた後1861年にブタペストで，出口のない状態に陥った模様で，自殺してしまった．

民族法は，身分制超国家的な，ハンガリー国民 (natio hungarica) と言う概念を復活させ定着させてしまった．それは，「全てのハンガリー住民は，憲法の基本原則によっても，政治的に，不可分な統一的なハンガリーを (形成し)，その祖国の全ての構成員は平等であり，それはどの民族に属しようが同じである」，ということであった．[23]

ただし，その序文には，次のようなことも書いてある．即ち，この平等制は，その領土で公式に使用されている限りにおいてであり，領土の一体性と，政府と行政，合法的な司法権に取って必要な限りにおいてのみ確保される，と言うものであった．この様な形式的な固定化は，後に非常に重要であったことが明らかになった．即ち，この法律が後の政府，特に1875年以降，ハンガリー化の道具として使われたからである．

ハンガリー語は政府，帝国議会，行政は勿論，県庁，裁判所や高等教育学校での公式な言語として宣言されたが，今日の批判的な論者でさえも，その法律

は，当時のドナウ王国以外では見られないほど，他の民族の個々の市民にも非常に広範な権利を，言語に於いても，文化や宗教政策に於いても認めていたことを認めている．エトヴェシュによって導入された義務教育法は，6歳から12歳までの全ての児童が義務教育を受け，学校ではその地方の住民の母国語を導入した．民族法は，ハンガリー語以外の言葉について，行政，司法機関の第1審での使用の規則を定め，各民族が学校で自分の言葉を使用すること，それぞれの文化機関や非政治的な団体を結成する権利を保障した．そして民族の教会（セルビアやルーマニアの正教会）を承認した．国家の言語による授業は，必須授業としては小・中学校では指示されなかったし，教会では非ハンガリー語による説教は自由とされた．リベラルな民族政策として，少なくとも住民の20％以上を占める少数民族に属する者は，その地域で第2及び第3言語の使用を申請することが出来たことが上げられる．

同法は，集会・結社の自由に関して既に広範な領域を切り開き，そこに見られる少数グループの保護は大戦間や第二次世界大戦後（例えばチェコスロバキアやルーマニア，ユーゴースラビア）の多くの政府にとって高く評価されたものであったにも拘わらず，穏健な民族の代表達からさえも十把一絡げに拒否されてしまった．

各民族の共同の権利や領土的・行政的自治は，リベラルなハンガリーの政治家達からさえも「ハンガリーの国家的理想」や王国の歴史的一体性と合わないとされた．セルビア人やスロバキア人，ルーマニア人及びルテニア人から要求されていた国民の平等制についても，彼らは「政治的国民」の一体性の範囲内でのみ，非ハンガリーの人々に対して文化的な分野や個人的ベースで原則的な平等制を認める用意があったに過ぎない．

1868年11月17日に帝国議会で議決されたクロアチア・スラボニアとの妥協は，殆んどのクロアチア人には不満な解決法であった．というのはクロアチア人は，ハンガリー人がウイーンに認められたのと同等の権利をブタペストから望んでいたからである．しかし彼らは待ち望んでいた帝国の中で独立の政治的一体性のステータスを放棄せざるを得なかった．クロアチアはハンガリーに結びつけられ，シャボール即ちクロアチア議会に責任を有する太守は引き続き，ハンガリーの首相の提案によって任命された．フィウメ（今日のリエカ）港と

ムラケス（ムール）地域がハンガリー領に留まったことは，クロアチアのその後の不興の一石となった．

他方で，行政，司法，文化，教育に関しては完全に自治を享有した．領域内では，公用語はクロアチア語であった．中央政府役人との接触と，帝国議会では，40名の議員がクロアチア議会から派遣され，クロアチアの利益を代表していたが，彼らは自分たちの言葉を使用することが許された．にもかかわらず，彼らは所謂「小妥協」は，ハンガリー人がウイーンとの「妥協」が不平等だと見なしたように，不平等だと見ていたのである．

これまでも緊張を含んだハンガリーとクロアチアのその後の緊張関係の激化を見るにつけ，政治観測者の自分にとっては，ナショナリスチックな傾向のクロアチア共産主義者が，100年前にハンガリー側から許された自治を度々引用することは啓発されると同時に面白くもある．既にチトー時代のクロアチア共産党の連中のセルビア若しくは中央との確執は，だんだんと明らかになり，そして止めようもなくなった第2のユーゴースラビアの崩壊の紛れもない予兆であった．

大戦間の大セルビア主義の時代と較べると，後日，国家法的にも大幅に承認されたクロアチア―スラボニアの自治の中で，益々非寛容になってきたハンガリー政府の失政もあってブタペストとザグレブの関係は益々悪化していった．エトヴェシュとデアークのリベラリズムは民族問題でハンガリーの指導層の過半数がナショナリスト的になって行く中で由々しい反対野党になっていってしまった．リベラルな思想は益々好まれず，益々後退を余儀なくされた．それをフェレンツ・デアークほどの権威有る政治家が，表面上とるに足らない，しかし実際は象徴的な問題で経験することになる．それは，ハンガリー国立劇場に対する補助金の問題であった．直ぐさま，セルビア人グループの代表がボイボディナにあるセルビア劇場にも同様な補助を要求した．デアークは双方の要求に賛成し，ハンガリーの劇場にだけ補助することに反対を表明した．リベラル派，当時デアークの党と呼ばれていた，が議会では3分の2の多数を占めていたのにも拘わらず，デアークの考えは多数の反対にあって，否決された．エトボシュの死，アンドラーシの共同外務大臣の就任，及びデアークが日常の政治生活から引退してから，ハンガリー化を国家目標に格上げし，民族語を始め諸民族の要求を潜在的な分離主義や裏切りの傾向とのみ見なす政治家達が指導権

を握った．従来のデアークの党と，所謂「中道左派」の連合たるリベラル党は，1875年から1890年までというハンガリーの歴史の中で最も長く首相を務めることになったカールマーン・ティサの指導の下で，「ハンガリー民族国家」を完成することをその政治路線とした．このそれも堕落した，そうした中で巧みに泳いだ政府とその後継の短期政権は，2世代の間，(オスカー・ヤーシに言わせれば)「巨大な幻想」とされる国家理想の虜になった．この取り返しの付かない政策の特徴は次の通りである：オーストリアの，特にスラブに対する過小評価，ハンガリーの意味の過大評価，ハンガリーでの諸民族の軽視，公的生活の完全なハンガリー化への努力，非ハンガリー人の政治的・文化的発展の制限などである．

ただ，クロアチアに対してのみこのハンガリー貴族（デアーク）は，「国民と国民」の平等なパートナー関係を造ることを交渉する用意が当初あった．1868年11月24日，国会で，民族法を審議にかけるとき，デアークは大方の賛同を得た演説で，この法律はクロアチア—スラボニア人は対象ではない，何故ならば，彼らは固有の領土を持っており，政治的には固有の「政治的国民」だから，と述べている；その他ハンガリー—クロアチアの妥協は言語の使用に関し有効でかつ，拘束性を有する，としている．

デアークはハンガリーとクロアチアの関係は民族問題ではなく，国家間のそれであると見なしていた．

既に1861年に彼は政治家らしく賢明にして中庸に「クロアチアは固有の領土を持っており，特別な立場を有している．そしてクロアチアは一度たりともハンガリーの中に取り入れられたこともなく，我々と同盟していた，彼らは我々の同伴者であり，我々の権利と義務，そして我々の喜びと苦難を共にしている」と述べている．[24]

オーストリア—ハンガリーの妥協において，ダルマチア地方がオーストリアに残り，フィウメと軍事境界がハンガリーになった事実はその後の継続的不一致の原因となった．「共通事項」の取り扱いに関するブタペストの政府の不手際，ハンガリー化のクロアチアへの拡大適用，村落表示や駅名を双方の言語で表示することの廃止やクロアチア語を重要な省庁で使用しないことはクロアチア側の不興を買った．又強力なクロアチア人に対して，見せかけの忠誠を誓ったセルビア人達を（クロアチアに対する）味方に付けようとしたハンガリー政

府の賭は政治的なブーメランのように帰ってきた．又結局はハンガリーによって任命された太守は大抵は専制的に，即ち，国会 Sabor に協議することなく統治していたのである．

特に憎悪されたのは K. クーエン・ヘーデルバーリ伯爵の率いる腐敗した内閣 (1883－1903年) で，この内閣をオーストリアの社会民主党員オットー・バウアーは「マジャール・パシャリック」(パシャがキリスト教徒を弾圧したトルコ支配下の地域の名前に因んで) と嫌みたっぷりに呼んでいた．クロアチアの鉄道が，ことも有ろうにあの自由闘争の英雄の不肖の息子フェレンツ・コシュート大臣の下で，ハンガリーに国有化され，1909年にセルビアの破壊活動と連絡があったとの証拠がねつ造されたドキュメントにより証明されたかどでクロアチアとセルビアの政治家が訴えられた後味の悪いみせしめ裁判の時には激しい抗議を巻き起こした．ハンガリー政治の短視眼的なボスニア・ヘルツェゴビナの占領 (1878年)，そしてその後の併合 (1908年) は，セルビアの拡張政策に対して対抗すべく強力なクロアチアーボスニアを形成するという本来の目的を不可能にしたのみではなく，クロアチアの三分化 (ダルマチア，スラボニア，ボスニア) によって，セルビアに追加的な妨害操作の余地を拡大した．この様な見方を歴史家で当時の外務大臣グスターヴ・グラッツは2巻からなる自分の著作「二重主義の時代」(1934年) の中で現している．自分自身はドイツ系ハンガリー人であるが，「悲劇的な発展」について述べ，更に，「まさにクロアチアはハンガリーのアキレス腱」であったと述懐している．[25]

第 25 章　限りなき幻惑：
　　　　　ハンガリー人の使命意識と民族問題

　「あちら」の，即ち国民の半分に当たる非ハンガリー系国民の状態は，民族法が期待するようなリベラルな，人間的な基礎の上には発展して行かなかった．多数民族国家から，純粋なハンガリー人の中央集権的国家への変遷は，益々増大するハンガリー民族の使命感に助長されて非常にダイナミックな進展を遂げた．首相カールマーン・ティサは法的義務から解放されたかのごとく，1875年,「ハンガリーの国では，生き抜く力のある民族はただ1つある：この政治的な民族はハンガリー人である．ハンガリーは決して東方のスイスにはならない，そんなことになれば，この国は生存をやめることになる」．と苦もなく言ってのけた．[1]

　「その他の」，即ち，スロバキア人，ルテアニア人，ルーマニア人，セルビア人，クロアチア人及びドイツ人にとってこれが何を意味するのか，──ロマン主義のナショナリッズムの時代と違って──ハンガリーの歴史家は最早沈黙のマントで覆い隠すこともなかった．「言語の中で国民は生活している」と言うセーチェニの有名な言葉は，国民共同体と言語共同体の一体性は歴史的な国境線の中で可能ということを意味する．「その他」の民族は，国民と国家に関する，フランス国家法からでたこの解釈に基づけば，国家の外部にでてしまう．「国民」の特徴はここでは磨き上げられた国民言語である．国民と国家は一体である．

　既に 1790／91 年，ハンガリーを「マジャール国家並びにマジャール語を教育言語にしようとする」方向に変革しようとされた，とラヨシュ・ゴゴラークがハンガリーでの民族問題についての優れた研究で指摘している．[2] 近代のハンガリー国民が示した，言語，詩作の上での特に明確にその跡が見られる開花の裏で，教育のある，国民意識のある「その他」の民族出身者のエリート層が最終的に離反していった．彼らは益々汎スラブ主義，チェコスロバキア主義，ルーマニア民族主義，セルビア民族主義及びイリリヤ国家建設主義の傾向を強

めていった．

　ハンガリー語を母国語にするというハンガリー至上主義の目覚ましい再生は，国民の一体性が勝ち誇った高揚した雰囲気の象徴であった．悲劇的，不可逆的に全人口の半数の絶え間のない挑戦が続いた，それが特に日常生活の上である．ハンガリー化の中で，嘗ての国家に対する愛国主義は広く通用する国家と生存権の理想としての地位を失った．今や，母国語が「あらゆる側面」で人種的，国民的一体性と同時に政治的生存権の本質と最高の概念となった．1918／19年の破滅――ハンガリーの崩壊――の萌芽は既に基本的には1世紀以上前に生じていたのである．

　1879，1883，1891年の教育法では幼稚園，小学校，中学校でハンガリー語の授業が義務となった．スロバキア地方の北部ハンガリーでは，間もなくスロバキア語の中学校及び国民学校がなくなり，教会が運営する学校数も，1880年から1890年に掛けては，1700から500に減少した．ハンガリーでは，1869年から1891／92年に掛けては純粋なハンガリー語の小学校は42％から56％に増大し，他方で非ハンガリー語の学校は14％に減少した；その他の学校は複数言語を使用した学校であった．急速な変化が起こらなかったのは，5つの小学校の内4つの学校が教会によって運営されたもので，従って，全ての非ハンガリー語を使用するこの様な教会や市町村によって設立された学校を国有化するのには資金的手段が欠けていたからある．

　ハンガリー化に能力のない或いは反対する教師に対する基準値を設けたり，制裁基準を設けたのは，1906年から1910年に掛けて教育大臣を務めた多数の言語に堪能なヒューマニストで，そして熱心なカソリック信者のアルベルト・アポニ伯爵であった．悪評高い「アポニ法」により各民族に応じた学校の数は1899年から1914年の間に半減した；20％以下のハンガリーの小学校でのみ非ハンガリー語の授業が行われることになってしまった．[3]

　ハンガリー化は，歴史家で，強制的同化策の強硬派ベーラ・グリュンヴァルトによって進められ，それは北部ハンガリーでの肉ひき器の喩えで示されている：一方の片隅に非ハンガリー人の百姓の息子達が押しつけられ，他方の出口では洗練された，百姓達の民族グループにのけ者にされたハンガリー人の紳士達が出てきている．彼自身は古くからのカルパチア出身のドイツ人一家の出あるが，グリュンヴァルトは，こともあろうに，民族法の廃止さえ唱えている．

彼の見解は次の通りである．即ち，非ハンガリー人は「自分自身では決して進歩し得ない」，従って，「ハンガリー民族の運命は」彼らを「同化させ，より高い民族に吸収する」ことにあり，そうすることにより，「ハンガリー民族の人類に対する義務」が全うされ，「我々が文明の教師であるように彼らを引き上げることが必要である」．[4]

ハンガリー人の優位は次の数字でも窺われる．8つの中等学校の卒業生の84％と大学生の89％はハンガリー人であった．世紀末の帝国のハンガリー領の人口の48.1％はハンガリー人であり，クロアチアを除けば54.5％を占めていた．更に政治的に危険なことには公務員の構成であった．1910年当時，国家公務員の96％がハンガリー語を母国語とする人々で成り立っていた．此が全公務員となると91.2％が，判事や検事は96.8％，中等学校の教師91.5％，医師は89％がハンガリー語を母国語とする人々であり，同様な数字が図書館，出版物や新聞の言語面にも見られた．[5]

90年代にはバーンフィ首相は統一的な国民国家の幻想を所謂政府プログラムに発展させた．世論は民族問題の意味や本質を益々理解しなくなった．オスカー・ヤーシは，大半の市民や知識人は，ハンガリーには民族抑圧などない，と確信するだけでなく，全く逆であった，即ち，ハンガリー民族は共存している「劣等」民族グループに対して沢山の自由と特権を与えているので，ハンガリーの自由主義は歴史上例を見ないほどである．従って，二流の人々がこの寛大さに対して不満で反応したり，外国の世論がハンガリー国民に非難と中傷を浴びせるのは，酷く礼を失したものと見るだろう，と示唆している．ヤーシによれば，世論は善意で，教育と新聞によってこの様な見方になったのだろう．教育のある人々や政治に関心のある層も，あの民族グループの知識人達とは接触がなかった；同じ町に住んでいても，他のグループがどういう風に考えているのか皆目見当が付かなかった．

ヤーシはその典型的なシーンとして，自らスロバキア人が圧倒的に多く住んでいる地域の「上流」ハンガリー人社会で体験したことを書いている．駅から戻った上品なハンガリー人が怒って漏らしていた：「汎スラブ人達が明け透けに，下品に振る舞っていることは兎に角耐え難いことだ．今日，自分は1等車の中で5人の汎スラブ人と席を同じくせざるを得なかった」．ヤーシはこの異

様な体験の詳細を問い合わせて明らかになったところでは，これらの男達はスロバキア語で話し，このこと自体が既に汎スラブの陰謀の理由になると言うのである…

何十年間にわたって推し進められた同化政策は，所謂「歴史的クラス」と他の民族間の溝を深め，結果的に，ハンガリー人の上層階級による民族抑圧と言う発想そのものさえがバカバカしいものに思われてしまった，とヤーシは見ている．国民的感激の興奮の時代に，その最高潮は1896年の千年祭の時であった，エトヴェシュの義兄弟で，その文科・教育大臣の後任者で，16年間その任にあったアゴストーン・トレフォートは「私は誰にも暴力でハンガリー化しようとも思わない．しかし，率直に言えば，国家はハンガリー国家でしか存続できないのである．多数言語の国家を造ろうとする試みは政治的には無用なものである．こんな考えとは短期間の裁判さえ辞さない」.[6]

「ハンガリー語ショービニズム」（モーリツ・チャーキ）や，官憲による禁止命令や新聞への裁判や，個々の流血襲撃事件（スロバキアのチェルノバ村では，国粋的司祭でスロバキアの指導者のアンドレイ・フリンカが村の教会で洗礼式を行おうとした際に，地方警官の襲撃により15人の死者が出た）にもかかわらず，ハンガリーに対して2つだけは弁護しておかねばならない：ハンガリー化或いは他民族の抑圧は決して「人種差別的―（ナチ的な意味で）民族主義的」では無く，文化を問題にしたのである．ハンガリー的であるかどうかの分岐点は，唯一点，言葉の問題だけであった！　ハンガリー人であることを証明するのには，事実，その出目を問わず，全ての人間にとって平等のチャンスが与えられた．そして：その当時はその判断に際しては，一般的に政治的，民族が問われたのであって，個人や私的なことが問題になったわけではないのである．それ故，そのような事情は，大戦間―第二次大戦後の後継国家の集団的或いはテロリスト的な処置と同じように考えてはいけないのである．

にもかかわらず，その当時いよいよ組織化されつつあった政治的なエリート達や，未だ脆弱な個々の民族集団の中間層は，自分たちの将来は純粋なハンガリー国家にこそ自分たちの祖国が有るということを信じてしまったのは取り返しの付かない幻想であった．新しい国民国家を歴史的ハンガリーを基礎に建設するという見解は益々魅惑的なものとなっていった．皇太子ルドルフ――彼は

親ハンガリー的精神で幼少より育てられてきた――のような人でさえも，その個人的な書簡や，様々な筆名で著し，部分的にのみ発表された政治的論評に次のようなハンガリーの民族政策に対して厳しい批評を寄せている：

> ハンガリー人にとって悲しむべきことは，ハンガリー人が，今日保持しているハンガリー国家を維持して行くためにも，絶対に必要な，数の上でも優位にある他の民族を，邪険に扱い，軽蔑し，その時々の厳しい処置を講じていては彼らの支持を得られないことを，知ろうとも，理解しようともしないことである…（ハンガリー人は）イシュトヴァーン王冠の領土の大半は専ら貴族，官僚及びハンガリー・ユダヤ人にのみ属している（と思っているが），国民には他の民族の人もいる．
>
> 限りなき幻惑の中でハンガリー人の中庸な層の人々でさえ，1849年にセルビアやルーマニアはトルコに属していて，全く文明化されず，政治的に未成熟であったが，今日セルビア王国及びルーマニア王国そしてブルガリア周辺はヨーロッパ諸国に参加し，教育，文化，それに生活水準も大きく進歩したことを忘れている．これらの国々と，多くの発展を遂げているハンガリーの中のルーマニア人やスラブ人は常に接触しているのである；当時は隷属させていたこれらの民族と今日どの様に付き合っていくか，これまでのハンガリーを全く知らないということは今のハンガリーにとって大きな問題である．[7]

80年代のハンガリーにおける反ユダヤ人騒動に鑑み，反ユダヤ主義に対する厳しい批判者であり，数多くのオーストリア及びハンガリーのユダヤ人の友人であった皇太子ルドルフは，一層舌鋒は鋭くなる．ノイエ・ビーナー・ツァイトゥング紙で掲載された署名入りの記事で，皇太子は次のように警告している．「ハンガリーでは破滅の淵ができようとしている．そしてこの溝には此れまで生き残ることが可能と思われてきたものの多くが墜落してしまう可能性がある」．[8]

歴代のハンガリー政府が，個々人だけでなく，民族グループのアイデンティティーないしは領土的或いは個人的な自治への希望を妨害したり，理解が及ばなかったこと，選挙権が全国民の6.7%から5.9%に（1870－1874年）制限さ

れたこと，政治家達の堕落した実態などは，ハンガリーの国際的評判を落とすのに大きく寄与してしまった．1986年に出版された本「失墜した権威」において，後の外務大臣ゲーザ・イェセンスキーは1896年から1918年に掛けて英国におけるハンガリー像が，新聞・外交時報において顕著に悪化した事実を検証している．特にビッカム・スティードとR. W. セトン―ワトソン――彼は，別名スコトゥス・ビアトウでも記事を書いていたが――の記事と著作は大きな反響を呼んだ．前に言及した1907年に今日のスロバキア，チェルノバで起こった「大量虐殺」が転向点になったとこの作家は書いており，ロンドン・タイムズの記事を引用している：「リベラルなハンガリーはロシアの圧政施策を引き継いでいる」．[9]

それでも傍若無人なハンガリー国民国家建設の背後にショウビニズムと思い上がりだけを見るのは間違いである．そこには，高貴な，理想主義的なそして幻想に取り憑かれた人々もおり，民族間の対立を尖鋭化させる際に誤った，悲劇的な役割を演じることになる，ハンガリー人の優越性という幻覚に取り憑かれた人々のみではなかったのである．我々が既に見てきたように，歴史的な決定的な不幸の結果として，文学の上のみならず，政治の上でもウイーンと他の民族に対する常なる恐怖感が重要な影響を与えていた．セーチェニは嘗て次のように書いている：「もし，多くの人々がウイーンで2つの角を持った動物を見ると，それが牛であっても，化け物だと思ってしまう」．別の言葉で言えば，1848年の3月革命前の時のウイーン宮廷のハンガリーに対する政策は，いつも悪意があったわけではなく，馬鹿げていたり，非効率であったのである…

ウイーン及び数の上では優勢であったが，文化や教育の上ではハンガリー人に押さえつけられていた他の民族に対する二重のコンプレックスは国民的ロマン主義によって助長された力の異常心理の裏側である．夢想主義的政治家達と政治的詩人達は国民形成という困難なプロセスに際してあらゆる側面で協同したことになる．それぞれの民族グループにはそれぞれ他に対する優越感があった：ハンガリー民族には（今の地に）定住したという優越感が，スロバキア人やルーマニア人にはハンガリー人がこの地を征服する前から先住していたという基本的考えがあった．歴史的――政治的そして後には種族的――人種的な自己民族優越感が，他民族に対する憎しみと蔑視意識と不可分に結びついていた．およそ現実的な感覚とかけ離れたロマン主義的な，ハンガリー国民国家建設の

使命感とその不可分性への考えは、いわば、「国民的信仰」（ラヨシュ・ゴゴラーク）であった。しかしながら、歴史的ハンガリーが既に1848年、いや確実にそれ以前に、崩壊の兆しを見せていたことも明らかになっている。ハンガリー国家の再生に反対した少数諸民族の政治的―精神的ナショナリズムは、第一次世界大戦の敗北に伴う破滅の起爆剤になったのである。[10]

南スラブ人、スロバキア人そしてルーマニア人に背を向けての、アウスグライヒ（Ausgreich）——高級、中流貴族階級との妥協或いは和解は、この様な幻惑と尺度の無さへの扉を開いた。ハンガリーの政治家達にとっては、政治的盲目への誘惑となるが、国家統一の基本的考え自体については、既に1848年にはコシュート、1867年にはデアークによって明らかにされていたものである。「ハンガリーにおいては多くの民族が居るが、国家は1つである」。

ただ1人国会議員ラーヨシュ・モシャーリのみが、素晴らしく毅然として、ハンガリー化の結果について警告していた。彼のみが将来を見据えた見解において、平等と寛容と、民族法の諸規定の遵守を繰り返し主張していた。此れのハンガリーの高潔な人物は人間としても、政治家としても潔癖で、沈着な人であったが、党から除名され、政治生活から追放されてしまった。[11]

それに反して、ロマン主義的ナショナリズムの支持者達、その「特別な」血統と言う言葉の発見者達はその賛同者達を得た。そして今日に至っても、その精神的後継者がおり、彼らは性懲りもなく大ハンガリーの歴史的―英雄的伝統を主張し続けている。

リベラルなハンガリー人でさえ、民族運動の兆候を理解しなかったか、グスターヴ・グラッツが言っているように、「民族問題に対してどう対処して良いか全く解らなかった」ことは、国家的なロマンチックに支えられた文学と、特に、19世紀のハンガリーの歴史の記述ぶりと関係している。ハンガリーの詩に特徴的な敗北した、威嚇された人生観は、「妥協」後、希望的見方に膨らんだ、ナイーブな楽観主義に満たされていった。

「歴史とは、まことに虚偽の王国である」、とアンタル・セルブは書いている。[12] ハンガリー史を詩的に永遠視する初めの特別の仕掛け人は、フリードリッヒ・シュレーゲルで、彼が、1812年、ウイーンでの講演で主題として扱っている。散文の詩に謳われた英雄の詩や、読み人知らずの詩、ケーザイや、

アッチラ伝説から「ハンガリー人を一度にラテン文字を使用し，イタリア的にしようとした」マーチューシュ国王までの古い英雄の伝説を揚げて，それでも，年代記作家や彼と同時代の詩人シャーンドル・キシュファルディが書いた国民伝説を例に挙げ，彼は，それら全てから「国家法的な結論を出すこと或いは争いを関連付ける」ことを警告している。[13]

シュレーゲルが「独創的—狂気の」同時代歴史家イシュトヴァーン・ホルヴァート（1784－1846）のことを知っていたか，或いは聞いていたかは定かでない，しかし，ホルヴァートの歴史の伝説創造力は中世の歴史編纂者達の想像さえも遙かに超えていた．ハンガリーの古代史に関する彼の著作及び大学での講義は世代全体を興奮させた．似たような言葉を引用して，彼はハンガリー人の祖先はペルシャ，ギリシャ更にはイタリア人であることを主張しようとした．彼はアダムとエバが楽園でハンガリー語を喋っていたとさえ主張した．彼にとっては，ホーマーとヘラキュレスがハンガリー人であることは当たり前であった．ハンガリー人は巨大であって，「巨人」或いは「タイタン」とも呼ばれたとしている．この様な男が1823年から1845年に掛けてペストの大学の教授であった事実と彼のバカバカしい説が世間の耳目を引いたことは「国民の楽観的な自国像となんらかのかかわりがあろう」，とセルブは述べている．この様な楽観主義こそが，「将来の世代が多くの唖然とする政治的な誤った決定を行うことに繋がった」．いずれにしても彼の死が，エトヴェシュと勝るとも劣らず惜しまれた事実は，ホルヴァートの影響力が如何に大きかったかを推察させる．[14]

ホルヴァートがハンガリーの歴史学の中で風変わりな例外であったにせよ，このように栄光的な過去を礼賛したり，ハンガリー人の他の民族に対する文化的，政治的優越性を絶え間なく植え付けることはハンガリー人の民族意識を懸念すべきほどに高めることになった．ここに「全てのハンガリー人が見ようとも，理解しようともしない」というルドルフ皇太子の懸念があった．

「妥協」の時代のハンガリーの中庸な政治家の演説や新聞の社説とか歴史書を読むと，多くの言葉のハシハシから，歴史による誘惑の危険に対しての警告が想起される：

歴史は危険な生産物であって，人間の脳の物質を形づくってしまう…国民を

夢の中に追いやり，恍惚の世界に置き，過去に惑わせ，映像を増幅し，傷を悪化させ，休養を妨げ，国民を誇大妄想か，迫害妄想に駆り立て，国民を惨めなものにしたり，高飛車にしたり，鼻持ちならなくするか，虚栄心の強いものにしてしまう…歴史は，欲することを正当化してしまう．歴史は何物も解明しない．というのは歴史によって確証されるものは何物もないからである．[15]

　ハンガリー史に関する多くのバカげた主張を，単に歴史家や国家学者達の間の論争と扱ってしまえば，国粋的なロマンチシズムによる著作などは忘れてしまっていいだろう．しかしそれらは政治的アイディアや行為の極めて重要な構成要素であった．それらは（1880年代の）時代の，ハンガリー人の人口比に占める率が単に41.6％に過ぎない頃の大ハンガリー国内におけるハンガリー人のヘゲモニーを握るためにイデオロギー上の基礎をなしていたのである．ハンガリー民族の定住以来の歴史的継続性と憲法（二重帝国の前にもその間にも明文のものはなかった）問題はそれゆえに「妥協」後，特別な起爆剤になった．例えばアルベルト・アポニ伯爵はミズーリ州セント・ルイスで行われた列国議会同盟の大会において同僚に，ハンガリーは全ヨーロッパにおいて最も古い代表制政府を有している，そしてハンガリーの憲法はハンガリー国家と同じぐらい古い，明文はないけれど，憲法は有機的に発展し，自由を犠牲にすることなしに王政の強化の問題を，他の如何なる憲法よりもうまく解決している，などと語っている．

　他の政治家伯爵ジュラ・アンドラーシ2世は祖国に関する3巻の歴史書の中で次のように書いている．

　…ハンガリーの現在の憲法は遊牧民族の自由な時代に遡るまで絶えることなく続いている…9世紀までにヨーロッパで我々の民族のみが国家を樹立することが出来た…，定住の瞬間から国家的一体性は，絶えることなく今日まで，国民のヘゲモニーを脈々と保持してきた…[16]

　ハンガリー科学アカデミーはアンドラーシの著作（1911年）を最高の栄誉で称えた．新聞紙上の論文では著者はもっと率直に：「ハンガリー国民は，そのどの民族よりも，国家を樹立して行く上では政治的な才と能力において優れて

いる」.[17]

　8年間で5版に増刷された国家法の手引き書において著者エルヌ・ナジは「ハンガリー国家法の勝利である．何故ならば，この大陸でハンガリーのみが歴史的基礎の上に根ざして全体として文明国家の組織を形造ることが出来たからである」.[18]

　他のハンガリーの国家法学者達は，ハンガリーが986年の建国した際の「原契約」以来，執行機関を議会のコントロールのもとに置いた最初のヨーロッパの国民であることを引き合いに出している．「ハンガリーの法制史」によれば，ハンガリーは，「国民の自由の意識を維持し，汎王政的な絶対主義の成立を阻止した．ハンガリー無くばヨーロッパはゲルマンかスラブが主になっていたであろう」

　歯に衣着せぬ皮肉で書かれた研究の中で，その当時の，既に引用したオーストリアの歴史家ハロルド・シュタインアッカーはこれと似たような鋭い批判を行っている：「ハンガリー人は憲法史に於いて選良意識を持っている」．彼はハンガリー人の同僚を批判して，「ショウビニズムの燃える火を消そうともしなく，むしろ火に油を注ぐ姿は，歴史を書き換えている政治家に次いでいる」．

　教授連中の理論は次第にポピュリズム的な未来像の基礎となった．Budapesti Hirlap（ブダペスト日々新聞）の著名な論説主幹イェネ・ラーコシは，1899年の良く引用される論説で，「我々が必要としているのは3000万人のハンガリー人だ！　そうすれば我々は東ヨーロッパを手にすることが出来る．従って，政治家であろうとそうでなかろうとどのハンガリー人も祖国の旗を打ち立てねばならない：3000万人のハンガリー人——そして全ての我々の問題は一気に解決する…！　ハンガリー国民は支配的国民に躍進しなければならない，そしてそれは彼らが彼らの全身，全組織を揚げて無慈悲になってもハンガリー的になれば可能である，そして全てのハンガリー人が心の底からハンガリー・ショウビニストになれば可能である」.[19]

　この，ナショナリストの宣伝マンとして，ハンガリーの偉大さを常々口にしている有名なジャーナリストは，自分自身はドイツ系の出身であり（彼は元々クレムスナーといった），18歳の時ドイツ社会とは縁を切り，その後はドイツと関係付けられることを嫌った．こういう人物は殆んど例外と言うよりむしろ多く見られた．既に言及したハンガリー化のイデオローグであるグリュンバルト

の他にこの関係では，影響力の強かった保守的な作家フェレンツ・ヘルツェック (1863－1954年) を忘れてはならないだろう．今日まで最もポピュラーな愛国的な青少年向け小説家ゲーザ・ガルドーニ (1862－1922年) も少なくともドイツ人の父親を持っていた．[20]

同時に，イェネ・ラーコシと並んで更に2人のナショナリストの政治家が著作家としても抜きんでいた．グスターヴ・ベクシスは殆ど小さな図書館が出来るくらい沢山の本を輝かしい未来のために著した．彼の見解によれば，ハンガリーは高い出生率のためと（推進された）ハンガリーへの同化政策のために1950年には2400万人の人口となり，その内の1700万人が純粋のハンガリー人となると言う．ラーコシは，ハンガリーがオーストリアやチェコ，ルーマニア，セルビア，ボスニアそれにダルマチアで指導的パワーになるためには数の上で優勢になればよいと主張した．

パール・ホツィイは遂に「大ハンガリー」構想を作り上げた：ハンガリーは決してバラバラになったりしないであろう；ハンガリーは常にハンガリーであろう，「それ以外ではあり得ない」．此れのハンガリー国家は近い将来，南と北の隣人を自国の利益圏としよう．ハンガリー国民はセルビア人に対して，多分セルビアを占領することはないにしても，自分の意志を押しつけることとなろう．セルビア人は武力を侍して待つか，それとも自分から譲歩するかは，セルビア人に懸かっている．というのは彼らは独立の国民として生存して行くのに必要な能力を欠いているからである．ブルガリアも遅かれ早かれ，ハンガリーの優越権を承認せざるを得ないであろう．「我々の子孫は，多分，ソフィアでもハンガリー語が話され，ハンガリーの影響が直接伝えられるのを経験するだろう．ルーマニアとの関係でも同様であろう」，と言うのが，ホツィイが1902年に公にした希望像である．[21]

この様な，似たような空想像に鑑み，グラッツは正しくも指摘しているように，現実主義はハンガリーの政治の世界では強い側面ではなかった．「不健全な政治と法律と歴史の混合」は，シュタインアッカーがアポニの演説を例に断じているが，1867年の見せかけの成功の奢りだけでなく，1918／19年の崩壊後でもいつも繰り返される動機であり，ハンガリーの歴史記述とさえなっていた．19, 20世紀のハンガリー政治のナショナリズムという癌とその転移はやっと1945年以降イシュトヴァーン・ビボー，イェネ・スーチ，ドモコシ・

コシャーリに始まってペーテル・ハナークなどの偉大な歴史家達に，未来志向的に指摘され，分析された．そのことは，1867年から1918年にかけての，この半世紀間の成功とその基礎にも，またドイツ人やユダヤ人を同化させる施策の成果とハンガリーの経済，科学並びに文化面における彼らの役割についても当てはまることである．

第26章　千年祭を巡る「黄金時代」： 近代化とその陰

　1895年から1896年に変わる真夜中，ハンガリーの全ての教会の鐘が鳴り響いた．年明けの午前5時に鳴り響いた鐘は，ハンガリー建国の次の1000年紀の最初の年始まりを知らせていた：1000年前の896年，ハンガリー人は，アールパードに率いられて，この地に進入し，征服して，定着した．15年に亘って，政府や野党，歴史家，芸術家，建築家，商売人が「千年」祭のために準備を行ってきた．その際，そのタイミングを巡っては結構争いがあった．
　1882年にトレフォート教育大臣に諮問された歴史家達は，定着の時は「いつか」，888年と900年の間という点でのみ意見が一致したのみである．最終的には895年で合意された；しかしながら政府は1893年には既に「延期」を決定しているが，理由は様々なプロジェクトが遅れ気味であったことであり，その為遂に定着の年は896年となった．こうして1896年が記念の年となり，公式にカルパチア越えの年は896年となったのである．[1] 或る1人の軽率な貴族が提案した世界万博を開くというアイディア——国の博覧会を1年を通して開き，公の建築物を建てるなどというバカげた考え——を，最後の瞬間に止めさせ，あらゆる運送・鉄道システムを新しくすることにすり替えたのが，経済に明るいガーボル・バロスであった．
　全体的に，この記念の年は，勢い付いた国民の自意識の高揚，ウイーンに対する，或いは益々不安を醸成しつつある他の民族に対するハンガリー人国家像を強調する気分に満ちたものであった．千年祭記念像が造られたが，英雄広場に造られた此の像は，建設が始まったのが記念の年であったものの，様々な計画変更の後，やっと1929年に完成した．今日まで変更されずにいる像の中心は，アールパード公を真ん中に，定着時の部族長たち7人の馬上の姿である．そこを中心に左右に向かって，半円形に沢山の像が建っているが，その中では，アールパードと聖イシュトヴァーンだけが元々の位置に立っているのみである．ハプスブルクゆかりの人は第二次世界大戦後，ハンガリー史上偉大な人物に

取って代わられた．例えば，フランツ・ヨゼフは彼の不倶戴天の敵ラヨシュ・コシュートにである．今日記念碑が建っている場所は，1896年当時は国の博覧会会場の華やかに飾られた入場入り口であった．大ハンガリーとして，デーベーニ（今日はスロバキアのデビン）から始まって，ブラソー（ブラショフ），ツィモニ（ゼムン，ユーゴースラビア），に至るまで様々な場所に国民的「記念の塔」が，ハンガリー像の象徴として建てられた．

　5月2日の博覧会開会式に当たって，ヨーロッパ最初の地下鉄＊，美術館及びペストの環状道路の最終部分が完成した．そして国会議事堂の丸天井の部分を含む代表的な部分も完成した．（この世界で最大の議事堂の建物の完成は——1990年まで実際に自由な選挙は行われなかった国の——やっと1902年であった）．1896年中には更にドナウ河下流の有名な「鉄の門」，ブタペストとプレスブルクに1つずつの橋が，そして最高裁判所の館が国民に公開され，王城の新しい翼部の建設も始まった．数多くの会議や国際的大会も開かれ，例えば歯科医，速記者，地理学者，芸術史家，繊維業界，新聞界，炭坑夫，それに平和会議などの大会が開かれた．殆んどの「出来事」はブタペストで開かれたが，多くの町や市町村でも祭りが催され，特に400に上る新しい小学校の開会式や，様々な記念碑とか記念銘板の除幕式などが行われた．

　しかしながら，圧倒的な中心は234のパビリオンからなる市立公園で開かれた千年祭—国家博覧会であった．4850平方メートルからなる会場に14000の出品者が参加し，その内832がハンガリーからで，外国からは48の出品者であった．博覧会は歴史的なものと現代的なものの2つの部分から成り立っていた．今日も残っているのは折衷主義のスタイルで建てられたバイダフニャド城で，現在はそこには農業博物館が置かれている．

　＊此れのデアークF—ヘーセク広場ラインは今日でも運転されている．その際特にM1のかわいらしい，ガタガタする車両は乗ってみる価値がある，そのアール・ヌーヴォー様式の駅は勿論である．

　国家博覧会は5月2日，フランツ・ヨゼフ皇帝とエリザベート皇后の臨席の下に華やかに開会された．数多くの大公や大公妃，首相ミクローシュ・バーンフィ男爵を始めお偉方達が皇帝夫妻に従った．お偉方の中で唯一欠席していた

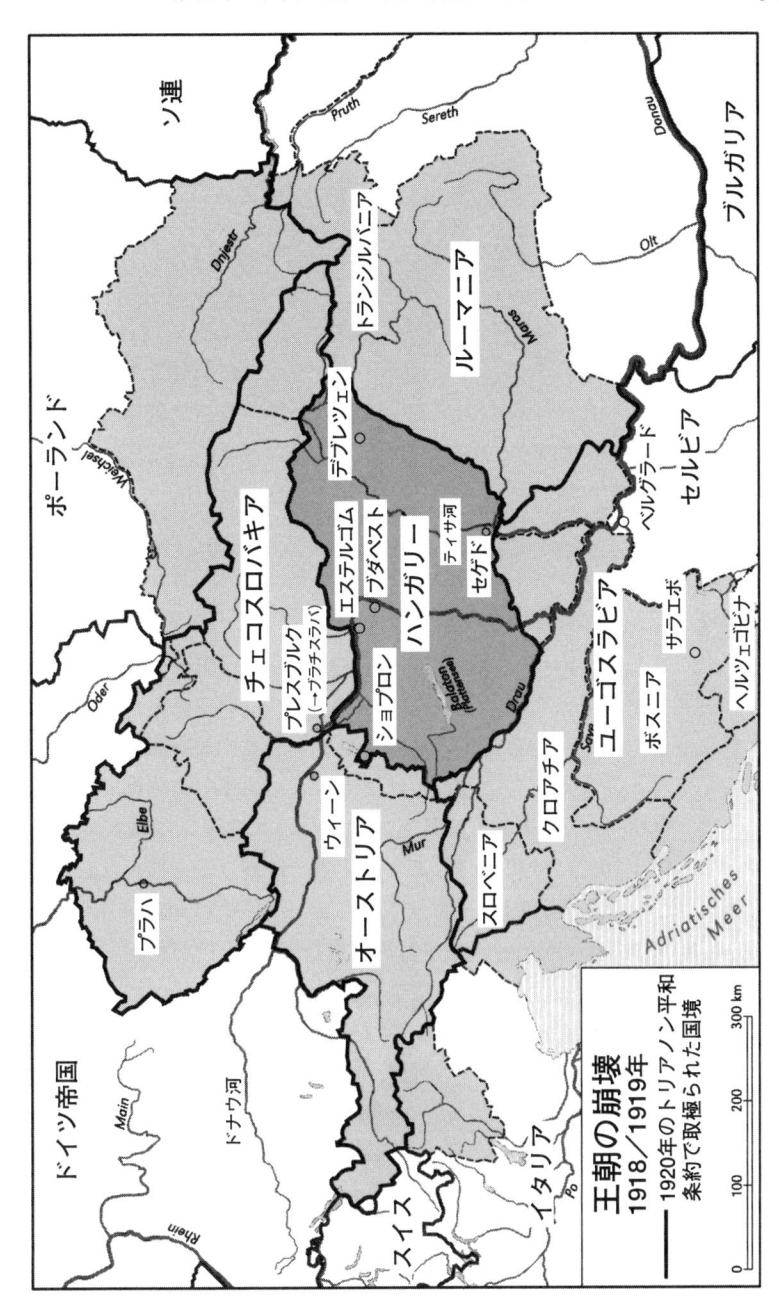

第 26 章　千年祭を巡る「黄金時代」：近代化とその陰　　319

王朝の崩壊
1918/1919年
―― 1920年のトリアノン平和条約で取極められた国境

者が居た：首相夫人である．リベラルな日刊紙ペスチ・ナプロは，第一面記事で，彼女が長期のイタリア旅行に出かけていたことを暴露した．彼女は自称教師であり，実際にも結婚以前は教師として働いていた．それを貴族達は彼女がハンガリーの「ファースト・レイディ」としてそのような華やかな機会に出るのは「受け入れがたい」と見なしたそうである．「貴族の連中が首相に対し，匿名の手紙で，取捨選択を迫ったという．彼女が遠くに行っているか，千年祭を全て駄目にするか，である．」この様に激しい無署名の記事であった．[2]

皇帝夫妻は12時5分過ぎに会場視察を始め，新聞報道によれば，2時間15分かかって場内閲覧を終えた．歴史パビリオンの近くに藁葺きの家があり，模型の農家が建っていた．1軒の農家の前に直立不動の姿勢で若い農夫が立っていた．皇帝はその家を指さし，「そこに住んでいるのか？」と質問したところ，農夫は，「陛下，有り難いことに，千年祭の期間だけです．これが終わればやっと家に帰れます」と答えたという．

国中で踊りやレセプション，お祭りごとが行われた．5月9日には皇帝夫妻とお偉方は，ごく最近修復されたばかりの戴冠教会で，エステルゴム大司教コロシュ・バサーリの主催で行われた感謝のためのミサに出席した．その説教はあらゆる新聞で紹介されたが，皇帝とハンガリーの結びつきをテーマにした修辞上優れたものであった．ユダヤ人共同体も千年祭をミサで祝った：当時世界で最大のシナゴークであった．誇らしげにその文化団体が機関紙で報じたところによると，8000名の男女がホワイト・タイないしは優雅な服装で出席したそうである．第1列目には政府の代表と並んで，貴族の位を与えられた大富豪，著名な銀行家，企業家達が席を占めた；殆どの出席者は肩にドルマン（ハンガリー軽騎兵の短い上着）を掛け，宝石を散りばめた紐とアオサギの羽毛を付けた礼服を着用し，サーベルと長靴に金，銀の飾りを振り付けていた．

祝い事の第2段階は6月8日，フランツ・ヨゼフの戴冠記念日に行われた．それは，皇帝夫妻を前に繰り広げられた，各県や町からの色華やかなお偉方の馬上行列で始まった（皇帝はハンガリー騎馬将軍の着る白衣のユニフォームを着用していた）．その後，マリア・テレジア時代の輝く戴冠用の馬車の行列が，王城からペスト側の未だ未完成の国会議事堂に向かって進み，その行列には聖イシュトヴァーン王冠と王位の表章が運ばれていた．国会での厳かな会合で千年祭に関する法律が公布された；両院では国王に対する誓いの言葉が述べられ，

第26章　千年祭を巡る「黄金時代」：近代化とその陰　　　321

　これに対する国王の答礼の後, 礼砲がとどろいた.
　100年前のヨゼフ2世の死の後の王冠の移送の時と同じく, この時もハプニングが起こった：この時も又高位の貴族で王冠の番人は古びた箱の鍵を開けることが出来なかった. 他の貴族達が鍵を開けようとした後, その補佐官達, 更に家来達が試みた. すべては無駄であった！　そうした後で, 鍵屋が呼ばれた. 分刻みに綿密に計画され, あらゆる新聞を通じて知らされた祭りの進行は取り返しの付かない混乱に陥った. 数時間が過ぎ, 午後の暑さに至って, ようやく箱が開かれた. この間, 数十万の見物人の間では, 王冠或いは国王に何かあったのではないかという噂が流れた. 結局は全ての行事は若干の遅れを伴ってではあるが実施された. 30年前と同様, 夕方には民衆の多くは再び王宮の草むらに集まり, ワインが振る舞われ, 国民のために無料で雄牛の串刺しが提供された.

　目に見えないものがあった：千年祭の華麗な行事の裏で, 古くからの, そして幾度も燃え上がる, 族長達の非キリスト教の伝統と, 神の名において聖別された国王の機能の相違は, アールパード国王と聖イシュトヴァーン王との相違のように, 大きくなっていった. この対立は, 2年後に「ほぼ」同時期の2つの記念行事に因んで, 年取ったヨーカイが如何に美辞麗句で皇帝賛美を書こうとも, もっと激しくなっていった：1つは自由戦争と革命の50周年であり, 片方はフランツ・ヨゼフ政府成立50周年である. 上から余り熱のこもらずに作り出され, 何十年もかけて親しみを得る努力の結果下の者に受け入れられた支配者への崇拝と, 国民の広範に親しまれている, コシュートのような伝統的な英雄崇拝とは基本的に相容れないものであった.
　外部に向かっては, 或いは, 皇帝に向かって, 大変忠実で, 忠勤に励んでいた首相達や大臣達の本当の気持ちは, 殆んど表に現れなかった. それだけに, 著名な作家ゲーザ・ガールドニが記念日の夜, 日記に書き残していることは示唆に富むことである：

　私は礼服など着なかった. ドイツ人の家族が,「私のハンガリー人」のかしずくのを受け入れていたのを見るのは吐き気を催する. 禿鷹のような皇帝…見たとたんに私は吐き気を催し, 食事の後床に伏さねばならなかった. 夕刻バー

ンフィのところに行った．私達はこの日国王が如何にハンガリー人を辱めたかを話し合った．突然，彼はこみ上げてくるものがあって，涙を浮かべていた．私も同じだった．ハンカチで涙を拭いた後，私は叫んだ：「オーストリアの馬鹿野郎！」私はその時思った．縛り首になっても構わないと．しかし私は，バーンフィが立ち上がって，私の言ったことを聞かなかったかのように，窓から外を眺めていたのを見た…私は一礼をして，その場を立ち去った．[3]

あのような日にそのような会話がハンガリー首相の執務室でそもそも行われたこと，バーンフィは，政府に対する抗議や抵抗に対して手段を問わず弾圧するトランシルバニア出身の教師のようなその人が，国王に対する激しい憎しみの発露を黙認するとは，多くのハンガリー人の心の中に大きな，ふくれあがった傷が深い意識の底に溜まっていることの証左である．

最後まで，皇后エリザベートに対しては別であった．彼女は長らく宮中と自分自身から逃れ，政治からも完全に縁を切っていたが，感謝のミサで大司教が「ハンガリー国民とその親愛なる国王の絆を分かちがたく結びつけた黄金の帯を母なる，優しい手で彼女が編み上げて頂いた」ことに対して，国民の感謝を述べたとき，皇后は黒いベールの中で涙を必死に押さえていた．

2年後の1898年危機の年に，イタリア人凶人がエリザベートをジュネーブで刺した時，全ハンガリー国民は彼女の死を悼んだ．シィシィはハンガリーでは有名で，伝説的な人物であり，国王の承認の下にお城の中に彼女のために小さな博物館が造られた．共産主義下の数十年間でも彼女への思い出は消されることがなかった．1970年代に彼女の名前を冠した橋（エリザベート橋）のそばに彼女の肖像が記念碑として打ち建てられたことも，ハプスブルク問題を巡る緊張感を緩和し，進展しつつある政治的な緩和の注目すべき印であった．

千年祭博覧会はハンガリー国民の継続性と独自性の発露のみならず，ハンガリーの経済，技術及び文化の急速な発展ぶりを示すことになった．この全般的な覚醒とも言うべき真の大きさは，今日の経済歴史家や経済学者が，国家という先入観なしに評価し，描写することを初めて可能にした．当時，報道や書物によれば，330万人の人々が博覧会を開放的になったという気持ちで訪問した．ハンガリーは妥協から30年，敗れた独立戦争から50年，首都も統一されて

やっと25年経ったわけであるから，国民の広範な人々にとっては，この博覧会の反響はもの凄いもので，言葉の真の意味で順風満帆の気分であったであろう．

何十年かにわたってハンガリーはいわば「栄光或る植民地」であることが自明の理であるとされてきた．オープンな自由主義者であるオスカー・ヤーシでさえも，彼の帝国に関する作品の中で，ウイーンの役割は「経済的な暴力の支配者で，帝国内のハンガリー，スラブ，ルーマニアの地域の発展を妨げ…国民の福祉の妨害となっている」と言っている．他のハンガリーの作家などは，ハンガリーが不均衡な貿易障害によってオーストリアにより搾取されている，とまで主張している．この様な説は今日では，大多数の経済学者，そしてハンガリー人の学者からさえも否定されており，彼らは，妥協によって，オーストリアもハンガリーも共に経済的に利益を得たという説を唱えている．

経済発展の速さについては種々の説がある．[4] 例えば，最初の包括的な研究（イシュトヴァーン・T. ベーレントとジェルジュ・ラーンキ）は，1867年から1914年までの間国民所得の年平均成長率は3.2%であり，それによりこの間国民所得は4倍になったとしている．他の研究（ラスロー・カトゥス）は，国民総生産（BIP）を基礎に計算し，この間の年平均の成長率を2.4%，同じ期間でBIPは3倍になったとしている．1人あたりの年成長率1.7%は，ヨーロッパの平均より高く，ドイツ，デンマーク，スウェーデンに次ぐもので，工業，農業生産に関しては，スウェーデンのみがそれを上回るものであった．

国際比較においてはハンガリーは未だ全体としては西欧・中欧諸国に比較して遅れていた．第一次大戦前，ハンガリーの国民1人あたりの所得はドイツやフランスのそれのほぼ半分に過ぎず，オーストリアに較べてもその85%に過ぎなかった．1920年（領土の3分の2を失い，人口も4分の3に減少していた）には国民1人あたりの生産力（372ドル）では，ヨーロッパの平均の31%，ドイツのそれの52%に過ぎなかった．

それでも，急速な経済成長のお陰でハンガリーは純粋の農業国から農業工業国に向かっていた．総生産の中で農業生産の占める割合は，当初の80%から56%に下がり，工業，鉱山業，手工業は18.4%から30.4%に上昇し，商業と交通は7.2%から13.2%にほぼ倍増した．就業人口の面に置いても，顕著な変化が起こった．農業人口は，1869年当時は75%であったのに1910年には60%

となった．同じ間，工業と鉱山業の就業人口は10％から18.3％に，又商業と交通は1.9％から6％に，その他のサービス業は13％から15.6％となった．

　ハンガリー経済は，単に絶対的なだけでなく，相対的にも，即ちオーストリアとの比較においても明確な成功を収めた．1841年にはハンガリーは王国の農業生産の41.9％を占めていたが，1911年から13年に掛けて既に47.8％に達していた．オーストリア—ハンガリーの全工業生産に占めるハンガリーの割合は，1841年には21.5％，1858年には23.5％であったが，1913年には既に28.2％となっていた．ハンガリーは第一次大戦前夜にはオーストリアに対して多くの遅れを取っていたが，それでも既存の生活水準の差を縮める傾向にあった．ハンガリーにとっては帝国は大きな市場であったし，オーストリアからの資本の流入は非常に重要な成長要因であった．ハンガリーの全外国貿易の75％が帝国の西半分とのものであった．既に引用したフェレンツ・デアークの演説でも示唆しているように，工業化と近代化にとっては外国資本は特別な重要な役割を果たした．1867年から1914年にかけてハンガリー経済に投資された外国からの投資80億クローネのほぼ半分が帝国の西半分からきた．投資は特に鉄道建設，工業設備，の他大土地所有及び銀行に注がれた．

　鉄道建設は近代化の重要な牽引力であった．線路網は1867年から1913年までの間に2200キロから2万2000キロに延びた．人口10万人あたりにすれば，ハンガリーは世紀末には既にドイツ，オーストリア，スペインを凌駕していた．ダイナミックな交通・運輸大臣ガーボール・バロスは全運輸システムを根本的に改革した．運送料金の巧みな値下げと，輸送時間の短縮を通じて，彼は人的・貨物輸送量を4倍に増やした．20世紀初めの有名なオリエント・エクスプレスのウイーン・ブタペスト間の輸送時間は，1980年代の国際急行列車が擁する時間よりほんの僅か多いだけであった．今日の酷い現状からは想像できないが，2つの大きなブタペストの西駅と東駅は（何れも1878年と1883年に完成された），当時はヨーロッパで最も大きく，近代的な駅であった．

　外国資本の流入は銀行業の急激な発展に繋がった．銀行，貯蓄銀行，様々な信用機関の数は，1867年当時の107から世紀末には2700となり，1913年には更に倍以上に増大した．資本・設備投資は「妥協」の時には1700万クローネであったのが，1900年には25億クローネに上り，1913年には66億クローネに達していた．銀行や第一ハンガリー貿易銀行とハンガリー信用銀行はヨーロッ

パの信用を勝ち得,その頭取達は,後に個人の例で言及するつもりであるが,彼らは国際的銀行界ではトップ・クラスの人材であった．財務資本の華やかな建造物は,第二次世界大戦後は例えば大英帝国大使館の建物として,短期間であるが共産党の本部として,そして今日まで,あの恐れられた内務省の本部として使用された．躍進する工業化当初は外国投資家がハンガリー経済の3分の2を,1900年には半数を支配していた．第一次大戦の勃発前は3分の1であった．大企業への集中は以前からはっきりしていたが,数の上では1％以下の企業が44％の産業労働者を雇用し,ほぼ全生産の3分の2を占めていた．

勿論インフラストラクチャーはオーストリアに比較すると遅れており,オーストリア産業の生産高は,ハンガリーのそれに比較し相変わらず3倍であった．国民の1人当たり純国民生産は1913年はハンガリーでは435クローネで,帝国の西側では516クローネであった．「アルプス地方」即ち今日のオーストリアでは790クローネに跳ね上がった．他方1920年以降のハンガリーの領土ではたったの521クローネに過ぎない．[5] 従って,オーストリアの経済水準に近づいた一方,それにも拘わらず,著しい後進性も残った．ハンガリーは帝国の西側半分によって搾取された領土とは言えないが,近代化に際して王国のメリットもデメリットも甘受しなければならなかった．このことは農業の優先を固定化し,特に地方における極めて劣悪な社会構造を温存することになった．

産業,金融,交通面でのダイナミックな発展にも拘わらず,多くの点で覚醒はブタペストに限られていた．首都は建設時代と市民化の工房であった．1848年には未だ3つに分かれており,世紀の始めにはハンガリー王国の首都として6万そこそこの人口を抱えていた――ウイーンは既に25万以上であった！――ブタペストは1914年には20倍の人口を擁するヨーロッパで7番目に大きな首都に発展しており,その成長ぶりは並のものではなかった．しかしこのことをもってしてもこの国の封建的な社会構造や,第一次産業と農民主体の性格を覆い隠すことは出来なかった．分割前のポーランドとロシアを除いて此ほど封建的な教会と貴族が権力を握っている国はハンガリー以外になかった,とヤーシは述べている．[6]

この説を確認し,貴族の非常な経済的,政治生活における比重を説明するには若干の数字を示せば十分であろう．特に1867年から1914年までの間,この

国の3分の1以上の土地が世俗及び教会の大土地所有に属していた．第一共和国大統領であったミハーイ・カーロイ伯爵が示した数字によれば，324の大土地所有者が1818,19年には農耕可能な土地の20％以上，平均2万から2万5000ヘクタールを所有していた．ローマン・カトリック教会はほぼ100万ヘクタールの土地を所有して，エステルゴム，カロッチャ及びナジバラドの大司教は1万日分，労働者を無料で使う権利を持っていた．[7]

　最も裕福な金持ちはインドの大富豪——勿論西側のスタイルではあるが——の様に今日では想像も出来ないような自分の世界に閉じこもって，贅沢な生活を送っていた．中クラスの貴族でさえもそうであった．数百人の貴族はしばしばハンガリー出身ではなかった．これに関して，セクフュは次のように述べている：「ドイツ或いはイタリア出身の枢密顧問官，司令官，宮廷官吏でハンガリーでは数千ヘクタールの土地を所有した貴族にならなかった者は殆んど居なかった．1715年までに250に上るそのような外国出身家族を数えることが出来る」．シェーンボーン伯爵，コーブルグ・ゴータ男爵或いはオーストリア大公達は彼らの莫大な所有する土地をフィダイコミシュ (Fideikommiss) と言う制度で温存した．即ち不可分の家族の財産が常に家族の1人の男性の手に引き継がれる制度である．

　これらのほぼ2000に上る大土地所有者達，そのうち800は貴族であったが，彼らは想像もつかないほど大金持ちであって，彼ら自身が，どこにどれだけの所有地があるのか正確には知らないほどであった．殆んどの時間をハンガリーにいるときよりウイーンやパリで過ごし，アスコットで競馬に興じ，或いはシェーンブルン宮殿で時を過ごした．エステルハージ侯爵は30万ヘクタールの土地を，ノイジードゥラー湖（註 現在のハンガリー・オーストリアにまたがる湖）からハンガリー大平原に亘って所有していた．その権力が最大の時にはエステルハージ家は700以上の村と21の城を所有していた．[8]

　カーロイ家も最も豊かな貴族に連なる家系であった．カーロイ家だけが家紋に11のギザギザの付いた伯爵の王冠を付けるのを許された．他の伯爵家のものは9個であった．カーロイ家は1万3000ヘクタールに及ぶ森林と1万7000ヘクタールに及ぶ牧草地と農地を所有し，パラード近郊の有名な温泉保養地と数多くの狩猟場，ブタペスト市内に75室もある宮殿を持っていた．彼自身の説明によれば，彼の財産は少なくとも1億黄金フォリントに上ると言うことで

第 26 章 千年祭を巡る「黄金時代」：近代化とその陰

ある.[9]

　ある時ミハーイ・カーロイが友人のシャーンドル・エステルハージ侯爵に，ゲルハルト・ハウプトマンの最新の作品について彼の意見を尋ねた．この大財閥で，後にチッタ皇后の宮廷式部官長になった人物は，苦もなくこう答えたという：「会ったことも無い人の私生活とか恋愛沙汰を読んだり聞いたりすることは全く関心はない．ハウプトマンは通常大学教授や建築家，医師やその類の人物について描いている」．

　「その類の人物」とは彼（エステルハージー）にとっては「灰色の大衆」である，とカーロイはそのメモワールに書いている．ある時プリンス・オブ・ウェールズがハンガリーを狩りで訪問し，有名なユダヤ人銀行家の家に宿泊しているとき，カーロイの継母の兄弟に当たるミクローシュ・パールフィ伯爵は，レセプションへの招待を，自分はユダヤ人の家には足を踏み入れないことにしている，と言う理由で断っている．カーロイ伯爵の1人（後に言及することになる「黒い羊」では勿論無い）は新しい世紀の始まりの頃，ブタペスト駐在のドイツの総領事にハンガリーの貴族のメンタリティーについてみじくも表している．カーロイ家での訪問の最後に総領事は，何故，この屋敷の住民であるカーロイ家の人々は音楽をしないのか，と尋ねたところ，伯爵は即座に，その為にジプシーがいるのです，と答えたという．「何故私達がジプシーを抱えているかというと，彼らに音楽を演奏させるためです．同様に，我々がユダヤ人を抱えているのは，我々自身は怠け者なので，我々の代わりにユダヤ人に仕事をさせるためです」.[10]

　貴族が指導的役割を担ったのは，既に言及した通り，法律家フェルベシに遡る．貴族は政治権力を独占した：貴族のみが，1514年の所謂 Tripartium で確定したように，国民 Populus であり，農民（misera plebs contribuens）を無制限に支配する権利を有していた．この貴族の伝統的な価値観は，セーチェニ，エトヴェシュ，フェステティッツ，デアーク，コシュート達の改革の世代にも拘わらず，又3月革命の前にも拘わらず，変わらずに維持され，此は市民社会化や近代化と多くの観点から一致しなかった．作家で，1848年の革命前後（コシュートの「悪魔化」の発案者であるが）政治家となったジグモンド・ケメーニュ男爵は，近代的な経済に於いては誰もが自分の利益を求めて行くものであり，「大ブルジョワジーのエゴイズムはしばしば普遍的政治的な装いをしてい

るが、大土地所有者のエゴイズムはどちらかというと厳しい愛国者の外套を羽織っているように見える」、と強調している。重要な自由主義者で、作家のカーロイ・エトヴェシュは、ティサエスラーに対するお粗末な決闘殺人裁判で操作性を暴き、1833年にユダヤ人の被告人の釈放を果たしたが、彼もこの見解を支持している。即ち、「ドイツ人、ユダヤ人の商売人や銀行家は金持ちを目指すが、ハンガリーの貴族は土地所有を目指す」。[11]

ペーテル・ハーナクはその作品「庭園と工房」の中で次のように描写している：

ハンガリー人の国民意識と国民的性格は昔からの貴族階級によって形成された。伝統的な貴族の価値観の最上階には、財産と土地の所有、及びそれを「うまく増やすこと」、農奴、奉公人、使用人、家畜と共に地域を支配すること、それと共に馬を所有し、競馬をしたり、犬を飼育し、狩りを悠然として行うことであった。更に、地位に応じて、国や県の役職について政治的活動を行ったり、軍隊或いは外交や聖職者として昇進することも適当と認められた。これに対して、貴族の位に相応しくない仕事としては、商売に従事すること、商い、金や物に対する投機、銀行業、あらゆる形態の職業上「商売をすること」であった。ハンガリー人は商売や取引の仕事は、ギリシャ人、セルビア人、ドイツ人、ユダヤ人達に任せ、そのくせ、彼らが商売で金持ちになると妬みの目で見たり、怒りを込めて軽蔑したのである。[12]

この様な思考方法と人生観は単に貴族階級の上層部のものだけではなかった。ハンガリーとトランシルバニア合わせた人口のほぼ6％が、そしてハンガリー民族の12乃至13％が貴族に属していたことを考慮する必要がある。彼らの大半は、貧しい農村の、或いは、手工業に従事したり、自分の領地もない知識人であった。この様な小貴族のことを人々は「片方の蹄しかない馬」と称し、彼らは家来も持たず、殆んど農民と同じようなかたちで小さな土地を耕して生計を立て、「妥協」移行は近代化の犠牲となった。3万に及ぶ貴族の家族には、ほぼ2000の大土地所有の家族がおり、7000の中級の土地所有者がそれぞれ100から500ヘクタールぐらいの土地を所有し（4000から5000位の家族が此れに属していた）ていた；貴族階級は1910年の段階で700万ヘクタール以上の土地を所

有していた．これらの所謂「千ヨッホ貴族」（1 ヨッホは 0.575 ヘクタール）達は少なくとも 575 ヘクタールの土地を所有し，自分たちこそが国の唯一の職業の代表であると見なしていた．[13]

二重帝国時代を通じて大貴族が支配的地位を維持していた．15 の首相の内，9 人が貴族出身であり，4 人が貴族の称号を得た土地所有者で，たったの 2 人が市民出身であった．ドイツ系のシャーンドル（アレクサンダー）ベケレはハンガリー初の貴族でない市民出身の政治家であり，1892 年には最高の政治的地位に就いた．貴族，土地を所有している中・小の貴族は 1867 年から 1914 年に掛けてハンガリー政府要人の 44％を占めた．「千ヨッホ貴族」は高級貴族と，1875 年に「ジェントリー」（英国から導入された概念）と称された地方貴族で，しばしば借金に苦しみ，貧しい中・小貴族との間を結びつける役割を演じた．県の要職にある者の 3 分の 1 は貴族階級からであった．国会（48％），県や郡の知事乃至郡長（58％から 77％）裁判所判事や将校団ではジェントリー出身者が圧倒的であった．[14]

「歴史的」，後に「キリスト教的領主中級クラス」の所謂「領主様」は，自意識に目覚めた市民出身の者からなる他の国と違って，まずは専ら，後には大多数は相変わらず 50 万人のジェントリー出身者からなっていた．慎重な調査結果によれば，1867 年から 1910 年までにブタペストで国家及び市町村の公務員になった数は，1 万 5000 人乃至 2 万人から 10 万人に増加した．困窮化した中・小の貴族で，自分の土地を全部又は部分的に失った者達は，国，首都及び農村或いは県の異常にふくれあがる官僚組織に安住できる隠れ家を見つけた．

ハンガリーの貴族を巡る状況は，他のヨーロッパ諸国のそれとは基本的に異なっていた．19 世紀半ばにはボヘミアでは 828 人の住民のうち 1 人が貴族であり，アルプス地方は 350 人に 1 人，ロンバルディアとベネチア地方は 300 人に 1 人であったのに対して，ハンガリーでは 16 人に 1 人であり，ハンガリー人に限ってみれば 8 人に 1 人が貴族であった．この様な事実から，広範に存在する層からナショナリズムと歴史的に条件付けられた高慢さが文学などの主要なテーマになるのは自然である．先入観，優越感，高慢な身分意識，軽薄性，そして軽々しい賭け事への傾向は，カールーマン・ミクサートやジグモンド・モーリツのようなその時代の偉大な作家にとって豊富な材料であった．貴族の

家族達が大げさに客を歓待する態度とか，ジプシー音楽の伴奏が入ったMulat-sag（リラックスした雰囲気のお祭りで，最後には食器が割られる）に見られる彼らの快活と悲しみへの傾向，そして国家の仕事への倹約的な時間の割り当て（通常毎日4－5時間をそれに宛てる）などはキャバレ，バリエテのシーンやオペレッタとか，後には映画などで風刺された．[15]

ハンガリー及びk. u. k.（帝国）の公務員には12の階級があったが，貴族は最高位に付くことが出来た．ジェントリーは4から9ないし10級の位に就くことが可能であったが，非常に複雑であった．独特であったのは目下の者から上位の者へ，そして目上の者から下位の者への話しかけの形式であった．国家公務員では最も高い地位の者は慈悲深き…氏，次ぎに高位の人には閣下，3乃至5の位の人には尊敬する…氏，高貴な生まれの…氏，親愛なる，などである．その他に聖職者への，又若年及び壮年の土地所有者への呼びかけ，更に一般の農民に対する呼びかけさえ存在した．その上ハンガリー語では語りかけに3つの形式，最後のフォームは丁寧な言葉で，一説によるとセーチェニによって造られ，広められた"あなた"に対応するフォームがあった．異なる社会階層に対する正しい語りかけとその選別は今日に至っても焦眉の課題である．[16]

ジェントリーにとって，或いはそもそもハンガリー人の行動規範に，騎士道の伝統から受け継がれた勇敢さと名誉がある．これはその後の市民社会化の時代にも変わらずに蔓延し続けた社会的病気とも言える決闘の基礎となった．ミクサートが書いているところによると「国会議員は簡単に見分けられる：1人の男が自分自身が関係しているか，自分の重要な友人が関係している決闘の準備をしていた」．最初の質問はいつも決まって，相手が本当にちゃんとしているか，即ち弁償する能力があるかどうかである．次の質問は立会人は誰かであり，決闘の方法（サーベルでかピストルでか），そしてその場所と時間である．決闘は1888年以来法律で禁止されていたが，決闘した者の罪は微罪であり，監獄の見張り番はどちらかというと高位の，或いは金持ちの囚人の召使いのようであった．ハンガリーのユダヤ人に関する壮大な歴史を著したハンガリー系アメリカ人でユダヤ学教授ラファエル・パータイは誇らしげに，1880年当時，決闘によって判決をうけた者の中でユダヤ人の占める割合は13％で，この数は全人口に占めるユダヤ人の割合の3倍であったことを報告している．[17]

大部分の貴族が経済的に没落していく中で，ジェントリーは上昇気流にある

第 26 章　千年祭を巡る「黄金時代」：近代化とその陰　　331

大若しくは中ブルジョワジーの振る舞いや生き方に大きな影響を与えた．様々な推計によれば，大貴族や大土地所有貴族と並んで，800 から 1000 に及ぶ急速に発展する大ブルジョワジーの家族がいた．彼らの核は相互に複雑に親族関係にあり，「妥協」以来貴族に列せられた 100 から 150 の家族で，彼らは銀行業や重要な産業を支配していた．二重帝国時代，フランツ・ヨゼフとカール皇帝は 2000 に上る家族を貴族に昇格させ，それに加えてハンガリーに住んでいたドイツ人，ギリシャ人，スイス人，セルビア人が経済及び軍隊で重きをなした．

1918 年以前に 346 のユダヤ人の大ブルジョワ家族が貴族の位を獲得し，28 の家族は男爵の位に昇り，彼らの殆んどが土地を購入した．第一次大戦前には国土の 5 分の 1 がユダヤ人に属し，大土地の大部分はユダヤ人の借り手によって管理されていた．金融ブルジョワジーは先ずユダヤ人であり，世紀の変わり目には銀行，証券取引所，産業団体の幹部ポストのほぼ 55% はユダヤ人が占めていた．大貴族との暗黙の了解で，彼らの社会的政治的影響力は小さかった．これと同時に貴族達の代表の，急速に発展する資本主義経済における外部に向けての中枢的な役割は増えていった．封建地主層と大企業家達の共存を示す意味で，侯爵ジチ，セーチェニ家やパラビッチーニ辺境伯爵家の例を挙げれば良いであろう．彼らはそれぞれ 34，29 或いは 27 に上る銀行や工業企業の贅沢な指導的ポジションを得ていた．ハンガリー貴族は市民社会化を受け入れる代わりに，伝統的な価値観を固持し，資本主義の基本である勤勉な労働とか飽くなき金銭欲を自分たちの価値観にしようなど夢にも考えなかった．[18]

ジェントリー達の高級官僚達との様々な交わりを通ずる見かけは美しい世界への逃避を，作家のラヨシュ・ハトヴァニは鋭い観察をしている：

　ハンガリーのジェントリーは救いようもないなどと言われる．これは間違いである！　というのは，仕事もせずに生き延び，どこにいても生活の糧を得ているほど優れた生活能力が他にあろうか？　他ならぬウイーンからである．近代的なクルツは生活に必要なエキスをウイーンから得た．これがティサ首相の力の源泉であった：首相はこれを全てのハンガリー人と取り違えていたが，ハンガリーのもう不要になったこのクラスをオーストリアの助けを得て治めていた…[19]

ハトヴァニ自身は豊かなユダヤ人の製粉，砂糖商人，後に大銀行を所有した

家族の息子であったが，その家族は早くから貴族に列せれられ，後に男爵にまでなった．ラヨシュは商売人ではなく，非常に天分に恵まれた作家であった．彼はハンガリー史上影響力の強かった文学雑誌 Nyugat（「西側」）の創刊者であったのみならず，20世紀が生んだ2人の優れた詩人，エンドレ・アディとアッチラ・ヨージェフの自発的な後援者であった．この2人はハンガリーの文化と文学に特に重要な役割を果たした．ハトヴァニ男爵が逃亡先から（彼は1918年の市民革命においてカーロイの協力者ではあったが，その後の共産主義者の政府とは何の関係もなかった）帰国した1928年に，国家誹謗の罪で7年間の禁固刑の判決をうけたのは，大戦間の歴史を象徴する事件であったと言えよう．

ウイーンから見てもジェントリーに関するハトヴァニの皮肉な見方と同じで，それはオーストリアの作家オットー・フリードレンダーの軽妙な，真相をついたハンガリーについての見方に現れている：

本当のハンガリー人とは農民，政治家そして兵士である．作家，職人そして商人は違う．同じようにスラブ人やユダヤ人は役人，工場主或いは商人になる．本当のハンガリー人は領主や百姓であり，他になり様がない．この少数の本当のハンガリー人が，数や文化の上で優越しているドイツ人とユダヤ人をショウビニストのハンガリー人にしたことはそのこと自体で大したものである．その際考えなければならないのは，ハンガリーの主人達は，ドイツ人の役人達の仕事やユダヤ人の商人やスラブ人の職人なしには1日たりとも生活できないことである．彼らは領主である，が，もはや嘗てのものと全く異なったものである．
　彼らはその土地を支配し，地方の県を支配している…彼らは大きな，大きな領主であり，ハンガリーの大貴族である．偉大な力を持った領主であり，力強い勝れた演説家であり，恐れを知らない戦士であり，多分この世の最後の領主だろう…天が彼らにその偉大さ，権力の力強さと素晴らしさを慈悲として，戦いもなしに，汗も流さずに報償として，又課題として与えたのであろう．[20]

身分制度の構造と代々受け継がれた封建的な自画像の結果，今日まで影響している2つの大きな分断が残った．1つには「歴史的」（即ちキリスト教的）な市民層と，同化された（即ちユダヤ的）市民層の相違であり，もう1つは，所謂「領主—社会」とより下部社会，言ってみれば民衆の社会の相違である．

第 26 章　千年祭を巡る「黄金時代」：近代化とその陰

「ハンガリーでは領主と農民の対立に関して，身分制感覚が色濃く残っている…領主は，農民を人間と見ず，古い身分制の感覚で半分牛と見ている」．この記述はラディカルなアジテーターのものではなく，カトリックの僧オトカー・プロハーズカが 1899 年に述べたものである．彼は後にスロバキア出身のハンガリーの指導的なナショナリストになり，「キリスト教的目覚め」運動の主導者となった．この概念は「近代的な」反ユダヤ主義の決まり文句になった．[21]

にもかかわらず，プロハーズカの言葉は国の置かれている冷厳な現実を表していた．大々的な河川の調整（「2 回目の定住」）は，耕作可能な農地を 390 万ヘクタール増やしたにもかかわらず，市民の土地所有は 1914 年現在国土の半分にも満たなかった．農民の 3 分の 1 は，3 ヘクタール以下の少しの土地を持つに過ぎない，実際上半プロレタリアートの状態であった．ハンガリー社会の特徴は農民プロレタリアの占める割合が多かったことである．1910 年には 300 万人の貧しい農民がいたが，これに半プロレタリアをくわえると 400 万人となる．大半は季節労働者や日雇い労働者であった．

1890 年に，河川の調整のための大々的な土方作業と鉄道建設工事が終わり，同時に脱穀機や工作機械が普及して，農作業における賃金労働が少なくなるに従って，困難が増してきた．農村労働者の困窮は沢山の移住を余儀なくさせ，農村に残った者の危機的状況を加速させ，南ハンガリーのティサとマロシュの間の地域で農民社会運動を惹起した．農民の市民化がドナウ河西岸や大低地地域の農民市街地で起こっていった．

19 世紀，低地地帯では，西或いは中部ヨーロッパでは例を見ないほど農民の移住が起こった：この結果，人口 2 万人から 3 万人の大農村が出現した．例として，デブレツェン，ケチケメート，ホドメズバシャルヘイが挙げられる．これらの「都市」の 3 分の 1 若しくは 2 分の 1 の住民が中心を離れた孤立した小屋に住んでいた．[22]

農村の賃金労働者の別の集落の典型的な形としては，所謂「プスタのように」と言われる方式か，酪農場と言われるもので，1 万人ぐらいの農村労働者がその中で外部から完全に孤立して生活していた．20 世紀のハンガリーで最も偉大な詩人で劇作家であるジュラ・イリイェシュは「プスタの民」の中でこの人達の生活と考え方を記述している：

ハンガリーの全耕作面積のほぼ半分はプスタからの下男下女によって耕作されている．彼らの習慣，風習，彼らの腕を動かす方法とやり方は，他の国民層とはっきりと違っている．たとえ村の近く住んでいても，彼らは完全に孤立して隠れるように生活している．一日中，日曜日にさえも彼らは働くので，彼らはプスタから決して離れることはない；その他，遠くに住んでいるので，道も悪く，特有なハンガリー的な環境にいるので，又生まれつき猜疑心が強いので，彼らに迫ることは，アフリカ内部の住民を調査するよりも難しいことである．多くの一般の人々は，第一次大戦後になって初めて彼らのことに関心を持つに至ったのである．[23]

20世紀の初めには凡そ15％のハンガリー人が独立の農家に，プスタでは大農家が，30乃至35％が町や農民の町に，そして，50乃至55％は農村に住んでいた．

農村生活の伝統的秩序と，特に完全に不均衡な，封建時代から続いてきた所有分配は，基本的には1918年まで変わらずに温存され（1945年までほんの少しだけ変革されたに過ぎない）たが，既に少し言及したが，ブタペストは88万人の人口を持った，産業の中心としてダイナミックに発展した；郊外の町を含めると110万人の人口を抱えていた．多分ヨーロッパでこのように大規模で近代的産業と金融の発展が首都に集中した国はハンガリー以外にはないのではないだろうか．大ブタペストは1910年当時，国の全人口の5.1％を占めるに過ぎなかったが，工場の28％，そして大工業の3分の1がブタペストにあった．62％の国の銀行資産がブタペストの銀行の金庫に眠っていた．ブタペストには600の数の喫茶店があるだけでなく，40の娼家があり，世界で最も数多くの粉屋があったが，季節労働者，未熟練労働者や日雇い労働者達の貧困地域があって，その住民は殆んどがスロバキア人やドイツ人であった．世紀が変わる頃には，国民の4分の1はそのような悲惨な環境に住んでおり，そこでは1室に6人が住んでいた．[24] 千年祭の高揚した気分の中でさえ，カーロイ・バーラディ国会議員は議会の本会議で，ブタペストのパン職人の請願を想起している：

14歳以下の徒弟は，10時間，16歳以下の者は，12時間以上は法律によれば

働いてはいけないのに，多くのパン焼き工場では5人乃至7人の徒弟が毎日16から18時間働かされている．成人した労働者は，9人の労働者が3台のベットに寝なければならないことを訴えており，親方が7人から8人の労働者につき1週間，2枚の手ぬぐいだけしか配っていない，と訴えている．[25]

「ハンガリー語」優先の立場から特に重要なのは，1910年にはブタペスト住民の86％が公式にハンガリー語を母国語として習っていたことである．1880年には58.6％，1850年には僅か3分の1に過ぎなかったのである．ブタペストには22の新聞が発行され，その内の5つはドイツ語の新聞で，同市は市発足当初から新聞王国であった．ブタペスト大学は学生数の観点から，帝国内の第2の大学であり，全ヨーロッパで5番目の大学であった．その際に考慮に入れなくてはならないのは，1850年には帝国内にはたったの810人のハンガリー人の大学生がいたのみであり，この数は1914年にはすでに1万6300人に上っていた！[26]

ブタペストは近代化の中でハンガリー化と市民社会化という二重の問題を抱えていた．様々な市で突破口となったのは，第1に，その地に生まれたか，長くその地に生活しているドイツ人で同化した者か，移住してきたか同化したユダヤ人達であった．人口5000人以上の252に上る町ではハンガリー人の住民に占める割合は1880年には既に63.5％に達していた．その一方で，全国平均では46.6％に過ぎなかった．これは，強制されたものではなく，自由意志で，或いは喜んで同化したユダヤ人が多かったためと見られる．1910年には彼らは都市の住民の12.4％を占めていた．全国レベルで見ると，ユダヤ人は人口の4.5％を占めるだけであったが，ブタペストでは驚くべきことに23％を占めていた．

全体的に見ればハンガリー化は著しい成功であった．統計によれば1880年と1910年の間に，70万人のユダヤ人が，60万人のドイツ人が，40万人のスロバキア人，10万人のルーマニア人及び南スラブ人，それに他の人種が，ハンガリー人になった．[27] この様な「人口面での革命」なしには，センセイショナルな首都の上昇や経済，文化，ジャーナリズム，学問分野での急激な発展は殆ど不可能であったであろう．ハンガリー人とユダヤ人の共存は疑いもなくいろんな観点から，単に統計的な観点のみならず，帝国内でのハンガリーの民族

的，政治的，経済的並びに文化的地位の強化に繋がった．情緒面では，ハンガリー・ユダヤ関係は，ハンガリー・ドイツ関係とのみ比較が可能であろう．ハンガリーのユダヤ人は大部分は，ドイツのユダヤ人と同様，ハンガリーに「惚れ込んだ」（セバスチャン・ハフナー）[28] 勿論この恋愛関係はここでもあちらでも同様に運命的な過ちであった：それは片思いであった．

第 27 章 「ハンガリー系ユダヤ人か ユダヤ系ハンガリー人か？」： 貴族とユダヤ人の珍しい共生

「ハンガリーのユダヤ人ほどユダヤ人の中で，中欧の東部全体で，完全に，迅速に，どのように見ても，同化と平等に成功した例を見たことがない」，とロバート・カンは，1945年，即ち，ヨーロッパのユダヤ人社会が没落した後，書いたものである．[1]

勿論このような兆候は反対の立場からも言われた．例えば反ユダヤのウイーンの市長カール・ルエガーは既に世紀の代わる頃，「ユデオマジャール」とかブタペストを「ユダペスト」等と表現していた．「私はユデオ・マジャールなる表現をしたが，今日でも私はその当時にそのような素晴らしい発想に至ったことを誇りにしている」，とルエガーは後に「帝国の2つの悪の結びつき」について説明している．[2] よく知られているように帝国の「死の墓堀人」という乱暴な発想は，マジャール人・ユダヤ人の関係の，量的ではなく，質的なものに関する限り適切な核心を突くものである．ドイツやオーストリアにおいても同化プロセスは多様な形で進んでいたが，ドイツでの反ユダヤ主義は，例えば「ユデオ・ドイツ」と呼ばれるような意味ではなかった．長年ハンガリーの反ヤダヤ主義を研究してきたロルフ・フィシャーは，「ユデオ・マジャール」は，第一次世界大戦以前に中部，東部，南部ヨーロッパで例を見ないほどマジャール人とユダヤ人の共生がそのように呼ばれるほどの質に達していたことを示している，と示唆している．[3]

大ハンガリーに住み着いたユダヤ人たちの目的は当初から明らかであった：ユダヤ教徒のハンガリー国民になる，ということであった．特殊な関係のもとにハンガリー人になるという表明は決定的に政治的な選択を意味したので，既に150年前のペーチのユダヤ人学校教師リポト・ハルトマン著の本のタイトルは，「ハンガリー系ユダヤ人なのか，ユダヤ系ハンガリー人なのか？」というほどであった．独立戦争に敗れた後，或いは1867年に議決された解放法以降，

第27章 「ハンガリー系ユダヤ人かユダヤ系ハンガリー人か？」：
貴族とユダヤ人の珍しい共生

　数の上では特に増加の著しかったユダヤ人の圧倒的多数は「モーゼの教えに基づくハンガリー人」或いは，「イスラエルの宗教の」ハンガリー人であることを表明していた．宗教はどの国に所属するかにおいて決定的な要素であった：ユダヤ人は決して分散された民族グループではなく，或いは，少数民族ではなく，政治的な国民の一体的な構成要素であった．ただ，モーゼの教えを守る宗教だけが重要であった．

　このような構想は，1895年になってやっと法律によって法的に確立されたが，その法律によって，国家によって保護される，所謂，「受容された」宗教としてイスラエルの教えが受け入れられた．この政治的法律的解決の結果，ユダヤ人は母国語によって色分けされた民族統計上，区別して記述されなくなった．既に言及したマジャール人に有利な「人口革命」はユダヤ人の大々的な同化なしには不可能であった．

　ハンガリーのリベラリズムと1918年までの支配的リベラルな貴族階級からの大きな譲歩は解放法第1条に示されたようにキリスト教徒と同様な完全な市民的政治的な平等であった．ユダヤ人の歴史とハンガリー人の歴史を知る多くの人々は「ハンガリーの特殊の道」の重要性を挙げている．それは，貴族の思いやりでもなければ，後に，今日まで，反ユダヤ主義の論者が主張しているように，経済や金融を牛耳るというユダヤ人の野望をいっているのではない．ハンガリー人とユダヤ人の独特な関係は，ユダヤ人が，1つには，既にユダヤ人の大部分が革命の時にハンガリーの国民運動と，ハンガリー語と，ハンガリーの文化を一体視してきたからである．他方で，ハンガリー人は，政治的に忠誠を誓ってまた，統計的に，イシュトヴァーン王冠の諸国の中でハンガリー人の比重を強化するためにユダヤ人を必要としていた．ハンガリー人の民族的なヘゲモニーを確立し，相対的な統計的な多数を獲得する意味合いについて次の数字がそれを示している．

　ユダヤ人は証明される限り，そして殆ど間断なくカルパチア盆地に数千年のながきに渡って住み続けて来たが，18ないし19世紀になってやっと大規模に移住を完了した．1787年にはその数は8万人で，1840年には3倍の23万8000人になっていた．妥協直後，倍の50万人になったユダヤ人社会は，1910年には既に91万1000人になっていた．このようにハンガリー（クロアチア，スラボニアを除く）人口の5％がイスラエルの宗教社会に属していた．もっと重

要な事実は，そのうちの70万5000人，75％がハンガリー語を母国語と答え，マジャール人の少なくとも7％がユダヤ教を自分の宗教だと答えていたのである．[4] 貴族階級の政治エリート達が意識的に狙っていたマジャール化の矛先がドイツ人，スロバキア人とともに特にユダヤ人に向かっていた．ユダヤ人口の上昇は決して人口流入の結果だけではなかった．特に19世紀の後半には，出生率が上昇したことと，1872年から1874年に掛けてのコレラの蔓延に対して，他の民族より良い衛生体制が出来たことが重要な役割を演じた．

　ブタペストの発展は，首都としての魅力の他，最初はユダヤ人の商人や企業家，そして後には専門業者や知識階級の人々を惹き付けた結果であった．統計はユダヤ人の大幅な増加を示している：1848年の革命の時にはユダヤ人の首都の人口に占める割合は13.8％であったのに，1910年には23％に上昇していた；絶対数では1万8000人から20万3000人になっていた．ハンガリーのユダヤ人の5人に1人は世紀の変わり目には首都に住んでいた．皇太子ルドルフは私的な手紙の中でハンガリーを次のように言っていた．「東の英国である；啓蒙思想と進歩の自由な砦に似ている」と．そして，ブタペストには「人生，躍動，自意識，将来への信頼，独自な性格がある．これらは，それぞれリベラルな時代を持たらし，ここでは喜びと心地良さがある．しかしこれらは残念ながら反対の方角の黒と黄色の国境に挟まれた地域には全く見られないものである」．[5]

　ユダヤ人の急速な人口増はハンガリーのユダヤ人が経済と文化の大変革の牽引車の担い手となったが，そういう現実に重要であるという印象には殆ど結びつかなかった．ユダヤ人は，土地を所有している貴族，貧窮化した「ジェントリー」や支配的な国家官僚と，数百万人の土地労働者，小地主との間の中間層の主流を占めた．特にユダヤ人の文化，科学技術の自由な発展と職業の発展に於ける影響はブタペストを，ウイーン以東の金融，メディアの分野でヨーロッパの最大の中心地にした．ハンガリーの首都では1906年には39種類もの日刊紙が発行され，これに比べればウイーンでは24, ロンドン25, ベルリン36であった．移住してきた，言葉の能力のある，文化的にマジャール化したユダヤ人は，新しい市民社会の成立に決定的に貢献した．彼らは，国の長いこと硬直化した構造を社会的に変革することに繋がり，個々人が好むと好まざるとに関わらず変革されていった．急速に市民社会化し，都市化していった社会

第27章 「ハンガリー系ユダヤ人かユダヤ系ハンガリー人か？」：貴族とユダヤ人の珍しい共生

の特徴，例えば新機軸への努力，成功を目指す，業績主義とか，あらゆる既存の価値や深く根ざした伝統を省みないことは，「典型的なユダヤ的な性格」だと理解された．異国から来たものとして見られた民族グループの中でハンガリーのユダヤ人ほど素早く同化したグループは無かったのに，彼らに対する社会的な差別は最も長く続いてきた．この複雑な関係を取り扱ってきた近代的な学者達は，例えば，ヴィクトル・カラーディは，同化プロセスの矛盾する特徴を見つけ，「成功裏の」同化時期においてさえ，双方からの偽善は，緊張を表面上隠し，或いは，隠したに過ぎないことを示唆している．[6] ユダヤ人が社会的，文化的にその地位を上昇させていったことのより遠大な次元では見かけ以上なものであった．出発点は，勿論疑いも無く平均的により良い教育を受けたことである．公式統計によれば，1910年には住民の72％が読み書きが出来たが，ユダヤ人の場合は90％であった．ユダヤ人は高等商業学校では半分以上を占め，中・高校及び職業学校では，23％を占めた．第一次世界大戦直前では，医学部の学生の46％がユダヤ人であり，法学部では27％，工業大学では凡そ33％であった．

　ユダヤ人同化の規模とスピードの点では他の東・中欧諸国の似たようなプロセスを遥かに凌駕した．ユダヤ人は市民化と国家の政治の上，非常に重要なマジャール化の担い手であった．一種の補完的な市民として彼らは自由業には強力に進出していった．1910年には彼らは弁護士と医者の半分を占め，ジャーナリストの40％，技術者の3分の1，芸術家及び作家の4分の1を占めていた．

　ユダヤ人の大銀行や大企業の家族が金融システムや大企業を支配し，貿易会社の所有者の半分以上をユダヤ人が占め，金融制度の頭取や所有者の85％がユダヤ人であったことは事実であり，そのことは反ユダヤ主義者に大々的に利用された．彼らはしかし意図的に，資本家，土地所有者，小作人が，ユダヤ人社会の消え入りそうな僅かな部分であることに目をふさいでいた．同時に70％の仕事に就いているユダヤ人は小市民であり，或いは労働者達であり（38.3％が小市民，34.4％が労働者，そのうち16.4％が工業労働者），20％が自由業と公務員であった．そして確認しておかねばならないことは，ユダヤ人の社会構造は基本的にユダヤ人以外の国民層とおもむきを異にしていた事である．そしてそれは，単に世紀始めにはほぼ国民の3分の2が従事しており，ユダヤ人

の5％が従事していた農業だけの現象ではなかった.[7] それと，ユダヤ人の政治，行政，中央であろうと地方であろうとを問わず，それらに関与することは長いこと最小限に留まった．例えば，1883年の政府機関にはユダヤ人はたったの10名であり，地方の官吏は1人もおらず，両院の議会では5人に過ぎなかった．[8] 勿論それに続く十数年間にそれらに従事するユダヤ人の数は増加したが，政治的権力は貴族やジェントリーに，金融，産業分野における優位はユダヤ人という「仕事の住み分け」は基本的には変わらなかった．ユダヤ人の血を引く有能な人間には，階級の上では意味の無い，しかしジェントリーにとっては非常に重要な，小都市の判事やジェントリー専用のカジノのメンバーになることよりも，キリスト教に改宗して大学の教授，貴族，更にはカトリックの僧侶になったほうが容易であった（歴史家のヴィルモシュ・フランクノーイが述べている）．

ユダヤ人が社会や経済に食い込んでいく特別な環境について，歴史学者や社会学者は次のように言っている：

金貸し，雑貨商人，食肉生産業者，食料生産業者として些細なことから始め，ジェントリーが手を染めない沢山の可能性を，金を稼ぐ機会として捕らえ，又同化する用意があることを示し，イディッシュ語（註 ドイツ・中欧のユダヤ人の言語）からドイツ語を通し一貫してマジャール化のプロセスを完遂していった．シオニスト的な思考は彼らの中にはほとんど広がらなかった；新たに成立した市民社会の中で出世し，与えられた法的安定性と，広がった経済的な活動の分野への感謝は，彼らをしてハンガリー国家という考えに対する確信的な代表者にしていった．お金を稼がねばならなくなった貴族で，貧窮化したジェントリーは，公的な仕事をするのが当然だと考えていたので，ダイナミックに成長する都市に集中しているユダヤ人の稼ぎや仕事を奪う者が無かった…ユダヤ人の間では賞賛と感謝の下に広がったマジャールのナショナリズムは決して単に機会主義的な考えではなく，多くの同化した他の人々と同様に，疑いなく，しばしば熱狂的に表された新しい祖国への信奉に繋がった．[9]

その根っこは既に勿論早くから認識されていたものであるが，1919年から1945年に掛けて現れた反ユダヤ主義の扇動は，「深く根ざしたマジャール人種主義」とか「マジャールの精神」とか「マジャール国民」とか「マジャールの

天分」とかの曖昧模糊とした，巧妙に操作された概念から発したもので，これはハンガリーの故国への同化や深く感情に根ざした忠誠を否定するものであり，文化や科学の分野で傑出した人々の場合は「順応した者」として軽んじられた．ロルフ・フィッシャーが既に引用した反ユダヤ主義の研究でいみじくも指摘したように，「マジャールの精神」についてくだくだ言う連中は，彼らの先祖だってほんの数十年前にシュヴァルツヴァルト（南西ドイツ）或いはその辺の出身だった者が少なからずいたのが特徴的であった．[10] ドイツやフランスで専門家の中でも何時も引用されるユリウス・フォン・ファルカシュ——第三帝国時代，ベルリン・ハンガリー研究所所長で，ベルリン大学教授——はドイツに於ける急激な変化の象徴であった．彼はその著書「同化の時代」の中で，政治的な扇動の方法で，自分の基本的な確信である，「善良な人種たるハンガリー人はユダヤ人を常に嫌っていた．そして彼らはこの嫌悪感に報われてしかるべきである」，という考え方を述べていた．これに対して1940年に高く評価されていたハンガリーの批評家アラダール・コムローシュはファルカシュを徹底的に批判した．：「このドイツ人同化者」の反ユダヤ人の作は，故意に間違って引用したり，事実を沈黙することによって，1848年まで遡ってユダヤ人作家と科学者たちが及ぼした有害な作用を証明しようとした，それも，数年前にファルカシュが自分自身でブタペストの研究所のハンガリー文学史の雑誌で書いた内容に真っ向から反対のものであった，と．ファルカシュはその他に，彼の牛耳っている研究所の年次報告書の中で反ユダヤ主義の色合いを深めた．[11]

それ故に，また似たような組織的な反ユダヤ人プロパガンダの実際故に，広範の分野で，ハンガリー人にとってもまた非常に実りの多いユダヤ人との数多い共生を想起することが重要である．年取ったジュラ・アンドラーシは，悪名高い（1882年の）ティサエスラーの死の裁判との関連において，反ユダヤ人扇動が最高潮に達した時に，ハンガリーに（もっと小数ではなく）もっとユダヤ人が沢山いたら，と述べた．首相のカールマーン・ティサは当時のユダヤ人を「ハンガリーの国民の中で最も勤勉で建設的な人々である」と述べている．近代化と，マジャール化の推進力であったユダヤ人の独特な二重の機能は，政治的エリートであるリベラルな貴族階級とハンガリー国家という考えに忠実であったユダヤ人の地位の上昇という2つがあるが，これは王制が崩壊するまで続いた．

第27章 「ハンガリー系ユダヤ人かユダヤ系ハンガリー人か？」：
貴族とユダヤ人の珍しい共生

ハンガリーの辺境地域では，他の民族集団が多数を占めていたが，そういうところではユダヤ人はハンガリー文化の言うなれば「代表部」として機能していた．ルーマニアやスロバキアの村ではユダヤ人商人や医師はしばしば，ハンガリー語を話す唯一の人物であった．それによって彼らは良かれ悪しかれ，官吏，警察，その他のブタペスト政府の代表の自然の同盟者であった．

ユダヤ市民は，ハンガリーの文化集団に属し，彼らのうち2人に1人はドイツ語を話したが，こういう人々の運命は時代を経て特に悲劇的であった．彼らは相変わらず古くからの社会的，宗教的な反ユダヤ主義の標的であったし，後継国家のルーマニア，チェコスロバキア，ユーゴースラビアに於いて誇り高いハンガリー人であり続け，少なくとも，その中で，多数を占める国民になろうとはしなかった．そういう意味で彼らは二重に憎まれた．そして，彼らが，枢軸国のウイーン調停によってトリアノンで失った領土を回復した数年後の1944年春，最初にアウシュヴィッツに送り出されて，「ユダヤ系ハンガリー人」として新たな報いを得たのである．[12]

ハンガリー・リベラリズムの「黄金時代」には，ユダヤ人の入植とユダヤ人が市民社会の中核になったことは政治・社会のエリート層から，長期的利益の観点から歓迎された．反ユダヤ思想の人種差別主義と無縁でない「3世代」という本を二重帝国が崩壊した後に書いたセクフュでさえも「ユダヤ人によって工場が建設されなかったら，ハンガリーはオーストリア資本の植民地化するか，1860年代の農業水準に留まったであろう」と，認めている．それは全く双方の利益に適った同盟であった．世紀の変わり目の重要な文学雑誌のユダヤ人創設者でユダヤ人初の詩人である，ヨージェフ・キシュは「賞賛されるハンガリー」と題して詩を読んでいる．ユダヤ人とドイツ人，ギリシャ人その他のハンガリー人に同化した人々は，国家とそれを背負う政治的な層からの意識的な，希望により，割の良い金融，商業，産業の分野を受け持ったのである．勿論それは「高尚な」取引の仕事であった．政治レベルは権力とステータスと権威の為に近代的な経済を必要とし，政治のエリート達は監査会や割の良い幹部会のメンバーになって得をした．例えば，1896年，公式統計によれば，55人のリベラルな議員が77の鉄道やその他の運輸関係の役職に就き，更に，86名のリベラルな議員が193に昇る銀行や様々な企業のしかるべき地位に就いていた．

それは単に物質的な観点からのみ重要であった訳ではない．既に言及したように，国民的理由からユダヤ人の協力が死活的に重要であった．というのは，ユダヤ人の同化によりハンガリー人が5％が付け加わることがなかったら少数民族としてのマジャールが20世紀に自分の国の中で立ち行かなかったであろうからである．それに付け加えて，選挙において忠誠が期待できた．即ち，ブタペストでは選挙民の半分がユダヤ人であり，リベラルな議員達は，他の地域で選挙民が政府に反する立場をとっても，優に多数を確保できたのである．[13]

政府はユダヤ人の会社が利益の出るように発展する為の枠組みを作っただけではなく，それを越えてユダヤ愛好思考をリベラルな時代の特徴とした．そしてそのことは決して単なる言葉に留まらなかった．1880年代に大々的な反ユダヤ主義の波が中部ヨーロッパに吹き荒れた時，カールマーン・ティサはこれを単に「恥知らず，野蛮，国家の栄誉を汚すもの」と批判しただけでなく，背信の国会議員ゲゼ・イシュトーチが率いる反ユダヤの政党に反対する為に自分の組織を投入した．更にこの時代のユダヤ人解放は，イスラエル社会がカトリックとプロテスタントの社会と同等の地位まで引き上げられ，国会上院でのユダヤ人社会の代表が確保される規則が定められるところまで来た．

初期のハンガリーのユダヤ人社会が，新しい路線とオーソドックスな路線（後者は，特に，しかし，カルパチア・ウクライナとトランスシルバニア北端地方だけでなく）に分裂したが，それにもかかわらず，ハンガリーでのシオニズムは統計的に見ても取るに足らない，僅かな運動に過ぎなかった．当時のユダヤ人のハンガリー国家に対する特別な関係については，テオドル・ヘルツルとかマックス・ノルダウのようなシオニズムを代表する人物の呼びかけが，ハンガリーのユダヤ人の中で全く反響を呼ばなかったことが最もこれをよく示している．パレスチナにユダヤ国家を樹立するという考えはハンガリーのユダヤ人にとっては急いだ話でも追い掛ける話でもなかった．このような図式に合うのは，1897年には二重帝国陸軍のほぼ5分の1に当たる1993人のユダヤ人予備役将校がいた事実である．プロイセンではユダヤ人幹部候補生が予備役将校に採用されることは無かったのに比し，オーストリア・ハンガリー陸軍はユダヤ人の1年間の志願兵を経て将校に採用する用意があった．職業軍人の場合は別だった：1897年にはたったの178名，或いは，1.2％がユダヤ人将校であったに過ぎない．イシュトヴァーン・デアークの著作で二重帝国陸軍について引用され

ているドキュメントによれば，二重帝国で最も位の高かったハンガリー生まれの将校エドアルト・リッター・フオン・シュヴァイツァー元帥はユダヤ人であったが彼は決して改宗しなかった．[14] その当時の資料によれば，この老シュヴァイツァーは規則正しくブタペストのユダヤ教会を訪れ，皇帝と食事する場合には宗教上禁止されたものを食する許可を求めていた．

ユダヤ系で最も成功した将校がハンガリー陸軍で奉職した．サムエル・ハサイ（元来はコーン）男爵は1851年，裕福な酒類商人の息子として生まれた．1867年，中尉となり，その直後に改宗した．1900年に参謀本部の大佐に昇進し，ホンベード軍に配属された．1910年，将軍となり，それから1917年までハンガリーの国防大臣となった．皇帝・国王カールは1917年に彼を大将に任命し，総武装権力の予備役軍の指揮を任せた．この役目を持ってハサイは参謀本部長に次いで帝国の第2番目の軍人になった．

ハンガリーのユダヤ人は第一次世界大戦においてもハンガリーに忠誠を貫いた．約1万人が前線で倒れた．数千人が傷つき，その勇敢さゆえに高い勲章を受けた．ハサイ大将の他に，24人のユダヤ教徒或いは改宗したユダヤ人の将軍がいた；マールトン・ツェルド将軍は軍人の中で最高位の勲章を授与された1人であった．「中部ヨーロッパのユダヤ人の歴史の中で最も残虐なパラドックスは，第三帝国に於いてガス室に送られることになった，第一次世界大戦中のユダヤ人元軍人がアーリア人に与えられたアパートの壁に残していった勲章や写真が物語っている」，と，デアークは述べている．[15]

苦々しい，そして振り返ってみれば紛れも無い事実は次のとおりである：ユダヤ人がマジャール化し，西欧化すればするほど嫉妬，嫌悪，最後には憎しみが彼らを襲ったのである．競争者に対する反ユダヤ主義は，よく言われるように，「ガリツィアナー」，すなわち，イディシュ語を喋り，特に北部ハンガリー及びトランシルバニアの辺境に住むオーソドックス60万人の東部ユダヤ人に対するものではなく，第一義的には，同化して，成功した，言葉に不自由しないユダヤ人，その中でも特に首都に住むユダヤ人市民に向けられた．歴史家のイグナーツ・アツァディは，「嫉妬心に溢れた，偏見を持つドイツ人小市民の他は，反ユダヤ主義は経済的に困難に陥った中規模の土地所有者の間に広まった．ユダヤ人たちの富裕化は不幸なことに貴族たちの貧窮化と時を同じくして起こった，」と書いている．[16]

他のヨーロッパ諸国と違い，ユダヤ人企業家はますます農業財を買い付けた．第一次世界大戦直前には既に大土地所有者の5分の1がユダヤ人であった．そしてもっと重要なことは，73％の大規模小作人がユダヤ人であったことである．ある保守派の国会議員が赤裸々に「諸君，真実は次のとおりである．キリスト教徒の小作人は年末に来て，キリスト教の兄弟愛と寛容の精神を訴えるが，ユダヤ人の小作人は，たとえ自分の妻や子供達が凍えて飢えていようとも，利息は払っていくのは確かである．」と述べた．[17]

テオドル・ヘルツェルは少年時代，ブタペストからハンガリー語で父親に書いた手紙の中で，彼にとってのかつての故郷の町の愛国的なユダヤ人を何度も批判し，ユダヤ人の不均衡に高い農業用土地と不動産の所有は大きな間違いである，と書き送った．彼は，反ユダヤ主義は，リベラルな，ユダヤ資本で権力を維持している政府がいつの日か倒れる時には非常に危険な形をとるだろうと予告した．[18] 問題だったのは反ユダヤ主義の新聞，特に「シュテュルマー」紙の前身の憎しみを煽る漫画によって取上げられた．ハンガリーの聖職者をユーモラスに描く雑誌「パター・ヘルコー」は1894年にユダヤ人像の変遷と，深く根ざした脅威に対する恐怖感を，反ユダヤ主義の原因として非常に印象的に示していた：19世紀半ばのユダヤ人物売りはまだ控え目な，必死になっている物乞いであった．そしてこのようなユダヤ人商人を地方の屋敷の主は上のほうから見下していた．世紀が終わる頃，形勢は全く逆転した：物売りは大土地所有者になっていた．彼は，セリに出された屋敷の主となり，既に，紐のついた外套を着用し，貧しいジェントリーに似てズボンを履き，パイプを口にし，かっての貴族を居丈だけに見下して扱っているのである．[19]

世紀が変わって，成功した企業家達の息子や孫達は，成功したドイツ系市民の息子達と同様な道を歩み始めた．十数年間の内にユダヤ人の行政に於ける数は0から5.2％になった．その際，改宗した者の数は勘案していない．1910年時点で，国会では，首相はティサであったが，その時既に84名のユダヤ系の議員がいた（5分の1）．改宗することがハンガリーでは「入場切符」となった．第一次世界大戦直前では，政府ではハサイ将軍以外に少なくとも5人の大臣と9人の事務次官がユダヤ系であった．1913年のブタペスト市長フェレンツ・ヘルタイは序でながら，ヘルツルの甥であった．[20]

同化と，特に346の改宗したユダヤ人家族（第2次ティサ内閣の4年間だけで

第27章 「ハンガリー系ユダヤ人かユダヤ系ハンガリー人か？」：
貴族とユダヤ人の珍しい共生　　　　　　　　　　　347

200もの）が貴族の称号を得た事実の影響は，著名な貴族の家族とユダヤ人が牛耳っていた金融界の合体への道を開いた．数字と名前を越えて，ここの経歴を見れば非常に速い速度で著名な家族達の出自と子孫の社会に於ける地位の変遷が読み取ることができる．[21]

　モラビア出身の若きユダヤ教ラビ，アーロン・コリンが1789年，マッターブルのタルムード学校を卒業した後，トランシルバニアのアラドに住み着いたとき，誰が，彼が死ぬ時にまだ2歳だった孫のフェレンツが早々とハンガリー資本主義の鍵となる人物になろうと想像できただろうか？　1842年にアラドで生まれたフェレンツはブタペストと外国で法律を学び，弁護士になり，ハプスブルクの政策を批判する日刊紙アルフォルド（低地）を発刊した．25歳になるかならないかの若さでコリンは1867年，中道左派の代表として議会に送り込まれた．情熱的な愛国者として彼は長いこと妥協の批判者であった．首相のカールマーン・ティサが最早独立のハンガリー銀行の設立に固執しなくなった時，コリンはリベラルな議会人として，1875年に政府与党と縁を切り，野党に組した．この間，コリンは熱心な企業家として活動し，第一義的には石炭産業で活躍した．シャルゴタリアンの石炭会社の会長として彼は，遂にはハンガリーの全石炭産出量の40％を支配することになった．1901年に彼は産業連盟を設立し，新たな法律の規定により国会を離れざるをえなくなった．4半世紀以上後に亘った議員としての活動と，産業界での傑出した地位に達した後にほぼ60歳になっていた彼は，カトリックに改宗した．多くの人々を驚かしたこの決断は，貴族階級の人々に最早抵抗できないような強い印象を与えた．洗礼証明書は高位の貴族やジェントリーが渇望しているカジノの「入場券」に相当した．2年後，コリンは上院議員となった．コリンの家族の息子や娘達は他の裕福な，その中には貴族に加えられたユダヤ人家族と結婚した．アラドのラビのひ孫はハンガリー経済に於いては傑出した役割を果たし，しかし，あのハンガリー・ユダヤ人の没落と，遂には大部分の滅亡に片棒を担いだ政権を担った，帝国摂政ミクロシュ・ホルティの緊密な友人の輪をなした．コリンは他の大部分のユダヤ人の産業ボスと同様，ドイツが侵入してくるまでまっしぐらにホルティを支持してきた．

　ハンガリー経済に最も影響力のあったユダヤ人の1人は，1852年，ボヘミアのゴルクヴ・イェニコヴに生まれたジモンド・コルンフェルドであった．乞

第27章 「ハンガリー系ユダヤ人かユダヤ系ハンガリー人か？」：
貴族とユダヤ人の珍しい共生

食同然に貧しかった家の子供として11歳の少年は，プラハの銀行で働かなければならなかった．20歳になるとこの才能ある若者は既にウイーンに支店のあるボヘミア銀行同盟の支店長になった．そして，彼はロスチャイルド家と緊密な連絡を持った．ロスチャイルド家は1878年，ハンガリー一般信用銀行が倒産することから救い，26歳のコルンフェルドは支店長として送り込まれた．同じ年に，この若き銀行マネージャーはロスチャイルド家の助けを借り，ほぼ破産同然だったハンガリー国家財政に15000万クローネの借款を供与した．1881年，1888年，1892年の3回に亘り，コルンフェルドは非常に寛大な条件でハンガリーに対して繰り延べを行った．こうして，信用銀行は事実上ハンガリーの国立銀行になった．彼の庇護のもとで，この銀行は，それから，鉄道，船による交通，製粉・砂糖プロジェクト，後にフィウメ港，重要な製鉄・機械工業の建設などすべてに関わった．

やっと26歳になってブタペストに来た男は，1891年，ブタペスト証券取引所のメンバーにもなった．この間，ハンガリー語にも堪能になったコルンフェルドは証券取引所をマジャール化する事を提案した．このような愛国的な態度はハンガリーにいるユダヤ人のみでなく，外国生まれのユダヤ人にとっては，非常に根の深い典型的なものであった；「新たに獲得した，それだけに一層評価された目印であった」，と，ハンガリーのユダヤ人の歴史を書いたラファエル・パタイは記している．1899年，コルンフェルドは証券取引所の会長に選ばれ，1902年，上院議員に指名され，1909年，死の直前には男爵の地位に登りつめた．

多彩な活動にもかかわらず，コルンフェルドは生涯熱心なユダヤ教徒であった．彼は，改革派，即ち，改革派イスラエル文化協会の副会長であり，確信的な博愛主義者であった．彼が，1904／5年の日・露戦争の直前，オーストリア・ハンガリー政府の名でロシアに対する莫大な借款を交渉していた時，彼はロシアの勲章の授与を断った．コルンフェルドはツアーの大使に対し，彼が自分の国の政府の希望に応じて銀行家として交渉をやっているのであって，ユダヤ人として，最後は1903年に見られたポグロムのような，ユダヤ人を迫害し，集団殺戮さえも行っている国に有利になるような扱いは決して受ける訳にはいかない，と述べた．又，交渉への貢献に対する褒賞金も辞退した．彼は若いとき，高等教育の恩恵に浴しなかったので，それだけ偉大なユダヤ人の科学者た

第27章 「ハンガリー系ユダヤ人かユダヤ系ハンガリー人か?」:
貴族とユダヤ人の珍しい共生

ちとの交流を求めた．ジグモンド・コルンフェルドが特別有能な男であったかどうかに就いては議論の余地がある；しかし彼が，ハンガリー以外の国でそのような経歴を辿り，そのように国中で重要になることが可能であったであろうか？

彼の息子，モーリク・コルンフェルド男爵は同様に企業家であった：彼はガンツ・ダヌビウス機械工業会社の社長で，鉄鉱・機械産業界会長として有名になった；その傍らで，彼は芸術作品の収集家，ハンガリー科学アカデミーの重要な支援者，そしてキリスト教への改宗の後，上院のメンバーになり，保守的・ナショナリスティックな社会科学研究の著者となった．

最大のヤダヤ人資本家の3つの家族の内，ツェペリ・ヴァイツ家は特別な地位を占めていた．最初のヴァイツは，1820年代にはペスト郊外の煙管の留め金を作るささやかな工場を持っていた．彼の息子アドルフは行商人として，穀物と酒の商売を行っていた．彼は自分の末の息子マンフレドをドイツの大学に送ることには成功したが，彼自身は有名でもなければ特に成功者でもなかった．一族は，アドルフの長男ベルヒトルドがハンガリーの最初の肉の缶詰工場をブタペスト郊外に設立した1882年以降ハンガリーで重要な地位を占めることになった．1885年以降に，ベルヒトルドとマンフレドは，帝国軍にグヤーシュの缶詰を供給するハンガリーの企業として最初の契約を取り付けて重きをなした．程なくヴァイツ兄弟は軍隊に供給する他の缶詰や缶を作ることになった．1892年に彼らはブタペストのドナウ河下流のツェペル島の中に火薬工場を造った．それは大成功になり，お陰で彼らの資本は分散せねばならなかったほどである．ベルヒトルドが繊維工場（軍用テントを造っていた）を造り，穀物の相場に勤しんで，国会に議席を得る一方，マンフレドは外国の金属製造に依存することから自由になるために，金属工場を設立した．1896年，マンフレドは貴族に列せられた．

彼の息子と娘はコルンフェルドとコリンの企業・銀行家族の一族と結婚した．カール皇帝はこの間に最も重要な軍需産業家になったヴァイツに対して男爵の称号を贈った．この3つの家族を先頭に，大戦間にもそれぞれ互いに親戚関係になり，最も古い貴族と姻戚関係になった，元々ユダヤ教徒で，大多数は改宗したほぼ10家族の財閥が，ハンガリーの産業のほぼ半分を支配することになった．

第27章 「ハンガリー系ユダヤ人かユダヤ系ハンガリー人か？」：
貴族とユダヤ人の珍しい共生

あるドイツ人の反ユダヤ人作家は，1900年から1918年までに，古くからある貴族の26人の夫人がユダヤ人の産業家の家族の出身であることを突き止めた．例えば，男爵ゲーザ・フェヘールヴァリ首相の夫人はユダヤ人家族の出身である；他の首相であるラースロ・ルカーチの娘は，有名な砂糖財閥のハトヴァニードイチュ家に嫁いでいる，云々.[22]

貴族たちとの様々な関連特に彼らの想像を越える資産が，ヴァイツ，コリン，コルンフェルド，マウトナー家族の47人ものメンバーを，1944年の春，最高潮に達したハンガリーのユダヤ人絶滅活動の最中にウイーン，シュトゥットガルトを通ってポルトガル，スイスに逃れさせた．これには，ハンガリー官憲とドイツの外務省の後ろでSSと家族との間で結ばれた複雑な取引があった．SSの帝国指導者ハインリッヒ・ヒムラーの承認の下で，部隊長クルト・ベッヒャーは，新たに設立された「所有権のマネージメント会社」，——その核はツェッペル島の4万人の労働者が働く，巨大な重工業・軍需コンプレックスのヴァイツ・マンフレードの工場であった，——の非ユダヤ人家族が有する権利の51％を自由にすることができた．SSは25年間，株主として機能することになっており，その代わり全収入の5％の報酬を受けることになっていた．1944年5月17日に結ばれた契約によれば，出国するユダヤ人家族のメンバーはSSから60万ドルと25万マルクの支払いを受けることになっていた．最終的には，ハンガリー側のパートナーは無事に逃れることが出来た；しかし，SSは「状況によって」40万ドルを為替操作を理由に予定通りには彼らに送金することが出来なかった．

SSと第三帝国外務省の間の綱引き，ヴェーアマハト（ナチの軍事組織）によって占領され，コントロール下におかれた国であるハンガリーの当時の政府とドイツの関係当局との間の，占領期間の長さやハンガリーの指導者に関する連絡等すべては今日では馬鹿げた芝居のシナリオのようである．しかしながら当時は，ハンガリーのあらゆる産業，特に軍需工業の施設を第三帝国にすべて引き渡すことはSSの直接の監督の下に行われた．全部で437402名のユダヤ人が，70名ごとに家畜用の貨車につめ込まれ，ハンガリーからアウシュヴィッツに収容されている間，主として交渉したコリンによれば，「家族グループ」はチューリッヒの駅前通りとリスボンの目抜き通りを，SSによって偽造され

たスイスとポルトガルのビザとそれぞれの旅券を持って歩いていた．収容所送りの終了間近かの1944年7月30日，SSは1人当たり1000ドルで1684名の裕福な，名士のユダヤ人に満員の特別列車でスイスの方向に向かって国を去ることを許可した．ハンガリーのユダヤ人の歴史の最も暗い部分の時期は，G. オウエルのいう「平等」に当てはまる：すべての者は平等である．しかし，幾分かの者は「他の者より平等である」．この時代と裕福な者の救出は，深い分裂を今日まで続かせている，ユダヤ評議会の役割とその指導者（1957年に殺害されたシオニスト運動の指導者ラセ・カストナーのような）達の役割についての論争の的になっている．[23]

　ユダヤ人の役割を経済，金融或いは，時として，かっての酒場の主人やラビの孫やひ孫の悲喜劇的な適応努力だけに限ってしまうのは正しくないのは勿論である．ハンガリーのユダヤ人は最初から，即ち，独立戦争（1848／1849年）の頃から，既に科学，芸術，文学などの他の分野で活躍していた．ドイツ語や英語で書かれた中欧やハンガリーの研究書では，貴族に列せられたユダヤ人銀行家の息子で著名な，そして議論の余地のあるマルクス主義哲学者で，共産主義者の政治家であるジョージ・ルカーチ，或いは，今日でも最も多く上演されているハンガリーの劇作家，フェレンツ・モルナールが言及されている．殆んど知られていないか，或いは，忘れられてしまった，19世紀末から20世紀の初めにかけての科学の世界で「巨人達の世代」（と，アラダール・コムローシュは名付けている）に属する人々もいた．

　偉大なオリエンタリストで，作家であるアールミン・ヴァーンベーリほどユダヤ人として屈辱と高い評価を受けた人もいないだろう．1832年，今日のスロバキアのドゥナセルダヘイに生を受けてから片足がマヒしていた彼は，最初，英語で手記を書いた．この科学者は，12歳の時，仕立て屋の奉公人として働き，その後学び，そして全く若くして7ヶ国語（ラテン，ハンガリー，ドイツ，スロバキア，ヘブライ，更にフランス，イタリア語）の家庭教師を請け負った．[24] 後に更に，スペイン語，デンマーク語，スエーデン語を習得した．彼は非凡な記憶力を有しており，その後トルコ語とアラビア語，それにペルシャ語の方言に集中した．というのは，彼は特別にハンガリー人の起源に関心を有したからである．

第27章 「ハンガリー系ユダヤ人かユダヤ系ハンガリー人か?」: 貴族とユダヤ人の珍しい共生

ヴァーンベーリは殆んど魔術的な魅力を持っていたに違いない．22 歳になるかならないうちに彼は文化大臣ヨージェフ・エトヴェシュ男爵に紹介され，コンスタンティノープル行きの奨学金を出させた．トルコの外務大臣メーメト・フアド・パシャは彼を秘書官に採用さえした．ヴァーンベーリはスルタン・ハミドⅡ世の共感を得て，更に完全に受け入れられる為に彼はイスラム教に改宗した．トルコでの 6 年間の間，彼はドイツ・トルコ語辞典を発行し，沢山の科学的な研究を修めた．1860 年以来，科学アカデミーの会員となり，1861 年には，初めてのヨーロッパ人として，托鉢僧に変装して 7 ヶ月半アルメニア，ペルシャ，アフガニスタン，キワ，ブカラ，トゥルケスタンを旅した．帰国した後彼は 1864 年に英語で「中央アジアの旅と冒険」と題して，その地域の言葉，方言，宗教，民衆の慣習，政治的な体制に関する魅惑的な報告書を発表した．ペルシャでは早速英国の公使館とコンタクトを維持し，インドと他の国々に関する彼の報告は，直接首相のロード・パルマーストンに届けられた．

ヴァーンベーリにとって最大の個人的な屈辱は，やっと大臣エトヴェシュの個人的な介入と彼の価値ある原稿の預託と引き換えに，アカデミーから英国旅行のお金が出たことである．そこではオリエンタリストは英雄として迎えられ，尊敬されたのにである．

しばしばウインザー城にも招かれ，間もなく彼は，後に国王エドワード 7 世となる，プリンス・オブ・ウエールズの個人的な友人となった．ただ，宗教に忠実であることは彼の際立った特性ではなかった．ブタペストの大学でオリエント言語の講座の教授職を手に入れるために，西欧では彼は再びキリスト教徒になり，1864 年から 1904 年までその職にあった．この分野に於けるあらゆる著名なハンガリーの科学者たちは彼の生徒であった．

英国やトルコでも非常に有名になったのにもかかわらず，彼は常にハンガリーに帰った．彼は，1885 年と 1905 年に 2 度にわたって自分の伝記を英語で書いた．1862 年，コンスタンティノープルからの道で，モハーチで再びハンガリーの土を踏み，涙して跪き，故郷の土に口付けした，とその伝記には記されている．しかし，間もなく，子供の時からハンガリーの愛国者と感じていた，この世界市民で，自由な思想家は，忠実なハンガリー人というより，1 人の托鉢僧であることを認識した．彼が科学者たちや外交官の間では世界的に知られた人物なのに，国内では，彼は常に宗教的な狂信主義や反ユダヤ主義的先入観，

第27章 「ハンガリー系ユダヤ人かユダヤ系ハンガリー人か？」：貴族とユダヤ人の珍しい共生

悪い憶測と対決せざるを得なかった．彼はテオドル・ヘルツルをその希望に応じてスルタン・アブドゥルに紹介した．英国皇太子がブタペストを訪問した時，真っ先に友人ヴァーンベーリのことを尋ねたので，このことから彼は，記述のように，高級なカジノに会員として受け入れられた．それだけではない：プリンス・オブ・ウエールズは，自分の友人がハンガリー貴族たちに英国で見られるように敬意を持って扱われていないのを気付き，レセプションを催して，ヴァーンベーリに「我が友よ」と呼びかけ，2人で手を手に取り合って，客の待つ大広間に向かった．

「ハンガリーではユダヤ人である限りハンガリー人にはなれない．私は既に長いこと不可知論者であり，死の危険を冒してハンガリー語の起源を探ったのにもかかわらずである」．とヴァーンベーリは苦々しく手記に書いている．ヴィクトリア女王が彼を招待した時，皇太子は彼に壺一杯の水を持ってきた．いわく，「悪いことではないと思った：プリンスがかっての乞食学生に奉仕するのは」．パリでもナポレオンⅢ世が彼を長時間謁見したことは，しばしば祖国での屈辱的な取り扱いを受けた経験と対照的であった．それで，当時最も有名なハンガリーの作家モール・ヨーカイ程の人が，自分の愛読書は何かという質問に答えて，「バイブル，シェークスピア，それにヴァーンベーリの作品だ」，と答えたという．文学史のコムロシュの目からすれば，ヴァーンベーリの人生はあらゆる成功にもかかわらず，同化の成功というよりは失敗だった，と映った．

ハイネの的確な状況描写がいうように「洗礼証明書はヨーロッパ文化への入場券だ」ということは，19世紀初めのハンガリーでも妥当した．そのことは1850年にセーケシュフェヘルヴァールに生まれた天才児イグナーツ・ゴルドツィヘルについてもいえる．既に12歳でヘブライの説経の起源と構成に関する研究を発表した（印刷代は父親が支払った）．そして4年後には，オックスフォードとケンブリッジで学び，彼はブタペスト大学の助手となった．エトヴェシュ大臣が世話して得た奨学金で，彼はダマスカスとカイロに旅行した．ヴァーンベーリと違ってゴルドツィヘルはユダヤ人であることを名乗り，それにもかかわらず，モスレム世界の最高の宗教研究所で受け入れられた．彼の優秀なアラビア語とアラブの宗教哲学と法律の知識はエジプトの研究者を驚かせた．この間，彼はトルコ語，ペルシャの方言だけでなく，サンスクリット語と

第27章 「ハンガリー系ユダヤ人かユダヤ系ハンガリー人か？」：貴族とユダヤ人の珍しい共生

ロシア語をも学んでいた．

それでもゴルドツィヘルはユダヤ人として帰国後もブタペスト大学では教授になれなかった（助手は講義はできるものの，俸給は得られなかった）．彼は30年間，即ち，1905年，55歳で教授の職を得るまで，イスラエル文化協会の書記として働かねばならなかった．気の遠くなるような長い間の文化協会の従業員としての職務の間，彼は自分の上司達を野卑で，視野が狭く，軽蔑すべきものとして憎しんだ．それでもなおかつ彼はウイーン，プラハ，ベルリン，オックスフォード，ケンブリッジへの誘いを断り，むしろ彼の「奴隷的な」生活の舞台であるブタペストへの忠誠を貫いた．そうなると彼の克己心はそのハンガリーへの愛国心といえるだろうかという疑問が出てくる．

理由はともあれ，ゴルドツィヘルはこのまさに難しい時に，日に8時間から10時間「バカ者ども」のために働き，彼の最も重要な著作を，大多数ドイツ語で取りまとめた．彼はハンガリーも含めてヨーロッパ諸国のアカデミーの会員に選出された．彼の文学作品は莫大な数に昇り，彼の弟子の1人は1927年に，パリで，彼の560冊の著作と重要な研究の文献目録をまとめたほどである．イスラムに関する彼の業績は世界中で高く評価され，100年後も新たに発行されている．

にもかかわらず，彼の妻によって「整理」された，そして彼の死後5年後に公にされた日記メモは，多くの観点から病的に嫉妬深い，パラノイヤ的な人間像を浮かび上がらせ，自分の息子の嫁に恋した，自分より才能のある同僚に対する毒のある批判，特に自分の支援者，ヴァーンベーリの悪口を呟く人間であった．そして彼のことを，「ペテン師」などと呼び捨てていた．

そのほか2人の，国際的にはそんなに知られていないトップ・レベルの学者に，かってのヴァーンベーリの弟子のイグナーツ・クーノシュとベルナート・ムンカーチュがいる．彼らは，トルコ語，もしくは，ハンガリー語と親戚のウラル・アルタイ語である，東部ヤクー語，チュヴァー語，ヴォグール語に就いて画期的な本を書いたが，残念ながらハンガリー語で出版され，後に彼らは，国際的に評価されたオリエントに関する雑誌を刊行した．しかしこの2人の才能ある研究者は正しく評価されなかった．やっと1918年にいたってクーノシュは58歳（！）で首都の大学に正教授として招かれた；しかしながら，当時激しくなった反ユダヤ主義の雰囲気の中で，彼は再び追放された．彼の同僚

のムンカーチュは既に「50歳」でアカデミーの会員となったが，遂に，大学に職を得ることは無かった．

今日ではこの2人の才能ある研究者は，ヴァーンベーリ，ゴルドツィアとほぼ同等に評価されている．このことは，ハンガリー語のフィン-ウゴル起源がナショナリスティックな，似非科学者たちやいかさま師たちによって特に，疑問符を付されるのは，殆んどのそしてこの分野の偉大な言語学者達がユダヤ系であったり，ドイツ系であったりするからである，と，ウイーン大学のフィン・ウゴル学のカーロイ・レーデイ教授が述べていることを否定するものではない．[25]

第28章 「ハンガリー人はドイツ人になるのかマジャール人か?」:ドイツ人の特別な役割

「マジャール人とその他のハンガリー人」をミュンヒェン大学教授フランツ・フォン・レーアが1874年に著した作品ほど外国人著作でハンガリーのなかで大きな怒りを買ったものは無い.[1] 19世紀の70年,80年代の反ハンガリー・キャンペーンを彩ったあの怪しげな高慢で,かつ,長きに亘って,ドイツ語圏でハンガリーに付いてのイメージに影響してきた言葉を引用してみよう.この本は,個人的印象と,旅行記と,反論を許さないような,忌避されるべき一般化した批判のごっちゃ混ぜであった.

  法律,戦争,国家に関すること,宗教,慣習,文化,科学その他もろもろの文明に関してのアイデア,そして,産業上の生産物,商業上の物品にせよ,如何なるものもただの1つとしてハンガリーから発して教養ある世界に進んでいったものは無い.何処にもその形跡が無いとは,マジャール人の奇妙な特徴である…
  次のことは事実である:マジャール民族は,1000年以上も前の,彼らのテントがアジアの草原地帯に転々としていた時代とそんなに変わらない生活形態を営んでいる…マジャールの文学が突然この世から消えうせても,世界が何か失うものがあるだろうか?

「血と放火への猛り狂った略奪」を思い出し,「いかに寛容なドイツ人でさえも,怒りと吐き気で,復讐の為の偉大な戦いの後で,怒り狂った「フン」族を生きたまま穴に放り込んだ」として,レーアは,ドイツ人の移住の波を総括して,特徴的なタイトルの結論を出した,「ハンガリー人はドイツ人になるのか,マジャール人になるのか?」と.[2]

マジャール人はかっても将来も…決して永遠に文明民族たりえないだろう．マジャール人の性格はそれ自身では決してより高等な教育の為の内的なエネルギッシュな萌芽を秘めていないし，独自の努力もしない…他の民族は，永遠に方言であり続ける言葉を受け入れ，その歴史，性格，情勢からして指導的な諸民族の後からいつも模倣してついていくだけの民族の犠牲になるだけだ．

激しい調子と歯に衣着せぬ嘲りは，部分的には当初文化面で推奨されたマジャール化の努力の反動であった．あの，遅れた，未開の民族が，「ドイツ人とスロバキア人」はマジャールの本を読めるようにするために彼らをマジャール化する，などよくも言えたものだ，とは支配欲のある，浪費癖のある，無教養なハンガリー人に反対する理屈である．古くからの（ハンガリー）の主人の多くは，あたかも本に触れれば，指をやけどするかのごとく，しゃちほこばって本に触れることを怖がっている，とレーアは述べている．

ウイーンに住むバナト地方出身のシュヴァーベン人アダム・ミュラー・グッテンブル（1852－1923年）はまったく別の目的を狙っていた．反ハンガリー的でドイツ的なものを強化し，190万人に及ぶドイツ人の同化への流れに水を差そうとしたのである．この勤勉なシュヴァーベン人によれば，トルコによって荒廃した土地に移住したドイツ人と，他方で，タバコを吹かしていつも，酔っ払ったハンガリー人の領主が，対照的である，というわけである．ハンガリーが「独自の文化を持たない文化のはざま」というテーゼは浪漫主義，なかんずく，「住み着いたハンガリー人」レナウやリストによって広められたプスタ，パプリカ，ジプシー，ティコーシュ，馬に跨る牧童と言った歪められたイメージと関係している．今日に至ってもこのようなステレオタイプ的なハンガリーについての考え方が更には，旅行のパンフレットにより，単にヨーロッパのみならず，世界中に新たに氾濫している始末である．

既に，エックハルトがそのエッセイでハンガリー像について書いている：「（ハンガリー人についての）このようなアジア的要素を我々は外国人に押し付けたもほぼ同然である」．もちろん，乱暴な，威張った，軽はずみなハンガリー人はウイーンの風刺雑誌にコミックな人物像として18世紀初めの描写で，

第28章 「ハンガリー人はドイツ人になるのかマジャール人か？」：
　　　　ドイツ人の特別な役割

好意的に描かれ，それは，シュタイアーマルク州のバート・アウスゼーにある郷土博物館で観ることができた．例えば，名も無い芸術家が，各民族について，全部で17の特徴を挙げろと言われて，彼は民族服に身を包んだ10個の人物像を描いた．そこではスペイン人，ドイツ人，英国人，トルコ人に混じってハンガリー人が描かれた．ハンガリー人のところには，「不忠実で，裏切りやすく，扇動的で，残酷で，血に飢え，理性も無く，怠惰である」と説明書きがあった．

ドイツ語文学のロマンティックに彩られたマジャール人像の実際の創作者はやはり，少・青年時代の大部分ハンガリーで過ごしたニコラウス・レナウ（1802－1850年）であった．彼の有名な詩（「野辺」，「3人のジプシー」，「バコニーの盗賊」，「ティサ河のミシュカ」）はハンガリー平原を賛美し，その自然に囲まれた，いまだ無垢な人間，ツィコーシュ，盗賊，軽騎兵，特にジプシーを歌い上げた．国粋主義に染まったハンガリーの歴史家や文学者達は，彼が，浪漫主義的な，「過剰」に描いたジプシーの姿がハンガリーのイメージを歪め，ポピュラーなドイツ人の想像の中にジプシーとマジャール人を同一視させてしまった，と，非難している．[3]

実際は，レナウはシュトレーナウのニーブシュというペンネームを語って，今日では19世紀のオーストリアで最も重要な詩人と言われ，決して「プスタ・浪漫主義」の草分けではなく，メッテルニヒ国家に反対する詩人であった；彼の詩の主人公は，反抗者で，異端者で，革命家で，世俗及び宗教界の部外者かつ反対者であった：例えば，ファウストとか，サヴォナローラやアルビゲンサー，ラーコーツィなどである．[4] 42歳で既に精神錯乱に陥ったレナウは時が立つとともに，時代を支配する政治的な様相に応じて，「一生ハンガリー的」であり，次に，「ハンガリー的ドイツ人」，「ハンガリーのドイツ人」であり，30代の後半からはドイツ人の，時としては更に「南東ドイツ的詩人であった」．ハンガリーのドイツ文学者アンタル・マードルはその研究書の中で，人は，この大詩人を誤まって解釈しただけでなく，利用しようとしたことを示唆するだけではなく，ハイネやペテフィと並んで，「中欧の3月革命の社会の進歩と革命的志向の重要な前衛である」，と，示唆した．[5]

ハンガリーからの批判の一部には，フランツ・リストがレナウに強く影響されるあまりに，ジプシーに関する彼の有名な，ハンガリーでは問題になった著

第28章 「ハンガリー人はドイツ人になるのかマジャール人か？」：
ドイツ人の特別な役割　　　　　　　　　　　　　　359

書が，レナウの「3人のジプシー」のフランス語版を書き写したものであって，それに，彼のハンガリー・ラプソディーが外国で，ジプシーとハンガリー人とを同一視させてしまったことに向けられている．[6]

　フランツ・リストは疑いも無く最も著名な，同時に，ハンガリー人が自慢とするハンガリー人である．彼は，自分の人生のすべてを通じてドイツ語と後半はフランス語しか話さなかったのにもかかわらず，常に，先祖がハンガリー人であること及び自分がハンガリー人であることを明らかにしていた．英国の紀行作家のジュリア・パルドゥーは，ある章すべてを尽くして，ブタペストの聴衆がリストを1839年に歓呼で迎えたことか，そして5000人のハンガリー人がこの芸術家を舞台に登場した後宿舎までついていったことを描写している．[7] この成功した演奏旅行で，演奏会の終わった後，かってトランシルバニア侯爵イシュトヴァーン・バートリのものであった，高価な，豊かに宝石をちりばめた剣が彼に贈られた．目に涙を浮かべながら，リストは，この剣を，昔は武器による行為によって高名であった民族が，芸術と言う分野で世界に冠たる民族であることを示すという信託を受けたと理解したい，と宣言した．そして，彼は，ハンガリーが国の建設に於いて暴力によってさえぎられた時には，この剣は再び鞘から抜かれ，「我々の血は最後の一滴まで，我々の権利と国王，祖国のために捧げられるであろう」，と語った．

　リストが1848／49年の革命の時に，ドイツの小国の宮廷の中に引っ込み，彼の剣は引き出しに仕舞ったままであったことは，ハイネの嘲笑の詩「1849年秋」に格好の材料を与えた．[8]

　リストはしかしながら繰り返し，1873年5月7日の手紙のなかでも，「私がハンガリー語を不十分にしか解らないにもかかわらず，私が生まれたときから死ぬまで心底からマジャール人であることはご理解されるでしょう」，と強調していた．彼は，1829年にハンガリー語の勉強を始めた．しかし，5時間後のtantorithatatlansag（不動）と言う言葉で神経がおかしくなり，諦めてしまった．にもかかわらず彼は，1867年には戴冠ミサ曲を作曲し，1875年にはハンガリー音楽院総裁の職を引き受けた．[9]

　フランツ・リストが自分の愛する国民の言葉を習得することに成功しなかったとしても，また，ドイツ人意識に包まれた政治家達や知識人たちの抗議にも

第28章 「ハンガリー人はドイツ人になるのかマジャール人か?」: ドイツ人の特別な役割

かかわらず，マジャール化はバラバラに分散してハンガリーに住み着いたドイツ人の住民の間で予期に反し，大きな進展を示した．このような状況を理解する為には，ドイツ人の状況がハンガリーのほかの民族と根本的に異なっていたことを理解する必要がある：[10]

・彼らは，同じ時期に起こった，他の人種と違って，しっかりした共同体を形成していなかった．最も古い住民は，アールパードの時代に，トランシルバニア（ザクセン人）に，そして，上部ハンガリー（ザクセン人の一部で，今日のスロバキア）に住み着いた．トルコの支配の後，シュヴァーベン人が，実際は他の沢山の地域から，18，19世紀にバナト地方やバチュカ，所謂「シュヴァーベンのトルコ」（西部ハンガリーの地域，ペーチとトルナを含むバラニャ県）に移住した．方言や彼らの経済状態，住み着いた地域の条件が緊密な共同を阻害した．
・スロバキア人，セルビア人，ルーマニア人，勿論クロアチア人と異なってドイツ人たちは国中に散らばっていた．トランシルバニアのザクセン人を例外に，彼らには緊密になる移住地域が無かっただけでなく，言語的，文化的，歴史的に共通の伝統が無かった．
・社会的な構造も全く異なっていた．例えば，都市のドイツ住民と農村の住民の間ではほとんど接触がなかった．社会的な相違は，ハンガリーの市民社会化に占める都市のドイツ市民の特別な役割によって更に顕著になった．
・最後に，ハプスブルク帝國のオーストリアと，ドイツの住民との言語的な共通性はこれらの国々との自然な同盟関係を意味し，ハンガリーでのドイツ・ナショナリズムの運動を支えたと言う事実を意味した．このような要因は，王制が崩壊した後，そして，第三帝國が成立したことによって，重要な，部分的に忌まわしい役割を果たすことになる．

基本的には，セーチェニによって記憶に残るような形で形容された，「我々は頼れるのは自分だけだ！」，と言う気持ちは，同時にトルコ人とドイツ人とに対する区別にもなった；これは，後にはスラブ人とドイツ人，なかんずく，ドイツ・オーストリア人に対するものになった．ドイツ・ハンガリー関係は，従って，「軋轢」の関係であった．それは，ポーランドやチェコ諸国が，国の

形成とドイツ人植民と結びついているのと似たような問題がある，と，歴史家のギュンター・シュトックルがその著作「東ヨーロッパとドイツ人」の中で述べている．

　　問題は一方で，ハンガリー人とドイツ人が多岐にわたってスラブ人とルーマニア人に対して共通の前線を形成していることによって緩和されている；他方，ハプスブルクの支配が，ハンガリー人にして見れば，ウイーンによって進められ，ハプスブルク帝國の行政を中央集権化する，無意識的なゲルマン化への努力であり，これがドイツ人による支配と見られ，実際，ドイツ的要素の強化に貢献したのであるから，問題は一層長期化し，深刻化するのである．[11]

ドイツ人の全ハンガリー（クロアチアとスラボニアを除く）人口に占める割合は，1880年当時で，13.6％であったのが，1910年の時点では10.4％に減っている．理由は3つあり，1つは，低い出産率で，2つ目は，外国移住が高い比率であったこと，第3は増加する同化であった．マジャール化はドイツ人の学校（トランシルバニアを除いて）にも強い影響を与えた．1910年にはブタペストにはドイツの小学校が全く無かった．1850年当時には，首都の住民のほぼ3分の2（1848年には4分の3）がドイツ語を母国語として，そして，1880年においてもなお3分の1がドイツ語を履修していたのに，1910年にはたったの9％になってしまった．ハンガリー系ドイツ人は1つも独自の中学校を持っていなかった．[12]

このような背景の下に，ベルリンにおけるドイツ人学校連盟，ハンガリー人民党や他のドイツ人少数民族組織の成立や活動更にレーアやトランシルバニア出身の代議士ギド・フォン・バウセルンの著作（「ハンガリーでのドイツ民族の締め上げ」）の出版を理解することができる．[13] ドイツから支援を動員しようと言う試みは，しかしながら失敗した．それは，チェコの側から当初，前途有望と言われて推進された連邦化（二重主義――オーストリアーハンガリー――ではなく，三重主義――チェコも加えたもの）の構想がアンドラーシ首相によって成功裏に1870／1871年に阻止されたことと関係している．ハンガリーの立場は，それ以降直接，間接に，アンドラーシ――そのときは外務大臣――とビス

第28章 「ハンガリー人はドイツ人になるのかマジャール人か？」：ドイツ人の特別な役割

マルクとの緊密な協力の下で強化された．ドイツの国家存続は，ドイツの外交にとりハンガリー内ドイツ人の運命よりも比較にならないほど重要であった．ビスマルク自身，ハンガリー政府に対して，ドイツ政府はハンガリーの内政に干渉しないだろう，と，安心させた．ハンガリーの中のドイツの要素はどうでもいいことである，というのは，ドイツ帝国は，「ハンガリー王国の強さと一体性に明確に価値を置いているからである，」「それに対しては，感情的な要素は二の次である」，と言うのである．[14]

ビスマルクは，アンドラーシが外務大臣のとき，1871年の独・仏戦争の際にドイツ帝國に反対せず，むしろドイツ側に立ったこと，及び，ケーニヒグレーツの敵との和解を準備したこと，そして遂にはオーストリア・ドイツ連合——「二国間同盟」——を，1879年，外務大臣を辞任する前に実現したことを忘れなかった．ビスマルクは後に，好意的な同盟国を希望し，トランシルバニア・ザクセン人の独立志向にも反対した．他方で，ビスマルクによって了解され，アンドラーシによって推進された1878年のボスニア・ヘルツェゴビナの占領，そして後の1908年の併合は宿命的な過ちであった．というのは，これらは二重帝國を南スラブ人の憎むべき敵にしてしまったからである．ビスマルクのことを悪く言う人は何時も，彼は，オーストリアの関心を（ドイツ）帝國から他に向ける為に，オーストリア・ハンガリーの関心をバルカン仕向けた，と主張する．

ハンガリーのドイツ民族主義運動のリーダーは，例えば，当時の国会議員エドゥムンド・シュタインアッカー（同名・同姓の歴史家の父親）は，皇太子フランツ・フェルディナントの取り巻きを通して，マジャール優位の阻止と王政内部の改革に影響力を及ぼそうとしていた．[15] 大公自身は，自分が親友と思っていたドイツ皇帝ヴィルヘルム——彼の手紙の中で，我が愛するフランツィと呼んでいた——に対して，手紙や口頭でハンガリーに対して敵意を駆き立てていた．1909年8月7日の長い手紙の中で，彼は自分の感情を包み隠さず述べている：

　　所謂高貴な，騎士的なマジャール人が，最も悪質な，反王政的で，うそつきな，信頼できない連中である，そして王政が困難に会うすべての理由の根源は，マジャール人にある，という，私が何時も言ってきた意見が何

第28章 「ハンガリー人はドイツ人になるのかマジャール人か?」:
ドイツ人の特別な役割   363

度も証明されてきた.
　…このようなハンガリー人の優位を打破すべきである．そうしないと
我々は疑いの余地無く，スラブの支配下になってしまう．

　しかしながら，皇帝ヴィルヘルムはハンガリー人が根っから好きであった．
彼は，カシャの歩兵部隊34と第7騎兵隊の名誉司令官の地位にあった．彼は，
演習のたびにこの部隊を視察に出かけ，攻撃に際しては自ら指揮をとった．オ
トカー・チェルニン伯爵は，大公に，ヴィルヘルムⅡ世の友人であったマック
ス・エゴン・フュールステンベルク侯爵の口から，皇帝ヴィルヘルムが決して
ハンガリーに介入しないだろう，ということを告げた．皇帝はスラブの危険性
のみを心配し，マジャール人を大変好み，オーストリアは決して反ハンガリー
について彼の支援を頼みにしてはならないこと，そのことをハンガリーの政界
では良く知られていることだ，と．[16]

　このような状況のもとで，ハンガリーの市民社会化と近代化のプロセスにド
イツ民族グループがユダヤ人と並んで特別な位置をしめたことは驚くに値しな
い．そこにはハンガリー人，ユダヤ人，ドイツ人の間で奇妙な三角関係があっ
た．「地方のハンガリー人貴族は特にドイツ人の市民を好まない．両者は，ス
ロバキア人，ルーマニア人，セルビア人の商人，手工業者，或いは百姓を毛嫌
いしている．そして全員は次の点で一致している：彼ら全員はユダヤ人を憎ん
でいる．」このように，ペーテル・ハナークはその書「他人の姿」において
——奇しくも——行動様式を総括している．[17] 1850年と1910年には，マ
ジャールへと同化した中で凡そユダヤ人は70万人，ドイツ人は60万人いた．
其の上に，1910年に4人に1人のユダヤ人がドイツ語を話した．我々は，歴
史的に，中世から1848／49年，1883年のポグロムを経て同化のプロセスまで，
都市が「競争と反ユダヤ人主義」の爆発のショウウィンドウであったことを見
てきた．
　ユダヤ人に対称的に，同化ドイツ人達やその末裔は比較的容易に，官吏，将
校，教会に職を見つけることが出来た．1890年と1910年の間に4つの重要な
官庁ではドイツ系の官吏の割合は，23.7%から26.4%に増えた．1930年には，
教育のある中産階級でドイツ系の占める割合は15%から20%と推定されてい

る。[18]

苗字のマジャール化は，ユダヤ人の場合と同様に，素性を隠すのに役立った．ドイツ人の専門技術者の高い割合は当然のこととして，比較的大きなビールの醸造業者，製紙会社，農業機械製作会社，成功した建設会社，有名な菓子製造会社やレストラン業者，例えばグンデル，クグラー，はドイツ人移民によって設立された．ハンガリーの国歌や多くのオペラの作曲家フェレンツ・エルケル，有名な作家フェレンツ・ヘルツェック，彼の若き同僚シャーンドル・マーライ，20世紀の最も好まれた演劇家の1人であるギジ・バヨル，それに特に今日まで威風堂々たる街の姿を設計した著名な建築家ヨーゼフ・ヒルド，エデン・レヒナー，ミハーイ・ポラク，フリギェス・シュレク，イムレ・シュタインドル，ミクローシュ・イブル，などは，最も著名なハンガリーの19世紀の画家ミハーイ・ムンカーチュと同様，ドイツ系である。[19]

最も偉大なキャリアを残したのは金融の専門家であるシャーンドル（アレクサンダー）・ベケレである．財務省でほぼ25年間，局長，次官，そして最後は1889年以来大臣として，1892年には，初めての民間出身の政治家として首相に任命された．教会，貴族階級，王宮の強い抵抗に会いつつ，彼の保護の下で，教会政策の改革，市民の婚姻，ユダヤ教の他の宗教との同等性が実行された．それが故にベケレは解任されたが，彼は，2度更に，最後は帝國が崩壊する直前の1917／18年に首相に任命された．シュヴァーベン出身の家族の末裔はほぼ8年間に亘って3つの政府のトップを勤めた．彼が，「千のトップの貴族」，ゼンプレーン県知事の娘と結婚したので，この巧みな政治家は社会の最上級の階層に属した．人々が彼の素性とリベラルな姿勢を「許そう」としなかったことは，次の2つの醜い戯画が示している：「メックレンブルクの先祖」というタイトルでは，若いときのベケレが，ドイツ人に特有な百姓の身なりで，半ズボンを履き，スリッパを履き，三角帽子をかぶって，野鼠を追っ払っている様子が描かれている．第2の漫画は，「スキタイ人の孫」とのタイトルでハンガリー人になった子孫が，大臣室の立派なソファーに座り，彼の膝と肩には，至るところに醜い小さなユダヤの野鼠が，市民との婚姻の導入とモーゼの宗教が認められたことを喜んではしゃぎまわっている様子が描かれている．このような反ユダヤ人主義を政治的に弄ぶことを超えて，この戯画は，移住してきたドイツ人が外見上だけマジャール化を理解したに過ぎないことを示している．

第28章 「ハンガリー人はドイツ人になるのかマジャール人か？」：
ドイツ人の特別な役割

第一次世界大戦後の外務大臣で，ウイーンの大使になったグスターヴ・グラッツ——王政と 1918／1919 年に関する基本的な著作物の作家——もシュヴァーベン生まれである．彼は，「揺れ動く民族」（ヘラルド・シュタインアッカー）に属し，2つの言語を喋り，「異なる感情と想像の世界の2つの魂を持ち」，人口調査ではハンガリー語を母国語としていた．[20]

ハンガリー人は「ドイツ人になるのか，マジャール人になるのか」というレアーの大げさな問いかけに対しては，部分的には悲劇的な状態を生んだが，それは歴史が明確に回答を出した．ヒットラーのドイツがハンガリーのドイツ人を SS とナチに率いられた民族連盟に動員しようとし，又，第2次世界大戦の後，少数派は高い，全く深く予期もしなかった犠牲を払うことになった．1941年，国勢調査で，ドイツ派である事を告白したあらゆる人々は，1946年，有無を言わさず，ドイツに追放された．13万5000人以上がドイツ連邦共和国に，6万人から7万人がソ連に追放された．ハンガリーに居残ったものは，法律上は 1950 年まで，実際は 1955 年まで，権利無きまま，著しく差別された．今日，20万人から22万人，即ち，ハンガリーの人口の約2.5%のドイツ人がハンガリーに住んでいる．殆んどは同化してしまっていて，すなわち，2ヶ国語を喋ることができる；同時に，ドイツから文化並びに教育上の寛大な支援を得ている．多分，18世紀後半に歌われた民謡「シュヴァーベンの証拠」が真実を語っているのだろう：

    ハンガリーの国は最も豊かな国，
    そこには沢山のワインと駿馬が育っている
    だから，緑の山は，告げている，
    既に船が待っている，
    そこには沢山の家畜や肉や鳥に満ちている，
    そして，限りなく広々としている，
    今，ハンガリーの土地に行くものは，
    黄金の時代が輝くだろう．[21]

第29章　第一次世界大戦から「絶望的独裁制」へ：赤い伯爵とレーニンのスパイ

　皇太子フランツ・フェルディナント大公及びその妃が1914年7月28日にサラエボにおいてセルビア青年ガブリロ・プリンチップに暗殺されたことは，ハンガリーの世論には，特に激しい悲しみの気持ちを惹起しなかった．というのは暗殺された本人は，ハンガリー内でハンガリー人がヘゲモニーを握ることへの激しい反対論者であったことは誰でも知っていたからである．決定的なスラブ人支持者であるこの皇太子が南スラブの秘密警察「黒い手」の委託による者の襲撃の犠牲になるとは運命の悲劇的な皮肉であった．これは，ドナウ帝国が崩壊する予兆となる特殊な紛争の一部であった．憎しみの対象であった大公の死に復讐するために，ハンガリー人の誰が戦争までも考え，しようと思っただろうか？　ハプスブルクのために死のうとする者が居ただろうか，ましてや，フランツ・フェルディナンドのようなハンガリーを憎んでいる者のために？
　ヨゼフ・ロートの著作「ラデッキー・マーチ」は，皇太子の暗殺が噂の段階で，国境警備の砲兵隊の将校の間で民族問題について始まった論争について次のように描いている：

　そこで，酔っぱらったバッチャーニュ伯爵は祖国出身の者達とハンガリー語で喋り始めた．人々は全く解らなかった．他の人たちは沈黙して，話している人を順番に眺めていた．兎も角少々仰天していた．しかし，ハンガリー人達は，一晩中続けようとしているようだった；彼らの国の風習に従おうとしているようだった．遠くから眺めていても，少しだけ理解できる程度であったが，彼らの表情から，彼らが周りにいる人など次第に忘れてしまって来ているように見えた．時々彼らはどっと笑っていた…スロベニア人のヤラチッチが怒ってしまった．彼はセルビア人を蔑むと同様にハンガリー人を憎んでいた…彼はテーブルに近く，テーブルを平手でたたき：「諸君，話はドイツ語で続けよう」，と叫んだ．ベンケは一瞬喋るのを止めたが，次のように答えた：「それではドイ

ツ語で話そう：我々は——私の国の人々と私は——ブタ野郎が死ねば嬉しいという点で意見が一致した！」.[1]

にもかかわらず，抗議の書簡，最後通牒，そして最後はセルビアへの宣戦布告は，ハンガリーでもオーストリア側と同様な喝采を持って受け入れられた．特に，やっと「野蛮なツァーに」1848年の敗北に対して教訓を与えることが出来る，と言う事実が国民のエモーションを燃え上がらせた．フーゴー・ホフマンスタールがその手紙の中で告白していることは，ハンガリーの知的エリートの考えを大方反映しているだろう：「私の言うことを信じ，あらゆる私達の友人に伝えて欲しい．ここにいる私達は，全て，骨の髄まで，どういう結果になろうとも，決意を持って，喜びさえ持って，これに邁進してゆきます．これまで体験したこともない，いや，そもそもそんなことが可能だと思っても見なかったのです」.[2]

暗殺から戦線布告まで1ヶ月がかかったのは，戦後初めて明らかになったことであるが，ハンガリーの首相イシュトヴァーン・ティサ伯爵の戦争開始に否定的な態度に関係していた．ドイツーオーストリアの，或いはドイツの併合戦略の考えと違って，ティサは戦争のタイミングが不適当で，理由も賛成できないと考えた．彼にとって大事なのはハンガリー内でのハンガリー人の指導的地位の維持であった．戦争の拡大或いはスラブ系人種のほんの少しの増加でも，二重帝国を，即ち歴史的なハンガリーの中でのハンガリー人の優越的地位を危うくさせかねないものであった．従ってハンガリー指導者の国際政治上の立場は煮え切らないものであった．しかし，ティサは遂にはウイーンとベルリンの一致した圧力の下に譲歩せざるを得なかった．彼は，セルビアへの最後通牒に，セルビアを征服したとしてもこれを帝国に併合しないとの条件の下に同意した．[3]

ティサは内政では野党に対して強硬派で，議会で反対する議員は力で，警察力を導入しても排除する人であったので，内外では彼を戦争を積極的に進める者と見なしていた．市民革命の1918年10月31日，彼は今でも解明されていない状況で，彼の別荘で数人の武装した兵士により暗殺された．後になってから共同の閣議において，彼が戦争の結末について警告した唯一の帝国の指導的政治家であったことが明らかになった．彼はしかしひとたび決定に従うや，最後

までこのラインに沿って宮廷の「尻をひっぱたいて」いった．

彼は清廉潔癖の人であり，決断力のある人であったが，政治的には盲目の人であった，とロバート・カンは述べている．[4] 彼に帝国最後の時にさえも民族問題（選挙権の問題も）について理解が及ばなかったことは，1918年に彼が行った伝説的なサラエボ訪問が示している．ボスニアの政治家が覚え書きを携えて彼に面会を求めたとき，騎馬大佐のユニホームに身を包んだティサは（その時には彼はカール皇帝から首相の職を解かれていた），その代表団に対して席さえ勧めなかった．彼は怒鳴りつけるように言った：「多分我々は負けるだろう．しかしこのことだけは確信して欲しい．我々は負ける前に，国内で敵のために隠れて行動している男達を粉砕する力を十分持っている」．その際に彼が覚え書きをムチで巻き上げたという話は他の資料では確認できていない．[5]

大戦の前半ではティサは，議会の多数派のリーダーとして政府をしっかりとコントロールしていた．戦争が長引くにつれ，国民は経済や食糧事情の悪化を実感していった．労働者や従業員達の実質賃金は47％乃至67％下落していった．340万人の男達がハンガリーとクロアチアから出兵していった．53万人が死亡し，140万人が負傷した．大ハンガリーの戦争捕虜は83万3000人に達した．[6] 民族別の資料がないので個々の民族グループの損失についてのはっきりとした統計はない．不満と憤慨が広がっていった．ハンガリーでは抗議やデモが行われ，後にストライキが起こった．労働組合は1917年には既に20万人の組合員を要し，社会民主党と共に他の野党グループも根本的な国内政治改革を要求した．二重帝国のシンボルとして68年間種々の民族を束ねてきたフランツ・ヨーゼフ1世が86歳で1916年11月21日亡くなったとき，1つの時代は終わった．ドナウの多民族国家では自由と新しい時代の到来が語られていた．ロシアの2月革命と1917年3月のツァーの辞任，アメリカ大統領ウイルソンの平和宣言，南東戦線での希望亡き膠着状態の後，ハンガリーでも政治的緊張と新しい左派グループが成立していった．

ヨーロッパの「原始的カタストロフィー」（ジョージ・ケナン）以降，二重帝国の崩壊乃至第一次世界大戦の多岐にわたる影響について，沢山の本が書かれた．その多くは，王国は当時既に沢山の腐敗に見舞われていたというものである．最近の本では，19世紀，20世紀初めのハプスブルク王朝の歴史にとって「没落」という概念は正しいとしている：しかし，むしろ王朝は，決定的な戦

争に敗れたので没落していったのである．[7] 王朝をよく知るルイス・アイゼンマンでさえも，1910年に「王国の生命力」の中で，「オーストリア，ハンガリー，オーストリア—ハンガリーのあらゆる問題は自分の力で解決されることが出来よう．そこに進歩があり，そこに将来に対する保証がある」．と言う見解を述べているのである．[8]

今日では，ハンガリーの多くの歴史家達は，崩壊の原因は近代的なナショナリズムのダイナミズムにあった，と言う見解を持っている．そして，王国や歴史的ハンガリーの崩壊の形，新しい秩序の輪郭は初めから決まっていたのではなく，それらは戦争の終わり方，大国間の利害，革命の熱に襲われた国々の国内の関係に依存していた，との見解である．[9] カンは王国の崩壊プロセスについて次のように結論付けている．「オーストリア—ハンガリー帝国はセルビアとの戦争を決意し，この様な方法で死への恐怖から自殺を行い，二重帝国にとって唯一の生き残りの機会を失った：即ち時を稼ぐという機会からである」．[10]

「カール皇帝・国王によって導入されたウイーンとブタペストの最後の政府が帝国の崩壊を完成した」とはチャーチルの言葉であるが，そうとまでは言い切れない．政府はこれを見つめていたに過ぎない．1918年10月16日，野党の指導者ミハーイ・カーロイ伯爵はブタペストの国会議事堂で，「我々は戦争に負けた；今重要なことは，平和を失ってはならないことである」．と演説した．24時間後，アッと驚くようなことが起こった：相変わらず強い影響力のあるハンガリーの政治家ティサは彼の党の仲間が唖然とするようなことを発言した．「私はミハーイ・カーロイ伯爵が昨日言ったことに同意する：我々は戦争に負けたのだ」．この発言の影響について，カーロイは彼自身のメモで次のように書いてる：

この発言は，動揺している大多数の人々に稲妻のように響いた．ティサは起こったことの重大性と，彼の大きな責任の重さに動揺してしまった．それは，反動に対して想像する限り最も重大な一撃であった．ティサの発言は瞬く間に国中に，防空壕の中に，戦いの前線に広まった．ティサが発言したので初めて

真実を知った人が大勢いた.[11]

　1918年10月と1919年3月の革命，そして1919／1920年の反革命は敗戦の直接の結果であった．ことは階級に根ざした社会的革命では第一義的にはなかった．むしろ民族間の敵対心，正統でないと受け止められた連合国側の処置に由来する緊張から出たものであった．

　ハンガリーで此の15ヶ月足らずの間に起こったことは，「事前に予期しなかった危機」（ポール・ヴァレリー）のまさしく典型的なものであった．1932年，此のフランスの詩人，随筆家に，50年後の先を予測して欲しいと聞いたところ，彼は教授論文のテーマの動機を示唆して，「我々は未来へ後退する」，として，更に「予測するために，昨日や一昨日に依拠することは益々危険になっていくだろう；しかしどんなことにも覚悟しておくこと，或いは殆ど覚悟しておくことは賢明なことだろう」．と答えた．[12]

　何がしかの勢力や偉大なイデオロギーが政治の舞台を牛じるのではなく，ヤコブ・ブルックハルトの言う政治的偉大さには欠けるけれども，歴史を色濃くする人物が政治の舞台を飾る．特にこの主役の1人が，ハンガリー政治の「スフィンクス」と呼ばれ，帝国の崩壊後の決定的な移行期に活躍した，当時43歳のミハーイ・カーロイ伯爵であった．[13]

　古いハンガリーの政治は，政治的ポジションを自分たちの期限や変転する個人の条件によって変える一連の貴族を役者とするコーミシェ・オペラと似ていた．イシュトゥバン・ティサは優れて強い政治的個性の持ち主であり，ドイツとの同盟の確固たる信奉者であった．しかし，カーロイ，アポニ，アンドラーシ，エステルハージ，ジチ，パラビッチーニに代表される高位の貴族連中の目から見れば，成り上がり者（ティサはやっと19世紀末に伯爵の位に就いたばかりであった）で，視野の狭いジェントリーの代表に過ぎなかった．大貴族閥達はティサの硬直した路線に反対であり，民主化への最小限の道は開くべきだと主張した．カール国王は，1907年以来オーストリアで実施されているように，自由平等選挙の導入を迫った；しかし，ハンガリーはそれには熱心ではなかった．ザクセンの公使アルフレッド・フォン・ノスティッツ男爵は次のように書き残しているが，彼は間違っていなかった：「ハンガリーの事情を少しでも知っているならば，野党が正直にやっているかどうか疑ってかかるだろう．と

いうのは，アンドラーシもアポニも本音では，自由選挙に繋がりうる非ハンガリー人の解放にはティサと同様に反対であったからである」.[14]

国会では貴族達は最高の政治的地位を占めていた．アルベルト・アポニ伯爵は，議会の開催中に宣戦布告が知らせれた時に，「遂にやった」と叫んだ人物であるが，彼は同国人の政治的情熱を次のように説明している：「そもそも3人のハンガリー人が政治について話をすると，彼らはすぐに政党を作ってしまう：そして1人は党首になり，2人目は副党首，3番目は幹事長になる．彼らはどんな機会にも重要な声明を出すことが自分の義務だと心得ているのだ」.[15] グループが徒党を組んだり，派閥を造ったり，分裂するのは，この奇妙な国会の日常であった．そこでは国民の6％（トランシルバニアでは3％，クロアチアでは2％）のみが（勿論公開で投票するわけである）選挙権を行使していた.[16] 1918年の市民革命が，ミハーイ・カーロイ伯爵の指導の下で勝利したとき，ハンガリーで革命のトップに貴族が座ったのは偶然ではない.[17] 第一次大戦が勃発する前の政治は，当初，「4」名の伯爵の遊び」（アンドラーシ，アポニ，カーロイ，ティサ）の様に見えたのに，戦争が深まるにつれ，カーロイの政治は益々予測の付かないものになっていった．

カーロイの青年時代は後の重要な，又非常に議論の多いキャリアを予想させるものではなかった.[18] 最も古い，豊かな貴族の息子として生を受け（1875－1955年），彼のお小遣いは時の首相の俸給に匹敵した．彼は，英語，フランス語，ドイツ語を流暢に話し，イタリア語を理解したが，これらの言葉や母国語を正確に書くことは出来なかった．国会に議席を得るまでは彼は，冬の数ヶ月はフランス・リビエラのマントンの叔父のところに滞在した．彼はパリ，ロンドン，ウイーン，ブタペストで放埓な人生を送り，熱心なトランプの遊び人であった．莫大な金額を失い，ジュラ・アンドラーシの，殆ど20歳も年下の継娘カティンカと結婚した1914年には，彼の借金は目の回るほどの額1200万クローネに達していた．彼は，最初から戦いの人であり，遊び人であり，全てに全力で事に当たった．多分彼はそうすることによって生まれつきの言語障害を相殺しようとした．これに関しては，ウイーンのビルロート教授による口蓋の手術も受けたが，完全には完治しなかった．彼が情熱的に公開の演説でこの言語障害と戦えば戦うほど，聴衆は彼を理解することが困難になった．

大戦前から協商側に好意的であったこの政治家は，1914年に米国での長期

にわたる講演旅行において，ハンガリーを民主主義の国に変え，連邦制にする構想を訴えていた．1917年には彼は，中立国スイスでこの考えを唱えていた．1914年初めには彼はフランス大統領ポワンカレと長時間会見している．彼の外交路線は岳父やアポニのものとは鋭く対立していた．1916年7月に政治的変化が生じた．カーロイは23名の同志と共に野党統一独立党を出て，新しい独自の党を旗揚げした．1917年6月には，その当時は未だ議会に席も持たなかった小さな政党を糾合して「選挙権連合」を設立した．そこには後の法務大臣になるビルモシュ・バーショニの民主党，社会民主主義者で市民派の急進主義者（オスカー・ヤーシを始めとする）が加わった．

　登場人物のメモワールや闘争したり，時代を同じくする人々の後の観察記録を読むと，当時の政治の変化や悲劇の中では滅多にないことであるが，オペレッタに見られるような場面が沢山登場してくる．カーロイが自ら数十年後の回想録に書いている：「ハプスブルク王朝の崩壊2乃至3ヶ月前を思い出してみると，バスチーユ牢獄が襲撃されるときのルイ14世が犯した歴史的盲目性をよりよく理解できる」と．1918年9月，崩壊の前夜そして革命の雰囲気が近づいたとき，野党の党首はアンドラーシの家族と共にトランシルバニアのジュラ高原に狩りに赴いた．9月25日付けの友人への手紙で，春になる前には重要な変化はないであろう，と書き送った．アンドラーシは帝国外務大臣になることを希望していた．彼の夢は父親の足跡を踏むことであった．

　9月26日，ブルガリアが降伏し，バルカンの正面は崩壊した．これによりフランスのサロニキ軍にドナウ地域への道は開かれた．ベケーレ首相はアンドラーシを迎えるべく特別列車を派遣した一方で，カーロイは友人と共に，ブタペストへの汽車を捕まえるために，直近の町へ1日前に馬で駆けつけた．彼は9月29日に首都に到着し，駅では，早朝の時間なのに既に代表団に迎えられた．カーロイは後に「革命の計画表はいつも後追いで造られた…友人の1人は私を非難して言った．よくもあんな時に狩りになど行っていられたものだ？と．即ち，当時はあの時は「あんな時」ではなかった」．

　時間と国王の思いやりを巡る競い合いの一部は，カーロイ―アンドラーシの狭い家族の間で進められた．カティンカ・カーロイはその際常に又情熱的な夫の味方であった．アンドラーシは自らの出世欲とカール国王とその周辺との緊密な関係から，娘婿の政治的計画の最大の敵であった．2人の男は家族の朝食

の席でも政策と地位について言い争い，カティンカは自分の家族の中で父がどんな策略をしているかを探り，夫に報告していた．

この間に自体は急展開した．国王カールがアンドラーシを意味のない探索の旅にスイスに送る一方で，政府は相変わらずカーロイのグループと大衆が要求している根本的改革をブロックしていた．10月25日にカーロイの党と市民の急進派及び社会民主主義者が「ハンガリー国民評議会」を結成したのは遅きに失した．カーロイの指導の下に，この組織が責任を負う用意があった．オスカー・ヤーシが起草した12ヶ条のプログラムは特別和平を即座に締結すること，領土保全の下に独立と民族間の和解，更に普通選挙の実施と土地改革を要求していた．

アンドラーシを筆頭とする古い指導層はカーロイの首相就任を是が非でも阻止しようとしていた．アンドラーシも又首相になる用意があった；その上で自分の娘婿を卒座に逮捕しようと思っていた．というのは彼は娘婿が革命の親玉と見ていたからである．いずれにせよ，アンドラーシは国王を説得することに成功し，カーロイではなく，ヤーノシュ・ハディクを首相に，彼自身を共通の外務大臣に任命させることに成功した．家族喧嘩は完璧なものであった．絶望したカーロイは自分の妻を駅に派遣し，アンドラーシがウイーンに出発する前に，自分の首相任命に反対しないよう，説得して貰おうとした．しかし無駄であった．それにハディクとアンドラーシは権力基盤を有していなかった．益々多くの人々がカーロイと彼のプログラムを支持してデモンストレーションを行った．彼は待っていたが，これにより貴重な時間を失った．

王国とハンガリー王国の崩壊はもはや止めるべくもなかった．ブタペストでの権力移行の前にルーマニア人，チェコ人，クロアチア人，スロバキア人，ウクライナ人が二重帝国からの離脱を宣言した．この間10月31日夜，ブタペストにおいて無血の民主的「菊の革命」が勝利した：国民評議会に加わった軍は郵便局，電話・電報局，駅，その他の戦略的拠点を占拠した．国王カールにはカーロイを31日の内に首相に任命する以外の道はなかった．1918年11月3日，パドゥアでの戦闘行為停止協定の署名を持って，オーストリア—ハンガリー帝国にとって，第一次世界大戦は終了した．

カーロイはその平和主義的姿勢と彼の効果的な野党としての役割から，ハンガリーで最も著名な政治家となった．カール皇帝が11月11日に「如何なる政

府の役職」も放棄した後，次の日，ドイツ─オーストリア共和国成立が宣言され，カーロイ政府もまた11月16日に共和国を宣言した．国民評議会によって彼は1919年1月11日に大統領に選出された．

　政府の良き意図と数人の最も優れた政治家と専門家が招集されたにも拘わらず，土地改革とか新しい選挙法のような重要な改革のもくろみは全て膠着状態に陥った．見通しは非常に暗かった．というのは，大々的な政治的，社会的，経済的，国民的課題の実現に向けての全ての前提条件が欠けていたのである．マジャールの罪，ハンガリー人の侵した罪，──ハンガリー内の革命，反革命──の中で，この数ヶ月間カーロイと並んで鍵となる政治家ヤーシは諸事件の非常に厳しいかつエモーショナルな彼の分析において，1つはっきりさせている：当初からのガン細胞のように致命的であったのは，チェコ，ルーマニア，セルビア，フランスの軍による停戦協定違反であった：

　全国民世論は，協商側がミヒャエル・カーロイが戦争中の全期間，中大国の帝国主義的な政策に反対する政策を採って，大々的かつ犠牲の多い戦いを進めてきたことに対し，これに対して報いるだろう，と確信していたし，諸民族は，私の平和政策を理解を持って受け入れるだろうと思っていた．勿論この2つとも単なる幻想であったことが間もなく明らかになった．11月8日のベオグラードの停戦に関する交渉と，粗野な，悪意に満ちた，サーベルをちらつかせた，無教育の（フランス軍司令官）フランチェ・デスペレイの，我々に無情な停戦協定を無理矢理に押しつける態度はハンガリーを深く傷つけた…諸悪の根元はこの様に悪い武器放棄の協定を我々が受け入れたことではなく，この協定が厳守されなかったことにある．燭光の見えたウイルソン提案の国際連盟の約束，正当な和平，諸国民の民族自決権，国民投票などは，突然あぶくのように消えてしまった…[19]

　顧みると，ヤーシの予測は正しかったようだ：軍と学生と火薬工場の労働者達が「真の革命の起爆剤」であった．革命は当初，軍事的・国民的の性格を持っていた．しかしそれは後に「社会的，社会主義的，そして共産主義的にまで発展していった」．前線が崩壊し，除隊した或いは捕虜から釈放された兵士，トラシルバニアや北部ハンガリー或いは他の占領された地域からの軍の人々が

帰還してきた．平静と秩序の回復，略奪を取り締まる処置，解体寸前の旧軍を共和国軍として再建することなどがカーロイ政府の緊急の課題であった．国防大臣には参謀総長であったベーラ・リンダーが任命されたが，彼は記録に残る発言を行った．「私はもはや兵士など見たくもない！」．この担当の大臣が，彼自身及び政府に対して行った発言は何度も繰り返して引用され，外国の敵の攻撃のさなかに国の中心部が危ういときだけに大混乱になった．可能性としてもっと大きな混乱を引き起こしたのは，ヤーシの「ハンガリーを東のスイスに変える」と言う交渉姿勢であった．時が諸民族が新しい彼らの国を造ろうとするか，既存の近隣諸国に合流するか選択の時だったからである．

　カーロイ政府のその他のアキレス腱は未解決の土地問題であった．[20] カーロイは既に大統領になっていたが，良き先例として先鞭を付け，1919年2月23日，カールカーポナの自分の大農場の土地を分配することを始めた．しかしその為の法律は，日雇い労働者，小作人，大部分の農業プロレタリアートにとっては不十分であり，大土地所有者にとっては（150ヘクタールを越える土地の所有権の放棄に対して補償するという処置は），余りにも譲歩的であり，「急進的」であった．この間に保守派と右派の一部は大統領の弟の周りに集まり，他方急進派の将校達は，参謀本部の軍曹で，後の首相ジュラ・グンブシュの下に集合し，秘密同盟を結成した．

　最大のかつ直接の危険は左から来た．1918年11月16日，ジャーナリストで保険会社社員のベーラ・クンが，軍の外科医になりすまして，8人の同志と共にロシアでの捕虜収容所から首都に帰国したことが，4ヶ月足らずの内にこの僅かの人々のグループが大きな社会民主党を呑み込み，11月24日に結党したばかりの小さな共産党と合流して，評議会共和国を樹立しようなどとは，ほんの少しの人しか思いもつかなかった．[21] 共産党の数をヤーシは彼の短かった支配の頂点においてさえ，せいぜい5000人の活動家がいると見ていたが，彼らは，益々圧力を加え，情勢が混沌とした状態を最大限利用した．国民的な敗北感，社会的な悲惨さ，無制限なデマゴギーよってむち打たれた状態にあった国内の雰囲気に1919年3月20日，最後の火が付けられた：フランス軍ビュクスはカーロイに有名な書簡を手渡し，その中で，同盟軍は南東部で，ハンガリーを旧来のハンガリーの領土から切り離す，新しい国境線までの更なる撤退を命

令したのである．ビュクスは最初に，新しい境界線は最終的な政治的境界線と見なすよう，とさえハンガリーに申し渡した．このフランス軍将校は，怒りの嵐の中でこの言葉を否定したが，この政治的爆弾は莫大なものであった．「我々は単に，敗北者やへし折られたもの，略奪し尽くされた者だけでなく，だまされた，詐欺に掛かったようなものだと思った．これは，大衆心理の上ではもっとも始末に悪いものであった」．と，ヤーシは述べている．[22]

協商国に友好的に構想された外交が失敗したこの出口のない状況で，カーロイは辞任し，社会民主党と共産党が合体して樹立された革命評議会に権力を委譲することを決意した．実際はカーロイは社会民主党だけの政府（労働者階級のための）を希望していた．彼は，自分の背後で社会民主党員の多数が数週間以来拘留された共産党の幹部との間で，ソビエト型の政府の樹立に合意していたことを知らなかった．彼は死ぬまで，印刷され，革命評議会で読み上げられ，彼に突きつけられた，自主的な権力委譲の宣言に決して署名しなかったと言い張った．彼は，しかし，当時は公式には評議会共和国から距離を取らなかった．このことを以て，オーストリアの社会民主主義者オットー・バウアーは，彼のことを「絶望の中の独裁者」と称している．[23] 彼は1919年7月，プラハに向けてハンガリーを出国した．数ヶ月も経たない内に，数千の傷口から出血している国の最後の希望である，解放者で，国民から歓呼で迎えられた英雄は，自分の名誉心から全てを賭に出た裏切り者，脱走兵となった．1848年のゲルゲイと同じく，その後に生じたこと，赤色テロの恐怖，それのみならずそれ以上永く続いた恐怖の支配時代の全てについて生け贄として罪を被せられた．[24]

今日では，カーロイがその後も革命の外見上のシンボルであったが，革命の舵取りではなかったことは明らかである．革命の挫折した後で「心理学的試み」と題して，「伝説的英雄から憎まれ，軽蔑される罪業深い人となった」カーロイをドストエフスキーの白痴の中のミシュキン男爵と比較してヤーシは，この様に言われた理由は，彼が原則と自己の持つ性格を子供じみたナイーブさで真面目にとってしまったことにある，として次のように書いている．

民主主義，社会主義，平和主義などは，彼にとっては決して政治的なスローガンではなく，倫理的な現実であって，彼が殆ど神秘的関連で捉えている偉大な人物像と一体であった（彼のように貴族の館から人間と物事を非現実的にしか

捕らえることの出来なかった，人生の真の現実と全く関係のない政治家にとっては，破滅的な結果をもたらす危険な状況であった）.[25]

ヤーシが書いているところによると，カーロイは彼に対して，既に国外亡命生活の初め，「自分は心情的社会主義者から，マルクス主義者の革命家に如何にしてなったか」を語った．亡命では，最初プラハ，つぎにダルマチア海岸（彼は1946年までユーゴースラビアの旅券を所持していた），そしてパリ更にロンドンに移ったが，この間彼は決して隠れ共産党員ではなく，無批判ではないものの，それでも一貫して典型的な付和雷同者であった．「コミンテルン伯爵」として彼は特に20年代の後半と30年代前半はハンガリー共産党と緊密に協力した．彼の，評議会共和国の外交担当コミサールであって，亡命共産党の書記長であったベーラ・クンとの関係は一度も親密ではなかった．クンはぞんざいに彼のことを「ハンガリーのケレンスキー」などと呼んでいた．裁判においてホルティ政権は，国を裏切ったとして訴えられたこの貴族の財産を没収して，特別立法により，その大土地の一部を彼の弟の家族に奇託した．この「裏切り者」の従兄弟ジュラ（ユリウス）・カーロイが1919年6月に最初の政府に対抗する政府を樹立し，ホルティ提督を国防大臣に「見いだし」，後に提督は摂政として1931／31年，「良き」カーロイを実際に首相に任命した事実は，この奇妙な家族の歴史の中の面白い側面である．[26] 此の国政の能力を欠いた，正直な理想主義者で，中欧ヨーロッパ政界のドンキ・ホーテは，やっと27年後の最初に自由選挙で選ばれた国会で1946年2月，特別法によって名誉回復された；当時の判決は不当で，無効であるとされた．彼は首都の真ん中にあるカーロイ通りの有名な屋敷を取り戻し，（ナチに）反抗した者として150ヘクタールの土地も返還を受けた．彼は既に70歳を越えていたのに，ハンガリーの大使としてパリに赴任することを受けた．1949年の初めに彼がミンゼンティー枢機卿に対する裁判に関わったこと，そしてラースロー・ライク共産党外務大臣の逮捕の後になって，ブタペスト政府との緊密な関係を絶ったことにつき，幾人かの彼の古くからの友人は非常に怒っている，と当時オバーリン・カレッジの歴史学の教授であったヤーシは書いている．カーロイは1955年，亡命先のフランスで亡くなった．

1961年，西側の承認を熱望していた政権は，カーダールが自ら未亡人「赤

い伯爵夫人」カティンカと面会し，カーロイと英国籍のパイロットの訓練生として事故死した息子の遺骸を死後ブタペストに埋葬することを許可した．その後間もなく国会前の小さな公園に造られた，道徳的人間的に非常に印象的な，政治的には非常に議論のある，最後には成功しなかった「貴族的な手に負えない人物―アンファン・テリーブル」(ロバート・A・カン) の銅像は，劇的な時代を思い出させ，その影響は今日も残っている．評議会共和国は，共産党独裁であったのだろうか？　これは133日続いたに過ぎないが，実際は二重の意味で贈り物であった．1つは，憎いハンガリーを反ボルシェビッキ的レトリックで細切れにして，非難する新たな隣国に対するものと，もう1つは，その後の四半世紀の間ボルシェビッキ的手法とテロ，攻撃で民主主義と自由主義を裏切ってきた，権威主義的な右派のより穏健では決してない政権に対するものであった．本当の悲劇は，短命であった共産党政権が市民革命の瓦礫の上に，恰もその自然な，有機的な流れであったかのように成立したことであった．[27]

　ハンガリーの評議会共和国の成立の本質は，革命的改変ではなく，幾つかのグループに分裂した左派の社会主義者，中央党，それに加えて革命の修辞に目がくらんだ新しい共産主義者に対する絶望的な権力委譲であった．ベーラ・クンは戦争捕虜としてロシアの10月革命に参加し，ボルシェビッキの党内で最初の外国党員のグループを造ったため，又彼はレーニンとその家族と個人的に親しかったために，彼はロシアでは最も影響力のある外国人社会主義者と見なされていた．それ故に，クンが，公式的には外交政策だけの責任者であったが，どの面から見ても革命評議会で最も力のある人間であった．

　彼は演説がうまかったし，有能な組織人であったが，クンは指導者にはなれなかった．次第に彼はソビエト・ロシアと益々近づく赤軍の援助を約束した．同盟軍の萎縮は起こらなかった．むしろハンガリーの国家利益からすればこの赤い独裁者は利敵行為者であったことが示された．クンは，世界革命に賭けたが，始めからハンガリーを自分たちが結集しようとしている「小協商」の中に入れるつもりの無かったフランスの扇動者達に，彼をボルシェビズムの妖怪として宣伝することを許してしまった．ウイルソンとロイド・ジョージもパリの平和会議で，「ルーマニアの要塞」を強化して「赤い」ハンガリーに対するべきとの論陣に参加させられてしまった．[28]

　クンは中産階級の一部と始めはプロレタリア階級の中に生まれた希望を満た

すことが出来なかった．評議会政府は，特に農業分野と教会に対する態度で，後々まで響く間違いを犯した．直接土地改革を行うべきところを，土地の国有化を行った．同じようなことを20人以上の従業員の企業でも行った．文化分野（ゲルギー〔ジョージ〕・ルカーチの下で）では多くの積極的な，例えば文盲に対する戦いや社会政策で，処置がなされたが，これらも引き続く，悪化する経済危機と国民を圧迫する組織の樹立の陰に隠れてしまった．

唯一の，国際的にも評価されたのは，予想以上にハンガリーが益々押し寄せるチェコとルーマニ軍に対して抵抗したことである．クンは，社会主義者のビルモシュ・ベーム司令官と参謀本部元大佐アウレル・シュトロームフェルテゥをして数週間以内に20万人の兵士をカキ集めるに成功させた．[29] シュトロームフェルテゥに見事に率いられた軍隊は，後にこれらの兵士達の多くはホルティ将軍軍隊の将校として提督と共に戦うことになるが，彼らが，北部において勝利に繋がる攻勢に出て，チェコ軍を大きく後退させた．ハンガリーの支援の下に，6月16日にはエペルィェ（プレショフ）においてスロバキア評議会共和国の樹立が宣言されたほどである．

ハンガリー赤軍は勿論世界革命のためではなく，脅威にさらされている祖国のために戦った．協商諸国の最後通牒によってハンガリーの攻勢は止まった：ハンガリー軍の嘗ての停戦ラインへの後退によって，ルーマニア軍は元の出発地点に戻るべきであった．国際的な評価を得るために，又国内の悪化する物資供給と更に増大する国内の反対に直面して，クンは赤軍の撤退を実行した．ベーム，シュトロームフェルテゥ，多くの将校はそれに抗議して辞職した．撤退は軍の士気を衰えさせた．それと同時にルーマニアは再び約束を破り，タイス河に沿って残留していた．クンは苦々しい失敗を取り戻さんとして，奇襲攻撃を敢行してティサ河の向こう側を取り返そうと試みたが，計画は裏切りによりルーマニアに漏れて，赤軍は総崩れで逃走する羽目に陥った．

133日後，最後の段階では激しいテロがあったが，実験は終わった．クンはオーストリアに逃亡し，8月4日にルーマニア軍はブタペストに入った．

クンは，ロシアの党乃至コミンテルン組織での惨めなキャリアの後他のコミッサールや共産党の活動家と同様にスターリンの牢獄で生涯を終えた．1937年7月，反党活動の罪で逮捕刺され，52歳のクンは処刑された．ハンガリー

共産党は1948年に権力を握ってから十数年間，クンの実際の役割及びその悲劇的運命には沈黙し続けた．この間最強のハンガリーの独裁者になっていたマーチャーシュ・ラーコシは，その当時は第二線列でアジッていたのに，恰も嘗ては評議会共和国の鍵であった人物であるかのように説明していた．1956年の始めにいたってやっとモスクワのプラウダは，多くのことを示唆する，ハンガリーに対するシグナルとして，これまで無視されたクンを「国際労働者運動の優れた人物」として，彼の70歳の誕生日に際してして再評価した．後にクンに対しては死後表彰として「赤旗勲章」を含む高い表彰が行われ，1964年ソ連大使によって，ハンガリーで生存していた未亡人に対して高らかに授与された（彼女は長い間中央アジアで追放生活を余儀なくされた）．ハンガリー評議会共和国の45周年においては当時のレーニングラードには学校と通りが彼の名前が付けられた程である．[30]

　この様に華やかな名誉回復にも拘わらず，クンは珍しいことに，1979年には恥ずかしい事件に巻き込まれることになった．クンに関する初めての，事実に即した伝記においてジェルジュ・ボールシャーニはこれまで知られていなかったクンの人生の事実について説明している．それによれば，クンはトランシルバニアの若い社会民主主義者の活動家として，110クローネの寄付金を実際は実施しなかった旅行費用として着服し，ことが明るみになってからこの金を党の金庫に返還せねばならなかった；もっと恥ずかしいことは，彼がモスクワからウイーンへの旅行中，地下に潜ったハンガリーの党員に関する資料がギッシリ入ったカバンをウイーンのタクシーの中に置き忘れ，関係者や党の機関に知らせるなどの予防処置を執らなかったことであった．「タクシー」は此のハンガリーの書類を勿論ウイーンにあるハンガリー公使館に届け出た．そこでは，クンとウイーンの受取人にその本物が渡る前に，ブタペストから即座に呼ばれた捜査官によって怪しい書類は写しを取られてしまっていた．結果は，非合法の党にとって壊滅的であった．

　ハンガリー党内抗争においてクンは20人以上の党内の敵を「トロッキー主義者の裏切り者」と非難し，彼らの逮捕を実行させた．1929年当時は，未だ自分の無実を証明でき，釈放を実現できた．2，3年後であったならば，これらの同志達を造作もなく射殺させることも出来たであろう．事実1939年11月にはクン自身に起こったことである．これらの全て或いは似たような資料がこ

の伝記の中に見い出すことが出来る．

　仮に，クンの家族が党中央或いはソ連大使館で，「恥ずべき，挑発的」やり方に対し，更にソ連の党首，レオニード・ブレジネフのハンガリー公式訪問の前の晩に，激しく抗議しなかったら，この事柄についてハンガリーではきっと大きな注目は浴びなかったであろう．未だ残っていたこの伝記は回収されて，一夜のうちに焼却されてしまった．この本はもう何処にも見いだすことは出来なくなった．著者の友人である作家のイシュトヴァーン・エールシから，一部の判読が困難であったゼログラフィー方式によるコピーを手に入れることが出来た．こうして私はブレジネフがブタペストに到着した当日，我々の新聞の宣伝部の幹部の怒りを買いつつも，記事にすることが出来た：「ブレジネフが来た，クンは消えてしまった！」．

第30章　白馬上の提督：トリアノン
　　　　　——イシュトヴァーン王国の死亡証明書

　たった一言だけが今日まであらゆるハンガリー人にとってその歴史の最大の悲劇を象徴している：トリアノン．ベルサイユ庭園のなかのトリアノン離宮の中で同盟諸国は，1000年の歴史を有するイシュトヴァーン王国の死亡証明書を発行し，もう誰もその名前など覚えていないが，ハンガリー政府と国会の委託を受けた2人の代表がそれに署名せねばならなかった．この運命的な日，1920年6月4日，国中の教会の鐘が鳴り響き，建物には黒い旗がはためき，交通は止まり，新聞は黒枠でなぞられ，教会では悲しみのミサが執り行われた．
　トリアノンはハンガリー国民から手足を切断することを意味し，歴史的なハンガリーの終焉を意味する．今や独立した「ハンガリー王国」は，嘗てのこれまでの帝国の28万2000平方キロメートルあった面積（クロアチアを含めれば32万5000平方キロメートル上に達していた）からたったの9万3000平方キロメートルに，1920年の調査によれば，嘗ての1830万人の人口（クロアチアを含めると2090万人）から760万の人口を抱えるに過ぎない国になった．戦勝国は戦利品を3つの隣国の間で分け合った：1918年，政府が1944年にも同様に，まさに適切な時期に陣営を変えたルーマニアは，10万2000平方キロメートル，人口524万人を得た，即ちセイケイ地方を含む全トランシルバニア，バナト地方の東側，ケレシュ県とティサ県の大部分，それにマーラマロシュ県の南部を得たのである．ハンガリーはチェコスロバキアには6万3000平方キロメートル，350万人を任せることになった．セルビア，クロアチア，スロベニアの新しい王国には，バーチカ，バラニヤ，バナト地方の西側，面積2万1000平方キロメートル，人口150万人が分け与えられた．自らバラバラになったオーストリアには条約は，面積4000平方キロメートル，人口30万人の今日のブルゲンラントを付け加えた．ただし，ショプロンとその周辺の地域は，オーストリアの見解によれば，その前からも，実際の実施に関しても議論のあった住民投票が実施され，その結果，3分の2の多数によりハンガリーに残ることになった．

ポーランドの分割以来大国はヨーロッパでは歴史上のハンガリーに対して程非情に，又不当に当たったことはなかった．300万人以上（正確に言えば322万7000）のハンガリー人が取りあえずは他民族の主権の下に生活することになったのである．その半分は3つの継承国家との国境近くに一体的な住民地域を保つことになったにせよ，である．

　ほぼ全てのハンガリーの家族がトリアノンの悲劇に直接影響を被った．王の戴冠式の行われた，ハンガリーの歴史上象徴的であった，ポジョニは突然ブラチスラバとなり，コロシュバール，カッサ，或いはテメシュバールはそれぞれクルーイ，コシーセ，ティミショアラとなった．そこに住んでいる親戚や友人は一夜のうちに「外国人」になってしまった．国民は精神的に深く傷ついた．1918年から1920年にかけて35万人から40万人の人々，特に公務員，軍人，中産階級の人々が嘗ての祖国の地から避難したりその地を捨てたりした．数万人の人々が駅の列車，貨物の中や臨時に設けられたバラックの小屋の中で雨露を凌がねばならなかった．この様な領主の身分から故郷を失った者に，政治的には目覚めていた人々があらゆる過激派の温床になり，ポプリズムに影響されやすく，急進ナショナリスト，反ユダヤ主義の決死隊となったりしていった．

　トリアノンは，政治的心情に拘わらず，全てのハンガリー人にとって，基本的に今日に至っても癒されることのないショックであった．幼稚園，学校，教会のミサ，新聞の論調においても見下している近隣諸国に失った地域を取り返す考えは記憶にとどめられた．毎日毎日，「No, No, 決して」，や「手足をもぎ取られたハンガリーはもはや帝国でもないし，大ハンガリーこそ天国だ」というスローガンがトリアノンの20年後でも学校で繰り返された．学校の授業は，次のような信仰告白で始まり，授業の終わりにもそれが繰り返された．「神の永遠の真実」として旧きハンガリーの再興を生徒の意識の中に植え付けるためである：

　　神を信じます，
　　祖国を信じます，
　　永遠なる神の正しさを信じます．
　　ハンガリーの再興を信じます．
　　　　　　　アーメン

トリアノン後，小協商（フランスによって設立され，後押しされたチェコスロバキア，ルーマニアとユーゴースラビアの同盟）に夜この手足をもぎ取られた国の包囲網に鑑み，ブタペスト出身の作家アルトゥール・ケストラーは，「恐らく，その存在の強烈な自己主張はこの様な例外的な孤立によって説明が付くだろう：ハンガリー人は集団的ノイローゼである」と書いている．

それにしても手足のそがれたハンガリーは，民族的には単一民族の国となった．1920年の国税調査ではハンガリー語以外の母国語を使う人々，その数僅か10.4％のみがハンガリー人として残っただけである．その中には55万2000人（6.9％）のドイツ人，14万2000人（1.8％）のスロバキア人が含まれていた．トリアノン—ハンガリーを喩えてみると，中欧専門家の政治学者エルネスト・ゲルナーに言わせると次のようになる：崩壊の前のハンガリーはココシュカの絵のようである，——様々な色，大きな多様性，複数制，複雑なものの典型，であり，他方，手足のそがれたハンガリーの民族誌学上の地図はモジリアーニの絵を思い出させる——少しの絵の具の積み重ね，単純な構図である．お互いにバラバラになったいろんな物を意味する，重なり合ったもの——これらは後者では消え去ったも同然である．[1]

経済的に見て手足のもがれた1920年のハンガリーは破産の淵にあった．工業生産の稼働力は大ハンガリー当時の56％，機械建設に関しては実に82％であり，金融業の活動にかんしては70％であったが，同時に首都に集中していた大企業は原材料及び自然の市場から切り離されていた．トリアノン—ハンガリーは1平方キロメートル当たり人口82人とカルパチア地域では人口密度の最も濃い国となった．その中でも6分の1の人口を首都が抱える不均衡な状態であった．ウイーンと同様にブタペストも劇的に水没する国の恰も「水の上に顔」を出したようなものであった．[2]

国内の発展にとってトリアノンは「民主化にとって，取り返しの付かない障害」となった（トーマス・フォン・ボギャイ）．市民革命が失敗し，共産党の愚かな実験を伴った厳しい経験の後，政治的不安定，経済的な後退，社会的な荒廃，増大する犯罪，その他の危機的様相は，歴史的によく知られたように，ナショナリズムを解放のイデオロギーから人々の関心をそらすイデオロギーに変える又とない理想的な温床となった．嘗ては恐れられ，羨ましがられた層の屈

辱と苦悩は厄介な弁証法的循環となって，少数派と多数派の関係を彩った．この様な役割の交替をハンガリー人は第一次世界大戦と第二次世界大戦後に，ルーマニア，チェコスロバキア及びユーゴースラビアで3度も味わったのである：即ち予期せぬ支配者の地位から，追放される地位への変身は枢軸国勢力によるウイーンの仲裁（1938年と1940年）によって一部分の嘗て失われた地域が回復され，最終的に1945年以降，特に疑惑の目で見ていた，潜在的に民族統一主義を唱え，効果的な少数民族保護を受けていない少数民族の地位に舞い戻ってしまった．1918年以来敵に占領された大部分の地域では広範な無秩序状態からの早急な脱却は不可能であった．ブタペストでは，1919年8月から11月の間，ルーマニアの占領軍は何の障害もなく略奪を自在に行った．彼らは，例えば，4000台の電話を，しかも一般住民の住宅のも，略奪した．ルーマニア兵に持ち去られた物資，特に機関車，貨車，機械，馬車は30億金クローネに上り，それは，ハンガリーが4年後に財政的に回復するのに要した借款の12倍の金額であった．[3] 憎まれた条約は長らく屈辱感を味わらせた．ハンガリーは沢山のより大きな国々——ルーマニアは3倍以上大きく，ユーゴースラビアはほぼ3倍，チェコスロバキアは1.5倍——に取り囲まれていたが，重砲，戦車，戦闘機のない3万5000人の職業軍人のみが許された．ハンガリーは賠償の支払いを命ぜられた．そして同盟国のコントロール委員会は様々なハンガリーに課せられた義務の履行を監視した．国際連盟の承認なしにはハンガリーは如何なる形でもその独立を放棄すること，即ちオーストリアと再合併することは許されなかった．[4]

新しい国境の，両側のハンガリー人の圧倒的な過半数の人々の，それからの，いや，数十年に亘る関心は，トリアノン条約の改定が果たして，平和的な方法で可能か，それとも戦争で勝利してのみ可能か，であった．英国の首相ロイド・ジョージは，1919／20年のパリにおける平和条約会議の場で2度にわたって，復讐心に満ちたハンガリーが将来の中欧の平和に及ぼしうる危険に警告を発した：「今成立した小国家の中にいずれもハンガリー人少数民族が生まれたことは，南中欧に2度と平和が訪れないことを意味する」．1年後，彼はハンガリー人の3分の1の人口が外国人の支配を受けていることにもう一度警告を発した：「もしも，ハンガリー人の主張が後になって，正当だと認められ，

ハンガリー人がひとまとめの牛の群れのようにチェコスロバキアやトランシルバニア（ルーマニアを指す）に移されたことを，単に会議がハンガリー問題を扱うことを拒否したからであることが明らかになれば平和など決して訪れないであろう」.[5]

公にされた関係する文書や議定書を見ても，果たして，3つの新たに成立した国家の政治家が，特に当時のチェコスロバキアの外相エドアルド・ベネシュがあらゆる手段を駆使して，最大の領土を得ようとしたかは，そして，第1にフランスから，次に会議の期間，英国の外務省から，――ハンガリー問題では自国の首相の意に反して行動した――も支持されたのかは見解の相違がある．ハンガリーでの国内政治の変動はもはや実質的な意味を持たなかった．大国は最終的にパリで単に既成事実（ハンガリーの占領）を追認しただけであった．

それではハンガリーがその歴史上運命的なときに，戦勝国だけではなく，西側の世論でも支持を得られなかったのは何故だろうか？　それは，金持ち階級，ジェントリー，高位の教会指導者，あるいは19世紀の末に現れた大ブルジョワ階級で，彼らはショウビニズムの路線でまず非ハンガリー民族の人々の信頼を損ね，その後は失敗した1848／49年の革命の後に世界的なハンガリーへの評価を損ねてしまったその連中のせいなのだろうか？　あるいは，オーストリアとドイツの軍人と外交官に盲目的に戦争に追随してしまったハンガリー人のせいなのだろうか？　従って，ハンガリーは過去50年間の民族政策および外交政策の大失敗のツケを払わされたのだろうか？

当時のハンガリー世論の答えは断じてノーであった！　責任を負うべきはすべてこれまでの秩序に対する裏切り者，特にかつての協商国，則ちフランスのスパイであったミハーイ・カーロイ伯爵に着せられた．さらに生け贄に擬せられたのは彼のユダヤ人の手先，例えば自由主義者ヤーシとか左派社会主義者のジグモンド・クンフィであった．ベーラ・クンに率いられたユダヤ人のボルシェビッキは間違って展開してしまった情勢の主要な責任を負う者として扱われた．「世界ボルシェビズムのユダヤ人スパイ」則ち，国民と前線の兵士たちの悲惨さから利益を得ている，あらゆる国民的およびキリスト教的価値を破壊しているユダヤ人知識人とユダヤ人闇市場大富豪がハンガリーを不幸のどん底に突き落としている，というのである．端的に言えば，ユダヤ人，そしてユダヤ人のみがトリアノンおよびハンガリーの悲劇に責任を有するというのである．

第30章 白馬上の提督：トリアノン——イシュトヴァーン王国の死亡証明書

　ユダヤ人出身の革命家は，自分たちを無神論者と見なし，けっしてユダヤ主義の利益のために行動した訳でもなかった．彼らは中・東欧の労働者運動において傑出した役割を果たしたのであり，彼らのそのような活躍はハンガリーに限定されるものではなかった．それはローザ・ルクセンブルク，レオ・トロッキー，ビクトル・アドラー，オットー・バウアー，エドゥアルドゥ・ベルンシュタイン，カール・ラッデクなどがそれを示している．何故，ユダヤ人，それに少数民族派が彼らのそれぞれの国内の人口に占める割合を超えて革命運動でより重要な役割を果たしたのかについては，多くの研究がなされているが，それとともに，社会主義者や共産主義者のユダヤ人に対する矛盾する態度についても同様に多くの研究がなされている．

　メシア思想を明確にしたり，ユダヤ系出身であることを意識的或いは無意識的に否定すること，意識的にハンガリー人に同化すると，国際主義によって民族主義を克服すること，ユダヤ人であることを嫌悪すること，ユダヤ人の階級の敵に対する慈悲無き追放劇，そして特に間近かに迫った世界革命による人類の解放など，これらの現象は皆ハンガリーに於けるユダヤ人の主な生き方について当てはまる．当該人物のそれぞれの行動の理由やその後の人生について広範な分析を行うには紙面が足りないであろう．政治的には重要であることは「なぜ」ではなくて，明らかな事実である．すなわち，共産党の幹部の多数（数字的には60％乃至70％といわれる）がユダヤ人乃至改宗したユダヤ人であったことである．更に世紀が替わるときの，いわゆる「改革第2世代」，といわれる，非常に優れた雑誌「西方」，或いは「20世紀」の先駆的思想家の中には沢山のユダヤ人の知識人や科学者がいた．同様なことは「ガリレオ・サークル」，「自由な思想家の仲間」に付いても言える．これらの評論家やグループの人々は市民的—急進的性格のエリート集団の牽引車であった．彼らは政治権力からは遠くにあり，大多数の市民に知られることはなかった．

　ハンガリー人は評議会共和国のことを「コミューン」と呼んでいるが，この「コミューン」の成立した133日間に，初めてユダヤ人が国際主義的，無宗教主義の，ボルシェビッキの，即ち親ソ政府の権力掌握者として登場した．赤い前衛の血なまぐさいやり方と革命裁判の実施，特に度重なる抵抗運動の試みやストライキに対する抹殺，簡単に言えば「赤色テロ」の後は先ず国内秩序を担当していた幹部ティボール・サムエリイとオットー・コルヴィンが犠牲になっ

た．前者は自殺し，後者は処刑された．2人ともユダヤ人であった．政治的動機により処刑された者の数は300名から400名に上った．最も信頼できる数字は580名といわれる．[6]

殆んどのユダヤ人たちはボルシェビッキ主義者とつるんでいたわけではなく，逆に彼らのうちの多くの産業界の人，土地所有者，企業家達は，所有権を剥奪されたり，拘禁されたり，人質として迫害されたことを，ユダヤ人の代表のみならず，穏健・保守の政治家や独立の文士達が，立証しようとしたが無駄であった．ユダヤ人，共産主義，「赤色テロ」はその後の25年間変わることなく同義語とされた．「1918／19年の体験は反動と復活の作業をあまりにも単純化してしまい，西欧で特徴的になった漸進的な，一般的な民主主義化がハンガリーでは起こらなかったことに繋がった．」[7]

革命とトリアノンはハンガリーでの政治的な支配勢力とユダヤ人との歴史的な協力関係を破壊してしまった．変革に導いた革命的変化は確かにユダヤ人のみの手柄ではない．ハプスブルク王制の崩壊についての偉大な著作の中でヤーシはその原因は様々としている．「ユダヤ人のマジャール化はもはや必要ではなくなっただけでなく，望みさえされなくなった．そして即ち民族問題と戦うためにユダヤ人たちの協力も必要ではなくなった．それ故，世論も急激に変化した．突然強力な少数民族がいなくなった．その代わり競争相手たるユダヤ人中産階級が現れたのである．国民にとっての恐怖の亡霊がユダヤ人への恐怖にとって代わったのである」と，ヤーシは述べている．

「外部の敵ではなく，内部の敵が我々を崩壊に導いた」，とキリスト教社会主義陣営の或る新聞は，1920年初めハンガリーにとっての平和の条件が明らかになった数日後に書いている．[8] このようなハンガリー人の「刃を突きつけられた」と言う伝説は大戦間の時代のハンガリーに於ける反ユダヤ主義の躍動に凄まじく重要である．基本的な，取り返しのつかない悪い結果は，即ち，進歩主義者たちによるユダヤ人の解放と同化政策の促進の行き着くところで，そのことは当初から当時の反ユダヤ主義者によって正しく指摘されていた，というのである．1919年3月の「ユダヤ人共和国」は従ってそのきわみであり，同化政策は，事実が示しているようにまったく表層的なものに過ぎない，というのである．ユダヤ人はもはや神にとっていまいましい存在であるだけでなく，高利をむさぼる者，物価を吊り上げる者，そしてつまるところハンガリー国民

の宿敵となったのである．

　1944年3月19日のドイツの侵攻の後，或いは部分的にはそれ以前に起こった残虐な行為と50万人以上の人間に対する組織的な殺人に付随する状況には，より深い根源がある．それ故にこそ，しばしば忘れ去られがちな混沌としたあの4半世紀にわたった時代の誕生について想起すべきである．その時代とは，1920年3月1日に（ヤーノシュ・フニャディ，ラヨシュ・コシュートについで）第3代のハンガリー王国の帝国摂政に選出されたミクローシュ・ホルティの時代のことである．

　激しい雨の中を，新たに編成された「国民軍」は1919年11月16日，連合国の圧力のもとにルーマニア軍が明け渡した首都に入った．先頭には提督のユニホームに身をつつんだ最高司令官，短時間ではあるがこの6月にセゲドで樹立された革命に反対する政府の国防大臣でもあった，ナジバーニャのミクローシュ・ホルティが白馬に跨っていた．(注)彼のもとで将校たちは南部や西南部で血なまぐさい痕跡を残してきたので，多くの人々は緊張して，そして大きなユダヤ人社会は隠しようもない不安の中で，この反革命勢力の強い男の最初の演説を固唾を飲んで待っていた．

　　（注）　ハンガリー人の古来の歴史上，白馬がどんな役割を果たしていたか思い出す必要がある．ホルティはそれ以降いつも「新しいアールパード」と呼ばれた．

　歓呼に答えてホルティはその挨拶の中で「キリスト教国家」路線の合言葉となった訴えを中心に据えた．ハンガリー語よりもドイツ語を得意とした提督はブダペストに対して，「負債を負った」とか「罪を犯した」と言う意味の言葉を使った．首都は「その千年の歴史を否定した．…その王冠を，その国家の色彩をぬかるみの中に投げ捨て，赤い雑巾の中に浸した．」[9]

　当時51歳の副提督で，オーストリア・ハンガリー国防海軍の最後の司令官は，政治的には特記されるものがなかった．彼のメモワールでは彼が4人の副官の1人としてフランツ・ヨゼフ皇帝に仕えた「5年間」が人生で最も素晴らしいときであった，と記している．白髪の皇帝は，彼が人生で出会った最も「高貴で，騎士的で，優雅な人柄で」，模範であったと言う．そしてあらゆる困難の中で彼の人生の道案内人であった，と言う．[10]

彼自身が告知したハプスブルク家への揺ぎ無き忠誠は，国王カール6世が予期せず，かつ，突然1921年3月27日の復活祭の日曜日に，王位に着くためにブタペストに現れたときに疑わしいものとなった．カール国王はハンガリーの王党派に勇気づけられ，その1日前にスイスの亡命先からソンバトヘイに現れ，ハンガリー西部担当の政府委員であるアンタル・シグライ伯爵の引率の下に首都に入ったのであった．ハプスブルク家最後の支配者は正直者で，礼儀正しい人であったが，政治的には経験も浅く，十分に助言されておらず，提督よりも20歳も若かった．この提督は1918年11月，シェーンブルン宮殿での最後の会見では涙声で永遠の忠誠を誓っていたのである．2人だけでの2時間に及ぶ話し合いの後，——その内容についてはまったく相反する説が双方から流されたが——カールはスイスに戻った．彼は，協商側は，はっきりとフランスのアリスティード・ブリアン首相の名を挙げて，彼の帰還を了承したと主張した．これに対してはフランス政府は即座に公式に否定した．いずれにしてもホルティは小協商と大国の威嚇的な軍事侵攻の可能性をあげて，自分の国王に対する忠誠心にもかかわらず，明らかに気に入った帝国摂政の地位を無造作に放棄する気持ちのないことを明確にした．

カールはハンガリーと中欧の権力政治関係と可能性を見誤り，ホルティの忠誠を言葉通りに受け取ってしまったのである．それ故に，彼は既に7ヶ月足らず後の1921年10月20日，ハンガリー西部に現れ，地域の司令官アントン・レハール大佐——彼は作曲家レハールの兄弟で，「白色テロ」の日々，ホルティの同士であった——の支援の下にその地域に駐屯していた兵力部隊に忠誠を誓わせ，政府を組織させた．カールと国王に忠実な部隊の前進は真剣な軍事的なものではなく，むしろオペレッタに似たものであった．武装したショプロンからジュールまでの80キロの特別列車の行列は，この伝統的なハプスブルクに友好的な地域での沢山のお祝いや歓呼の行事のために優に10時間を超えた．ホルティと1921年4月以来首相であったイシュトヴァーン・ベトレン伯爵は，大国や隣国諸国の抗議に対処し，自分達に忠実な軍隊と準軍事的な部隊を動員する十分な時間があった．ブタペストの手前での最初の衝突で，幾人かの死者とけが人を出した後，勝利を確信しているホルティはカールを捕虜とし，英国をしてポルトガル領マデイラ島に幽閉させ，彼は其の島で1922年4月1日に其の生涯を閉じた．[11]

1921年1月に自由・秘密選挙（社会民主党は「白色テロ」を理由にボイコットしていたが）で選出された議会は，11月6日にハプスブルク家の退位を決議していた．ホルティのカール復権への試みに対する姿勢は継承国家たちや大国の疑念を和らげるのに役立った．今やホルティはブダ城の並ぶ者とてない支配者となった．其の地位は西欧の立憲君主以上であったが，決して独裁者ではなかった．

ホルティのこれまでの職業的経歴は，これからのハンガリー，さらには中欧の歴史上，時として決定的な重要な役割を演ずると予測させるものは何もなかった．アドリア海オトゥラント海戦の時勝利した海軍司令官として，そして歓呼で迎えられたハンガリー出身の戦争の英雄として，最後はオーストリア・ハンガリー海軍最高司令官としての名声は，カルビン派中流貴族出身のこの職業軍人が，共産党政権の倒れる前に，ウイーンとセゲドの様々な反革命グループから一致してセゲド国民軍の最高司令官に指名されたことに決定的に作用しただろう．様々な反革命の影の政府に参加しつつも，ホルティは賢明にも常に我が道を行った．そうしてついにレハール大佐の率いるドナウ周辺の軍の集結に際して5万人の軍のトップとしての地位に着いた．そして権力への道に進んだ．

驚愕すべき帝国摂政のその後のキャリアーは時の運だけではなく，疑いも無く彼の能力の賜物であろう．外国の，或いは外交官や彼と会った人は殆どすべての人が彼の付き合いのうまさ，誠実さ，親切さ，明確さ，備わった威厳を賞賛している．海軍の若き将校として彼は世界中を見ており，フェンシングやテニスの軍の国際試合で勝っていた．彼は乗馬の名手であり，猟もうまく，ブリッジにも長けていた．プラではジェムス・ジョイスに勝るとも劣らない英語の教師であった．その際ホルティがユリシーズにたびたび登場してくるハンガリーの猥談の主であったかは明らかではない…ホルティは又フランス語，イタリア語，クロアチア語を話し，そしてスロバキア語も少し話せた．多くの旅行から若かりしホルティは英国に対する生涯にわたる尊敬の念を抱いていた．彼の左腕と体の一部には大きなイレズミが入っていた．若いホルテイの楽しみの1つは歌であった．プラにはしばしば友人で，当時海軍の軍楽隊長であったフランツ・レハールを伴っていた．[12]

しかし，既述のレハールの弟アントンの思い出や札付きの死神騎兵隊司令官パール・プロナイの日記，それにこの間入手可能となったホルティが外交官と交わした会話の内容その他の文書から，彼の生涯の愉快でない，むしろ暗い影の部分が明らかになった．沢山の明らかな矛盾と彼の人生のつじつまの合わない点は彼が2つの顔を持っていたことを認識させる．まさしく，極右的急進主義と古い形の保守主義の間で，感情と理性の間で揺れ動いてきたことを物語っている．[13]

そのような内心の闘争の結果はしばしば其の時の政治状況により，そして部分的にはまさに誰が彼に最大の影響力を持っていたかに依存した．そのことはホルティと彼の最も重要な2人の首相，イシュトヴァーン・ベトレン伯爵（1921-1931年間）とジュラ・グンブシュ（1932-1936年間）の間の政治的三角関係の浮き沈みに見られた．又1940年代のユダヤ人問題に関して，中庸と過激な態度の間で揺れ動いたホルティの矛盾する姿勢も顕著であった．[14]

ホルティと軍の独裁への初期の恐れは理由なきことではなかった．其れは「白色テロ」と密接な関係があった．これをドイツ人のハンガリーに関する歴史家イェルク・K・ヘンシュに言わせれば，「ホルティによって匿われ，いちども刑罰を科されることがなかった極右グループの仕業は，その前に行われた赤色テロの猛威に比較して，その残虐さと人命の犠牲においては幾倍にもなるものであった」．犠牲者は特にユダヤ人，実際または推定上の共産主義者，そしてまた大土地所有者に対して立ち上がろうとした多くの農民であった．正確な数字は無いが，推定上20年代前半の犠牲者の数は2000ないし3000人の死者があったといわれる．凡そ7万人の人々が短期間ないし長期にわたって拘留されたり，逮捕された．[15] 多くの国内および外国のレポートや証人の証言更には証拠によれば，合法性すらなく沢山の男女が暴行を受け，逮捕され，拷問を受け，絞首刑にされた．社会民主党機関紙ネープサバ（国民の声）の2人の編集者，ベーラ・ショモジとベーラ・バッソはホルティが帝国摂政に選出されるたった2週間前に暗殺され，刻まれた彼らの遺体はドナウ川に捨てられた．暗殺者はプロナイとオステンブルク配下の特殊司令部の将校と見られ，彼らはホルティ選出の日，議事堂の警備にあたっていたと言う．その司令官と幾人かの将校は議会の中の本会議場で，ピストルの筒を緩め，手りゅう弾を携えていた．ホルティは141票のうち131票を得て選ばれた．[16]

1919 年と 1920 年の間，彼は実際にファシスト的軍部独裁を目指していた極右の青年将校の直接的影響下にあった．同時に沢山の極右の秘密グループが存在していた．1920 年には 101 のそのような団体が存在したという．最も重要な組織としては「目覚めつつあるハンガリー」，ハンガリー国土防衛同盟（ハンガリー語 MOVE と呼ばれた）があった．秘密団体には「エテルケズの同盟」——マジャール民族が昔ドン河河口にいた地域の名前に因んで——や「二重の鉤十字—血の同盟」があった．そして思想的，政治的に鍵となる人物はかっての軍曹，ホルティが短時間セゲト政府の国防大臣であったときに其の次官であったジュラ・グンブシュであった．[17]

ホルティがグンブシュのようなジェントリーとその周辺或いはこれに特徴図けられた中産階級との間に，社会的に，そしてしばしば知的には優越した貴族階級よりも，よい関係にあったということは不思議ではない．いずれにしろ，彼は最後まで将校たちの殺人行為を庇った．それは国際的な批判にかんがみ記述の二重の殺人について設置した調査委員会を当時の内務大臣が無視し，これによってホルティ政権の試みは成功した．この大臣は 1925 年，国際的な雑誌などで真実を明らかにし，ホルティ自身が知っていた可能性を示唆した．このため彼は 3 年の懲役刑を受けたが，3 ヶ月後釈放され，自由の身になった．それを報じた新聞は発禁処分となった．[18]

ホルティの選出後の数ヶ月後，当時の首相パール・テレキ伯爵——確信的，しかし「穏健な」反ユダヤ主義者であった——は第一次世界大戦後欧州で初めての反ユダヤ主義的法案をブタペストの議会に提出し，1920 年 9 月 22 日に可決された，この人数制限法は，ユダヤ人学生に割り宛てる大学入学の枠を 6 ％以内としていた．テレキ政府に対する評判を更に下げたのは，ほぼ同時に決定された鞭打ち刑罰の導入であった．所謂「セゲドの思想」は徹底的な「見張りの交代」における民族的・人種差別的綱領であり，グンブシュはその中心的思想は「我々が端的に言えば民族を保護するキリスト教的思想」であり，農民的思想である」と強調した．実際，それは，はっきりと公式のキリスト教的民族主義的反ユダヤ主義，右翼保守主義の反革命および反ユダヤ主義の始まりだった．このようなことはリベラルなエリートや多民族国家のハンガリーの人々にとっては奇妙なことであった．[19]

ハンガリーを反ボルシェビズム，反ユダヤ人，反自由主義の橋頭堡にすると

いう考えは，そんなに知的でないこの帝国摂政に強く刻み込まれた．1922年，米国青年キリスト者（YMCA）の事務局長はホルティに次のような言葉で迎えられた．「重要な反ユダヤ主義の統領にお目にかかれて嬉しい」．同じ年にハンガリー通貨のクローネの価値が下落した時，この国家元首はオーストリア大使との会話において，これは「シオンの賢者」の仕業である，などと述べた．そして，彼らがボルシェヴィズムを確立できなかったので，その代わりに，ハンガリーの経済をダメにしようとしたのである，と述べた．近隣諸国の国民については，ポーランド人と一部のブルガリア人を例外として，何の評価もしていなかった．大規模な英国石炭労働者のストライキが起こった時，ストライキと労働者の抵抗運動をいつも怒っていたホルティは英国国防武官を相手に議論をし，「もし英国が炭鉱労働者のリーダー，クックを早く撃ち殺してしまったら，世界は英国に限りなく感謝するだろう」．と述べたという．[20]

　人種保護運動の奇妙な産物は「ツラニズム」（中央アジア・カスピ海東部の低地を発した民族が優越するという考え方）という考え方が根幹にあった．この西欧に背を向けたこの考え方は，東ヨーロッパでの第3の，ツラン圏を目指すというものであった．そのような考え方をする人々は，ツラン諸民族（其の中にはトルコ人，タタール人，ブルガリア人，ウスベキスタン人，フィンランド人及びラップ人が含まれている）の統一を叫び，マジャール人を彼らの西の代表だというのである．「北方のモラル」と「ツラン民族の原始的力」が新しいハンガリーの基礎として役に立つというのである．[21]

　長い間続けられてきた（ユダヤ人だけでない）大学教授や教師，公務員，従業員たちに対する粛清や密告と結びついた空想的・民族主義的，大衆迎合的，人種差別的，反自由主義的，反知識人的，反文明主義的雰囲気は，20年代，例を見ないような学問的文化の損失となった．ハンガリー出身の著名な歴史家であるジョン・ルカーチは「ブタペスト1900年」という興味深い本の中で1900年前後のブタペスト世代の多くの才能ある人々が稀に見る世界的な活躍をしたことを書いている．[22]（詳しくは第34章参照）

　多くの国内にとどまった人々，例えば，作曲家ゾルターン・コダーイ，詩人ミハイ・バビッツ，作家ジグモンド・モーリツ，科学者ジュラ・ピクレル，ジグモンド・シモニ，ラヨシュ・フュレップなどは一時的に抑圧の狭間に苦しめられた．最も偉大な近代詩人であるエンドレ・アディは若く死んだことで彼の

第30章 白馬上の提督：トリアノン——イシュトヴァーン王国の死亡証明書

仲間のように苦しい運命を免れた．それでもこのような熱情的反封建的そして革命的声に対しても攻撃された．司祭のオトカール・プロハーズカは1920年のカトリックの大会において，アディの魂には「ユダヤ人の血清」を注入されている，とまで言っている．[23]

にもかかわらず，ホルティの時代，なかんずくイシュトヴァーン・ベトレン伯爵に率いられた政府の10年間の安定化の業績は見逃すべきではない．事情を知る人は，ホルティがなぜ，この反乱と転覆が常で，政治的安定が例外である地域で，事態を常にこのように長期にわたり，しっかり把握することができたか，何度も反芻した．帝国摂政は高い教育を受けたわけでも，そんなにインテリでもなかったが，一時的にせよ，より賢明な人の意見に耳を傾けたり，難しい時には中道を行く頭のよさと要領のよさを身に付けていた．[24]

多くの危機の状況においても，疑いも無く大戦間最も有能な政治家，即ちベトレンに任せ，自分を基本的には国家元首としての代表的権能に限定してき，時として馬鹿げたアイデアにもかかわらず，彼の友人の極端な考えを抑え，扇動家のグンブシュを排除し，ベトレン政府の自由保守的な路線を自由にさせたのはホルティの功績だった．

右派急進主義者を追いやり，テロのコマンドを無力化し，「飼いならされた」社会民主主義者と妥協し，分裂した小地主党を無力化し，首相は限定された選挙制度の改革の基礎を作った．新しい選挙制度では単に27.3％の人々のみ（1920年には39.2％であった）が選挙権を有し，（大都市部を除いて）再び導入された公開の投票によって，「統一党」に名前を変えたキリスト教社会諸派は長期的な居心地のよい多数を確保することが出来た．国内政治の安定と，ベトレン首相のあらゆる反ユダヤ主義や宗教を理由とする迫害に反対する断固たる態度を表明した議会両院での最初の演説によって，この首相は国際金融界の信頼を勝ち取ることに成功した．1923年，ハンガリーは国際連盟への加盟を認められ，25000万クローネの借款を認められた．国家財政は安定し，1927年以降金融改革が実施された．そして，小規模ながら経済発展の後に1929年には工業生産は戦前の水準を12％上回った．

このトランシルバニア出身の教養の高い，世渡りのうまい貴族は，巧みな戦術と，国内・国際的な分野で，議会の力関係でも素晴らしい技量を発揮した．

社会主義者からファシストまですべての政党が議会に席を持っていた．共産党のみは禁止されていた．然し，全ホルティ政権を通じて，「プロレタリアの祖国」におけるスターリンによる粛清に比べても，党幹部の逮捕は数少なかったし，ましてや，処刑も無かった．新聞は殆ど自由であった（100万人近くが読み書きが出来なかったが）し，裁判所は独立していたし，旅行と移動の自由は無制限であった．極右の反ユダヤ宣伝にもかかわらず，1920年の悪評高いユダヤ人学生を制限する規則は暗黙のうちに希薄なものにされ，ユダヤ人学生の割合は1929－30年には5.9%から10.5%に上昇していた．外国での単位も問題なく認められた．[25]

　ベトレンは然し財産問題と社会的関係についてはなんら手をつけなかった．以前と同じく，2400の大土地所有者が国土の36%の土地を所有していた．それに対して農民の72.7%は土地の10%を所有するに過ぎなかった．控えめな土地改革は，450万人を数える農民の46%を占める，殆んど土地を持たないかあるいはまったく土地を持たない農民の惨めな状態を殆んど変えることはなかった．近隣国，ルーマニア，ユーゴースラビアやチェコスロバキアに比較してハンガリーの土地を持たない最貧農民の割合は5倍から6倍も高かった！労働者の実質賃金は戦前に比較してもその80%から90%に過ぎなかった．同時に上流の「52000」と大衆の間の社会的反目はかってないほど先鋭化した．人口の0.6%を占めるに過ぎない上流階級の人々の所得は1930／31年時点で国民所得の20%を占めていた．この割合はドイツや米国の数字と比較しても実際に大きかった．公式な反ユダヤ主義にもかかわらずユダヤ人の金融，財政ブルジョワの支配的地位は「大土地所有者・大金持ち」と同様に変化無く相変わらずだった．[26]

　世界的不況とヒットラーの権力掌握がこのような比較的平穏な時期と経済の緩やかな安定化に突然の終止符を打った．ベトレンは1931年に辞任した．そして1年後，極右の指導者ジュラ・グンブシュが急進的綱領を掲げて政権についた．ムッソリーニと後のヒットラーとの個人的関係もさることながら，彼のレトリックは行動よりも危険なものであった．1936年の，予期されなかった彼の早い時期の死以前には，彼は内政上特別過激な変化を目論まなかったが，彼がヒットラーとムッソリーニに会ったことによって彼は既にハンガリーの将

来の外交政策の路線を敷いてしまった．後継諸国に対する関係の修正と極右主義の強化によってハンガリーは政治的にも経済的にもますます第3帝国の手下となっていった．枢軸諸国（この名はグンブシュが付けたと言われる）の助けによってハンガリーは旧王国の一部の回復への道へと進んだ．この道は，後に見るように，ハンガリーに有利なように大幅の領土の返還へと進んだが，他方で，ハンガリー人のおびただしい人命の損失を伴ったソ連との戦争にも進むことになった．1941年12月初め，ホルティの愛した英国（チャーチル「ハンガリー人の中には我々はいまだに多くの友人を持っている」[27]）は最後通告をした後，宣戦を布告した．その直後，12月13日，ハンガリー政府は，1946年に戦争犯罪人として処刑されることになる，ラースロー・バルドッシーの議長の下で米国に宣戦布告を行った．これが戦時中の有名なハンガリーのユーモア——多分BBC放送によってハンガリー人用に作られたもののようであるが——の起源となる．其れによれば，ルーズベルト米国大統領とハル国務長官（もう1つの説ではワシントン駐在のハンガリー大使）との間で次のような会話が交わされたという：

　　ハル「大統領，残念ながら，ハンガリーがわが国に宣戦しました」
　　ルーズベルト「ハンガリーだって？　それはどんな国か？」．
　　ハル「王国です」．
　　ルーズベルト「国王の名は？」．
　　ハル「国王はいません」．
　　ルーズベルト「国王のいない王国だって？　それでは国家元首は誰だ？」．
　　ハル「ホルティ提督です」．
　　ルーズベルト「提督だって？　我々はパールハーバーの後に又艦隊に悩まされるのか？」
　　ハル「違います，大統領．ハンガリーは海軍を所有していません．それのみか海岸すら持っておりません」．
　　ルーズベルト「おかしなものだ．それでは彼らは何をほしいのだ？　彼らはおそらく領土を要求しているのか？」
　　ハル「彼らはルーマニアの領土を要求しています」．
　　ルーズベルト「それでは彼らはルーマニアに宣戦を布告したのか？」
　　ハル「いいえ，大統領，ルーマニアは彼らの同盟国です」．[28]

第31章 冒険者，贋金つくり，国王候補者：
ドナウ盆地の平和のかく乱者

　ベルリンでの暴動（1920年3月12-17日）が失敗した後，そしてロシアでの市民戦争の真っ只中で，ホルティのハンガリーは反革命が成功して，極右の最後の希望の砦となった．ベルリンの暴動の首班たちはハンガリーの援助を受け，ワルター・フォン・リュットゥビッツ将軍は「カバレに満ちたグロテスク」を演じた後にハンガリーの方向に向けて姿を消してしまったのは決して偶然ではない．又，帝国外務大臣ワルター・ラテナウと大蔵大臣マティアス・エルツベルガーの暗殺者は一時的にハンガリーで匿われていた．エーリッヒ・ルーデンドルフ元帥は丁度帝国摂政に選出されたばかりのホルティの支援に賭けていた．ステファンスキルヒェン（ローゼンハイム郊外）に於ける少人数の右派過激派軍人と政治家の秘密会合の後，賽は投げられた．ルーデンドルフの「白色インターナショナル」という構想は2人の特使によって個人的にホルティに伝えられた．[1]

　ホルティ帝国摂政は1920年3月17日に一行に会い，バイエルン，オーストリア，ハンガリーの自由軍の緊密な協力によって所謂平和条約を無効とし，もしくはオーストリアとプロイセンの革命的，社会主義的分子を解体するというアイディアに賛同した．ハンガリー・オーストリア・バイエルン間の緊密な軍事協力によって更にチェコスロバキアを殲滅すべきとされた．ハンガリーは金融協力と訓練施設を提供し，その重要な役割を果たす褒賞として戦前の国境を回復するものとされた．これらすべては，ロシアでのボルシェビッキに対する大々的な軍事侵攻の前哨戦とされた．白色前衛の軍隊は事前に偽造「ドゥマ・ルーブル」で支援されることになっていた．このような「白色」貨幣200万をハンガリーの共謀者が偽造することになった．ホルティは更に詳細を質ね，彼の側近の協力者たるグンブシュと死の騎兵小隊長プロナイに対してルーデンドルフの使者と更に交渉することを命じた．既に6月1日に，即ちトリアノン条

約の調印に先立つこと3日前に，グンブシュはブダペストの高級ホテルに宿泊していたドイツからの使者に対して，ホルティは完全に了解し，「我々はことを具体化してゆくことが出来る」と答えた．

　1920年秋から1921年春にかけて3国の間に武器の調達と義勇師団のためには中央委員会が，プロパガンダの調整のためには中央報道事務所が責任を負うことになっていた．その間，ロシアの王党派のスポークスマンであるウラジミール・ビスクプスキー大将がハンガリー・ドイツ一派と接触してきた．ホルティは，ビスクルプスキーとドイツの共謀者とそれぞれと個別に会談を行い，またその上ルーデンドルフの側近マックス・バウアー大佐とバイエルンの右派過激派の首相グスタフ・フォン・カールを国王の夏の離宮グドゥルへ昼食に招いた．バウアーとプロナイは後に1920年のクリスマスにスロバキアとズデーテン地方にハンガリーとバイエルンの義勇師団を派遣することを計画した．チェコスロバキアの崩壊を挑発するためであった．ホルテイは訪問者たちに「白色インターナショナル」への更なる援助を約束し，ドイツから武器を調達するために穀物と資金の提供を行う用意があることを明らかにした．しかし，ハンガリー外務省，特に外務大臣で，後の首相パール・テレキ伯爵はハンガリーで偽造ルーブルを印刷する計画をきっぱりと拒否した．彼らは「目覚めつつあるハンガリー」やMOVEという組織を通ずるルーデンドルフへの間接的援助にも反対した．

　この間，ウイーン，ベルリン，パリ，ロンドン，しかし特にプラハではとてつもない同時に憂慮すべき共謀計画の噂が広まった．ついにチェコスロバキア大統領トーマシュ・マサリクは自分自身でもヨーロッパ中を駆け巡る噂を広めた．彼は構想やルーデンドルフとホルティとの間で交わされた書簡の交換，ハンガリー・ドイツの秘密会合などに関する約50に及ぶオリジナルの文書のコピーを彼の古い友人，英国の東欧専門家でロンドン・タイムスの編集部の1人R. W. セトン・ワトソンに渡してこれを利用した．1920年12月28日同紙は3シリーズにわたって欧州に於ける陰謀の暴露を報じた．チェコスロバキア外相エドアルド・ベネシュは事前に軍事的予防処置を講じてしまっていたぐらいに心配した．タイムスのシリーズと国際的新聞の論調はまた，イグナーツ・トレビッチュ・リンカーンなる者の枢要な役割に注目した．彼はルーデンドルフ，ホルティ，ビスクプスキーの間で行われたすべての会談に同席したのであった．

そしてどうやら奇怪な「白色インターナショナル」なる構想の発案者であったようである．更にグロテスクなのは，この男は実際に，マックス・バウアー大佐の側近であったが，文書とノートをすべて束ねて50万クローネ（今日の購買力に換算すると凡そ7000から8000ドイツ・マルクに相当する）でチェコスロバキアの官憲に売り渡したことである．

それではトレビッチュ・リンカーンなる人物は何者なのか？ そしてなぜ彼は共謀の仲間を裏切ったのか？ 1879年，南部ハンガリーの町パクスで生まれたこの男は，1931年にウイーン（そしてその後英語版はニューヨーク）において発刊されたメモワールで自分のことを「20世紀最大の冒険家」と称した．既に彼は1916年，第一次世界大戦のさなか，事実とフィクションの入り混じった「国際スパイの発明」と題する同じような本をニューヨークで英語で出版していた．それ故怒りの中にもプラハからロンドンに至るまで，プロイセンの軍人たちがそのような怪しげな詐欺師にだまされたことに他人の不幸を笑いたい気持ちに包まれた．実際，トレビッチュ・リンカーンは既に数年間来，詐欺師の評判を得ていた．彼は単なる金に汚い詐欺師ではなかった．ブタペストから上海にかけてこの男ほど沢山の本やレポルタージュが書かれたハンガリー人は居なかった．しかし英国外務省の秘密文書及びこれを基に出版された英国の歴史学者ベルナード・ワッサーシュターンがまとめたトレビッチュの生涯によって，この多くの観点からして天才的な性格異常者の魅惑的な人生を少し詳細に捉えることが可能になった．[2]

1人の声望の或るユダヤ人穀物商人の息子であったトレビッチュは先ずブタペストとトリエステで紳士用の金の時計に特化した小者の泥棒であった．短期間，ブタペストの王立舞台アカデミーの生徒，そしてジャーナリストを経て，1898年クリスマスにハンブルクにある「エルサレム・ミッションハウス」長老派教会の信仰に改宗し，後にはモントロウで国教会の司祭助手となり，そこでユダヤ人の移住者に対してドイツ語やイディッシュ語，ハンガリー語，英語で説教し，改宗を説き，遂には英国のケント公領にある小さな村アプルドーで助神父となった．大司教による試験の後，姓をリンカーンと名付けたトレビッチュ（彼のメモワールによれば，米国の元大統領を尊敬しているがためと言う）は合格はしたものの早急に神父に叙任されることは望み得なかった．彼は聖職者

第31章 冒険者，贋金つくり，国王候補者：ドナウ盆地の平和のかく乱者　401

を辞め，彼のドイツ人妻マルガレーテの少々の遺産を使い果たした．彼女はトレビッチュとハンブルクで知り合い，後にモントロウで結婚した．

　彼の人生の転機は1906年，英国人ココア・甘味類生産者で百万長者ロントゥリーがこの言語に優れたハンガリー人を大陸での物資調達のためや土地の取得，税務管理用に研究助手兼個人的秘書として雇った時に訪れた．このプロジェクトが終了した後，ロントゥリーはこの助手に餞別として保証なしであったが，寛大以上のクレジットを与えた．その額は今日の額では百万マルクに値するだろう．ロントゥリーとの関係はトレビッチュに政治への道を開いた．

　1910年，ダーリントン地区の自由党の支部組織はその1ヶ月後に英国の国籍を取ることになるトレビッチュを次の下院議会選挙の候補に決定した．即座に彼はブタペストに赴き，そこから更にベオグラードに向かった．この2つの都市で英国大使館はロンドンの外務省の推薦として彼のため，政府の関係者や高官とのアポイントメントをアレンジしなければならなかった．当時既に誇大妄想を発揮し始めていたトレビッチュは，英国・ハンガリー銀行や英国・セルビア銀行の大々的計画を携えており，莫大な投資について喋り捲っていた．外交官の報告の結果は暗澹たるものであった．投資家として彼が名をあげた銀行は彼の名前など聞いたことも無かった．

　この間トレビッチュ・リンカーンは直前になって前倒しされ1910年1月15日に実施されたダーリントンの選挙において，たったの29票の多数ながら下院議員に選出された．この結果は様々な理由からセンセーショナルなものであった．一方で自由党はその絶対多数を失った．他方で，1人の若い貧しい，強いアクセントの外国人が，これまで一度も英国下院議員選挙に出たことが無かったのに，又まったく政治の経験が無いのにもかかわらず，最初の試みで国会に出たことは驚きであった．

　若き代議士は直ちにブタペストに再び赴き，未亡人になっていた母親に会った．ペスター・ロイド紙との大々的に報じられたインタビューで，彼は大げさなアングロ・ハンガリー共同経済プロジェクトをぶち上げた．このアイデアは他の空想的なトレビッチュ・プロジェクトと同じように殆んど実現しなかった．生誕間近のこの代議士は贅沢な生活を送った（当時はまだ議員報酬が無かった）．彼は2人の秘書を雇い，3人の親戚の者を英国に連れて行った（彼らはすぐに失望のうちに去っていったが）．トレビッチュ・リンカーンの政治家としての

キャリアーは長くは続かなかった．というのは，12月には予定を早めて選挙が行われることになり，自由党は彼をもはや候補者にはしなかったからである．オーストリア・ハンガリーの駐英国大使はこの間，外務省に対してこの代議士の青年時代の前科について報告していた．更に彼は破産していた．しかし政治的な配慮から債権者は告訴しないことにした．

トレビチュは転んでもただでは起きない人物であった．それに，人を信用させる不思議な力を持っていた．彼は英国南部の町ワットフォードに14も部屋がある家を借り，6人の給仕人を雇い，1911，12年に，ルーマニアとガリツィンの石油を採掘し，そのための機械を輸入するための2つの有限会社と2つの株式会社を設立した．人脈と自分自身が登場することで，彼は相当なビジネスマン，その中にはラツィビル男爵とかロブコヴィッツ男爵もガリツィンでのプロジェクトの役員に迎え入れていた．結局石油は殆んど出ず，トレビッチュは短期間ブカレストでも大きな屋敷を構えていたが，バルカン戦争の最中，再び破産してしまった．1914年春，彼はロンドンにおいて公文書偽造の罪を犯してしまった．そのときは，彼のかってのパトロンであったロントゥリーもその犠牲者であった．

第一次世界大戦がはじまった後，このかってのジャーナリスト，布教者で副司祭，失敗した政治家，破産した商売人は，詐欺師としてまもなく逮捕される寸前，結局彼を世界的に有名にした職についた．即ち1つは国際的スパイである．1914年12月，トレビッチュは英国の秘密諜報員に，二重スパイをやるとの申し出をした．疑わしげな軍曹に対してトレビッチュは次のような素敵な計画を持ち掛けた；トレビチュは当時，中立を維持していたオランダに行き，そこで活動しているドイツに対しスパイになることを持ちかけて，彼らの信頼を勝ち取り，ウィルヘルム2世の船隊を北海におびき出し，英国海軍が容易にそれを壊滅できるようにしようというのである．冷ややかに断られたのに，トレビッチュは自分の責任でロッテルダムに赴き，そこでドイツ総領事に役に立ちたいと申し出て，通信手段について長文のドイツ語のメモを残していった．帰国した後彼は英国官憲に対してドイツの秘密暗号コードと称するものを提示した．イギリス人はこの詐欺師とは一切かかわりたくなかった．ドイツの反応に着いても何の資料も無い．

伝記作家のワッサーシュターンは，トレビッチュが彼自身の大言壮語にもか

かわらず決して実際にスパイの仕事にかかわったことが無かったことを確信している．ともかくも彼は1915年1月に船でニューヨークに上陸した．米国では多数の女友達と3人のそこに住んでいる兄弟が彼を助けた．1915年5月，彼はドイツのためにスパイを働いたことについて，ニューヨークの大衆紙「ワールド」の週末版に2つのセンセーショナルな記事を掲載させた．かつての英国国会議員がこともあろうにベルリンのスパイだったとは！ 所々に笑止千万な作り話を交えたものであったのにもかかわらず，大々的に報じられたこの記事はドイツにとって第一級の宣伝効果があった．今度は，怒り狂った英国の番であった．トレビッチュは逮捕された．引渡し手続きは遅々として進まなかった．彼は実際には何もわかっていなかったが，遅延の理由は，ドイツのコードの解読の為めだった．このためトレビッチュは留置所で優雅な生活を送っていた．「或る国際スパイの暴露」と題する本の発刊の5日前の1916年1月，彼は逃亡にさえ成功した．

　35日後トレビッチュは再び捕らえられ，英国に引き渡され，そこで，詐偽の罪によりウイート島で3年間の禁固の判決を受けた．1919年6月にやっと釈放されることになっていた．彼の帰化は既に無効になっていた．最後の瞬間になって彼はなお獄に繋がれることになった．当時のハンガリーでは共産党による評議会共和国が成立していた．スコットランドヤードの対防諜部の課長は，トレビッチュは「中欧のレーニンになる可能性がある」，と考えた．いずれにしろ彼はクン政府の崩壊の9日後釈放された．しかし彼はハンガリーには行かず，ドイツに行った．

　そこで彼は数週間もたたないうちに極右の新聞「ドイチェ・ツァイトゥング」に寄せた記事とオランダに亡命中の皇帝ないし皇太子との緊密な接触（とはいえ彼は両者とは話も出来なかったし，ましてやインタビュウさえ出来なかった）によって国際的に又注目されることになった．特に彼はバウアー大佐と特別な信頼感関係を構築することが出来，彼を通じて共謀の仲間との関係も出来た．右翼軍人カップによるクーデター騒ぎの最初の日，トレビッチュ・リンカーンは驚愕する外国人記者の前に外務省報道官として，又検閲部長として現れた．彼は英国記者の記事を差し換え，或いはそれを無造作に紙くず籠に投げ込んだりした．この大騒ぎが終わった後，デイリー・テレグラフ紙の特派員は，「このハンガリー出身のユダヤ人のペテン師の頭上に何か異常なものが在る．彼に

は最も危険な反ユダヤ主義に通ずるものがある．彼がロシアの，英国の，フランスのスパイであるという噂がある．多分どれも正しいのかもしれない！」，と報じている．

　これがトレビッチュが「白色インターナショナル」を売り込むにあたっての主役を演じた背景である．しかし，彼は常にドイツの極右の中に敵を抱えていた．馬鹿げた話であるが，「彼はドイツの国粋主義者の衣を着た英国のスパイである」と恐れられ，他方ユダヤ人として彼は多くの仲間にとっては災いの種であった．いずれにしろ，彼は共謀者の1人で後に帝国議会の極右の議員となるフランツ・フォン・ステファニ少尉が，単刀直入に，トレビッチュをブタペストで消すことを提案したことを嗅ぎつけた．

　何にも心配することは無い，というバウアーの断言にもかかわらず，英国に関する秘密文書がいっぱいのトランクとともにトレビッチュはまもなく姿を消し，ウイーンに向かった．期待した反響の無さを見て，チェコ人が彼に褒賞（30万クローネ）の残り半分を払おうとしなかったので，トレビッチュはプラハの連中を訴え，暴露すると脅かした．これに対してチェコ人達は，彼が偽造した資料を売り渡した，と反駁した．それは事実ではなかったが，「白い国際主義」に関する文書を，最初にフランス人に，英国人に，そしてアメリカ人に売り込もうとしたこの男は，オーストリアで4ヶ月間の禁固刑を受けてしまった．彼は1921年6月にウイーンで釈放され，国外追放の身になった．トリエステの英国領事の報告によれば，トレビッチュはその地で，伝えられるところによれば，6つの異なるパスポート（そのうち3つはハンガリーのもの）を持っている姿が見られたという．

　その後トレビッチュは中国に向かった．船上で彼は再び信じ込みやすいアメリカ人の大金持ちから，彼の空想に満ちたプロジェクトのために1万5000ドルをせしめることに成功した．更に彼は沢山の中国の将軍達の顧問となり，彼らとヨーロッパへの旅行もした．トレビッチュは中華の国で，彼の超自然や神秘的世界との結びつきへの傾向を深めることが出来た．こうして彼は1931年5月にチャオ・クンの名で仏教の坊さんになった．長い年月の間ヨーロッパからきた12人の修道士，男女が厳しい規律の中での生活で上海やヨーロッパで暮らし，信者たちと会合したりした．1937年12月，チャオ・クンは彼の信者であるリトアニア出身の尼「タオ・ロ」をホルティ宛ての手紙とともにブタペ

第31章　冒険者，贋金つくり，国王候補者：ドナウ盆地の平和のかく乱者　　405

ストに派遣した．³ プレゼントとして彼女は，手書きでハンガリーに寄せるというチャオ・クンの最新の書「Dawn or Doom of humanity」を携えていた．トレビッチュは即ち自分の故郷へ帰りたかったのである．ブタペストの大衆紙 Az Est（「夕刊」）紙が，日本がチャオ・クンを中国の皇帝にするつもりである，と報じた時，この僧侶は「人違いだ」と否定した．彼は単に余生をハンガリーで過ごしたかったのである．チャオ・クンはベレシュ・マルティの警句「祖国への愛と忠誠，ハンガリーにとどまり，それはいつも満たされる」を引用した．

　トレビッチュ＝チャオ・クンはおそらく自分を過大評価する病的な異常かつデプレシブな性格であった．彼の最近の伝記を書いた人は彼を「擬似救世主」と比較している．彼がチャオ・クンとして絵で見るような，しかし静かな人間では無かったことは，彼が1941年にベルリンに行ってヒットラーとチベット，インドや中国について会談しようとしたことでも証明されよう．これをめぐって上海からベルリンまでの国家社会主義支部の間の不一致の原因になった．それはハイドリッヒ―リッベントロープのレベルまであがった問題となった．ベルリン及びブタペストへの入国は拒否された．しかしホルティに捧げられた彼の本は縁は焦げているがリネンで縛り，王宮の占領と火事を乗り越え生き長らえ，ペスト側のドナウ河畔に在る国会図書館に保存されている．

　「白色インターナショナル」の歴史はトレビッチュ・リンカーンの騒ぎとともに忘れ去られていたが，1925年12月14日，ハーグからの急な知らせが天から稲妻のようにハンガリーの政治を襲った：退役大佐アリステッド・ヤンコビッチは銀行で偽造の1000フラン札を使おうとして逮捕されたというのだ．彼は事情聴取に際して，私用目的ではなく，ハンガリー外務省の伝書使として額面1000万フランス・フランを外交パウチに入れてオランダに来た，と言うのである．オランダの官憲は直ちにパリの同僚にインフォームした．12月のうちにパリの警察署長ベノーが数人の高官や警部たちとともにブタペストに到着した．フランス政府はハンガリー側に対して，直ちに捜査を行うよう要求した．⁴

　このスキャンダルは広がる一方であった．警察の調査及び議論の末に召集された国会の調査委員会の調査の結果，極めて議論を呼ぶことになる国際的かつ

国内的な背景があることが明らかになった．糸を探っていくと再びルーデンドルフ将軍を巡るドイツの極右将校グループに行き着いた．彼らはもともとフランスを「血」の海にしよう，という考えをもっていた．1923年11月のヒットラーのミュンヘンでのクーデターが失敗すると，ルーデンドルフ周辺の人々は，昔のコンタクト先のグンブシュ・グループを通して印刷機をハンガリーの仲間に移そうとした．ハンガリー政府近辺は1920・21年，ロシア，ユーゴスラビアそしてチェコスロバキアの通貨を偽造しようとしたことがある．目的はいつも同じであった：当該国に損害を与えて，これらの地域に素人まがいの宣伝をする資金面での手当てをすることであった．

　中心人物はラヨシュ・ビンディシュグレーツ侯爵という得体の知れない，怪しげな人物であった．彼はその混沌とした人生の中で左から極右の政治的グループに擦り寄ってきた．1918年秋に彼は，市民革命の直前に，カール国王によって任命された最後の政府で食料供給大臣としてスイスに派遣された．彼に与えられた任務はブタペストの飢餓状態を緩和するために大量のジャガイモを買い付けることであった．この大臣はこのための大量の資金を個人的目的と反革命の宣伝のために流用したと言われる．彼は「ジャガイモ侯爵」と国民にあざけられた．カーロイ政府の間に彼に対する告発が行われた，が，反革命政府になるとその手続きは拭い去られた．ビンディシュグレーツは復讐のためにフランスのスパイだったと称して，カーロイに対しては，その魔女狩りの裏方であった，としてその証言を行った．

　計画はベトレンも承知の上で1923年夏に進められた．ビンディシュグレーツはルーデンドルフとヒットラーとも協議し，彼らは更にドイツ人の技師アルトゥール・シュルツェをブタペストに派遣した．彼はライプツィッヒで機械を購入するのを手助けした．用紙はケルンでビンディシュグレーツの秘書のデセ・ラバがドイツの援助の下に購入した．偽造工場は国立の地図研究所の地下室に，その所長で，元首相のパール・テレキ伯爵の承知と承認の上で，設けられた．ドイツ人のエキスパートがその研究所の専門家の協力を得て活版印刷機を完成した．周到な準備を経た上で，1924年に印刷が開始され，1925年秋までに3万ないし3.5万枚の1000フラン札が出来上がった．

　人物の配属については警察・治安の最高幹部イムレ・ナードシがその指揮をとった．偽造されたお札の束はカトリック司祭イシュトヴァーン・サドゥラ

ベッツによって祝福さえも受けた．ナードシとサドゥラベッツの両名は人種差別の秘密組織「Etelkoez の連盟」に所属していた．この治安部長は運搬車で外務省に運び更に外交パウチで西側に運び出す機微な責務を自ら引き受けた．

「中身は何か？」，と係員は尋ねた．

「勿論ニセ札さ」とナードシは答えた．

係官たちは「人のよいイムレ叔父さん」のユーモアを尊大に楽しんだ．そして輸送は滞り無く進んだ．

この金を，黒幕たちは，素人っぽい宣伝に使おうとしていた．特にチェコスロバキアではいつでも投入可能な義勇軍団を組織し，トリアノンの主役たる憎らしいフランスに損害を与えることを目的としていた．野党や政治亡命者たちの，このフラン・スキャンダルがベトレン政府の失脚に繋がるという期待は裏切られた．ビンディシュグレーツとナードシはともに 1926 年 5 月 26 日に 4 年の禁固刑，他の起訴されたものは 4 ヶ月から 1 年間の禁固刑の判決を受けた．2 人の主犯は早くも 1928 年初めに恩赦により釈放された．ベトレン政府は期待に反して生き延びた．というのは，西側大国もリベラルな野党もそれにかわって極右の政府が出てくるというリスクを犯さなかったからである．ホルティはベトレンの個人的書簡による辞任の申し出を受け入れなかった．テレキ伯爵にも何も起こらなかった．英国政府とフランス政府はベトレン路線の継続を承認した．この間，ビンディシュグレーツの秘書は重要な証人であったが，彼は裁判で以前の証言を覆した．批判勢力は一貫してベトレンの退陣に向かって働きつづけたが，彼らにとって重要な証人が居なくなってしまった．ビンディシュグレーツの秘書はグンブシュにお茶に招かれたが，毒殺された．1972 年に公表されたベトレン文書から発見された秘密文書によれば，当初から沢山の高官がこの物語に関与していたことが明らかになっている．ビンディシュグレーツとグンブシュそれに極右の連中はこの事件をベトレンに複雑な圧力をかけるために利用したのである．

この不愉快な事件の後の 1 年半後，トリアノン条約に反対し，失われた領土を回復するための国際世論へのハンガリーの働きかけが，まったく予期しない，重要な成功に導かれることになる．

1927 年 6 月 21 日，ロンドンの日刊紙デイリー・メイルに一面全部を埋めた

「日のあたるハンガリー」と題する記事が現れた．記事を書いたのは社主で，他の新聞多数を所有しているローサーメール卿であった．この59歳の新聞王は弟のノースクリフ卿とともに英国の新聞界の革命を遂行していた．記事は，詳細な地図を載せ，不当なトリアノン条約を平和の内に変更すべきことを要求していた．そうしなければ，長い目で見て中欧の平和は維持できないだろうと論じた．経済的に意味の無い，民族的に不当な国境線は将来更なる戦争を巻き起こすだろうし，それ故，国際的監視の下で国民投票によって変更されるべし，と説いた．具体的には，ローサーメールは，ハンガリー人が少なくとも200万人居住するチェコスロバキア，ルーマニア，ユーゴースラビアの接続する領土の返還を要求した．地図の上では少し過剰であるが，南部スロバキアに100万人，トランシルバニアに60万人，ボイボディナに40万人のハンガリー人が住んでいるとされた．

　その他の点でも非常にハンガリーに好意的な論調は大陸，特にハンガリーや小協商の国々に爆弾のような一撃を与えた．当然のことながら，よく知られた新聞の一撃は反射反応を引き起こし，遂に1929年まで続いた新聞戦争に発展していった．英国外務省は不快感を表明し，困惑もした．フランスと様々な小国は怒り狂い，ベトレンの政府自身は歯切れが悪かった．特に「すべてを返せ」というスローガンは公式にはイシュトヴァーン王国の再興を含んでいたからである．[5] しかしローサーメールの論調にはどぎつい表題「欧州の火薬庫」を伴った第2の論説が続き，これは不当に対するハンガリーの戦いにとっては，必ずしも常にプロフェッショナルとはいえないブタペストの外務省の教宣活動よりもましであった．

　英国政府の周辺の声やロンドン・タイムズは安っぽい新聞の素人くさい努力に鼻白む思いで，既に7月27日の論説ですべての関係国にとって非常な損害が生ずると警告した一方，ハンガリーの世論は熱狂的に興奮した．ハンガリーのあらゆる新聞はロンドンに特派員を派遣した．年取った熱狂的な国粋主義者のジャーナリストであるイェネー・ラーコシは，影響力の在る自分の新聞「ペスティ・ヒーラップ」紙をして全面的にローサーメールのキャンペーンを応援した．

　「ローサーメールただ1人でハンガリーの歴史を書き換えるだろう」とラーコシは彼の新聞に書きたてた．保守的な小説家であるフェレンツ・ヘルツェク

第31章 冒険者,贋金つくり,国王候補:ドナウ盆地の平和のかく乱者

は,後に新たに設立された「修正連盟」——短い間に900の支部に200万人のメンバーを数える組織になるが——の議長となる人物であるが,彼もローサーメールのハンガリー寄りの広報活動を更に進めた.いわく,「グーテンベルクが印刷機を発明して以来,ローサーメールのハンガリーについての論文ほど人間の心に響く一歩を記したものは無い!」.遠くに居る新聞王のどんな言葉もハンガリーの新聞にはキャリーされた.例えば彼のクリスマスのメッセージが「解放の日はまもなく来る」,であった.フロリダのパームビーチから卿はハンガリー人に寄せて,「ここの世論指導層に会って,私は,ハンガリーがトリアノン条約を修正すべきだという正当な要求をすれば,世界の同情は必ずやハンガリーに向くことを確信した」.と書いている.[6]

ローサーメールへのハンガリー人の感激はとどまるところを知らなかった.後の彼自身の告白に寄れば,彼は当時ハンガリーないし全世界のハンガリー人から20万通の手紙や絵葉書や電報を受け取ったという.そのキャンペーンの真っ盛りには彼は通信のために2人のハンガリー人の秘書を雇う必要があったほどである.芸術品とまで言える刺繍,単なる木彫りの彫刻,ブタペストの長老たちからの黄金の万年筆,古くからのコシュート旗,フリードリッヒ大王時代ベルリンで,ハディクス将軍が鎧兜に身を包んで軽騎兵行進の際身に付けていた貴重なサーベルなどは卿を感激させた沢山のプレゼントの中の一部であった.120万人に上るハンガリー人が感謝の手紙に署名し,25個の皮で包んだその手紙は高位の使節団から手交された.ホルティは後にそのメモワールに書き残している.「手渡す時の日時が決まっていなかったら,きっと国民全部が署名しただろう」.

いったい何がローサーメールをしてハンガリーのために宣伝面でも個人的にも断固として支援する決心をせしめたのだろうか? 何が,或いは誰がこういうキャンペーンの最初の導火線になったのか? 1939年に発刊された書 My Campain for Hungary のなかでローサーメールは,聖霊降臨祭のときにブタペストに滞在し,折から偶然開催されていたトリアノンに抗議する毎年恒例の集会に非常に深く印象付けられた,と書いている.彼は又様々な理由からハンガリー国民に対して好意を抱くに至った…

50年後になって初めて,1928年4月30日の日付けとなっているローサー

メールのステファニー・ホーエンローエ妃に宛てた手紙が出てきた．これがなぞを解く鍵となった．

　何度もあなたには様々な機会にお話しましたが，私のハンガリーに対する関心は第一義的にはあなたとの会話によって呼び起こされました．私自身，ハンガリーが蒙っている数々の苦悩と不利益が世界中でそのように広範に同情を買っているとは想像もつきませんでした．[7]

　ハンガリーに関するローサーメールの関与は1927年初めモンテ・カルロのカジノで始まった．そこで彼は魅力的で，活発な，非常に知的な，身近な仲間から「ステッフ」と呼ばれた彼女と知り合い，敬意を抱いた．この最初の会話の席で彼は自分のデイリー・メイル紙が面白い話を掲載していないことに不満を漏らした．これに対して，妃は，人間的にも衝撃的なハンガリーの運命について語った．家族が分断され，農家は二分され，ハンガリー人が多数を占める地域がトリアノン条約によって強欲な近隣諸国に引き渡されたことなど…それに引き続きおこなわれたローサーメールの別荘での昼食会で，ステッフは，地図が無かったので，関心を持った卿にエンサイクロペディエ・ブリタニカに載っていた小さなコピーを示し，どこにハンガリーがあるのか，示した．当時ローサーメールは広報担当の秘書をランチに招待していたが，驚くべき発言をもらしている．「ご存知かもしれませんが，これまで私はブタペストとブカレストが異なった街だとは知りませんでした」…

　ステファニー妃の動機は何だったのだろうか？　勿論，後になって彼女が言うように，「ハンガリー国民への愛国的心情」でもないし，ハンガリーという国のためでもなかった．彼女はハンガリー語を一言も喋べれなかったし，この国にかって一度も住んだことも無かった．彼女は一生涯ハンガリーのパスポートで旅していたが！

　彼女は世紀末の（彼女の生誕の記録に付いては様々な説がある）数年前にウィーンでステファニー・リヒターとして生まれ，（自身が言うには母親筋が）ユダヤ系であった．著名な弁護士であった父親を通してこの目覚めた，早熟な娘はメッテルニヒ妃の支援によって貴族の世界に足を踏み入れた．皇帝の娘婿であるフランツ・サルバトール大公との間で（自称）関係を持った後早々と，二

重帝国からロシアに派遣されていて，重い負債を抱えていた国防アッタシェのフランツ・ホーエンローエ男爵との縁組が整えられた．両者は1914年5月にロンドンで結婚したが，戦争中（彼女は看護婦であった）2人が会うことは稀であった．そうしてこの結婚は1920年破綻した．戦後ハンガリー生まれのホーエンローエは，ハンガリー国籍を選んだ．これによってステッフィはハンガリーのパスポートを持ち，貴族のタイトルを得た．彼女がローサーメールに出会った時は彼女はパリに住み，（彼女に言わせれば）ビアリッツに別荘を所持していた．いずれにしても，彼女はパリからロンドン，ウイーンからブタペストまで素晴らしい連絡網を持ち，どのようなソースからか贅沢な生活をしていた．

疑いも無く彼女はローサーメールのハンガリーとの係わり合いのきっかけであった．彼女は10年間彼のアドバイザーであり，彼の愛人であった．特に彼女はヒットラーとの直接の連絡係であった．ローサーメールはヒットラーに対し，例えば権力掌握記念日とか，オーストリア占領の日とか，チェコスロバキアの滅亡の日とかに文書で祝意を表していた．彼女はローサーメールとヒットラーの会見をアレンジしたし，その他ヒットラーの個人的副官であったビーデマン軍曹と関係を持ち，こともあろうに，戦争勃発直前に彼と英国外相ハリファックスとの会見をアレンジする事に成功している．当時のチェコスロバキア大使（後の外相）ヤン・マサリクはこの黒幕の女を次のように表している．

この世にまだ良識というものがあれば，必ずやいつの日か，シュテッフィ・ホーエンローエ，生まれた姓リヒターがビーデマンの訪問に際して果たした役割が明らかになり，大きなスキャンダルになるだろう．この世界的に名の知れた諜報部員で，スパイで詐欺師は完全なユダヤ人で，今日ロンドンでのヒットラーの宣伝の中心点をなしている．ビーデマンは彼女の家に寝泊りしていた．彼女の机の上にはヒットラーの写真が署名入りで飾られ，「我が親愛なる男爵婦人へ――アドルフ・ヒットラー」，そしてその側には「偉大なるステーツウーマンへ」と書かれたホルティの写真が置かれている．[8]

冒険女性の騒々しい人生の中で，彼女の男性友達と時として雇用主たちのハンガリー・コネクションは重要な位置を占めた．その中で1927／28年には，

ローサーメール卿或いはその若い方の息子エスモンド・ハームスワースをハンガリー王にしようという計画もあった．特にラーコシやハプスブルクに反感を持つ人々によって慎重に検討されたアイディアは今日では笑い話に過ぎないかもしれない．しかし，当時のハンガリーでのローサーメール熱に鑑みればそれは単なる噂話ではなかった．ローサーメールは自分のメモワールの中で，軍や経済界は，そして具体的には卿が度々ロンドン，パリ，ベネツィアで会合したラーコシ編集長たちは，卿または彼の息子をその候補にする用意があることを告げていた．彼はいずれにしてもハームスワース王朝の設立を考慮してくれたことにいい気持ちになった．「私のハンガリーの友人たちがヨーロッパで最も古い歴史的な王冠に私の名を提案してくれたことに深い光栄を有する…」

シュテッフィへの日付けがはっきりしない個人的な書き物の中で1928年にローサーメールは彼の努力目標について更にはっきりとするようになり，ハンガリーの新聞への仰々しい記事やインタビューにも表すようになった．「もしもハンガリーの王制を救いたいならば，それにはこの男しか居ないだろう，エスモンド・ハームスワースである．どんなハプスブルクや王家の人もこの人にはかなわない」．1927年4月にハンガリーがムッソリーニのイタリアと友好条約を結び，その外交的孤立を脱却した後，ムッソリーニもまたハンガリーの王制問題に無視できない重要な役割を演じた．ラーコシは彼をも取り込もうとした．しかしローサーメールもまたこの独裁者と以前に会っていた．ハームスワースのハンガリー訪問は実際上準備の値踏みであった．彼は父親がセゲト大学から名誉博士号を授与されるために父親に代わって出席するはずであった．しかし実際には彼は国王かまたは王の継承者のように迎えられた．[9]

ブタペストに到着すると，市長や数名の元首相や他のお偉方がローサーメールの息子を出迎えた．彼のホテルの前には10万人の人々が歓迎のために集まった．数千人のボーイスカウト，制服に身を固めた郵便職員，鉄道員，地方やブタペストの在郷軍人の会員，農民代表団が礼服に身を包んで彼の前を行進した．帝国摂政，首相，大司教が個別にこの若者を食事と会見に招待した．右の「目覚めつつあるハンガリー」からユダヤ人婦人連盟まですべての団体が様々な催し物に参加した．ブダの丘のチタデラ（砲台）での花火，娘たちが伝統衣装で古いハンガリーと，新しい手足をもぎ取られたハンガリーの地図を象徴的に示したショーでブタペストの祭りは最高潮に達した．

第31章 冒険者，贋金つくり，国王候補：ドナウ盆地の平和のかく乱者

このようにしてハームスワースは彼のお供とともに特別列車でデブレツェンやセゲドに向かい，そこでは1つの通りがローサーメールに因んで名付けけられた．更に多くの通り，公園，庭園，居住地域，それに加えてテニスの大会までが卿の名を冠していた．彼に関する論調，彼にささげる歌や詩を見逃すことはまったく不可能であった．

国際的にも注目されたローサーメールの息子の旅行の後ラーコシは長期にわたる英国滞在の後，ムッソリーニとのインタビューを終え，ローサーメール父子を空席になっているハンガリー王室を埋めるべく利用しようとした．ローサーメールは，「ハンガリーはその国の言語を十分に話せない国王など必要ないのではないか」というと，白髪のジャーナリストは，ブルガリアの例を挙げた．いわく，そこでは1879年にヘッセン公アレキサンダーの子息でロシア皇帝，アレキサンダーⅡ世の甥であるアレキサンダー・フォン・バッテンベルク男爵を独立したブルガリア大公国の最初の国王に選んだ例があると答えた．ラーコシの（ローサーメールのでもある）アイデアへのムッソリーニの支持を得んとする彼の努力は，彼の様々な論調にもかかわらず完全に失敗した．ムッソリーニは，基本的に3人のハプスブルクの人間，オットー大公，アルプレヒト大公，ヨーゼフ大公のいずれの王位就任にも反対する．しかし，誇り高いハンガリー国民がジャーナリストでしかも外国人を王位につけるのは問題外である，とローマ駐在のハンガリー公使に伝えた．[10]

ホルティ，ベトレン，グンブシュいずれも当初からハプスブルク再興には反対するか用心深かったし，ましてや，ローサーメール家の誰かを王位につけるという何らかのアイデアについては明確に反対していた．在ロンドン・ハンガリー大使は1929年夏，既に，高貴な卿は国王になるという考えは放棄しているという印象をベトレンに伝えている．ホーエンローエ夫人はいずれにしても1932年，自分の「ハンガリーに対する無私無欲の仕事」に対するものとしてハンガリー政府から1年間の報酬を毟り取ろうとして失敗した．その代わり彼女はローサーメールから1932年以降非常に寛大な手当てを受けることになった．彼が1939年にその手当ての支払いを中止した時，彼女は彼を訴えるといおそらく彼女の人生で最大の間違いを犯した．彼女は戦争開始後訴訟に負けた．

卿は30年代ヒットラーのドイツに対する関心に集中することになるが，そ

れでも彼はハンガリーの企業家とともにハンガリーの歴史の上で有名な，かつ大々的な宣伝費用をかけ，「ハンガリーの正当性」として祝福を受けた，ニュウファンドランド―ブタペスト間ノン・ストップ飛行のスポンサーとなっている．彼は，枢軸側がハンガリーに好都合なウイーン調停を行った時にヒットラーに祝電を送っている．そして1938年11月11日にホルティが白馬に跨ってカシャ（コシツェ＝カッシャ）に凱旋したのに同席している．

ローサーメールのトリアノン問題に関してとった態度は，最初から最後まで個人的な動機，特に虚栄心に彩られている．それにヒットラーやムッソリーニという独裁者への共感，魅力的な男爵夫人，予期せぬ大々的な国際的反響，ハンガリーの世論の熱狂的な心からの反応が加わった．物質的な関心はまったく無かった．彼は，自分のメモワールに，1938年11月，ハンガリー人が信じられないほどの熱狂で国境，ブタペスト（10万人の人々が国会議事堂広場に集まった），カサで彼を迎えたかを描写している．戦争が勃発したので，ヒットラーに対する賛辞を惜しまない彼の出版物は出版後直ちに市場から撤去せざるを得なかった．したがって，ローサーメールが彼女のハンガリーに於ける役割について言及していないというシュテッフの訴えは間もなく意味が無くなった．

彼の故郷では国王になろうとしたローサーメールは事情通に言わせれば苦笑の対象になろうが，ハンガリーでは彼は過去でも現在でも神話上の人物で，願望の世界のおとぎの国の王子である．ローサーメールとその息子をめぐって1927・28年，及び1938年にさえも起こったことは，マジャール人が［delibab］と呼ぶ，言い換えれば蜃気楼，幻想とでも言うことの出来る性格の特徴をさらけ出したといえる．このような願わしき夢を抱く傾向は，心理分析者シャーンドル・フェレンツによれば「呪述的思考」というそうであるが，このような白昼夢への資質がハンガリー人のエリートや国民が1848／49年，1918／19年，そして第二次世界大戦のように危機的状況のときに示す態度に表れている．ウィリアム M. ジョンストンは「オーストリアの文化・精神史」のなかで「delibab」現象を次のように説明している．

> 世界をバラ色のめがねで見ようとするハンガリー人は，自分の偉大さを誇大視して，抑圧された民族の悲惨さを見ようともしないことに繋がっている…夢を見る能力を備えたハンガリー人は，自分達をいつも他の民族の

例外であるとして自分達を弁護する素晴らしい弁護士に仕たて上げている.[11]

第32章　ヒットラーとともに：勝利と没落
　　　　　ユダヤ人抹殺からピューベルの支配まで

　1941年4月3日午前9時15分，ハンガリー通信MTIは緊急の短いニュースを報じた．「ハンガリー国王枢密顧問官，国王の首相パール・テレキ伯爵は今夜悲劇的に突然死去した」．その後少しして短いテレックスが流れ，執事は首相が6時45分にベットの中でなくなっているのを発見した，旨報じた．両方のニュースは最も重要な事実，即ち，61歳の名声の誉れ高い政治家が決して自然死したわけではないことに沈黙していた．テレキは頭部を銃で打ち生命を絶った．首相は，最高司令官で，自分の友人であると信じた帝国摂政に見捨てられたのであった．南の隣国ユーゴースラビアに対するドイツとハンガリーの攻撃は既に決定され，間もなく実行されるはずであった．首相の自殺は，これへの絶望的な抗議であった．[1]

　9時に閣僚評議会は内務大臣の議長の下に開催され，首相の自殺を秘密にしておくことに決定した．というのは，それは「ドイツに対して不愉快な印象を抱かせる可能性があったからである．そんなことをすれば，ドイツの世論が我々に及ぶかもしれない」からであった．明らかに，そのようなことになれば，軍事面の協力によって南部に於ける領土に関する約束がどうなるか心配であったからである．

　このような大事な時に，ドイツ・ハンガリー関係の上で「誤解」があっては，という懸念からドイツ大使オットー・フォン・エルドマンスドルフさえも知らされなかった．ヒットラーとリッペントロープが帝国摂政，外務大臣，未亡人に対して弔電を打ってほしいという大使の要望は，14時にベルリンに到着した．弔意を表すために外務省を訪れたドイツ大使に対し，初めて「厳に秘密にしてほしい」という前提の上で首相の自殺が知らされた．理由として，テレキ首相の代理は悪い経済状況，健康に対する重圧，夫人の重い心臓病への懸念を上げた．

　この間首相の死の状況についてニュースは瞬く間に首都を駆け巡った．政府

はこれ以上の沈黙は真実を知らせるよりもっと疑惑を招き，状況を悪くすると判断した．遺体が発見された後の8時間半後の15時17分，真実に沿った第2のコミュニケが死亡診断書とともに発表された．そのあくる日，ドイツはユーゴースラビアを攻撃し，4月11日のキリスト受難の日の金曜日，ハンガリー軍は南部国境を越えた．

ヒットラーは約束を守った．ハンガリーはバーチカ（今日のボイボディナ），バラニャの三角地帯，それにムール地域を得，1万1475平方キロメートル，人口103万3000人を獲得した．占領地の人口にハンガリー人の占める比重は39％（ユーゴースラビアの統計によればほぼ30％）に過ぎず，ドイツ人は19％，セルビア人は16％（ユーゴースラビアの統計によれば47％が南スラブ人）であった．

テレキは既に一度ホルティの下で首相を勤め，所謂修正主義政治の実際の立案者と見られていた．ハプスブルクに忠実な正統派で，しかし最初の「Numerus clauses（大学の人数制限）」法の導入者で，1938年と1939年の「ユダヤ人法」の共同立案者の1人でもあった．そしてこのトランシルバニア出身の貴族は，自分の深く根ざした英国への共感と，ますます増大するドイツの影響という難しい現実の間のバランスをとる政策をとってきた．

ハンガリーは少しずつ外交の枠内で1940年12月，ユーゴースラビアとの間に「恒久的友好」条約を結んだ．ハンガリー・ルーマニア・ブルガリアが既に参加していた日・独・伊三国同盟にユーゴースラビア政府が1941年3月25日に署名した時，ベオグラードの愛国的将校は政府と摂政を倒して，若きペーテル国王を王位の位に就けた．ヒットラーは怒ってユーゴースラビアを直ちに攻略することに決めた．イタリア・ハンガリー・ブルガリアはセルビア・クロアチア間の緊張によってズタズタになったユーゴースラビアを更に弱体化すべき，とされた．それまではテレキ首相は巧みにハンガリーを戦争に指導していない国として第二次世界大戦から逃れることに成功していた．彼はロンドンとワシントンの大使に当てた内密の手紙の中で自分の外交の主たる努力について次のように総括している．

　是が非でもこの紛争から我々は関係しないようにしなければならない．戦争に突入するのは避けられないかもしれない．しかしいずれにしてもハ

ンガリーにとっては，ヨーロッパの紛争が終わった後に無傷で残っていることが最も重要である．この国，我々の若者，我々の軍は我々のためにのみに危険にさらすべきで，他の誰のためでもない．[2]

テレキは絶望的な状況に陥った．首相が死の直前に彼の親戚に書いた手紙で次のような懸念をはっきりと書き記している．「ユーゴースラビアを攻撃すれば世界の前に我々の栄誉は失われてしまう．しかし私の状況は難しい．というのは帝国摂政も，政府の半分の閣僚も，国会の多数も私に反対しているからだ」．勿論彼もユーゴースラビアに失った領土の回復のために努力していた．しかしヒットラーのドイツのような他国のためにでは無かったし，英国や米国との取り返しつかない断絶を賭けるなどもってのほかであった．彼の生涯の目標はトリアノン条約を修正するという正当性を国際世論の前に得ることであった．今や狂気のようにドイツびいきのヘンリック・ベルトゥ参謀総長（彼自身ドイツ民族主義者と自称していた）に代表された構想が勝利を収めた．ホルティは，今や彼の南部に於ける「領土を拡大する」という構想を継続できることで非常に喜んだ．

テレキは1通の手紙と，自分の目的が失敗し生きていた場合を想定し，別の辞任願いをホルティ宛てに書いた．

殿下
我々は――卑怯にも――永遠の友好条約を裏切りました．国民は氣付いております．我々は国民の栄誉を投げ捨てました．我々はならず者の側に立ちました，我々は残虐性に対して沈黙しています．ハンガリー人に対してのみでなく，ドイツ人に対してさえも行われています．我々は死体剥ぎにさえ成り果てました．苦悩の国民よ．私はそれを阻止できなかったのです．私に責任があります．
　　　1941年4月3日　　　　　　　　　　　　　　　　パール・テレキ[3]

テレキの劇的な警告と結局は彼の自殺も事態の発展に何の効果も持たらさなかった．外交官にしては非常に激しい言葉を英国大使サー・オーエン・オマリーは4月3日，帝国摂政に対して使ったが効き目は無かった．ホルティは「ハンガリーの国境を再構築することは神聖な義務である，と強調した．英国

からは何の援助も期待しない．ハンガリーはベルリンを怒らせないよう特に注意しなければならない，そしてドイツの復讐に対して準備しなければならない，とホルティは更に述べた．英国大使は非常にがっかりして，帝國摂政に次のように警告して言った．「もしもドイツとそのような汚い仕事をすることに決心すれば，或いはいかなる形にせよドイツというライオンの手先になって永遠の友好条約を結んだ国を弄ぶならば，勝利の栄光に満ちた英国と米国の寛容と同情と慈悲は決して期待できないし，相応の軽蔑と辱めを受けるだろう」．[4]

ホルティはこれには動ずることなく，自分の決心は決まっている，と答えた．2ヶ月に満たない後，ドイツの最終的勝利を確信した軍は待ち望んだソ連との戦争に突入した．今日まで解明されていないがカシャ（今日のコシーセ）の街への爆撃が，テレキの後継者で元外務大臣のラースロー・バールドシーがこの決定をするのに好都合な機会を与えた．多分，ドイツの飛行機によるものだった．

最後は運命的な戦時同盟にいたる第三帝國へ次第に依存していったのは，ヒットラーの支援を通じてのみ世論全体によって望まれた1920年の国境の修正が可能と考えたからである．1938年11月から1941年4月にかけてトリアノンによって失われた領土の40％が回復されたのは，ハンガリーが戦争に突入することによって終結するプロセスの一環であった．

1938年11月2日に枢軸国のリッベントロープ外相とチアノ外相によって行われたウイーン裁定は，国土面積1万1927平方キロメートル，人口106万人に及び，ハンガリーの統計によれば（1941年）84％が，また1930年のチェコスロバキアの統計によれば僅か57％がマジャール人であった．プレスブルク（ポショニ＝ブラチスラバ）はハンガリー人には不満であったが，ヒットラーの慈悲によって作られた新しい国家スロバキア領となった．チェコスロバキアの最終的破壊に際して，ホルティとテレキ政府はヒットラーによって与えられた，かって聖イシュトヴァーン王国ハンガリーのものであったカルパト・ウクライナ地域をすばやく占領する機会を巧みに利用した．この「祖国に帰ってきた領土」は，1万2061平方キロメートル，人口70万人を擁していた．ただし，ハンガリーの（1941年の）数字によっても10％，チェコスロバキア側の（1930年の）数字でもたった5％がハンガリー人であった．70％乃至75％が自分達をルテアニア人（ウクライナ人）であるとみなしていた．ハンガリーにとっては，国境線をこうすることが，これによってハンガリー・ポーランドが国境を接す

ることになるがゆえに戦略的に重要であった．

　このような考慮も6ヶ月後にドイツがポーランドを攻撃したことによって意味がなくなってしまった．それでもテレキ政府は小さな抵抗を示し，伝統的なポーランドとの友好と英国への配慮から，ドイツ軍の通過を拒み，ポーランドの敗北の後は10万人以上の難民のために国境を開放した．難民の殆どは更に南下して，ユーゴースラビアを通って英仏軍に参加したが，少なくない数の人々が戦争が終わるまでハンガリーに留まった．

　にもかかわらず反コミテルン同盟への参加や国際連盟からの脱退は，ハンガリーがますますドイツ陣営に引き込まれてゆく明確なシグナルであった．ヒットラーは巧みに中東欧諸国の小国が彼のご機嫌をとってお互いに競争するのを利用した．既に1938年，彼はハンガリーとルーマニアに対する政策を「両方の鉄を熱いままにしておき，物事の進展に応じてドイツの利益になるようにすればよい」と考えていた．[5]

　ベッサラビアと北ブコビナを返還するようにという1940年6月のソ連のルーマニアに対する最後通牒によって南ヨーロッパの情勢は動き始めた．ルーマニアは英国とフランスとの援助条約を破棄していたが，ハンガリーのルーマニアへの圧力が強まり脅威に晒されていたので，ドイツにとって石油の重要な供給国であるルーマニアはドイツの利益と関係していた．ハンガリーとルーマニアの間で武力衝突が生じた際にソ連が介入する危険があったので，これが第2のウイーン裁定に決定的に作用した．二国間の交渉に失敗したリッペントロープとチアノは1940年8月30日に北部トランシルバニアとセイケイ地方，面積にして4万3104平方キロメートル，人口にして257万7000人をハンガリーに割譲せざるを得なかった．少なくとも人口の5分の2はルーマニア人（ルーマニアの数字ではほぼ半分）であった．同時に南部トランシルバニアに留まったハンガリー人は40万人であった．ルーマニアは第2のウイーン調停を国家の破滅と見なし，戦争中ヒットラーに対する模範的な服従によって，何が何でもこの地域を取り戻そうとした．ルーマニアの国家元首アントネスク将軍に戦争中20回もヒットラーに会っている．これに対しヒットラーは，ホルティにはたったの4回会っただけである．

　ハンガリー人の喜びようは筆舌に尽くしがたいものであった．72歳になった帝國摂政はハンガリー陸軍の先頭に立って9月15日に再び白馬に跨ってコ

ロジュバール（クラウゼンブルク／チューイ）に入った．多くのハンガリー人は南トランシルバニアが出来るだけ早くハンガリー領となることを希望していた．しかしヒットラーはブタペスト政府に対して，軍事的進行を思いとどまるように説得して成功した．ヒットラーは1940年8月28日にベルクホフでチアノ伯爵に対して，ハンガリーはどのような妥協にも同意するだろう，何故ならハンガリーが（トリアノンの）修正に成功しているのはもっぱらファシズムと国家社会主義に負っているからである，と述べている．[6]

至る所でハンガリー兵士は，20年間国民と祖国から引き離されて生活しなければならなかった，又殆んどの場合様々な差別に苦しんできた人々に歓呼を持って迎えられた．英国と米国は単に第2回のウイーン調停の後にいたって抗議し，或いはその効力に疑問を呈したに過ぎないことを看過すべきではない．ユーゴースラビアが攻撃された後，初めてドイツに対して一致して外交関係を断絶した．国内の政治的ないし文化的エリートたちは戦争しないで領土を獲得したのは大変な成功だと見ていた．[7] 他方，国際的反響，ましてや，ヒットラーによって提起された法外な代償には気が回らなかった．

その1つがベルリンによって操作されているハンガリーのドイツ民族連盟を正式に認め，ハンガリーの中のドイツ少数民族に対し，ドイツ帝国との間で特別な協定によって，権利の拡大を承認することであった．1941年の人口調査では，ドイツ語を喋る72万人の中で53万3000人がドイツ国籍を自認していた．ナチの武装親衛隊はこうしたドイツ人の中から志願した者を選ぶことが出来た．経済的にもますますドイツ依存が顕著になっていった．

1938年には外国貿易の半分がドイツとの間でであった．1942年にはボーキサイトの90％，石油の産出高の50％以上，それに農産物の大部分がドイツに輸出された．二国間の貿易で1941年末に，14000万，1943年には10億を，更にその翌年には15億マルクのドイツ側の赤字となった．ドイツ帝国は負債をもはや支払うことが出来ない[8]ので，通貨の増発と当然のことながら，インフレーションが起こった．

いずれにしても第2ウイーン裁定後の数ヶ月間，国土拡大者としてのホルティの人気は絶好調に達した．実際，ハンガリーはドイツの支援のおかげで2年半の間に面積にして9万3073平方キロメートルから17万1753平方キロメー

トルに，又人口にして，実に500万人（そのうちマジャール人は200万）増加し，1468万3000人の人口になった．

領土の拡大と人口の増加によって，トリアノン以降単一民族に近い国家になったハンガリーは再び急激に多民族国家に変わってしまった．ハンガリー民族以外の異民族の割合は1938年から1941年にかけて7.9%から22.5%に増加した．よく知られていないが，政治的には重要は事実は，1941年の人口調査では回復した国土で人口の49.5%がハンガリー人ではなかったことである．母国語と国籍をちょっとした小細工で細工することは可能で，52万人の他国語を話す人々がハンガリー国籍となっている（例えば特にクロアティア人とスロベニア人）．[9]

第2の，関係者にとっては悲劇的な結果は，ユダヤ人の数が80%増え，72万5000人になったことである．ユダヤ教への帰依は第3ユダヤ人法（1941年）によって意味が無くなった．クオーター性が厳格になっただけではなく，国家社会主義の人種差別イデオロギーが差別と追放の基礎として導入されたので，これはキリスト教会にとっても非常な敗北であった．ホロコーストの歴史研究家ラウル・ヒルベルクが彼の基本的な本の中のハンガリーに関する章で強調しているように，ハンガリーの法律の激しさはニュルンベルク法さえ上回ったのである．少なくとも2人の祖父母がユダヤ教であったすべての人はユダヤ人と見なされた．ドイツでは，ハンガリーと違い，ユダヤ人の血が4分の1入っているものと婚姻している者も，またユダヤ教徒でない者は半分ユダヤ人であっても，ユダヤ人とは見なされなかった．同様に厳しかったのは，ユダヤ人との結婚が禁止された規定とユダヤ人との婚外性交渉が「人種の恥」と規定されたことであった．国税調査に付随して行われた質問をこの観点から1944年に分析したところ，ユダヤ人に分類されたキリスト教徒は3万4500人から10万人に増えた．職業を奪われ，後に「最終的解決」の対象になったのは全体で82万5000人に上った．[10]

領土に関する修正を実施し，経済的に相互に依存していくと共に，政治的，イデオロギー面で国家社会主義とハンガリーのエリート，とりわけ将校団の急進右派の人々は近付いていった．当時の首相であったグンブシュは，ヒットラーが帝國宰相に任命された時，彼とヒットラーは「共通のイデオロギーを信奉する古き民族の守護神である」ことを示唆しつつ祝福している．[11]

ムッソリーニと親しかったので，揶揄して「グンブリーニ」などと呼ばれたグンブシュは，非常に恣意的な系図学上の例であった．というのは彼はシュバーベン人家族出身であった．彼の父親はクネッフェといい，小市民的な小学校の教師であった．野心家の息子は貴族の称号「ヤークファイ」を当時の戦時功労者と同じようにデッチ上げたといわれる．ユダヤ法が発効したとき数百万の人間が出生記録，洗礼記録などを用意しなければならなかった．作家で文学史家イシュトヴァーン・ネメシュキュルティは1938年当時の雰囲気を60年後に次のように振り返っている．

この命令は国民全体の心をかき乱し，身元確認の上で病的な状態に陥らせた．誰もがオーストリア，ドイツ，スラブ，ルーマニア，ダルマチアからの祖先を持っていることが解った．どうして，又，なぜ誰かがハンガリー人といえるのか？ 立法者が「どういう人がユダヤ人でないのか」を明確に定義しなかったから困惑が一層高まった．自分の先祖が，祖父も含めてユダヤ教徒（或いはユダヤ人）でないと証明できる者は，キリスト教徒とされた．ひょっとするとイスラム教徒や無宗教の者もそうであった．キリスト教という言葉は単に宗教的信仰の問題ではなく，ユダヤ人でないという意味で使われた．こういう風にキリスト教という言葉は混乱した，誤まった人種の定義となった…おまけに，この数年間，ドイツ帝国の宣伝活動は攻撃的となり，ドイツの先祖を持つ国民は自分はドイツ人と言うように慫慂された．そのような人はすぐにドイツ軍に徴兵され，或いは親衛隊に入れられた．勿論ハンガリー官憲の同意の下であるが！ それと平行して，矢十字運動も強化されていった．それに従っていった人々は，そうすることによって「ハンガリー人」であることが証明されると思ったか，或いはドイツ帝国の支援を満喫できると思ったのだろう．又，自分の名前をドイツ化しようとしたり，スラブ的に響く名前は実は非常に古いハンガリーの名前であると言ったりした人々がいた．多くの人々が遠い昔の先祖，貴族の証明書などを，「専門家」の助けを得て紋章学的に大量に，或いはニセのもので証明しようと試みた…[12]

共産党が権力を握ってからこの悪夢は再現することになる，他の特色とともにであるが．そのときは人間は社会的出身によって差別され，解雇，迫害，権

利剥奪され，50年代初めには都市部からプスタに移住させられさえもした．

当時，激しい先祖研究の時代，民主主義的，反ファシズムグループは，最悪の政治的人物，ベーラ・イムレーディに対して小さな一時的勝利を獲得した．この非常に優秀な財政の専門家，かっての財務大臣，中央銀行総裁は，彼の前任者ベトレン[13]の言葉によれば，例の無い SALTO mortale（数回の宙返りの意）をやってのけた．1938年5月，首相に選出された後この名誉欲の強い男は単に無条件にドイツの側に移ったのみでなく，急進的ファシスト・グループである与党「新しい右翼」の総裁になった．このグループは後に彼自身によって分裂した．ベトレンの見解によればイムレーディほどハンガリーの国会議員で悪評の高かった人物はいなかった．1938年のクリスマスに彼はまるで絵に描いたような残虐さで第2のユダヤ法の法案を提出し，その際に，1人の人間の性格と愛国主義を無くさせるには「一滴のユダヤの血」で十分である，と声明した．[14]

その後間もなくベトレンは帝國摂政を訪れ，ブタペストの新聞が，イムレーディの血管の中に「一滴以上のユダヤ人の血が流れている」ことを示す資料を公表する準備をしている，と伝えた．それによると，彼の曽祖母はドイツ・ボヘミア系のユダヤ人であるとのことであった．ホルティの回想録によれば，彼はスキャンダルを回避するために首相を呼び，チェコスロバキアから出てきた文書を示した．イムレーディは動揺してその場で卒倒してしまい，そして辞任を申し出た．ユダヤ人の曽祖母に関するストーリー，——ホルティは曽祖父と言ったが——，に付いて，外国の読者やラジオの聴視者は面白おかしく揶揄した．奇怪なエピソードは小休止となった．イムレーディはしばらくして国家社会主義者たちのグループのリーダーとして政治の舞台に復帰した．その間に彼は新しいドキュメントによって自分の「無実」を証明できたが，彼の矢十字党のライバルからはその後も「ユダヤ人の血」を理由に攻撃された．[15]

余談であるが，ハンガリーの最も激しい右翼主義者たちも，アルミン・ヴァーンベーリの格言「ハンガリー人はヨーロッパで最も雑多な国民である」は決して理由の無いものでない，ことを証明した．アメリカ人歴史家アンドリュー・ヤノシュによれば，1941年当時27人中の二ツ星または三ツ星の将軍のうち21人はドイツ或いはスロバキア出身であった．同様なことが9人のカ

第32章 ヒットラーとともに:勝利と没落 ユダヤ人抹殺からビューベルの支配まで 425

トリックのユスティニアン・シェレディ(スプーセック)枢機卿,軍部つき司教ザドゥラベッツ,極右のイデオローグ,プロハズカを含む大司教,司教もそうであった.[16]

　人種がゴチャゴチャゴチャになり,ハンガリー独特の条件によれば,1932年から1944年までの間政府閣僚の3分の1はマジャール人ではなかった. 1944年3月19日のドイツによる占領後できた傀儡政権はこれまでベルリン駐在ハンガリー大使であったデメ・ストーヤイによって率いられた.彼は本当はストヤコビッチといい,クロアチアの出であった.グンブッシュとイムレディが急進化した官僚及び軍の支持に依存していたのに,矢十字党は社会,政治の末端のグループ,多くの都市労働者,等の下からの大衆の党であった. 「運動」が1944年秋にドイツによって権力につけられたとき,たった5分の1の閣僚のみが「マジャール人証明書」を示すことができたに過ぎなかった.矢十字党首領,かってのフェレンツ・サーラシ中尉——「国民の指導者」——は本来シャロシュヤンといった.カシャ(コシツェ=カシャ)に生まれ,将校の家庭に育ったこの男は自分を「メシアと同じような救世主」と意識していたが,ホルティによれば,アルメニア,スロバキア,ドイツの血を引き,せいぜい「4分の1ハンガリー人」であった.ある国会議員が1938年に国会で主張したところによれば,サーラシは一滴のハンガリーの血も持っていないのみか,ハンガリー国籍さえも持っていない,と言われた.[17]

　例によってハンガリー人は1938年から1944年まで愚かな倒錯した世界に生き,この世界では,しばしばマジャール人種の名でドイツとスラブ人の姓をつけた人間が,大衆を扇動し,大衆自体がアジテーターと同様にこの人種出身ではなく,大部分は既にハンガリーの名前を冠していた.後に,アイヒマン及び彼のハンガリーの支援者に組織された死の行進の途中,偉大な詩人ミクローシュ・ラドノーティ,傑出した作家で批評家アンタル・セルブ,ガーボル・ハラシュ,ジェルジュ・シャールケジ——彼らはユダヤ人家族の出身ながらキリスト教に改宗したハンガリーの愛国者であった——が処刑された.

　ドイツ人だけがハンガリーをしてソ連との戦争に駆り立て,或いは反ユダヤ人法を強制したと言うのは間違いである.偉大なそしてその判断に際して毅然とした思想家イシュトヴァーン・ビボーは,1948年に発表した,しかし40年後にやっと一般の目に明らかになったエッセイの中で今日も傷跡が直らない事

実, 即ち, 反ユダヤ法は「ハンガリー社会の道徳的堕落」を意味していた, と指摘している.

　この法律は, 広範な中・小の市民階級に, 個人的に努力しないで国家のお陰で, 又他者の犠牲の下に, 自分に有利な環境を作り出した. ハンガリー社会の広範な層は, 自分達の生存が労働とか企業努力によってではなく, 他人の生存に替わって, 他人を売り, 他人の祖先を恣意的に探し, その解雇を画策し, その企業をのっとり, つまるところ彼らの生存を完全に奪ってしまった.

　ビボーは「社会の少なくない層の所有欲, 恥じらい無き虚偽, 最良でも計算ずくの努力のおぞましい姿, それは, 単にユダヤ人にとってだけではなく, 思慮あるハンガリー人にとっても忘れることのできない震撼すべき事実であった」と総括している.[18]

　アーリア化と経済生活からユダヤ人を段階的に排除してゆくことは新しい「キリスト教的中産階級」の上昇を示す「見張りの交代」に繋がった. その他にも他のファクターがあり, それは1939年5月に1920年以来始めて実施された秘密投票 (自由ではなかったが) で新右翼及び矢十字党にとって地すべり的勝利をもたらした. 矢十字党の議席は18％, 投票総数では25％に達し, 首都では30％に達した. そしてブタペストの周辺, 所謂「赤い帯」では眩暈がするほどの41.7％を獲得し, これに対し社会民主党は単に17％に過ぎなかった. 他方, 強く右傾化した与党の統一党はなおかつ議席の70％を獲得できたのは, 多数決選挙制度と様々な操作によるものであった. 彼らの実際の確得票は50％に過ぎなかった. この宿命的方向転換はかっての首相であったイシュトヴァーン・ベトレンは, 40年後英語で, その4年後ハンガリー語で表された50頁の回想録の中で, その間に辞職させられたイムレーディ, 亡くなったテレキ, 増大するドイツの圧力のせいであったと述べている.

　矢十字党はファシストと国家社会主義者に影響されたハンガリー特有の色彩を持った動きであった. 初めは彼らは茶色のシャツをまとい, ハーケン・クロイツとヒットラー式敬礼を使用していた. それらが1933年に禁止されると緑色のシャツと, 聖ラースロー王 (1077-1095年) の軍旗であった矢十字に格上げした. 彼らの党の合言葉は「貫徹せよ」(キタルターシュ!) であった. 彼ら

は，降格されることを恐れる公務員，急進化した，しばしば失業した或いはフラストのたまった知識人，はては薄給の軍の将校，出世の可能性を妨害された学生，特に都市労働者やルンペンプロレタリアたちの不満，これら広範の層の憎しみを代弁していた．貧しい大衆に対しては，矢十字党の連中はユダヤ人の資本主義者と貴族階級の大地主から開放することを約束した．簡単に言えば，彼らは封建層，大きな金融支配者，最上層部の官僚という権力カルテルへの抗議の運動を形成していた．1938年39年には彼らは25万人乃至30万人のメンバーを数えていた．それでもなお彼らは「支配者連中」とそのシンボルと保証者たる，即ち帝國摂政に対しては，その権力を奪うチャンスは持っていなかった．[19]

　上部ハンガリー，トランシルバニア，南部ハンガリーなど顕著な領土の回復は国家の官僚組織を膨らませ，当該地域の行政官の地位を新たに任命する余地が広まった．テレキとその協力者たちは大方はハンガリー人がいない地方，例えば，カルパト・ウクライナなどでは大幅な自治を認めて，法律で保証された少数民族の権利を保障しようとした．しかしそうはいかなかった．なぜならば長い間のショウビニスティックでナショナリスティックな教育とプロパガンダに慣らされた将校と官僚たちは過去の失敗から何も学んでいなかった．彼らのマジャール化の処置や嫌がらせ処置と非マジャール人からの財産没収処置は抵抗に会い，厳しい拒絶に遭遇した．[20]

　国家の官僚組織の拡大は1919年，1920年，逃げてきた官吏と後継国家での土地改革によって，部分的或いは大部分の土地を失った土地所有者達に地位を分け与えることを可能にした．それに加えてすべての政府は，ユダヤ人以外の失業した自由業者や若い大学卒業者に仕事場を提供した．国家の官吏の数は1937年から1943年の間に倍増して9万3800人に達していた．1914年には国民377人に1人の国家の官僚がいたのに，1921年にはこの比率は134人に1人，1942年には100人に1人の割合になった．

　年取った或いは若い官吏，失業した学生や「学卒が巷にあふれる」様々な影響が右翼過激派の増大する素地を造った．統計数字に裏づけられ，常に，声高に繰り返される，産業や銀行でのユダヤ人の比率は相変わらず絶え難いほどに高い，という非難は聞き入れられないことは無かった．イデオロギーと民族問題の専門家で，大戦間の外交問題に詳しいジュラ・ユハースは，ハンガリーの

知識人の多数は人種差別に賛成であって，特に「同化した者」が諦めなければならなかった職を得るのに利益を得ていた，と結論付けている．[21]

この関連で，ハンガリー人は部分的に戦時景気によって潤った事実を過小評価してはならない．1939年の工業生産は，たった1年で20%も伸び，これは過去20年間の成長よりも大きかった．同時に実質所得はほぼ10%上昇した．矢十字党の影響力は1942年から1944年までは実態では弱体化している．ホルティ体制が過激派と穏健派の間を右往左往していた間の潜在的な危険は，軍の指導者と将校たちの急激な親ドイツ的な態度であった．既に1938年に英国人観測者（そしてテレキの友人）はロンドンの外務省に，軍属の80%から90%は国家社会主義者であり，若い将校たちはドイツの評判に酔いしれている，と報告している．ほぼ半数の軍のエリート達がトリアノンによって奪われた地域出身者であることはドイツ系以上にそうであった可能性がある．

戦争をいわば高みから指導していこうというハンガリーの希望は，ドイツ参謀本部の強い圧力のもとに直ちに放棄せざるを得なかった．そして1942年半ばまでには全軍をロシア戦線に送らざるを得なかった．この間ホルティは，1942年2月に弟ミクローシュと同様英国びいきであり，ナチに敵対的であった兄のほうの息子イシュトヴァーンを国会で帝國副摂政に選出せしめた．ゲッベルスはその日記の中で，若い方のホルティの選出は「大きな間違いだった，というのは息子は父親よりももっとユダヤ人に対して好意的だったからである」，と言っている．ホルティは彼の回顧録の中で，彼の息子が8月に東部戦線で戦死したのはドイツのサボタージュのせいかもしれない，ことを示唆している．[22]

政治的により重要なのは，ベルリンにのめり込み，譲歩しようとして活動したバールドシ首相がホルティの信頼の厚い，ナチに敵対的な政治家ミクローシュ・カーライによって替わったことである．

20万7000人を要し，装備も十分でなかった第2ハンガリー軍が1943年1月に，ドン川沿いのボロネッシュで壊滅したことは，ハンガリーの第二次世界大戦に参加する上で政治的に，心理的に転換点になった．4万人の兵士が戦死し，3500人が負傷し，多大の行方不明者を出し，6万人がソ連の捕虜になった．この悲劇の規模は公式には美化され，ロンドンとモスクワからのハンガリー語

放送のみによって知らされたが，あらゆる家族が直接，間接に影響を蒙った．特に厳しく被害を蒙ったのは，非武装の労働従事者で，彼らは黄色の腕章をつけており，惨めな服装，栄養失調に苦しみ，度々残忍な下士官に死ぬまで苦しめられた．オリンピックでフェンシングで優勝したアッチラ・ペッチャウアーもそうであった．第2ハンガリー軍に配属された2万5000人の労働従事者のうち単に6000から8000人が帰還したのみである．彼らのうち改宗した者は白い腕章を着用しなければならなかった．しかし，彼らに対する待遇は決して後なっても「完全にユダヤ人」よりも良くなったわけではなかった．

　カーライ政府がホルティの承知の上で連合国に特使を派遣し，中立国の首都との間で接触を試みた一方，保守・リベラルな反ファシスト・グループ，社会民主主義者，小地主党，さらには数百人の共産主義者が組織化し始めた．大々的な逮捕の波の後，彼らは「平和の党」の名前のもとに新たな非合法組織を若い金属労働者でヤーノシュ・チェルマネクの指導のもとで設立した．彼は後に「バルナ」，最終的にはカーダールと称した．勇気ある知識人による個々の抗議運動はあったが，大衆による反対運動は無かったし，第二次大戦終了の最後の日まで名指すべき武装した抵抗運動は生じなかった．

　将来の残忍性を占う不気味な予兆は1942年初めにボイボディナ地域のハンガリー軍がノビ・サド＝ウイビデック及び周辺の町で引き起こした非武装のセルビア人やユダヤ人の市民を相手に引き起こした血の海であった．その結果，4000人の死者が出，そのうち250人がユダヤ人であった．責任を問われた大将や将校は後に軍事法廷に引き出され，有罪判決を受けたが，大半はドイツに逃亡することに成功した．この大量殺戮についてダニロ・キシュは彼の3部作の中で重苦しい証言を残している．殆ど知られていない事実は，1944年秋に勝利に沸くチトーのパルチザンによる報復処置は，単に多くのドイツ人だけでなくハンガリー人も無実の犠牲者にしたことである．

　いずれにしても，穏健な，西側寄りのカーライ政府は威嚇的な第3帝國と疑い深い連合国との間で巧みなシーソーゲームに終始した．その政策を当時の政治を揶揄して「カーライの二重性格」と言われた．しかしながら，ハンガリーの指導層と将校たちの多数はますますドイツが最終的に勝利するという意見に傾いていった．又，トリアノン条約で失った領土の回復に対してドイツ即ちヒットラーに対するハンガリー世論の多くが感謝していたことも関係していた

ことも事実である．それに加えて，ソ連に対する恐怖とリベラル・民主主義勢力が明らかに弱体であったことも事実である．[23] と同時に戦争に飽きてきたという雰囲気も見逃せない．更に，まったく幻想に過ぎない西側との単独和平を考え，ひそかに英・米軍の到達を期待していた保守リベラルの勢力のあからさまな行動も見逃せない．ヒットラーと彼の機関は，裏切りや政府の最も高いレベルへのスパイ行為に対してもハンガリー人の素人っぽい探索に任せていた．

同時に「ユダヤ人問題」はドイツとハンガリーの二国間関係にとってますます決定的な要素になってきた．1943年4月17，18日の第1回クレスハイム会議においてホルティの「ユダヤ人をどうしようというのか（ユダヤ人を殴り殺すことは出来ないだろうに）という質問に対して，リッベントロープは平然と，彼らは「絶滅されるか収容所に連れて行くしかない」と答えた．ゲッベルスは彼の日記に，ヒットラーが帝國・ナチ大管区長官に対して，「ユダヤ人問題は」「ハンガリーでもっともまずく解決される」だろう，ホルティは，「その家族が殊のほか強くユダヤ人に汚染されている」ので，将来もユダヤ人問題に対して力強く対応するのにあれやこれや抵抗するだろう，と語った旨記している．ドイツ人の予想は数々の報告で明らかであった．ハンガリーのユダヤ人の引渡しによってハンガリーはドイツ帝国の「防衛と存在の戦い」と不可分になった，と後のヒットラーの「全権」ベーシェンマイヤー・ナチ親衛隊長はその事前報告で示唆していた．[24]

ハンガリーをベーアマハトによって占領するという「マルガレート」計画が周到に準備された．[25] 今日では，この占領に先立つ歴史については良く知られている．3月18日のクレスハイム城における会見は誘われた罠であった．ヒットラーは76歳になるホルティに対し「19日にドイツ軍8個師団を進駐させる」と最後通牒を行った．それはベルリンで計画されたSSとゲシュタポ，特にアイヒマン特殊部隊によって「ユダヤ人問題を片付ける」（ベーシェンマイヤー）シナリオであった．右翼過激派のヒットラーのドイツに肩を持つ人々の出番であった．3000人の愛国者，親西側の政治家，官吏，貴族，知識人が数日のうちにゲシュタポ及びこれと協力するハンガリーの地方警察，警官によって逮捕され，ドイツの収容所に送られた．ベトレンは田舎の友人のところに避難し，辞任させられたカーライはトルコ公使館に庇護された．

何ら軍や市民たちの抵抗も無かった．ただ1人の男だけが，ゲシュタポの手先が既に3月19日にブダのアッチラ大通りの彼の自宅で逮捕しようとした時に，武器を持って抵抗した．発砲され，国会議員エンドレ・バイチ・ジリンスキーは2発の銃弾で負傷し，待機していた自動車で引っ張られていった．それでも彼は沈黙する通りの民衆に対して，「独立ハンガリー万歳！」と叫んだ．[26]

1886年生まれのバイチ・ジリンスキーは恐らく，いずれにしても戦争期間中の最も勇気ある政治家であった．彼は1919年秋にグンブシュの取り巻き連中の1人で，過激な人種擁護主義者の1人であった．そしてベトレン政府の政策に対して右側から言葉や書き物で激しく攻撃していた．彼の仲間とはっきり違うのは彼は後に人道主義と愛国主義の道を辿ったことである．彼は増大するヒットラーのドイツの影響に対して厳しく批判し，反ユダヤ人法とウイヴィデークの大量殺人に対して公然と反対した．ホルティを良く知っていた彼は帝国摂政に対して路線の変更を要求していた．飽くことなく彼は前線に労働作業のために送られたユダヤ人ジャーナリストや知識人たちの救出のために戦った．バイチ・ジリンスキーは，かかる状況で礼儀正しい人間がもはや反ユダヤ主義者といえようか，とテレキに書いている．

彼が1944年になっても左派になった訳ではない．しかし彼はヒューマンなロマンチストであり，愛国主義者であり，殆んどのすべてのハンガリー人と同様，時宜にかなった行動によって返ってきた大部分の領土はいつかは何らかの形でハンガリーに残ると信じていた．10月，釈放されると11月，地下組織の国民解放委員会の議長になった．その2週間後に彼は数名の将校たちとともに矢十字党の連中に捕らえられ，1944年12月23日，ショプロンケーヒードで死刑判決を受け，処刑された．1945年，ペスト側にある大きな通りは彼の名がつけられた．残念ながらこれは孤立した例であるが，これはイムレーディが生じせしめた打撃を食い止め，壊滅する機会であった．しかし，こうして後のピューベルの恐怖の支配と大虐殺への土壌が準備されてしまった．

ランドルフ・ブラハムはそのハンガリーのユダヤ人の根絶に関する基本的な著作の付属において，ドイツの進駐以来107の命令が出されたことを記している．[27] ベーシェンマイヤーは満足げに反ユダヤ人に関する法律が「ここの国で

は異例の速さで」採択されたことをベルリンに報告した．

ユダヤ人だけが犠牲者ではなかった．1945年春の苦々しい終わりまでに，数万人の無意味な犠牲となった兵士，抵抗運動を行った者，脱走兵，カトリックのナチ敵対者，社会民主主義者，貴族，共産主義者などが命を落とした．数万人のハンガリーの兵士，一般市民がソ連の収容所に連行され落命した．1944年4月に始まった爆撃によって2万人が亡くなった．トランシルバニア地方の，当時はハンガリー，今日ではルーマニアの町シゲト出身のノーベル平和賞受賞者エリエ・ウィーゼルは，断固として，「すべての犠牲者はユダヤ人だけではなかったが，すべてのユダヤ人は犠牲者であった」と断言している．中・東欧のどこもハンガリーほど（改宗した者も含めて）80万人のユダヤ人が（反ユダヤ人法にもかかわらず）比較的平穏に長いこと生活できたところは無かったが，ハンガリーほどユダヤ人が素早くかつ残忍に死に向わされた国は無かった．

アドルフ・アイヒマンとその手先の監督のもとに，ハンガリーの地方警察と密偵はカルパチア・ウクライナから北部トランシルバニアそれに低地ハンガリーにかけてユダヤ人及び人種法に照らしてユダヤ人とみなされたキリスト教徒を即席のゲットー，しかも殆んどはレンガを積み立てただけの，に集め，最も残忍な方法で聞き取り，拷問にかけた．彼らの価値ある貴重品が没収されたか，友人のキリスト教徒の家族に匿われたか，いずれにしろ「出発の準備の整ったもの」は各々駅に向かって行進し，そこには既に家畜運搬用の貨車が待機していた．1つの貨車に70人が詰め込まれ，地方警察はそれぞれの貨車に白墨で正確な人数を記した．貨車1台につきバケツいっぱいの水ともう1つ排泄物のためのバケツがあっただけである．ハンガリー人の責任者は得意げにドイツの上役に，5月15日から7月7日に147の列車で43万7402名をアウシュビッツに送り込んだ，と報告した．

特に卑劣なのは，ドイツ人のNS宣伝部員が1944年夏のスイスでの映画で，如何にハンガリーの地方警察が収容所送りの際に残忍に振舞ったかを上映したことである．兎に角，ユダヤ人追放のニュースは世界中に知れ渡り，ハンガリーが戦争前半に果たした特別な役割は突然終わった．それまではハンガリーは多くの人々にとって比較的安全な島であり，批判的な新聞も，検閲にもかかわらず発刊され，社会民主主義者や進歩的な国会議員も批判的な発言も出来た．

ハンガリーの歴史家ジョルジ・ラーンキは，東ヨーロッパのどこよりもハン

第32章 ヒットラーとともに：勝利と没落 ユダヤ人抹殺からピューベルの支配まで 433

ガリーでユダヤ人は国民の中に溶け込んでいた，それ故にこそ，ユダヤ人の悲劇はハンガリー人の悲劇でもある，ことを示唆している．国家社会主義者の足音の中で，ファシストの政府刑事当局者は6月15日に，例えば，「ユダヤ人の本」に対する死刑判決を行った．この当局者は記者会見を開き，その席で44万7627冊の本の例を示し，これらをごみ箱の中に捨てた．元首相ベトレン伯爵は，ベーベルは，反ユダヤ主義は愚かな社会主義であると言ったといい，とすれば，ハンガリー人は「特に愚かであるに違いない」，と語ったと言われる．

　ホルティはいったい収容所送りと大量殺人の間何をしたのか？ 悪の種は，25年間の粗野なかつ憎悪に満ちた25年間のキャンペーンを経て育っていった．イシュトヴァーン・デアークはこう書いている．

　ホルティは彼の回想録で，自分は当時まったく力が無く，ハンガリー人でなく，アイヒマンやその同志たちによって実行された強制収容を阻止できなかったし，ユダヤ人が本当にどこへつれてゆかれるのか知らなかった，と言っている．力が無かったと言っているのはその通りかもしれない，しかしその他のことは嘘である．アウシュビッツで何が起こっているか，彼は早くから知っていたが，それを無視することにしたのだ．ブタペストのユダヤ人に関してはちょっと違っていた．1944年6月，7月，いよいよ彼らの番がやってきた時，ホルティは彼に対してクーデターを計画していた地方警察に対して軍事的手段で対抗した．結局はハンガリーのユダヤ人の40％は生き残った．ホルティは怪物でもなかったし，また人道主義者でもなかった．彼は民主主義者ではなかったが，独裁者になろうとはしなかった．自分自身の告白によれば，彼は終身反ユダヤ主義者であった．それでもなおかつ彼が君臨した間，そして強制収容にもかかわらず，ハンガリーでは他のヒットラーのテロが支配したヨーロッパのどの国より多くのユダヤ人が生き残った．[28]

　ルーマニアと違ってハンガリーは1944年に相手側に変わることをしなかった．ホルティは簡単な理由から国王ミハイが行ったように行動することに抵抗した，と言うのは軍の指導者たちや将校たちはルーマニア人たちよりも本質的にドイツびいきだったからである．それ以外に，ホルティが1944年10月15日モスクワでの代表団による武力行使停止後，戦線を離脱しようとした試みは，

素人じみた，いやオペレッタみたいなものであった．ホルティは実際ラジオでの放送だけの声明で，必要な軍事的，政治的準備もなしに変化を招来できるものと本当に信じていた．ドイツは勿論すべてを事前に知っていた．そしてミクローシュ・ホルティを敗戦の日とされた日に誘拐させた．自分の息子の解放を実現するために年取った帝國摂政は，彼の宣言を取り下げ，矢十字党サーラシ党首の権力掌握を合法化した．

戦争末期数ヶ月の矢十字党の恐怖政治は更に1万数千人の人々の生命を奪った．「国民の指導者」が，城の大理石の間で緑色のシャツと緑色のネクタイの平服で，サーベルを下げ，アオサギの毛をつけた帽子を身に着けハンガリーの伝統的な礼服を着用した，たったの55名の下院議員とほんの少しの上院議員の前で，王冠に誓いの言葉を述べている間，首都の通りでは彼の殺人司令官たちが暴れまわり，数千人の人々をドナウ河河岸で銃撃し，或いは手錠で2人，又は3人ずつ数珠つなぎに，そして凍てつくようなドナウ河にほおり投げていた．射殺されたのはたった1人で，彼は凍りついた河に落ち，その際に他の人々を死の道づれにしていった．

推計によれば，サーラシが支配した間，ブタペストでは5万人のユダヤ人が死の犠牲になったという．それに加えて，アイヒマンによって組織化された悪評高いオーストリアに向かった死の行進の犠牲者もあった．見て見ぬ振りをしたり，耳をふさいだり，我関せずの態度をとったのはハンガリー人の大部分の人の態度であった．強制収容や死の行進はいずれのところでも取り立てて言うほどの抵抗に合わなかった．ハンガリー人の抵抗が弱かったにもかかわらず，2万5000人のユダヤ人が部分的には偽装したペーパーや，友人，或いは非ユダヤ人の親戚に匿われてブタペストで生き延びる事が出来たことは見逃すべきではない．矢十字党の支配や「ブタペストという要塞を家から家に」死守せよ，というヒットラーの命令のために首都は高い犠牲を払った．やっと1945年2月13日，城の周辺での意味の無い戦いは終わった．1月13日にならんとする夜，ドイツ軍はすべてのドナウ河にかかる橋を爆破した．3万件以上の家々が破壊された．「焦土」作戦の結果，数万人の市民とハンガリー，ドイツの兵隊が亡くなった．

サーラシと彼の側近は3月29日に国外に逃れた（イシュトヴァーンの王冠を持って）．最近の歴史に照らして唖然としたことは，全軍及び行政機関が恐ら

く前例の無い規模で西側に逃亡したことである。彼らはドイツと矢十字党の撤退命令に従った。それにソ連軍に対する恐怖も手伝ったであろう。全体で100万人の市民，特に中産階級の家族が，逃亡した。多くの人間が後になって帰ってきたが，凡そ10万人が永久に西側にとどまった。ハンガリーの国土での8ヶ月にわたる戦い，ドイツ軍と矢十字党による動産の持ち出し及びソ連，ルーマニア軍による没収は多大なものとなり，1938年の国民所得の5倍，国民の財産の40%に上った。工場施設の凡そ半分，鉄道線路の40%，機関車の3分の2，牛，馬，豚，羊の44から80%が破壊されたか失われた。推計によれば1450万人（1941年）のハンガリー住民の6.5%，即ち約90万人が死亡した。[29] ユダヤ人の犠牲者の数は，推計によれば，1941年当時の大ハンガリーでは56万4000人，その内トリアノン―ハンガリー（ブタペストの10万人を含み）では29万7000人であった。[30] 約60万人のハンガリー人がソ連に抑留された（その内10万から12万人が一般市民であった）。30万人の兵士がアングロ・サクソンの外国軍隊の前に降伏した。このような数字を数える時に見失ってはいけない事実は，10万人の兵士たちがサーラシに対して服従の誓いをしていたことである。12個師団のハンガリー軍が悲惨な最期までドイツ側に立って戦った。[31]

　ハンガリーは，トリアノンの遺産と民族問題のため，他の近隣諸国などよりも困難な状況に置かれた。「我々にとって，国家の目的と反ファシスト闘争を結びつけるのは難しかった。近隣諸国にとっては，誰かが自分はポーランド人であるとか，チェコ人であるとかユーゴースラビア人であるとか感じれば十分であった。民族意識はヒットラーに対する闘争にとって十分であったが，しかし我々のところでは，民族意識では反ファシスト闘争に十分ではなかった。それには更に少なくとも民主主義者である必要があった」と，ジュラ・ユハースは書いている。ドイツの帝国主義への備えを知らず，ホルティ政権は袋小路に陥ってしまった。そして再び獲得した領土を長く保持できなかった（ハンガリーは後に更に3つの村をチェコスロバキアに割譲することになる）。デアークの次の言葉は慰めになるかもしれない。「他の政権のほうが巧く処理したかもしれないが，ヒットラー支配下のヨーロッパの他の政権ではもっともっと悪い結果になったであろう」。[32]

そしてホルティはどうなったであろうか？ 1944年10月にドイツの「保護」下に置かれ，ズタズタになった国家元首は永久に国を後にした．1945年春，彼はアメリカによって獄から解放された．彼の回想録によれば，彼は様々なところで眠り，皿を洗わねばならなかった，と記している．ユーゴースラビアからの引渡し請求（ボイボディナでの大量殺戮を理由とする）にはアメリカは応じなかった．ハンガリーとソ連はその裁判手続きにまったく関心を持たなかった．兎に角彼は路線を変えようと試みたし，ブタペストにいるユダヤ人の強制収容を阻止した．ホルティは家族とともにポルトガルのエストリに住み付いた．彼は，大戦間のほかの中欧諸国の王や権威的な国家元首達と違い，個人的には買収されなかったので，個人的な財産は持たなかった．帝國摂政は生涯反ユダヤ主義者であったかもしれないが，それでも彼とその妻は，特に2人のユダヤ人家族の寛大な援助によって亡命先で生涯居心地の良い生活を送ることが出来た．ホルティは1957年2月9日，亡くなった．それは，1956年10月のハンガリー革命の数ヶ月後であった．しかしながら彼と彼の政権はハンガリーの消し去ることの出来ない歴史上の過去となった．単なる家族上の理由から彼の亡骸はハンガリーに運ばれ，1993年9月4日，感情的な，政治的な行事とともに仰々しく埋葬された．このことは，「白馬に乗った提督」がいつまでもハンガリーの歴史にとって問題の有る人物であることを物語っている．

第33章　敗北の中の勝利：
　　　　 1945 年 − 1990 年

共産党の権力掌握

　あの土曜日午後の情景は印象的なものであった．1946 年 9 月 28 日，ほぼ 25 万人の人々がブタペストの広い英雄広場の建国千年記念像の前を埋め尽くした．沢山の赤旗やハンガリーの国旗が閃いていた．横断幕には「連立政府から人民の敵を追放せよ」とか「人民民主主義を前進させよう」とか掲げられていた．それは 1918 年 11 月 24 日設立されたハンガリー共産党（MKP）の初めての合法的な記念すべき式典であった．[1] 14 時 30 分きっかりに書記長代理ヤーノシュ・カーダールと名乗る金髪の若い青年が挨拶の演説をおこなった．ひな壇の彼の後ろには党の指導的な幹部や内外からの招待客が席を占めていた．

　2 時間半後には国立オペラ劇場において記念会議が開催され，外国からの賓客や国内の各党の代表からのメッセージが読み上げられた．日曜日には国会議事堂内の国会のシンボルたる本会議場に 65 万人の党員を擁する 480 の地方組織を代表する 386 人の代議員が集合し，3 日間の党大会が開かれた…

　1945 年の聖霊降臨祭の頃，共産党は既に党の会合で，25 万人以上の党員を擁すると主張していたが，1945 年 11 月に行われた初めての自由選挙においてやっと第 3 党となったにすぎなかった．第 1 党は 57％ を獲得した市民，農民を主体とする小地主党，第 2 党は 17.4％ を得た社会民主党であった．それにもかかわらず，かれらは強さを誇示し，その自信に満ちた，時として攻撃的なトーンの評価報告は彼らがハンガリーの政治を決定し，既にその時点で全てを獲得しようとしていること疑いなきものにしていたことを物語る．市井の政治家や社会民主主義者たちは共産党の急劇な進出に憂慮していた．誇らしげに発表される共産党員数は謎でもあった．そして実際共産党員数は政治的にも統計的にも奇跡的なものであった．カーダール自身が後年語ったところによれば，第二次大戦中ほんの数百人（1000 人に満たない），1942 ／ 3 年の大量逮捕の時には，党員は 70 〜 80 名で，カーダール自身 8 〜 12 人の活動家としか恒常的に

コンタクトできなかったとのことである.² にもかかわらず1945年2月には共産党員数は3万人を数え，その年の暮れには50万人に至っている．

　また，主にユダヤ系でモスクワ帰りの党員が中心であった共産党は特に「下層の矢十字党員」，即ち，低学歴の労働者，小市民，公務員達で激しい変化や，部分的には予期せぬユダヤ人の元の持ち主が帰って来たことによって一度は「アーリア化」された（戦時中，ユダヤ人から没収された）商売，作業場，それにアパートを失うことを恐れる疎外された人々に支えられていた．初夏には，党機関紙サバネープ（「自由な国民」）は困惑した「矢十字党員」に対して或る種の「理解」を示し，また隠れ共産党員であった作家ヨージェフ・ダールバシュ——公式には国民農民党員——はそれを同様に賞賛したのである.³

　そしてまた他の諸政党の党員数に比較しても，誇らしげな統計は驚異的な伸張を印象付けるものであった．現に1945年夏には社会民主党は50万人の党員数を誇らしげに明らかにしたのである．しかし，ほんの少し前の1944年10月から1945年2月の間に，死と地獄の狂宴が荒れ狂い，そして25年間民族主義と修正主義の主張した同じ人々が，いまや一夜にして民主主義者，社会主義者，ましてや共産主義者に変われるものだろうか？

　すべてこのようなことに1946年の共産党党大会での主要な演説者は関心を持たなかった．彼らは大連立とか人民民主主義とかの隠れ蓑を被せ，社会民主党左派と違って社会主義的なスローガンを厳格に口にせず，社会主義という言葉さへ口に出さないように指示されていた．当時はまだ党の指導者層は経済の完全な集団指導体制と完全な権力掌握までには長い過渡期間が必要と考えていた．

　しかし事態は全く違った展開を示した．2年足らずの内に賽は投げられ，ソ連の影響のもとにある国々と同じように，ハンガリーでも共産党が完全な権力を掌握した．1949年の初め，スターリンは大きな秘密を明らかにした．人民民主主義は既にプロレタリアート独裁の機能を果たしていた．しかし既に仮面を剥がす前に"労働者階級"の鉄拳，すなわち国家治安機関と軍の諜報機関が実際の，或いは潜在的なそして必要に応じてでっちあげられた敵を，始めは党外の，そして1949年5月以降は共産党内の敵を潰していったのである．

　ところで，「解放者」の振る舞いは，他のすべてのソ連の占領地域におけると同様にソ連に友好的な感情をいだかせるには全く正反対であった．暴行，略

奪,そして内政への乱暴な介入は,多くの人々にソ連に対するあからさまな憎悪を敗戦よりももっと強くさせた.50万人以上の戦争捕虜の不確かな運命,数万人の市民が強制労働にかりだされたこと,ソ連に完全に支援された共産党の攻勢によって,始まって間もないハンガリーの民主主義がむしばまれ,ついには破壊されたことは,大勢の,そしてその後には,圧倒的な多数のハンガリー人が,赤い星のもとでの新時代を新しい隷属の始まりと理解するのにつながった.

　1946年の暑い晩夏,威厳に満ちた国会議事堂の会議場で代表演説を行った4人の男は他の大多数の代議員や発言権を持たない政府,党の機関,軍,警察,プレス,労働組合,大企業,からの123名の代表の誰よりも,ハンガリーが既に記述したように歴史的,大衆の心理の理由から言っても,共産主義者にとって考え得る限り不都合な土壌であることを良く知っていた.このことは,もちろん規模は違うにせよ他の人民民主主義国家でも同様であった(ただし,大戦間の時代にかなり強固な合法的な共産党が存在したチェコスロバキアは少し事情が違う).モスクワからのつけいる隙のないコントロールとソ連の勢力圏での大体に於いて似たような展開が見られたにもかかわらず,ハンガリーにおいてはこの4人の指導者達は,お互いの関係,クレムリンの指導者達との関係でこの国の戦後の歴史に非常に劇的な,時として驚くような,そして時折残虐な様相を与えることになった.このような政治的な乱気流や,党や国家の指導的な地位にある人々の唖然とするような変遷はまさにイサイア・ベルリンが警告しているように,歴史は「出口のない高速道路」に見立ててはならないのである」.

> 　決定的な瞬間において,…偶然や個人はその決断と行動によって,どうしても予期し得ないこと,或いは,まれに予期しうること,歴史の流れを決定付けることがある….我々の決定できる余地は大きくない,ほんの1%かもしれない.しかしこの1%が決定的なのである.[4]

ラーコシの独裁

　ハンガリーがマーチャーシュ・ラーコシという特別な人物が仮にいなかったとしても,独裁への道,ソ連の植民地への道(他の諸党の抹殺,経済の国有化,消費者の犠牲のもとに重工業や軍需産業の促進,ドイツ人の追放,実際のあるいは

推定上の敵の逮捕など）を辿ったかもしれないし，むしろそれが必然であったと思われる．が，しかし，彼がスターリン時代とその死後，血の粛正と統制の牽引者として決定的なファクターであったことについては，すべての戦後の歴史家の見解は一致している．したがって我々はバーゼルの歴史家ヘルベルト・リュティイの言葉も思い出すべきである．「歴史は匿名ではない．歴史は登場人物の匿名性を剥がし，その特殊性を明らかにし，個人を特定することによってのみ，それが現実に起こったこととわかるのである…数字や個々の事実は，もし我々がその登場人物の認識について何も解っていなかったならば，実際には，何の意味も持たないであろう…5

党書記長としてラーコシは「国家を取り巻く内外情勢と党の課題」と題して最初に演説を行った．続いてイムレ・ナジ政治局員（前農業大臣兼内務大臣）は「裕福な農民層になるための栄える農業政策」について演説した．3番目にラーコシの党内でその代理であるヤーノシュ・カーダールが「党の組織的課題」について述べ，最後に，内務大臣のラースロー・ライクは人事委員会議長として新しい中央委員会候補者のリストを発表した．

それでは，この党の第1の地位を占める男は何者であろうか？ 彼は1945年から1956年7月18日まで「スターリンの最も優秀な生徒」といわれ，恒常的に増大する個人的権力を行使し，権限を潜在的なライバル達の間に分散させ，組織にあって常に変遷する権力の中枢を指揮してきた．6 1892年食品と果物を商いとするヨゼフ・ローゼンフェルト（1904年にハンガリー国籍を取りラーコシと改名）の四男として生まれ，幼少のマチイ（マーチャーシュの愛称）は今日のスボチカ市に近いちいさなアダ村で貧しい環境のもとで育った．それにもかかわらず，彼は中等学校を優秀な成績で卒業し，ブダペストの東洋アカデミーに進学した．1912年，彼は奨学金を得て，ハンブルグへ，13年にはロンドンに渡り，そこでは商社の駐在員としてはたらいた．第一次大戦が勃発すると，彼はハンガリーに帰った．1915年4月，彼は士官候補生として東部戦線で捕虜の身となった．3年間の捕虜収容所での生活でかれはロシア語とイタリア語を学んだ．その後，短時間の命に終わった評議会共和国で指導的幹部会員の中で最も若い人民委員として，彼は共産党の設立メンバーに昇格した．他の共産党の幹部達と共にオーストリアでの短期間の獄中生活の後，ラコーシは1920年

の夏モスクワに再び姿を現し，最初はコミンテルンの一員，その後執行委員会の書記の1人となった．その語学の才のお陰で，——フランス語とトルコ語も喋る事が出来た——ラーコシは20年代の初期の頃プラハからリボルノそしてパリからベルリンに亘り，共産党の創設に携わったり，コミンテルンの指示によってそれらの内部抗争の仲裁役を務めようともしたこともある．6つの偽造パスポートを使ってヨーロッパを渡り歩いた間，ラーコシは度々ブダペストに舞い戻っていた．そこで，コミンテルンのエージェントは1925年9月に40人の活動家とともに逮捕され，長い裁判の末8年半の実刑判決を受けた．ラーコシが世界に知られるようになったのは裁判所が彼を禁固刑が終わった後も自由の身にせず，1919年の彼の活動を理由に，世界中からの抗議にも拘わらず，彼に終身刑を言い渡した時である．最高裁判所はつまるところ2つの罪を合算したわけである．そして，この共産党の指導者は，1848年，ロシア兵によって奪われたハンガリーの国旗と交換に1940年10月ソ連への出国を許されたのである．15年と39日振りにこの間伝説的に有名になったこの同志はプロレタリアートの祖国で迎えられそして歓迎されたのである．彼は1940年11月7日の革命記念日には赤の広場のひな壇でスターリンの側に並ぶことさえ許されたのである．

　しかし，実際のところ，ラーコシは自分の命が助かったのは第1にホルティ政権に感謝しなければならないのである．即ち仮に彼が1935年に釈放されていたならば，彼もまたかなりの確率で大規模な粛正の犠牲者になっていたかも知れないのである．事実，ソ連共産党の見方によれば彼を抹殺する確固とした理由があったと言われる．ラーコシは1925年に事情聴取された際，コミンテルンの内情についてあまりにも早く白状してしまったというのである．が，彼は過去の罪について単に讒言をしただけで済んだ．スターリンが，「ラーコシはすでに十分に罪を償った」と述べた由である．

　どういう事情があるにせよ，ラーコシは1945年1月30日，11歳若い夫人フェニヤ・フヨドロヴナ・コルニロヴァを伴ってハンガリーに戻って来た．彼女はシベリヤ北東の町ヤクーツク出身の検事であった．彼はこの女性と休暇先で知り合い，1942年結婚した．このことについて，ハンガリーでは全く違うふうに陰口が囁かれた．例えば，ドイツの週刊誌「シュピーゲル」の1948年

6月26日号は人物欄で次のような短い注目すべき記事を掲載している.「ラーコシは貴族への道を歩んでいる. 彼はモンゴル出身の女性との離婚を申し立て, その後オデシャルチの伯爵夫人と結婚しようとしている. これによって彼は革命の勝利のあと貴族出身の女性と婚姻した多くのロシアの共産主義者と同じ道を歩んでいる」. このニュースが本当なら実際大きなセンセーションだっただろう. しかし,「マチィ」と「フェニヤ」はシュピーゲル誌の記事に反して1971年2月5日の彼の死まで幸せな結婚生活を送った.

ラーコシは彼が君臨した12年間を通してハンガリーの近代の歴史上最も教養ある, 語学に通じた, しかし道徳的には最悪の政治家であったことを示した. 劇作家ジュラ・ハーイは, ソ連での亡命中彼と知り合いになったが, 的確に次のように言っている.

創造主がまるで造る途中で作業を中断したと思われるような, 平ぺったい, しかし短い胴体, 大きすぎる頭, そりあがった禿, それに凍り付いたような, 無理に造ったような微笑みを浮かべた青白く, 浮腫んだ顔. いかった肩の間に埋まってしまったような首, 見る人によっては, せむし男と紛うような体つき. 大儀そうな動作, 扁平足に似た歩き方, 短い, 太い指.[7]

彼の伝記を書いた人達は, 彼は情熱と云うものを持っていないのではないか, と言っている. 曰く, 彼は酒を飲まないし, たばこも呑まない.「ナンバー4」でハンサムなイデオロギー部門のトップであるヨージェフ・レーヴァイによれば, 彼には女性問題もない, ということである. 即ち, 彼には愛とか憎しみとかの人間的な感情は全く重要ではないのである. ラーコシは権力のためにのみ生きたが, 権力を築いていく戦術と戦略, そして第一人者として権力を行使してゆくに当たっては外国にいる独裁者ジョシフ・ビサリノビッチ・スターリンとの一体性を指針とした. クレムリンの「赤いツアー」と彼によってその地位に付けられた家来の親玉との関係はいつも不確かで安定せず, 流動的であった.[8] ラーコシは休暇をいつも黒海で過ごしていたが, 誰も, 彼の側近の者でさえ, そもそも, いつ, 彼がスターリンに会ったのかも知らないほどであった. 1945年から1947年の間, ラーコシの家の屋根裏部屋に信頼厚い党員がスターリンのオフィスと直接結ばれたラジオ交信を行っていた. かってスペイン内戦

の時に戦ったこの退役軍人は党の指導者の下でどのような仕事を行っているのかを自分の妻にさえ何も語らなかった．そして 35 年後に表した回想録でも当時の疑いもなく息詰まるような彼の活動については一言も触れなかった．

確かなのは，ラーコシが政治的に重要な決定の時には，(全ての重要な機関にはいつでも「助言者」がいたが)「ソ」連の友人にいつでもどこでも話したり，電話したり，場合によっては，スターリンの個人的書記であるアレクサンダー・ポスクリヨビシェフへ特使を送って手紙で同意を求めたりした．決定的な動きで，かつ，生まれて間もない民主主義にとって致命傷は 1947 年 2 月のソ連の治安機関による小地主党書記長ベーラ・コヴァーチ国会議員の逮捕であった．この最強の連立相手の党の第 2 番目の男は，国会の多数の支持に支えられた不逮捕特権の主張にもかかわらず，「武装したテロリストグループを造り，西側の秘密機関に協力してソ連に対するスパイ行為をおこなった」という口実のもとにソ連邦に連行された．彼はようやく 1956 年に釈放された．

全ての民主的諸党が賛成したホルティ政権の極右政治家，特に矢十字党員達を自分たちで作った特別法廷で，諸党や労働組合の代表の陪席のもとで処罰したことは，その後の共産党による恣意的な裁判への道を開いた．終戦の年から 48 年 3 月の間に人民裁判に架かった人の数は 1 万 6273 人に上る．その半数が 1 年未満の判決であった．322 名の死刑囚のうち 146 名が処刑された．その中には，サーラシやかつての首相バールドッシ，イムレーディ，ストーヤイ，内務省や警察で青少年収容所送りに直接責任がある者が含まれている．また，十把一絡げに行われた，不当かつ受け入れがたいような，しばしば非人間的な条件のもとで行われた 25 万人ものハンガリー系ドイツ人の移住もが全ての政党によって，是認されたのである．

暴力による国家反逆を企てたとして右寄りの国会議員とその仲間（「ハンガリー共同体」）たちの集団は 260 人が判決を受け，小地主党の壊滅に繋がった 7 つの裁判の口実に利用された．ラーコシは政治的ライバルを小刻みにし，或いは壊滅させる手法を見つけ，それは，彼の「転換の年」の後に行われた有名な演説の後，揶揄されることになった「サラミ戦術」である．

世俗政治家が排除され，裁判を通じて反逆者として葬られた後，ラーコシは教会に対峙していった．数週間で 225 人のカトリックの牧師が逮捕された．ヨージェフ・ミンゼンティ枢機卿，その 2 年後にはグレス大司教に対して，見

せしめのため公開裁判が行われ，終身刑もしくは15年の禁固刑の判決が下された．所謂大企業のマオルト・スタンダード裁判では管理者や専門家が判決を受けた．数多くの他の抑圧手段が急速に厳しくなってゆく全体主義体制の恐怖の支配の重要な礎となっていった．そして，ついには共産主義者の真の敵，連立を組んでいた左右の社会民主主義者，ラーコシの考えに合わないその他全ての人々が一網打尽にされた．

離反した「チトー一派」への大っぴらな宣戦布告，1947年秋に設立されたコミンフォルム，即ち，共産党の情報組織からの追放は共産党内の真の転換点，大々的な血の粛清の幕開けを意味した．「勝利者」の中で党の敵，外国勢力の回し者探しは1949年には国内或いは国際的に奇妙な出来事や予測できない作用を次々と起こした．その辺の事情はそれから十数年後に少なくとも部分的に明らかになってくる．ラーコシ，ナジ，カーダール，それにライクは妙な劇——それは多分，不条理劇（イオネスコ，或いはベケット）と，シェークスピアの王様劇の一部，それに安っぽいスリラーをごっちゃ混ぜしたもの——の中でそれぞれ様々な役割を演じた．第1幕ではラーコシは演出家，主役として，そして終幕ではヤーノシュ・カーダールがそれを勤め，その間この4人の主な役者達は駆逐する側に立ったり，駆逐される側に立ったり，或いは強問する側であったり，逆にされる者になったりした．カーダールは最後に精神錯乱状態に陥るが，それまでの間3度にわたって違った役割を演じた．

ラーコシの表面に現れた悪賢い，残虐，悪魔的とも云える行動様式が，彼の長い間の獄中生活——彼は33歳から49歳の間獄中に繋がれた——と関係があるのか，或いは彼の深層心理に由来する劣等感とそれから発した，より幸福な，見かけの良い同志達への強い嫌悪で説明出来るのか，スターリンに対して恐怖感も混じった隷属的な服従が彼の態度にとって決定的に関係しているのか，それは今日でもわからない．ユーゴスラビアに関しては勿論重大な結果をもたらすことになる誤りであって，遂には1956年の大変動に繋がったのである．

ソ連の絶対的な指導性へのチトーの反抗は臣下の共産主義者の間に，クレムリンの命令に従がわなくても共産主義者でいられる，という考えを芽生えさせた．老いつつあるスターリンの偏執的な猜疑心は我慢ならないものになっていた．

スターリンは幾つかの理由からラーコシを好んでいなかった．第1に彼はユ

ダヤ人であった．第2には，彼は喋り過ぎた．第3に，彼はアメリカのスパイと疑われかねなかった．最後の疑いは1つの有名な写真が原因であった．ラーコシはハンガリーの連立政権の派遣したミッションの一員として参加しており，ホワイトハウスの前庭でトルーマン大統領と一緒に写真に収まった．その際他のハンガリーの政治家は固い表情であったり，当惑した微笑みでトルーマンの廻りにいたが，米国大統領は，見た限りでは上機嫌でこれまた楽しそうに笑っているラーコシをすぐ左隣において談笑していた．悪の体現者であるその共産主義者がこともあろうに特別に心から歓迎されるべき賓客と写った．理由は簡単である．ラーコシは既にパリ平和条約交渉の際ハンガリーの交渉態度を決めるためにフランスと英国を訪問しており，ハンガリー政治家の中では唯一英語に堪能であった．スターリンはこのシーンをことのほか苦々しく思い，1953年，即ち7年後彼の後継者達がその写真を自分の政治的生き残りのために戦っている時自分に不利な証拠として取り上げたことで憤慨さえした．[9] ラーコシのスターリンに対する恐怖感はソ連党内で行われている粛正に鑑みれば，十分に理解されるところである．しかしスターリンは単に彼に絶対に服従するだけでなく，賢く，効率的な奴隷を評価した．スターリンへのアクセスは，例え最高幹部でさえも15年間にわたって彼の個人的秘書アレクサンダー・ポスクリョビシェフを通してコントロールされた．この剃り頭で，裸にすれば三重の脂肪の垂れ下がった太った男はラーコシにとってクレムリンとの重要な連絡役であった．いずれにしてもラーコシは衛星国での最初の見せしめの裁判の準備をするに当たって，ポスクリョビシェフに重要な連絡を行い，そのときには「同志フィリッポウ」（スターリンの暗号名）にこの手紙を渡して欲しいと付け加えた．[10]

ライク裁判は当時全てのソ連支配圏で進行中の「チトー」一派と共産主義者という仮面を装った帝国主義者，「党員証をポケットにしている敵」に対しての魔女狩りの始まりのシグナルであった．今日，我々は元内務大臣であってのちの外相に対する訴状と死刑判決がスターリンの承認を得て行われたことを知っている．また40人のソ連「専門家」の拘束と事情聴取はMGBと呼ばれた東欧を主管するソ連の治安機関の長，フィエドルビイェルキン大将の直接の指揮の下で準備され，もしくは実行された．

それでは何故黒幕達はよりによってライクを一番の罪人に仕立てたのであろ

うか？　ライクは内務大臣として100％のスターリニストであったし，彼の後任の内相と共に民主主義諸政党を過酷に弾圧し，またミンゼンティ枢機卿に対するおぞましい限りの公開裁判の真の仕掛け人であった．しかし彼のスペイン内戦参加，その後のフランスでの抑留，ハンガリー共産主義地下運動での役割，彼の逮捕と矢十字党政権の次官であった弟の介入によって生き延びたこと，などが昔のユーゴスラビアの戦友や「ファシストのホルティ政権」や「アメリカの秘密警察」との結びつきがあるとして使われたのである．その上，彼は若く，スマートで背が高く──要するにハンサムだった．共産主義青年同盟の若者達は彼の熱狂的なファンであった．彼は非ユダヤ人の最高幹部の1人として間違いなく，身長157センチのラーコシにとって，潜在的なライバルであった．ラーコシの劣等感が政治局の会議で，痩せた，背の高い男の危険性に言及したシェークスピアやプラトンの言葉を繰り返させた．

　「スターリンの最も優秀な生徒」としてラーコシも同様に，最も非人間的な道を辿り，誰れの逮捕に際しても忌まわしい記録を残した．世界はやっと生き残った者の忘備録や，インタビュー，或いはその後発表された秘密の記録によって，何故告発された者が自白し，どの様なサディスティックな拷問を受けて自分に対する告発者に変わり，仲間を密告していったかを知ったのだ．地下に潜伏していた頃や国外にいた頃行った過去の政治的行為が犯罪行為にすり替えられた．外部から完全に遮断された犠牲者はこれに対して為す術もなかった．

　5月29日，ライクは妻と共にラーコシの自宅に昼食に招かれた．別れ際に，笑みを浮かべた党首は，「君の最近生まれた息子を見たいから2，3日の内にお宅を伺う」，と約束した．ライクの親友で後任の内務大臣ヤーノシュ・カーダールは数ヶ月前からこのために投入されていた訳であるが，カーダールは，自分がライクに2，3日内に会い，彼の注意を逸らすためにチェスに誘う事を提案した．ライクはチェスの常連であった．1時間余後，カーダールは友人に「君は負けだよ」と告げた．ライクは帰宅し，その15分後，ガーボル・ペーテル大将自ら指揮する治安機関の高官達によって逮捕されたのである．

　ライクがゴム製棍棒を使った残酷な取り扱いにも拘わらず毅然とした態度を持っていたある晩カーダールとミハーイ・ファルカシュ国防大臣（同時に党の秘密警察に関する全権委員）が現れ，包括的自白を促した．ラーコシはこの会話を全てテープに記録させたが，この記録が後にカーダールを追いつめる重要

な手段となった．カーダールとファルカシュの説得技術が不成功に終わった後，ラーコシの承認と委託による残忍な拷問が実行され，遂にライクはその夜の内に短い自白を行った．[12]

この間，公表された秘密書簡，召喚状，取り調べ調書は，その後の数年間，拷問執行者達が如何に激しい憎しみと執拗さで自分たちの生き残りを賭けて過去を清算しようとしたのかを示している．如何にその狡賢さを駆使したにしても一連の裁判が終わってから，ブタペストのスポーツ会館で雄叫びを揚げる活動家グループを前にラーコシが行った悪評高い演説を見れば黒幕はラーコシ自身であったことは明らかである．「私はこの計画が最終的に巧く実行されるまで眠れない夜を過ごした．」と述べているのである．これによって，罪を他人になすり付けようとしたその後の彼の試みは最初から失敗を運命付けられていた．

ライク裁判は，全く異なった原因を合作して理由を作り上げるというスターリンの古典的「アマルガム」という手段が採用された．国内にとどまった共産党員，長らく外国で生活した共産党員，特にスペイン内戦に参加した義勇兵，左（トロツキスト）右の社会民主主義者，「ファシスト」（例えば抵抗運動に参加した戦前の将校達），「シオニスト」（即ちユダヤ人の共産主義者）達が要注意キャンペーンの潜在的目標とされた．ライク裁判で直接或いはその後の取り調べによって有罪判決を受けた者は93人，その内15人が死刑に処せられた．11人が獄中で死んだ．これは加速していった粛清という人食い回転木馬のほんの始まりに過ぎなかった．

1950年4月24日，アールパード・サカシッツ大統領——かって共産党と合体して出来た社会民主党の幹事長であった——は夫人と共に共産党党首に夕食に招待された．終わった後，ラーコシはこともあろうに，名目上も儀礼上も国家の第一人者である客人を，ホルティ政権当時，その場その時に，警察に密告したという不細工に偽造された調書があることを示唆して隣室に待機していたペーテル大将に逮捕を命じた．彼らは数日ラーコシの家の地下室に幽閉された後取り調べのため牢獄に移送された．石工からジャーナリストとなり大統領となったサカシッツは終身刑を言い渡された．その家族は例によって弾圧の対象となった．[13] 彼は1956年3月，6年振りに釈放された．ついでに云えば，彼の大統領としての前任者で，かって小地主党党首であったゾルターン・ティル

ディも同時に釈放された．共産党は 1948 年 7 月，彼を辞任に追いやった．そして外交官であったかれの息子は汚職を口実に処刑された．ティルディと夫人は 8 年間蟄居を命ぜられた．全部で 20 の政治裁判が行われ，180 人の社会民主主義者が長期の禁固刑の判決を受けた．これには多くの拘束された者の数は含まれていない．激しく相互に敵対した左右の社会民主主義者達はほとんど例外なく同じ運命を辿った．

なお，2 人の大統領の後任者は社会民主主義者を装った隠れ共産主義者で，もう 1 人は小地主党員と称し，酒好きな隠れ共産党員であった（後者は 15 年間も大統領の役職にあった）．正常な状態であればこのようなことは全く無害なものであったが，しかし，この酔っぱらいは 1956 年 11 月，所謂「革命的労働者と農民の政府」という日付けを前倒しした任命証書を発布することによりカーダールを助けることになる．このような証明書は共産党の尺度から見ても合法的とは云えないシロモノであった．

ラーコシとその最も緊密な共謀者であるファルカシュ国防相と国家治安機関の長であるペーテル大将は社会民主主義者に対すると同時に軍の指導者達にたいしても血の粛清を行った．1950 年春の所謂将軍裁判において，参謀総長を含む 12 名の将軍と軍の高官達が処刑され，13 人が終身刑に処せられた．軍の内部の人事交代は，非常に「巧く」運び，1954 年には将校クラスのたった 15％が 8 年の初等教育以上を履修したに過ぎず，加えて将校達の 3 分の 2 は党員であった．[14]

やり方はいつも同じであった．即ち，偽りの告訴，動員された証人，食事，明かり，水，睡眠を与えず，必要な場合には，電流の入ったムチや伝統的なゴムの棍棒を使用した拷問であった．加害者と被害者の役割交代はしばしば血を見ることもあった．軍アカデミー所長カールマン・レーヴァイ将軍は，自分自身が処刑される 8 ヶ月前，軍の刑務所の庭で彼の友人であり戦友であった，嘗ての軍事防諜機関のトップであり勇敢な抵抗運動の志士であったジェルジュ・パールフィの銃殺を命じたのである．

この間，ハンガリーについて宣伝当局はハンガリーが「鉄鋼」の国として宣伝し，たった 4 年で工業生産を 2 倍に，実質所得を 4 倍にすると公言した．しかし，現実には 1949 年から 1952 年の間に実質所得と賃金は 20％減少した．小

第33章 敗北の中の勝利：1945年－1990年

企業と小商店は実際上消滅し，その代わりに50年代の始めには短期間配給制度が導入された．

　共産党員の忠誠はソ連に対するもので，自分の国に対するものではなかった．賠償金の支払いによる重荷だけでなく，ズタズタになった航空，ドナウ河河川交通のため共同会社の設立，石油の生産と加工，石炭，ボーキサイトとアルミニウムの生産の再建が課題となった．1954年迄にソ連はハンガリーから10億ドル以上の「利潤」を得る事が出来た．このような不平等な関係について単に反ソであるとか，「民族主義的」感情を持っているとか，（例によって）匿名の密告或いは党幹部の機嫌によって，役人や中間管理職者が「疑わしい」見方を云った場合簡単にこの人物を「要注意人物」に指定することができた．こうして秘密警察の記録に一旦載せられると長年無事で済まされることはまず不可能であった．1951年から1953年の5月の間だけでも85万件の刑事処分が行われた．1950年と1953年の第1四半期の間で65万人が裁判に付され，その内38万7000人（大半は罰金刑）が有罪の判決を受けた．それに4万4000人が拘留され，1951年春には1万5000人の「ブルジョア」と潜在的「信頼できない分子」が首都から遠く離れた地に困難な条件のもとに，しばしば農作業に従事させるために移住させられたりした．：国民が2つの陣営に分かれた，一方は既に牢を経験し，他方は近いうちに牢に入る予定のものである：というブラックユーモアがその頃囁かれた．どこにも目を光らせているAVH（国家治安機関）は時として4万人の情報提供者を抱えていて，一説によれば，100万人に関する，即ち全人口の1割に当たる人々のファイルを手にしていた．[15]

　多くのハンガリー人が当初思い，多くの外国人の観察者が後に粛清について，「共産党員が相互に憎しみ合い，互いに清算し合った」．と考えているが，いつ果てるとも知れない粛清のダイナミズムと規模は聞きしにまさるものであった．1948年から51年にかけて40万人の党員――大多数が以前の社会民主党員であったが，「小矢十字党員」や「受動的な小市民」達も――が党から除名された．それでも「労働者階級の前衛」は今やMDF（ハンガリー労働者党）と名称を変え82万8000人の同志を擁していた．50年代の始めには党は3万から4万人の専任党員や専従員を種々の委員会や組織に配属していた．推定によれば，1945年から1985年までの間，延べ200万人のハンガリー人が短期間であろうと，長期間であろうとある時は，いろんな名前で取り繕った共産党に所属した

に違いないと言われる．ということは，成人の3分の1がその経験があるということである．[16]

公正な社会を造り，そこでは農民に独立と豊かさをもたらす土地改革が行われ，中央と地方の行政機関で働く数万人に職場と社会的地位の上昇をもたらし，若者に，中等，高等教育への道を開き，以前の著しい所得格差を是正して平等への機会を造るというハンガリー人の当初の熱狂は時と共に冷めていった．1951年1月にスターリンがクレムリンに家臣達を集めて，軍備を急ぐように命じたとき，ラーコシはいつものように驚喜してこれを実行に移したが，これがために資源のないこの農業国は重い経済危機に陥った．20万人にふくれあがった軍隊（国境警備兵と民警を合わせると凡そ30万人）と装備を合わせると1950年から1952年までの軍の予算は国家予算の年額の25％を占めた．1年間の軍人の給与だけで5年分の教育費を超えるほどであった．[17]

スターリンでさえもラーコシが進める集団化政策の行き過ぎを諌めたほどである．その頃耕作用土地の9％が休耕しており，嘗て中欧の穀倉地であったのが今や毎年自国民の需要を満たすため食料を輸入しなければならなかった．農民は（イムレ・ナジが担当大臣であったときも）生産計画を達成できなかったとして，上述したような行政罰を科せられるなど虐めであった．特に所謂富農（7万1000世帯）で12ヘクタール以上の土地を持つ農民は残酷なほどひどい目に遭った．農民はますます共同農場に追いやられ，労働者は忌むべきノルマ達成システムによって搾取された．

この体制を上から熱心に支えてきた連中や，幹部会でライクやサカシッツ裁判をあるいはさくらとして，あるいは無言で承認してきた（せざるを得なかった，と言った方がよい）連中がやがて早晩苦しめられることになる．1950年末から1951年始めにかけて，ラーコシは所謂郷土出身共産党員の追い出しに取りかかった．スターリンの承認の下に，彼はモスクワでの逃亡生活の経験のない若い党幹部会員の真実魔女狩りにとりかかった．その内の1人は内相としてカーダールの後任のシャーンドル・ゼルドで，彼は1951年3月にカーダールと同じく政治局員に抜擢されたのであった．しかし4月にはこの同じ場で人事配置について彼の過ちが激しく批判された．一言もなくその場を離れた彼は帰宅し，公務上所持していた武器で先ず母親を，ついで2人の子供を射殺し，最

後に自害した．ゼルドは何が秘密警察の拷問室で自分を待ち受けているかを知っていた．続いて党首は他の郷土出身共産党員の幹部達を，特に著名な幹部会員であるヤーノシュ・カーダールの逮捕を命じた．理由はスターリンへの無線での通報によれば，「彼らの逃亡を阻止するため」である．[18]

メーデーの数日前，1万3750の党組織は行進の際カーダールの肖像を掲げないようにと言う指示を得ていた．誰もがその意味を知っていた．カーダールは1943年，ホルティ政権の警察のスパイをしており，その指示により非合法であった共産党を解体し，「平和党」を造ったと非難され，更に，そのような指示はサカシッツを通じて彼にもたらされたと云うことである．

メンシェビッキに対してレーニンが戦っている時代には，ボルシェビッキを任ずるものにとっては「解体者」とは忌むべき路線からの逸脱者であり，階級の敵の「客観的」な道具であった．今日の読者にとっては一笑に付すべき些細なことであろうが当時は血を見るような重大なことであった．「路線逸脱者」にかこつけて潜在的な敵を陥れることが最も容易であった．カーダールは未だ自由の身で，しかも指導部の一員であったが，ラーコシに毎週，過去の自分の行為で自分にとって不利となる新たな報告を行わねばならなかった．これはアルトゥール・ケストラーがその小説「日食」で描写している，そして大々的に繰り広げられたモスクワ裁判で知っていた方法の応用であった．[19]

カーダールは1912年，港町フィウメ（現在クロアチアのリエカ）でボルバラ・チェルマニクを母とする婚外子として生を受けた．彼女は半分または全くのスロバキア人で家政婦として働いていた．カーダールは他の大部分のモスクワ帰りや郷土出身の共産党員と異なり，彼が後に頻りに宣伝することになる労働者階級の出身であった．本当の父親と3人の異母兄弟とカーダールは既に党首となっていた1960年に面会した．彼は1945年正式にカーダールと改称し，田舎で非常に貧しい環境で成長し後に首都に移った．その頃洗濯女や家政婦の子供が4年制の小学校に行くこと自体が大変なことであった．タイプライターの修理工——彼は習得したその技術を実際には生かしたことはなかった——は早々に共産主義者への道を辿ることになる．彼の後々の態度に影響を与えたのは，5年間ほど正式に社会民主党ブダペスト支部に属し，そこで芸術家や知識人達と知り合ったことであったであろう．

その後彼は7年間牢獄で過ごした由で，その内特に1951年から1954年間の3年半は厳しく，外部から孤立した中で過ごした．が，ほとんどの伝記などで云われているようにはその間，拷問されなかった．神経を消耗し，屈辱的になり，肉体的な限界に達して，カーダールは1951年，要求されたように自白調書に署名したが，肉体的な暴力を振るわれたわけではなかった．1951年クリスマス前に彼は秘密裁判で「規則通り」，終身刑を言い渡された．[20]

1954年秋に彼は信じられないことに釈放されたが，その彼を迎えた者は，事も有ろうに彼を逮捕したラーコシその人であった．ラーコシは「同志カーダール」にその健康を気遣い，再会を喜んでいるとも言った．カーダールは，自身の自伝によれば，それに対して，生きていられたこと自体嬉しい，と答え，彼の親玉に対する非難がましいことは発言しなかった．2人はカーダールが回復のための休暇の後に，首都の13区の党書記に就く事で一致した．カーダールの態度は死にそうになった人間としては普通には信じられない様な慇懃なものであった．これを理解するためには彼が1972年5月60歳の誕生日を祝うバンケットで述べた挨拶が1つのヒントかも知れない．「言ってみれば，それはある種の功績とも云えると思う，たとえて言えば，ある人が，ふさわしい時期に自分が豹でも虎でもなく，まして野ネズミでもないという事に気づくことは少なくとも自分はその人物の功績の一種ではないかと思う」．多分，共産党の世界で長いこと最も成功した政治家であるこの男を，非常にずる賢い狐に例えるべきだろう．[21]

いずれにせよ，カーダールが独房の中で苦しんでいたとき，ホルティ時代よりも悪い条件の下にあったにも拘わらず1952年3月，ハンガリー国民は「スターリンの最も優秀な生徒」であるラーコシの60歳の誕生日を祝わざるを得なかった．ほとんど40年後になって当時の世論操作の責任者であった男は皮肉なほど詳細に亘ったそのための準備のための命令書を書き綴っている．[22] その頂点はラーコシのために国立オペラ座で催された祝宴催し物であった．その際彼は自分の巨大な肖像の下，右に同様な大きさのスターリンの像，左にレーニンの像に囲まれた席に着席した．そして沢山の賞賛の挨拶を受け，このときのために作曲された歌を「慎ましやかに」聞き入った．

第33章 敗北の中の勝利：1945年－1990年

この年の晩秋から冬にかけてスターリンによる追放の波は1つの最高潮に達した．悪評高いプラハでのスラーンスキー裁判（14人の被告の内11人はユダヤ人）や，「白衣を纏った殺人者」というモスクワの陰謀（アメリカの諜報機関の依頼によりソ連の指導者の暗殺を行ったという嫌疑で裁判にかけられた9人の優秀な医師の内6人はユダヤ人であった．）は，誰にとっても，特にユダヤ人系の幹部にとっては不吉な前兆であった．

この様な緊迫した情勢の中，1953年の始めスターリンの個人的書簡がラーコシのところに届いた．それによれば，ソ連内務省フィヨドールビイェルキン大将は英国のスパイであることが暴露されたが，彼を取り調べると彼が一緒になって深くライク裁判に関わった例のガーボル・ペーテルも英国のスパイであり，裏切り者であることを自白した由である．そこでラーコシは警察長官とそのオフィスの長である彼の妻を次の日の夕食に慇懃な作法で招待した．客が玄関に入るや，主人の警護官たる司令官が客の両手を背中に縛り上げた．それから2人は用心のため凍りつくように寒い地下室に閉じこめられ，国家治安当局の18人の公安幹部が罷免されるのを待つことになった．物事が整理された後にようやくペーテル夫妻は特別の監獄に収監された．

ガーボル・ペーテル（別名ベヌアイゼンベルガ）は既にNKWD（ソ連内務人民委員会）のエージェントであったし，ソ連，のみならずスターリン個人の信頼厚い最重要人物であった．[23] 戦時中の全期間ソ連に滞在した．チェコスロバキア共産党書記長スラーンスキーと同様トップエージェントであり，スターリンも1948年のクレムリンでのレセプションで特別に評価していることを示して彼らのために乾杯の音頭を取ったが年寄った独裁者の反ユダヤ主義の追放狂いの犠牲者となったことは，今やユダヤ系のあらゆる党指導者，即ちラーコシも現実に危なくなってきたことを示すものであった．

権力についてのエリアス・カネッティの省察はラーコシ（そして勿論クレムリンの彼の師匠）にも当てはまる．というのは本当の権力所持者はグロテスクで有り，かつ信じられないほど，自分が唯一の権力者である事を欲し，全てを生き延び，従って誰もが自分より長生きすることを許さないのである．[24] したがってラーコシはモスクワに対して自分が信頼できる人物であること，欠くべからざる人物であることを証明しようとして，時間をおかず，著名なユダヤ系の共産党員やトップクラスの医師，それにイスラエル文化団体の代表の逮捕を

命じた．かくして彼は「シオニスト」裁判を準備させ，その中で数少ない評判の良いモスクワ帰りであって，ラーコシと15年間牢獄生活を共にしたゾルターン・ヴァシュを主犯格に仕上げさせた．最近スエーデンの資料で明らかになったが，その当時逮捕された医師や団体幹部はこの特別法廷で，1945年1月半ば，ブタペストでラウル・ワレンベルグを殺害した罪で告訴されたという．[25]

スターリンの死とハンガリー

それから，モスクワからプラハ，ブタペストにかけて最後の粛清が続き，予測不可能な状態が続く中，1953年3月5日，スターリンが死去した．当初，何も，本当に何も動きがなかった．ハンガリーの独裁者はいわゆる国会選挙で統一リストが圧倒的勝利を収めたことに祝杯さえ上げていた．投票率は98%で，その内MDPは98.2%の票を獲得した．1952年夏以来，党首と首相を兼任していた「我々国民と党の賢明な指導者であり，先生」はその権力の頂点に在るように見えた．

しかし，外見は見せかけに過ぎなかった．ものごとは動いていた．多くの動きがあった．ブタペストだけは例外で，モスクワでは既に7月，運命的な集団指導性が鳴り物入りで動き出していた．当時スターリンの後継者達は閉ざされたガラスの箱の中のサソリたちの様に争っていたのである．ただ1点については意見が一致していた．即ち，ハンガリーは潜在的に危険を抱えており，マーチャーシュ・ラーコシは高度に不穏な情勢の主要な責任者として首相の地位を即座に辞するべきであるという点である．ハンガリーの党，政府の大がかりな代表団がモスクワに招致された．メンバーは招待した側によって「選抜」された．スターリンの執務室で，秘密情報機関の長ベリヤ，マレンコフ首相，そしてフルチショフ党書記，モロトフ外相達集団指導者達は，全く唖然としている同行者達の前で，これまでのハンガリーの信頼してきた男を例にない厳しさと辛辣な皮肉で非難した．そして集団指導者達は，副首相兼政治局員で57歳のイムレ・ナジをラーコシの後継者とすることを決定した．

今日では何故ハンガリーで，しかもハンガリーに於いてだけ，1956年10月に民衆蜂起が起こったのか，という疑問に関しては，ベオグラードの異端者との限定された和解というその当時の東欧ブロックでの全般的な進展という背景

の中で次の2つの要因を上げなければならない．

(1) ハンガリーのみに於いてスターリンの死後4ヶ月に亘って——状況を懸念したソ連の指導者のイニシアチィブで——スターリニズムに対する公然たる批判と新たな改革路線が表明されていた．

(2) ハンガリーでのみ3年来将来の道について，党内で2つの勢力が2つの異なった構想で争っていた．

党内，特にその幹部の間で非スターリン化という問題について意見が分かれ，党が自分の意見を主張出来なくなった場合に民衆の蜂起は現実となった．

希望に満ちた新しい始まりと，後に起こったこと全てはイムレ・ナジという個人と，この新しい首相の成り立ちとその内的変遷と無関係であり得ない．彼は事件の真相の鍵を握る人物であった．主要な疑問は，何故ソ連指導部は彼を首相とすることに意見が一致したのであろうか？　単純な人は，主権国家の政府の首相を他国の首都ですげ替えるとは，と異論を挟むかも知れない．しかし，政治的現実では，しかもこの場合では慈善であった．ソ連の「命令」がなかったならば，ナジの登用も，「禿頭」（反対勢力はラーコシのことをそう呼んでいた）の排除も不可能であった．

いずれにしてもイムレ・ナジの投入はモスクワから見れば理想的な解決法であった．彼は数少ない非ユダヤ系のモスクワ帰りであった．彼は全部で20年間ソ連で亡命生活をして，農業問題の専門家であり，1945年以後農業大臣として評判の良い土地改革を実施した．その後，短期間内務大臣の職にあり，そして国会議長に就任したが，1949年9月，ラーコシやその路線に忠実な連中との長い間の論争の末，農業問題で「右翼的オポチュニストの路線逸脱者」だとして政治局から遠ざけられた．農業集団化を急ぎすぎるとして批判してナジは当分の間第二線に退かざるを得なかった．しかし自己批判の後党幹部に返り咲き，政治局員や政府に復帰した．ナジは明らかに背後からモスクワの支持を得ていたようである．ソ連指導部は農業政策についてかって自分たちが批判した者が正しかったことを認め，彼を政治局から排除したことを非難した．

磊落な大学教授然とした（ラーコシと反対に）解りやすい，そして優雅に響くハンガリー語を喋る男はソ連という庇護者の信頼を背景に「新しい路線」を取る用意があった．中央委員会の非公開の会議でイムレ・ナジは次期首相として画期的な演説を行ったが，外部にはほとんど伝わらず，その後採択された党

の重要な決議もそうであった．沈黙の壁が何が起こったかを閉じこめてしまった．33年後，詳細を我々は知ることになる．即ち1989年になって初めてその演説が公表された．ナジは特にラーコシを筆頭に悪評高い「4人組」の3人を，——ミハーイ・ファルカシュを法律違反で，エルヌ・ゲリュを冒険主義的な経済政策で，そしてヨージェフ・レーバイを教育と文化の現状で——それぞれの失敗の責任を糺した．彼は正確には「耐え難い，警察国家に典型的な状況」とまで言ったのである．党の決議はラーコシ一味にとっては壊滅的な告発であった．「誰を逮捕すべきかを国家治安局に捜査すべきことをラーコシ同志が直接命令を下したことは間違ったことであったし，法律に違反して，逮捕された者に肉体的拷問をおこなったことは過ちであった．」…

　イムレ・ナジの善良な意図や人事面での変更にも拘わらず，組織に対する権力はラーコシとその仲間の手に残っていた．（ソ連の希望により）モスクワ帰りのゲリュが内務大臣に任命されたことは「社会主義の法則性」に対する信頼を獲得するには全く適していなかった．にもかかわらず，イムレ・ナジが1953年7月4日首相として国会で行った演説は爆弾ものであった．警察の恣意行為を止め，収容所を廃止し，恩赦令を発布し，抑留を中止するという発表は忽ちのうちに数千人の人々の，そしてこの本の著者の日常生活への復帰を可能にした．その他，仕事のノルマは減らされ，農業の強制的集団化は中止された．生活水準は向上し，重要な改革は雰囲気を基本的に改善した．これらのことは単に初めのうちだけであった．ラーコシがすぐさま取りかかった傍若無人な反攻はナジとその協力者の動ける余地を始めから狭めるものであった．

　ナジとラーコシの戦いは特に秘密裁判と粛清の見直しや，経済政策に於ける優先順位（軽工業か重工業か），国家の党の指示の「電動ベル」としてではなく，国民の信頼を取り戻す手段として，民衆を先頭にする体制をもう一度復活するかどうかにあった．

　他の東欧諸国では見られないような政治的な戦いが荒れ狂った．それはイデオロギーを巡る些細な戦いではなく，それは苦しめられ，人権を剥奪され，一部分は1956年秋まで抑留された人も含む無数の，苦しめられ，人権を剥奪された人々の自由と健康と個人の将来を巡る戦いであった．ハンガリーでは，指導部の中で孤立化したイムレ・ナジの廻りに集まり，改革の速度をリードして

いたのはもっぱら度重なる裁判を生き残ったその犠牲者，作家，ジャーナリスト，芸術家や特に君臨する一味に騙され，心の葛藤に悩まされた，嘗てラーコシの御旗を担いだ人々であった．

　ラーコシはモスクワで起こっている権力闘争を巧みに利用していた．特に1953年6月のベリヤ，1955年春のマレンコフが追い落とされたことをである．この2人はナジを強く選好していた．当時とそれに30年後，ナジが「ベリヤの男」そして更にその後には，NKWDのスパイであったとの噂が，しかも意図的に流された．ナジの伝記を書いたヤーノシュ・M・ライナーによれば，これまでの周到な調査によっても，ナジは確かに大粛清時代に一時的に，他の人間と同様「機関」に「若干の協力」はしたが，決して「スパイ」ではなかった．[26] いずれにせよ，イムレ・ナジが真性の身分証明書であろうが偽のものを所持しようが1953年から1958年にかけてのハンガリーの歴史に於ける彼の重要性はいささかも変わらない．

　モスクワにおける権力闘争の動向やユーゴースラビアとの関係の浮き沈みはハンガリーの幹部連中の間の殺人的な地位を巡る闘争，復讐心，恐怖心と密接に関連していた．相互の間の判断，警告，中でもあらゆる方向に向けた密告がソ連大使そして後の書記長ユーリイ・アンドロポフとそのプレス担当官で後の秘密情報機関の長ウラヂミール・クルシュコフの報告の多くのページを占めた．両者は長年ブタペストに滞在し，ハンガリー語を理解し，流暢に話した．

　イムレ・ナジは生涯，特に危機的情勢においてはしばしば受け身で待ちの姿勢で対応したが，後に彼は心臓病を煩うが，これも彼の姿勢に関係しているかも知れない．ラーコシとの戦いに敗れた後，ナジは普通のようにする自己批判を拒否した．1955年の春，クレムリンの同意の下，全ての党の役職から追放され，また首相職を解かれた．ラーコシとゲリュの覚えの良い農家の生まれの若干33歳のアンドラーシュ・ヘゲドゥーシュが政府の長に任命された．

　第20回ソ連党大会でフルシチョフがスターリンとその政策からの歴史的決別を行った後，チトーからの圧力の下で，ライクや他のラーコシの支配下で犠牲となった者達を名誉回復させるべしという運動は党の組織を根本的に改めるべしというものであった．ポーランドの騒動，とりわけ，ポズナンの血の衝突を見てた追い込まれた党の首領は，この悲劇を，益々強くなって行き，勇気付

いて行く反対勢力に対する「解放の一撃」に利用しようと思い立った．ソ連はラーコシが重荷に成っていることに気づくことが遅すぎた．フルチショフの信頼する，アナスタス・ミコヤン最高会議幹部会員はブタペストで数週間に亘ってラーコシ解任の詳細について活動し，決定的な1956年7月18日の中央委員会総会に参加した．

　ラーコシの解任のニュースは政治的地殻変動のように大きな反響を呼んだ．公式には「健康上の理由」で中央委員会総会の後即座にモスクワに向かって消えたことに世論は沸いた．カーダールが再び政治局に復帰したことも歓迎された．しかし苦汁はその後に来た．ラーコシの後任にはクレムリンの息の掛かったもう1人の男エルヌ・ゲリュが就任した．もっと失望されたのは，この間党から除名され，経済大学からも追放されていたイムレ・ナジの復帰がなかったことである．しかし彼の復帰を要求する声は強くなるばかりであった．

56年ハンガリー革命

　事情をよく知る観察者は，人々を我慢成らないほど，また，シニカルな病状になっている状況への積もりつもった憎しみの爆発を防ぐためには，本当の人事交代を行う最後のチャンスだった，と振り返っている．すなわち，一層の悪化を防ぐためには，その段階で既にイムレ・ナジを首相に呼び戻し，信頼されていないゲリュの代わりにカーダールを第1書記に任命する必要があったのだ．しかし，事態は危険な方向へ急進していった．

　ハンガリーの歴史上，公開の葬儀が大衆を動員した例を示すように，最初の大々的な公開裁判の犠牲者で名誉回復されたライクと仲間達の公開の葬儀，しかもたまたまその日，10月6日が1848年にハプスブルグによって処刑された13人の革命軍将軍を追悼する日であったことも重なり，推定によれば20万人が冷たい，横殴りの雨，嵐のような風の中，死者達に最後の栄誉を捧げた．悲しい光景であったが，同時に，脅威を感じさせるものであった．イムレ・ナジは知識人だけでなく広範な大衆の期待の星であったが，やっと1週間後党籍を回復したが，それまでだった．政治的には何も起こらなかった．ゲリュ，カーダール，ヘゲドゥーなど政治局員の半数はまるまる1週間ユーゴースラビアへの公式訪問に出かけた．結局はポーランドでの騒擾とゴムルカの党の筆頭への復帰にソ連が威嚇姿勢を示したことでハンガリーでの積もりつもった緊張への

懸念を呼び起こした．10月23日学生達は伝統的な友好国であるポーランドに対して共感の声を上げた．

1848年と同様1956年においても「予期せぬ革命」の旗手は知識人と学生であった．ハンナ・アレントが正しく指摘しているように「革命がそのように素速く，基本的に，少ない流血で目的を達したことはなかった」．[27] これまで，事件の実際の参加者や目撃者それに外国人であろうとハンガリーの著者のものであろうとこの出来事の経過や結果について沢山の本やパンフレット，研究，随筆が著されているが，全ての真摯な著書は，1957年から1988年にかけて出版されたカーダール政権による宣伝文書は基本的問題については何の真実も語っていない，ということで一致している．

1956年10月は中枢無き，構想無き，調整された指導部無き自然発生的出来事であった．党員数90万人を誇る党は粘土で固めた巨大な立像にすぎず，少数の幹部を除いて所謂浮き草のような存在だったことは，10月23日から11月4日の間に明らかになった．武力闘争の中心的役割を演じたのは主として若い労働者，学生，兵士，それに「浮浪無産者」達であった．武器を手に始めから無惨な最後まで戦い，あの嵐のような日々の真の英雄だったのは「ペスト通り」の人々であった．彼らは打ち倒された後，長期に渡る拘留の判決を受けたのである．ハンガリーではよくあったように英雄と裏切り者が，この場合イムレ・ナジとヤーノシュ・カーダールが相対立する，そして政治的に決定的な役を演じた．

今日，我々は実際のソースから，自発的な抵抗運動の勃発後，モスクワとブダペストの権力の中枢では日ごとではなく，時々刻々と事態が変化し，政治局員達が，そして主役フルシチョフもそれぞれの見方に動揺を来たし，同一の会議に於いてさえ見解を変えたのである．それは自らの地位を危険に晒したくなかったからである．[28] ブダペストでは改革派，特に党秩序維持を強く信奉するナジは政治体制の廃止ではなく，その改革を欲していた．彼の周辺には，そして数千人の確信的に彼を支持する人々の中で，1956年ハンガリーでの変革が同時に体制の終焉となるなどと考える者はほとんどいなかった．

しかし，10月23日夕刻，ナジと今後の展開に不確かになって国会前に集まった20万人と推定される人々との最初の会合が行われたことは，ここでこれまで社会主義の国では起こったことがないことが始まったことを示していた．

「同志諸君」という呼びかけは口笛で応酬され，彼の抑制された，具体的内容のない演説はあからさまな失望を買った．放送局前での群衆への発砲とパニックに陥ったゲリュの電話による要請で出動するソ連軍の戦車が現れる前の時間帯は群衆の蜂起の前触れであった．独裁の象徴と他国の支配に対するハンガリー国民の心からの怒りの爆発と長い間の権力の独占の上に胡座をかいた党幹部の思慮を欠く，挑発的な反応により，出来事は主として首都で，その後，全土に，誰にも止められない勢いで広がった．特に我慢できないことに，また，挑発的に作用したのはラジオが「反革命」としてデマを流布したことである．このことは若者達の怒りを，嘘で固められたラーコシの後継者達の政治に対する広範な怒りに集中させることになり，更に拡大していった．アレクサンダー・ソルジェニチンはノーベル賞の授賞式でいみじくも「暴力は嘘でのみ固められ，嘘は暴力でのみ保たれる」と語った．

　イムレ・ナジはほとんどのハンガリー人にとっては新たな始まりの象徴であった．彼らはあの輝くばかりに美しい，思い出深い秋の日に，とりわけナジの首相就任と，その内閣によって自由選挙が行われ，プレスの自由が保障され，ハンガリーの国民の祝日と国家の象徴が再び認められることを，そして夜遅くには，ソ連軍の引き上げについて交渉を開始するよう要求したのである．

　実際，60歳の希望の担い手は10月23日から24日にかけて首相に任命された．しかし，彼はその過去と党の中央の取り巻きのとらわれの身となっていた．「ペスト通り」や武器を手にした若者達から孤立していた彼は当初，ソ連が命令するハードな路線を踏襲している様に見えた．実際彼もラジオ演説では反革命に言及している．

　10月25日，ゲリュは24日から31日にかけブタペストに滞在していたミコヤンとスースロフのイニシアティブで第1書記の地位をカーダールにとって替わられた．しかし戦いは更に続いた．ソ連軍の戦車に囲まれた中，アカデミー通りの中心で党の幹部会議で起こっていることは益々重要性を減じていた．逡巡するナジは危機に陥った．彼は，疲れ切っており，心臓病を病み，党とソ連への忠誠と，彼の中に深く根づいている愛国心と，街頭からの圧力，それに側近からの身近な圧力の間で押しつぶされそうであった．彼の人気は消えつつあった．ナジの名と結びついた変化はようやく10月27日の内閣改造と，もはや反革命集団などと名指しされなくなった自由への闘争者との交渉が始まったこと

に見られた．この路線の変更は死の覚悟で戦っている数千人の若者によってリードされ，道徳的に，というより，むしろ実際的に支援している国民の支持を得た．ソ連指導部と，崩壊しつつある党の幹部連中とは云え，そのブタペストの手先達は生涯の共産主義者であり，モスクワ帰りであるイムレ・ナジがソ連圏の危機の中で民衆の側に就いたのを歯ぎしりして認識せざるを得なかった．

　ナジが自分のためにも，国家のために重要だとして揚げた3つのポイントは次の通りである．
・事件は決して反革命ではなく，全国民を包含した国民的，民主的な渇望であり（10月28日），従って，次のことが必要不可欠である．
・複数政党制の復活，共産党の解散とハンガリー社会主義労働者党の設立．更に，
・中立主義を宣言し，ワルシャワ条約から脱退を宣言すること（11月1日）．

　10月28日から休戦となり，以後150時間の間ハンガリーでは国民の間で全く非現実的な期待感が支配した．既に10月31日，モスクワでは当初の右往左往から立ち直り，大規模な介入へと犀が投げられた．即ちワルシャワ条約脱退の前，中立宣言する前にである．

　10月29日ナジは，党本部を出て，たったの数百メートル離れた国会議事堂へ移った．これは，党だけでなく，多分世界に対しても，もはや政治の中心が第一義的に党にではなく，伝統ある国会議事堂内に置かれている政府にあることを示したものであった．長いことそのようなソ連の勢力圏が弱体化する出来事を期待していた自由世界は，まさにその瞬間，全く別の視点に釘付けになった．エジプトによるスエズ運河閉鎖と時代錯誤な欧州帝国主義国の利益にである．ハンガリーはその国の歴史が経験したように自分の運命を自分自身に委ねられ，押しつぶそうとしている圧倒的な敵の手に引き渡されてしまった．

　ナジは改革派の幹部と国民を団結させ，この非常に困難な，緊迫した，生命の危険を賭した綱渡りに当たって——少なくとも11月初めまでは——カーダール第1書記の力強い支援を当てに出来ると思っていた．11月1日の夕刻，ナジ政府の国務大臣は共産主義知識人と青年達を「ラーコシの専制政治と政治を一味で支配したことに対して，先頭に立って立ち上がった勇者である」と盛んに持ち上げていた．録音機に録音された自分の演説が放送されている時点で

カーダールと，戦線離脱を裏で画策した内務大臣，古参の共産党員でスペイン内戦にも参加した経験を持ち，あらゆる役割を潜ってきたソ連のエージェントであるフェレンツ・ミュニッチは，高い確率であるが，既にその時点でモスクワに向かっていた．彼らは，午後のはやい時刻に国会議事堂を後にし，ソ連大使館に向かっていた．[29]

かくして，ソ連による自由の戦いを叩きのめす準備は最終段階に入った．スエズでの冒険に忙殺されていた英，仏，米の西側大国は「直接の関心を持たない傍観者」（ヘンリー・キッシンジャー）として，意見が分かれていたソ連指導部にハンガリーについては実際上フリーハンドを与えたのである．チトーは最初，ソ連の介入を非難したが，その後は承認した．衛星諸国の党（ポーランドのゴムルカも）もソ連の行動を支持した．

霧深い，空気の湿った寒い日曜日，11月4日午前4時ソ連のブタペストへの大々的な攻撃が始まった．1万人と目される自由の戦いのための戦士達は圧倒的に優勢な敵を前にして，勝つチャンスは無かった．ハンガリー国軍は兵舎に閉じこもったままであった．多くのハンガリー人は絶望的な反抗を行った．

公に記録された少なくとも2700人の死者と1万9000人の負傷者達は元々，ナイーブに西側の支援を期待した人々であった．アメリカの放送ラジオ・フリーヨーロッパが，世界と国連はハンガリー人を見殺しにはしない，と声高にコメントを流したことが誤解を生み，妖怪の如き作用を及ぼした．次第にアイゼンハワーやダレスに代表された「西側による解放構想」が道徳的に破綻したことをハンガリー人は気づいてきた．チトー政権の二枚舌的な態度はしかし長年の後に全貌が明らかになった．

イムレ・ナジ首相は1956年11月4日早朝，側近（全部で43人）と共にユーゴースラビア政府から提供された「亡命庇護」を受け入れ，同大使館に避難したが，それが示し合わされた演出だったことを夢にも知らなかった．当時在モスクワ・ユーゴースラビア大使であったベリコ・ミチュノヴッチの回顧録を読むと，介入の最中に詳細に亘って，大々的なソ連の攻撃が行われる48時間前には，フルチショフとチトーはブリオニ島で，今後の党・政府の指導者の名前も含めて合意していた事を伺わせる．それによれば，ナジは4日から22日にわたる大使館に滞在中，ベオグラードから陰に陽に，公式に辞任を表明して，

11月4日のソ連の大々的攻撃と同時に投入されたカーダールを首相とする「労働者と農民の革命政府」を承認するよう圧力を受けたといわれる．1956／57年のハンガリー国民の悲劇は1848／49年の自由を求める戦いを想起させるが，その時も圧倒的武力で自由への戦いを叩きつぶしたのはロシア人であった，とハンガリー人は言っている．

　1956年11月4日以後，ヤーノシュ・カーダールは時の人となった．作家ハーイは彼のことを「彼は不思議な性格を持っている，疲れ切って妥協するという魅力である」[30] と評している．60年代や70年代のカーダールは或いはそう形容出来ようが，彼がソ連の戦車の陰の中で帰国した当初は正真正銘の「裏切り者」であり，外国の権力に奉仕する憎き政権の代理人であった．

　それに対してイムレ・ナジはハンガリー史の悲劇の主人公になった．モスクワやブタペストで数千人の人々が益々加速する粛清機にかけられ，検事や共産党のジャーナリスト達が恣意的に嘘をデッチ揚げているのを他の誰よりも知っていたイムレ・ナジは最後まで毅然としていた．多分，彼は辞職し，自己批判をしていれば命が助かったかも知れない．この歴史的瞬間に彼は自分自身とその十月の精神に忠実でいたかったのだろう．

　今やソ連ととりわけカーダールの登場となった．彼はイムレ・ナジ及びその仲間に対して行動の自由や蜂起に参加したことについても刑事責任を問わないことを何度も約束した．その約束を破って，ナジ・グループ全員をソ連の手に引き渡し，ルーマニアのスナゴフに抑留させ，その後1957年4月密かにブダペストに移し，1958年6月秘密裁判によりナジと，マレーテル将軍それに新聞記者ミクローシュ・ギメシュその他を処刑したことは30年間に亘って最後までカーダール政権の解き放されることの無かった道徳的負い目となった．捕らえられた人々について1年半の長きにわたってその人達の居場所や運命について何のコミュニケも発表されず，ルーマニアに抑留された家族達も，被告となった人々について秘密裁判まで何も知らされなかったことは報復が如何にし烈を極めたものであったかを示している．

　これは主だった人々に限ったことではなかった．数週間に亘って抵抗を続けた労働者評議会が解散され，知識人達と学生達の抗議行動の後，2万2000人が有罪判決を受け，その内229名が革命に参加した罪で処刑された．1848／49

年の時，1919年に共産主義者による評議会共和国が崩壊したとき，1945年直後でもこれほど酷くはなかった．[31]

二重の基準で物事が処理された．拷問部署の最高責任者であったガーボル・ペーテル，党の秘密情報機関の統括者で元国防大臣のミハーイ・ファルカシュとその息子で無実の多数の人々に対する拷問に個人的に責任を有するウラヂミール大佐は1959／60年に早々と釈放された．息子の方の回想録によれば監獄といっても2つ星クラスのホテル並みの生活だったそうである．

イムレ・ナジは悪魔の召使いから国民の，そして自由戦士という殉教者に変わった人間として歴史に残った．秘密裁判の締めくくりに当たって，1958年6月16日処刑を前にして，彼は慈悲を請うということをせず，自分の行為を弁護し，これについてはハンガリー国民と国際的労働者運動が最終的評価を下すだろうと述べた．

1956年の出来事は始め自然発生的な蜂起であったが，一国民に外部から押しつけられた体制を崩壊させんとする革命に素速く発展し，ついには2段階に亘った見通し無き国民的独立戦争に流れていった．それは言葉の意味するところ真の革命であった．略奪も起きなかった．「4人組」や非常に微妙なときに秘密情報機関の幹部達はユダヤ系の人間であったのに拘わらず，特に記すべき反ユダヤ主義的行動もなかった．無実の罪で犠牲となったとして，国家治安局の役人や兵士，警察官に対して報復する行為も見られたが，それも個々の例に過ぎなかった．政府も自由の兵士達もリンチを固く禁じていた．この「反権威主義的」革命が戦前の封建的資本主義的体制の再生を目的とせず，やがて代表しようとした人々は社会主義体制を一掃しようとしていたことから，「ハンガリーの秋」が有していた世界史上の意味は非常に大きいといわなければならない．

1704年から1711年にかけてのラーコーツィによる蜂起，1848／49年の独立戦争という過去の大きな独立戦争と同じように今回の国民的力の運動も失敗したが，前二者の戦いが戦場で行われたのに対し，今回はブタペストの街の中で行われた．この勇気ある小さな国の国民のことは世界中に知れ渡った．21万人のハンガリー人が国外に逃亡し，沢山の指導者達がオーストリアに救いを求め，他の人たちはユーゴースラビアにも逃げた．そして4万人のみが帰還した．

第33章 敗北の中の勝利：1945年－1990年

　1849年に西側が，そして1945年以降は誰もこの小さな国を助けなかったという記憶と共に，ロシアの圧政という悪夢はハンガリー人にとっては国民的普通の常識となってしまった．1956年の新たな敗北は古い傷口を広げてしまった．ホルティ政権の反ロシア宣伝は，多くの赤軍兵士の住民に対する信じられないような態度によって改めて正しかったのではないかと追認された形となり，指導的な共産党員自身も1945年に絶望的にさえなった．蜂起が起こった最初の日の夜遅くには，多くの人々がマルクス，レーニン，スターリンの本や肖像に火を付け，スターリンやソ連の偶像への憎しみ，それにいつも褒め称えることを強要されたソ連の支配への怒りを何度も何度も爆発させたのは当然のことであった．ロシア，そしてソ連の大国主義，に対する反感は（ポーランドを除いては）他のどの「兄弟国」よりもハンガリーでは強かった．このようなことは打ちのめされた国民の深層心理を理解しないでは到底不可能である．

　ベルリンで（1953年）の労働者の蜂起後ハンガリーの国民及び個人の自由を求める革命への怒濤は凄まじい爆発力を蓄え，ソ連はおろか世界の共産主義運動そのものの大幅な権威の失墜をもたらした．チトーは元々ユーゴースラビアに支持されていたナジ達を裏切って，カーダール・ミュニッチ・グループの側に就いたが，その当時彼はプラでの公開の演説で「社会主義は評判を失墜した」として苦々しい真実を語っている．1956年のブタペストから長い長い，決して平坦でない道が，多くは密かに，無言で1968年のプラハの春や，1980年のポーランドの連帯運動に繋がり，やがて，再び，当時既に「社会主義陣営のおかしなバラック」と呼ばれたカーダールのハンガリーに，知識人による，そして後に政治的な動揺をもたらす結果に繋がった．

　復讐劇の最中，特に予想に反してナジに対し秘密裁判が実行されたショックは1849年，慰みのない情勢を，大詩人ミハーイ・ビュルシュマルティが唱い上げた「もう希望はない．希望なんてありはしない」という絶叫を思わせる．100年前と同様人々は隷属した国家に対して慰みは表明した．特に国連でのうわべの政治ショーはそうであった．国際的な圧力が少なくともハンガリーでの包括的政治犯の大々的な恩赦に繋がるまでには6年の年月がかかった．政治的に高く売られ，宣伝に巧く利用されたその代償は国連の議題からハンガリーに関する議論を外すことであった．

カーダールの時代

不可思議なことにも，この憎まれるべき「モスクワの代理人」は時間と共に，数十年間，これまでの敵方，そして多くのこれまでの彼の犠牲になった者さえからも，「国父」と呼ばれるようになり，超大国の代理人として世界中から蔑まされた男から国際的に著名な政治家に変わっていった．そして更にハンガリーは 60 年代には東欧圏の「病人」から優等生に変わっていった．著名なポーランド人の作家は 60 年半ば，その 56 年以後の最初のハンガリー訪問の印象として次のように記している．

ハンガリーの仲間がどうして不満なのか理解できない．ショウウィンドウや値段の表示を見てご覧！ 誰が，何度西側に行ったことがあるのか聞いてご覧．報道の調子や率直さを見てご覧．まるで西側にいるようだ！ 殆んど全ての点我々のところより良い．まして，ゴムルカに比べてカーダールの驚くべき評判の良さはどうだ．我々は 1956 年，勝利したはずなのに長い目で見れば，負けたのだ．ハンガリー人は当時は負けたのに結局は勝ったのだ．[32]

その当時，そしてその後も「武力鎮圧された国民蜂起は結局のところ勝利したのではないか？」という疑問は繰り返し行われた．振り返ってみても，今日得られる可能なドキュメントを見ても答えはノーである．カーダールは東欧諸国が置かれた状況下で，イムレ・ナジが実現しようとして死んだ，民主主義的な多数政党主義，真の独立という目的を達することが出来なかった．彼はその努力もしなかった．全ての前進にも拘わらず，彼が 1956 年 11 月 4 日に樹立した「革命的労働者政府」は単に憲法上のフィクションの上に生まれたに過ぎないと言う基本的な事実は残ったし，その上でのみ生きながらえることが出来た．幾らその政府が努力したにしても 33 年の間そのフィクションを維持せざるを得なかった．けだし生き残るためにはそれ以外になかったのである．1956 年の出来事とイムレ・ナジへの度重なる裏切り，それにカーダールがライク裁判で陰で演じた本当の役割はカーダールの支配の終焉まで押し込められた，口外されざるタブーであった．にもかかわらず，すっきりしない過去を抱えたこの職業的党官僚はイシュトヴァーン・ベトレン伯爵と並んで，或いはそれ以上に 20 世紀にもっとも成功し圧倒的に長く君臨したハンガリーの政治家であった．

1957 年 11 月当時 44 歳であったカーダールはゼロから出発し，幻想なしに国

や党の再建に取りかからねばならなかった．新たに造られた「ハンガリー社会主義労働者党」に対する労働者及び知識人達の信頼が如何に低いものであったかはその非常に低い党員数が示している．即ち1956年12月末までに新しい党に入党した党員数は10万3000人に過ぎなかった．一定の期間が過ぎ，旧党員が再び再入党出来るようになった1957年5月1日現在でも30万にも満たなかった．当時の内相代理は本当の「階級の敵」(嘗ての地主，大規模農民，卸売り商人，牧師，軍人，官吏)の数は70万人と推定している．[33] ということは「活動している敵」の数は政権の忠実な支持者の数を遙かに凌駕していたわけである．常態的ともいえる即興の政策，権力の独占という範囲内で用心深く進める政策，生活水準の向上と若干の自由への要求を満たすことは，「我々に反対でないものは我々と一緒である」という標語の下で進められ，これは「カーダーリズム」呼ばれるが，このような政策が始まったのはようやく1962／63年のことであった．この政策は比較的迅速に成果を上げた．

　6億ドルに上るソ連及び東欧諸国の借款や小規模な私企業の促進，減税などの処置により，労働者や他の層の実質賃金は目に見えるように上昇した．すでに1人あたりの所得は1960年には56年当時に比べて20乃至25％上昇した．経済の私有化と非政治化は長期にわたって体制の最重要な柱となった．1956年の10月及び11月当時支援もせず，むしろスエズ危機に対処するあまり，きっと，割れていたモスクワ指導部に介入による最終的勝利に向かわせた西側については，国民のエリート層はもとより一般の国民も深い失望を味わった．興奮が冷め，立ち直りつつある中で生じた政治的諦観は長期的に見れば多分再び握った権力の固定化に野党勢力の粉砕よりも貢献した．1957年のフルシチョフによるスターリン派に対する戦いの勝利に伴って(1957年3月以降)ソ連が全面的に支援したことや，特に国民の間で広がった無関心など多数の要因によって，ハンガリー共産党が党と国家の「全体にオーバーホール」を試みる可能性とそのために必要な機会を与えられた．雪解けと周辺的譲許(党員でなくとも昇級を可能にすること，文化面で行動の自由を広げること，日常の嫌がらせを緩和すること)は1956年には誰も予想しなかった情勢の安定化と正常化のプロセスに繋がった．この不可思議な一時的休戦状態はすでに1964年10月18日，カーダールがその「父のようなかつ兄のような」フルシチョフの突然の解任のあと，ワルシャワでの公式訪問から帰国した際に，有名となった演説で解任さ

れたクレムリンの主に暖かい敬意を表し，ハンガリー党の穏健な政治の路線は少しも変えないと表明したときその頂点に達した．この見解の表明は当時センセーションであって，カーダールの評判を高めた．1956 年には最も憎まれた 2 人が 8 年後，緊張緩和の保証人と見なされるに至ったことほど時代の変化を感じさせるものはない．

　心理的に非常に重要な西側への旅行の可能性が広がったことは体制に対する国民からの許容性と評判を高めるのに寄与した．1954 年当時は 3040 人のハンガリー人（党幹部，役人，スポーツ関係者）が西側に旅行することが出来たが，私人はたったの 95 人だった．1958 年には 1 万 5500 人，1962 年には既に 6 万 5000 人，そして 1963 年には 12 万人以上となった．ウイーン，ミュンヘン，チューリヒに住むハンガリー出国者は，このように益々故郷から友人や知人が自分たちの周りに現れてくるのを見て冗談交じりにこれを「カーダールの仕返し」と呼んだ．1986 年に西側に旅行したハンガリー人の数は 70 万 8000 に昇った．[34] 留学数，選考に当たって様々な経済や行政分野での専門的知識が赤い党員手帳の持ち主であることより優先され，あるいは企業内で利益を優先する雰囲気造りではハンガリーは東欧諸国ではトップであった．

　振り返ってみても，カーダールによって敷かれた支配，指導スタイルの大きな重要性を過小評価してはならない．カーダールが政治家として，一党独裁体制の基本線と，一瞬足りといえどもソ連の指導性に絶対的忠誠を擬わせしめずに，体制への広範な国民の，時として積極的な，或いは好意的黙認を勝ち取ることが出来たことはその業績である．党内で，国民にはいつも晴天を約束せず，不愉快であろうとも真実を語るよう，という基本を守らせたのでカーダールの評価は高まった．彼の演説のスタイルはスターリン時代の実際から見れば顕著な違いで，歓迎された．彼は執拗な政治的特殊な用語ではなく，日常の言葉で話し，過去と決別したことを繰り返し鮮明にし，気楽に雑談し，警告したり，相手を冷やかしたり逸話を語ったりした．彼は決して「偽装した民主主義者」ではなかった．彼は，用心深い改革者で，非常な政治的カンの持ち主であり，天賦の才ある権力使いに長けており，権力の独占とソ連の庇護にもかかわらず党は長期的に政治の荒野を乗り切っていけないことを良くわきまえていた．

　彼の殆んどピューリタン的と言っていい生活スタイルやその控え目な性格とユーモアを解する人柄は長らく国民的詩人ジュラ・イレーシュとか優れた民族

的，戦前の「国粋主義的」文学の代表者であるラースロ・ネーメト達の共感を誘った．カーダールは同時に内気な性格であり，自分のことを喋ったり，空々しいお世辞を喜ぶ人ではなかった．ほとんどの東欧諸国の指導者達と違ってカーダールは自分自身の個人崇拝を許さなかった．彼の肖像画は執務室にはなかったし，祝祭行列の際に掲げられることもなかった．

いずれにしても，この国の運命を32年間担ったカーダールの人間像については殆んど知られていない．彼の演説を英語で監修した本の巻頭に彼の略歴を載せようとしても政治局の正式な決定が出てやっと実現したほどである．これにしても当初カーダール自身が頑強に反対した．それでも著者は3日間だけ彼との面会を許され，しかも録音機も記録のためのノートの持ち込みも許されなかった．過去の論議を呼ぶような多くは語られなかった．[35]

履歴書という形で他のどんな政治家より長く近代ハンガリー史に記されたこの非常な人間の，幻想，嘘，約束，落とし穴，悲劇，裏切り，成功と失敗についてバランスのとれた評価を下すには多分，未だ時が熟していないのであろう．このことはモスクワで「不動の時代」と言われる18年に及ぶブレジネフとの関係を始めソ連の支配力との浮き沈みにも当てはまる．今日なおカーダールが「プラハの春」，具体的には彼が1968年1月と8月に9回も会ったアレクサンダー・ドプチェクをどの様に勇気付け，支援したり，或いは批判し，そして（最新のロシアで発行された本によれば）裏切ったのかはっきりとしない．

約束されていた経済改革は1968年8月21日のチェコスロバキアへの介入——ハンガリーも2ヶ師団でもって参加した——の後次第に後退していった．カーダール自身がソ連や国内の「石頭」達に率いられた，勿論部分的にカムフラージュされたキャンペーンの攻撃の的となった．最近の資料は，1972年から1974年にかけて，ソ連の要求に応じて重要な改革派達を要職から退けたことによって辛うじてカーダールは救われたことを示唆している．

彼はまた1978年から1980年にかけてクレムリンのハンガリー人スパイ（モグラ）達，「労働者の利益の弁護者」を晒し出し，彼の長年のナンバー2であり，9歳若いベーラ・ビスクを理由を挙げずに年金生活に送り出すことにともかく成功した．それと同時に彼は多分最も重要かつ，個人的に密に協力してきた相談相手のジュルジュ・アツエール政治局員を救うことが出来た．この古参党員はラーコシの時代，1868日の間牢獄生活を送り，指導部内でただ1人の

ユダヤ人であり，ソ連からはいつも「当てにならない奴」と見られていたのである．非共産党員だったり，批判的であったりした知識人達を最初は中立の立場に置かせ，その後は賛成に回らせる巧妙な，時としてシニカルなそして長期間に亘って成功した戦術は彼の名が付けられているほどである．支持，黙認，禁止（ハンガリー語でこれら3つの言葉の頭文字をとって3Tと呼ばれている）の3つを組み合わせて彼は多くの妥協派を助け，（非常に数少ないが）非妥協派を押さえつけた．体制崩壊後右のポピュリスト達からはカーダール時代の本当の悪人だとして烙印を押されたが，アツエールは巧みに処方されたものであったにしろ，他の近隣諸国と明らかに違って，比較的自由な文化生活が送れる「島」を作り出すことに非常に貢献した．勿論カーダールやアツエールそれにきわめて少数の例外（80年代末のイムレ・ポジュガイやマチャーシュ・シュールシュ）を除いて指導部全体は決して民族主義を国民の支持を獲得する手段とは見なさず，共産主義を破壊するファクターと見なしていた．

　それでは，西側の世論がつい2，3年前まで「社会主義の奇跡の国」と持て囃していた国の体制が平和裏に崩壊してしまった理由は何だろうか？　次のような要因が1987／88年に政治的環境に直接劇的変化をもたらし，「カーダーリズム」を瞬く間に終焉に導いてしまった．
・経済危機（物価の上昇，借金の上の投資，生活水準の低下，貧困化と社会的対立）が体制側と国民の間の妥協の基礎であった信頼という資産を空洞化していった．
・ゴルバチョフの路線とモスクワの外交，内政上の新しいオプションと「現実的に存在する社会主義」が世界中で，特にポーランドで，崩壊してゆく中で党の指導性が説得力を欠いていった．
・新しい，選択肢を提供する政治的なグループや政党のエリートが例えば，ハンガリー民主フォーラム（MDF），自由民主連盟（SzDSz），青年民主同盟（FIDESZ），そして後には復活した小地主党の挑戦と活動は多数政党制の基礎を築いた．
・用心深い熟練者としての年をとりつつある党の指導部の権威の低下は，モスクワからの政治的なダイナミックな動きとともにカーダールに対する反乱となって，党内対立の道を開いた．彼の悲劇は，名誉ある撤退のタイミングと

形を自ら整えるチャンスを逃したことである．

　健康を非常に害していた党首と「彼の」政治局の無力化を1988年5月22日の党大会に備え，また当日，舞台裏でお膳立てした男の名はカーロイ・グロスであった．カーダールに1年前に首相に引っ張り上げられたこの党官僚にとっては他の殆どの党組織の人間と同様，改革の将来より，権力そのものが重要であった．彼はしかし1年足らずのうちに権力を失った．彼は国家の党自体の解散した後政治の舞台から完全に姿を消した．

　当時西側では最も知られた政治家であったイムレ・ポジュガイは1956年秋の出来事について，党の中央委員会の決議に先駆けて，これはもはや「反革命」ではなく，「国民の蜂起」であると初めて公に規定することで火中の栗を拾った．その後ポジュガイは上手な戦術家ではないことが明らかになり，決定的な瞬間に恐らく党を割る勇気にも欠けていた．

　今や急進改革派が多数政党制と自由選挙の実施の方向で急ぐことに舵を切った．その人達とは，1988年に首相に選ばれた40歳の党の経済専門家で，60年代の「新経済メカニズム」の創設者ミクローシュ・ネーメト，モスクワの要請でカーダールによって冷遇されたレジュー・ニエルシュ，外務大臣ジュラ・ホルンであった．彼らは西側民主主義への移行の年に世界政治上重要な2つの路線選択を行った．即ちこの年5月にオーストリアとの国境沿いに「鉄のカーテン」を撤去し，東ベルリンからの怒り狂った抗議にかかわらず，1989年9月11日政府決定により，ハンガリーに逃れてきている東独の人々全てをドイツ連邦共和国に出国せしめた．これは勇気のある，視野の広い決定であった．これは同時にドイツ民主共和国（DDR）の終わりの始まりを意味していた．

　急進改革派がスターリン主義的過去と不可逆的決別を自らの力でやってのけたので，体制転換は崩壊という形をとらず，（ポーランドでのように）野党勢力とのラウンドテーブルで自由，平等，秘密選挙の道を可能にした．歴史家ヨジェフ・アンタルの下に中道右派連合が選挙に勝利し，圧倒的多数で採択された国会決議によりワルシャワ条約から脱退し，ソ連軍の撤兵に合意を達成した．10年後ハンガリーはNATO加盟国となり，欧州共同体加盟を申請している．これはもうこれまでと全く違う歴史である．

　1956年は後に生まれた世代の者にとっても精神的，政治的，そして道徳的

力の尽きることのない源泉である．1989年以後初めて素直に「敗北の中の勝利」を口にできる．10月23日は国民の祝日に制定された．イムレ・ナジと彼とともに運命をともにした4人の仲間の葬儀は1989年の，彼らが処刑された31年目に当たる6月16日に数千人の人で埋まる英雄広場で行われ，彼らの埋葬式は，以前彼らが無名のまま大衆墓地に埋葬されたその墓地の名誉ある301区画で執り行われたことは，ハンガリーの近代史における象徴的な変化を記している．

　そしてヤーノシュ・カーダールはどうなったのであろうか？　1989年4月12日，高齢と病気が顕著になっている党名誉会長は長い，混乱した自己弁護の演説を中央委員会で行った．彼のライク裁判で果たした役割，とりわけ1956年11月事件の際の立場の変更，ナジの処刑の責任についての仄めかしは，しばしば冷や汗と言葉の掠れによって中断され，精神分析の対象になりうるものであり，或いはドラマの材料になりうるものである．彼はその間「イムレ・ナジの悲劇」は「彼自身の個人の悲劇」であると述べた．カーダールが，全て中継されたナジの葬儀をテレビかラジオで見たり，聞いて知っていたのか（彼はテレビを持っていなかった），或いは彼は既に死の床にあったのか誰も知らない．カーダールは7月6日，死亡した．その日，最高裁はイムレ・ナジを公式に名誉回復した．

　それでも，10万人の人々が当時の党本部の玄関の間に安置されたカーダールの棺の前で彼に別れを告げた．体制転換後行われたあらゆる世論調査は，彼が多くの人々にとって気の置けない国父として「黄金時代の象徴」として記憶に止まっていること，多くの人々が拒絶反応を示しているとしても，20世紀のハンガリー史上明らかに皇帝フランツ・ヨゼフ1世やホルティ提督より著名な人物としてあげていることを示している．それでも後世，特に若い世代の人々がカーダール体制を美化したり，その当時を忘却の彼方に追いやることは，かっての共産主義社会であった国々で多く見られるように今日の多くの困難への反動であろう．

　ラーコシはどうなったであろうか？　1994年，「流浪」と題する薄い本が出版された．表紙には年取ったラーコシが60年代のいつか，中国との国境に近いキルギスタンのトクマクという村で井戸からの帰りに両手にバケツを提げて立っている姿があった．その著者ユージニア・ビロは1971年に死亡したこの

独裁者の従姉妹に当たるが，その中でラーコシが「中傷」されたと苦情を述べ，彼についての「歴史的真実」を要求している．勿論彼女も自分が生きている間にそれを知ることが出来るとは思っていないであろう．全然彼女は間違っている．今日では既に，ライク，ナジ，カーダールと違ってラーコシは，この章の始めで書いたように，英雄広場に集った数十万人の人々の夢を悪用した最大の政治犯罪人としての地位が確定しているのである．

　1989年6月16日，ナジのために同じ場所で行われた記憶に値する葬儀で25歳の見知らぬ，若く，ひげを生やした男が若者の世代の名において演説した．その名はビクトル・オルバーン！　当時の事情では異常に激しい言葉で，「アジアの袋小路」から抜け出，ロシア軍の即時撤退を求め，国の独立と政治的自由を求める演説を行った．9年後ビクトル・オルバーンは（髭はもう生やしていなかった）35歳で中道右派の連立を率いて首相職を引き受け，ハンガリーを21世紀へと率いていった．

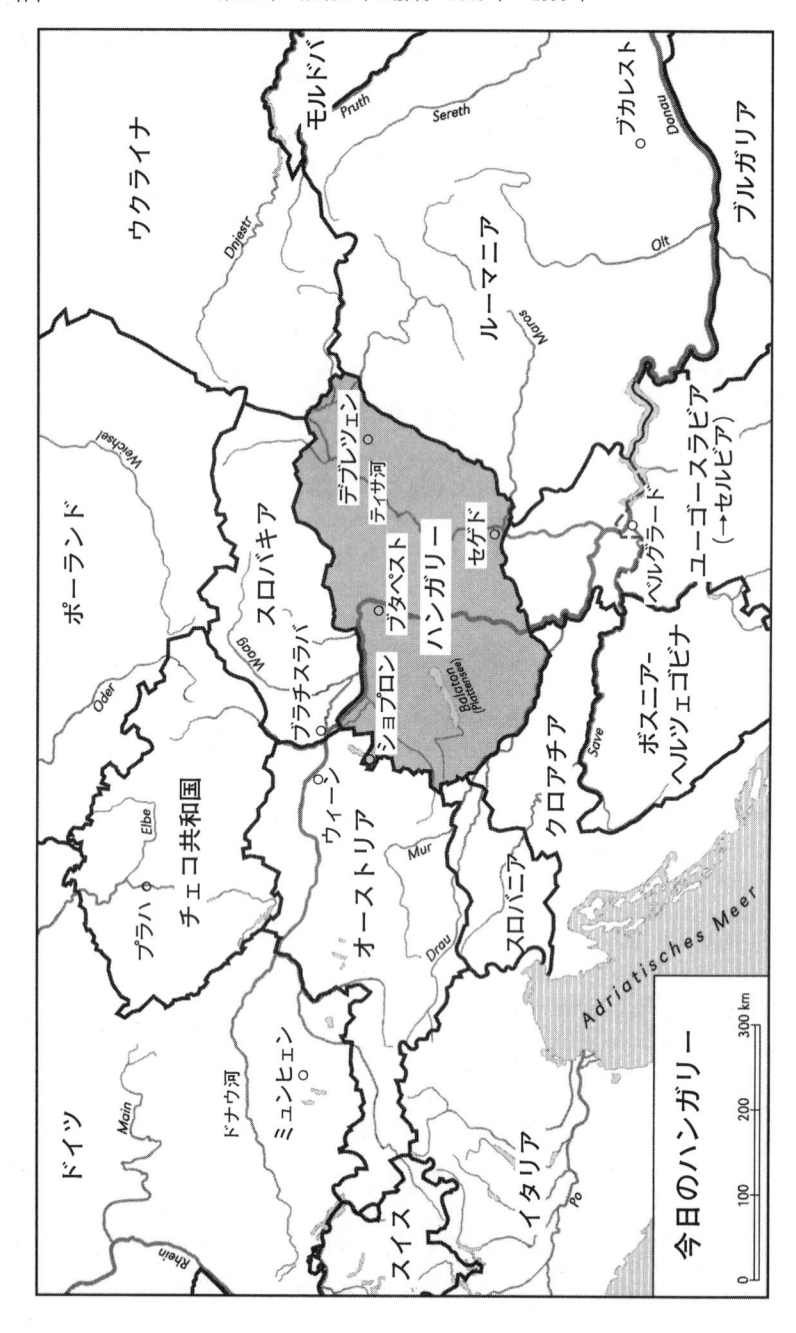

第33章 敗北の中の勝利：1945年－1990年

今日のハンガリー

第34章 「どこを見てもハンガリー人がいる…」：
天才と芸術家達

　有名なハンガリー出身イギリスのユーモア作家であるジョージ・ミケシュが50年代初期のある日，興奮して帰宅し，妻に驚くだろうとニュースを語った．「レオ・アーミー（チャーチルの官房長官で，帝國思想の代表的な人）の母親はハンガリー人だそうだ！ 死亡広告に載っている」．彼の妻は今まで読んでいた本から目を離し，無造作に「それがどうしたの？」，「それがどうしたか，だって？」．ミケシュは，自分のセンセイショナルな報告が思ったような反応をもたらさなかったのに腹を立てていた．「なぜ彼女がハンガリー人であってはならないの？」と妻は質問した．「どこにもハンガリー人はいるわ」．妻は読書を続けた．これにて彼女にとっては一件落着だった，とミケシュは後に書いている．物事の論点をはっきりさせることが常であった彼は，妻の答えから「基本的な真実」を見出した．彼はアメリカに在住するハンガリー人のための冊子にこの話を，英国でのふさわしい例として，挙げている．

　同様な話をアメリカの歴史学者ウイリアム O. マッケイグが1972年に発刊されたハンガリーに於けるユダヤ人貴族と天才についての本に書いている．「ブエノス・アイレスで開かれた，世界中の同僚達との意見交換の会議から帰ったばかりの有名な物理学者が，様々の異なる国からきた人々がどのようにして意思疎通をしたのか，と質問されたそうである．答えは驚くべきことに，「別に，何故なら我々はみなハンガリー語で話していた！」．著者は，この寓話は少なくとも1つの真実の核心を物語っている，と付け加えている．即ち，国際的な科学の世界ではハンガリー人は傑出した役割を担っている．

　多くの人々はレオ・シラードやエドワード・テラーの名前を原子爆弾，水素爆弾の発展に尽くした人として，或いは，生物学者セント・ジョージの名を知っている．誰でも専門家ならテオドル・フォン・カールマーン，ジョン・フォン・ノイマン，ジョージ・ポーヤ，ジョージ・フォン・ヘベシ，イエネ・

ウィグナー，の名を近代数学，化学，物理学の巨匠として知っている．世界的知識人や科学界の他の分野では，50年代，多くのハンガリー人が活躍したことが知られている．社会学ではカール・マンハイム，オスカー・ヤーシ，心理学ではシャーンドル・フェレンツィ，フランツ・アレクサンダー，マルクス哲学ではジョージ・ルカーチ，政治経済学では，カール・ポラーニとその弟マイケルを忘れてはいけないし，マイケルは素晴らしいひらめきで自然科学と社会科学を結びつけた．[1]

いずれにしても，アメリカに移住したハンガリー人科学者達が原子爆弾と水素爆弾の開発に決定的な役割を果たしたことは紛れも無い事実である．イタリアの偉大な物理学者の妻ローラ・フェルミは1930年から1941年にかけて，米国に移住したこれらのハンガリー人知識人が，ハンガリー祖国が人口1000万なのに戦後の（統一前の）ドイツ連邦共和国の（6000万人の）人々と同等の影響力を米国の科学の発展に与えた，と感嘆している．[2]

原子爆弾の緊迫した歴史において，1898年，ブタペストに生まれた原子物理学者レオ・シラードは技術分野でも政治的に実行する場面でも鍵となる役割を果たした．[3] 多くの優れた科学者と同じようにシラードはドイツで理論物理を修め，ユダヤ出身のためにヒットラーが権力を握るとドイツを去った．1938年にロンドンから更に米国に渡った．シラードは「連鎖反応」の原子力エネルギーを得るために非常な重要性を早くから認識し，ドイツが原子核分裂に成功したというニュースに危機感を有した核物理学者の1人であった．シラードは自分で友人から2000ドルを借りて，ラジウムを購入し，1939年3月，ベルリンの実験を再現した．ニューヨークのコロンビア大学7階の実験室でシラードはカナダ人の同僚ワルター・ジンとともに，ウランの分裂が中性子を生成するかどうか観察していた．「我々は，ボタンを押した．——そして光のサインを見た．この夜，世界は憂いに満ちた道に踏み入れたことは明らかとなった…」，とシラードは後に書いている．この夜テラーは家にいて，いつものようにモーツアルトを弾いていた．テラーは素晴らしいピアニストであった．突然電話が鳴った．「Megtátaltam a neutronokat！（中性子を見つけた）」と，シラードは興奮して叫んだ．彼は安全上の理由からハンガリー語で喋った．

イタリア人ノーベル賞受賞者エンリコ・フェルミとシラードの同郷人でプリ

ンストン大学教授イェネ・ウィグナーはシラードの実験とその説明に印象付けられた.

しかし,敵国から移民したフェルミは,米国の軍から当初何の支援も受けられなかった.ウィグナーとシラードはそれ故,アインシュタインに,彼が良く知っているベルギーの王妃に,ドイツがコンゴからウランを入手しないように手紙を書くよう,提案した.1939年7月の蒸し暑い夏の日に2人は,ロングアイランドを,アインシュタインに会う為に訪れた.小さな村で30分ばかり道に迷った末,彼らは遂に目指す夏用の家にたどり着いた.アインシュタインは初めて核分裂反応について耳にしたが,ウィグナーによれば,40分間ですべての核に関する問題を理解し,ドイツ語でベルギーへの書簡を口述し,それをウィグナーが英語に訳し,シラードに渡した後,休暇を過ごすためにカリフォルニアに旅たった.

そこでしかし,シラードはその後考えを変えた.即ち他の外国には,この連鎖反応に付いて一切秘密にすべきであると考えたのである.こうして彼は,以前ルーズベルト大統領に協力したことのある銀行家に接触し,銀行家もアインシュタインの書簡をルーズベルトに見せることに同意した.そこでシラードはアインシュタインに手紙を書き,彼の書簡をルーズベルトにも見せるよう,同様な手紙にサインするように要請した.問題は,シラードが車を運転できないことであった.彼は同様にコロンビアで活動しているエドワード・テラー(テラーもまたゲッチンゲン大学の卒業生であった)に,自分をロングアイランドに乗せていくように頼んだ.1939年8月2日,両名はロングアイランドへ向かった.しかし,シラードはアインシュタインが夏の休暇中であることを忘れていた.彼らは方々を訪ね歩いたが誰も詳しくは知らなかった.遂にシラードは8歳になるという少女に,アインシュタインがどこに住んでいるのか尋ねた.彼女もまったく知らなかったので,彼は,「長い髪をした老人を知っているか?」と,聞いた.そしたら,「彼なら別荘にいるよ」と少女は答えた.

アインシュタインは友好的に,お茶を出し,「運転手」にも座るように椅子を勧めた.シラードによって起草された2頁に渡る手紙は,フェルミとシラードの作業を記述し,原子力研究を促進するために,ウランを入手し,可能なら独自の爆弾を作るよう,政府の迅速かつ集中した行動の必要性を訴えていた.アインシュタインはその手紙をゆっくり読み,そして署名した.10月3日,

大統領の手にその手紙は渡った．

「それは，ナチ・ドイツとソ連によるポーランド占領・分割直後の絶好のタイミングであった．ルーズベルトは一読しただけで即座に大きな危険を理解した．彼は直ぐに平準化オフィスの議長に，アインシュタインの手紙の中で提案されている処置を検討するために会議を招集するように指示した」，と後にテラーは語っている．原子爆弾の開発と完成までの道は長く，そして特殊な問題にも突き当たった．フェルミ，シラード，テラーはいまだアメリカ人ですらなかったのだ．3人のハンガリー人，シラード，ウィグナー，テラー，——彼らをしてシカゴの人々は「ハンガリーのマフィア」と呼んだ——はルーズベルトによって招致されたウラン問題の為の6人から成る委員会のメンバーになった．苦労して，又必要性に鑑み1940年，国防省から6000ドルの資金が実験のために必要な機材を購入するために得られた．それから，シカゴで制御された連鎖反応が可能となるためには1942年12月までかかった．

フェルミは実験を指導し，ウィグナーは理論研究の責任者となった．あの歴史的な12月2日にはシカゴの実験室には42人の人間がいた．1人のイタリア人（フェルミ），2人のハンガリー人（ウィグナー，シラード），1人のカナダ人そして38名のアメリカ人であった．ウィグナーはプリンストンからキアンティ1本を持ち込んでいた．皆が乾杯し，この最初の制御された連鎖反応が人々の生活をより幸せにし，人類がより自由になるようお互いに希望した．フェルミは自分の名前をキアンティのラベルに記した．他のものもそれに倣った．この歴史的な出来事に居合わせた人々がはっきりしなかったこともあり，後にこのラベルはその時の居合わせた人々のリストになった．ワシントンへは暗号電報で次のように報告された．「イタリアの水先案内人はたった今新世界に上陸した．先住民は友好的である」．

ニュー・メキシコ州ロス・アラモスで原爆を製造するというマンハッタン計画は成功した．その日からしばらくして1945年の夏，3発の原子爆弾は爆発した．最初の爆発は実験で，後の2発は広島と長崎に投下された．核物理学の画期的な研究を理由にウィグナーは1963年にノーベル賞を受賞した．テラーは「水爆の父」として世界中に名が知れた．水爆は原爆に比較して，その爆発の威力が数倍に達するので，テラーは厳しい批判を浴びた．その批判は，レーガン大統領が「戦略防衛イニシアティブ」（SDI）の開発を提案してから，もっ

第34章 「どこを見てもハンガリー人がいる…」：天才と芸術家達

と激しくなった．有名な議論の多い「宇宙戦争」はもはや空想ではなくなった．

「ハンガリーのマフィア」と他の多くのハンガリー出身の優れた科学者達，例えばコンピューターの発明者，ジョン・フォン・ノイマン，米国空軍の研究者テオドル・フォン・カールマーン，アイソトープ研究でノーベル化学賞を受けたジョージ・デヘベシー，そして数学者でダートマス大学総長になったジョン・G. ケーメニ達の功績は，「火星人たち」とあだ名をつけられたほどである．シカゴやロス・アラモスでは沢山の逸話が残っている．ヤンキー・マガジンは次のような記事を載せている．

ケーメニ，フォン・ノイマン，シラード，テラー，そしてウィグナー達はブタペストの同じ区域で生まれた．ロス・アラモスの科学者達が，100年以上前に火星から宇宙船がヨーロッパ中央のどこかに着陸した，という考えを受け入れたとしてもおかしくない．ハンガリー人たちが地球以外の星からきたという証拠がある．というのは彼らはさまようことを好む（ジプシーみたいに）．彼らは，近隣諸国の人々の喋る言葉とまったく関係の無い特別な言葉を使っている．彼らは地球人よりもずっと賢い．火星人の軽いアクセントで，ジョン・G. ケーメニは更に次のような説明を付け加えている．ハンガリー語の読み書きを勉強することは（英語やフランス語よりも）ずっと易しいので，ハンガリーの生徒達は数学を勉強する時間が多いのである．[4]

ハンガリー人の起源がE. T.（宇宙人）であるという伝説は既に以前からあったらしい．「原子爆弾の完成」に関して作業した歴史家は，次のような報告をしている．「プリンストンにおいて，新しい高等研究所の最年少のメンバーである1933年当時29歳のノイマンは実に神と人間の間に生まれた者で，この半分神である存在は，人間というものを根本的に研究させ，それに完全に似せて創らせられたにちがいない」，という主張が噂となって飛びかっていた．

ノーベル賞受賞者ウィグナーが，何故ハンガリーにはこの世代にこのような多くの天才が生れたのだろうかと質問されて，不可解な質問だ，ハンガリーはたった1人の天才を生んだだけだ，その名はジョニー・フォン・ノイマンと答えた．有名な経済学者で，60年代，英国労働党政府の顧問であった，カール

ドア卿は彼の最後の著作の中で,「ジョニーは疑いも無く天才に最も近い人間だったであろう」. と書いている.[5]

　ハンガリー人は彼のことを「ヤンチ」と呼んでいる. 銀行家である彼の父親は, 多くの人がそうであったように, 第一次大戦の前に皇帝フランツ・ヨゼフから貴族の称号が与えられた, 成功したユダヤ人の企業家であったが, 彼の息子が明らかに天分に恵まれていたのにもかかわらず,「数学では金に成らない」と言って, 息子が数学を学ぶことに反対した. 結局, 2人は妥協して, ジョニーはベルリンで化学を学ぶことになり, アインシュタインの物理のセミナーにも顔を出すことになった. その他に彼はチューリッヒで化学技術者として博士号を得た. 数学は, ブタペスト大学を最高の成績で卒業した. ノイマンは多分20世紀で最も優れた数学者であっただろう. しかし, 数学にはノーベル賞がなかった. カールマーンによれば, アルフレッド・ノーベルは彼の恋人が, 彼を去って, 数学者のもとに走ったことを決して許さなかったと言う. ノイマンは原子爆弾の開発に重要な役割を果たした. しかし彼はやっとアイゼンハワーの時代になってワシントンで影響力のある科学者になった. 原爆による抑止の理論と「ゲームの理論」(オーストリアの経済学者オスカー・モルゲンシュテルンとともに)によってノイマンの名前は知られるところとなった.

　1946年, 彼が亡命ロシア人同僚に,「聞くところによれば, ジョニー, 君は爆弾以外のことは考えていない, ということだが?」, と尋ねたところ, 彼は「ぜんぜん違っている. 私は爆弾よりもはるかに大事なことを考えている. 私はコンピューターのことを考えている」. 実際, ノイマンは1946年に101頁に渡る当時の計算機の改良について「最初の草案」という彼の考え方をまとめた. これはコンピューターとその機能について書かれた「最も重要な文書」だと言われた. 彼がプリンストンで「フォン・ノイマン・コンピューター」を造ることを決意した時, 費用の3分の2をアメリカ陸軍と海軍が, 残りの3分の1をプリンストンの高等研究所が引き受けた. 40年後アメリカの同僚はこのプロジェクトについて,「疑いも無くノイマンは天才であった. 特に彼の偉大さは, まったく新しい分野で信じられないほどの速さで理解してしまうことである. 彼がコンピューターを考えつく前に2週間の休暇を取り, 電子工学を勉強し, それによって装置全体の建設をコントロールすることが出来た」.

　しかし天才もガンには勝てなかった. 1955年夏以来, 彼は死に至る病と

闘ってきた．1956年，車椅子に座って彼は，アイゼンハワー大統領の手からアメリカの最高の勲章「自由勲章」を授与された．病床で彼はその最後の著作「コンピューターと頭脳」を書いた．政治家，将軍，提督は最後まで彼のアドバイスを求めた．真夜中でも，彼が眠っている間に軍事機密をもらさないように，監視がついた．しかし，彼が眠っている間に幻覚状態に陥り始めた時でも，それはハンガリー語であったので，当番に当たった兵士も理解できなかった…彼は自分の53回目の誕生日の6週間後に息を引き取った．そのときジョニー・フォン・ノイマンはカトリックに改宗した．「きっと神は存在するだろう．神が存在したならば，しないよりも沢山のことがより容易に説明できる」．

ハンガリー科学の歴史の上で，天才ヤーノシュ・ノイマンと並んで沢山の才能ある人々と，沢山のノーベル賞受賞者がおり，それがこの小さな国の国民がなぜ非常に素晴らしい業績をあげているのかという質問が繰り返されることになるのだが，それはこの分野に限らない．その際，1937年にビタミンCの発見によって初めてのハンガリー人としてノーベル医学・物理学賞を受賞したアルベルト・フォン・セント・ジョージを除き，ハンガリー人としては栄誉を称えられなかったことは不思議なことである．

「ハンガリー人のリスト」にある最初の3人の受賞者の1人は（正確であるが）ドイツ人であり，他の2人はオーストリア人と表示されている．他の「真性のハンガリー人」の内4人はアメリカの市民権を持っており，1人はスウェーデンの，1人は英国の市民権を持っている．1986年にノーベル化学賞を受賞したジョン・C.ポラーニはハンガリー人の多彩なタレントを持ったマイケル・ポラーニ教授とハンガリー人女性の息子であるが，ベルリン生まれで，マンチェスター（父親が教授であった）で学び，1962年以来トロント大学の化学の教授であった．エリエ・ヴィーゼルの場合もっと複雑であった．彼が生まれたのは（今日ではルーマニア），1941年からたったの3年間ハンガリー領であった．ヴィーゼルはアウシュヴィッツに収容され，自分の家族の中で唯一生き延び，パリで学び，長らくアメリカの市民権を得ている．

完全なノーベル賞受賞者の経歴を作る努力とは別に，これらのアメリカのハンガリー人たち（特にノーベル賞受賞者でないノイマン，シラード，テラー）は持

続的な影響を及ぼしたことは疑いの無い事実である．このように殆んどの国際的に知られ，或いは有名なハンガリーの科学者（自然科学の分野だけではない）が外国で評判になったのは，先ず第1に第一次世界大戦後の変転，具体的に言えば，赤色テロと白色テロの往復，ユダヤ人委員が多数を占めた（133日間の）革命共和国と特にホルティ政権時代の25年間の反ユダヤの風潮と教育分野における変転が挙げられる．「ハンガリー人の天分の秘密」に関して研究したローラ・フェルミやウイリアム・O・マッケージは，これまで挙げた殆んどの人々は，脅威を感じて1919／20年に既に彼らの故郷を去ったユダヤ人か或いは改宗者であった，と強調している．外国で学んだ人のみならず，そこにとどまったものは，ヒットラーの権力掌握後になった初めてアメリカに，或いはいずれかに逃亡したドイツ人と比べて時間の上で有利になっていたからである．

　ユダヤ人出身と言うだけでは満足な答えではないだろう．第1に，ベーラ・バルトークとかゾルターン・コダーイなどの天才は決してユダヤ人ではなかったし，ノーベル賞を受賞したジョージ・デ・ベーケーシや殆んどの偉大な作家や詩人達例えばジュラ・クルディから始まってジグモンド・モーリスやエンドレ・アディ更にアッチラ・ヨージェフもユダヤ人ではなかった．第2にハンガリーの中等学校の高い質，特に殆んどの「火星人」が通ったエリート学校の事を忘れるべきではない．又，19世紀後半，バイタリティーに富み，異常な速さで成長した首都の知的な生活もそれらのハンガリー人の特別な活躍に一役買っているのであろう．第3に政治的，それには人種的だけでない理由から，海外移住の波があったことを挙げなければならないだろう．

　1994年は，ハンガリーの「秘密」が依然として続いていることを例証する年となった．ストックホルムに於けるノーベル賞授与式において受賞したアメリカ人のうち，1人は1950年に，もう1人は1956年にハンガリーを去った人がいた．最初の人はヤノシュ・ハルシャーニで，薬学者，哲学者，そしてバークレイのカリフォルニア大学の経済学者となり，ゲームの理論領域の業績が評価されたものである（従ってジョニー・フォン・ノイマンの業績の上で）．2番目の人は，ジェルジュ・オラーで，彼は既にブタペストでも評価の高い化学者であった．1956年に彼はカナダに移り，その後アメリカに移り，南カリフォルニアの大学で化学の教授として教鞭をとっていた．小さな国がストックホルムで，アメリカのパスポートをもっているが，2名の傑出した科学者によって代

表されたのである．誠に稀有なことである！

多分，ノーベル賞受賞者—ベーケーシの言葉が「火星人」をより良く理解するのに役立つかもしれない．

外国人で特有なアクセント（ある年齢を超えると失われることは無いのだ）故にハンガリー人だと解ると決まって，「人間が少ない小さな国にあんなに沢山の傑出した科学者がいるのはどうしてか？」と質問される．そんな時自分は答えることは出来ないが，あることに言及したい．私がスイスに生活していた時，そこではすべてが平和で，静かで，安全であった．ハンガリーでは生活はまったく違う．私達は得られるものすべての為に絶え間なく戦わなくてはならない．勝利することもあるし，敗北する時もある．しかし，兎に角生き延びてきたのだ．終わりなんて無い，少なくとも自分に関しては．人間は挑戦を必要とする．ハンガリーの歴史においては常にこれがあった．[6]

外国にいるハンガリー人にとっては，他人より優れている，遥かに優れていることが義務ですらあった，とエドワード・テラーが言っている．数学者になったジョン・G. ケメーニ（1926 - 1992年）が14歳のとき両親とともにヒットラーを逃れてニューヨークに来たときは，彼は一言も英語が出来なかった．彼は，かのヘンリー・キッシンジャーも行った小学校に入った．プリンストンでの入試の際に，教授が彼の変なアクセントに気付き，どこの国からきたのか質問した．ケメーニの答えに，試験官は手を挙げて，そして叫んだ．「驚いた，又ハンガリー人だ」．ケメーニは後に，アメリカで最も古いダートマス大学の学長になった．そして彼の人生での極みは1979年4月，カーター大統領によって，スリーマイル島の原子力発電所の事故原因を調べる12人の委員会の議長に任命されたことである．

その他，ハンガリーの科学者でかの高名な数学のボルフ賞を受賞したバーリント・テレジは，ブタペストで若者向けの講演の中で，次のように述べている．外国ではハンガリー人は自分の出身国について黙っていたほうが良い，そうでないと，彼に対する期待を高く吊り上げてしまうからだ，人々は火星人が非常にインテリで，わかりにくい言葉を喋ることを知っているからだ．

可能性としては他の分野でもハンガリー人の才能はアメリカでは自然科学の分野よりも溢れていた．ハリウッドのある大映画会社の社長室にはずっと前に，警告の紙が張ってあったことさえあった．いわく，「ハンガリー人であることだけでは十分ではないぞ」．これを見た多くの人は小さな声で付け加えたと言う，「しかし，それは助けになる」．そのような紙が張ってあったのを実際に見たものはいなかったが，それは，全くの造り事としては示唆に富んでいる．これも沢山あるマジャール人へのいやみの1つである．ハリウッドから出た，しばしば引かれる冗談として次のようなものがある．「回転ドアに最後に入って，それでも最初に出てきたのというのがハンガリー人だ」．更に，「ルーマニア人とハンガリー人の違いはどこにある？　双方とも自分の母親を売り飛ばすことでは共通している．しかし，ハンガリー人は母親を約束通りの時間にきちんと届けてくる…」．

　尊敬するのと悪意で皮肉る理由は次のように説明できる．実際，ハリウッドは，少なくとも一部はハンガリー人の創作物である．ある段階では，ハンガリー出身の製作者，監督，カメラマン，作曲家，俳優がアメリカの映画産業に重要であった．

　非ハンガリー人たちは今日まで，ハンガリー人たちは兎に角いっしょに固まっていた，彼らは「マジャール一味」を形成していた，と主張している．このように否定できない帰属意識は，過去も現在も言語と発音の特殊な混合である．熱烈に愛し合っている若き外国人たちや競い合うスパイや言語学者以外には，彼らの非常に近い言語を有している民族が，ウラル山脈の西方に住んでいる，今日3万人ほどを数えるだけのフィン－ウゴル民族の東ヤクートとウグール人だけが喋っている言葉を使うことに努力するような普通の人間がいるだろうか？　彼らを認識する最も重要な印は，今も昔も間違いようの無い，母国語から来る調子の異なる，あの大声で発音するか，小声で発音するか，を問わず強いアクセントにある．フリードリッヒ・トールベルクによれば，あの有名な劇作家のフェレンツ・モルナールでさえも，「非常に洗練された，少しばかり古めかしい」ドイツ語をハンガリーのアクセントで喋っていたという．アクセントはハンガリー人の商標であったし，現在も，これからもそうあり続けるだろう．

　1475もの重要な学問的論文を書いた，いつも小さな旅行カバンを下げ旅を

第34章 「どこを見てもハンガリー人がいる…」：天才と芸術家達　485

していた――「数字を愛した男」（彼の経歴のタイトル）[7]――前世紀，最も有名なハンガリーの数学者であったパール・エルデュシュ（1913－1996年）は，アメリカとイギリスで沢山の講演を行ったが，その訛りの酷さにアメリカでの彼のドキュメント映画では字幕スーパーを入れなければならなかった程であった．後にノーベル賞に輝いたジョージ・デ・ベーケーシが1947年，入国官吏の検査を通過する際，係官が，健康かどうかを尋ねた．ベーケーシは断固とした声で，「違う」と答えた．周りの人々はびっくりしたが，直ぐに，彼が「健康 かどうか（Are you healthy）？」尋ねられたのに，「金を持っているか（Are you wealthy）」と尋ねられたと誤解したことがわかった．

　言葉が出来なく，教育も受けていないハンガリー人にとってアメリカの映画産業に挑むことは特に大変なことだっただろう．しかしながらアドルフ・ズコールとウィリアム・フォックスはハリウッドの伝説的なハンガリーからの移住者であった．彼らは1913年までにアメリカに来た40万人のハンガリー人たちの一員であった．そのうち4分の1の人々は故国に帰った．[8] ズコールとフォックスはアメリカにとどまり，比較的迅速に映画の歴史を作った．
　2人は同じ地域出身で，トカイのぶどうの産地とスロバキアに近い地域であった．ズコールの生まれた地はリセで，フォックスはトルツバで生まれた．[9]
　ただ，フォックスは乳児のとき既にアメリカに来ていた．ズコールがアメリカに来た時15歳を数え，間もなく壁ぬりや椅子張りの仕事をし，後に毛皮加工業者として成功した．しかし，彼の関心は全く新しい「分野」であった．早くから彼は，5セントで，列車の中でさえも，動いている画像を見ることの出来る自動の「ニッケル―オデオン」がどんなチャンスをもたらすのか着目していた．ズコールは入場料を10セントに値上げしてみた．そうしたら彼はちゃんと金を稼ぎ，映画の製作者になった．彼は――英国とフランスの資本提供者と並んで――1本の1時間ものの映画を作るために資本を提供した．それは英国女王エリザベスの人生をサラ・ベルナールが主演する映画であった．そして，米国での上映権を，当時としては高額な18000ドルで買いとった．ニューヨークのリシーム劇場での彼の最初の無声映画で成功を収めて，彼は大きな突破口を開いた．その後ズコールは自分の会社を立ち上げた．その名は「有名な劇を有名な俳優で」といって，メアリー・ピックフォードやジョン・バリモーアな

どの最初の映画スターを雇った．その後間もなくして米国全土で1000に上る映画館を擁するパラマウント映画製作会社を立ち上げた．自分のスタジオを作り，映画が劇場に移り，更に固有の映画館に移り，特に新しい，俳優をスターに持ち上げる宣伝はパラマウントが目くるめくような世界的な成功を収めるのに役立った．ズコールは彼の古き故郷とのコンタクトを完全には断ち切らなかった．そして彼は彼の両親のリセにある墓地を何度も訪れた．彼は1976年に104歳で亡くなった．

ウィリアム・フォックスもまた既に若いときに新しいメディアの発展に魅了された．彼はズコールより5歳若く，商会の代表として始めた．1600ドルの資本金から映画の購入と貸し出しの会社を作った．彼は提供された物に満足できなくなり，自ら製作を始めた．彼はブルックリンにある15の映画劇場「パレス」を買い取り，14年後彼のフォックス映画株式会社は市場価格で25倍に跳ね上がった．1930年，銀行とライバル会社は背を向けた．フォックスは自分の持分を売りさばなければならなかった．アプトン・シンクレアーは300頁に渡る著書の中でこの略奪行為の歴史について記述しているが，フォックス自身はこの間，「犠牲者」として（当時）2000万ドルを手にしている．[10]

ハリウッドは今や最良の監督，最良の舞台監督，最優秀のカメラマン，最も優れた俳優を望んでいた．ハンガリー出身の監督や芸術家達が今日まで，公式又は非公式な宣伝，出版物で実際以上に誇張されていたが，しかし実際に起こったことは非常に印象的であった．監督のジョージ・クコーは，例えば世界的な成功を誇る「マイ・フェア・レディー」を作り出し，ジョー・パステルナクやチャールズ・ビドーはハンガリー出身であった．そして勿論マイケル・カーチス（元々はミハーイ・ケルテース）はアレクサンダー・コルダ卿についで成功を収めた監督であった．

ミハーイ・ケルテースは元々俳優であったが，1912年に「最初のハンガリーの劇的な芸術映画を，ハンガリーの俳優，ハンガリーの舞台，ハンガリーの行動様式」の映画を作製した．[11] ハンガリーで既に15人の職業的な映画監督が存在した——国際比較においても相当な数であるが—— 1918年までに更に38の映画が続いた．それからケルテースは，コルダと同様，頻繁に変わる将校の恣意的命令から逃れて，故郷を去り，ウイーンを経てハリウッドに来た．1919年以来彼はマイケル・カーチスと名乗り，30年間のアメリカでの生活で

ハンガリーで作った数と同じほどの映画を作った．その中には伝説的になった「カサブランカ」がある．

彼の成功にもかかわらず，或いは多分それゆえに，マイケル・カーチスもまたその英語力の不足を理由に背後で端役者や舞台の裏方から，常にからかわれた．俳優のデービド・ニーブンですら，彼の手記に「裸馬をもってこい」というタイトルを借用してしまった．この文章は典型的なアメリカの映画の脚本から出ている．即ち，戦闘の場面で数百頭の馬に乗った端役がカメラの前を行きすぎた．この大勢のシーンを撮影した後，カーチスは敗北した場面を撮りたかった．そこで，落ちた，或いは傷ついた騎手なしに馬達が軽やかなギャロップで戻ってくることをカーチスは望んだ．この瞬間，助監督に対して，ハリウッドでは最も頻繁に引用される叫び声を監督に漏らしてしまった．――ドイツ語で言えば，「裸馬を舞台に連れて来い！」――．映画産業の通史にはこの造語は書かれていないが，カーチスが1943年にアメリカ映画アカデミーから受けた「オスカー」でこの言葉は有名になった．[12]

映画の歴史において圧倒的に重要な，又有名なハンガリー人は，かってはクマン人やヤジグ人が住んでいた，国の中心部に位置するプスタツールパーストーの村に1893年に産まれたラスロー・シャーンドル・ケルナーで，世界はこの男をアレクサンダー・コルダ卿の名で知っている．この例外的な男は，元々ジャーナリスト，映画評論家，そして映画雑誌の編集長であった．彼の職歴はトランシルバニアのコロシュバールで始まった．しかし彼はやがてブタペストで自分の「コルビン」と言う名の会社を立ち上げた．コルダは単に優秀な監督にして脚本家だけではなく，1級の組織力を持っており，製作者で，戯曲家と編集力を兼ね備えていた．この能力はスタジオと作家達を取り持つのに役立った．1918年までにコルダは高級な文学的背景を伴った19の映画を製作した．これらの作品は，傑出した文学者によって脚本化されたものであった．今日でもハンガリーの最大の映画製作所はかってのコルダのアトリエにある．

ハンガリー最大の映画撮影所の参加者として又製作者としてコルダは，殆んどすべての監督や劇作家達と協力して，カーロイ政権の時も共産主義の評議会共和国の時も積極的な役割を果たした．反革命勢力が勝利した後，コルダ，カーチスそれに大部分の映画関係者たちはウイーンに逃れ，そこには一時的に38人のハンガリーの映画製作者たちが滞在していた．文化史の専門家イシュ

トヴァーン・ネメシュキュルティはその何度も版を重ねたハンガリー映画史の中で次のような結論を出している：

20年代はハンガリーの映画製作と映画芸術に破産をもたらした…ホルティーファシストの組織的な迫害は，ハンガリーに最も優秀な映画監督達を失う結果をもたらした．白色テロは荒れ狂い，白鳥の羽根を帽子につけた――それは反革命兵士の象徴であった――兵士達が映画館を勲章を受ける場所として占拠してしまった．戦争未亡人，左派系の市民，ユダヤ人たちは映画館から駆逐された…コルダが去ったことは明らかな空白を残した．[13]

20年代にはコルダの才能ある兄弟，ゾルターン（監督）とビンセ（舞台設計者）が国を離れ，国際的に有名になった兄に合流した．

コルダはハリウッド，ベルリン，ウイーン，パリ，ロンドンの間を行き来し，ロンドンで遂に映画の製作の会社を設立して突破口を開いた．1931年と1956年の間に凡そ100の映画の監督或いは製作者として責任者となった．基本的に英国の映画産業を初めて造ったことになる成功した製作映画の長いリストよりは，「ヘンリーⅧ世」，「レンブラント」，「アンナ・カレーニナ」，「4つの羽根」と，コルダのもっとも典型的な製作スタイルを現している「紅ハコベ」は特に賞賛できるだろう．ナポレオンに対する戦争の時代の，人の良い，しかし非常な知識人である「典型的な英国の」英雄というテーマはハンガリーの男爵夫人エマ・オルチイの筆になり，コルダのお気に入りの脚本家ラヨシュ・ビローが脚色したものであった．この英雄崇拝映画のスターは「イギリス人のスマートさ」の典型であるレスリー・ハワードが演じたが，彼は第二次世界大戦中飛行機事故で亡くなった．彼は元々レスリー・シュタイナーと言い，ブタペストの出身で，子供の時両親とともにロンドンに移り，そこで映画俳優になる前は銀行の従業員であった．ついでながら，「紅ハコベ」では，カメラマン，舞台装置，そして役者のリスト造りには勿論3人のハンガリー人コルダ兄弟があたった．

音楽は後にハリウッドで世界的に有名になった映画音楽作曲家ミクローシュ・ローサが担当した．この1995年に88歳で亡くなったハンガリー人は，ヒッチコック，ズコールや他の監督達にために働いたが，全部で3つのオス

カー (1946, 1948, 1959年) を受賞した．映画の作曲家では，ヨージェフ・コシュマがハンガリー出身で，彼はシャンソン「枯れ葉」を作曲し，そのシャンソンは沢山のポップシンガーなどに歌われて，世界的に有名になった．

更にハンガリー人が続く．ジョン・ハーシュはロンドンで劇画映画で活躍し，オーウェルの「アニマルファーム」を製作した．

エリザベス女王によって貴族に列せられたアレクサンダー・コルダ卿は映画の歴史の巨人であるのみならず，多くのハンガリー人の記録や報告で書かれているように，多くの助けの手を差し延べた人間だった．故国の数え切れない貧しい人々，個人的に困難に直面した人々に彼は，お金を送ったり，小包みを送ったりして援助したと言われる．

ハンガリーの映画と劇の分野での限りない成功は（残念ながら）相変わらず，今日ではとっくに80歳を超えるザザ・ガボールを筆頭に語られている．彼女は映画での役よりも金持ちの，有名な男達と浮名を流したことのほうが有名になってしまった．にもかかわらず，彼女は1995年，22ヶ国で400人の若いビジネスマンに聞いたところでは，40名から成る有名なハンガリー人のリストのNo.1に掲げられている．[14] そして更にトップリストの中には，ポルノスターで，一時的にイタリアの国会議員になったチチョリーナ（イロナ・シュタラー）の名前もあった．1998年8月，ハンガリー人映画女優エバ・バルトークがロンドンのホテルでなくなったとき，ドイツ，オーストリア，イギリスの新聞は数段を割いて，この69歳の，クルト・ユルゲンスのかっての妻，フランク・シナトラや，英国の侯爵ミルフォード・ハベン（フィリップ殿下の従兄弟で，結婚の媒酌人）の古い女友達の死を惜しむ記事を掲載した．ブタペスト生まれのエバ・シュケは40に上る映画に出演したが，ロンドン・タイムスに言わせれば，「彼女は彼女の有名さ故に知られた」そうだ．彼女は5つの言葉を話し，バート・ランカスターやベルナード・ウイッキと共演したが，英語でもドイツ語でも決してハンガリー語のアクセントを失わなかった．[15] 他のハンガリー出身の重要な俳優や女優は今日ではとっくに忘れ去られてしまった．例えば，無声映画のスター，ビルマ・バーンキ，イロナ・マッシェイ更に，映画史上最初にして最も恐ろしいドラキュラを演じたベーラ・ルゴシである．或いはハリウッドではポール・ルーカスと呼ばれたパール・ルカーチはハンサムな上

に，その「軽いハンガリー語のアクセント」故に成功した．1943年に彼は「ラインの見張り」での役割ゆえにオスカーを受賞した．

　今日アメリカで最も有名なハンガリー人，即ちトニー・カーティス（元々はベルニー・シュヴァルツ）は，ニューヨーク生まれであるが，最初は自分のクドクドしたハンガリー・アクセントと戦わねばならなかった．貧しいユダヤ人の仕立て人であった父親は1921年に始めて家族とともにニュー・ヨークに来た．「自分の初めての言葉はハンガリー語だった．家では殆んど英語は聞かなかった．そして，イディッシュ語さえ聞かなかった．私達はハンガリー語だけを喋った…私が6歳か7歳で小学校に行くまでアメリカにいるとは知らなかった．私は，マーテーサルカが何処か角を曲がったところにある，ブタペストが通りの端にあるものと確信していた」．50年後，ほぼ100本の映画に出演した後，この間世界的に有名になったこの映画俳優は彼の長女を伴って父親の生まれ故郷，ウクライナとの国境から30キロにあるハンガリーの小さな町マーテーサルカを訪れた．

　トニー・カーチス（この間，何度か再婚し，今回は35歳も年下のモデルと再婚した）は，当時，父親エマヌエル・シュヴァルツに敬意を払って「ハンガリーの文化の為のエマヌエル基金」の名誉総裁を引き受けた．この基金はハンガリーのユダヤ教会を修復する為のお金を集めるのが目的であった．[16]

　勿論映画産業では成功物語ばかりではなかった．ハンガリー史上最大の喜劇役者ジュラ・カボシュは，50歳を越えてから反ユダヤ人法のために，撮影所を去らねばならず，アメリカで新しく出直さねばならなかった．彼は1941年，移住先で夢破れて亡くなった．

　ドイツ映画の世界では歌い手やダンサー達は，マルタ・エガート（ヤン・キープラの妻）やオペレッタの女王ギッタ・アルパー（グスタフ・フレーリッヒの妻），それに特にそして最も長くマリカ・リュックのようにハンガリーの評判と，自分で望んだことではなかったが，「プスタ，パプリカ，ピロシュカ」のようなハンガリーに関するステレオタイプ的イメージの拡大に貢献してしまった．3人の監督ゲーザ組，即ちボルヴァーリ，チフラ，ラドヴァーニの内，ゲーザ・フォン・ラドヴァーニは1949年，「ヨーロッパの何処かで」の中で，ハンガリー及びヨーロッパの映画の歴史を書いた．今日では，イシュトヴァーン・サボーは最も知られた監督で，彼は1981年に，「メフィスト」（クラウス・

マリア・ブランダウアー主演) によってオスカーを受賞，又，アニメ映画作者のフェレンツ・ローフスは「蝿」によって有名になった．

近年ではロバート・ハルミシュ・シュターンが，互いにしのぎを削っているアメリカのテレビ映画界でのし上がっている．著名なハンガリー人写真家の息子は1950年，アメリカに来てから，最初は同じく職業写真家，特にライフ誌の写真家として出発した．彼の製作会社は割のいい隙間を見つけ，ABCなどの大きなテレビ会社の，比較的長期にわたるシリーズや映画を大々的に放映した．彼の200本に及ぶ映画や長いシリーズ（「不思議な国のアリス」，「モビー・ディック」，「アニマル・ファーム」，「罪と償い」）ではピーター・ウスチノフ，ポール・ニューマン，からイサベラ・ロッシーニやベン・キングスレイなどの世界的スターが出演した．ズコール，フォックスからハルミに至る，あのような想像力に富んだ製作者達が，この世紀の沢山の監督，俳優，カメラマン，作曲家達と一緒にアメリカの無声・有声の映画，テレビの映画産業で活躍したのである…

今日まで，ハンガリー人の作家，特に劇作家で，世界的に最も知られているのはフェレンツ・モルナール（1878 – 1952）であるが，彼がオーストリア人と理解している人が多い．彼は事実，長いことウイーンで生活しており，多分，彼の作品もウイーンの劇場ほど規則的に上演された劇場も無い．それでも，彼の41に上る劇，11の小説，8つの物語とレポルタージュ集（今日まで興味深い第一次世界大戦の報告を含む）は，例外なくハンガリー語で書かれた．彼は，小さな子供の世界を描いた魅惑的な小説，例えば，「パウル通りの少年達」，傑作「リリオン」，ブタペストの「プラーター」たる憩いの場所，市民公園の，ハロドリとブランコ少年の悲喜劇等によって，極めて現代的な作家であった．彼は複合文化の首都のあらゆる界隈の心理的，精神的な雰囲気と，ペストの労働者，小市民を取り巻く環境を描いた第一人者であった．

女中のユリ，リリオムと暗黒街の人々を描いた「郊外の伝説」は1919年のブタペストでの初演では当初，失敗した．しかし，時間がたつうちにウイーンからニュー・ヨークに至るまで圧倒的な世界的成功を収めた．この作品は，多くの脚色を経て映画になり，ミュージカル「回転木馬」（作曲リチャード・ロジャース，脚本オスカー・ハマーシュタイン）として，1945年にはブロードウェ

イで890回上演された．1913年から1948年までに彼の作品（「白鳥」，「城の中での芝居」，「ボディガード」など）多数がブロードウエイで様々な脚色で上演された．全部で25の，その着眼点とペストのユーモアに満ちた会話のモルナール作品が映画になった．彼は，存命中に自分の全作品集が英語で出版された唯一の非英国人作家であった．ブタペストの医者の息子であるモルナールは彼の最盛期の時は非常に速く書き上げた．「リリオム」などは，今日でも存在する文人，ジャーナリストが屯するペスト側のリング通りにある，カフェー「ニューヨーク」で21日間で書き上げてしまった．[17]

同時にモルナールは逸話話が上手であった．1945年以来5年間モルナールとニューヨークでともに移民生活を送ったフリードリッヒ・トールブルクが幾つかの例を紹介している：

彼が証人として午前中に裁判所に出頭しなければならなくなったとき，彼の友人は，夜型人間であり，朝寝坊の彼をやっとのことで早い時間に外に送り出した時，彼は急いで沢山の入っていく人々を指し，驚いて，「この連中は全部証人か？」と呟いた．

久しぶりに，実際の経済状況を見る為にブタペストを見て帰った後，彼は，実に的確なことを行った．即ち，「全ブタペストでたった2000ペンゲ（註 第二次世界大戦まで通用したハンガリー通貨）しかなかった．それを毎晩違った人が使っていた」．[18]

この劇作家の作品は28ヶ国の言葉に翻訳されたが，彼は1940年から1952年に亡くなるまで，ニューヨークの有名な「プラザ」ホテル（「いつも最高のホテルの1番安い部屋に住むことにしている！」）の8階835号室を棲家にしていた．随筆家でモルナールの翻訳家でもあるアルフレッド・ポルガーは，彼の死を悼んでモルナールの原則について書いている．「生前素晴らしい劇を書いてくれた彼はそれにふさわしい場所を選んだと思う．即ち，偉大な人物が住む家の小さな部屋で…」[19]

アレクサンダー・コルダと同様に，この世紀最も成功した劇作家で脚本家の，

第34章 「どこを見てもハンガリー人がいる…」：天才と芸術家達　　　493

　1880年産まれのメニヘルト・レンギェルは，ハンガリーの典型的な低地であるバルマジュバロシュ——そこはホルトバージの平原の片隅にある——出身である．彼の作品である「台風」はウイーン，ベルリン，パリ，ニューヨークで100回以上上演された．レンギェルはベーラ・バルトークの為に「不思議な中国人」の脚本，伝説的な映画「ニノチュカ」(グレタ・ガルボ主演)，「嘆きの天使」(マレーネ・ディートリッヒ主演) の脚本を書いた．

　今日最も有名で，最も成功している劇作家はジョージ・ターボリで，彼は特にドイツ語圏では伝説的な作家となっている．アウシュヴィッツで殺されたユダヤ人ジャーナリストの息子で，ブタペスト生まれの彼はロンドンで英語で書くことから初め，第二次世界大戦中，BBCの記者，情報将校として，バルカン半島と中東で勤務についた．ターボリは幾つかの小説を出版したが，当時はさっぱり売れなかった．彼の6歳上の兄ポールもまたロンドンに住んでおり，沢山の解りやすい科学書を現し，一時は国際ペンクラブの総裁になった．ジョージはその後アメリカ，特にカリフォルニア及びニューヨークに四半世紀過ごした．彼は，脚本家或いは助監督としてアルフレッド・ヒッチコック，アナトール・リトバック，ジョーゼフ・ロシーなどの傑出した人々といっしょに働いたが，又，チャプリン，ブレヒトも交友関係にあった．そして，彼の最初の作品「エジプトへの飛行」がブロードウエイでエリア・カザンの演出の下で上演されたが，しかし彼の実際の大きな突破口は，人生のかなり終わりに近く，ドイツとオーストリアでなされた．彼のブラック・ユーモア，彼の辛辣なウイット，彼の温かい，しかし時には衝撃的な詩は常に愛，憎しみ，死がテーマであった．彼の，多分最も成功した「我が闘争」(1987年5月，ウイーンのアカデミー劇場初演)では衝撃的な，グロテスクな2人が登場する．ユダヤ人物売りのシュロモ・ヘルツルとアドルフ・ヒットラーの1組がウイーンの乞食収容所に住んでいた．アウシュヴィッツ後のユダヤ・ハンガリーの伝統の中で，憎しみと笑い，愛とウイットはターボリの作品の中で，自分自身の，ユダヤ人の歴史と，ドイツ(オーストリア)の歴史が結び付けられている．1992年，ターボリに対して，ゲオルク・ビューヒナー賞が授与される時に，ヴォルフ・ヴィーアマンは，「臆病な子供達が聞きたくなくても，それでも彼らも耳をそば立てて聞いている」歴史について語った．[20]

このような類が例えば初めにニューヨークで，ついでベルリンで上演されたアウシュヴィッツに関する「恐怖の茶番」[21]（ペーター・フォン・ベッカー）や「野蛮人」，生き残った自分の母親に捧げた「母親の勇気」である．ターボリが，作家のアルトゥール・ケストラー，社会学者のカール・マンハイム，天才的芸術家であるラスロー・モホイ・ナジ，写真ジャーナリストのステファン・ロラント，或いは記述の自然科学者の「火星人たち」のように多数の言語で生活し，活動し，書いているハンガリーのユダヤ人達の伝統に溶け込むのは，ハンガリーの歴史を知っているものにとっては殊更驚くべきことではない．しかし，ジョージ・ターボリはドイツ語の劇場界では独特の人物であった．と言うのは，彼は創作者で同時に監督であり，時には又俳優で，劇場支配人であった．そしてこれらの役割を部分的には1人で請け負った．彼は恐らく，ハンガリーの歴史と英国・アメリカへの移住者の，そして，中欧の文化的伝統とポストモダンの間の最後の掛け橋であった．ターボリは相変わらず，初めは少しゆっくりであるが，特に社交の席では完璧なハンガリー語を喋り，彼の少年時代と初期の青年時代は古き故郷で送ったが，彼の国際的な高い評価はハンガリーとは無関係である．逆に，彼の作品は多分，或いは1944年，45年の悪夢ゆえにドイツ或いはオーストリアに比べて遥かに知られていない．

他に世界的に名の知れた作家には，ターボリより8歳年上のアルトゥール・ケストラーがおり，彼の生活はブタペスト，ウイーン，ベルリン，モスクワ，マドリード，ロンドンに跨った．1905年，ブタペストに産まれたケストラーはウイーンに学び，2つの言語で育った．ベルリンのウルシュタイン出版社の優秀なジャーナリストとなり，彼は1931年，ドイツ共産党（DPK）に入党した．彼は決してハンガリー語を忘れたことは無く，何度も自分の故郷の町を短期間訪れてもいたが，第一義的には，彼はワイマール共和国の精神的，政治的雰囲気に惹かれていた．

初めて，国際的に勇名をはせたのはスペイン内戦の時であった．勇敢にも，無頓着にも，彼はロンドンのニューズ・クロニクル誌の特派員として，フランコ将軍の支配地域に入り，ドイツとイタリアの干渉に関するデータを集めようとした．危険な冒険は，逮捕され，死刑判決が下されることによって終止符が打たれた．国際的な新聞界の抗議と4ヶ月間の獄中の生活を経て彼は釈放され

た．1938年春，KPDを脱退し，戦い，中傷され，初めは相手にされなかったが，1940年以降彼は，自分のかっての共産党時代の経験と苦々しい最後を分析した最初の作家になった．「スペインの遺言」（或いは「死神との対話」）を著した後ケストラーはモスクワの公開裁判に付いて書いた力作「日食」を著し，次いで短編集「ヨギと刑事」を出した．これらは高い発行部数を数えただけでなく，共産党が強い諸国，例えばフランス，で強い衝撃を与えた．ケストラーはソルジェニチンより遥か以前に神話の破壊者として歴史上の人物であるが，当時は殆ど注目を浴びなかった．剥き出しの憎しみが彼の言うことに耳を傾けさせなかった．

　英国の市民権をとった後，彼はロンドンで，全体主義を否定したり，その実態を暴露することにもはや躊躇することは無かった．彼の2巻に及んだ自叙伝は，当時のナチズムと共産主義の拡大する脅威にさらされていた30年代及び40年代のヨーロッパに比較にならない，緊迫した反響をもたらした．後に彼は異なる分野の科学的な専門書を多数著した．彼は1956年の危機の時代にハンガリー人と一緒であった．最初，怒りのあまり，ハンガリー公使館に，志をともにする知識人達と突入しようとした．友人達にとめられたが，それでも，石を投げつけて，公使館の窓ガラスを割ったほどであった．この様子は彼の友人ジョージ・ミケシュにより描写されているが，最新のケストラー伝に描かれている．[22] 彼は革命が失敗に終わった後も，国際的な抗議集会を組織した．当時の労働党党首ヒュー・ガイツケルがフルシチョフに会う為モスクワに向かう前，ケストラーは真夜中に党首に電話し，ティボー・デリその他の捕らえられている作家達の釈放を要求するよう働きかけた．

　ケストラーは彼の母親やウイーンの弟子達とは完璧なドイツ語を話したが，彼の告白（ハンガリー移住者の為の雑誌）によれば，ハンガリー語で夢を見，英語を喋る時は，強い，どうしようもないハンガリー・ドイツ語のアクセントに悩んだと言う．それでも彼はロンドン滞在中はすべて本は英語で書いた．彼は精神的には非常に活発で，人間的にはしばしば我慢のならない知識人で，時々酔っ払い，女好きであった．不治の病となり，1983年，ずっと年下の夫人シンチアとともに自害してしまった．

　外国で知られていないハンガリーの偉大な文学者はいるだろうか．1956年

以降，旧共産党員の作家で逮捕された，例えばティボー・デーリ，ジュラ・ハーイは，国際的には知られた存在である．もっとも，特に，ハーイの劇作品はドイツ語圏の劇場では既に上演されていたが．スターリン時代の非人間性を劇的に描いたデーリの短編は雑誌や出版社の関心を買った．しかし，当時最も偉大な詩人であるジュラ・イリェーシュは幾人かいるノーベル文学賞候補から脱落してしまった．

苦々しい真実だが，外国では1945年以降のハンガリー作家は大戦間のそれに比較し，あまり知られていない．にもかかわらず，「後期カーダーリズム」時代の様々な芸術雑誌が，それでも3000人の造形芸術家，600人の作家，70人の映画監督をリストに挙げている．70年代，80年代，チェコ人やポーランド人と比べて，ハンガリー人は国際的には酷いほど隅に押しやられてしまった．

唯一の例外はイスラエル出身のユーモア作家エフライム・キションである．彼は実際はホフマンといったが，ハンガリーでは政府のユーモア雑誌ルダシュマティの編集者としてフェレンツ・キションと称していた．1949年に彼はイスラエルに移住し，そこで現代ヘブライ語を学んび，ハンガリー人にとって非常に難しい言葉であるが，その言葉で，雑誌や後に著作においてユーモアを編集した．キションがドイツ語圏でベスト・セラー作家になれたのは，（彼が自分の自伝に述べているように）作家のフリードリッヒ・トーベルクという天才的な英語からの翻訳者がいたからである．

ホロコースト作家のイムレ・ケルテースがその衝撃的なアウシュヴィッツからの報告の新版によって大きな成功を収めたのは，彼の著作が今回は天賦豊かな翻訳者によってドイツ語に翻訳されたからで，彼の本が時期的に過去に関する議論が新たに燃え上がった時期と関係しているからだけではない．しかし，ジョルジュ・コンラード，ペーター・エステルハージ，ペーター・ナーダシュ，ジェルジ・ダロシュ，イシュトヴァーン・ウールシ，ラースロー・クラスナホルカイその他多くの作家は，それぞれ忠実な読者を持っている．ジュラ・クルーディ，ジグモンド・モーリッツ或いはデシュ・コストラーニのごとく20世紀の重要な小説家の作品を全く翻訳しなかったか，或いは散発的にやっと十数年遅れて翻訳されたのは取り返しのつかないことである．特に悲劇的なことには，人口1人当たりハンガリーほど優れた詩人が多い国はいないことであった．エンドレ・アディ，アッティラ・ヨージェフ，ジュラ・イレーシュ等のよう

な世紀の偉大な人物さえも，翻訳されたとしても，わずかにしかされなかった．独特な言葉，政治的な混乱，（ハンガリー）文学に対するロビイストが多くなかったことなど，きっと，ハンガリー文学に対して関心の薄かった複合的な背景であろう．イムレ・ケルテースが2002年，ノーベル文学賞を受賞したことは，1つの画期的なことであって，世界の出版社，批評家，読者に対して，ハンガリーには偉大な作家（ドイツでシャンドル・マライが死後，やっと有名になったということでなく）が現存していることを示した．

文学と違って，音楽の分野ではハンガリーは本当の大国である．音楽界の天才ベーラ・バルトーク（1881－1945年）とゾルターン・コダーイ（1882－1967年）の2人は，既に20世紀の初めから，ハンガリー，ルーマニア，スロバキアの僻地で蝋版蓄音機の助けを借りて民族音楽を収集することを始めた．彼らは，今日までジプシーの楽団の演奏で愛されている音楽がハンガリーの古い民族音楽と殆んど関係が無いことを確信した．傑出したハンガリーの作曲家たる彼ら2人は国民音楽の遺産の救い主であったが，同時に，大戦間の抑制の効かなかったナショナリズムに対する断固とした敵であった．

コダーイと違い，バルトークはまた優れたピアニストであった．「ハンガリーの農民の民謡の即興曲」，バイオリンとピアノの為のソナタを始め，前衛的なオペラ「青髭侯の城」（1911年，脚本は後の偉大な映画評論家ベーラ・バラース），表現主義的一幕もののパントマイム「不思議な中国人」（1924年），弦楽四重奏から「プロファナ・カンタータ」に至るまでバルトークは世界的な現代音楽の先駆者であった．彼は（コダーイと同じく）非人道的な時代に生きた人であった．英国の音楽辞典には，バルトークについて，「ハンガリーの作曲家で，1940年以来アメリカに居住し，そこで貧困の内に死んだ」と簡単に紹介されている．

これらすべてはバルトークについて当てはまる．しかし60歳で何故移住したかの理由が書れていない．移住後彼自身が友人に「ハンガリーは，殺人的な，略奪政権によって屈服しようとしている．そのような国に生活することは想像することが出来ない」，と書いている．そして後に「残念なことに，殆んどすべての教育のあるキリスト者たちがナチ政権に奉仕している．私は自分がそのような階層の出身であることを本当に恥じている」，と手紙を書いている．

1940年にアメリカに渡る直前，彼はブタペストで作成した遺言で，ハンガリーに「2人の男（ヒットラーとムッソリーニを指す）」の名を冠した広場や通りがある限り，自分の名を冠した通りや自分の銅像を作ることはやめてほしい，と書き残した．[23]

バルトークは自ら進んで国を去った．彼の移住は大きな，目に見えた道徳的な行為であった．コダーイは死ぬまでハンガリーに留まった．しかし，彼は自分を「国民の制度」として，2人の独裁者の下での人々を助けようとした．「ハンガリー詩」，オペラ「ハーリ・ヤーノシュ」，「ガラーンカの踊り」，「マロセイケーの踊り」などは古きハンガリーとトランシルバニアの伝統を呼び覚ました．バルトークは彼のことを，ハンガリー古典の巨匠である，と賞賛して，「誰の作品が，ハンガリーの精神を体現しているのか，と質問されれば，いつも，コダーイの作品である，と答えている」，と述べている．[24] 第3の，この世代を代表する有名な，国民的，近代的な作曲家は，エルヌ・フォン・ドナーニ（1877 − 1960年）で，彼は1948年以来，米国で生活し，自分のオーケストラ用の作品，ピアノ協奏曲，やオペラを作曲し，どちらかと言うとドイツの音楽の伝統にのっとった様式の音楽を発表した．

我々の時代に，似たような素晴らしい地位を世界の音楽界で獲得している現代の作曲家にジョージ・リゲティ（1923年生まれ）とジョージ・クルターク（1926年生まれ）がいる．トランシルバニアの小都市で生まれたリゲティは，チューイ／コロシュバールで小学校時代を過ごした．第二次大戦後彼はブタペストの音楽アカデミーに学び，その後，そこで音楽理論を助手として教えた．バルトークは彼の作曲のお手本であった．彼の最初の頃の作品は形式的，退廃的だとして共産主義時代，禁止された．1956年に国外に逃亡してから初めてリゲティは，50年代の困難の時代に彼を，学長であったコダーイがアカデミーから追放されるのを自ら阻止したことを知った．

リゲティは最初，ウイーンに逃げ，次にケルンに，後にハンブルフに移った．そこで1989年まで音楽大学の教授をしていた．彼の作品は当初激しい論争を招いた．ドナウエッシンゲン音楽祭で「雰囲気」の初演が熱狂的に受け止められて，彼は初めて活路を開いた．スタンレイ・クブリックがその一部と「ルックス・エテルナ」，「レクイエム」の合唱部分を，映画「2001年，宇宙の旅」

第 34 章 「どこを見てもハンガリー人がいる…」：天才と芸術家達

に使った時，若い同時代の作曲家としては稀なことであるが，広範な聴衆をつかんだ．この映画音楽に使うことが彼の承認を得られなく，弁護士の介入によって初めて若干の報酬を得たことは片隅でわずかに触れられただけである．彼の最大の成功は 70 年代に作曲した，喜劇オペラ「偉大な狂気 (Le Grand Macabre)」であった．このオペラは，死神に対する愛の勝利の賛美，イデオロギーや，技巧を凝らした迎合の為の教祖に対する拒否を歌ったものであった．批評家達はリゲティのどの作品時期でも独自性を失わなかったことを賞賛している．あるスイスの音楽学の専門家はリゲティの重要性を次のように総括している：

最初は鋭い新しい音と脅かしで，そしてますます愛好される作曲家として，最近は，保守的なコンサートの看板として，リゲティは間もなく 40 年に渡って同時代の音楽生活の中心的な存在となった．彼は今日では，シュトックハウゼン，ブーレ，ノノ，ベリオその他のその時代の巨匠と見なされるに至っている．彼は世界的な名声を博しており，西側の音楽界の最高の賞を得ている．[25]

HVG 新聞がリゲティに彼の 75 歳の誕生日の時に，自分の音楽がハンガリーのものと思うかどうかを尋ねた．これに対して，「自分はオーストリア人で，ハンブルクとウイーンで生活している．子供の時はルーマニアの市民で，青年の時はハンガリー人だった．どこに住もうと，私はトランシルバニア生まれのハンガリー系ユダヤ人だ．作曲することの最も多くを，私はフェレンツ・ファルカシュから学び，私のモデルはバルトークである．私の音楽の旋律はハンガリー語の旋律だ．と言うのは，私はこの言葉で考えるので，このことが間接的に又音楽を考える時に決定的なのだろう」，と答えた．[26]

リゲティはもう 1 人のハンガリーの偉大な作曲家ジョージ・クルタークの親密な友人である．クルタークは 1998 年 7 月に，ドイツの最高額，250,000 マルクに上るエルンスト・フォン・ジーメンス賞を，彼の生涯の栄えある仕事に対して受賞した．メディアに対して引っ込み思案な彼はかって，リゲティは友人であるだけでなく，彼の先生であり，バルトークはこれまで理想像であった，と語った．[27] クルタークは多くの人々にとって「扱いにくい」作曲家であった．彼の複雑なピアノのための「遊び」――この即興的な短い，極端に短い作品は，

この間幾つかの作品集にまとめられたが——は，受賞の際に行われた賞賛の言葉によると，音とリズムは決して1つのシステムに融合することがなかった．多言語の，多音声の歌唱集を，彼は古い或いは新しいハンガリーのテキストのみならず，ロシア語，ドイツ語，英語，フランス語のテキストのため作曲した．ルーマニアのバナト地方，ルゴイに生まれ，既に若い時から彼は母国語たるハンガリー語のほかに，そこに住んでいるルーマニア人，セルビア人，ドイツ人その他の民族の言葉に通じていた．このような多様性，特にロシア語の特別な地位は，この偉大な音楽家の格別な幅の広さを示している．そして彼は，ヘルダリン，ポール・セラン，サムエル・ベケットの詩，「カフカ断片」をも作曲した．

今日まで，音楽の録画などで世界的に広く知られるハンガリーの音楽家では第一義的には偉大な指揮者とソリストである．ジョルジュ・ショルティは，ロンドン・コベントガーデンの音楽監督として，その後シカゴ交響楽団の常任指揮者として（他のハンガリー人フリッツ・ライナーの後任として），更にザルツブルク音楽祭の華々しいスターを勤めるなど86年の人生で音楽の歴史を刻み，1998年，突然亡くなり，遺言通り，ブタペストに葬られた．ジョルジュ卿（元々はジョルジ・シュテルン）の死を惜しむ声は大新聞にも大々的に報じられた．彼は，文字通り死の前の1997年9月5日に最後のページを書いたのだがその日記には，バラトン湖に面した彼の父親の故郷を訪ね，先祖の埋葬されているユダヤ人墓地を訪れたことが書かれている．墓石に囲まれ，丘の上からバラトン湖を見下ろした時，60年来始めて自分がどこに属しているかを実感した，とショルティは書いている．[28] 実際故国から追放された偉大な指揮者はミュンヒェン，フランクフルト，ロンドン，シカゴ，ウイーン，ザルツブルクへの道をたどり，最後にはやっと故郷のブタペストに戻ってきたのだ．

他のすべての偉大な指揮者たちに相応に言及することは不可能である．クリーブランド・オーケストラのジョウジ・セル，ダラス交響楽団のアンタル・ドラティ，フィラデルフィア交響楽団のユージン・オーマンディー（イェネ・ブラウ）などがそうである．彼らはやがてこれらのオーケストラが有名になるよう育てた．その時代に世界的に名を馳せたヴァイオリン奏者イェネ・フバイ，ヨゼフ・シゲティ或いはザルツブルクの常連となったシャンドル・ベーイの名

を誰が忘れることができようか？ 世界的に愛されたピアニストのイオンカ・カボシュ，アニー・フィシャー，ラヨシュ・ケントナー，アンドール・フェデシュ，ゲーザ・アンダ達の伝統は，天賦の才あるアンドラーシュ・シッフ，或いはゾルターン・コシシュに引き継がれている．

　ユダヤ系芸術家達がウイーンの現代芸術へ多数の部門に渡って影響を受けていたのは勿論であるが，オペレッタ部門でのブタペストの黄金時代は既に過去のものとなったものの，それでもフランツ・レハールとイムレ・カールマーンは今日でも非常に愛されている．その他の才能ある作曲家達，パウル・アーブラハーム，ビクトル・ヤコビ，アルバート・シルマイは移住の後ブロードウエイでは完全に成功しなかった．カールマーンの有名なオペレッタ「マリツァ伯爵夫人」(1924年)は，トランシルバニアを舞台にしたものであるが，それさえも，大戦間のハンガリーの修正主義者に平和条約への反対の為に利用されてしまった．そしてドイツ語のオリジナルでは有名なデュエットは「ヴァラシュディンへ一緒に行きましょう．そこはまだ赤・白・緑（美しい）の世界です」．であるが，これがハンガリーでは，「コロシュバール，美しい町よ」[29]と歌われる．そうすることによって，ヴァラシュディンの替わりにルーマニアに失ったトランシルバニアの首都コロシュバールが中心になり，いわば政治的な宣伝の良いきっかけとなる訳だ．このデュエットが一度の上演で20回も繰り返された．

　ウイーン・モデルネは，他の分野でもハンガリー人により，例えば，ウイーン分離主義派の旗手ルードヴィッヒ・ヘヴェシ，映画批評家ベーラ・バラーツ，経済学者カール・ポラーニ，哲学者ジョージ・ルカーチなどに影響された．

　20世紀の最も著名な，かつ議論の余地のあるマルクス主義哲学者ジョージ・ルカーチ (1885-1971年) は，爵位を得たユダヤ人銀行家の息子であるが，世界中に，特にドイツ，しかし又アメリカ，イギリス，フランス，イタリアの左派知識人たちに影響を与えたことは，ハンガリーの精神・科学史に置いて奇妙な性格の1つに数えられる．彼の故国ではそれほどでもなかった理由は，彼の共産主義運動に於ける様々な変化の過去のせいというより，彼のどうしようもない下手糞なハンガリー語のせいであろう．[30]

　フロレンツ，ベルリン，ハイデルベルクに学んだ後，マックス・ウェーバーとトーマス・マンによって賞賛された初期の著作，例えば，「精神と形式」

(1910年)，「小説の理論」(1916年) の後，彼自身の言葉によれば，通常であったら「興味深い，エキセントリックな助手」になっていただろう．裕福な家庭の出で，私的な教育を受けた教養人は，1919年3月21日以来，一夜にして共産主義者となり，党に入党し，クン政府の文化担当の人民委員となった．チェコスロバキアとルーマニアとの戦争がはじまると，彼は第5師団の政治委員にさえなった．死の直前，この高貴な闘争者は，赤軍の脱走兵8人を常設裁判にかけ，銃殺刑に処したことを，「人間が人間になるため」と弁護した．

評議会共和国が崩壊した後ルカーチはほぼ10年間ウイーンで過ごし，その後1931年から1933年にかけて，ベルリンで過ごし，更にモスクワに渡った．彼の独特の哲学的，政治的見解（「歴史と階級意識」は1923年に出版されてから，長らく，党の路線からの逸脱者達に影響を与えた）は，レーニン，後にはラーコシ一味から批判された．それ故に彼は何度も何度も辱めを受ける形で自己批判をしなければならなかった．「そうでなければ，自分は今日，名誉を回復し，英雄の墓場に葬られていただろう」，と彼は1962年に記している．彼は1956年の革命の年に共産党内部で行われた裁判に関わり，政府の中で，そして，新しく任命された党の指導部のなかでイムレ・ナジの側についた．ナジとともにルーマニアに連行されたが，ルカーチは裁判にかけられず，1967年には再び党員に登録すらされた．彼は常に文学や芸術の近代的方向を，カフカやジョイスさえも「末期のブルジョワ主義」としてそれに対して闘った．晩年は彼のばかばかしい確信「私の意見によれば，最低の社会主義者でも最善の資本主義者よりもましである」が多くのハンガリー人を怒らせたものだ．

ハンガリー国内ではそれほど影響力が無かったようだが，第一次世界大戦の間，所謂「日曜サークル」に哲学や文化史などをめぐって議論した優秀な知識人達には陰に陽に影響力を及ぼした．このサークルから，後に社会学者カール・マンハイム，有名な，既に言及したポラーニ兄弟，文化史のアーノルド・ハウザー（「芸術と文学の社会学史」の著者）のような傑出した科学者たちや，著名な芸術家，作家，心理分析者が輩出した．

面白いことに，ウイーンや特にワイマール共和国時代のドイツにおける近代芸術の分野で，長いこと見逃されてきたハンガリーからの移民が及ぼした影響力に初めて光を当てたのは，圧倒的にアメリカの学者が多かったことだ．最近

では，ウイーンのハンガリー出身の前衛芸術家が，雑誌「MA（今日）」の周りに集まった．ワイマールのバウハウスに様々な形で関係した芸術家達を，特にドイツ語圏で関心を寄せる世論に強く訴えた展覧会と研究が画期的であった．[31] 移住した，或いは短期間外国に住んだハンガリーの知識人や芸術家達がワイマールの芸術に決定的な影響を及ぼしたことをアメリカ人芸術史家のリー・コンドンが明らかにした．[32]

紙面が限られている関係上，素晴らしいグループの2人の偉大な人物だけに言及しよう．ラスロー・モホイ・ナジ（ヴァイオリニストのムッターの2番目の従兄弟）とマルセル・ブロイアーの作品は今日でも世界中で展示され，評価され，絶賛されている．モホイ・ナジ（1895－1946年）は評議会共和国の崩壊の後ウイーン，そしてベルリンに移った．1923年，ワルター・グロティウスは彼をワイマールのバウハウスに引っ張り，そこで彼は金属工房の責任者となった．デッサウでは，彼はバウハウスの出版物の共同編集者，表紙のデザイナーとなった．ベルリンとアムステルダムでは彼は，ティポグラフィカーと宣伝デザイナーとして活動し，オットー・クレンペラーの前衛的なクロル・オペラやピスカトールの舞台のデザインを担当した．1937年彼は幾つかの名前でシカゴの「デザイン研究所」の所長を勤めた．今日までの芸術史専門家達にとっては，この稀に見る芸術家の興味やタレントの異常なまでの多面性のために彼の知名度と彼の作品は悩みの種だった．多面的な教育面における活動の他に，ワイマールからシカゴに亘って，彼は急進的な実験的方法で，絵画，写真，プラスティック，グラフィック，映像，広告・工業デザイン，舞台設計そして映画の分野で活動した．

彼は，その当時稀であった素材として，例えば，アルミニウム，セルロイド板などを使った．特に強く彼を惹きつけたのは光と動きであった．彼の写真は今日では手に入らず，1995年に行われたササビーのオークションで，「ベルリンのテレビ塔」は始めの価格が25000ドルであったのが44500ドルで落札されたほどである．自分が白血病に冒されているのを知って，彼はシカゴの研究所の親しい同僚に，「私の絵がどうなるか知らないが，自分の人生には満足している」，と語った．[33]

偉大な建築家で，デザイナーであるマルセル・ブロイアー（1902－1981年）はデッサウのバウハウスで，特に家具部門の指導者として活躍した．彼は鋼管

で出来たソファーを始めて開発し,ベルリンで建築家として独立した.30年代にブタペストの技術家連盟は彼をメンバーとすることに反対したので,彼は英国に渡り,そしてアメリカに渡った.そこで彼はグロピウスと一緒に建築事務所を開き,ハーバードの建築学教授となり,その後ニューヨークとパリに建築事務所を開設した.彼がジャクソン・ポラックの壁絵を配してニューヨークに建築した建物は今日その当時の近代建築の記念物として賞賛されている.

モホイ・ナジと並んで,偉大な,ハンガリー出身の,世界的に知られ,展示もされた写真家の作品を少し見てみることは不可欠である.[34] アンドレー・ケルテース (1894－1985年) は1925年にパリに移住し,1936年,ニューヨークに移った.人々と,ハンガリーの農村や,パリ或いはニューヨークという置かれた状況下の人間を写し出した彼の感情豊かな,独自の方法は,早い時期からこの独学独歩の写真家を第1級の国際的な写真家に登らしめた.世界中の賞状,評価値段,回顧展は,大新聞から依頼された仕事とは別に偉大な写真芸術家と見なされていたことを示している.

もう1人の,殆んど同じ時期にパリで活躍していたハンガリー出身の写真家は,通称ジュラ・ハラスといい,自らはトランシルバニアの彼の生誕地ブラソに因んで,ブラサイと呼んでいた.彼は元々新聞記者で,それ故にペン・ネームを使っていた.ブラサイ (1899－1984年) は,1924年以来パリに生活していたが,ケルテースに写真家にならないかと勧められた.彼はしかし,ケルテースと違って,パリの夜の生活のシーンやパリの壁の落書き,シュールレアリズムの作家と芸術家に関心を持った.彼は世界中のハーパー・バザーから来る注文で生計を立てる一方,自分の作品を「ピカソとの対話」や「プルーストの足跡」,「ヘンリー・ミラーの世界」などの写真集に掲載した.「パリの夜」という展覧会や写真集は彼の名を世界的なものにした.彼はヴェネチア・ビエンナーレの写真部門で金賞を得た.「顔の動きは偶然のものである.私が求めているのは常なるものである」,というのが彼の信条である.[35]

第3の写真家は,1913年ブタペスト生まれのエンドレ・フリードマンで,彼はスペイン内戦の彼の写真が即座に知られたときロバート・キャパとして知られることになった.彼は左派のデモに参加して,その結果警察の事情聴取の際に殴られて,その後故郷の町を去ることにした.スペインで初めて彼は芸術

家としての名前を付け加えた．ロバート・キャパは5つの戦争の現場から写真を撮った．マドリードが占拠された時の写真，有名な，弾に当たって死亡した共和派の兵士の写真，インドシナ戦争からの最後の写真は，戦場写真家としてこのハンガリー人を伝説的写真家にした．インドシナで彼は地雷で吹き飛ばされた．彼は弱冠40歳だった．しかし彼は70000枚の写真を残し，世界的な名声を残した．[36]

ブタペスト出身のもう1人の写真家のパイオニア，ステファン・ロラントは1901年生まれで，96歳で亡くなった．あらゆる新聞が「近代的な写真ジャーナリズムの生みの親」(ザ・タイムス)として彼の死を悼んだ．[37] 彼は最初，移民者の写真家，カメラマンとして働いた．ロラントはミュンヒェンで初めて新聞の歴史に名を刻んだ．そこで彼は「ミュンヒナー・イルストゥリールテ」誌上において写真レポルタージュを始め，同誌が700000部の発行部数を誇る雑誌に成長するのに貢献した．彼によれば，写真は，シンフォニーを構成している楽譜のようなものであるという．彼は新しいモンタージュの技術を見つけ，数ページに亘ってストーリーに則して展開される画像を付ける事に成功した．ヒットラーが権力を握ると，彼は半年間，「保護収監」された．ハンガリーからの抗議によって自由の身になり，ブタペストを経由してロンドンに渡り，そこで「私はヒットラーの囚われの身であった」というシリーズがベストセラーとなり（彼は英語は牢獄にいる間に辞書を引き引き勉強した），ポケット版は50万冊にもなった．

ロンドンで彼は，風刺新聞「Lilliput」を立ち上げ，それは3年後に英国最初の近代的グラフ雑誌「Picture Post」となり，チャーチルさえも彼は従業員に獲得した．彼の沢山の著書の中で，彼は1941年にチャーチルとチャートゥウェルの庭で散歩している1枚の写真を掲載した．Picture Postは見事なレイアウトにより短期間で1週間で，150万部というセンセイショナルな発行部数に達した．しかし彼は敵対国の国民として扱われたのに腹を立てて，アメリカに移り，写真家として第3のキャリアーを始め，成功することになる．彼はそこで歴史をテーマにして写真と絵を取り混ぜた新しいジャンルを始めた．リンカーン，ルーズベルトに関する本，ピッツバークに関する標準的な本，アメリカやドイツに関する写真を通ずる歴史の本などは彼に沢山の金，名声，賞をもたらした．カフカが本当に彼の移住の後テチェンで映画館のヴァイオリン

引きの仕事を探してくれたのか，ロラントが本当に，グレタ・ガルボをベルリンでの試写会の後で誘惑したのかどうか，彼の「思い出」の中に出てくる，あれやこれやの話が本当だったのかどうか，今となっては誰も知らない．確かなことは，ロンドン・タイムズがブタペスト出身の写真ジャーナリスト，ステファン・ロラントが「20世紀に刻み込まれる」べき著名な人物の1人である，と記した事である．

1917年以来アメリカでは，ジャーナリストとして，文学的にも，詩的にも優れた人に対して著名な「ピューリッツァー賞」が与えられている．この価値ある賞を貰った人は，責任ある，個性あるジャーナリストであるという証拠となっている．著名な新聞社や出版社の社主たちの名前はヨーロッパのメディアでも知られている．しかし，この名声高きジャーナリズムの賞の設立者が，小さな，今日ハンガリー・ユーゴースラビアの国境地帯の南ハンガリーの村マコー出身で，17歳になってからアメリカに移住したヨーゼフ・ピューリッツァーなる人物であることを少数の事情通を除いて誰が知ろうか？　父親が破産した穀物取引商人であったピューリッツァーは，ニューヨーク州の第1騎兵隊に志願した．彼は生涯兵士であろうとしたが，オーストリア人，フランス人，最後に英国人がか細い，視力の弱い男の志願を拒否した．[38]

短いアメリカの内戦が終わった時（1865年），当時はまだ沢山のドイツ出身の人々が住んでいた，中西部の街セント・ルイスに住んでいた，2ヶ国語に通じたピューリッツァーに友人が，新しい人生を始めることを勧めた．ピューリッツァーは地方のドイツ語の新聞「西部のポスト」紙のレポーターになった．教育も無く，満足に英語も出来ないのに，ジャーナリストとしての道を始めたこの若者は，少したった頃にはこの新聞の株の所有者の1人になった．彼は犯罪と汚職に対する熱心な闘士であった．弱々しく見えても，又ブロークン・イングリシュであっても，ピューリッツァーは22歳にならない年でミズーリ州の地方議会の共和党議員に選ばれた．彼の目指す方向は政治ではなく，ジャーナリズムであった．ピューリッツァーはドイツの新聞の自分の持分を3万ドルで売った．彼は破産したセント・ルイス・ディスパッチの株を買い，ポスト紙と合併させた．爆発的なエネルギーと注目すべきジャーナリスト的，組織的才能によってピューリッツァーは，セントルイス・ポスト・ディスパッチ紙をア

メリカ有数の独立の大新聞に変容させた.「正確,短く,そして正確に」が彼のニュース政策のスローガンであった.即席のスローガンを書いた張り紙があらゆる編集室にばら撒かれた.彼は又,読む者に訴える見出しを導入したので,読者は最初の見出しだけで骨子を理解してしまった.良く売れた新聞はご多分に漏れず,敵も多かった.1883年は転換点であった;ピューリッツァーは大新聞ニューヨーク・ワールドを買収し,後に夕刊を発行した.最初の第一歩として,他の新聞が3乃至4セントしたのに,自分の新聞では2セントに値下げした.発行部数はウナギのぼりに上った.彼の新聞は高額所得者に対する連邦所得税の導入と,独占及び高い保護関税に対する処置を訴えた.所有者,発行者,出版社,一種のスーパー編集長として,彼は原則と理想を掲げ,決して先入観や個々のグループの利益を代弁することなく,新聞の歴史に名を刻んだ.彼は又大の博愛主義者で,特にジャーナリズムの将来についてはそうであった.そこでピューリッツァーは遺言で200万ドルをかけ,コロンビア大学のなかにジャーナリズムの学校を作り,ピューリッツァー賞を設立した.ピューリッツァーの最後は悲劇的であった:41歳にならないうちに彼は殆ど文盲になり,自分のヨット「自由」に乗り,世界中を気ぜわしく駆け回った.1911年に,サウスカロライナのチャールストン港に浮かぶ自分の船上で亡くなった.

　ピューリッツァーを苦しめた肉体的,精神的苦痛は,政治的闘争,疲れを知らぬ仕事と特に視力の急速な悪化によるものであったが,それは彼の鬱状態と神経の破綻をもたらした.これが数年後であったならば,彼の同郷の人々によってもっと効果的に治療を受けることが出来たかもしれなかった.即ち,ハンガリーの精神科医は世界的に名声を得ていたからだ.既に右派の権威主義的ホルティ政権の間,多くの精神科医が外国に逃れ,他の医師達は第二次世界大戦の末期に,そしてその後の共産主義独裁の時期に国を去った.
　ただ1人の例外は「ハンガリー学派」の実際の生みの親であり,フロイドの同僚であったシャーンドル・フェレンツィであった.[39] ハンガリーの医師で,精神心理学者であった彼は,17歳年上の精神分析学の生みの親を強く印象付けた.この2人の緊密な結びつきは,フェレンツィが1933年に死ぬまでにお互いに交わした1234通の手紙でも示されている.フェレンツィは巧みな話術を持ち,よき会話の相手であったので,多くの外国人がその名声に引かれてブ

タペストを訪れた．

　国際的な名声を得たハンガリーの精神分析学者として，リポー・ソンディ（1893－1986年）を挙げなくてはならない．彼の所謂運命的分析の理論と処方並びに臨床に於ける実際は，今日でも応用されているソンディ・テストとして国際的な評価を得ている．幸運なことに彼はベルゲン・ベルゼン収容所からスイスに逃れた．彼は亡くなるまでチューリッヒにある運命分析療法のソンディ財団に勤めていた．

　同じく移民ではフェレンツィの教え子ミハーイ・バーリントは「恐怖」，即ち極端な状況下での体験に基づく不安の快感，についての精神分析で知られている．バーリント（1896－1970年）は1939年に英国に移住した．彼の名前は，彼によって結成された心理分析，並びに精神療法のための医師の教育方法に基づくバーリント・グループとして現在も知られている．

　米国で活躍した沢山のハンガリー人科学者の中で，文化人類学者のゲーザ・ローハイムについては言及しておかなければならないだろう．彼の文化人類学的野外研究で実施された精神分析の方法と概念は特にソマリアやオーストラリア中部で応用された．ローハイムは1911年から1928年の間，ハンガリーの，そして後には世界的な民俗学に専念した．凡そ250に上る研究書をハンガリー語と英語で書き上げた．彼は，ハンガリーの神話やシャーマン，魔術的な行為に興味を持った．ローハイムは，ハンガリーの民族舞踊はクロアチア，セルビア，チェコ，ルーマニア，ドイツの影響を受けていることを示唆した．彼は，愛国的信条が欠けているという非難を受けながら，1953年，アメリカで死去したが，彼は故国への思いを思いがけない方法と表現で著した．すなわち，彼の遺骸はハンガリー国旗に包まれるべし，とした．彼の葬儀に際してはヘブライ文学者のラファエル・パタイがハンガリー語で告別の辞を述べた．

　米国での有名なハンガリー出身の科学者として，シラクーズにあるニューヨーク州立大学の精神医学教授であるトーマス・S.サスがいる．精神医学の分野で科学的文献の多くの著者である彼は精神医学及び心理分析の過激な批判者として知られている．彼には数知れぬ沢山の崇拝者がいるとともに敵も多くいた，と，ハンガリー心理学の標準的著者であるパウル・ハルマスが述べている．

　ハンガリーでは心理分析が米国と異なった地位を占めていることは，次のよ

うなエピソードでも解る：アメリカの作家ベルナード・マラムードがブタペストに滞在していた時，ニューヨークとブタペストで，住民の何処に違いがあるか，と質問された．マラムードは，次のように答えた：ニューヨークで2人の知識人が知り合いになるとき，お互いに次のように探りを入れる：君はどれだけ長い間分析の時間を持ったのか？　これに対してブタペストでは探りは次のようになる：何年間君は牢獄或いは収容所で過ごしたか？

　ロス・アラモスやハリウッドに於けるハンガリー人のいわゆる覇権に付いて語るとき，英国においてハンガリー人の「花の時代」を語ることを忘れるわけには行かない．トーマス・バローとニコラス・カールドアの2人のハンガリー出身の経済学者程，英国の60年代の労働党政権時代に，かってないほどの一国の経済政策に大きな影響を及ぼしたことは無かった．2人とも30年代初期に英国に渡った．カールドアはケンブリッジで，又，バローはオックスフォードでそれぞれ研究し，教鞭をとった．両者は中道左派の路線をとった．バローはハロルド・ウイルソンの緊密なアドバイザーであり，一時期はエネルギー大臣でもあった．人々は彼ら2人を「ブダ」と「ペスト」とからかうこともあった．2人は貴族に列せられ，生涯，卿として貴族院議員となった．初めてのハンガリー人「貴族院議員」としてバローの最初の演説は次のように始まった：「諸君，本院は数世紀に亘って沢山の演説を聞いたであろうが，正統なハンガリーのアクセントで喋った人間は初めてであろう」．彼は裏で画策し，同僚の不信を買ったが，最後まで首相の最も緊密な信頼できる人であった．[40]

　少し遅れて貴族に列せられたカールドアの場合は事情が違った．彼はウイルソン政権の租税政策のエキスパートであり，投下資本からの所得税の率を98％に上げる政策を導入した．彼は又，議論の多い，サービス分野から生産分野に労働力を移す為の就労税を導入した．彼は，頭の良い，かつ，開かれた心の持ち主であり，植民地政策に決別した政府に対して，経済計画と平等の原則は，繁栄への道を開くものと確信させようとした．この社会主義者は，最良を尽くそうとしたが，彼の提案は困難を招来した．ガーナの独裁者エンクルマは2人のハンガリー人経済学者，カールドアとヨーゼフ・ボグナー教授を一時，強力な牽引力として雇ったが，心ならずもエンクルマは追放になってしまった．

我々の時代の，強力にして議論の尽くないハンガリー人は，科学者でもなく，芸術家でもなく，又，政治家でも，発明家でもない．彼は，最も成功した投機家で，かつ最も寛大な慈善事業家ジョージ・ショロシュである．[41] 彼の個人財産は50億ドルと見られている．彼が個人の資産を募って作った財団は170乃至180億ドルの規模になると考えられる．彼が，非凡な成功を成し遂げた「投機の王様」であることを示すには，1つの例をあげれば十分であろう：ある投資家が1969年にショロシュ基金に1000ドル応募したが，30年後利益が200万ドルになって返って来た！ 時として円やDMマルクの交換レートへの投機で間違うこともあったが，彼の基金は設立以来高い成長率を示した：年，35％．

ユダヤ人弁護士の息子として1930年，ブタペストで生まれた彼は，1944年のドイツの占領とナチの時代を，シャーンドル・キシュという偽名で偽造したペーパーによって生き延びたが，彼は1992年までは，国際的株式市場関係者の間でのみに知られていたに過ぎなかった．ショロシュは，特に英国では，1992年秋に，「イングランド銀行を屈服させた男」で，一夜にして「10億ドル」（正確には9億5800万ドル）を稼いだ男としてネガティブな意味で有名になった．要するに彼は，遂に英国政府がスターリング・ポンドを切り下げることを正しく予測したに過ぎない．ショロシュは1947年，乞食同然にロンドンに渡り，ロンドン・スクール・オブ・エコノミックスに，英国鉄道でアルバイトをしながら，その後はファッション装飾の店をやりながら学費を稼ぎ，そうして彼の英国ポンドへの攻撃を英国の論者や納税者達から学び取った．1956年にニューヨークに渡り，ウォール・ストリートの株式取引業者になった．金持ちの個人投資家から400万ドルの借金をして，彼は1969年に，米国財務省の監視の届かないカリブ海の税金天国にカンタム・ファンドを設立した．投機を行い，税を逃れ，規制なしに，彼は想像を絶する財をなした．ファンドのマネージャーとして彼は15％を手にした．

ポンドに対する勝利によってジョージ・ショロシュのイメージは劇的に変化した．彼は，世界中のメディアによって言及されるだけでなく，その国の通貨が切り下げに見舞われた国の国家元首や首相，例えば，1996年にはタイの政府の首脳，その1年後には，マレイシアの首相マハティール・ビン・モハメドに「盗人，盗賊」等と激しく攻撃された．

この間，米国籍を得た，世界的に有名になった投資家は，単なる「投機の

王」でなくなった．1989年の転換期にショロシュは日々の商売の世界から身を引き，基金の事務を信頼できる人に任せた．ショロシュは以来世界最大の慈善事業家になった．かっての恩師，ロンドン・スクール・オブ・エコノミックスの教授であったカール・ポパー卿に因んで彼は1979年に「オープン・ソサエティー」の為の基金を設立していた．彼は故国のハンガリーで最初の画期的な事業を始めた．当時はまだカーダールの時代であったが，彼の奨学金制度は科学アカデミーの協力を得て発足した．彼の個人的な代理人で，ナジ裁判での最後の生き残りの，ジャーナリスト，後の自由主義者の国会議員ミクローシュ・ヴァーシャールヘイの監督のもとで，ショロシュは当初年300万，後には年1000万ドルを預金し，雑誌や文学への支援，学生や研究者達の外国留学の為に，厳格な公募制の下に支援した．後の首相となったヴィクトル・オルバーンもショロシュ奨学金の下で1年間オックスフォードに留学することが出来た．

　ショロシュ基金は，体制転換前に，ソ連とポーランド，体制転換後には殆んどの中・東欧諸国，ウクライナ，バルト3国で設立された．数百万ドル（公式統計によれば，1994年には3億ドル，1995年3億5000万，1996年3億6200万，1997年4億2800万ドル）が年々，31ヵ国のヨーロッパ，アジア，南部アフリカ，南米，そして米国内にある数多くの社会事業を行っている研究施設に援助された．ショロシュは米国政府や公けの研究施設よりも多くの資金を「オープン・ソサエティー」の為に提供した．

　彼は，その影響力のせいで，友人だけを作ったのではなかった．ルーマニアでは，「復讐主義ハンガリーのエージェントである」とか，ハンガリーでは，「国際的なユダヤ資本の手先」，「ユダヤ系共産主義の金権主義者」で，その基金でハンガリーを倫理的に貶めようとするものと非難された．セルビア，クロアチア，白ロシア，一時にはチェコでも，自負心のある，反権威主義者であるショロシュは，政府の思う通りにならない点で要注意であった．マケドニアが経済的に生き延びることが出来たのは，いずれにしても安定を達成できたのは，殆んどショロシュ基金のお陰であった．今日なおハンガリーのアクセントがある英語を喋るこの男の活動については議論のあるところである．彼の敵は，彼が東ヨーロッパで自分のイメージを磨き，歓迎されたいと意図している，と批判する．しかし彼を尊敬する人や，世界的な知名度は衰えていない．雑誌

「ニューヨーカー」は彼のことを「メシア思想を持つ億万長者」と呼んだ．
　彼は講演や出版物で，自分の二面性を，多くの批判者への皮肉を込めて表現している：「市場への参加者として，自分は勝つ側に立とうとし，市民と人間としては，公共の役に立つよう努力している」．と彼の最近の本で述べている．いずれにしても彼は議論の的となっている．というのは，彼は度々政治家達に，ロシアやバルカンに対する，或いは，リベラルな薬物・難民受け入れの政策を公に提言しているからである．彼は沢山のお金を持っており，個人の力で，何百万ドルの金を好きなように，勿論，積極的な目的の為に使っている．簡単に言えば，彼は「国家無き政治家」のように振舞っているのである．

　アメリカの雑誌タイム・マガジンは1997年の「年の男」としてもう1人のハンガリー人アンディ・グローヴを上げ，彼を一躍世界，特に彼の祖国で有名にした．[42] 彼は世界と経済を，彼の会社インテルが製作したコンピューターチップスによって変えた，と主要なページは書きたてた．これもアメリカ人の出世の夢物語で，「皿洗いから億万長者」そのものだった．インテルはパソコンのコンピューターチップスの90%を供給し，1997年の年間の売上高は250億ドルで，収益は68億ドルに上った．この市場支配的な企業を1987年以来社長として導いてきた男が，20歳の時，英語も喋れずにハンガリー移民としてニューヨークに移ってきたことを知っている人は少なかった．しかし既に1960年にニューヨーク・タイムズ紙は，移住してきた時は英語で「水平」と「垂直」の区別がつかなかったハンガリー生まれの若者が，シティ・カレッジの化学技術の学生としてセンセショナルな最優秀の成績で卒業した事を報じた．信じられないぐらいの野心と努力と才能で，ブタペストではアンドラーシュ・グローヴといった彼は，アメリカ人の基準でも眩暈のするようなす速い出世をした．彼は一部耳が聞こえないと言うハンディキャップを克服しなければならなかった；5度の手術を受け，やっと20年後聴力を取り戻した．グローヴは1998年に監査役に移ったが，1997年の年俸とボーナスを合わせると1億ドル以上となり，タイム誌の推計によれば，彼の個人財産は3億ドルに上るという．ハンガリーでも活躍しているショロシュと違い，グローヴは逃亡して以来二度とブタペストに戻らなかった．

第34章 「どこを見てもハンガリー人がいる…」：天才と芸術家達　　513

　金融面でのハンガリー人のイメージは，ドイツ語圏で最も知られている株式市場のコメント屋アンドレー・コストラニュ——彼の友人はコストと呼んでいる——と，ハンガリー出身のヨーロッパで最も知られた銀行家アレキサンダー・ド・ラムファルシーに僅かでも言及しなければ片手落ちである．1906年，ブタペストでうまれ，1999年，パリで亡くなった，独立性の強い，また視野の広い思考力の持ち主であるコストラニュはドイツではベストセラー著作者で，アメリカの旅券を所持したハンガリーのコスモポリタンを具現した人物であった．「投機家の知恵」と題するヨハネス・グロスとの対談（この本はドイツ第2テレビでのインタヴューを下にしたものであった）で，コストラニュは，自分が10ヶ所の都市の住民であることを述べている．彼は実際はブタペストよりもミュンヒェンやパリで時間を過ごすことがずっと多かったにもかかわらず，この金融情報誌家は「常に熱心な愛国者であった」．

　4半世紀に渡ってコストラニュは専門誌「カピタル」に常にコラムを書き続け，8つの言葉に翻訳された為替と株に関する彼の本はこれまで，100万冊を数えた．名の通った外国に住むハンガリー人達が彼の90歳の誕生日にブタペストに集まった時に，筆者は彼の側にいて，この「賢い投機家」が，既に70年以上に渡ってハンガリーに住んだことが無いにもかかわらず，彼が素晴らしいハンガリー語を話すのを感嘆して見ていた．このときにはオットー・フォン・ハプスブルクもいて，彼もご承知のように，この国に一度も住んだことが無いのに，書き物にしても良いほど素晴らしいハンガリー語を話していた．しかし，この最後の皇帝・国王の息子はハンガリー人のベネディクト派の家庭教師に教育され，その教師の下でハンガリー語を完璧に覚えたのだった．

　銀行家のラムファルシーもまた，ベネディクト派の人々に1949年にハンガリーから亡命して，ベルギーで重要なスタートを切った際に助けられた．彼は，ショプロンにあるベネディクト派の中等学校を卒業した後，短期間ブタペストの大学で勉学した後，2人の道案内人の友人と森の中の国境を越え西側に亡命した．ベルギーのルーバンにあるカトリック大学で勉強している時，学資を稼ぐ為に，観光案内，時として，道路清掃人として働いた．オックスフォードにも学び，この間，ベルギー国籍を得たハンガリーの難民は大学を卒業し，ブラッセル銀行で頭角を現し，1976年にはバーゼルにあるBIS（国際決済銀行）の指導的地位に就いた．1985年以来，ベルギー国王から男爵の称号を与えら

れたラムファルシーはこの国際的に重要な銀行の専務理事に就任した．1994年には，その後欧州中央銀行となった，当時のベルリンにある欧州為替制度の総裁に就任した．この為替の専門家はバラトン湖の辺に家を持ち，オルバーン首相が時々意見を聴く経済問題の非公式な諮問委員会のメンバーでもある．

　既に故人となったり，現在も生存しているハンガリー出身の20世紀の天才たちの名前を数えると小さな街の電話帳ほどになる．我々の簡単なざっとした概観だけでは，「OP アートの発明者」，ヴィクトル・バシャレイ（1908－1997年），中欧の歴史家で90歳になるフランス人フランソワズ・フェチェ，スイス人で，神話研究者・宗教学者カール・ケレーニ（1897－1973年），或いはシカゴ出身で心理学者兼著作家ミハーイ・シクセントゥミハーイ，ドイツの有名なメディア・マネージャー，ヨジェフ・フォン・フェレンチ，ハンガリー出身で，世界中で模倣された「ルービック・サイコロ」の発明者エルヌ・ルビック，に言及することが出来なかった．我々は又，スポーツ分野のハンガリー出身の成功者や，チェスの世界選手権保持者の栄誉を持つユディト・ポルガーについて詳しく説明することが出来なかった．

　このように最上級な賛辞にもかかわらず，1100年の歴史の後，民族が次第に滅びていくのではないかという根強い不安感が再び頭をもたげてきた．人口学者の推測では，西暦2000年には，1960年の水準，即ち，きっかり1000万人に低下する．今日では，良く引用される世界中のハンガリー人の人口は1500万人である，という数字が果たして正しいのか，もはや誰も知らない．或いは，世代の交代や，2代目，3代目の人々が母国語に対して意識が段々と希薄になる事からハンガリー人の人口はもっと少なくなっているのではないか，という問いに対しても誰も正確には答えられない．

　中・東欧の将来の安定は，第1にトリアノン条約によって切り離された，ルーマニア，かってユーゴースラビアを構成していた国々，スロバキア，ウクライナに残された少数民族の取り扱いに掛かっている．その数は凡そ300万人とも350万人とも言われる．その他，これらの国々の関係の発展は，ハンガリーとの，或いはブタペストのその時々の政府との関係にも掛かってくる．

　少数民族問題のヨーロッパ化――国境の変更なしに最大限平等に扱うこと――は長く，茨の道であろう．幾世紀にも亘って広められた敵としてのイメー

ジやあらゆる方面にわたるステレオタイプと闘う為に，先ず，学校での教科書，歴史の教科書から始めなければならない．

　ハンガリーでは，西側で度々言われるように，経済改革或いは債務問題の解決のみでなく，これまで未解決の，愛国主義とリベラリズムの関係，民族への考えと社会的進歩の関係が大切である．最も偉大なこの国の詩人であるシャーンドル・ペテフィやエンドレ・アディからアッチラ・ヨーゼフに至るまで彼らは徹頭徹尾愛国者であり，ヨーロッパ人であった．この国の政治文化のこのような分裂を克服することが，「敗北の中で勝利者となる」ために，将来にとって避けがたい問題であり，変遷するヨーロッパの中のハンガリーの道である．

感謝の言葉

　この本は，アンネリーゼ・シューマッハー博士の励ましと文章構成上の協力が無かったら，予定された時間通りに完成したか定かでない．彼女に心から感謝したい．

　議論の余地ある人物の評価と大筋としての流れに就いては，多くの場合，多大の感謝を持って，ハンガリー歴史の大権威であり，ハンガリー科学アカデミーの元総裁であるドモコシュ・コシャーリ大学教授の助言を求めた．

　オーストリアの在ブタペスト文化研究所所長のエリザベート・マッハ博士の大きな協力を得た．そして，ウイーンにあるハンガリー文化研究所のメンバー，特にカタリン・ケーケシ夫人には重要な文献の入手に当たってお世話になった．

　ハンガリー科学アカデミー歴史研究所のアッチラ・ポーク博士と Europai Szemle 誌編集長ガーボル・パップ氏は歴史的な文献の探求に当たって疲れをいとわず，熱心に探して頂いた．

　私はウイーン大学図書館のマルチナ・ライチュ博士に感謝したい．彼女は非常に寛大に歴史に関する古い，非常に重要な文献へのアクセスを可能にしてくれた．

　私の友人であるホルスト・フリードリッヒ・マイヤー博士が，オーストリー・ハンガリー史に関する得がたい文献を提供してくれたことを感謝する．読み辛い原稿をすばやく書き写し，編集者に渡してくれたのはアステリド・シュバイガー夫人であった．

　最後に，何よりも，時として健康上の問題があったのにもかかわらず，驚嘆すべき忍従と，いつも協力的態度で，私の仕事を最適な条件で可能にしてくれた我が妻に対し，私は深く感謝したい．

ハンガリー史の主なデータ

凡そ紀元前 3000 年 − 2000 年	フィン・ウゴール語族が分離
紀元前 1500 年頃	ハンガリー語族の分離
紀元前 1000 年 − 500 年	先史ハンガリー人の時代
紀元前 500 年 − 900 年	西部トルコとハザール民族の中でハンガリー種族の発展
凡そ紀元 830 年頃	ドン河と下部ドナウ河の間で古いハンガリー公国が誕生，ハザール帝国からの分離
892 年	マジャール人，フランク族アルヌルフ王と共にモラビア国スヴァトプルク討伐に参加（白馬伝説）
894 年	ブルガリアのシメオン大王，ビザンチンを攻撃．ビザンチンはマジャールに援助を要請．他方，ブルガリアはペチェネーグ族と同盟
895／96 年	マジャールはトランシルバニアでペチェネーグ族に敗北した後，アールパードの指導のもとに，アルフェルドとパノニアに住み着く
899 年（968 年まで）	中部・西部ヨーロッパ（イタリア，スペインまで）を荒らし回る
906 年	マジャールによるモラビアの破壊：自民族の国家領域の確保
924 年	マジャール人，ザクセン侵入；賠償金を得て撤退
933 年	メルゼブルクでハインリッヒⅠ世に敗北；賠償金支払いの終わり
943 年	マジャール人，コンスタンティノープルに至るまで遠征
955 年	アウグスブルク郊外のレッヒフェルトで，オットー大帝に決定的な敗北
	アールパードの孫タクソニ（955 − 972 年）の下で略奪を最終的に止め，ローマとの接触を開始：教皇は幾人かの使徒を送った．計画的にキリスト教化を始めたが

975年	ゲーザ大王の時に（972－997年），バイエルンの聖職者を招へいした． ザンクトガレン出身のブルーノがハンガリーの最初の司祭になった．
995年	ゲーザの息子バイクが，イシュトヴァーンの名前で洗礼を受けた．彼は，バイエルン「喧嘩」大公のハインリッヒの子女ギーゼラと結婚，ドイツの影響が強まる．
1000年	聖イシュトヴァーンの戴冠（990－1038年）．ローマ・カトリック（西欧に向けて）を選択
1025年	皇帝コンラードⅡ世，フィシャとライタ河の間の地域をハンガリーに譲渡
から38年	イシュトヴァーンの甥，ペーテルⅠ世の下で王国の支配弱まる．神聖ローマ帝国に寄進，クマンとペチェネーグ族の侵入
1058年	アンドラーシュ国王（1046－1060年），神聖ローマ帝国からの独立を宣言．異教徒の反乱と王の継承者を巡る混乱の後，ベーラⅠ世（1060－1063年）とゲーザⅠ世（1074－1077年）の下で再び王権の強化
1091年	聖ラースロー国王（1077－1095年）の下で，スラボニアとクロアチアの一部を合併．法王グレゴリーⅦ世により教会と国家の改革
1102年	ダルマチア海岸（ヴェネチアの強迫の後）及びクロアチアの一部が自由意志でハンガリーの保護を求める．カールマーンⅠ世（1095－1116年）は，初めての両国の国王となる．その結果，ビザンチンがハンガリーへの影響力を強化する試み．少なくとも，ハンガリーをアドリア海より駆逐しようとする．その反動でハンガリーはボヘミアとオーストリアに接近．西欧の文化の影響大．「ザクセン人」，トランシルバニアに移民（ヘルマンスシュタットト），ツイップスも．小貴族の成立
1162年	ゲーザⅡ世の死後再び後継者争い ビザンチンは，コメノシュ家の皇帝マヌエルⅠ世の娘むこを支持，後の封建主義の基礎ができる．
1182年	南部の地域を再び獲得．ハンガリーによってバルカンでのビザンチンの利益が擁護される．都市の進展と遠距離交易の促進．フランス及びイタリア文化の影響が強まる．建築が隆盛．

	ベーラの息子，チューリンゲンの聖エリザベートの父，アンドラーシュII世（1205－1235年），ガリチンへの見込みのない戦争を指令
1222年	金印勅書：契約違反の場合，貴族は武装して反抗する権利，税の免除，軍事義務の制限を獲得
1224年	トランシルバニアのザクセン人が自治権を獲得
1225年	ドイツ騎士団，独立国家を設立しようとして追放される．事前にプレモントレ修道会及びシトー派修道会が進出，他方，十字軍も編成された．
1241年	ベーラIV世（1235－1270年），蒙古の騎馬軍団に敗退，ハンガリーの人口減と荒廃．中央権力の弱体化，他方で国王を支える都市が伸張，フランス，ワロン，ライン地方からの新たな入植
1246年	最後のバーベンベルク家の「喧嘩」フリードリッヒ，ハンガリーとの戦争で戦死
1251年	シュタイアーマルク，一時的にハンガリー軍に占領される
1270年	イシュトヴァーンVII世（1270－1272年）が権力に就くが，とりわけ，クマン人騎馬戦力を導入したことにより，コントロールを失う．イシュトヴァーンの死後，息子のラースローIV世（1272－1290年）——彼は，クマンのラースローと呼ばれた——が王位に就くまで，クマン人出身の王妃エリザベートが摂政を勤めた．ラースロー国王は精神異常者で，ハンガリーを混乱に貶めた．
1278年	ハンガリー軍の援助でルドルフ国王はマルヒフェルトの戦いで勝利．ボヘミアのオトカー国王，死す
1301年	アンドラーシュIII世（1290－1301年），男系のアールパード王朝断絶，ボヘミア，ビッテルスバッハ，アンジュウ家で後継者を巡って争い
1308年	アンジュウ家のカール・ロバートがハンガリー王に．カールI世（1308－1342年）として，国内的な平和と国王の権力強化．都市を興隆させ，商業を促進．これによってベネチアとの利益がぶつかる．カールはポーランド国王ウラディスラフI世の娘エリザベートと結婚し，その息子のポーランド王になる権利を取得

	ラヨシュ大王（1342－1382年）の時代，ダルマチア地方を確保．しかし，トルコの危険が増大．文化的，学問的に盛んな時代（大学），大貴族に対抗して，小貴族を促進．非マジャール人地域（モルダウ，ワラキア）は年貢を納め，独立の公国に．ナポリの王冠を得ようとして度々の遠征．ヨーロッパに黒死病蔓延（ハンガリーでは1360年と1380／1381年）
1370年	ラヨシュがポーランド国王に．彼の娘ヘドビッヒはポーランド王の，またマリアはハンガリー王の王妃に．1385／86年にアンジュ家のカールⅡ世によって中断される以外は，夫のルクセンブルク家のジギスムント（1387－1437年，1433－1437年神聖ローマ皇帝）が王位に就くまで彼女が支配．
1396年	大貴族達はトルコに対してニコポリスの戦いの敗因となった．ブルガリアがトルコの一地方となる．アテネは占領された．
1403年	ドゥラソのラディスラウ（1386年以来ナポリ王），ハンガリーでの地位の安定化を図る．
1410年	シギスムントのドイツ王の選出以来，彼の第2番目の王妃バルバラ・フォン・シリが摂政に．フス派の使節
1421年	シギスムントの娘エリザベート，オーストリアのアルプレヒト大公と結婚
1430年	ダルマチア，ヴェネチアに割譲される．
1433年と1436年	ハンガリーでのフス派の反乱，オスマンの侵攻進む．
1437年	トランシルバニアでの農民の反乱，失敗．反ドイツ感情爆発，内戦，オーストリアのアルプレヒト（1438年以来神聖ローマ皇帝），ハンガリー国王の地位をハプスブルクに要求，しかし，間もなく死去．
1439年	彼の息子ラスローⅣ世（1440／1440－1457年），先ずはポーランド王ウラディスラウによって地位を追われる．
1444年	ラスローⅣ世，ヴァルナでのトルコとの戦いで逝去．ヤーノシュ・フニャディが摂政に．
1453年	コンスタンチノープル陥落，トルコのバルカン進出（1457年セルビア，1463年ボスニア，1483年ヘルツェゴビナが陥落）
1463年	トルコに対し，フニャディの息子マーチャーシⅠ世（1458－1490年）が勝利．ボヘミア，モラビア，シレジア，ラウジッツにまで支配及ぶ．ポーランドとハプスブルクと対立．

	行政改革，常備軍，文化の栄華
1485 年	皇帝フリードリッヒIII世とボヘミアとハンガリーを争い勝利し，ウイーンを占領，ハンガリーは短い期間，中欧最強の王国に．
1490 年	マーチャーシュの死の後，ヤゲロー家がハンガリー国王を狙い，戦争．ボヘミアのウラディスラウII世（1490－1516年）が，ハンガリー議会で国王に選出されて，戴冠
1491 年	ボヘミア，ポーランド，ハプスブルク家の間で妥協が出来，マキシミリアンI世（1493年以来国王，1508－1519年皇帝）が，男系の絶えた時に王位を告ぐことが決まった——プレスブルクの契約
	貴族の家系と都市の争い，ジェルジ・ドーザイの指導のもとで農民の反乱（ヤーノシュ・サーポヤイによって鎮圧される）
1514 年	慣習権の法典化，イシュトヴァーン・ベルベチイによるこの法典化は長い社会の分裂に繋がった．これによれば，貴族階級だけがイシュトヴァーン王冠の構成分子で，農民や市民はそうでなかった．国王によって署名されたわけではないが，この「3部分の法律」は1848年まで法秩序の基礎であった．
1515 年	ヴラディスラウ国王とマクシミリアン皇帝はプレスブルクの契約を確認．
	ラヨシュII世（1516－1526年），ハプスブルクのマリアと結婚，フェルディナント大公は，ボヘミア・ハンガリーのアンナと結婚
1517 年	マルチン・ルターの掲げたテーゼによって宗教改革の火蓋を切った．諸侯の支援によってハンガリー人と特に入植者の間で宗教改革が広がった．
1526 年	国王ラヨシュはモハーチの戦いで土地と自分の命を失う．ブダとペストはトルコによって征服された．トルコ人はオーストリアのフェルディナントに対抗して，ブダを首都とする「国民の王国」をヤーノシュ・サーポヤイ（1526－1540年）の下に導入．
	これにより，ハンガリーは3つに分割された．即ち ・西部の王国ハンガリー ・トルコの臣下国家（中央）

	・トランシルバニア,「真のハンガリー」の担い手で, 新しい国家の芽と見なしていた.
1529年	トルコ, ウイーンを包囲. 1532年以降さらに前進を計ろうとする.
1538年	ハンガリー王冠を巡るヤーノシュ・サーポヤイと国王フェルディナントⅠ世の争いがグロースヴァルダインの条約によって終わる. ハプスブルク家に継承権を確保.
1540年	にもかかわらず, サーポヤイの息子ヤーノシュ・ジグモンドが国王に推薦され, 即座に戴冠. 摂政にイサベラ・ヤゲローが就任
1541年	サーポヤイの死の後, スレイマンは5次に亘る遠征の末, 中央ハンガリーをトルコ帝国に編入
1559年	ヤーノシュ・ジグモンド (1540－1571年), トランシルバニア侯として政権に就く. そして, イシュトヴァーン王冠をハンガリー国王マクシミリアンⅠ世 (1563－1576年, 皇帝マクシミリアンⅡ世として1564－1576年) のために放棄. 新教, カトリック, ユニテリアン派を平等化. トルコに寄進
1571年	イシュトヴァーン・バートリ (1571－1576年), トランシルバニア侯に選ばれ, 1575年以降, ポーランド王も兼ねる. トランシルバニアの代理侯爵として弟のクリストフ (1576－1581年). 軍事態勢を強化 (セイケイ人, 兵士として「永遠の農奴」から抜け出す).
	クリストフの息子でジグモンド・バートリ (1581－1598; 1601／1602年, 1607／1608年) は幾度も辞任, ハプスブルク, ワラキア, トルコとの間で同盟を転々, そして農奴を再び解放
1591年以降	ハプスブルクとトルコの間の新たな戦闘, (1606年までの) 所謂長い戦争によって, 国中が荒廃を被った. ハンガリーにとっては, 国民的, 宗教的自由が問題であった. ジグザグなコースを取り, しばしば陣営を変更.
1598年	トランシルバニアを皇帝ルドルフⅠ世に譲渡, しかし1601／1602年に再度侯爵として公国を支配. 宗教対立が激化. 大貴族間の紛争
1604年	ハイドゥー民の反乱. 指導者イシュトヴァーン・ボチカイは1605年, トランシルバニア侯及びハンガリーの侯爵に選出さ

	れる．ウイーンとの強制的な和睦
1606 年	ウイーンとトルコの間の和平をボチカイが仲介（そのあと間もなく，恐らく暗殺された）
1608 年	マーチャーシュII世（1608 年－1619 年，1612 年以降皇帝），ルドルフI世（1576 年－1608 年，皇帝ルドルフII世として1612 年まで）によって国王に推薦される．
	これに対してトランシルバニア侯ガーボル・バートリ（1608 年－1613 年）は，（トルコの支援を受けて）積極的にハンガリー化と宗教改革を推進
1618 年	ハプスブルク家のフェルディナントII世，ハンガリー王に就任（1619－1637 年皇帝）ボヘミアの新教の教会の閉鎖を巡る争いをきっかけにデモ行進と2人のプラハ参事会委員の「城壁の窓からの突き落とし」事件．30 年戦争勃発
1619 年	ガーボル・ベトレン（1613－1629 年），ボヘミアを支援．これによってハプスブルクへの戦いを開始．ハンガリー王国を征服し，
1620 年	国王に選ばれるも，戴冠せず．貴族の自治と信仰の自由を確保．中・北部ヨーロッパの強国と同盟し，新たな繁栄．国際的名声．
1625 年	フェルディナントIII世，ハンガリー国王に選出される（1625－1657，1637 年以降皇帝）．国内の戦争に集中
1630 年	ラーコーツィI世，（1630－1648 年），ハイドゥー民に推されてベトレンの後任としてトランシルバニア侯に．
	上部ハンガリーで不穏の空気，トルコとの新たな戦争
1644 年	スエーデンとの同盟．ハンガリーは領土を拡大，しかし，トルコの要求によって和平（宗教の自由確保）
	ウエストファリア平和の交渉開始
1647 年	フェルディナントIV世，ハンガリー国王に戴冠
1648 年	ウエストファリア条約の調印後，ウイーンは再び関心をハンガリーに向けた．パール・パールフィとミクローシュ・ズリニの自由闘争の時代．ラーコーツィII世（1648－1660 年）をハンガリー国王にしようとの試みは失敗．
	ラーコーツィはワラキアの一部を征服し，
1657 年	ポーランド王になろうとした．しかし，トルコがこれをつぶ

	した．タタールが彼の軍を捉え，ラーコーツィはトルコとの戦いで戦死．トランシルバニア公国は実際上，トルコのコントロール下に．ミハーイ・アパフィによって治められた．
1664 年	ズリニ死去
1666 年	フェレンツ・ウェッシェレーニのレオポルトⅠ世（1655－1705 年，1658 年以降皇帝）に対する戦い．フランスの金銭的支援と高位の貴族達の参加にもかかわらず，失敗．
1671 年	ペーテル・ズリニ，フェレンツ・フランゲパーンその他が首をはねられる．フェレンツ・ラーコーツィⅠ世の身が赦免される．
1673 年	ウイーンはハンガリーの憲法を無効とし，摂政を置く．残虐な新教徒の迫害
1678 年	クルツの反乱．イムレ・テケリ（フェレンツ・ラーコーツィⅠ世の未亡人と結婚）は皇帝軍を上部ハンガリーより駆逐，独立の国民国家の樹立の為にオスマン帝国とも同盟に入る．
1683 年	しかし，トルコはウイーンの手前で敗退（カーレンベルクの戦い）し，クルツは皇帝軍に走る．テケリはトルコと共に逃亡．
1684 年	ウイーンはポーランド，ヴェネチアと同盟し，オスマン帝国と対抗，ヴァチカンは財政面で支援
1686 年	ブダ占領
1687 年	トランシルバニアはハンガリー王国に所属，ハプスブルク後継王国の宣言．ヨゼフⅠ世（1687－1711 年，1690 年以降ドイツ国王，1705 年以降皇帝），ハンガリー国王に戴冠
1697 年	オイゲン公，ツエンタで勝利
1699 年	カルロヴィッツ和平．オーストリアには今や，ハンガリー，トランシルバニア，スラボニアとクロアチアの大部分が所属．ハプスブルクは南東・東方に向かう．他方で，ハプスブルクはスペイン継承戦争で力を削がれた．
1703 年	（フランスの援助を受け，）クルツがフェレンツ・ラーコーツィⅡ世の指導下で新たに反抗．外部から投入されたトランシルバニア侯兼ハンガリー行政侯爵はハプスブルク家の「退位」を要求
1711 年	サトマールの和平：旧来の継承権と貴族の特権の復権．カー

	ルIII世（1711－1740年，皇帝カールIV世として）
1716年	オイゲン公，ペーテーヴァルダインとベオグラードで勝利．オーストリアは南欧で支配を確実に．
1722年	実際的制裁の受け入れ：女性の王位継承権を可能にした新しいハプスブルク家の継承権の導入．憲法上保障されたハンガリーの自治
1723年	副王会議の設置
1731年	カロリナ決議――カトリック教徒のみに国家の官吏となる権利の導入
1735年	フェレンツ・ラーコーツィII世，トルコで死去
1740年	ほぼ同時期に，マリア・テレジアとプロイセン王フリードリッヒII世が王位に就く．プロイセン，シレジアを襲い，オーストリア継承戦争開始（1748年まで）
1741年	マリア・テレジア（1740－1780年），「ハンガリー国王」に戴冠，プレスブルクの議会での演説．6万人が支援に駆けつけ，ハプスブルク帝国を救う．国の再建．新たな入植（特にドイツから）．改革（しかし，信仰の自由の努力は失敗．徹底した反宗教改革．領土の返還（例えば，チィプスの諸都市，ヒウメ港，バナト地方のティミショアラ）後，ハンガリーはハプスブルク帝国の領土の半分以上を占めた．ハンガリーの旅団の軍事的成功（例えば，コリンとベルリンに至る進出，1757年）
1761年	トランシルバニアに軍事境界地区設置
1765年	トランシルバニア大公国
1767年	増大する中央集権化，特にヨゼフII世（1780－1790年，1765年以降皇帝）のもとで．寛容令，公用語としてドイツ語による行政改革．1785年，農奴制を廃止，これに対して貴族は抵抗，改革の後退を要求
1790年	国王レオポルドII世（1790－1792年）により，イシュトヴァーン王冠が返還された．弟のヨゼフは議会の主権を承認．立憲君主制が計画されたが，この啓蒙君主の早期の死去によりこの計画は頓挫．
1794／95年	フランツI世（1792－1835年，神聖ローマ皇帝フランツII世，オーストリア皇帝としてフランツI世）は所謂「ジャコバン

	党の謀反」（イグナーツ・マルチノビッチ）を粉砕．ナポレオンとの戦争の為に高い税金を課し，県の抵抗に会う
1799年以降	ハンガリーは戦場にならなかったが，忍び寄る紙幣の下落によって重い財政的な損失を被った
1805年	第3次三帝戦争（英国，オーストリア，ロシア），ハンガリーの国境に迫る．フランス，ウイーンを占領
1806年から1807年	神聖ローマ帝国滅亡，大陸封鎖
1809年	ナポレオンはハンガリーがオーストリアからの離脱を提案，しかし，成功しなかった（貴族は特権の喪失を懸念）．
1812年	貴族階級は，皇帝の議会の承認無しに通貨を発行する権利を問題視，それ以来，議会の召集無し．
1814／15年	ウイーン会議．ヨーロッパの新秩序．メッテルニヒ体制
1822／23年	帝国は県に対して軍事手段を講じる
1825年以降	「改革の時代」，イシュトヴァーン・セーチェニ，再び召集された議会で，初めてハンガリー語の演説
1830年以降	経済改革，技術化，近代化の始まり
1831年	「長期身分層集会」（1836年まで）大貴族院は更なる改革に抵抗
1835年	フェルディナントV世（1835－1848年；皇帝フェルディナントⅠ世），事態の進展に影響力無し．行政を王国評議会に任せた．
1836年	ミクローシュ・ウェッシェリーニ，ラヨシュ・コシュートその他が逮捕される
1840年	保釈され，コシュートは野党系のペスティ・ヒーラプ紙を設立
1844年	ハンガリー語，公用語に（ラテン語に代わって）．リベラルな貴族達（ラヨシュ・バッチャーニュ，イシュトヴァーン・セーチェニ，カーロイ，アンドラーシ）が増大する国民意識を支援し，国民運動を支援
1848年	革命．2月，フランスでルイ・ナポレオンが大統領に，1852年以降皇帝 3月：ドイツでパウルス教会で国民会議．ウイーンでは，メッテルニヒ，英国へ逃亡

	ハンガリーでは，3月15日，プラハでは6月 ラヨシュ・バッチャーニ伯爵が首相に，クロアチア，セルビア，スロバキアに対して対抗．フランツ・ヨゼフI世が叔父を退位させる．
1849年	ウイーンの押し付け憲法に反抗して独立宣言（ラヨシュ・コシュート，王国摂政に），ロシアの介入．オーストリアの残忍な復讐（実際理論）．バッチャーニュと13人の将軍達の処刑（アラドで）．
1853年	クリミヤ戦争（1856年まで）：トルコからのバルカン諸国の解放をしようとする努力に西側大国が介入し，バルカン問題は永続的な問題となる．
1859年	イタリア統一戦争（1861年まで）．オーストリアはロンバルディアを失う．
1860年	セーチェニ，デブリンで自殺
1866年	プロイセンとオーストリア間の戦争，ケーニヒグレーツでオーストリア敗北． ヴェネチア地方の喪失はオーストリアを恒常的に弱体化．その結果，オーストリア・ハンガリーの妥協が成立，二重帝国誕生．ハンガリーの部分的自治．
1867年	ジュラ・アンドラーシ伯爵が首相．フランツ・ヨゼフが戴冠．寛容な諸民族政策，しかし，少数民族との緊張が増大．（トランシルバニア，クロアチア，スラボニアを合わせた全体のハンガリーではハンガリー人は少数に）．スラブ人との国内政策を巡る対立はロシアとの外交的な問題に．海外への移住が増える．
1873年	株式市場緊張．オーストリア・ハンガリー，ロシア，ドイツ帝国3皇帝の協定
1875年	カールマーン・ティサ首相，マジャール化を進める．リベラル派の統一
1878年	ロシアとトルコの戦争（1877年）の後で，ビスマルクのイニシアティヴによってベルリン会議が開催される．：モンテネグロ，セルビア，ルーマニアが独立，ベッサラビアはロシアに割譲，ボスニア・ヘルツェゴビナはオーストリア・ハンガリーによって占領された．（セルビアは1882年，王国を宣言）．

1894 年	コシュート，トリノで死す．
1896 年	定住 1000 年祭
1900 年から	チェコ部分との結びつきの弱体化で危機，政府の危機と改革の停滞
1905 年	モラビアとの妥協：言語と民族の問題の整理．日露戦争でロシアの敗北後，セント・ペータースブルクで革命，血の粛清．ブタペストで不穏の空気，政府の危機，忠誠を誓う軍隊による占領の威嚇，選挙法の改善の約束，社会改革の計画
1906 年	セルビアとの経済戦争
1908 年	（青年トルコ党の革命）．オーストリア・ハンガリー，ボスニア・ヘルツェゴビナを併合．ブルガリア，王国となる．アルバニアが独立．ロシアとの緊張
1910 年	産業労働者，普通選挙法を要求してデモ
1912 年	ゼネスト
1912／13 年	バルカン戦争：セルビアが領土拡大
1914 年	オーストリア公大使夫妻，大セルビア秘密同盟（「黒い手」6 月 28 日）の指令によってサライェボで暗殺される．フランツ・フェルディナントは（スラブとの）3 者連合を目指していた．ハンガリーは当初，国内の不安定を恐れ政府はセルビアとの戦争を拒否していたが，国王委員会によって戦争宣言を強制される．
1916 年	国王カールIV世（1916 － 1918／1921 年；オーストリア皇帝として），フランツ・ヨゼフの後任皇帝として就任
1917 年	彼の和平のイニシアティヴ，失敗．米国との戦争状態に．ロシア革命，ツアー・ニコライ II 世，退位（3 月），ボルシェヴィッキの政権掌握（10 月） ウイルソンの 14 か条，諸民族より歓迎される．
1918 年	10 月 4 日，オーストリア・ハンガリー，ドイツの停戦提案に同意 10 月 17 日，国王カールの「諸国民マニフェスト」はハンガリーの独立に繋がる． （キール水兵の反乱と革命の後，ドイツ皇帝ウイルヘルム II 世退位） 11 月 11 日，カール皇帝の「如何なる政府の業務にも就かな

	い」と声明
	11月16日，カールの退位の後，国民議会によって共和国宣言
1919年	ベーラ・クン率いる評議会共和国．提督ミクローシュ・ホルティ率いる白色軍の進軍
1920年	ホルティ，帝国摂政に選ばれる．ハンガリー，王の空席のまま王国を宣言——トリアノン平和条約は，ハンガリーをイシュトヴァーン王国領の3分の1に縮小．クロアチア，トランシルバニア，スロバキアを失う．
1921年	カールIV世，復帰に失敗，ハプスブルク・ロートリンゲン家退位．イシュトヴァーン・ベトレン伯爵，首相として安定化
1922年	国王カール，マデイラ島で死す．ハンガリー，國際連盟に加盟．「ローマ進駐」に共感，ムッソリーニ，イタリアで政権奪取
1926年	上院の設立
1929年	世界経済危機：黒い金曜日，大量の失業者出る．
1931年	ハンガリーでの銀行倒産危機，ジュラ・カーロイ伯爵の政府
1932年	ジュラ・グンブシュ首相，ドイツ，イタリアとの緊密化，攻撃的な外交政策，
1933年	アドルフ・ヒットラーがドイツの宰相に就任（F. D. ルーズベルト米国大統領に）
1934年	内戦とドルフス首相のナチによる暗殺にもかかわらず，オーストリアとの緊密な経済関係
1938年	ドイツ軍のオーストリア進駐．極右のグループの頭領ベーラ・イムレーディが首相に．ズデーテン危機，ミュンヘン協定．
	枢軸国外相の「ウイーン裁定」によって南部スロバキア，南部カルパチア・ウクライナを回復．ユダヤ人法（テレキ首相も関与）
1939年	イムレーディ首相の退陣の後，パール・テレキ伯爵が組閣．3国同盟（ドイツ，イタリア，日本）に署名．ハンガリー軍，残りのカルパチア・ウクライナに侵入．国際連盟脱退．
	選挙で矢十字党が議席を増やす．ユダヤ人法の過激化．戦争の始めはハンガリー，中立：ドイツ軍の通過を拒否，10万人のポーランドの難民の受け入れ．

1940年	デンマーク，ノールウエー，オランダ，ベルギーがドイツ軍に占領される．イタリアが参戦．フランスが降伏（ヴィシイ政権）．ハンガリー，ルーマニアに条約の修正を申し入れる．ベッサラビアに関してソ連がルーマニアに最後通牒．「第2ウイーン裁定」を巡る争い：北部トランシルバニアとセイケイ地方がハンガリーに返還された（8月30日）．ホルティは意気揚揚とコロシュバールに凱旋．返礼として：ハンガリーでのドイツの特権，ハンガリー，3国同盟に加盟，ユーゴースラビアとの友好条約．ユーゴースラビア政府も3国同盟に加入した際，ベオグラードで軍事クーデター発生，ペーテルⅡ世
1941年	ユーゴースラビアとの戦争に突入せんとの威嚇に抗議してパール・テレキ首相は自殺（4月），後継者は外相のラースロー・バールドシ． 4月8日，ドイツ，ユーゴースラビアに侵入．4月11日，ハンガリー軍，ユーゴースラビア内のかってのマジャール人地域を占領 6月26日，ハンガリーがソ連に宣戦布告 第3ユダヤ法（8月） 英国，ハンガリーに宣戦布告（6月12日），ハンガリー，米国に宣戦布告（12月12日）
1942年	バールドシ，首相をミクローシュ・カーライに譲る．ホルティの委託により西側同盟国との接触．東部戦線での喪失益々増大．
1943年	ドン河における第2軍団の壊滅（1月）．戦線離脱に関して，西側連合国との秘密交渉．（スターリングラード陥落，北部アフリカでのドイツ軍降伏，連合軍イタリア上陸）
1944年	ドイツ軍，ハンガリーを占領（マルガレーテ作戦，3月19日），ホルティ，ヒットラーとの会談でドメ・ストーヤイを（操り人形の）首相にするように圧力を掛けられた．ドイツ公使は，いまや「大ドイツ帝国の全権」となる．43万人のユダヤ人がアウシュヴィッツ収容所に．（ノルマンディー上陸）ルーマニアがドイツとの同盟関係を破棄した時（8月23日），ゲーザ・ラカトシュ将軍は，新しい政府を作り，同様に離脱

を試みた．ホルティはラジオを通じてソ連に戦闘停止を提唱したことを告げた．10月15日）．しかしドイツの圧力でこれを撤回（10月16日），そして「保護観察」，「国民の指導者」フェレンツ・サーラシによる矢十字党の恐怖の支配．デブレツェンで臨時国民集会が開かれ，ベーラ・ダールノキ・ミクローシュ大佐の指導のもとに反政府樹立の呼びかけ（12月22日）．

1945年　赤軍，ブタペストを占領（2月13日）．4月4日，ハンガリーでの戦闘行為の終了，ハンガリーの12師団が最後までドイツ側に立って戦う．
「土地改革」，小地主党，国会選挙で勝利

1946年　公式にはいまだ王国であったハンガリーは，共和国になった．

1947年　パリ平和条約に調印．（1920年の）トリアノン条約で取り決められた国境が復活
マーシャル・プランを拒否

1948年　「転換の年」，共産主義者の権力の掌握（「サラミ戦術」）．社会民主党との融合．ソ連との友好条約

1949年　（モスクワで）コメコン成立．（同様にワシントンでNATO成立）
MDF党首のマーチャーシュ・ラーコシが独裁者に．ミンゼンティ枢機卿裁判．ハンガリーは人民共和国となる．外務大臣ラースロー・ライクは「チトー主義者」と断罪され，処刑された．

1952年　ラーコシは（1953年7月まで）首相を努める．

1953年　スターリン死す．東ドイツで暴動
選挙の後，イムレ・ナジ首相（1955年4月まで）は，新路線を宣言，収容所は撤廃され，恩赦が導入され，経済改革が実施される．

1955年　ナジは「逸脱者」として党から除名される．新しい首相にアンドラーシュ・ヘゲデゥシュ．ワルシャワ条約機構が発足．オーストリアは主権を回復．短い間の露解け．ハンガリー，国連に加盟

1956年　ソ連，第20回党大会，スターリン批判，フルシチョフ演説後ライク名誉回復．ポーランドでの暴動．ゴムルカ，再び書記

	長に（1948年と同様）
	ラーコシ，共産党第1書記を解任され，後任にエルヌ・ゲリュ
	10月23日：国民蜂起．改めてナジ首相，カーダール・ハンガリー共産党第1書記に，
	10月24－29日：ソ連軍，介入と撤退
	11月1日：ナジ，ワルシャワ条約からの脱退と中立化を宣言．国連への援助要請．（同時期にスエズ危機）．ハンガリー社会主義労働者党設立．ミンゼンティ枢機卿アメリカ大使館へ
	11月4日－12月11日：ソ連軍，所謂反革命を押さえ込む．
1957年	ソ連軍の駐留条約
1958年	ナジと緊密な協力者，秘密裁判の後，処刑される（6月）．ソ連では，ニキタ・S.フルシチョフ第1書記兼閣僚評議会議長に
1960年	農業に於ける「社会主義的改変」（集団化）．カーダールの権力，堅固に
1963年	政治犯の釈放，ドイツ連邦共和国との貿易協定締結
1964年	バチカンとの協定．フルシチョフの失脚後，レオニード・S.ブレジネフがソ連共産党書記長に
1965年	ブレジネフ，ブタペスト訪問．ハンガリー党，経済改革へ
1966年	新しい選挙法：リストに代わって候補者制度に
1968年	市場と価格の自由化（グヤーシュ共産主義）
	「プラハの春」を終わらせる為に，チェコスロバキアへの軍事介入に参加
1971年	ミンゼンティ枢機卿に対し恩赦と国外脱出を許可
1972年	新憲法の採択：国会の地位向上，全ての者への消極的選挙権の付与
1973年	ハンガリー，GATT加盟．ドイツ連邦共和国との外交関係樹立
1974年	法王パウルIV世，ミンゼンティ枢機卿の地位を抹消
1975年	ソ連の支持の下に改革の反対者が攻勢に，多くの改革主義者が解任される．
	ヘルシンキで欧州安全保障・協力協定が署名される．
1976年	L.レーカイ枢機卿，エステルゴム大司教に，そしてハンガ

	リー・カトリック主座に任命される
1978年	米国がイシュトヴァーン王冠を返還．少数民族語が公用語にも許可される．
	カーロイ・ヴォイチア，法王に選出され，ヨハネス・パオロII世となる．
1979年	ソ連軍，アフガニスタン介入（12月）
1979／80年	物価の上昇が経済政策と労働組合の役割に就き激しい議論を招く．
1980年	反体制派アンドレイ・サハロフ批判に対し，ハンガリーでも批判を招く．
	ダンツィヒでのストライキ，連帯，ギェレクの辞任を促進．
1981年	ヤルゼルスキ，ポーランドに戒厳令導入．
1982年	ハンガリー，IMF加盟．更なる自由化．西側への旅行自由化．
	ブレジネフの死後，ユーリ・アンドロポフがソ連共産党書記長に
1984年	コンスタンチン・チェルネンコ，ソ連共産党書記長に
1985年	ミハイル・ゴルバチョフ，書記長に．グロムイコ，国家評議会議長に，エドワルド・シュワルナーゼ，外務大臣に
	カーダール，ハンガリー労働者党書記長に．国会，地方選挙
1987年	カーロイ・グロス，首相に
1988年	ソ連の覇権否定が周辺国の分解現象に繋がる（バルト3国が独立）．少数民族の紛争（アルメニア／アゼルバイジャン1988年，モルダビア1989年）が激化．アフガニスタンからの撤退．ポーランドにおいて連帯労組が再び認定される．「ラウンドテーブル」により共産党が解体
	カーダールと政治局は党臨時総会で解任される．グロスは書記長兼務に．ルーマニアの少数民族政策に対して抗議運動．
	ミクローシュ・ネーメトが首相に（11月25日）
1989年	非軍事的役務の導入
	ハンガリー労働者党が指導的役割を放棄．イムレ・ナジは名誉を回復して，厳かに埋葬された．抗議運動，集会，報道の自由が声高に．東独市民の為国境が開かれた．鉄のカーテンを引き裂くことにより，東独国家の解体の開始．（東独樹立40周年，10月7日のゴルバチョフ演説――遅れてくるものは

	——はドイツの統一のシグナル，ベルリンの壁崩壊（11月9日）
	憲法改正：複数政党制，権力分立，国家元首の地位（政党に属しないブルーノ・シュトラウプ），ミクローシュ・ネーメト首相，ジュラ・ホルン外相，人民共和国からハンガリー共和国に
1990年	ソ連軍の撤退に就き合意．MDF（ハンガリー・デモクラティック・フォーラム）最初の自由選挙で第1党（J. アンタル首相）
	ヨーロッパ評議会のメンバーとなる．
1991年	ヨーロッパ共同体の準加盟国となる．
1992年	ドイツ―ハンガリー友好条約
1993年	ポーランド，チェコ，スロバキアと自由貿易協定
1994年	EUに加盟申請．NATOとの平和の為のパートナーシップ協定
	社会党，絶対多数を獲得，ジュラ・ホルン，首相に
1996年	隣接国でハンガリー系少数民族が自治を要求
1997年	ルーマニアのハンガリー人の権利についてハンガリー・ルーマニア基本条約の締結
	バルカンでの協力に就いてイタリア，スロベニアと協力協定締結
	NATO加盟に就いて国民投票
1998年	EUとの加盟交渉開始
	青年民主同盟が選挙で勝利．ヴィクトル・オルバーン首相に
1999年	ハンガリー，NATOに加盟
2002年	社会党・民主連盟が選挙で勝利，オルバーン退陣，ペーテル・メジェシ首相に
2004年	ジュルチャーニ首相誕生（9月）
2006年	社会党・民主連盟，選挙で勝利，ジュルチャーニ首相再選

原　注

第1章

1　ヨハネス・ドゥフト，「ザンクト・ガレンのハンガリー人」，チューリッヒ，1957年；J. ドゥフト ― A. ゲシー W. ヴェグラー，「ザンクト・ガレン修道院の歴史」，1986年．ヴェルナー・フォグラー，「ザンクト・ガレン修道会の文化」，チューリッヒ，1993年．

2　バーリント・ホーマン ― ジュラ・セクフュ，「マジャール・テルテーネト」1 ― 5巻，ブタペスト，1936年，第1巻，92頁．
　　カール・サボー，「絵と言葉に見るオーストリア・ハンガリー王朝」第1巻，「ハンガリー像」，ハンガリー史，43 ― 55頁．

3　「他人像」(V. ホイベルガー ― A. スパン ― ヴィロンジル編纂)，フランクフルト，1998年，18頁参照．

4　フェルナン・ブロード編，「ヨーロッパ，その歴史の基礎」，フランクフルト，1989年，51頁．

5　ゲオルゲス・デゥビ，「中世のヨーロッパ」，シュトットガルト，1989年，23頁．

第2章

1　ホーマン ― セクフュ，上述，第1巻，1 ― 131頁と比較のこと．ゲルギ・ゲルフィ，「イシュトヴァン国王とその業績」，ブダペスト，1977年，15 ― 54頁．セイケイ ― アンタル・バルタ，「マジャール史」1 ― 10巻，第1巻，265 ― 575頁．ペーテル・ハナーク編纂，「ハンガリー史」，エッセン，1988年，1 ― 29頁．C. A. マカートニ，「ハンガリー史」，シュトットガルト，1971年，1 ― 11頁．パール・エンゲル，「ヨーロッパのハンガリー人，始めより1440年まで」，ブタペスト，1990年．

2　エゴン・フリーデル，「近世の文化史」，ミュンヒェン，1996年，13頁．

3　ゲルギ・ダロシュ，「国民の神話」，ベルリン，1998年，531頁．

4　ヘルヴィッヒ・ヴォルラム，「中世の誕生，成立以前のオーストリアの歴史，378 ― 907年」，ベルリン，1987年，特に311 ― 375頁．

5　ゲルギ・ゲルフィ，「ハンガリー人の先祖と定着 ―― その時代の人々及び年代記作家の証言」，ブタペスト，1986年，トーマシュ・フォン・ボギャイ，「ハンガリー史の概略」，ダルムシュタット，1990年，3 ― 13頁．さらに，定着に関する特別出版「歴史」1966年／2号を参照．

6　ゲオルク・シュタットミュラー,「東欧史」第 2 巻, ウイーン, ミュンヒェン, チューリッヒ, 1963 年, 31 頁.

7　「外国の歴史記述に見るハンガリー人の定着」, マジャール・トドマーニ, ブタペスト, 95 年 12 月号, 1407 頁に引用されている.

8　ホーマンーセクフュ, 同上, 第 1 巻, 123 頁. ボギャイ, 上述, 33 － 36 頁.「トランシルバニア小史」(ベーラ・ケペツイ編纂), ブタペスト, 1990 年, 特に 107 － 240 頁.

9　W. セトン－ワトソン,「ルーマニア史」, ロンドン, 1934 年, 再販 1963 年, 1 － 16 頁参照.

10　セイケイ,「カルパチア盆地のハンガリー人」より. フェレンツ・グラッツ編,「オーストリア・ハンガリー王朝」, 241 － 247 頁, ヨーカイ,「ハンガリーの簡単な歴史」, 318 － 326 頁, ウイーン, 1888 年を比較.

11　シャンドール・エックハルト, ハンガリー年次報告 (1942 年) より「ヨーロッパに於けるハンガリー人像」. これは, 1938 年のブタペストで出版された「ハンガリー人とは？」が, ナチの気に入るように改ざんされたもの.

12　エックハルト, 同上.

第 3 章

1　イェネ・スーチ,「シュテファン国王, 近代ハンガリー史研究の観点から」,「南欧研究」中, ミュンヒェン 31 巻, 1972 年, 17 － 35 頁.

2　マカートニ, 同上, 15 頁.

3　ネープサバチャーク, ブタペスト, 1997 年 8 月 19 日付.

4　カールマーン・ベンダーエリック・フュゲディ,「イシュトヴァーン王冠の 1000 年」, ブタペスト, 1989 年.

5　ボギャイ, 同上, 22 頁.

6　「ドキュメントに見るハンガリーの歴史と文化」, ヴィースバーデン, 1955 年, 11 － 12 頁を引用.

7　カタリン・シンコー,「アールパードとイシュトヴァーン, ハンガリーの歴史の中で代表する対照的なヒーローと関心」, 67 － 83 頁,「ヨーロッパの人類学 IX, 1989」の中.

第 4 章

1　「ハンガリーとバイエルン, 千年に亘る緊密な関係」, エックハルト・フクル編纂, レーゲンスブルク, 1988 年, 9 － 21 頁参照.

2 ジュラ・パウラー,「アールパード家出身国王の下のハンガリー」, ブタペスト, 1899 年, 137 頁.
3 ユリウシュ・フォン・ファルカシュ,「ドイツに於けるハンガリー像」, ハンガリー年次報告書, ベルリン, 1942 年, 402 − 404 頁.
4 ドキュメントに見るハンガリーの歴史と文化, 同上, 15 − 17 頁.
5 パウル・フンファヴィ,「言語歴史家」, ベーラ・フォン・プカーンスキの「ハンガリーに於けるドイツ語の歴史」, ミュンスター, 1931 年より引用し, 補足されたもの.
6 この概念は, 作家で随筆家のラースロ・ネーメトの影響力の強い反ユダヤ主義, そして部分的に反ドイツ主義, 反「同化政策」の作品「質的革命」の中で,「軽薄」なマジャール人から出たもの. 特にリプリントされた 1992 年に出されたものの 849 − 852 頁, 934 − 935 頁参照.
7 デニシュ・シラギ,「ハンガリー人」, ハノーヴァー, 第 2 エディション, 12 頁.
8 ミハーイ・バビツ「ハンガリー人とは?」, ブタペスト, 1939 年, 37 頁.
9 ジェルジュ・ヴァイダの「ウイーンとドナウ王朝の文学」, ウイーン−ケルン−ワイマール, 1944 年, 15 − 17 頁, E.J. ゲリヒ, グリルパルツァー, カルトナ著「ハンガリー年次報告」第 3 巻, 1973 年, 123 − 134 頁.
10 エックハルト, 同上.
11 ハナーク, 同上から引用.
12 エックハルト, 同上.

第 5 章

1 トーマス・フォン・ボギャイ編,「蒙古の嵐, 実際の証人と同時代人の報告, 1235／1250 年」, グラーツ, 1985 年.
2 ボギャイ, 同上, 43 − 48 頁. ハナーク, 同上, 31 − 34 頁. イエネ・スーチ著,「国民と歴史」, ブタペスト, 1984 年, 31 − 34 頁参照.
3 ボギャイ, 同上, 42 頁. フェレンツ・グラッツ,「ハンガリー人の年表」, ブタペスト, 1996 年, 98 頁は, 損失は 30 万から 40 万人と見積もっている.
4 「蒙古の嵐」, 同上, 168 − 170 頁.
5 ギュンター・シュテッケル,「東欧とドイツ」, オルデンブルク・ハンブルク, 1967 年, 86 頁. ホーマン, 第 2 巻, 147 頁. ハンチュ,「オーストリア史」第 1 巻, 90 頁参照.
6 スーチ, 同上.
7 ラディスラウ・ロスディ,「ハンガリー人を征服せんとする 7 つの試み」, ウ

イーン，ミュンヒェン，1966年，31頁.
8 ロスディを引用，同上，28頁.

第6章
1 デュビ，同上，87頁.
2 マカートニ，同上，37頁.
3 マカートニ，同上，41頁.

第7章
1 エックハルト，同上を引用．さらにヘッベルの引用.
2 マカートニ，同上，47頁.
3 「ハンガリーの歴史と文化」，35－40頁を引用.
4 ハナーク，同上，43頁を引用.

第8章
1 「5世紀のハンガリーの詩」，ブタペスト，1970年．ペトフィに就いてはマルティン・レナメー訳の「国民の名において」，94頁，アディ，ジェルジ・ドーザの孫に就いては，ハインツ・カーラウ訳の170頁.
2 イェネ・スーチ，「ヨーロッパの3つの歴史的地域」，フランクフルト，1990年，53頁.
3 プカーンスキ，同上，38－39頁.
4 ロスディ，同上，46頁．セクフューホーマン，同上，第1巻，12－13頁.
5 ゲーザ・オティック，「国境の学校」，ブタペスト，1959年，388頁.

第9章
1 ホーマン―セクフュ，同上と比較．セクフュ，第3巻，48－59頁；ガーボル・バルタ，「トランシルバニアの誕生」，ブタペスト，1984年，「小史」，234－255頁.
2 ボギャイ，同上，89頁．セクフュ，同上，第1巻と比較．サボー，「ハンガリー国民，歴史，変遷」，ブタペストーライプチッヒ，1944年，ボギャイが84頁と90頁で引用.
3 ロスディ，同上，11頁を引用.
4 セクフュ，同上，497－499頁.
5 フランツ・ペセンドルフアー，「ハンガリーとオーストリア，千年の友か敵か」，

ウイーン，1998 年，99 頁と比較．
6 エックハルト，同上の引用参照．

第 10 章
1 比較，「小史」，同上．
2 比較，スーチの「3 つの歴史的…」，ボギャイ著，同上，80 − 84 頁．
3 セクフュ，同上，3 頁．
4 比較，「小史」，同上，310 − 327 頁，329 − 341 頁．
5 「小史」，同上，186 − 189 頁，292 − 298 頁．セクフュ，同上，329 − 333 頁．
6 「ハンガリーの歴史と文化」より，同上，72 − 75 頁．
7 エドゥアルト・ヴィンターの「ドナウ王朝のバロック，絶対主義，啓蒙主義」，ウイーン，1972 年，57 頁より引用．

第 11 章
1 ゴロー・マン，「ワレンシュタイン」，フランクフルト，1971 年，比較，150 頁，153 頁，170 頁，192 頁，225 頁．
2 アーグネシュ・ハンキシュ，「ガーボル・ベトレン」の「綱渡り」から，328 − 365 頁．C.V. ヴェジウッド，「30 年戦争」，ミュンヒェン，1976 年，156 頁，168 頁．
3 ハンキシュ，同上．
4 ジュラ・セクフュ，「ベトレン・ガーボル」，ブタペスト，1929 年，219 頁．
5 「ベトレン・ガーボルを偲んで」書簡，ブタペスト，1980 年参照．
6 「ハンガリーの歴史と文化」，同上，75 − 79 頁より．
7 比較，「ヨーロッパの旅人」，ブタペスト，98 年 1 月号，国民と歴史に関するインタヴューと，「妄想はまた歴史的な事実である」（マジャール・ヒーラップ紙の 1999 年 5 月 31 日号）の記事．彼の著作，「再建と市民社会，1711 − 1867 年」，ブタペスト，1990 年，「歴史の危険性」，ブタペスト，1987 年を見よ．

第 12 章
1 アンタル・セルブ，「ハンガリー文学史」，ブタペスト，1934 年，再発行 1978 年，163 頁参照．
2 ボギャイ，同上，84 頁．
3 V.‐L.「タピエ」，グラーツ‐ウイーン‐ケルン，1975 年，154 頁．
4 「ハンガリーの歴史と文化」，同上，60 − 69 頁より．
5 オーストリアの歴史に関するハンドブック，591 頁．

第13章

1 イェネ・スーチ，「3つの歴史的…」，同上，85頁.
2 マカートニ，同上，67頁.
3 タピエ，同上，145頁.
4 「ウイーンを前にしたカラ・ムスタファ」，リヒャルト・F.クロイテル編，グラーツーウイーンーケルン，1955年，83頁.
5 ベーラ・ケペツィ，「キリスト教徒の敵，ハンガリー人，一般ヨーロッパ人から見たテケリの反乱」，ブタペスト，1979年.

第14章

1 ツェルナー，「オーストリアの歴史」，256頁.
2 ボギャイ，同上，87頁.
3 マカートニ，同上，68頁.
4 ホーマンーセクフュ，同上，第4巻，セクヒュ，263頁.
5 ヤコブ・ブルックハルト，「世界史を眺めて」（ペター・ガンツ編），392－396頁.
6 「ハンガリーの歴史と文化」，同上より，78－84頁.
7 「フェレンツ・ラーコーツィⅡ世のメモワール」，ブタペスト，1979年参照.

第15章

1 ドモコシュ・コシャーリ，「再建と市民社会1711－1867年」，ブタペスト，1990年，29頁.
2 マカートニ，同上，71頁.
3 サン・シモン，「メモワール」（アルフレッド・デ・ボイスリスル編）第23巻，パリ，1971年，259－261頁.
4 ケレメン・ミケシュ，「トルコからの手紙」，グラーツーウイーンーケルン，1978年，265－267頁.
5 「セクフュの議論の有る作品「3世代」，ブタペスト，1920年の新版に寄せてフェレンツ・グラッツの巻頭言と略歴」，ブタペスト，1989年. 1947年にでたセクフュの出版物「革命の後で」の再発行に寄せたフェレンツ・グラッツの巻頭言と略歴を比較.
6 セクフュ，「革命の後で」，ブタペスト，1947年，156頁.

第 16 章

1 コシャーリ，同上．
2 モリツ・チャーキ，「啓蒙主義からリベラリズムへ」，ウイーン，1981 年，13 頁．
3 マカートニ，英語版，エディンバラ，1962 年，99 頁．ドイツ語版は短縮されて出版された．コシャーリの同上版と比較のこと．
4 ジョン・パジェ，「ハンガリーとトランシルバニア」第 1 巻，ライプツィッヒ，1842 年，34 − 36 頁．
5 セクフュ，「ハンガリー史」，同上，第 4 巻，432 頁，460 頁，477 頁．
6 カールマーン・ベンダ，「歴史に見る裏切り者シャードル・カーロイ」について．コシャーリ，同上との比較．
7 コシャーリ，同上．
8 ロバート・A. カン，「ハプスブルク帝国の歴史」，ウイーン−ケルン−グラーツ，1977 年，80 頁と 217 − 219 頁．
9 ジュリア・パルデゥ，「the city of Magyar …」1 − 3 巻，ロンドン，1840 年，ドイツ語版，1842 年，217 − 219 頁．
10 パジェ，同上，260 頁．
11 ステファン・ヴァイダ，「オーストリアのフェリックス」，ウイーン，1988 年，375 頁．
12 ヘンリイ・ヴァロットン，「マリア・テレジア」，ミュンヒェン，1978 年，48 頁．
13 同上より引用，53 頁．
14 ヴァイダ，同上，378 頁．マカートニ，97 頁参照．ベーラ・グリュンヴァルト，「古いハンガリー人」，ブタペスト，1910 年と比較．
15 セクフュ，同上，第 4 巻，494 頁．
16 ユリウシュ・ミシュコルツィ，「ハンガリー，ハプスブルク王朝の中で」，ウイーン，1959 年，9 頁．
17 ヴァロットン，同上，300 頁．
18 アダム・ヴァンドルツカ，「ハプスブルク家」，ウイーン−フライブルク，1978 年，159 頁．
19 ヴァロットン，同上，305 頁．
20 比較，シンコー，同上，70 頁．ボギャイ，「概略」，95 頁．セクフュ，第 4 巻，573 頁．
21 グリュンヴァルト，同上と比較．
22 概念はパウロ・イグノトゥス，「ハンガリー」，ロンドン，1972 年，44 頁による．
23 セルブ，同上，206 頁．

24 パジェ，同上，146 頁．
25 ジュラ・ファルカシュ，「ハンガリー文学史」，ブタペスト，1936 年，104 頁．
26 コシャーリ，同上，及びボギャイ，同上，98－100 頁と比較．シュテックル，同上，77 頁．
27 コシャーリ，マカートニ，それぞれ同上と比較．
28 グリュンヴァルト，同上を引用．
29 コシャーリ，同上．

第17章

1 タピエ，同上，214 頁．
2 ヴァンドルツカ，同上，172 頁．フランソワ・フェイテ，「ヨゼフⅡ世，皇帝と革命」，シュトットガルト，1956 年．
3 ルードヴィッヒ・ネーメディ，「ハンガリー人から見たドイツ人，ハンガリー年次報告」，ベルリン，1940 年，46 頁．
4 ベンダーヒュゲディ，同上，166－173 頁．
5 コシャーリ，同上，マカートニ，105 頁．
6 コシャーリ，155－156 頁．
7 グリュンヴァルト，同上，124 頁．
8 ミシュコルツィ，同上，14 頁．
9 ファルカシュ，同上，407 頁．
10 エックハルト，同上を引用．
11 ネーメディ，同上，58 頁．
12 ファルカシュ，同上，104 頁．
13 「人類の歴史哲学上のアイデア」第 14 巻，ベルリン，1909 年，269 頁．
14 ヴァンドルツカ，同上，174 頁．

第18章

1 アーグネシュ・ハンキシュ，同上，253－285 頁，セクフュ，同上，90－94 頁，カールマーン・ベンダ，「ハンガリーのジャコバン党」，ブタペスト，1957 年参照．
2 セクフュ，同上，ベンダ，同上参照．
3 セクフュ，同上，94－97 頁．ボギャイ，101 頁．デニシュ・シラギ，「ハンガリーと皇帝レオポルトⅡ世の秘密協力者達」，ミュンヒェン，1961 年．
4 セクフュ，同上，そしてヴィルモシュ・フラクノーイ，「マルティノヴィッツの

人生」, ブダペスト, 1921 年参照.
5 ハンキシュ, 同上, 特に 274 − 282 頁.

第 19 章

1 ブルックハルト, 同上, 218 頁, 392 頁.
2 セクフュ, 「ハンガリー国家」, シュトットガルト, 1918 年, 150 頁.
3 デニス・シノア, 「ハンガリー」, ロンドン, 1959 年, 251 頁.
4 ジェルジュ. M. ヴァイダ, 同上, 31 頁.
5 ハロルド・シュタインアッカー, 「オーストリアーハンガリー」, ミュンヒェン, 1963 年, 27 頁, 277 − 280 頁.
6 コシャーリ, 同上.
7 セルブ, 同上, 259 頁.
8 グリュンヴァルト, 同上, 45 頁.
9 パルドゥー, 同上, 174 頁.
10 ジョージ・バラニ, 「イシュトヴァーン・セーチェニとハンガリー人のナショナリズムの夜明け, 1791 − 1841 年」, プリンストン, 1968 年; デニス・シラギ, 「偉大なハンガリー人, イシュトヴァーン・セーチェニ伯爵」, ウイーンーミュンヒェン, 1967 年. コシャーリ随筆「歴史の危険性」, ブダペスト, 1987 年. そして, 「セーチェニの日記」, ブダペスト, 1978 年.
11 彼の日記を参照, 例えば, 315 − 320 頁.
12 シラギ, 同上, 10 頁.
13 セクフュ, 「ハンガリー国家」, 151 頁.
14 ロシュディ, 同上, 78 頁からの引用.
15 シラギ, 同上, 24 頁.
16 シラギ, 同上, 8 頁.
17 フランツ・グリルパルツアー, 作品, 第 5 巻, 404 頁.
18 ロシュディ, 同上, 1848 年 8 月 27 日の部分より引用.
19 フリードリッヒ・カインツ, 「思想家としてのグリルパルツアー」, ウイーン, 1975 年, 614 頁より引用.
20 エルンスト・ヨゼフ・ゲーリッヒ, 「グリルパルツアーとカトナ」, ハンガリー年次報告第 3 巻, 1971 年, 123 − 134 頁. ピルカーに就いては, セルブ, 同上, 308 − 310 頁を見よ.
21 セルブ, 同上.
22 シュタインアッカー, 同上, 277 − 280 頁.

23 シラギ，40頁より引用．
24 ロシュディ，同上参照．
25 シラギ，45頁．
26 ジェルジュ．M. ヴァイダ，同上，125頁を引用．
27 イシュトヴァーン・デアーク，「合法的革命，ラヨシュ・コシュートとハンガリー，1848－1849年」，ウイーン－ケルン－グラーツ，1989年．
28 「セーチェニの日記」，付属として略歴，1407－1408頁．

第20章

1 ネープサバチャーク，ブタペスト，1992年4月21日．
2 デアーク，同上，100頁．
3 ゴロー・マン，「19, 20世紀のドイツの歴史」，フラン(ン)クフルト／マイン，1958年，214頁．
4 A. P. テイラー，「ハプスブルク王朝」，ロンドン，1947年，52頁．
5 エドワード・クランクショウ，「ハプスブルク家の没落」，ロンドン，1963年，31頁．
6 フランツ・ヘレ，「オーストリアの皇帝フランツ・ヨゼフ」，ケルン，1978年．
7 特に，ドモコシュ・コシャーリ，「改革時代のラヨシュ・コシュート」，ブタペスト，1946年，或いは，デアーク，同上，「コシュートの遺産」．ロバート・ヘルマンの「コシュートの人生」，ブタペスト，1994年，7－154頁．また，コシュート生誕150年記念誌1－2巻，1952年を参照のこと．
8 アンドリュー・ヤノシュ，「ハンガリーの背後で，1825年から1945年」，プリンストン，1982年参照．
9 「ハンガリーの新聞の歴史」1－3巻，ブタペスト，1970年（ミクローシュ・サボルチ編），特にこの時期に関しては，ドモコシュ・コシャーリの第1巻の665－714頁参照．
10 デアーク，50頁を引用．
11 ステファン・ヴァイダ，「オーストリアのフェリックス」，484頁．
12 コシャーリ，同上，755頁．
13 コシャーリ，「改革時代のコシュート」．
14 デアーク，同上，61頁．
15 「グリルパルツアーの作品，第1巻」，13頁，178頁．革命については，カン，同上，275－291頁，或いは，タピエの同上，267－271頁（あるドイツの歴史家は「48年の革命150年記念号」の中で，コシュートをボヘミア人と取り違えてい

16 ジェルジュ・シュピラの「ハンガリー史 1848－1890 年」，ブタペスト，1978 年，第 1 巻，59－435 頁のとりまとめを参照．
17 詳細は，コシャーリ，同上，「1711－1867 年」を参照．デアーク，同上，或いは，シュピラ，同上．
18 「5 世紀間のハンガリーの詩」，同上，106 頁，マルチン・レマネーの翻訳．
19 シュピラ，同上，デアーク，同上，コシャーリ，同上．
20 「ハンガリーの歴史と文化」，同上，110－113 頁のテキスト．
21 選挙戦に於けるショウビニスティックな現象に就いては，良きとりまとめが有る．HVG（ハンガリー週間経済紙），ブタペスト，1998 年 5 月 30 日．
22 ジェルジュ・ダロシュのエッセイ，「ラヨシュ・コシュート」，フランクフルト，1998 年，ペテフィについては「神話」，86 頁．

第 21 章

1 ジェルジュ．M．ヴァイダ，同上，124 頁より引用．到着に関しては，デアーク，73 頁参照．
2 コシャーリ，「1711－1867 年」，339 頁から引用．
3 コシャーリ，同上と，デアーク，同上を比較．
4 コシャーリ，同上，344 頁．
5 ボギャイ，同上，197－208 頁を比較．
6 カン，同上，289 頁．殆んど同一の表現でマカートニも．
7 イシュトヴァーン・デアークの 2 つの著作の素晴らしい表現を見よ．即ち，「合法的革命」，同上，「1848－1918 年の K（u）K の将校」，ウイーン－ケルン－ヴァイマール，1991 年．
8 デアーク，「合法的革命」，15 頁を見よ．
9 デアーク，タピエ，ボギャイ，コシャーリ，ヘレを詳細に見て欲しい．
10 テキストの全体はダロシュ，同上参照．
11 デアーク，「K（u）K の将校」，55 頁．
12 ダロシュ，62 頁から引用．
13 コシャーリ，同上，デアーク，「合法的革命」，同上，ロバート・ヘルマン，同上を比較．
14 カン，同上，275－282 頁．
15 カン，282 頁以下．
16 「マジャール人の戦い」，1848 年 1 月 13 日付けノイエ・ラインシェ新聞．

17 コシャーリ，369－379頁，ボギャイ，108頁以下，カン，287頁，デアーク，同上の評価．
18 デアーク，53頁を引用．
19 詩はエルンスト・ハニシュの「ドナウの病人，オーストリアに就いて，マルクスとエンゲルスの見方」，ウイーン－ミュンヒェン－チューリッヒ，1978年，156頁．
20 ハニシュ，同上，170－172頁．
21 ヘレ，同上，88頁．
22 アラン・スケッド，「ハプスブルク家の崩壊」，ベルリン，1993年，21頁．
23 ツェルナー，同上，398頁．
24 デアーク，同上．
25 「ハンガリーの歴史と文化」，同上，119頁の中より．
26 コシャーリ，同上，デアーク，同上．
27 ユダヤ人の役割に就いては，Dr. ベーラ・ベルンシュタイン著，「48年革命とユダヤ人」，モール・ヨーカイの巻頭言，1896年（第2版は1939年に，第3版は共産党の崩壊の後行われた），ラファエル・パタイ，「ハンガリーのユダヤ人──歴史，文化，心理」，デトロイト，1996年，277－282頁参照．
28 デアーク，同上，272頁．
29 ボギャイ，同上，111頁．デアーク，53頁．カン，同上，デアークとヘレ，同上参照．
30 カン，同上，288頁．

第22章

1 ドモコシュ・コシャーリ，「ゲルゲイ問題の歴史」，ブタペスト，1994年．特に註釈がなければ，ゲルゲイの人格に就いては大抵の場合これに寄った．
2 ここの論争に就いては，デアーク，「合法的革命」，159－162頁以下，202頁，284頁以下を参照．
3 デアーク，270頁．
4 カン，同上，288頁．
5 コシャーリの言葉．
6 セメレの攻撃に就いては，ハニシュ，同上，211－218頁と比較．アンブルシュ・ミシュコルツィ，「コシュート，我らが同時代人」，ヨーロッパ・ルントシャウ，ウイーン，99年4号．
7 詳細はベンダーフュゲディ，同上，188－197頁参照．

8 復讐宣伝に就いては，デアーク，同上，188 - 197 頁参照．
9 ラヨシュ・ハトバニ，「年老いたコシュートの若き娘への手紙」，ブタペスト，1919 年，に寄せての巻頭言，8 頁．
10 ロバート・ヘルマン，同上，記念刊行本，1952 年参照．セクフュ，「年老いたコシュート，1867 - 1894 年」，デアーク，同上，284 - 292 頁，コシャーリ，同上．
11 アレクサンダー・ヘルツェン，「回想」，ベルリン，1907 年，238 頁．ドイツ語訳では，「失敗した革命」（ハンス・マグヌス・エンツェンベルガー出版），フランクフルト，1977 年．
12 MEW（マルクスとエンゲルスの作品），第 8 巻，392 頁．
13 MEW，第 8 巻，549 頁．
14 フランツ・プルスキ，「我らの時代，我が人生」3 巻，プレスブルクーライプツッヒ，1882 年，90 頁，ハニシュ，同上，404 頁にも引用されている．
15 ティボル・フランク，「逃亡者の役割変更，グスタヴ・ツェルフィシュの人生像」，ブタペスト，1985 年．「マルクスとコシュート」，ブタペスト，1985 年．この 2 つの作品にでてくるデータは部分的に，ハニシュ，同上，221 頁を補足．
16 記念版の中のセクフュとコシャーリ，いずれも同上を参照．ロバート・ヘルマン，同上，ホーマン-セクフュ，「ハンガリー史」第 5 巻，452 - 456 頁．
17 全ての引用はコシュートのオリジナル書簡より．
18 タマシュ・カトナ，「ラヨシュ・コシュート，書き物と演説」，ブタペスト，1994 年，7 頁から引用．
19 ジョン・ルカーチ，「ブタペスト，1900 年」，ベルリン，1990 年，155 頁；デアーク，同上，290 頁．フェレンツ・グラッツ，同上，ブタペスト，1996 年，490 頁．
20 ロバート・ヘルマン，同上より引用．

第 23 章

1 祝典の描写に就いて，モール・ヨーカイ，「オーストリアーハンガリー王朝，言葉と書き物，ハンガリー」第 3 巻，163 - 168 頁．ブリギッテ・ハマン，「エリザベート，意に反した皇后」，ミュンヒェン，1982 年，267 - 280 頁．特にペスター・ロイドと証人の引用．
2 オットー・シュールマイスター監修の多様なオーストリアの中のハインリッヒ・ベネディクト著，「オーストリアの王朝，帝国とヨーロッパ」，ウイーン，1980 年，85 頁．
3 ハロルド・シュタインアッカー，同上，281 頁．
4 ティボル・シマーニ，「ユリウス・アンドラーシ伯爵」，ウイーン．

5 カン，同上，303 頁.
6 ハマン，267 − 272 頁.
7 同上，274 頁.
8 イシュトヴァーン・ラーザール，「ハンガリー小史」，ウイーン，1990 年，152 頁.
9 ハマン，同上，241 頁，248 頁.
10 彼のジャーナリストとしての業績に就いて，「ハンガリーのプレスの歴史」第 2 巻，1 − 2 参照.
11 ファルク通りの改名については，「ヘイエク（場所）」，ブタペスト，1998 年，95 − 98 頁.
12 ブリックス−ステックル，「記憶の為の戦い」，ウイーン−ケルン−ヴァイマール，1997 年，251 − 271 頁の，カタリン・シンコー，「ハンガリーの国家，祝祭日の由来（1850 − 1991 年）」．
13 1998 年 7 月 25 日付けの HVG．グドゥルに関しては，ブリギッテ・ハマン−エリザベート・ハスマン，「エリザベート，彼女の人生の逗留地」，ウイーン−ミュンヒェン，1998 年，104 − 109 頁.
14 ハマン，274 頁.
15 ハマン，「ルドルフ，皇太子，反逆児」，ウイーン−ミュンヒェン，1978 年，303 頁.
16 シマーニ，103 頁.
17 コンスタンティン・クリストマノス著，「日記，オーストリアのエリザベート」，196 頁，205 − 207 頁.

第 24 章

1 ベーラ・キラーイ，「フェレンツ・デアーク」，ブタペスト，16 頁以下.
2 シュタットミュラー，同上，140 頁.
3 ヘレ，同上，228 − 236 頁.
4 ハマン，261 頁.
5 ロベルト・ムジル，「特性のない男」，レインベック社，1978 年，170 頁，450 頁.
6 カン，「多様なオーストリア」，同上，123 頁.
7 タピエ，同上，301 頁.
8 フリードリッヒ・エンゲル−ヤノシー−ヘルムート・ルンプラー（編集），「フランツ・ヨゼフ時代の問題，1848 − 1916 年」，ミュンヒェン，1967 年．ペーター・ハナーク，「二重帝国でのハンガリーの地位」，84 頁参照.
9 B．サッター，「オーストリアとハンガリーの妥協への交渉態度，1867 − 1918 年」，

原 注

71 − 111 頁，1968 年より引用.
10 アダム・ヴァンドルツカーペーター・ウルバニチュ編，「ハプスブルク王朝」第 3 巻，1 − 2 部，「帝国の諸民族」，ウイーン，1980 年. ラースロー・カテウス，「マジャール人」，410 − 488 頁を参照.
11 マカートニ，同上，173 頁.
12 スケド，234 頁を引用.
13 ハマン，227 頁.
14 エンゲルーヤノシールンプラー，同上，76 頁.
15 ハナーク，同上.
16 デアーク，「K. (u.) K. の将校達」，同上，216 − 223 頁，閣僚名簿については，カテウス，477 頁.
17 イグナツ・ロマシイツ，「20 世紀のハンガリーの歴史」，ブタペスト，1999 年，20 頁.
18 シナーニ，261 頁を引用.
19 ムジル，同上，34 頁.
20 イェルク・K. ヘンシュ，「ハンガリー史，1867 − 1983 年」，シュトットガルト，1984 年，28 頁.
21 カン，「オーストリアの多様性」，同上，126 頁.
22 ヨハン・ヴェーバー，「エトボシュとハンガリーの民族問題」，ミュンヒェン，1966 年，101 頁.
23 ヴェーバー，同上，141 頁以下. カテウス，同上，410 頁比較.
24 ルードヴィッヒ・ゴゴラーク，「ハプスブルク王朝」の中の 1263 頁，「ハンガリーの民族問題法とマジャール国民，中央国家」から引用.
25 グスターヴ・グラッツ，「二重主義」，ブダペスト，1934 年，再販 1992 年，1 − 2 巻，第 1 巻，65 頁.

第 25 章

1 ジョン・ルカーチ，同上，161 頁より引用.
2 ゴゴラーク，同上，1263 頁以下.
3 ゴゴラーク，同上，1288 − 1299 頁.
4 ルカーチ，同上，162 頁.
5 カテウス，同上，483 頁以下. オスカー・ヤーシ，「ハプスブルク王朝に就いての議論」，シカゴ，1929 年，279 − 281 頁.
6 ゴゴラーク，同上，1292 頁以下.

7 ハマン,「ルドルフ」, 277 頁以下.
8 同上, 403 頁.
9 ゲーザ・イェセンスキ,「失われた威厳」, ブタペスト, 1986 年, 196 頁と 221 頁.
10 ゴゴラーク, 同上.
11 ゴゴラーク,「王朝」, 1283 頁以下で引用されている「ラヨシュ・モッチャーリと民族問題」, ブタペスト, 1943 年. モッチャーリの虚しい戦いについてグスタヴ・グラッツ, 同上, ヤーシ, 同上も参照.
12 セルブ, 同上, 353 頁.
13 ジェルジュ・M. ヴァイダ, 同上, 95 頁以下を引用.
14 セルブ, 同上, 313 – 315 頁. ヴェーバー, 同上, 15 頁と 75 頁.
15 ヴェルケ, 第 7 a 巻, フランクフルト, 1995 年, 173 頁.
16 シュタインアッカー, 同上, 2 頁.
17 ヤーノシュ・M. バクー アンナ・ガラーバク,「ハンガリーの千年に亘る憲法」, 東欧クオータリー第 15／3, 1981 年 9 月から引用.
18 シュタインアッカー, 2 頁以下, 95 頁.
19 グラッツ, 第 2 巻, 370 – 372 頁.
20 セルブ, 同上, 473 – 477 頁.
21 グラッツ, 同上.

第 26 章

1 詳細は, ラースロー・タル (編纂),「新世紀」, ブタペスト, 1979 年. ブリックスーシュテックル,「記憶への戦い」, 273 – 291 頁中のサーマーニーパルソン,「新世紀を迎えるハンガリー」.
2 エツレデヴ,「彼女は教師に過ぎなかった」, 131 – 234 頁.
3 上述, 93 頁以下.
4 イヴァーン・ベレントージェルジュ・ラーンキ,「ハンガリー, 経済発展の世紀」, ニュー・ヨーク, 1974 年. ベレントーラーンキ,「ハンガリー (1900 – 1944 年) の手工業の発展」, ブタペスト, 1960 年. ラースロー・カトゥス, 同上, ペーテル・ハナーク, 同上.
5 ベレントーラーンキ, 同上, そしてカトゥス, 同上.
6 ヤーシ, 同上.
7 ミハーイ・カーロイ,「メモリー, 幻想なき信頼」, ロンドン, 1956 年.
8 同上. カトゥス, 同上, 必要によっては,「エステルハージ展覧会」での H. C. コシュラーの記事――1995 年 7 月 22 日付けフランクフルター・アルゲマイネ紙,

原 注

「常にハブスブルクに忠誠」参照．

9 カーロイ，同上．
10 ドイツ外務省，政治文書，ボン，オーストリア関連，92番，第1巻，ベロウーーホーエンローエ家，1900年6月20日．ペター・ハナーク，「庭園と工房，1900年のウイーンとブタペストの文化史を比較して」を引用．
11 ハナーク，同上．
12 同上．
13 カトゥス，同上．
14 ゲゼ・コンチャ，「ジェントリー」，ブタペスト，1910年，400－401巻，1－34頁，173－199頁，カトゥス，同上，ジョン・ルカーチ，同上，アンドリュー・ヤノシュ，同上と比較．
15 コンチャ，同上，ルカーチ，同上，イグノトゥス，同上を比較．
16 ヨーカイ，「東部ハンガリーの王朝」，同上，ジョン・ルカーチ，同上，127頁を参照．
17 パタイ，同上，379頁，イグノトゥス，同上，ロムシッツ，同上．
18 ウイリアム・マッケイグ，Jr.の画期的な研究，「近代ハンガリーのヤダヤ人文学と天才」，1972年．ここで引用したのは，ニュー・ヨーク，ブーラー社出版の第2版，1986年．第2版の出版に当たって，著者は，ユダヤ人でもハンガリー人でもなく，この問題について，はじめて1966－67年，及び1969年，ハンガリーで，研究の為に滞在した時に思い立ったことを強調している．この時期においては，一般的な，ユダヤ人―ハンガリー人関係についての歴史家たちは，基本的には，彼の作品を基礎にしている．
19 ジェルジュ・M.ヴァイダ，同上，212－216頁を引用．
20 オットー・フリードレンダー，「最後のおとぎの町，ウイーン，1977年」，130－13頁．
21 カトゥス，同上，ルカーチ，同上．
22 カトゥス，同上．
23 ジュラ・イレシュ，「プスタ，失われた世界からの報告」（ティボル・ポドマニツキの翻訳），ネルチンゲン，1985年，6頁以下，ハンガリー語のオリジナル版が1936年に現れた．
24 イヴァーン・T.ベレント，「ブタペスト，東欧の首都」，1997年6月4日付けネープサバチャーク紙．カトゥス，同上と，ルカーチ，同上と比較．
25 国会新聞，エスレデーヴ，206－208頁より引用．
26 カトゥス，同上，432頁．ハナーク，「ドナウ王朝のハンガリー」，ウイーン－

ミュンヒェン―ブタペスト，1984年，284－291頁．
27 ハナーク，同上．
28 セバスチャン・ハフナー，「ヒットラー」，ミュンヒェン，1978年，128頁．

第27章

1 ロベルト・カン，「ユダヤ社会研究，1945」，ジョージ・バラニ，「マジャールのユダヤ人なのか，ユダヤのマジャール人なのか？」を引用．カナダ・米国スラブ研究，1974年春季．
2 ヴォルフガング・フライシャー，「偽りの人生，ハイミト・フォン・ドデラーの略歴」，ウイーン，1996年，37頁より引用．
3 ロルフ・フィシャー，「ハンガリー，1867－1939年，反ユダヤ人の展開」，ミュンヒェン，1988年，9頁．
4 カトゥス，同上．ペーテル・ハーナク，「ユダヤ人問題，同化，反ユダヤ主義」，ブタペスト，1984年，355－375頁．
5 フィシャー，同上，32－35頁．ハマン，「ルドルフ」，266頁以下．
6 ヴィクトル・カラーディ，「同化と社会的危機」，ブタペスト，1993／3．
7 フィシャー，同上，36－38頁．ラースロー・ゴンダ，「ハンガリーのユダヤ人，1526－1956年」，ブタペスト，1982年，162－169頁．ハナーク，同上，297－304頁．ティボル・エレーニ，「ハンガリーユダヤ人の歴史」，ブタペスト，1996年，49－55頁．
8 アンドリュー・ヤノシュ，同上，114－118頁．
9 ヘンシュ，同上，40－41頁．
10 フィシャー，同上，40頁．
11 ドイツで検閲されたバージョンでは「ハンガリー年次報告，ベルリン，1942年」となっているが，エッカルトのオリジナル・テキスト「Mia majyar?」．ファルカシュの「ドイツ人のハンガリー人像」の中の「反ユダヤ主義の事件」を見よ．コムローシュはその論評「改革時代からホロコウストまでのハンガリー・ユダヤの歴史」第2巻，1994年，291－311頁．
12 パウル・レンドヴァイ，「ユダヤ人なき反ユダヤ主義」，ウイーン，1972年，270－272頁を比較．個人的体験「ブラックリストに載せられて」，ハンブルク，1996年，34－39頁，参考．
13 アンドリュー・ヤノシュ，同上，117頁，170－180頁．
14 デアーク，「K (u) Kの将校達」，207－215参照．
15 同上．

16 コムローシュ,同上.
17 ヤーノシュ,同上,115頁を引用.
18 パタイ,同上,344頁以下.
19 ハナーク,「庭園…」,同上.
20 マッケーグ,同上,参照.ヤーノシュ,同上,112－118頁,178頁.パタイ,同上,368－371頁.
21 マッケーグとパタイ,同上.
22 マッケーグ,32頁は,あらゆるデータがナチ,クラウス・シッカーの「ハンガリーのユダヤ人」,1937年,エッセンと反ユダヤ主義者の統計専門家アロヨシュ・コヴァーチの「ユダヤ人によるハンガリーの土地征服,ブタペスト,1922年」から出ている事を示唆.
23 残念ながら,ドイツ語テキストはないが,尤も重要なランドルフ・ブラハムの出版物「ジェノサイドの政策」参照.これは,再販され,拡大された本として,ニュー・ヨーク,1994年,1－2巻,第1巻,556－571頁.カストナー,第2巻,1104－1113頁.また,1996年2月10日付けHVG,ブタペスト,67－69頁.
24 ヴァーンベーリに就いては,キュツデルメインのメモワール「私の戦い」.パタイ,同上,392－398頁はヴァーンベーリ,ゴルドツィエル,ムンカーチについて.ゴルドツィエルの日記,ブタペスト,1984年(シャーンドル・シュライバー編纂).
25 今日なお広がっている,驚くような,馬鹿げたアイデアについては,「我々の歴史,間違った言語の比較」というパンフレット,ブタペスト,1998年参照.

第28章

1 フランツ・フォン・レーア,「マジャール人と他のハンガリー民族達」,ライプチッヒ,1874年,引用は32頁,170頁,179頁,188頁.
2 同上.
3 ファルカシュ,「ドイツ人のハンガリー人像」,同上,408頁以下を見よ.検閲されたエックハルト,「ハンガリー年次報告」の中の記事,同上.
4 ヴァルター・ヴァイス,ニコラウス・レナウ,「オーストリアの千年」(ヴァルター・ポラック編纂),ウイーン,1973年,第1巻,63－66頁.
5 アンタル・マードル,「レナウの後を追って」,ブタペストーウイーン,1982年.
6 ファルカシュとエックハルト,同上.
7 パルデゥ,同上,第2巻,237－246頁.

8 J.C. ハウスシルドーM. ヴェーナー,「人生の目的は人生そのもの, ハインリッヒ・ハイネ」, ケルン, 1997年, 527頁参照.
9 詳細は, エドゥワルド・リッター・フォン・リスト,「フランツ・リスト, 生まれ, 家族, 出会い」, ウイーンーライプツィッヒ, 1937年, 6－9頁.
10 突っ込んだ文献としては, フリードリッヒ・ゴッタシュ,「ハンガリーのなかのドイツ人」(ハプスブルク王朝, 同上, 340－410頁).
11 シュトックル, 同上, 77頁.
12 ゴッタシュ, 同上, 382頁.
13 同上, 393頁.
14 同上, 394頁.
15 ツェルナー, 同上, 420頁；シュタインアッカー, 同上, 348頁.「19世紀後半のビスマルクとドイツのハンガリー政策」に就いては, イシュトヴァーン・デェオセギ,「ビスマルクとアンドラーシ」, ブタペスト, 1998年参照.
16 ルドルフ・キスリング,「オーストリアのフランツ・フェルディナント大公」, グラーツーケルン, 1953年, 148頁を引用.
17 ハナーク,「庭園…」, 同上, 85頁.
18 ヤノシュ, 同上, 112頁.
19 カーロイ・マンヘルツのリストから,「ハンガリー・ドイツ人」, ブタペスト, 1998年.
20 シュタインアッカー, 同上, 348頁.
21 民謡については, マンヘルツ, 同上,「数字と民謡」と比較. ホルガー・フィッシャー,「ドイツのハンガリー人像とハンガリーに於けるドイツ像」, ミュンヒェン, 1996年, 特にゲルハルト・ゼーヴァンの寄稿, 63－74頁. さらに「民族的アイデンティティー」, ミュンヒェン, 1991年, 299－323頁の中に収められている, ゲルハルト・ゼーヴァーン,「ハンガリーのドイツ精神, 1918－1988年」. カトリン・シツラー,「ポーランド, ロシア, チェコスロバキア, ハンガリーに於けるドイツ像」, バーデン・バーデン, 1993年, 271－285頁中のハンガリーでの今日的なドイツ像.

第29章

1 ヨゼフ・ロート,「ラデッキーマーチ」, ハンブルク, 1957年, 220頁.
2 フーゴー・ホフマンスタール,「オクタビア・デーゲンフェルト伯爵夫人, 書簡の往復」, フランクフルト, 1974年, 304頁.
3 マリア・オルモシュ,「1914年－1945年, 2つの戦争の間のハンガリー」, ブタ

ペスト，1998 年，8－12 頁．ロムシチ，同上，102 頁．マンフレド・ラウヘンシュタイナー，「二重鷲の死，オーストリア・ハンガリーと第 1 次世界大戦」，グラーツ－ウイーン－ケルン，1993 年，68－74 頁．

4　カン，381 頁．
5　カン，443 頁．他の資料に寄れば，ティサはテーブルの端に頭にぶつけた．イグノトゥス，同上，142 頁を比較のこと．ヤーシ，同上も参照．
6　ロムシチ，同上，104 頁以下．
7　「積極的評価」については，シュケド，同上，308－330 頁参照．
8　ケンブリッジ近代史，「オーストリー・ハンガリー，最後の時（1910 年）」，第 12 巻，174－212 頁．
9　ロムシチ，同上，101 頁．
10　カン，同上，464 頁．
11　カーロイ，「覚書」136 頁．
12　ポール・ヴァレリー，作品第 7 巻 a，フランクフルト．1995 年，280 頁．
13　ティボル・ハイドゥ，「カーロイの人生」，ブタペスト，1982 年からの引用．
14　ラウヘンシュタイナー，同上，471 頁からの引用．
15　ルカーチ，同上，274 頁からの引用．
16　グラッツ，同上，138－155 頁．
17　ペーテル・ハナーク，「世紀の始めのハンガリー社会について」，ブタペスト，1962 年，210－245 頁．
18　ハイドゥ，同上を参照．ヴィラーゴッサーグ，1995／5 特別号参照．ヤーシ，「マジャルーの債務，ハンガリー人の罪，ハンガリーにおける革命と反革命」，ミュンヒェン，1923 年参照．カーロイの素顔については，107－115 頁参照．
19　ヤーシ，「マジャールの…」，同上，56－59 頁．
20　ヘンシュ，同上，91 頁以下．
21　参考，ルドルフ・L. テケシュ，「ベーラ・クンとハンガリーのソビエト共和国」，ワシントン－ロンドン，1967 年，49 頁．ジェルジ・ボルシャーニ，「ベーラ・クン，政治的軌跡」，ブタペスト，1974 年．
22　ヤーシ，「マジャールの…」，同上，59 頁．
23　ダン・ディネー，「世紀を理解する」，ミュンヒェン，1999 年，98 頁．
24　ヤーシ，同上，107－115 頁参照．
25　ヤーシ，同上．
26　トーマス・サクミスター，「馬上のハンガリーの提督ミクロシュ・ホルティ，1918－1944 年」，ブルダー－ニューヨーク，1994 年参照．カーロイの覚書，同

27 ディネー，同上参照．
28 ロムシチ，同上，128頁以下．ボギャイ，同上，127頁以下．
29 ロムシチ，同上．テケシュ，同上．
30 テケシュ，同上．資料の喪失についてはボルシャーニ，同上参照．家族に対する圧迫に就いては1966年，ブタペストで著された彼の妻の思い出，414－420頁を参照．彼女は9年間，監獄で過ごした．1937年6月，スターリンはクンの家に電話し，彼の逮捕を伝えていたフランスの記者を家に迎えるように要請した．数日後，クンは逮捕された．

第30章

1 エルネスト・ゲルナー，「ナショナリズムとモデルネ」，ベルリン，1991年参照．
2 ロムシチ，152－155頁．トリアノン後の経済についてはHVG，ブタペスト，1989年7月7日，15日，22日．
3 グスターヴ・グラッツ，「革命の時代，1918－1920年」，ブタペスト，1935年，238頁図．ボギャイ，同上，131頁．
4 グラッツ，同上．ロムシチ，145頁．
5 ロムシチ，同上，139－141頁．「歴史」特別号「トリアノンで何が起こったのか？」，ブタペスト，1995年，5頁参照．
6 推定に就いては，ヤノシュ，同上，197頁参照．テケシュ，同上．ハイドゥ，同上，128－134頁．1999年3月20日付けネープサバチャーク．
7 ボギャイ，同上，129頁．ヘンシュ，87－106頁．ヴィラーゴサーグ，ブタペスト，92／2中のボルシャーニとエレーニによる労働者運動に於けるユダヤ人の役割について．改革世代に就いての最良な資料は，ゾルターン・ホルヴァートの「ハンガリーに於ける世紀末」，ノイヴィート，1966年．白色テロのリンチ裁判に就いては，ヤーシの「マジャール…」，同上，167－179頁．
8 1920年1月22日付け「ノイエ・ポスト」，ブタペストがロルフ・フィシャー，同上，14頁によって引用されている．
9 1919年11月17日付けペスター・ロイド紙，ブタペスト．フィシャー，同上，131頁を引用．ペーテル・ゴストニ，「ミクロシュ・フォン・ホルティ」，ゲッチンゲン，1973年，27頁参照．
10 ミクロシュ・ホルティ，「メモワール」，ブタペスト，80頁．
11 サクミスター，同上，91－122頁はバランスの取れた見方．ホルティの都合の良いような書きっぷりは彼の「メモワール」，147－162頁を参照．悪意ある，これ

と全く対立した見方は，チタ皇后，「伝説と真実」，ウイーン，1978年，456－496頁を参照．

12 サクミスター，同上，1－29頁．ホルティ，同上，9－114頁．
13 アントン・レハール，「ハンガリー1918－1921年の，思い出，反革命，中興」，ミュンヒェン，1973年．パール・プローナイ，「後日出版された日記」，ブタペスト，1963年．
14 イグノトゥシュ，同上，149－160頁．イシュトヴァーン・デアーク，「ニコラウス・フォン・ホルティ，提督，帝国摂政」，ヨーロッパ・ルントシャウ，ウイーン，94／2，71－85頁．サクミスター，同上も参照．
15 フィッシャー，同上，134頁．ヘンシュ，同上，99－111頁．ロミシチは千回にもわたって，「2000人もの犠牲者が出たの可能性あり」と同上，132頁で語っている．
16 サクミスター，同上，52－56頁．
17 フィッシャー，同上，134頁，146頁以下．ヤノシュ，同上も参照．
18 スカイマスター，同上，136頁以下．
19 包括的な分析の為にはブラマ，同上，第1巻，16－32頁．フィッシャー，同上．イグノトゥシュ，同上．ヘンシュ，同上．ロムシチ，同上，194頁以下．ジュラ・ユハース，「ハンガリーの支配的見方」，ブタペスト，1983年．
20 サクミスター，147頁以下，152頁，422頁を引用．
21 フィッシャー，同上，146頁．コシャーリーのヨーロッパ・ウタシュ，ブタペスト，1998年1月号とのインタヴュー参照．その中で，ツラン主義の考えについて，彼は「我々は頭がおかしくなってはならない．――そのような考えは歴史的なショックに起因する傷を生じた確かな印である」と断じている．
22 ルカーチ，同上，139－141頁．
23 1920年10月26日付けネムゼティ・ウイサーク，公開の演説，これをフィッシャーが，同上，111頁で引用．
24 デアーク，同上．1994年4月8日付けのサクミスターとのニューヨーク・レヴィユー・オヴ・ブックの中でのインタヴュー参照．
25 ベトレン時代の評価に就いては，サクミスター，同上，123－166頁，イグノトゥシュ，同上，157－163頁，ヘンシュ，同上，106－122頁．包括的分析に就いては，ロムシチ，「ベトレン・イシュトヴァーン」，ブタペスト，1991年．
26 ロムシチ，「マジャール・テルテーネテ」，190－200頁．
27 ゴストニ，同上，96頁の引用．
28 サクミスター，同上，320頁以下の引用．ハンガリーの必要に応じて美しい面を

説明した見解が数多く存在した.

第31章

1 「白色インターナショナル」についてはスカイマスター, 同上, 64－68頁. ベルナード・ヴァッサーシュタイン,「トゥレビッチュ・リンカーンの謎に満ちた人生」, ロンドン, 1988年, 159－174頁. エンドレ・ゲメリ,「トゥレビッチュの真実」, ベルリン, 1985年, 146－163頁. ドイツの背景に就いては, ハーゲン・シュルツェ,「ワイマール, ドイツ1917－1933年」, ベルリン, 1982年, 213－226頁.

2 ベルナード・ワッサーシュターン, 同上. 以降の詳細については, トゥレビッチュの人生を描いて群を抜いて優れているこの本より抜粋.

3 ハンガリーでの詳細については, ゲメリ, 同上, 5頁以下, 218－220頁参照.

4 背景と詳細は, 次の各著作を比較のこと.
「イシュトヴァーン・ベトレンの秘密文書」, ミクローシュ・シナイーラースロ・シュチ編, ブタペスト, 1972年, 34頁以下, 222－223頁, 237頁.
ジュラ・ユハース,「ハンガリー外交, 1919－1945年」, ブタペスト, 1988年, 102頁図. L. ナジ・ジュジャ,「ベトレンのリベラルな野党」, ブタペスト, 1980年, 155－165頁. ロムシチ,「ベトレン」, 同上, 194－198頁. イグノトゥシュ, 同上, 161頁以下.

5 ヴィスカウント・ローサーメール,「ハンガリーのための我がキャンペイン」, ロンドン, 1939年, ELTE大学文書1968年10月号, 91－118頁. ミクローシュ・ザイドラー,「ハンガリーの修正主義, トリアノンからローサーメーア迄」, ブタペスト, 1990年, 5頁以下.

6 1927／28年ローサーメールの記事と声明について, 1928年ペスティ・ヒーラップ紙, ブタペスト, 掲載の, ラヨシュ・レーデラー記者の著作全文を参照.

7 フランツ・ホーエンローエ,「ステファニー, 我が母の人生」, 再版, ウイーン, 1990年, 50頁. ルドルフ・シュトイバーボリス・チェルボスキ,「ステファニー・フォン・ホーエンローエ. 世界の権力者を愛して」, ミュンヒェン－ベルリン, 1988年, 76頁. 双方の著作, 特に後者は, 彼女の人生とローサーメーアとの関係について書いている.

8 シュトイバーチェルボスキ, 173頁を引用. ローサーメーアの書簡のコピー, ヒットラーへの祝電と祝意に就いては, ホーエンローエ, 同上, 156頁以下, 164－170頁, 172－174頁参照.

9 「ハームス・ワースのハンガリーへの旅」に就いては, シュトイバーチェルボ

原 注

スキ，75頁，ミクローシュ・ヴァシャールヘイ，「卿と王冠」，ブタペスト．2000年，ブタペスト，1990年10月，中のO. J. アンドラーシ，D. バン，「国王ラドミール」参照．

10 王座を巡っては，ローサーメール，同上，93－97頁，133－145頁，シュトイバーチェルボスキ，同上，78頁図を比較．ロンドンとローマからの大使の報告に就いては，ナードリ，同上，106－109頁．ベトレン一秘密文書，同上，314頁以下，335－349頁．ローサーメールの接触については，彼の著作，175－19頁を参照．またマグダ・アーダーム，「自己破壊の方向，小協商，1920－1938年」，ブタペストーウイーン，1988年，76－79頁．ザイドラー，同上，110－115頁．L. ジュジャ・ナジ，同上，182－187頁．また，1997年9月6日付けHVG，89－91頁参照．

11 ウイリアム・M. ジョンストン，「オーストリアの文化・精神史，ドナウ地域の社会と考え方，1848－1938年」，ウイーンーケルンーワイマール，1992年，348頁以下．

第32章

1 ロラント・ティルコフスキ，「パール・テレキの謎に充ちた死」，ブタペスト，1989年．テレキの人格と政治については，アントン・チェトラー，「パール・テレキ伯爵とハンガリーの外交，1939－1941年」，ミュンヒェン，1996年．

2 1941年3月3日付け「ドキュメント，ハンガリーの外交政策（1933－1944年）」（ラヨシュ・ケレレシュ編集），ブタペスト，238頁．

3 チェトラー，同上，33頁とティルコフスキ，同上，106頁以下から引用．

4 サクミスター，同上，261頁．

5 マンフレト・ネベリン，「ドイツのハンガリー政策，1939－1941年」，オプラーデン，1989年，149頁．

6 同上，142頁．

7 ジュラ・ユハース，「歴史」，ブタペスト，92／1，8－10頁と，ロムシチ，246頁図を比較．

8 同上，256頁．またヘンシュ，148頁．イヴァン・T. ベレントージェルジ・ラーンキ，「ファシスト・ドイツ，1933－1939年の生命線たるハンガリー」，概括，215－219頁，同じタイトルの第2ハンガリー版，ブタペスト，1961年を見よ．

9 ユハース，同上．ロムシチ，249頁以下．

10 ラオウル・ヒルベルク，「ヨーロッパのユダヤ人絶滅」，フランクフルト，1994年，第2巻，859－927頁．ランドルフ・ブラハム，同上を比較．

11 ジェルジュ・ラーンキ,「第3帝国の影で」, ブタペスト, 1988年, 211頁を引用.
12 ティサターイ, 1998年12月, 78頁. また彼の著作,「我ら, ハンガリー人」, ブタペスト, 1989年, 16－19頁, 465－467頁.
13 イグナツ・ロムシチ編,「イシュトバーン・ベトレンのメモワール」, ブタペスト, 1988年, 132－136頁.
14 イグノトゥシュ, 同上, 186頁から引用.
15 ホルティ, 同上, 231頁.
16 ヤノシュ, 同上, 253頁.
17 ホルティ, 同上, 231頁. マルギット・セレシーヤンツェ,「ハンガリーの矢十字運動」, ミュンヒェン, 1989年, 103頁. 議員の名はデツェ・シュオク. 彼のメモワール,「太陽を見ない2夜」, チューリッヒ, 1948年.
18 イシュトヴァーン・ビボー,「ユダヤ人問題」, フランクフルト, 1990年, 32頁図. この1848年に発表された長文の論文は, 今日まで恐らくこの問題について最も優れたものであろう. 特にそれが, ユダヤ人によっても, 共産主義者によってでもなく, また, 社会主義者によってでなく, 進歩的な市民の思想化によって書かれたものであるからである.
19 セレシーヤンツェ, 同上, 133頁.
20 ヘンシュ, 147頁. ユハース, 同上も参照.
21 ユハース, 同上, 10頁参照.
22 ホルティ, 同上, 262－264頁.
23 ロムシチ, 263頁.
24 ゲッベルスの日記, 1943年5月8日. ブラハム, 同上, 248頁以下. ホルティ, 同上, 373－386頁.「ナチによるユダヤ人迫害に就いての全体像」の中のペーテル・ロンゲリヒ,「ハンガリー, 最終章」, ミュンヘン－チューリッヒ, 1998年, 556－570頁.
25 ジェルジュ・ラーンキ,「1944年3月19日, ドイツによるハンガリー占領」, ブタペスト, 1978年参照.
26 ラーンキ, 同上, 129頁. ロラーント・ティルコフスキ,「バイチーズリンスキ」, ブタペスト, 1986年.
27 ブラハム, 同上, 第2巻, 1271－1385頁.
28 デアーク, ルントシャウ, 82頁, 85頁.
29 ロムシチ, 267頁以下.
30 ブラハム, 第2巻, 1296－1299頁. ヴォルフガング・ベンツ編集,「民族殺戮の規模」, ミュンヘン, 1991年の中の, ラースロ・ヴァルガ,「ハンガリー」, 331

原 注

31 ロムシチ, 265 頁.
32 デアーク, 同上, 84 頁以下.

第 33 章

1 「党大会と党会議」, 1918 − 1980 年（シャーンドル・ヴィダ編集）, ブタペスト, 1985 年, 41 − 48 頁.
2 ラースロー・ジュルコ, 「ポートレート・スケッチと歴史の背景」, ブタペスト, 1992 年, 68 − 70 頁, 118 頁以下. ミクローシュ・モルナール, 「ベーラ・クンからヤーノシュ・カーダールまで」, パリ, 1987 年, 105 頁, 115 頁.
3 「自由国民」紙 1945 年 3 月 25 日付け, 「ユダヤ人問題への明確な言葉」, ブタペスト. 反ユダヤ主義の政治的操作については, ヤーノシュ・ペレ, 「最後の殺人儀式」, ブタペスト, 1995 年との比較を.
4 イサイヤ・ベルリン−ラミン・ヤハンベグロー, 「その考え方に反抗の声を」, フランクフルト, 1994 年, 52 頁以下.
5 「月間, 1967 年」から, 「何のための歴史か？」.
6 特に註がなければ, 全ての説明は, アールパード・ペンケシュティ, 「ラーコシに関する2つの伝記から」, ブタペスト, 1992 年及び 1996 年.
7 ユリウス・ハーイ, 「1900 年生まれ」, ハンブルク, 1971 年, 249 頁.
8 ペンケシュティ, 同上と比較.
9 ヤーノシュ・ネメシュ, 「マーチャシュ・ラーコシの誕生日」, ブタペスト, 1988 年, 109 − 110 頁.
10 アルカディ・ヴァックスベルク, 「アンドレイ・ヴィシンスキ──情け容赦なく, スターリンの手先」, ベルギシュ　グラッドバッハ, 1991 年, 231 頁以下, 388 頁以下を比較. また, ヤーノシュ・M. ライナーの 1956 年研究所, 「同志フィリポフへの電報, ラーコシのスターリンの秘書への報告」, 103 − 119 頁.
11 ゲオルク・ヘルマン・ホドス, 「見せしめ裁判, 1948 − 1954 年の東欧に於けるスターリン主義の粛清」, フランクフルト, 1988 年. パオル・レンドヴァイ, 「ブラック・リストに載せられて」, ハンブルク, 1996 年, 特に 98 − 182 頁.
12 ウラヂミール・ファルカシュ, 「謝罪もなく. 私は AVH（註；ハンガリー治安組織）の大佐であった」, ブタペスト, 1990 年.
13 クララ・サカシッツ, 「上層部と下部, 1945 − 1950 年」, ブタペスト, 1985 年参照.
14 ロムシチ, 同上, 344 頁.

15 ロムシチ，同上，341 頁.
16 モルナール，同上，290 頁.
17 ロムシチ，同上，344 頁. ヤーノシュ・M. ライナー，年次報告 1998 年「1949 － 53 年」，98 － 100 頁の中のスターリンとラーコシを参照.
18 ファルカシュ，同上，年次報告，116 頁以下参照.
19 A. ピュンケシ，「ティボル・フサールとの，カーダール伝記に就いての対談」の中でカーダールの本を書くに当たって直面するディレンマに就いて，モツゴー・ヴィラーグ，97／11，ブタペスト.
20 同上. ファルカシュ，同上参照.
21 パウロ・レンドヴァイ，「頑固なハンガリー人」，改訂版，チューリッヒーオスナブリュック，1988 年，61 頁.
22 ネメシュ，同上.
23 ファルカシュ，同上. ピュンケシ，同上. C. アンドリュー，オレグ・ゴルデウスキ「KGB」，ロンドン，1990 年，292 頁以下，346 頁. ハーイは，ペーテルも英国の有名なスパイであるキム・フィルビイをウイーンで KGB スパイに仕立てることに関係した，と主張している.
24 エリアシュ・カネッティ，「言葉の良心」，フランクフルト／マイン，1981 年，35 頁.
25 マーリア・エンバーが 1998 年の年次報告，193 － 213 頁の中で，ウイーン駐在スエーデン大使がストックホルムに報告した，としている.
26 ヤーノシュ・M. ライナー，「イムレ・ナジ，政治面での伝記」第 1 巻，1896 － 1953 年，ブタペスト，1996 年，特に 199 － 213 頁参照.
27 V. セレダー J. M. ライナー，「1956 年，クレムリンの決定，ソ連幹部会におけるハンガリーに関して」，ブタペスト，1996 年. V. セレダー，A. スティカリン「1956 年，歴史の空白．当時のソ連中央委員会の記録から」，ブタペスト，1993 年.
28 ラースロー・ジュルコー，「1956 年」，ブタペスト，1996 年，388 － 397 頁. ゲーザ・アルフェディ，「1956 年ハンガリー」，ハイデルベルク，1997 年，113 － 115 頁.
29 ハーイ，「1900 年生まれ」，316 頁.
30 同上，320 頁.
31 「月間」1966 年 10 月号，パウロ・レンドヴァイ，「10 年後」，また，レンドヴァイ，「変遷の限界」，ウイーン，1977 年，63 頁参照.
32 同上，69 頁.

33 レンドヴァイ,「ブラック・リストに載せられて」.
34 ジュルコー, 1982年,（ポートレート・スケッチ）, 同上参照.
35 クリストフ・ラインプレヒト,「ノスタルジーとアムネスティー」, ウイーン, 1996年, 162頁以下, 184頁以下. 1999年6月26日付けネープサバチャーク紙, 24頁参照.

第34章

1 マッケーグ, 同上, 15頁以下.
2 ローラ・フェルミ,「著名な移住者達」, シカゴーロンドン, 1968年, 57頁.
3 ジェルジュ・マルクス,「火星人の声」, ブタペスト, 1994年, 17 − 42頁, 79 − 95頁.
4 同上, 58頁.
5 ノーマン・マクレー,「ジョン・フォン・ノイマン」, ニューヨーク, 1992年, 250頁. マルクス, 同上, 120 − 128頁.
6 「歴史」の中の, ジェルジュ・マルクス,「20世紀のハンガリー科学者たちの軌跡」, ブタペスト, 99／4. ハンガリー人ノーベル賞受賞者達に付いては, ミハーイ・ベック, 同上, 97／2参照.
7 パウロ・ホフマン,「数字を愛した男」, ベルリン, 1999年.
8 カトウシュ, 同上.
9 エミル・レンギェル,「ハンガリーから来たアメリカ人」, ニュー・ヨーク, 1948年. 詳細については, ネメシュキュルテイ, ジョージ・ケヴァリイ,「ハンガリー人は滅多に1人ではない」, ウイーン, 1984年, 162頁.
10 レンギェル, 同上, 214頁.
11 イシュトヴァーン・ネメシュキュルテイ,「言葉と絵, ハンガリー映画史」, ブタペストーフランクフルト, 1980年, 33 − 46頁.
12 ケヴァーリ, 同上, 164頁.
13 ネメシュキュルテイ,「言葉と絵」, 65頁. コルダに就いて34頁以下と比較.
14 1995年12月20日付けネープサバチャーク紙, ブタペスト.
15 1998年8月4日付けザ・タイムズ紙, ロンドン, 1998年8月5日付けフランクフルター・アルゲマイネ紙, 同日付けジュート・ドイチェ・ツアイトゥング.
16 家族に関して詳細は,「自筆伝記, トニー・カーティス, 私はお熱いのが好き」, ベルリン, 1997年.
17 ジョージ・ケヴァーリ,「劇作家フランツ・モルナール」, インスブルック, 1984年, 42頁以下. またエミール・レンギェル, 同上や, ラディスラシュ・

ファラゴ，「厳密にハンガリーから」，ニューヨーク，1962年，11－37頁参照．フリードリッヒ・トールベルク，「ジョレシュおばさん」，ミュンヒェン，1997年，168－183頁．

18　トールベルク，同上．
19　ケヴァーリ，同上，129頁以下を引用．
20　ジョージ・ターボリ，「劇作Ⅰ」，フランクフルト，1994年から引用．
21　「ターボリ，劇作Ⅰ，Ⅶ－ⅩⅩ頁」の中の，ペーター・フォン・ベッカー，「作品―人生，ターボリについて」参照．
22　ダヴィド・セセラニ，「アルトゥール・ケストゥラー」，ロンドン，1998年，446頁．
23　手紙は，ヴィルモシュ・ユハース，「ハンガリーアルバム」，シャードル・インチェ編，アメリカン・ハンガリー研究ファンデーション，エルムハースト・カレッジ，エルムハースト，Ⅰ11，1956年，8－12頁より引用．
24　1998年1月3日付けノイエ・チュールヒャー・ツァイツング紙国際版掲載の，フェレンツ・ボーニシュの記事，53頁より引用．
25　1997年10月18日付けノイエ・チュールヒャー・ツァイツング紙国際版，トーマス・シャヒャーの記事，53頁．
26　1998年5月16日付けHVG，ブタペスト，101頁以下．
27　1998年6月13日付けノイエ・チュールヒャー・ツァイツング紙掲載のインタヴュー記事と，1998年6月20日付けジュート・ドイチェ・ツァイツング紙とのインタヴュー．
28　ショルティ，「ショルティの思い出」，ロンドン，1998年，2451頁以下参照．
29　文化史専門家モリツ・チャーサイの「オペレッタのイデオロギーとウイーン・モデルネ」は，知的刺激を受ける本で，文化史のエッセイ，ウイーン―ワイマール，1998年，215頁．これから引用．ヴァラシュディン――偽装については，293頁以下参照．
30　ルカーチについては沢山の本が書かれている．本人に就いては，例えば，エーヴァ・ファケテ，エーヴァ・カラーディ，「ジョージ・ルカーチ，絵と自己描写とドキュメント」，シュトットガルト，1981年．フランク・ベンセラー編集，「革命的思想，ジョージ・ルカーチ，人と作品の導入」，ダルムシュタット，1984年．批判的対応に就いては，ジュラ・ヘレンバルト，「ブタペストのミダシュ王，ジョージ・ルカーチとハンガリー」，ウイーン，1997年参照．
31　ペーター・ヴァイベル編集，「芸術のかなたで」，ウイーン，1997年，12－15頁，67－81頁．エヴァ・バイカイ，「バウハウスのハンガリー人」，82－86頁．

32 リー・コンドン,「亡命と社会的思想, ドイツとオーストリアのハンガリーの知識人」, プリンストン, 1991年. メアリー・グルック,「ジョージ・ルカーチとその世代, 1900 – 1918 年」, ケンブリッジーマサセッチューセッツ, 1985 年参照.

33 キャサリン・ダビット,「モホイーナジの実験的投入」がヴァイベル, 同上, 87 – 92 頁に引用されている. 全集「ラースロー・モホイーナジ, 100 枚の写真」, ブタペスト, 1995 年参照.

34 例えば, 20世紀ハンガリーの前衛, 展示会カタローグ, リンツ, 1998年, 186 – 231頁.

35 1987年11月21日付けル・モンド・ド・リーブル, パリ. ジャン・フランソワ・シェヴリエ.

36 1998年6月6日付け HGV, ブタペスト, 95 – 97 頁. 1997 年1月4日付けフランクフルター・アルゲマイネ紙.

37 1997年11月18日付けザ・タイムズ紙. 1997年1月20日付けフランクフルター・アルゲマイネ紙. 1996年2月22日付けジュート・ドイチェ・ツァイツトゥング紙. デア・シュピーゲル誌 48 / 1997 年.

38 エミル・レンギェル, 同上, 84 – 92 頁. 1997 年4月12日及び同年4月22日, 同年5月2日付けネープサバチャーク紙. 1998年5月14日付けヂー・フルヒェ誌. イルストリールテ,「新世界」, ウイーン, 1997 年4月, 19 頁.

39 パウロ・ハルマト,「フロイド, フェレンチとハンガリーの心理分析」, チュービンゲン, 1988年. 1997年3月15 – 16日付け及び1996年12月3日付けノイエ・チュールヒャー・ツァイトゥング紙国際版. ヴァイベル,「芸術のかなた」, 627 – 630 頁の中のフェレンツ・エレシュ,「ハンガリーの心理分析の歴史」参照. また, パトリツィア・ジアンペリードイチュ,「フロイデーフェレンチの書簡交換」, 同上, 621 – 626 頁.「歴史」, ブタペスト, 29 頁の中のマラムドの引用参照.

40 リチャード・クロスマン,「閣僚の日記」第1巻, ロンドン, 1975年.
ロイ・ジェンキンス,「中央の生活」, ロンドン, 1991年, 41頁. ジョージ・ワイデンフェルト,「良き友人の追憶」, ロンドン, 1994年, 331頁.

41 ジョージ・ショロシュ,「クリスチナ・コーエンとの対話」, フランクフルト, 1994年参照. コニー・ブルック,「ジョージ・ショロシュの世界」, ザ・ニューヨーカー誌1995年2月号, 54 – 78 頁. 1995年7月10日付けタイム誌. ジョージ・ショロシュ,「グローバル資本主義の危機」, ベルリン, 1998年. デア・シュピーゲル誌とのインタヴュー, 1998 / 51. ロバート・スラター,「ジョージ・ショロシュの24の謎」, ウイーンーフランクフルト, 1998年. 1997年4月

28日付けタイム誌.1997年10月25日付けザ・エコノミスト,ロンドン.ニューズ,ウイーン,21／1999年.ハンガリーでの活動に就いては,1996年4月3日付けネープサバチャーク,29頁参照.

42 1997年12月29日－1998年1月5日付けのタイム・マガジン,1997年8月15日付けの週刊誌ディー・ツァイトとのインタヴュー,アンドゥリュー・グローヴ,「パラノイアに罹った者だけが生き延びる」,ハンブルク,1997年を参照.

人名索引

A

アツェール, ジェルジュ　469, 470
アダルベルト　フォン　プラハ　36
アディ, エンドレ　91, 332, 394, 482, 496, 515
アレクサンダーⅠ世［ツァー］　203
アールモシュ［ハンガリーの侯爵］　16, 17
アンドラーシ［ファミリー］　40, 270
アンドラーシ, ジュラ　259, 270, 276, 277, 279, 280-282, 285, 293, 295, 296, 299, 302, 342, 361, 362, 370, 372, 373
アンドラーシⅡ世　46
アンドラーシⅡ世［ベーラⅢ世の後継者, カールⅠ世の息子］　48
アンドロポフ, ユーリ　457
アンタル, ヨージェフ　471
アントネスク, イオン　420
アパルフィ, ミハーイⅠ世　136, 146, 147
アポニ, アルベルト　306, 313, 315, 371
アラニュ, ヤーノシュ　207
アルヌルフ［バイイェルン国王］　7, 19
アールパード［アールモシュの息子］　16, 17, 18, 20, 22, 23, 25, 29, 37, 310, 321, 360
アスプレモン［陸軍総司令官］　182
アッチラ［フン族の王］　25, 38, 47, 49, 61, 62, 170
アウグスティヌス［聖人］　163

B

バビッツ, ミハーイ　45
バラシ, バーリント　108, 185
バラース, ベーラ　501
バーリント, ミハーイ　508
バロー, タマーシュ（トーマス）　509
バーンフィ, ミクローシュ　307, 318, 322
バールドシ, ラースロー　397, 419, 428, 443
バルトーク, ベーラ　482, 492, 498, 499
バートリ, イシュトヴァーン　110, 115, 359
バートリ, イシュトヴァーン（シュテファン）　155
バートリ, ジグモント（ジギスムント）　114, 120
バッチャーニュ［ファミリー］　96, 143
バッチャーニュ［バートリの友人］　96
バッチャーニュ, カーズマー　256, 263
バッチャーニュ, ラヨシュ　222, 223, 231, 234, 238, 240, 250, 285
バツー, カーン　50, 51
バウアー, マックス
バウアー, オットー　304
ベアトゥリス［ナポリ王フェルディナントの娘］　85
ベケット, サムエル　444, 500
ベーケーシ, ジョージ　482, 483, 485
ベクシツ, グスターヴ　315
ベーラⅢ世［ハンガリー国王］　45, 46, 47, 49, 282
ベーラⅣ世［ハンガリー国王］　49, 51, 52, 57, 216
ベム, ヨーゼフ　235, 241, 245, 258
ベンダ, カールマーン　34, 59, 193
ベネシュ, エドゥアルド　386, 399
ベルチェーニ, ラースロー　163
ベルチェーニ, ミクローシュ　156
ベリヤ, ロウレンティ　454, 457

ベルリン，イサイヤ　436
ベルナール，サラ　485
ベルンシュタイン，エドアルド　387
ベトレン，ガーボル　110, 113, 115, 119, 120, 128, 133
ベトレン，イシュトヴァーン　392, 395, 396, 406, 407, 408, 413, 425, 426, 430, 431, 466
ビボー，イシュトヴァーン　92, 315, 425, 426
ビーアマン，ヴォルフ　493
ビルロート，テオドル　371
ビスマルク，オットー　フォン　275, 285, 362
ビスク，ベーラ　469
ブロンベルク，フリードリッヒ　フォン　234
ボチカイ，イシュトヴァーン　110, 116, 117
ボギャイ，トーマス　フォン　16, 35, 103, 151, 384
ブラームス，ヨハネス　286
ブランダウアー，クラウス　マリア　491
ブレヒト，ベルト　493
ブレジネフ，レオニード　381, 409
ブリアン，アリスティード　390
ビューヒナー，ゲオルク　493
ブルックハルト，ヤコブ　154, 198
バイロン，ジョージ　ゴードン卿　228

C

キャパ，ロバート　504, 509
カピスターノ，ヨハネス　フォン　78, 79
カーター，ジミー　483
チャプリン，チャーリー　493
フルシチョフ，ニキタ　454, 457-459, 462, 467, 495

チャーチル，ウインストン　369, 397, 474, 505
シオラン，E. M.　285, 286
コルヴィヌシュ，S. マーチャーシュⅠ世　80-82
コルヴィヌシュ，ヨハネシュ（マーチャーシュⅠ世の息子）　87
クランクショウ，エドワード　216, 217, 224
チャバ［アッチラの息子，謎の存在］　25
チャーキ，モーリス　168, 173, 308
チェルマネク，ヤーノシュ S. カーダール，ヤーノシュ　429
クコー，ジョージ　486
カーティス，トニー　490
チェルニン，オトカー　363

D

デアーク，フェレンツ　266, 274, 275, 278, 280, 281, 287, 297, 299, 300, 303, 310, 324, 327
デアーク，イシュトヴァーン　212, 215, 234, 235, 246, 343-345
デーリ，ティボル　495
ディートリッヒ，マレーネ　493
ドラティ，アンタル　500
ドーザ，ジェルジュ　90, 91
ドプチェック，アレクサンダー　469
ダレス，ジョン　フォスター　462

E

エックハルト，シャンードル　26, 109, 356
アイヒマン，アドルフ　425, 430, 432, 433
アインシュタイン，アルベルト　477, 480
アイゼンハワー，ドワイト　462, 481
チューリンゲンのエリザベート　47
エリザベス［英国女王］　485

人名索引

エリザベート［皇后；シィシィ］ 270, 276, 277, 280, 281-285, 295, 318, 322
エリザベート［アンドラーシⅡ世の娘］
エリザベート［クタンの娘, イシュトヴァーンⅤ世のお妃］ 264
エリザベート［ウラディスラウ ロキエティクの娘, カールⅠ世の4番目のお妃］ 66
エリザベート［ハンガリー女王, ジギスムントの娘, カールⅣ世の母］ 72
エンゲルス, フリードリッヒ 141, 244, 245, 261, 264
エトヴェシュ, ヨージェフ 172, 232, 300, 301, 312, 326, 370, 452
エトベェシュ, カーロイ 328
エルケル, フェレンツ 364
エステルハージ［ファミリー］ 143, 168, 169
エステルハージ, イムレ 174, 179
エステルハージ, ヨージェフ 179
エステルハージ, ミクローシュ 128
エステルハージ, パール 145, 153, 170, 232
エステルハージ, ペーテル 123, 496
エステルハージ, シャーンドル 327
オイゲン［プリンツ フォン サヴォイ］ 151, 159

F

ファルク, ミクシャ（マクス） 281, 282, 299
ファルカシュ, フェレンツ 499
ファルカシュ, ユリウス フォン 432
ファルカシュ, ミハーイ 446-448, 456, 464
フェケテ, ヤーノシュ 180, 181
フェリディナントⅠ世［ハプスブルクの国王, 後の皇帝］ 98, 100

フェルディナントⅡ世［皇帝］ 124
フェルディナントⅤ世［皇帝, 国王］ 231, 240
フェレンチ, シャーンドル 476, 507
フェレンチ, イダ 278, 281
フェレンチ, フォン ヨゼフ 514
フェルミ, エンリコ 474, 477, 478
フェルミ, ローラ 476, 482
フェステチッチ［ファミリー］ 170, 327
フィッシャー, ロルフ 337
フォックス, ウイリアム 486, 489
フランクノーイ, ヴィルモシュ 341
フランゲパン, フランジョ ケシュト 141
フランツ, フェルディナント［大公］ 362, 366
フランツⅡ世［皇帝, レオポルトⅡ世の息子］ 189, 194, 196, 197, 201
フランツ ヨゼフⅠ世［皇帝］ 245, 246, 249, 268, 270, 271, 274, 276-278, 282, 288, 294-297, 318, 321, 331, 368, 389, 472, 480
フラタール, ゲオルク 99, 100, 110
フリードレンダー, オットー 332
フリードリッヒⅡ世［バーベンベルク-オーストリア, 侯爵］ 56, 57
フリードリッヒⅡ世［プロイセン国王］ 177, 178
フリードリッヒⅡ世［シュタウフ家の皇帝］ 56
フリードリッヒⅢ世［皇帝, ハンガリー国王］ 81, 83
フュールステンベルク, マックス エゴン 363

G

ガーボル, ザザ 489
ガライ［副王］ 81

人名索引

ガルボ, グレタ　493, 506
ガールドニ, ゲーザ　321
ゲリュ, エルヌ　456, 458, 460
ゲーザⅡ世 [ハンガリー国王]　43
ゲーザ [大侯爵, アールパードのひ孫]　29, 30
ギメシュ, ミクローシュ　463
ギーゼラ [バイエルン侯爵, イシュトヴァーンⅠ世のお妃]　30, 39, 47
ゴゴラーク, ラヨシュ　305, 310
ゴルドツィエル, イグナーツ　353
グンブシュ, ジュラ　375, 392, 393, 395-399, 406, 407, 411-413, 425
ゴムルカ, ウラディスラフ　458, 462, 466
ゴルバチョフ, ミハイル　470
ゲルゲイ, アルトゥール　240, 245, 248, 252-257
ゴッタルディ, フェレンツ　192, 196
グラッツ, グスターヴ　304, 311, 315, 365
グレモンヴィユ [フランスの公使]　140, 141
グリルパルツァー, フランツ　46, 208, 223
グロピウス, ヴァルター　503, 504
グリュンヴァルト, ベーラ　188, 201, 306, 314
グスタフ, アドルフ [スウェーデン国王]　125

H

ハプスブルク, オットー　513
ハディク, ヤーノシュ　373
ハディク [将軍]　176, 177
ハフナー, セバスチャン　336
ハイノーチ, ヨゼフ　196
ハラシュ, ガーボル　425
ハマン, ブリギッテ　277-279, 281, 283
ハマーシュタイン, オスカー　491

ハナーク, ペーテル　60, 291, 295, 315, 328, 363
ハンキシュ, アーグネシュ　121, 128, 129
ハンチュ, フーゴー　57, 295
ハームワース, エスモンド　412, 413
ハルシャーニ, ヤノシュ　482
ハトヴァニ, ラヨシュ　331, 332
ハーイ, ジュラ (ユリウス)　442, 462, 496
ハイナウ, ユリウス フォン　246, 247, 249, 250
ハサイ, サームエル　345, 346
ヘゲデュシュ, アンドラーシュ　458, 459
ハイネ, ハインリッヒ　228, 244, 249, 283, 358, 359
ハインリッヒⅢ世 [皇帝]　34, 39
ヘルタイ, フェレンツ　113, 346
ヘルツェク, フェレンツ　314, 364
ヘリバルト [聖職者]　9, 10
ヘーレ, フランツ　216
ヘルツル, テオドル　344, 348, 353
ヘイドリッヒ, ラインハルト　405
ヒムラー, ハインリッヒ　350
ヒッチコック, アルフレッド　488, 493
ヒットラー, アドルフ　365, 396, 405, 406, 409, 411, 413, 414, 416, 417, 420-422, 429-431, 434, 476, 482, 483, 493, 498, 505
ホフマンスタール, フーゴー フォン　367
ホーエンローエ, フランツ　411
ホーマン, バーリント　9, 11, 57, 160
ホモナイ　124
ホルン, ジュラ　471
ホルティ, ミクローシュ　347, 377, 389, 390-399, 407, 411, 418-420, 424, 428, 430, 431, 433-436, 443, 451, 472, 488
ホルヴァート, イシュトヴァーン　312
フンボルト, ウイルヘルム フォン　203

人名索引

フニャナディ, ヤーノシュ　76, 77, 389
フス, ヤン　73

I

イグノトゥシュ, パウロ　180
イレーシュ, ジュラ　468, 496
イムレーディ, ベーラ　424-426, 443
イノツェンツIV世[法王]　58
イノツェンツXI世[法王]　148
イサベラ, ナポリの　60

J

ヤーシ, オスカー　294, 303, 307, 308, 323, 325, 372-377, 386, 388, 476
ジャン ポール　218
イェラチッチ, ヨジップ　235, 236, 239, 240, 241, 247, 251
イェセンスキ, ゲーザ　310
ヨハン「ボヘミア国王」　65
ヨハナ「カールI世の娘」　65
ヨーカイ, モール　25, 26, 97, 225, 226, 272, 283, 299, 321, 353
ヨゼフII世[皇帝, マリア・テレジアの息子]　170, 183, 186, 192, 257
ジョイス, ジェームス　391
ヨージェフ, アッチラ　332, 482, 496, 515
ユハース, ジュラ　427, 435
ユルゲンス, クルト　489

K

カーダール, ヤーノシュ　128, 129, 225, 437, 440, 444, 446-448, 451, 452, 458, 459, 460-463, 466-473
カフカ, フランツ　288, 506
カールディ, ジェルジュ　114
カールドア「卿」　488, 504
カーライ, ミクローシュ　428, 429

カールマーン, イムレ(エメリッヒ)　501
カン, ロバート　171, 250, 254, 290, 337, 367, 369, 378
カント, イマヌエル　208
カラーディ, ヴィクトー　340
カラディッチ, ブク　221
カラ, ムスタファ　146, 147
カールI世[ハンガリー国王, 以前はカール・ロバート]　64, 66
カールIV世[ハンガリー国王](オーストリア皇帝カールI世)　368, 373, 390, 391
カールIV世[皇帝]　70, 72
カールV世[皇帝]　94
カール, ヅラソの「(「小」)ハンガリー国王」　72
カールマーン, テオドル フォン　475, 479, 480
カーロイ[ファミリー]　169, 257, 326, 327, 370
カーロイ, ガーシュパール　113
カーロイ, ジュラ(ユリウス)　377
カーロイ, カティンカ　371-373, 378
カーロイ, ミハーイ　327, 369, 370-372, 374-377, 386, 406, 487
カーロイ, シャーンドル　161, 162
カシミルIII世[ポーランド国王]　65
カタリナ[ベトレンのお妃, ブランデンブルク選定侯の妹]　125, 127
カトナ, ヨージェフ　46, 209
カザン, エリア　493
カツィンチ, フェレンツ　191, 196, 205, 209
ケメーニュ, ジョン G.　479
ケメーニュ, ジグモンド　257, 327
ケナン, ジョージ　368
ケレーニ, カーロイ　514
ケルテース, アンドレー　504

ケルテース, イムレ　496, 497
ケーザイ, シモン　17, 26, 61, 62
キシュファルディ, カーロイ　209
キシュファルディ, シャーンドル　189, 312
キション, エフライム　496
キシュ, ヨージェフ　343
キッシンジャー, ヘンリー　62, 404, 495
クラプカ, ジェルジュ　245
クレンペラー, オットー　503
コシシュ, ゾルターン　501
コダーイ, ゾルターン　394, 482, 497, 498
ケストラー, アルトゥール　384, 451, 494, 497
ココシュカ, オスカー　384
コラー, ヤン　221
コロニチュ, レオポルド　151-153, 181
コンラート II 世 [皇帝]　34, 42
コンラート, ジェルジュ　496
コンスタンティン VII 世 [ビザンチン皇帝]　7, 16
コルダ, アレクサンダー　486, 487, 489, 492
コルンフェルト [ファミリー]　348
コルンフェルト, ジィグモンド　347, 349
コルヴィン, オットー　387
コシャーリ, ドモコシュ　128, 162, 167, 183, 252, 291, 315
コシュート, フェレンツ [ラヨシュ・コシュートの息子]　304
コシュート, ラヨシュ　205, 211, 213, 216, 221-224, 231, 232, 236-241, 244, 245, 252-255, 257, 258, 274, 276-279, 288, 299, 300, 310, 318, 327, 389
コストラニュ, アンドレー　513
コストラーニ, デジュー　476
コヴァーチ, ベーラ　3

クラスナホルカイ, ラースロー　496
クルーディ, ジュラ　496
クン [ファミリー]　403
クン, ベーラ　375, 377-381, 386
クルターク, ジェルジ　498, 499
クタン [クマン族の首領]　53

L

ラディスラウス IV 世 [ハンガリー国王, またはラースロー IV 世, イシュトヴァーン V 世の息子]　17, 41, 60
ラスロー V 世 [ハンガリー国王]　75, 79
ラヨシュ I 世 [カール I 世の継承者]　67, 69, 70
ラムファルシ, アレクサンドレド (元はシャーンドル・ラムファルシ)　513, 514
ランカスター, バート　489
ラースロー [国王, 聖人]　41
レハール, アンタル (アントン)　390
レハール, フランツ　391, 501
レナウ, ニコラウス　351
レンギェル, メニィヘールト　493
レーニン, ウラディミール　イリッチ　451, 452, 465, 501
レオポルド I 世 [皇帝]　105, 141, 144, 257
レオポルド II 世 [皇帝, ヨゼフ II 世の後継者]　186, 187, 192-194, 196
リゲティ, ジェルジュ　498, 499
リスト, フランツ　270, 358, 359
ロイド　ジョージ, デーヴィット　378, 384
ロブコヴィッツ [男爵]　137, 402
レーア, フランツ　フォン　356, 357
ルーデンドルフ, エーリッヒ　398
ルードヴィッヒ I 世 [ハンガリー大王]

人名索引

168
ルードヴィッヒ（ルイ）14世［フランス国王］ 144, 162, 372
ルエガー，カール 377
ルカーチ，ジェルジュ（ジョージ） 251, 379, 394, 476, 501, 502
ルカーチ，ラースロー 350
ルター，マルティン 94
リュティ，ヘルベルト 440
ルクセンブルク，ローザ 387

M

マカートニ，A. C. 24, 171, 224, 294
マキアベリ，ニッコロ 134, 135
マードル，アンタル 358
マハティール ビン モハマド 510
マイラート，ゲオルク フォン 239, 280
マイラート，ヤーノシュ 192
マレンコフ，ゲオルギ 454, 457
マン，ゴロー 118, 129, 216
マン，トーマス 501
マンハイム，カール 476, 494, 502
マーイライ，シャーンドル 364
マリア テレジア［皇帝］ 170, 171, 173-175, 179, 181-183
マリア［ルードヴィッヒI世の娘］ 72
マリー ヴァレリー［シィシィの娘］ 284
マルティノビッチ，イグナーツ 190, 191
マルクス，カール 244, 245, 260, 261, 264, 265
マサリック，ヤン 411
マサリック，トマーシュ 399
マーチャーシュI世，コルヴィヌシュ［ハンガリー国王］ 64, 80, 87, 88, 312
マウトナー［ファミリー］ 350
マックスII世，エマヌエル 159
マキシミリアンI世［ハプスブルク国王，後の皇帝］ 89
マキシミリアンII世［皇帝］ 102
マケーグ，ウイリアム 482
メッテルニヒ，クレメンス ヴェンツェル フォン 201, 203, 207, 209, 219, 221, 222, 224
ミケシュ，ジョージ 474, 495
ミケシュ，ケレメン 164
ミコヤン，アナスタス 458, 460
ミクサート，カールマーン 329, 330
ミラー，ヘンリー 504
ミンゼンティ，ヨージェフ 377, 443, 446
モホイーナジ，ラースロー 503, 504
モルナール，フェレンツ 351, 484, 491, 492
モロトフ，ヤチェスラフ 454
モンテス，ローラ 261
モーリツ，ジグモンド 329, 394, 482, 496
ムンカーチュ，ベルナート 354
ムンカーチュ，ミハーイ 23, 364
ムジル，ロベルト 289
ムッソリーニ，ベニト 396, 412-414, 423, 498

N

ナーダシュディ，フェレンツ 140, 141, 176
ナジ，イムレ 440, 444, 450, 454-456, 458-464, 466, 472, 473, 502
ナポレオンI世 109, 187
ナポレオンIII世 261, 353
ネーメト，ラースロー 469
ネーメト，ミクローシュ 471
ノイマン，ジョン フォン 475, 479, 480, 481
ニューマン，ポール 491

人名索引

ニコライⅠ世［ツアー］　245
ニーヴン, ダヴィド　487
エンクルマ［ガーナ大統領］　509
ノーベル, アルフレッド　480

O

オルバーン, ヴィクトル　473, 511, 513
オーマンディ, ユージン　500
オットーⅠ世［大帝］　28
オトカーⅡ世［ボヘミア国王］　57, 60

P

パジェ, ジョン　172, 181
パラツキ, フランティセク　22
パールフィ［ファミリー］　143
パールフィ, ジェルジュ　448
パールフィ, ヤーノシュ　161
パールフィ, ミクローシュ　327
パラヴィッチニ, スフォルツァ
パルマーストン［卿］　247, 352
パステルナク, ジョー　486
パタイ, ラファエル　508
パーズマーニュ, ペーテル　114, 123, 128, 135
ピヨトルⅠ世［ツアー］　160
ペーテル［ユーゴースラビア国王］　417
ペーテル, ガーボル　448, 453, 464
ペーテル, ラースロー　294
ペテフィ, シャーンドル　51, 108, 208, 225-227, 230, 256, 257, 299, 358, 515
ピウスⅡ世［法王］
ポドゴルニ, ニコライ　107
ポラーニ, ジョン C.　481, 502
ポラーニ, カール　476, 501
ポラーニ, マイケル　476, 481, 502
ポパー, カール　511
ポズガイ, イムレ　470, 471

プリンス オブ ウエールズ　327, 352, 353
プロハースカ, オトカー　333, 395, 425
プローナイ, パール　392, 398
プッチーニ, ジャコモ　165
プカンスキ, ベーラ フォン　40, 47
ピュリツァー, ヨーゼフ　506, 507

R

ラシーヌ, ジャン　218
ラデク, カール　387
ラデツキー, ヨゼフ フォン　236, 239, 244, 249
ラドヴァーニ, ゲーザ フォン　490
ライク, ラースロー　377, 440, 445, 446, 457, 460, 473
ラーコーツィ［ファミリー］　142, 145, 151, 464
ラーコーツィ, フェレンツⅠ世　110, 141, 142
ラーコーツィ, フェレンツⅡ世　142, 154, 155, 157, 158, 161-166
ラーコーツィ, ジェルジュⅡ世　136
ラーコシ, イェネ　314, 315, 408, 412
ラーコシ, マーチャーシュ　269, 380, 439, 440-448, 450-458, 460, 469, 472, 473, 502
ラーンキ, ジェルジュ　323, 432
ラテナウ, ワルター　398
レーガン, ロナルド　451
レーデイ, カーロイ　355
レンナー, カール　295
レーヴァイ, ヨージェフ　442, 456
レーヴァイ, カールマーン　448
リッペントゥロープ, ヨアヒム フォン　416, 419, 420, 430
リヒター, ステファニー［後にステフィ・ホーエンローエ］　410-413

人名索引 575

リルケ，ライナー　マリア　288
ロバート，アンジュウ，カールⅠ世　61，64
ルーズヴェルト，フランクリン　397, 477, 478
ローサーメール　408, 409, 410, 412, 413
ルドルフ［皇太子］　10, 25, 280, 308, 339
ルドルフ　フォン　ハプスブルク　60

S

サン-シモン，ルイス　ド　162
シャールケジ，ジェルジュ　425
シッフ，アンドラーシュ　501
シュレーゲル，フリードリッヒ　311, 312
シェーンボーン［伯爵］　170, 326
シュヴァルツェンベルク，フェリックス　フォン　241, 249, 250, 262
セトン-ワトソン　24, 299, 310
ジギスムンド［ハンガリー国王，ジグモンド］　72-74, 77
シグライ，アンタル　390
シグライ，ヤコブ　190
シラギ，デニス　45
シナトラ，フランク　489
ソビエスキ，ヤン　148
ソルジェニチン，アレクサンダー　460, 495
ショルティ，ジョージ　500
ショモジ，ベーラ　392
ゾフィー［大公妃，エリザベート皇后の継母］　241, 276, 284
ショロシュ，ジョージ（ジェルジュ）　510, 511
シュタットミュラー，ゲオルク　21
スターリン，ヨジッフ　W.　166, 269, 379, 438, 440, 442-445, 450, 452-455, 457, 465, 467

スタラー，イロナ（チチョリーナ）　489
シュタイン，ハインリッヒ　フリードリッヒ　フォン　205
シュタインアッカー，エドムント　210, 315, 362
イシュトヴァーンⅠ世［ハンガリー国王，聖人］　22, 29, 30-33, 35, 37, 38, 321
ステファン［大公］　231
スレイマン，Ⅱ世［華やかな］　93, 95
スースロフ，ミハイ　460
スヴァトプルク［モラビア侯爵］　13, 19, 23
サボー，イシュトヴァーン　490
サカシッツ，アールパード　447
サーラシ，フェレンツ　425, 434, 435
サムエリ，ティボー　387
セーチェニ［ファミリー］　143, 327
セーチェニ，イシュトヴァーン　62, 198, 202-205, 210-213, 222, 224, 232, 242, 275, 305, 310, 330, 360
セイケイ，ミハーイ　177
セクフュ，ジュラ　16, 32, 96, 101, 103, 120, 133, 143, 152, 165, 166, 199, 205, 326, 343
セル，ジョージ　300
セメレ，バルタラン　232, 243, 248, 257-259, 264, 268, 281
セント-ジェルジュ，アルベルト　フォン　475, 481
セルブ，アンタル　133, 134, 228, 311, 312
シゲティ，ヨゼフ　500
シラーギ，ミハーイ　80, 81
シラード，レオ　475-478
ソンディ，ジェルジュ
ソンディ，リポー　508
ストーヤイ，デュメ　443
スーチ，イェネ　16, 21, 30, 36, 61, 92, 113, 132, 133, 143, 315

T

ターボリ, ジェルジュ　493, 494
タレイラン, チャールズ　モウリス　ド　102
ターンシス, ミハイ　227
タピエ, ヴィクトルールシエン　137, 190
テレキ, ラースロー　247, 300
テレキ, パール　393, 399, 416-418, 426
テラー, エドワード　475-478
テケリ, イムレ　142, 144-149, 154, 159
ティサ, イシュトヴァーン　367-369
ティサ, カールマーン　303, 305, 342, 344, 346, 347
チトー (ヨジップ　ブロズ)　302, 429, 444, 457, 462, 465
トックヴィル, チャールズ　アレクシス　299
トゥレビチューリンカーン, イグナーツ　399, 400-405
トゥレフォート, アーゴストン　308, 317
トロツキー, レオ　380, 387
トルーマン, ハリー　445

U

ウラースロー I 世 (ヤゲロー)　75
ウスティノフ, ピーター　471

V

ヴァイダ, ジェルジュ　ミハーイ　107
ヴァーンベーリ, アールミン　14, 351-354, 424
ヴァシュ, ゾルターン　454
ヴァシャールヘイ, ミクローシュ　511
ヴァシュヴァーリ, パール　225, 226
ヴィテーズ, ヤーノシュ　75, 80, 83
ヴォルテール　109, 180, 218
ヴュルシュマーティ, ミハーイ　138, 465
ヴュクス [フランスの中将]　375, 376

W

ウォレンベルク, ラウル　454
ワレンシュタイン, アルブレヒト　118, 126, 133
ヴァンダルツカ, アダム　178
ワシントン, ジョージ　260
ヴェーバー, マックス　501
ヴェケレ, シャーンドル　329
ヴェルフェル, フランツ　288
ウェッシェレーニ, フェレンツ　140
ウェッシェレーニ, ミクローシュ　206, 210
ヴィボラダ [敬虔な]　8, 10
ヴィーゼル, エリエ　432, 481
ヴィグナー, イェネ　476-478
ヴィルヘルム II 世 [ドイツ皇帝]　363, 365, 402
ウィルソン, ハロルド　509
ヴィンディシュグレーツ, アルフレッド　238, 241-243
ヴィンデイシュグレーツ, ラヨシュ　406, 407

Y

イブル, ミクローシュ　364

Z

ツァッハ, クララ　66
サーポヤイ, ヤーノシュ　89, 90, 98, 99
ツェルフィ, グスターヴ　262, 264, 265
ジチ, エレメール　271
ジチ, メラニー　203
ジチ, ミハーイ　282
ズリンスキ [ファミリー, 元々スビク]

131, 142
ズリニ, アンナ カタリナ　140, 141
ズリニ, ジェルジュ　134
ズリニ, イロナ　142, 145, 146, 148, 150,
155
ズリニ, ミクローシュ　102, 109, 131, 133
ズリニ, ペーテル　134, 140, 155
ズコール, アドルフ　485, 486, 488, 491

訳者の言葉

　着任して1ヶ月，ウイーンの書店で懐かしいレンドヴァイ教授の著したこの本を目にした．ウイーンに公使として勤務していた時，ベルリンの壁が崩壊して，中・東欧諸国で次々と共産党政権が崩壊していった．これで，もう世界に平和が訪れる，と多くの人が思っていた時，レンドヴァイ氏は，これからは中・東欧諸国の民族問題が噴出し，場合によっては，流血の事件が起こる，と予言していたのが印象的であった．はからずも氏の予言は的確であった．

　そこで購入したのが本書である．大使としてハンガリーに赴任し，年3回，国会議事堂の前の正面階段に立って儀式に参列し，特に，加えて，3月15日の革命記念日には，国立博物館の前に，また，10月革命の日には，ナジ・イムレの墓の前に立つ度（特に，革命50周年の年に，ナジが処刑された刑場を案内されたときには厳粛以上のものに襲われた）に，この国の，歴史に思いを馳せた3年間であった．

　レンドヴァイ氏のこの本は，実に私にとってこの国の歴史についての道しるべであった．ドイツ，オーストリア，チェコスロバキアに勤務経験があり，ある程度この地域に知識のある私としては，ハンガリー，中欧の歴史に興味ある人に是非ご一読して頂きたいと思い，原文ドイツ語から日本語訳にした次第である．

　本書の完成には，約2年を要したが，此の間，信山社の渡辺左近氏始め，校正を手助けしてくれた酒井幸作氏，大使館のハンガリー語の専門の人々，在ハンガリー大使館アーグネシュ・ラファイ秘書には深く感謝したい．

　また，ハンガリー文化財団の支援に感謝したい．

　最後に，常に励まし，激励してくれた妻に感謝したい．

2008年9月

稲　川　照　芳

〈訳者紹介〉

稲川　照芳（いながわ・てるよし）

1943年岐阜県生まれ．東京大学法学部卒．外務省に入り，1999年－2002年，在ウルグアイ東方共和国，2003年11月－2006年11月，在ハンガリー共和国特命全権大使．
現在，中欧研究所代表，昭和女子大学客員教授

〈著者〉

パウル・レンドヴァイ（Paul Lendvai）

ブタペスト生まれ，1957年以来ウイーンに生活．
22年間「フィナンシャル・タイムズ」の特派員を勤め，その後，オーストリア放送の編集長，総監督を勤め，今日，「オイロペイシェ・ルントシャウ」誌の設立者兼編集長を勤める傍ら，テレビのコメンテーターとして活躍，特に東・中欧に関しての多くの専門誌に寄稿．

パウル・レンドヴァイ
ハンガリー人――光と影の千年史

2008（平成20）年12月25日　初版第1刷発行

著　者	パウル・レンドヴァイ
訳　者	稲　川　照　芳
発行者	今　井　　　貴
	渡　辺　左　近
発行所	信山社出版株式会社

〒113-0033　東京都文京区本郷6-2-9-102 東大正門前
TEL 03 (3818) 1019
FAX 03 (3818) 0344

Printed in Japan

©稲川照芳, 2008.　　印刷・製本／松澤印刷・大三製本

ISBN978-4-7972-2553-2　　C3022